Noël 1996

Pour Michel Bon Noël
et Happy 1997

Toto von Texas

les

Stamp Act 144 →
Franklin 145
Malsherbes — Turgot 194 →
LXVI - Vergennes - éducation 171
Boston 5/3/70 = FiRe — See
Veri / maurepas — 36 →
Franklin 257
Voltaire 393 - 412

LE SECRET DU ROI

***

Maurepas - horreur 410 →
Sartine — marine 420
Lafayette — 538
Eon — 539
540 →

Gilles Perrault

LE SECRET DU ROI

***

Fayard

George III - Roi d'A - d'Irlande
Electeur de Hanovre

*à Thérèse la déchiffreuse,
en souvenir du bonheur discret*

Remerciements

Un grand merci aux lecteurs qui m'ont fait l'amitié de m'exprimer, par lettre ou au hasard de rencontres, leur impatience de lire ce troisième tome et leur regret, voire leur irritation, du retard que prenait sa parution. Rien de plus roboratif pour un auteur que de se savoir attendu ! Aux heures de lassitude, ces injonctions redonnent de l'allant. J'espère de tout cœur que ceux et celles qui arguaient de leur grand âge et d'une santé précaire pour exiger de la promptitude auront su persévérer.

Comment ne pas redire ma gratitude au service des archives du ministère des Affaires étrangères, où j'ai continué de trouver un accueil des plus chaleureux et une aide efficace ? Comment ne pas renouveler mes remerciements à Mme Françoise Bermann, directrice de la bibliothèque de l'université de Caen, ainsi qu'à ses adjoints, et particulièrement à Mme Rouchoux, responsable du service de prêt entre bibliothèques, qui a écumé pour moi les fonds de l'Hexagone universitaire ?

Je remercie une dernière fois M. Didier Ozanam d'avoir bien voulu approuver mon incursion sur un territoire qu'il a, avec M. Michel Antoine, magistralement exploré. Aucun encouragement ne pouvait m'être plus précieux que le sien. Merci encore à M. Gabriel de Broglie pour son soutien, ainsi qu'à MM. François et Emmanuel de Broglie. M. de Quinsonas, descendant du comte de Broglie, a bien voulu m'ouvrir ses archives, ce dont je lui ai une vive gratitude. Je remercie également M. Philippe Hamon pour les renseignements qu'il m'a procurés sur le baron de Kalb, son aïeul.

M. de Chambrun, descendant de Gilbert de La Fayette, m'a ouvert les portes du château de Lagrange. Grâce à lui, j'ai pu découvrir les trésors historiques conservés dans cette demeure magnifiquement restaurée par Mme de Chambrun. Je dois ce privilège très rare, dont je le remercie infiniment, à l'intercession de notre ami commun, l'historien Pierre Aubé, à qui j'en garderai toujours la plus chaleureuse gratitude.

Au terme de ce grand travail (même les impatients devraient admettre que trois copieux volumes publiés en cinq ans, ce n'est pas exactement de la fainéantise...), ma reconnaissance va enfin à ceux et à celles qui l'ont facilité : Colette Ledannois, Ivan Peyroles, Lucien Chambadal et toute l'équipe Fayard.

Sans Claude Durand, j'aurais emporté dans la tombe le regret de n'avoir pas écrit cette histoire du Secret.

G.P.

TROISIÈME PARTIE

La revanche américaine

[Annotations manuscrites:] Homme inexprimable ! Turgot fine Sartine / S'il avait écouté Vergennes oui ou / Malesherbes, Necker a se plaignait d'être Roi - / et Renvoye la Reine à la … Il est difficile M.A = 1789 / see pg 213 →

I

Le roi n'a pas vingt ans. On ne dira jamais de lui, comme on l'avait répété pendant des décennies de son grand-père Louis XV, qu'il est le plus bel homme du royaume. Encore dans le dégingandé de l'adolescence, il ne va pas tarder — cinq ans — à succomber à l'embonpoint. Déjà le visage est plein, avec un nez fort et busqué, des lèvres épaisses, le menton lourd. Une vilaine denture. Des yeux bleus adoucis par la myopie, mais qui répugnent à regarder l'interlocuteur en face. La voix aiguë, nasillarde, monte au criard dès qu'il s'échauffe. Rien dans le maintien n'annonce le rejeton de Louis XIV et de Louis XV, majestueux jusqu'au lit de mort. Le nouveau roi de France se meut avec un dandinement disgracieux qui le fera se tenir sagement à l'écart des tentations de la danse. Il est gauche, emprunté dans ses manières, timide jusqu'à la sauvagerie. Charles de Broglie, que son ambassade à Varsovie a fait côtoyer l'Électeur de Saxe et roi de Pologne Auguste III, nous dirait sans doute que Louis XVI tient beaucoup pour le physique de ce grand-père maternel. Et chacun garde souvenir de son père, décédé neuf ans plus tôt, « ennemi du mouvement et de tous les exercices », enseveli dans la graisse avant que la tuberculose ne le fît mourir squelettique, et dont il a hérité la gloutonnerie.

Beaucoup de force dans ce corps ingrat. Les familiers s'ébaubiront en voyant le roi soulever sans effort apparent un page assis sur une pelle à feu. À cheval, le piéton dandinant se transmue en centaure. Il est tout Bourbon par sa passion pour la chasse. Les meilleurs cavaliers peinent à le suivre et s'effraient des risques insensés qu'il prend en menant ses montures à tombeau ouvert.

Faut-il redire son goût pour les travaux manuels ? Serrurerie et
menuiserie en constituent la partie la plus relevée ; il aime la
forge, les besognes grossières de manouvrier, et se laissera voir,
balai à la main, en train de nettoyer son atelier. La cour n'était
point accoutumée à pareil spectacle. Quelques historiens expli-
queront sa débauche d'activités physiques par la volonté de lutter
contre l'obésité menaçante. Rien n'est moins sûr. Si c'était le
cas, il eût été plus expédient de modérer un formidable appétit.
Le besoin d'éprouver son corps, voire de le risquer dans des
galops fous au creux des halliers, relevait probablement d'une
pulsion plus profonde et plus opaque que le simple souci de garder la ligne.

Si le physique du roi ne suscite pas l'enthousiasme, son esprit
ne donne guère de raisons d'espérer à ceux qui ont eu loisir de
l'observer quand il n'était encore que le dauphin de France.
Mercy-Argenteau, ambassadeur d'Autriche, qui tient auprès de la
jeune Marie-Antoinette un rôle de pion et d'espion, constate que
« la nature semble avoir tout refusé à M. le Dauphin » et lui
trouve « un sens très borné ». Son prédécesseur, Starhemberg,
que nous avons vu machiner avec la Pompadour et le cardinal de
Bernis le renversement d'alliances, note « une sorte d'imbécillité
que ce prince annonce dans toute sa contenance ». Le 8 mai
1774, l'avant-veille de la mort de Louis XV, après avoir déploré
l'éloignement de Marie-Antoinette pour « les affaires sérieuses »,
Mercy-Argenteau confie à Marie-Thérèse d'Autriche : « Il faut
cependant que, pour la sûreté de son bonheur, elle commence à
s'emparer de l'autorité que M. le Dauphin n'exercera jamais que
de façon précaire, et vu la tournure des gens qui composent cette
cour, vu l'esprit qui les anime et les guide, il serait du dernier
danger et pour l'État et pour le système général [l'alliance] que
qui que ce soit s'emparât de M. le Dauphin et qu'il fût conduit
par autres que par Mme la Dauphine. » Le 15 juin, l'ambassadeur
d'Autriche enfonce le clou : Marie-Antoinette doit comprendre
« 1° que le Roi est d'un caractère un peu faible ; 2° que par
conséquent quelqu'un s'emparera de lui, et 3° que dans ce cas il
faut que la Reine ne perde jamais un instant de vue tous les
moyens quelconques qui lui assureront un ascendant entier et
exclusif sur l'esprit de son époux ». Quant à l'abbé de Véri, que
les circonstances vont mettre à une place privilégiée dans les
coulisses du pouvoir, il observe que Louis XVI « est un enfant
roi dans sa vingtième année auquel on n'avait encore découvert

aucun trait de capacité pour le gouvernement », et il s'interroge : « Aura-t-il ou n'aura-t-il pas le talent des choix et celui d'être la décision ? »

Louis XV, resté énigmatique à ses contemporains comme à la postérité, disait de lui-même : « Je suis un homme inexprimable. » À l'orée de son règne, le petit-fils se définit plus aisément par le négatif que par l'affirmatif. Époux depuis quatre ans, il n'a toujours pas réussi à consommer son mariage. Accédant à un trône qui demeure, malgré bien des déboires, le plus prestigieux du monde, il en sait moins sur les affaires d'État que le dernier commis de ministère. Le défunt monarque ne l'a jamais appelé au Conseil, fût-ce au titre de simple auditeur. Lui-même n'a jamais approché un ministre pour questionner et s'informer. S'il a des idées, un projet politique, une conception de l'avenir — et personne à la cour ne se hasarderait à le prétendre —, cela reste enfoui sous une rude et rébarbative écorce.

Une seule certitude chez le garçon encore mal dégrossi : sa dévotion pour la mémoire de son père.

*
* *

C'est bien pourquoi Charles de Broglie rue des quatre fers dans son exil de Ruffec. Au sein d'une cour largement hostile à sa famille, le feu dauphin et ses entours offraient comme un havre de grâce. L'oncle de Charles, le vieux abbé de Broglie, avait capturé l'esprit du fils de Louis XV au point qu'il allait répétant : « Je fais de ce prince et de Mme la Dauphine à peu près ce que je veux. » Il réussissait moins bien auprès du roi lui-même, qui lisait avec délectation ses diatribes contre ministres et parlementaires, mais faisait la sourde oreille au conseil maintes fois répété de nommer Victor-François à la Guerre et Charles aux Affaires étrangères. Faute, lui aussi, de pouvoir propulser les deux frères au ministère, le dauphin leur avait du moins tendu une main secourable quand le mauvais sort, la méchanceté de leurs ennemis et, il faut le redire, leur déplorable caractère les avaient précipités dans la disgrâce. En 1763, lors de l'exil des Broglie consécutif à la défaite de Fillingshausen et de la polémique qui s'en était suivie, il avait trouvé le courage d'aller solliciter du roi son père, qui l'intimidait beaucoup, le pardon des exilés. Las ! la démarche avait si fort irrité Louis XV qu'il avait pris la peine d'écrire au dauphin une lettre très sèche se terminant par cette phrase terrible : « Attendez donc encore longtemps, peut-être même quelques années. » Sans la fatale tuberculose, le roi régnant serait ce protecteur attentif qui aurait déjà dépêché un courrier à Ruffec pour faire passer Charles de Broglie des ténèbres de la disgrâce au soleil de la grande faveur.

Si le roi de vingt ans révère la mémoire de son père, ne devrait-il pas distinguer ceux qu'appréciait le disparu ? Mais il faudrait être à Versailles, se montrer, se remuer, et non pas rester cloué à Ruffec par un ordre d'exil que la mort de Louis XV n'a point aboli…

Que va faire Louis XVI ? Le duc d'Aiguillon, qui cumule les portefeuilles de la Guerre et des Affaires étrangères, est l'homme fort du gouvernement. Il le doit à son alliance intime avec la du Barry, dont les mauvaises langues affirment qu'il est l'amant, mais ce qui a fait sa force pourrait à présent causer sa perte, car Louis et Marie-Antoinette n'ont que détestation pour la favorite du feu roi. D'Aiguillon lui-même s'était laissé aller à traiter Marie-Antoinette de « coquette » et l'appelait « la petite rousse », ce qui, dans une époque peu propice aux rousses, passait pour péjoratif. Mais le départ de d'Aiguillon n'ouvrira-t-il pas la porte au revenant Choiseul ? Pour les Broglie, ce serait tomber de Charybde en Scylla. D'Aiguillon est un adversaire irréductible. Il a monté de toutes pièces l'affaire de la Bastille qui a causé la chute de Charles. Mais l'écoulement du temps ni l'épreuve partagée de l'exil n'ont émoussé l'animosité joviale du duc de Choiseul envers les Broglie. Les deux clans restent à couteaux tirés. Or Choiseul, bien loin de se désintégrer dans la disgrâce selon le schéma ordinaire, a su en tirer un surcroît de popularité et de force. On avait même pu mesurer la perte de prestige du trône à ce phénomène auparavant inconcevable : des courtisans désertant Versailles par dizaines pour aller porter leur hommage à l'exilé dans son fief de Chanteloup. Choiseul s'était longtemps maintenu dans la faveur de Louis XV par sa vivacité, son aisance dans le travail, une aptitude exceptionnelle à la synthèse qui lui permettait d'exposer avec clarté des problèmes complexes en même temps qu'il en proposait la solution. Il gouvernait comme en se jouant et refusait de travailler plus de quelques heures par jour, craignant de « s'appesantir ». Un très jeune roi dépourvu de toute expérience des affaires ne sera-t-il pas tenté de confier les rênes du pouvoir à celui que Catherine de Russie appelait « le cocher de l'Europe » ? Les conseils dans ce sens ne vont pas lui manquer : à la cour, les choiseulistes, nombreux et bien organisés, forment de loin le parti le plus influent. On les a vus prendre de l'assurance dans la mesure même où le corps usé de Louis XV cédait aux atteintes de la petite vérole : l'allée de Chanteloup, empruntée au risque de perdre la faveur royale par les pèlerins de la fidélité, promettait de devenir, à court terme, l'avenue conduisant au pouvoir retrouvé. Voltaire, brouillé avec l'exilé, et qui ne figure chez lui que sur un toit où sa silhouette biscornue a été découpée dans la tôle d'une girouette, ne tarde pas à flairer le vent. Le 18 mai, il écrit à son ami d'Argental, sachant que le message atteindra son véritable destinataire : « Tout ce qui me fâche c'est l'injustice de celui qui règne à Chanteloup, et qui doit bientôt régner dans Versailles. Non seulement je ne lui ai jamais manqué, mais j'ai toujours été pénétré pour lui de la reconnaissance la plus inaltérable. Devait-il me savoir mauvais gré d'avoir haï cordialement les assassins du chevalier de La Barre et les ennemis de la couronne ? Cette injustice encore une fois me désespère. J'ai quatre-vingts ans, mais je suis avec M. de Chanteloup comme un amant de dix-huit ans quitté par sa maîtresse. »

Choiseul dispose au surplus d'une alliée puissante : Marie-Antoinette, chez qui l'on pressent autant de fermeté de caractère que d'indécision chez son époux. Choiseul est l'homme de l'alliance autrichienne ; il l'a cimentée par le mariage de la fille de Marie-Thérèse et du petit-fils de Louis XV ; il est enfin, aux yeux d'un public ignorant le dessous des cartes, tombé dans la disgrâce par la seule vindicte de la du Barry : autant de titres à la reconnaissance et à l'active sympathie de la nouvelle reine de France.

Et c'est ici que le bât blesse Charles de Broglie. Si le souvenir de l'amitié du père devrait lui valoir au moins un préjugé favorable de la part du fils monté sur le trône, il sait devoir compter avec la franche hostilité de la reine. Il a beau s'exténuer depuis tantôt vingt ans à expliquer qu'il ne réprouve pas l'alliance autrichienne, puisqu'il fut même l'un des premiers à la préconiser, et que sa critique se borne à demander une exacte réciprocité des droits et des devoirs au lieu d'une politique consistant à tout consentir à Vienne sans rien en recevoir en échange, comme on l'a vu assez clairement à l'occasion du partage de la Pologne :

rien n'y fait, l'opinion le tient pour adversaire acharné de l'alliance, et sa collaboration récente avec Jean-Louis Favier, partisan de la Prusse et contempteur dès le premier jour du renversement d'alliances, n'était pas de nature à modifier sa réputation. À ce handicap très lourd, car on peut compter sur Mercy-Argenteau pour chapitrer la reine sur la nécessité de séparer le bon grain de l'ivraie, s'ajoute le souvenir d'un incident fâcheux. En septembre 1771, la duchesse de Boufflers, belle-sœur de Charles, avait résigné sa charge de dame du palais. Charles souhaitant qu'elle passât à sa femme, Mme de Boufflers avait indiqué ce vœu à Marie-Antoinette. Celle-ci réagit de manière défavorable. La comtesse de Broglie, presque quadragénaire et d'un caractère peu frivole, ne correspondait nullement aux jeunesses étourdies dont la dauphine aimait déjà à s'entourer. Une dame de la suite rédigea la réponse, évidemment négative. Les Broglie, réagissant à la Broglie, ne se privèrent pas de montrer à leurs amis une lettre qui s'ajoutait à la longue liste des injustes avanies subies par une famille méritante. On doit s'y résigner : ils ne changeront jamais. Ce bruit revint aux oreilles de Marie-Antoinette, qui s'en trouva si piquée qu'elle décida par représailles de cesser d'adresser la parole à aucun des Broglie. Mercy-Argenteau s'émut. Il savait, grâce aux interceptions de courrier pratiquées à Vienne, le rôle de Charles à la tête du Secret. Marie-Thérèse, alertée par lui, morigéna sa fille. Celle-ci promit, comme d'habitude, même si l'expérience devait amplement démontrer qu'elle ne tenait pas toujours : « Je tâcherai aussi de bien traiter le Broglie, quoiqu'il m'ait manqué personnellement. Je suis au désespoir que vous pouvez ajouter foi à ce que l'on vous dit que je ne parle plus à personne ; il faut que vous ayez bien peu de confiance en moi pour croire que je sois assez peu raisonnable pour m'amuser avec cinq ou six jeunes gens, et manquer d'attention pour ceux que je dois honorer. » La réaction de l'impératrice-reine marque plus que de l'étonnement : « Vous me dites que, pour l'amour de moi, vous traitez les Broglie bien, quoiqu'ils vous ont manqué personnellement ; voilà encore un travers et de la même source : se peut-il qu'un petit Broglie puisse vous manquer ? Je ne comprends pas cela ; jamais personne n'a manqué ni à moi, ni à vos dix frères et sœurs ; s'il a déplu à quelqu'un de votre suite, vous n'en devez prendre connaissance, encore moins vous l'approprier ; il suffit encore pour vous que les Broglie sont estimés du roi, que vous ne devez ni écouter, ni agir, ni penser même autrement. Si vous aimez votre repos, votre avenir, agissez ainsi et point autrement. » D'ordinaire, Marie-Antoinette courbe le dos sous la semonce maternelle, quitte à n'en faire qu'à sa tête. Cette fois, signe évident de l'âpreté de son ressentiment, elle réplique : « Pour les Broglie, si vous étiez mieux informée, ma chère maman, vous sauriez qu'un petit Broglie manque dans ce pays-ci comme il ne manquerait pas à Vienne. J'ai écrit avec toute l'honnêteté possible à Mme de Boufflers que le Roi n'accorde pas ce qu'elle demandait ; les Broglie ont jugé à propos de tourner ma lettre en ridicule et en ont donné des copies : ce n'est pas là un travers pris pour quelqu'un à ma suite. »

Péripétie secondaire ? Incident comme il s'en produit cent par an à la cour ? Nous vérifierons plus d'une fois que Marie-Antoinette, sans véritable intérêt pour « les affaires sérieuses », n'oublie ni ne pardonne jamais une pique d'amour-propre, et qu'elle met une rare ténacité et beaucoup d'adresse au service de sa rancune. Le lecteur voudra bien se remémorer que, depuis 1771, « le petit Broglie » figure parmi les premiers sur sa liste noire.

*
* *

Si le passé est ce qu'il est, avec ses bonnes et ses mauvaises promesses d'avenir, le présent ne manque pas d'épines. Charles de Broglie doit informer Louis XVI de l'existence du Secret, rendre compte de ses activités, demander enfin des instructions. La tâche est rude. Comment ne pas imaginer le désarroi du jeune homme placé tout à trac aux commandes de l'État ? Comment espérer qu'il trouvera le temps et la patience de saisir les rouages complexes de la machine installée par son grand-père au cœur secret du pouvoir ? Et quel verdict attendre de lui ? Le bilan sec du Secret est vite établi. La Pologne, où il devait placer sur le trône un prince français ? Partagée entre Prusse, Autriche et Russie, ses restes formant un État croupion réduit à l'impuissance. L'Angleterre, qu'il s'agissait d'abaisser, voire de foudroyer en la frappant au cœur ? Sa souveraineté se déploie sur le monde avec plus d'insolence que jamais. Un seul succès tangible : la Suède. Pour le reste, et malgré les trésors de dévouement, d'intelligence et d'énergie dépensés par son chef et ses agents, le Secret n'a servi à rien. Circonstance aggravante : Louis XV est mort un mois après avoir appris que les casseurs de code viennois déchiffraient les messages du service, ce dont son successeur sera naturellement informé à bref délai. Une défaite technique s'ajoutant aux échecs politiques. Mais le pire est sans aucun doute cette affaire de la Bastille qui, par la malignité du duc d'Aiguillon, a savamment mêlé les grivoiseries insultantes pour la personne royale de quelques jeunes gens ne tenant ni de près ni de loin au Secret, les élucubrations politiques d'un Dumouriez, d'un Favier ou d'un Guibert, eux aussi étrangers au service, et les activités d'agents véritables, éventuellement de la dimension d'un Vergennes ou d'un Breteuil, n'opérant jamais que sur les volontés du roi, mais dont la réputation ne peut que se retrouver abîmée dans une pareille compagnie — le plus atteint étant évidemment Charles de Broglie lui-même, présenté au choix comme un intrigant subalterne ou comme l'âme d'un complot visant à précipiter la France dans la guerre, contre la volonté du roi.

Il faudrait pouvoir parler, raconter la longue histoire, s'attarder ou résumer selon les réactions du royal interlocuteur — s'expliquer enfin !... Il faudrait être à Versailles et l'on est à Ruffec.

Trois jours après la mort de Louis XV, Charles adresse à son successeur une lettre accompagnée d'une note succincte. Prévoyant sans doute l'accablement du roi sous le fardeau qui lui échoit, il élude l'historique d'un service vieux de vingt-huit ans et centre l'exposé sur son rôle personnel. Il rappelle sa réticence à entrer dans le travail secret (deux ordres successifs de Louis XV, et le second péremptoire, pour l'y contraindre) ; son accession à la tête du service pour la simple raison que le prince de Conti avait décidé de se retirer ; sa proposition, non retenue, de mettre au fait le duc de Choiseul, alors principal ministre, puis d'Aiguillon, quand celui-ci avait reçu le portefeuille des Affaires étrangères. En somme, le Secret n'a existé et perduré que par la seule volonté du feu roi. Voilà pour l'accusation d'intrigue. Nous accompagnons Charles de Broglie depuis assez longtemps pour le savoir inattaquable de ce côté-là. La suite est plus friable. Après avoir évoqué la persécution dont il a été victime de la part de la comtesse du Barry et du duc d'Aiguillon, Charles de Broglie explique son exil par le désir de Louis XV de le protéger des remous de l'affaire de la Bastille... La très raide lettre à d'Aiguillon qui scandalisa le Conseil ? Elle n'a été qu'un prétexte saisi pour préserver le Secret en mettant son chef à l'abri. Charles croit en apporter la preuve en rappelant qu'il est resté honoré de la confiance du roi défunt jusqu'à la veille de sa maladie. C'est oublier le partage si dommageable au service que pratiquait Louis XV : le monarque punissait sans états d'âme quand on avait commis une faute dans un autre domaine (Tercier) ou manqué à ses ministres (Broglie), mais, chef suprême du Secret, il n'entendait pas pour autant que le service cessât de fonctionner.

La note se termine par quelques explications techniques. Elles sont nécessaires, car les rapports des agents et des ambassadeurs initiés vont continuer d'arriver comme devant à Versailles. Charles de Broglie indique le rôle de l'intendant des postes et responsable du Cabinet noir, d'Ogny, qui remettait directement au roi les lettres portant certaines adresses ; celui de Guimard, garçon du château, de qui lui-même les recevait pour exploitation ; celui enfin de Dubois-Martin et de ses aides pour le déchiffrement et la rédaction des extraits qui remontaient ensuite au roi, avec les projets de réponse rédigés par Charles.

D'Ogny doit dès à présent avoir des lettres reçues pendant la maladie du feu roi. « Il paraît convenable que Sa Majesté veuille bien lui donner l'ordre de les lui remettre à elle-même ; elle jugera ensuite ce qui lui convient d'en faire. » Quant aux papiers secrets conservés par Louis XV, et dont Guimard doit savoir où ils sont serrés, il serait bon de les mettre en sûreté sous peine « d'exposer les personnes qui ont eu part au secret du feu Roi et qui pourraient se trouver compromises vis-à-vis des ministres pour y être restées fidèles ». Nous retrouvons là le souci habituel de Charles pour ses gens.

Le texte s'achève par une phrase dénuée d'emphase : « Le comte de Broglie supplie Sa Majesté de lui pardonner la longueur de cette note, devenue indispensable pour lui faire connaître la position où il se trouve depuis vingt-deux ans, et les raisons qui le mettent dans la nécessité de s'adresser directement à elle pour avoir ses ordres, ne pouvant les recevoir par la voie des ministres sur un objet qui ne leur est pas connu. »

La note est du 13 mai. La veille, Louis XVI a pris la première décision importante de son règne.

*
* *

Le 10 mai, à trois heures et quart de l'après-midi, Louis et
Marie-Antoinette apprirent qu'ils régnaient par « un bruit terrible
et absolument semblable à celui du tonnerre » : c'était le troupeau des courtisans galopant à travers les galeries du château
pour se prosterner devant les nouveaux maîtres. On dit qu'ils
trouvèrent le jeune couple à genoux, les mains jointes, répétant
l'un après l'autre : « Mon Dieu, protégez-nous, nous régnons trop
jeunes. » On dit que Louis XVI s'écria : « Quel fardeau ! Et l'on
ne m'a rien appris. Il me semble que l'univers va tomber sur
moi. » La maladie présentait un danger plus immédiat que la
chute de l'univers. Il fallait déguerpir, fuir le château méphitique
où rôdaient les miasmes de la petite vérole. (« Petite vérole ?
Rien n'est petit chez les grands », avait déclaré le duc d'Ayen,
beau-père de La Fayette et courtisan exemplaire.) À cinq heures,
Louis et Marie-Antoinette montèrent en carrosse et partirent pour
le château de Choisy. Dans la même voiture s'entassaient les
deux frères du roi, les comtes de Provence et d'Artois, ainsi que
les deux sœurs de Savoie qu'ils avaient épousées et dont on disputait si la sottise l'emportait chez elles sur la laideur. Marie-
Thérèse, comtesse d'Artois, qui ne parvenait pas à apprendre le
français, détendit au moins l'atmosphère en écorchant si drôlement un mot que toute la carrossée éclata d'un de ces rires ner-
veux qui fracassent parfois la tension des veillées funèbres.

Par une inconcevable imprudence, Mesdames Tantes suivaient
dans un autre carrosse. On fuyait Versailles pour se préserver de
la contagion, et Louis XVI ne verrait pas les ministres avant neuf
jours parce qu'ils avaient approché le feu roi pendant sa maladie,
mais Adélaïde, Victoire et Sophie, qui s'étaient tenues avec un
vrai courage au chevet de leur père, avaient obtenu de Marie-
Antoinette d'être du voyage de Choisy. Le roi avait cédé. Il
aimait ses tantes, puisqu'elles avaient aimé son père.

Le soir même, Louis XVI reçut Sartine, lieutenant général de
police. Il avait été en relation avec lui après le drame qui avait
tant assombri son mariage, quatre ans plus tôt : lors d'un feu
d'artifice tiré à Paris, un mouvement de foule dégénérant en folle
panique avait fait cent trente-deux morts, piétinés ou étouffés.
Au dire de Sartine, qui soupa au retour de Choisy chez ses
amis Dufort de Cheverny, le roi l'embarrassa beaucoup en lui
avançant un fauteuil. Il lui posa quelques questions sur l'état
d'esprit de Paris (l'enchérissement du pain causait du souci), puis
« il avait débondé son cœur en disant que n'ayant aucune expé-

rience, il voulait qu'il lui enseignât une personne capable de le diriger, et qu'il la prendrait volontiers de sa main ». Déconcerté, Sartine promit de rendre réponse le surlendemain. Ses amis se récrièrent : il fallait arriver « ferré à glace » et saisir la fortune par les cheveux. Sartine avait laissé passer l'occasion d'être Premier ministre. Dommage pour le comte de Broglie. Sans être formellement initié au Secret, Gabriel de Sartine avait tant travaillé à sortir le service de ses deux crises les plus graves — les arrestations consécutives aux folies de d'Éon et l'affaire de la Bastille — qu'on pouvait le considérer comme un agent à part entière. Le lieutenant de police parvenu au pouvoir, c'était le salut presque assuré pour l'exilé de Ruffec. Mais le roi, partageant l'estime générale pour un homme qui tenait son Paris comme jamais personne avant lui, a-t-il voulu procéder à autre chose que ce qu'on nommerait aujourd'hui une consultation ?

Le 11 mai, il arpente en méditant les jardins de Choisy. « Toute la cour, écrit le prince de Montbarey, attendait avec frémissement mêlé de crainte quel parti allait prendre Louis XVI ; et dans ce moment, peut-être, le jeune Roi était l'homme le plus embarrassé de son royaume. » Le désarroi ne fait aucun doute. « Nous sommes épouvantés de régner si jeunes, écrit Marie-Antoinette à l'impératrice-reine. Ô ma bonne mère, ne ménagez pas vos conseils à vos malheureux enfants... » Et à son frère Joseph : « La mort du Roi nous lègue une tâche d'autant plus effrayante que M. le Dauphin est resté tout à fait étranger aux affaires, le Roi ne lui en parlant jamais. Nous avions beau nous attendre à l'événement devenu inévitable depuis deux jours, le premier moment a été atterrant, et nous n'avions pas plus l'un que l'autre de parole. Quelque chose me serrait la gorge comme un étau ; vous dire combien nous avons été bouleversés serait impossible. Le Roi est tout à fait remis et fait bonne contenance par devoir, mais toute cette fermeté-là ne tient pas, et après avoir écrit des lettres et donné des ordres, il ne peut s'empêcher de venir de temps en temps pleurer avec moi ; j'ai des moments de frisson, j'ai comme peur, et lui me disait tout à l'heure qu'il était comme un homme tombé d'un clocher. »

Le 12 mai, Louis XVI prend sa plume et rédige cette lettre : « Monsieur, dans la juste douleur qui m'accable et que je partage avec tout le royaume, j'ai pourtant des devoirs à remplir. Je suis roi : ce seul mot renferme bien des obligations, mais je n'ai que vingt ans. Je ne pense pas avoir acquis toutes les connaissances nécessaires. De plus, je ne puis voir aucun ministre, ayant tous été enfermés avec le Roi dans sa maladie. J'ai toujours entendu parler de votre probité et de la réputation que votre connaissance profonde des affaires vous a si justement acquise. C'est ce qui m'engage à vous prier de vouloir bien m'aider de vos conseils et de vos lumières. Je vous serai obligé, monsieur, de venir le plus tôt que vous pourrez à Choisy où je vous verrai avec le plus grand plaisir. »

À qui songe-t-il en écrivant ces phrases d'une modestie touchante ?

Choisy demeure *terra incognita* pour les historiens. Il est certain que le roi eut des entretiens avec sa tante Adélaïde, logée en compagnie de ses deux sœurs dans une dépendance du château. Sur le rôle de Marie-Antoinette, on ne sait rien. Mercy-Argenteau lui avait recommandé de ne pas intervenir. Selon quelques contemporains, Adélaïde possédait une sorte de testament politique de son frère, qu'il lui avait confié peu avant sa mort et où il donnait la liste des personnages dignes à ses yeux d'accéder aux affaires. À Choisy, elle l'aurait soumise à son neveu. Soulavie, chroniqueur d'une crédibilité médiocre, a prétendu la reproduire dans ses *Mémoires historiques et politiques*. Nous nous étonnons d'y trouver en bonne place le cardinal de Bernis, créature d'une Pompadour que le feu dauphin et ses sœurs appelaient « Maman putain ». Machault est lui aussi couvert d'éloges, alors que le fils et les filles de Louis XV, chefs du parti dévot, l'avaient combattu avec acharnement quand il avait tenté de soumettre le clergé à l'impôt.

À en croire certains, c'est à Machault que Louis XVI destinait sa belle lettre. Machault que son grand-père appelait « l'homme selon mon cœur » et qui, en établissant l'égalité fiscale, pouvait sauver la monarchie. Louis XV ne s'en était séparé qu'avec chagrin : jamais lettre d'exil ne fut si douce que celle qu'il adressa au ministre qu'on le contraignait à disgracier. Toujours selon certaines chroniques du temps, le courrier galopait déjà pour porter la missive du petit-fils à Machault quand la perte d'un éperon le contraignit à revenir à Choisy. Entre-temps, Louis XVI avait changé d'avis, cédant à une ultime offensive d'Adélaïde : le nom de Maurepas remplaça celui de Machault.

Sans doute trop belle pour être vraie, l'anecdote reste si lourde de sens qu'elle méritait d'être inventée. Le choix engage le règne. Machault a des idées, une vision politique, un programme, et, même à soixante-treize ans, l'énergie pour les imposer. Machault signifie la hache dans les abus, l'égalité fiscale imposée, les finances royales restaurées. C'est aussi l'affrontement aux privilèges et les convulsions qui ne manqueront pas d'en résulter.

Maurepas, c'est la facilité.

Jean-Frédéric Phélypeaux, comte de Maurepas, issu d'une famille totalisant au fil du temps neuf secrétaires d'État, avait lui-même commencé sa carrière ministérielle à l'âge tendre de quatorze ans : le Régent souhaitant se débarrasser du père, secrétaire d'État de la Marine, Saint-Simon lui avait suggéré d'adoucir l'éviction en nommant le fils à sa place... Le duc de La Vrillière géra le département jusqu'à ce que le jeune Maurepas eût atteint ses vingt-cinq ans. Il fit un ministre ni meilleur ni pire que les autres et ne pouvait au demeurant faire davantage, la marine se trouvant réduite dans le budget à la portion congrue. Petit, maigrichon, mais très soigneux de sa personne et toujours admirablement mis, il possédait au suprême degré l'art de la conversation et était tenu pour l'un des plus brillants causeurs d'un siècle qui en comptait beaucoup. Avec cela, de l'intelligence, une grande facilité dans le travail, l'habileté de ne pas ennuyer Louis XV avec des détails, trop d'égoïsme pour nourrir des amitiés ferventes ou susciter des haines inextinguibles, l'esprit vif et le cœur sec, un scepticisme touchant au cynisme et pas une idée générale à se reprocher. Cet homme de cour fait pour une carrière ministérielle heureuse avait cependant sa faille : les favorites.

Nul ne sait pourquoi il haïssait Mme de Châteauroux, dont on a dit le rôle dans la création du Secret, à la fois par amitié pour le prince de Conti et parce qu'elle ne cessait de tarabuster Louis XV pour qu'il fît enfin le roi. La favorite, ignominieusement chassée de Metz lors de la maladie de son royal amant, fut rappelée après la guérison. Elle obtint la satisfaction de recevoir sa lettre de rappel des mains de Maurepas, qu'elle appelait aigrement « le comte Faquinet ». Elle tomba aussitôt malade et mourut en quelques jours. Selon la mode versaillaise, on murmura que la lettre était empoisonnée. L'accusation fit sourire ceux des adversaires de Maurepas qui le connaissaient bien : la légèreté de l'homme n'était pas compatible avec l'assassinat.

Il ne détesta pas tant la marquise de Pompadour, mais appréciait les épigrammes, chansons et estampes répandus à foison pour la moquer ou l'insulter. Sa verve caustique et son entrain à rimer lui firent attribuer la paternité de plus d'un morceau dont il se contentait de rire en le découvrant. Mais il avait alors la maison du roi dans ses attributions, avec la surveillance de Paris, et, plutôt que de s'en amuser, il lui revenait de tarir la source de ce flot bourbeux. La Pompadour, sachant le peu de zèle qu'il y apportait, quand ce n'était pas une active complicité, l'appelait « le président de la boutique ». Elle obtint son renvoi à la suite d'un poème particulièrement crasseux qui lui était attribué et qu'aucune femme ne peut lire sans nausée ; un prêtre en était l'auteur.

Maurepas et sa femme partirent pour Bourges sans éclat ni drame intime (« le premier jour je fus piqué ; le lendemain, je fus consolé »), et menèrent une existence sage et discrète qui leur valut, après sept ans de Berry, la permission de s'établir sur leur terre de Pontchartrain, à quatre lieues de Versailles, et celle d'aller à Paris à leur convenance ; seule la cour leur restait fermée. Fortunés, ils recevaient beaucoup et agréablement, se tenaient informés de tout sans paraître se mêler de rien, et les ministres faisaient volontiers un saut à Pontchartrain pour consulter sur quelque problème épineux un retraité rompu aux affaires[1].

À soixante-treize ans, Maurepas va donc redevenir ministre cinquante-neuf ans après l'avoir été pour la première fois : performance sans précédent et qu'on n'imagine pas près d'être dépassée. Il revient aux affaires sans plus de projets qu'auparavant, souple, disponible, l'œil gai et le persiflage à la bouche. Mais, après tout, pourquoi pas ? Un si jeune roi peut trouver des ressources dans ce dictionnaire vivant de la politique du siècle. Il doit d'abord se familiariser avec l'appareil d'État : Maurepas le connaît mieux que personne pour l'avoir si longtemps pratiqué. Le vieux courtisan blasé ne risque pas d'être le moteur du règne commençant, mais il peut faire un efficace initiateur. La lettre d'appel évoque enfin la probité : celle de Maurepas n'a jamais été mise en doute.

---

1. À voir Charles de Broglie conserver sa vitalité dans son deuxième exil, Choiseul rester menaçant dans le sien et Maurepas traverser gaiement vingt-cinq ans de disgrâce, le lecteur doit se dire que la règle de la dissolution dans l'exil ne comporte guère que des exceptions : c'est que l'Histoire oublie vite la foule des naufragés et ne retient que les quelques rares personnalités qui, soit pugnacité, tels Choiseul et Broglie, soit frivolité, comme Maurepas, ont réussi à surmonter l'épreuve.

En le choisissant, Louis XVI prend son monde à contre-pied. Qui eût imaginé qu'il irait ressusciter la momie de Pontchartrain quand tant de quinquagénaires piaffaient à la porte du pouvoir ? Le duc de Croÿ note dans son journal que l'arrivée de Maurepas à Choisy « parut un songe ». C'était, pour les choiseulistes, un cauchemar, car l'homme élu par le roi tenait au ministère en place par plus d'un lien de parenté. Mme de Maurepas était la tante du duc d'Aiguillon, qu'elle aimait beaucoup. Elle était aussi la sœur du vieux duc de La Vrillière, secrétaire d'État de la Maison du roi. Maurepas avait enfin un cousinage avec le chancelier de Maupeou. Aussi Croÿ conclut-il raisonnablement : « On peut juger que les actions de sa famille s'en haussèrent ; aussi ne parla-t-on plus du renvoi des ministres, auquel on s'attendait, pour avoir été tous adonnés à Mme du Barry, que le Roi et la Reine actuels n'avaient cessé de détester, ainsi que tout ce qui s'était adonné à elle. »

Pour les Broglie, le maintien en place de d'Aiguillon annule toute espérance d'avenir.

*
* *

Charles l'éprouva en recevant, datée du 23 mai, la réponse du roi à sa note : « Guimard m'a remis très exactement vendredi dernier votre lettre. M. d'Ogny avait demandé à me parler samedi : il m'a remis les lettres en chiffres ; je les ai ouvertes pour voir comment était le chiffre, n'en ayant jamais vu. Il a été fort étonné que j'eusse déjà appris cette correspondance, mais il m'a assuré qu'il ne savait ni d'où elle partait, ni où elle allait. J'en ai trouvé deux sans chiffres, y en avait-il qui fussent écrites comme cela ? Je vous renvoie les lettres par la même voie avec le paiement du mois de mai. Vous pouvez garder votre bureau jusqu'au mois de juillet, où je vous ferai donner des ordres plus clairs. Mais renvoyez-moi le chiffre et soyez sûr du secret le plus impénétrable. Pour votre exil, monsieur, je m'informerai des raisons qui ont décidé le Roi et je vous rendrai justice. »

C'est vague et dépourvu de chaleur. Au moins le néophyte sait-il à présent à quoi ressemble un chiffre. D'évidence, il entend rester sur une prudente réserve. « Je vous ferai donner des ordres plus clairs. » Par quel ministre ? Le revenant Maurepas ou le persistant d'Aiguillon ? L'oncle ou le neveu ? Quant à l'exil, dont le nouveau souverain pourrait accorder la levée comme une grâce de joyeux avènement, il perdure jusqu'à plus ample informé. Mais qui va fournir les informations ? D'Aiguillon a son dossier tout préparé.

Louis XVI assure le comte de Broglie du « secret le plus impénétrable ». Il est si vite pénétré que, le 16 juin, Marie-Thérèse écrit à Mercy-Argenteau : « Quelque contente que je suis des sentiments que le Roi témoigne jusqu'ici à ma fille, je ne crois pas encore assez connaître son caractère pour pouvoir y faire fond. L'ordre qu'il a donné à Broglie de continuer la correspondance secrète, en lui assignant à cet effet dix mille écus, fournit matière à bien des réflexions. » L'ordre reste très limité dans le temps — jusqu'à juillet — et les écus sont destinés à payer les traitements échus, mais le fait demeure que l'impératrice-reine a été informée dans les plus brefs délais d'une décision que le roi voulait confidentielle. De Marie-Antoinette à Mercy-Argenteau, une filière autrichienne est à l'ouvrage au cœur du nouveau pouvoir. Marie-Thérèse s'exagère cependant la menace Broglie. Le 25 mai, elle a écrit à Mercy que, de tous les partis en présence, le leur lui paraissait le plus puissant, ajoutant : « Si les Broglie l'emportaient, je me doute que nous y trouverons notre compte[2]. » La froideur dont témoigne le roi envers l'exilé de Ruffec devrait la rassurer. Exposé à ce mauvais vent, un autre réduirait la toile et mettrait en panne. Il ne s'agit en somme que d'un mauvais moment à passer en attendant le pardon royal qui interviendra forcément lorsque le contentieux du précédent règne aura été réglé. Ce n'est pas la manière du comte de Broglie. L'adversité le stimule. Nous ne l'aurons vu défait et pitoyable que pendant les dernières semaines de l'existence de Louis XV : l'affaissement d'esprit du monarque, qui lui faisait perdre le fil des événements, avait de quoi désespérer l'homme le moins accessible au découragement.

Le 30 mai, Charles reprend l'offensive avec une très longue lettre au roi. L'offensive ? Il commence par désamorcer une bombe à retardement qui l'inquiète visiblement beaucoup.

---

1. L'impératrice-reine usait d'un français parfois incertain. La phrase signifie évidemment : « ... je doute que nous y trouverions notre compte. »

Louis XVI a évoqué deux lettres non chiffrées. Deux agents du Secret écrivent parfois en clair : Desrivaux, consul général à Raguse, et d'Éon, qui signe alors ses lettres du pseudonyme William Wolff. Le spectaculaire chevalier a exaspéré Louis XV par ses incartades. Le tapage fait autour de son sexe ne peut que scandaliser le prude Louis XVI. Quant à Maurepas, il est le beau-frère du duc de Nivernais, ancien ambassadeur à Londres, sous lequel d'Éon a servi et qu'il a mortellement offensé en publiant à travers l'Europe les lettres privées dans lesquelles l'ambassadeur ridiculisait son successeur et « ami » Guerchy. C'est dire si le nouvel homme de confiance du roi doit être animé contre le chevalier... « J'imagine, écrit Charles, qu'il est possible que Votre Majesté en ait entendu mal parler, et qu'ainsi elle pourrait être étonnée de le trouver compris dans le nombre des personnes honorées de la confiance du feu Roi. » Le plaidoyer ordinaire suit un bref rappel de sa carrière : « Cet être singulier (puisque le sieur d'Éon est une femme) est, plus que bien d'autres encore, un composé de bonnes qualités et de défauts, et il pousse l'un et l'autre à l'extrême. Il sera nécessaire que j'aie l'honneur d'entrer à ce sujet dans de plus grands détails vis-à-vis de Votre Majesté, lorsqu'elle aura pris un parti définitif sur la correspondance secrète. J'ose en attendant prendre la liberté de la supplier de ne pas se déterminer entièrement sur son compte sans avoir permis que je misse sous ses yeux mes respectueuses observations à cet égard. »

D'Ogny ? Vendu à la du Barry et à d'Aiguillon. Or, « dans une place comme celle-là, il faut absolument un homme qui ne soit qu'à son maître ». Et, avec un aplomb imperturbable, du fond de son exil, Charles propose pour successeur à l'intendant des postes et chef du Cabinet noir son ami Durand, pilier du service, « d'autant plus qu'il pourrait servir à mettre de l'ordre dans les papiers secrets de Votre Majesté et lui procurerait toutes les connaissances qu'elle désirerait d'acquérir ». Si Sa Majesté ne retenait pas Durand, « elle a sous la main un valet de chambre que je ne connais que de nom. C'est M. Thierry, de la probité duquel tout le monde parle bien. »

D'Aiguillon ? Acharné à la perte du chef du Secret. « Cela me fait espérer qu'elle [V.M.] daignera puiser dans d'autres sources que celles de ce ministre les notions qu'elle se propose de prendre sur les causes de mon exil. »

Mercy-Argenteau ? Non seulement il a servi les desseins du duc d'Aiguillon, mais la reine elle-même doit, à cause de lui, tenir Charles pour hostile à l'alliance autrichienne. « Si j'étais dans l'opinion qu'il fût utile à vos intérêts de rompre cette alliance, je ne balancerais pas à le dire à Votre Majesté ; je ne craindrais pas même de le dire à la Reine elle-même... Elle ne me ferait sûrement pas un crime de dire ce que je pense ; mais j'ose espérer que Votre Majesté voudra bien me servir d'avocat auprès de son auguste épouse lorsqu'elle connaîtra toute ma conduite. »

Pour finir, l'habituel quitte ou double d'un homme ennemi des prudences. Le roi doit prendre connaissance personnelle de la correspondance secrète, car Broglie ne peut envisager de la confier à des ministres hostiles. « C'était, Sire, pour assurer ce dépôt et constater les objets d'une correspondance multipliée pendant vingt-deux ans, que j'avais pris la liberté de la supplier de me permettre de me rendre à ses pieds ; mais si les preuves que j'ai l'honneur de lui envoyer de ma fidélité, de mon innocence, et de la persuasion même que le feu Roi en avait, ne lui paraissaient pas suffisantes, j'oserais lui proposer de me rendre de Ruffec à la Bastille, où je resterais jusqu'à ce qu'elle eût pris les éclaircissements les plus étendus sur ce qui me regarde. » Alternative envisageable : « Si Votre Majesté craignait de commencer son règne par un acte qui eût l'air de la sévérité, quoique je le reçusse comme une faveur, elle pourrait seulement me permettre de me rendre à Paris, sans m'accorder encore la grâce que je désire le plus vivement, qui est de pouvoir mettre à ses pieds l'hommage de mon respect et de mon obéissance. J'y serais au moins à portée de recevoir et d'exécuter ses ordres ; je pourrais rassembler tous les papiers et documents de la correspondance secrète que j'ai mis en différents dépôts, de peur qu'on ne les fît enlever chez mon secrétaire. »

Un post-scriptum incendiaire : « Au moment où cette lettre allait partir, j'en reçois, Sire, plusieurs de Paris où l'on me mande comme une nouvelle publique que M. d'Aiguillon répand que Votre Majesté doit aller à Versailles *pour chercher*, dit-il, *une correspondance de dix-huit ans de M. le comte de Broglie avec le feu Roi* ; et sur cela il se répand en plaisanteries sur l'utilité dont elle m'a été. Il paraît que ce ministre veut tâcher d'ébruiter encore cette correspondance, soit pour en dégoûter d'avance Votre Majesté, soit pour lui persuader que c'est par moi qu'elle est connue. J'espère qu'elle daignera me rendre justice à ce sujet. J'ai gardé le silence du temps du feu Roi, quoique ma justification fût attachée à dévoiler le secret ; et je le garderai tant qu'elle l'ordonnera. Quant à ces papiers, j'ignore si Sa Majesté [Louis XV] a gardé dans ses armoires tous les papiers, mémoires, cartes et plans que je lui ai fait passer : il y en a de l'année 1765 ou 1766 sur l'Angleterre, avec des cartes renfermées dans de longues boîtes de fer-blanc. Ces objets devraient être renfermés bien précieusement. Si M. le duc d'Aiguillon pouvait les avoir, il les communiquerait peut-être à mylord Stormont pour gagner toutes les cours étrangères, ce dont il est fort occupé... »

Les mémoires de 1765-1766 concernent le projet de descente en Angleterre et les longues boîtes en fer-blanc contiennent les cartes dressées à cet effet par l'officier du génie Louis-François de La Rozière, agent du service. Soupçonner d'Aiguillon de vouloir livrer ce matériel explosif à lord Stormont, ambassadeur d'Angleterre, témoigne d'une haine bien compréhensible. L'écrire carrément au roi, c'est raide.

Un détail. Dans son billet, Louis XVI ordonnait : « Renvoyez-moi le chiffre. » Étourderie ou calcul délibéré (mais avec quel objectif ?), Charles de Broglie s'en abstient. Dans les deux cas, c'est imprudent.

*
* *

Tandis que Broglie piaffe à Ruffec, Vergennes se morfond à Stockholm.

La Suède ne lui avait jamais plu. Il y faisait trop froid pour un homme qui avait vécu quatorze ans dans la douceur de Constantinople. L'hiver 1773, le thermomètre descendit à 21 au-dessous de zéro. Il souffrait de la gravelle, c'est-à-dire de calculs rénaux. Le grand succès obtenu en coopérant puissamment au coup d'État du jeune Gustave III s'estompait avec le temps. Le roi de Suède, bien loin de tenir les promesses éclatantes du début de son règne, se dissipait et dressait contre lui l'opinion. Charles de Vergennes rêvait toujours de la Suisse, où il eût aimé finir sa carrière. Le comte de Broglie, son protecteur, s'exaspérait de cette aspiration démissionnaire à « prendre des Invalides » qu'il jugeait fort prématurées. Mais Vergennes persistait. Il rappelait à son ministre, d'Aiguillon : « J'ai eu l'honneur de vous confier, monsieur le duc, avant de quitter Paris, le point de vue qui pourrait faire le terme honorable de mes travaux et me procurer un repos qui ne me dévouerait pas à l'inutilité. Je vous prie de vouloir bien ne pas m'oublier lorsque l'ambassade de Suisse pourra vaquer. En attendant, je m'appliquerai à la mériter. » On savait bien la raison de sa prédilection : point de cour en Suisse, et donc la possibilité d'y emmener sa femme, qui n'aurait pas à être officiellement présentée. Son obscure extraction avait empêché sa venue à Stockholm. Vergennes ne s'y résignait pas. Il aimait son Annette. Il lui écrivait des lettres tendres et parfois désolées au point de plonger la pauvre femme dans les angoisses. « Si la possession de mon cœur peut faire le bonheur du vôtre, vous devez être heureuse. Il est à vous sans autre partage que celui que vous voulez bien permettre en faveur de nos enfants qui sont le lien et l'objet de notre tendresse. » « Sans autre partage » ? Le personnel de l'ambassade ricanait sur une grande dame suédoise à laquelle l'ambassadeur « rendait des soins ». Mais cette comtesse de Bielke, amie intime de Catherine de Russie, était en correspondance assidue avec la czarine, de sorte que Vergennes obtenait d'elle de précieuses informations sur la politique de Saint-Pétersbourg, dont on ne savait que trop la volonté de faire de la Suède une seconde Pologne.

Il demandait depuis longtemps un congé. Encore ne serait-ce qu'un baume provisoire. S'il devait ensuite revenir à Stockholm, « le seul adoucissement que je prendrai la liberté de vous demander est qu'il me soit permis d'avoir ma famille auprès de moi. Elle me serait nécessaire pour résister à l'ennui dévorant de ce séjour. » Toujours hypocrite, d'Aiguillon lui écrivit le 28 janvier 1774 : « Vous êtes le maître de fixer la date de votre congé », ajoutant cependant que « Sa Majesté est bien persuadée que vous ne quitterez la Suède que lorsque vous y croirez votre présence inutile à ses affaires, ce qu'elle ne peut prévoir dans la crise où est le Nord actuellement ». Dans son style inimitable qui pousse le respect de la hiérarchie jusqu'à la dévotion, Vergennes répondit le 24 février : « Monsieur le duc, je sens, dans toute leur étendue, les bontés que vous daignez me confirmer ; elles seront, dans tous les temps, ma consolation et ma gloire, et elles ne me laissent à désirer que de pouvoir les justifier convenablement et vous marquer toute l'énergie de la reconnaissance la plus respectueuse dont mon cœur est pénétré. »

Coincé.

À l'ambassade, l'atmosphère était à la morosité. On y avait très vite vérifié que la réputation d'économie dont jouissait Vergennes depuis Constantinople n'était pas usurpée : « Lorsqu'on prenait une allumette dans le cabinet de M. de Vergennes pour allumer à son feu une bougie, écrit son secrétaire Barthélemy, il ne permettait pas qu'on ne conservât pas le reste de l'allumette, observant qu'elle pouvait encore servir. Il tenait sous la clef son papier et ses plumes, et lorsque j'avais à lui en demander pour le service, ce qui arrivait très souvent, il avait la patience de traverser plusieurs chambres pour en aller chercher. » À Constantinople, on pouvait aisément passer sur ces petites ladreries, car l'ambassadeur, homme heureux, exerçait une autorité bienveillante sur ses collaborateurs. À Stockholm, le chagrin de la séparation des siens s'aggravant au fil des mois et des années, son humeur devenait franchement insupportable : « Un ton toujours dur, toujours sec, un caractère bilieux, violent et triste, une taciturnité continuelle, des sourcils presque toujours froncés, une grande facilité à mortifier et à dire des choses désagréables. » Équitable, Barthélemy ajoute : « Il est vrai qu'on est très éclairé, très instruit ; j'en fais mon profit autant qu'il est possible. »

La mort inopinée de Louis XV bouleversa Vergennes. « Les larmes sont venues à propos et m'ont soulagé ; mais la désolation est au fond de mon cœur. Je sens toute la douleur de cette perte. Je perds un bon maître, qui m'honorait de quelque bonté et de quelque estime. » On peut ici croire à sa sincérité : il écrit à sa femme, qui vit recluse en Bourgogne.

L'avènement de Louis XVI fragilisait des forteresses politiques et sociales, fouettait des ambitions tenues jusqu'alors sous la bride, laissait enfin tout craindre ou tout espérer. L'ambassadeur de France en Suède bornait assurément ses vœux à l'obtention d'un long congé, avec peut-être, si la fortune se montrait propice, l'espérance plus lointaine de jeter enfin l'ancre dans sa chère Helvétie.

Un courrier arriva à Stockholm au milieu d'une de ces nuits de juin qui sont là-bas si courtes. Vergennes dormait. On le réveilla. Il lut, écrit de la main du roi, le souhait qu'il acceptât la charge de secrétaire d'État des Affaires étrangères. Fidèle à lui-même, « il nous dit, raconte Barthélemy, que la circonstance valait la peine de nous faire prendre du café moka qu'il avait apporté de Constantinople et qui n'avait pas encore vu le jour depuis trois ans qu'il était à Stockholm ». Puis il s'enferma plusieurs heures pour réfléchir avant de donner sa réponse.

Il a cinquante-six ans. Une vie trop sédentaire l'a ralenti et alourdi : teint couperosé, bajoues, double menton, petit bedon. Malade, il n'aspire qu'au repos. Il voudrait pouvoir jouir des félicités conjugales et se consacrer à l'éducation de ses deux garçons. Au lieu des Invalides tant souhaitées, on lui propose la charge écrasante de la politique extérieure de la France.

Le 26 juin 1774, il quitte Stockholm pour Versailles.

Pour la première fois de son histoire, le Secret a l'un des siens au pouvoir.

II

À Choisy, face à ce roi en âge d'être son petit-fils qu'il rencontrait pour la première fois, Maurepas avait tâté le terrain avec circonspection. Qu'attendait-on exactement de ses talents ? Louis XVI avait commencé par lui dire qu'il l'appelait parce que le duc de La Vauguyon, qui avait dirigé son éducation, disait du bien de lui, ajoutant aussitôt qu'il ne faisait aucun cas des avis de La Vauguyon, ce qui était déconcertant.

Le madré Maurepas fit l'éloge du cardinal de Fleury, dernier Premier ministre en titre. Le roi se renfrogna. On lui avait appris à se méfier des Premiers ministres. Quant à Marie-Antoinette, elle avait été dûment chapitrée par sa mère et par Mercy-Argenteau : « Le métier d'un Premier ministre en France a toujours été d'intercepter et de détruire le crédit des reines. » Après bien des détours (la conversation dura cinq quarts d'heure), Maurepas proposa une formule souple : « Si vous le trouvez bon, je ne serai rien vis-à-vis du public. Je ne serai que pour vous seul. Vos ministres travailleront avec vous. Je ne leur parlerai jamais en votre nom et je ne me chargerai point de vous parler pour eux. Suspendez seulement vos résolutions dans les objets qui ne sont pas de style courant ; ayons une conférence ou deux par semaine et, si vous avez agi trop vite, je vous le dirai. En un mot, je serai votre homme à vous tout seul et rien au-delà... Si vous voulez devenir vous-même votre Premier ministre, vous le pouvez par le travail et je vous offre mon expérience pour y concourir... — Vous m'avez deviné, répondit le roi : c'est précisément ce que je désirais de vous. »

Un Mentor, en somme. Maurepas serait ministre d'État sans portefeuille. Il aurait cependant la préséance dans le Conseil, car l'ancienneté ne se perdait jamais et le royaume ne possédait aucun autre sujet qui présentât une ancienneté ministérielle de soixante ans. Louis XVI l'installa à Versailles dans un petit appartement situé juste au-dessus des siens, auquel on pouvait accéder par un escalier intérieur. Il avait été celui de la du Barry. C'était éminemment symbolique : l'ennemi des favorites prenait la place de la dernière en date, et la vertu supplantait le vice. On donnait à M. et Mme de Maurepas les surnoms de Philémon et Baucis tant ils formaient jusque dans leur grand âge un ménage uni. Mais on ne les avait jamais appelés Roméo et Juliette, car, à la cour comme à la ville, on tenait pour acquis que l'impuissance de Maurepas remontait à plus loin encore que son entrée dans le ministère. La coïncidence était bien un peu fâcheuse dans un moment où l'on faisait des gorges chaudes de l'impuissance du roi. Le Mentor à peine nommé, des vers courent Paris et Versailles :

> *Maurepas revient triomphant*
> *V'là ce que c'est que d'être impuissant.*
> *Le roi lui dit en l'embrassant :*
> *Quand on se ressemble*
> *Il faut vivre ensemble...*

Ainsi la dynastie française jouait-elle de malchance : au grand-père dont les fureurs érotiques avaient tant scandalisé succédait un petit-fils qui donnait à rire en restant puceau après quatre ans de mariage...

Invité quasi permanent dans le petit appartement, causant politique avec Philémon, jouant aux cartes et au loto avec Baucis : l'abbé de Véri. Il descendait par sa mère du « brave Crillon » aimé d'Henri IV, par son père d'une famille de vieille noblesse florentine fixée dans le Comtat Venaissin depuis le XVᵉ siècle. Après des études en Sorbonne, Véri avait été nommé grand vicaire à Bourges. Il y était arrivé trois semaines avant les Maurepas. Entre l'abbé de vingt-cinq ans et le disgracié presque quinquagénaire, tous deux en pénitence, s'était nouée une amitié qui devait durer jusqu'à la mort du second. Ils avaient chaque jour une conversation où Maurepas tenait supérieurement le rôle du causeur, et l'abbé celui d'auditeur émerveillé par un aîné dont il comparait la tête à un dictionnaire. Puis Véri avait voyagé, envisagé sans excès de passion une carrière diplomatique, était parti en fin de compte pour Rome, où il avait siégé dix ans au tribunal ecclésiastique de la Rote. Il s'était beaucoup ennuyé dans ce « travail dégoûtant », excédé par les finasseries procédurières et l'éloquence narcotique des avocats, mais il y avait amassé en bénéfices une fortune suffisante pour mener grand train à son retour en France : carrosse à six chevaux et douze domestiques, dont un maître d'hôtel, un rôtisseur, un pâtissier. C'était un ecclésiastique comme on n'en trouve guère qu'en ce siècle : anticlérical, mais sans fanatisme, philosophe, grand admirateur de Voltaire et de Rousseau, trop amoureux de ses aises pour les sacrifier à l'ambition, honnête homme au demeurant, voulant le bien mais sceptique sur l'humanité. Aussi longtemps que durera le Mentor, Véri sera là, tapi dans l'appartement sous les combles, observateur lucide des êtres et des choses. Il est la providence des historiens, car, s'il ne connaissait pas tout, il en savait beaucoup et tenait son journal avec un souci de vérité qui n'a jamais été pris en défaut.

De tempérament affirmé, Mme de Maurepas gouvernait son mari. Véri lui-même notait : « Si l'on pouvait réunir dans un seul individu l'esprit du mari et le caractère de la femme, on ferait le meilleur de tous les ministres possibles. » Mais l'abbé gouvernait Mme de Maurepas. La formule du prince de Montbarey, familier du trio, se trouve reprise en substance dans la plupart des chroniques du temps : « M. de Maurepas ne fait rien sans consulter sa femme et Mme de Maurepas n'agit que suivant les conseils de l'abbé de Véri. »

Avec de tels appuis, le duc d'Aiguillon pouvait espérer sauver sa tête. Véri l'estimait, sa tante l'aimait, son oncle ne le détestait pas. Le Mentor plaida sa cause auprès du roi, soulignant que l'on ne pouvait rien lui reprocher sur le plan ministériel : « Je le sais qu'il fait bien, s'exclama Louis XVI en frappant sur sa table, et c'est ce qui me fâche !... Mais la porte par laquelle il est entré ! Et les troubles que sa haine a occasionnés ! » La porte, c'est évidemment la du Barry. On l'a exilée dans un couvent où sa gentillesse lui a conquis toutes les nonnes.

Le roi diffère sa décision. Chaque jour qui passe ranime l'espérance du double ministre de la Guerre et des Affaires étrangères.

Marie-Antoinette règle le problème en un tournemain.

*
* *

Rousse

Elle a dix-neuf ans. Les uns la trouvent bien faite et d'autres non. Au passif, les yeux globuleux, le nez un peu trop busqué, la lippe Habsbourg. À l'actif, un teint éblouissant et des cheveux magnifiques. Mais, à la détailler, on manque l'essentiel : c'est une femme qui ne s'apprécie que dans le mouvement. Vive, gracieuse, la démarche souverainement élégante, elle plaît.

Elle ne savait rien en arrivant en France et n'en sait guère davantage quatre ans après. Aucune instruction. Elle écrit mal : sa « grande maîtresse » rédigeait au crayon ses pages d'écriture et elle n'avait plus qu'à repasser avec la plume. Elle a appris le français mais oublié l'allemand. Les livres l'ennuient, au désespoir de l'abbé de Vermond, que Choiseul a envoyé à Vienne pour lui dégourdir l'esprit et qui l'a suivie à Versailles en qualité de lecteur. Sa mère comptait en faire l'instrument efficace de la politique autrichienne. Mais la politique l'assomme. « Une tête à vent », constatera son frère Joseph II ; « une tête vide », notera bientôt l'abbé de Véri. Les seules questions qui la passionnent sont des questions de personnes. Une offense, réelle ou imaginaire, mobilise chez elle une énergie farouche. Il lui faut à tout prix tirer vengeance. Elle est alors capable de ruse et de dissimulation. La victoire obtenue, elle passe à autre chose et oublie. Au contraire de la mère, guerrière politique avec des objectifs à long terme et une stratégie pour les atteindre, la fille est une duelliste : combats brefs et sans merci pour le point d'honneur. Du pouvoir elle n'aime que la menue monnaie.

Longtemps les historiens français ont cru que les secousses qu'elle imprimait à Versailles étaient machinées à Vienne. La publication de la correspondance secrète entre Marie-Thérèse et Mercy-Argenteau a dévoilé une réalité plus complexe. S'agissant, par exemple, de d'Aiguillon, l'impératrice-reine ne souhaite nullement son renvoi. Elle le juge « doué de peu de génie, de talent et de crédit ». Il a assisté sans broncher au dépeçage de la Pologne. C'est un partenaire commode. Sa fille, imperméable à ces considérations, ne voit en d'Aiguillon que l'ami de la du Barry, l'homme dont on lui a rapporté les insolences. Elle a eu raison de la favorite — « la créature » — , qui ne demandait qu'à bien vivre avec elle comme avec tout le monde, mais dont la chair glorieuse et comblée était un affront permanent pour une femme frustrée. Marie-Antoinette veut à présent la tête de d'Aiguillon. Elle enveloppe le roi, l'obsède, obtient satisfaction. Maurepas laisse faire, estimant sans doute que la solidarité familiale a ses limites. Il jugeait son neveu « incompatible dans les opérations en commun, incapable de concerter des plans généraux qui fussent exempts de personnalité et d'aigreur particulière, inquiet et inquiétant par un espionnage fréquent sur celui-ci ou sur celui-là, et plein d'humeur au fond dans les contradictions que ses vues et ses désirs pouvaient éprouver... ». Charles de Broglie ne pense pas autrement, qui fut l'ami de d'Aiguillon, l'aida de son mieux dans ses périlleuses tribulations judiciaires et reçut en remerciement l'affaire de la Bastille. Pourquoi le Mentor compromettrait-il sa position pour un neveu qui ne jouera jamais que son jeu personnel ? Il se borne à adoucir la sanction.

D'Aiguillon démissionne, ce qui vaut mieux que d'être renvoyé. On lui donne cinq cent mille livres. Il peut enfin rester à Paris, car Maurepas convainc le roi de renoncer à la règle séculaire d'exiler les ministres disgraciés — une coutume, remarquait-on à Vienne, qui n'était plus pratiquée qu'en Turquie et en France.

Mercy-Argenteau se désole. « Faute de pouvoir résister à sa petite animosité, écrit-il à Marie-Thérèse, la Reine seule a opéré le renvoi du duc d'Aiguillon, qui sans cela serait resté en place. Il suit de là une grande preuve du crédit de la Reine, mais j'ai été affligé de l'usage qu'elle en faisait, premièrement parce que cela était dicté par un esprit de vengeance, et secondement parce que la rancune n'avait pas cédé à des raisons où l'intérêt de Votre Majesté se trouvait impliqué. »

Sa vengeance assouvie, Marie-Antoinette se désintéresse du choix du successeur.

Étrangement, le roi n'accorde pas grande importance à la place de secrétaire d'État des Affaires étrangères. « Comme je ne veux pas me mêler des affaires des autres, déclare-t-il avec candeur à Maurepas, je ne compte pas qu'ils viennent m'inquiéter chez moi. » Le Mentor songe au baron de Breteuil. Il a longtemps été choiseuliste, ce qui lui a coûté sous Louis XV l'ambassade de Vienne, mais l'affaire de la Bastille a révélé son appartenance au Secret et l'exilé de Chanteloup ne lui pardonne pas d'avoir servi sous le comte de Broglie. On évoque aussi Vergennes, qui a incontestablement réussi à Stockholm comme à Constantinople.

Si la fameuse liste du père de Louis XVI a réellement existé, elle ne pouvait que favoriser Vergennes. Selon Soulavie, il bénéficiait de cette appréciation : « M. de Vergennes est dans les ambassades ; il a un esprit d'ordre, sage et capable de conduire une longue affaire dans les bons principes. » Pour Mercy-Argenteau, le rôle de Thierry, parent de l'ambassadeur et valet de chambre du roi, fut déterminant. C'est ce Thierry que Charles de Broglie proposait au roi pour remplacer l'intendant des postes d'Ogny, ajoutant qu'il ne le connaissait « que de nom ». Quand notre comte suggère un candidat en spécifiant qu'il n'a aucune liaison directe avec lui, c'est presque toujours qu'un lien indirect le met dans ses intérêts : sans doute n'ignorait-il pas la parenté du valet de chambre avec Vergennes.

L'abbé de Véri eut son importance. Le jour du choix, il dînait chez les Maurepas. La balance penchait pour Breteuil. L'abbé l'avait rencontré à Vienne en 1757. La morgue du baron l'avait exaspéré. On le disait d'ailleurs fourbe et dévoré par l'ambition. « Vous voulez, dit-il à Maurepas, l'union dans le ministère et vous avez senti le malheur de la mésintelligence sous Louis XV. Pouvez-vous être assuré de cette harmonie avec un caractère ambitieux et intrigant ? Je sais qu'il passe pour avoir plus de talent que M. de Vergennes : soit ! Quoique je doute qu'il en ait de véritable. Mais la droiture de M. de Vergennes vous rassure contre le défaut d'harmonie… Vous trouverez chez lui une grande connaissance de détails, un travail assidu et la droiture d'intentions. »

Ce qui décida Maurepas, comme tant d'autres nominations allaient le démontrer, c'est la solitude mondaine de Vergennes et sa réputation méritée de modestie. N'ayant jamais vécu à la cour, il n'y connaissait personne. Le défaut de naissance de sa femme le fragilisait. Montbarey exprime cet isolement dans une formule jolie et cruelle : « Il était à la cour comme une plante exotique. » On lui accordait de l'assiduité dans le travail, mais avec les talents mesurés d'un commis. Au total, un homme qui devrait tout au Mentor et ne risquait pas de cabaler contre lui.

Frivole autant qu'on voudra, immuablement persifleur, disposé à tous les accommodements, Maurepas revenait au pouvoir habité par une volonté inébranlable : mourir ministre.

À l'annonce de la nomination de Vergennes, Choiseul fit rire en se lamentant avec humour : « J'ai toujours très bien traité les filles ; il y en a une que je néglige [la du Barry] : elle devient reine de France ou à peu près… Les ambassadeurs, on sait ce que j'ai fait pour eux sans exception, hormis un seul. Mais il y en a un qui a le travail lent et lourd, que les autres méprisent, qu'ils ne veulent plus voir à cause d'un ridicule mariage ; c'est M. de Vergennes et il devient ministre des Affaires étrangères ! »

Le roi décide tout seul pour le secrétariat d'État de la Guerre, que d'Aiguillon dirigeait conjointement avec les Affaires étrangères. Ce fut le comte du Muy. Enfant, il avait été le menin de son père, c'est-à-dire son compagnon de jeu, puis un confident intime. Sur son lit de mort, le dauphin, montrant son cœur, avait dit à du Muy : « Vous n'êtes jamais sorti de ce cœur-là. » Gouverneur de la Flandre, il passait pour le plus honnête homme du royaume. Louis XV lui avait déjà proposé le département de la Guerre ; il avait refusé pour n'avoir pas à rendre hommage à la du Barry. Borné, attaché aux principes et ennemi des nouveautés, il vient de se marier, à soixante ans, avec une demoiselle de Blanckarth, âgée de quarante-deux ans, qu'il aime depuis longtemps mais que des « raisons particulières » l'empêchaient jusqu'alors d'épouser, de sorte que le pouvoir et l'amour viennent en même temps couronner sa tête chenue.

*
* *

Ruffec renaît.

Louis du Muy est depuis toujours l'ami des Broglie. Au cours de la guerre de Sept Ans, les deux frères ont même sacrifié le bien de l'État à l'amitié (complaisance chez eux rarissime, mais en l'occurrence payée très cher en vies humaines) en le faisant nommer lieutenant général dans l'armée du maréchal, où il remplaçait Saint-Germain, démissionnaire pour incompatibilité d'humeur. Or, si du Muy avait été héroïque à Fontenoy dans un poste subalterne, il n'avait pas l'étoffe d'un général, et Victor-François de Broglie s'en doutait. Il ne tarda pas à se faire pincer à Warburg dans une vilaine embuscade dont il se dégagea à grand-peine en y laissant six mille de ses dix-huit mille hommes. Des officiers écrivirent à Paris : « La retraite de M. de Saint-Germain a coûté bien des larmes et celle de M. du Muy bien du

sang. » Le lecteur se rappelle peut-être que le vaincu eut l'ingénuité de s'étonner de ne pas être félicité par Versailles[1]. Les six
mille cadavres lui étaient apparemment légers. Mais on le savait
plus bête que méchant.

Avec du Muy à la Guerre, Charles de Broglie possède un
solide soutien dans le ministère.

Pour la nomination de Vergennes, c'est évidemment autre
chose… Comment Charles n'apprendrait-il pas avec un pincement de cœur son élévation à la tête de la diplomatie française ?
Cette place-là, il l'ambitionnait et s'y préparait depuis si longtemps… Sans doute eut-il une pensée pour Jean-Pierre Tercier,
son ami et alter ego dans le service. Ensemble, aux jours heureux, ils avaient rêvé à ce qu'ils feraient lorsque le roi se déciderait à tirer le chef du Secret de la coulisse pour l'installer au
Conseil. Mais Tercier était mort, Louis XV avait préféré le duc
d'Aiguillon, et son successeur choisissait Vergennes. Les
grandes espérances devront-elles désormais se conjuguer au
passé ? Pour se dépêtrer du présent, Vergennes représente en tout
cas, comme du Muy, un atout maître. Il appartient au Secret
depuis dix-neuf ans. Au contraire d'un Breteuil, qui a travaillé
pour le service par obéissance obligée à la volonté royale mais
sans s'y investir vraiment, Vergennes a pleinement joué le jeu.
Partant pour Constantinople, il avait emmené avec lui, en qualité
de secrétaire, un Pierre Tercier de Lancy, parent de Jean-Pierre
Tercier. Il était allé en Suède avec Jacques Chrétien et son fils
Marie-Nicolas, agents du service. À peine revenu de Stockholm,
il va chercher et trouver dans les bureaux un certain Moreau,
apparenté lui aussi à Tercier, dont il fera « son secrétaire intime
et son censeur ». Sans le Secret, il ne serait plus rien depuis des
années. C'est Charles de Broglie, et lui seul, qui a relancé sa carrière naufragée après son rappel de Constantinople par Choiseul.
Vergennes ne peut l'oublier. Même ses pires détracteurs lui
reconnaissent une qualité : la fidélité. Au plus fort de l'affaire de
la Bastille, quand la tourmente semblait devoir tout emporter, il a
écrit à Charles de Broglie pour l'assurer qu'il ne flancherait pas,
quoi qu'il advînt.

Sa nomination est du 6 juin. Le même jour, Louis XVI a pris la
plume pour répondre à la lettre par laquelle Charles de Broglie

1. Cf. Le Secret du Roi, tome 1, p. 515.

lui proposait de se constituer prisonnier à la Bastille. Si le comte n'avait appris l'élévation de Vergennes et de du Muy en même temps qu'il recevait la missive royale, nul doute que le contenu de celle-ci l'aurait consterné : « Après avoir mûrement observé sur ces correspondances, écrivait Louis XVI, j'ai vu qu'elles ne servaient à rien et même pouvaient être nuisibles au bien de mon service. Ce n'est pas pour M. d'Aiguillon (car il n'est plus rien), mais en général : cela barre toujours le ministre des Affaires étrangères, s'il n'est pas au fait, et c'est un sujet de tracasserie, s'il est au fait. De plus, je n'ai pas entendu parler du chiffre que je vous avais dit de m'envoyer. Je vous enverrai le paiement du mois de juin pour dernier paiement ; après cela vous romprez votre cabinet, et j'exige de vous, non seulement le secret sur cette ancienne correspondance, mais même de brûler toutes les pièces qui peuvent y avoir trait : ce sera une précaution qui ne peut que vous être utile, et, en vous acquittant sincèrement et ne vous mêlant plus d'aucune affaire, vous mériterez de pouvoir revenir à la cour. »

C'est donc fini. Au terme de vingt-huit ans d'existence, le Secret ferme boutique. Gageons que Charles garde l'œil sec : trop de désillusions et trop de tracas. Le jugement sans appel du jeune roi sur l'inutilité du service, il l'a lui-même prononcé plusieurs fois à l'intention de son grand-père. Mais le ton de la lettre est outrageant. Le roi le traite en vulgaire intrigant à qui l'on accorde avec mépris la grâce de détruire par le feu la trace de ses méfaits. « Je ne peux me dissimuler, répondra Charles le 14 juin, que ma réputation a été cruellement compromise, surtout ces derniers temps, par les imputations d'intrigue dont j'ai été accablé. Il m'est impossible de n'en pas trouver la preuve dans la propre lettre dont Votre Majesté m'a honoré le 6 de ce mois. Je vois qu'elle regarde comme une précaution utile pour moi de brûler tout ce qui a trait à cette correspondance... » Que Philémon et Baucis ne l'aiment pas et le desservent auprès du roi, Charles peut en être assuré : sur tout ce qui le concerne, c'est d'Aiguillon qui s'exprime par leur bouche. Mais il fournit aussi des verges pour se faire fouetter. Qu'en est-il du chiffre que le roi réclame pour la deuxième fois ? La mauvaise volonté de Charles ne peut que produire un fâcheux effet. On en trouve l'écho chez Véri, qui n'hésitera pas à noter dans son journal cette calomnie évidemment insinuée par Maurepas : « Le comte de Broglie n'a pas encore rendu ce chiffre au Roi, quoiqu'il en ait obtenu vingt mille francs de pension pour rendre les papiers de sa correspondance. »

Jeter au feu les archives du Secret ? Il n'en est pas question. Elles peuvent être utiles à l'État, notamment l'énorme documentation amassée pour le projet de descente en Angleterre. Elles constituent surtout la sauvegarde du comte de Broglie, la preuve qu'il n'a rien fait sans l'*approuvé* du feu roi. « Loin de regarder comme un avantage de brûler tous les papiers de la correspondance secrète, je regarderais comme le souverain des malheurs d'y être condamné... J'ai besoin, Sire, de témoins irréprochables de ma conduite passée... » Dans un mémoire joint à sa lettre, Charles développe son plaidoyer. Un « vil intrigant » aurait-il pu faire travailler sous sa coupe un Vergennes, un Breteuil, un Saint-Priest, un Durand ? « Le choix que le Roi vient de faire du premier pour ministre des Affaires étrangères et la réputation excellente et méritée dont jouissent aussi les trois autres, suffiraient seuls pour prouver au Roi qu'il ne se traitait pas des choses suspectes par ce canal, et qu'ainsi le comte de Broglie n'était pas à la tête d'une bande de bas et plats intrigants, mais qu'il avait l'honneur de diriger un travail suivi par les ministres les plus capables et les mieux famés qu'on puisse connaître. » Pour eux aussi, les archives sont une sauvegarde. Il faut donc les rassembler, puisqu'elles sont actuellement dispersées, et Charles propose de les remettre au nouveau secrétaire d'État des Affaires étrangères, qui effectuera le tri nécessaire. Que le roi n'ait pas le temps de plonger dans ce monceau de papiers, c'est une évidence : il lui propose donc de désigner des ministres pour les examiner et faire leur rapport. Il suggère le maréchal de Soubise, qui, ministre d'État sans portefeuille, siège toujours au Conseil. C'est courageux, car l'animosité de Soubise contre les Broglie n'a jamais varié depuis leurs sanglantes querelles de la guerre. Avec lui, du Muy, sur qui un Broglie peut au contraire compter. Et pourquoi pas Maurepas lui-même ? « Il verrait avec plaisir que M. le comte de Maurepas fût joint à ces deux ministres pour examiner sa conduite, et il ne craindrait pas que ses liaisons de parenté avec M. le duc d'Aiguillon pussent influer sur l'équité du jugement qu'il en porterait, sur lequel sa probité et ses lumières ne lui laissent aucune inquiétude. »

Ragaillardi, Charles n'hésite pas à user d'un ton auquel les rois de France ne sont pas habitués. Il réclame « l'avantage de finir d'une manière décente le travail dont il était chargé », et donc de prévenir lui-même ses agents de la dissolution du service en leur communiquant le témoignage de la satisfaction royale. Le problème des pensions doit aussi être réglé, car « il est apparent que le Roi, dont la bienfaisance, la bonté et la justice sont connues, ne voudra pas les retirer ». Quant aux codes, anciens et actuels, il souhaite qu'ils « ne soient remis qu'à M. de Vergennes, et brûlés par lui ».

Il demande enfin la levée de son exil à la fois pour des raisons politiques (il lui faut aller à Paris pour rassembler les archives) et parce que sa disgrâce n'est pas justifiée. Si ses examinateurs le trouvent coupable au terme de leur travail, qu'on le condamne à un « exil éternel » ! En attendant leur verdict, Sa Majesté « sentira sans doute qu'en laissant subsister la disgrâce où je gémis depuis tant de temps, elle me flétrirait aux yeux de toute l'Europe… ». Les années passent et les exils se suivent sans ébranler la conviction broglienne que « toute l'Europe » a le regard fixé sur la famille la plus intéressante de France.

L'avant-veille, 12 juin, un autre exilé, dont l'Europe se préoccupe infiniment plus que du comte de Broglie, a fait à Paris un retour triomphal.

*
* *

C'était naturellement l'ouvrage de Marie-Antoinette.

Elle gardait gratitude à Choiseul d'avoir fait son mariage. Il était par excellence l'homme de l'alliance autrichienne. Mais, contrairement à ce qu'on croira longtemps, l'impératrice-reine ne souhaitait pas le revoir aux affaires. La fin de l'exil ? à la bonne heure ; mais le retour au pouvoir, sûrement pas. « J'avoue, je le craindrais », confiait-elle à Mercy-Argenteau. Pour être sûre d'avoir été comprise, elle fera écrire à l'ambassadeur par son secrétaire, Pichler, une lettre dépourvue d'ambiguïté : « Quelque bien que Sa Majesté souhaite au duc de Choiseul, elle ne saurait approuver l'intérêt trop marqué que la Reine prend en sa faveur. Sa Majesté est persuadée que, dans la situation actuelle des affaires, un ministre du caractère du duc de Choiseul ne saurait nous convenir, n'étant pas à douter que ni les affaires de Pologne ni celles de la Porte ne se seraient passées tranquillement si le duc de Choiseul s'était trouvé à la tête des affaires. »

Comme pour d'Aiguillon, la reine primesautière n'écouta personne. Soumis à un siège en règle, le roi accorda le retour. Ce fut un événement. La foule était au rendez-vous. Les dames des Halles fêtèrent le glorieux revenant. On jeta des fleurs et des vers dans son carrosse. Une admiratrice inconditionnelle écrit à un ami : « M. de Choiseul a été reçu dans Paris comme Notre-Seigneur à Jérusalem. On montait sur les toits pour le voir passer. » Les choiseulistes exultent : le pouvoir est à portée de main.

Le lendemain matin, réception à la cour, qui se tient au château de la Muette. La reine déploie ses grâces : « Je suis charmée de vous revoir ici. Je suis bien aise de m'acquitter envers vous. Je vous dois mon bonheur. Il est bien juste que vous en soyez témoin. » Le roi prolonge un entretien avec deux courtisans avant de se tourner vers le « cocher de l'Europe » : « Tiens, monsieur de Choiseul ! Vous avez bien engraissé, vous avez perdu vos cheveux… Vous devenez chauve. Votre toupet est mal garni. » Cueilli à froid par ces considérations capillaires, le petit duc invoque la chasse, le grand air, tenus alors pour peu favorables aux cheveux. Le roi tourne le dos.

Au lendemain du camouflet, Choiseul reprenait la route de Chanteloup, invoquant la nécessité de surveiller ses fenaisons. Voltaire écrivit à Mme du Deffand : « J'ai su que M. le duc de Choiseul était revenu à Paris en triomphateur et qu'il était reparti en philosophe. »

L'événement n'était donc pas le retour de l'exilé, mais la révélation d'un aspect méconnu du caractère du roi. On aura bientôt la confirmation que si Louis XVI hésite — et hésitera jusqu'à l'échafaud inclus — sur ce qu'il veut, il sait parfaitement ce qu'il ne veut pas. Il ne veut pas de Choiseul.

Là aussi, le souvenir de son père l'animait. Le feu dauphin s'était durement affronté au Premier ministre de fait. Il combattait l'alliance autrichienne, estimant « qu'elle nous empêchait d'être français ». Chef du parti dévot, il s'était opposé à l'expulsion des jésuites, menée tambour battant par Choiseul pour complaire au Parlement. À cette occasion, il avait organisé (ou laissé monter) une machination assez sotte dont Choiseul s'était tiré sans difficulté. Lors de l'explication qui s'en était suivie, le duc avait eu l'audace de lancer cette phrase inouïe à la face de l'héritier du trône : « Je dois vous dire que je puis avoir le malheur d'être votre sujet, mais je ne serai jamais votre serviteur. »

Quant aux enfants du dauphin et de sa femme, une princesse de Saxe, Choiseul les appelait avec condescendance « les objets de Saxe ». La cour étant ce qu'elle était, une haine si farouche devait, à la mort du dauphin, nourrir la rumeur habituelle : on accusa le duc de l'avoir empoisonné. À Versailles, si l'on ne décédait pas le col rompu par une chute de cheval, la rumeur de poison prospérait, machinale. La veuve l'entretint soigneusement en faisant goûter sa nourriture par ses chiens, ce qui n'empêcha pas, lorsqu'elle mourut à son tour, une nouvelle incrimination du poison ducal. Louis XVI y a-t-il cru ? Y croit-il encore ? Tout en affirmant le contraire, sa belle-mère y croit assez pour demander à Mercy-Argenteau son sentiment sur la question. C'est qu'à Vienne le cardinal de Rohan, ambassadeur de France, inquiet comme tous ceux de sa tribu d'un éventuel retour au pouvoir de l'exilé, se répand en accusations venimeuses...

Le roi ne veut pas de Choiseul.

Pour apaiser son dépit, Marie-Antoinette reçut un joli cadeau : le Petit Trianon.

*
* *

Ruffec pavoise.

D'Aiguillon écarté, c'était la fin des persécutions. Avec Vergennes et du Muy au Conseil, une contre-offensive devenait possible. Choiseul refoulé, l'horizon achève de se dégager. Si la liste attribuée au feu dauphin est véritablement authentique, et si Charles de Broglie avait pu en prendre connaissance, l'appréciation portée sur lui l'eût réjoui : « M. le comte de Broglie a de l'activité et de l'esprit, comme aussi des combinaisons politiques. »

Une troisième lettre du roi, datée du 20 juin, rompt avec le ton des deux premières. Vergennes, retenu par ses audiences de congé, n'ayant point encore quitté Stockholm, il fallait y voir l'influence de l'ami Louis du Muy. « J'ai trouvé chez le Roi, écrivait Louis XVI, comme vous me l'aviez annoncé, plusieurs cartes et papiers que j'ai serrés ; depuis, je me suis informé sur vous et tout ce que j'ai trouvé fait voir que vous aviez fait que ce n'était que par les ordres du Roi[1]. Ainsi je vous permets de revenir à Paris et à la cour à Compiègne. » Fin de l'exil. Quant au vœu exprimé par Charles d'annoncer lui-même à ses gens la dissolution du Secret : « J'approuve d'écrire aux ministres pour leur dire de discontinuer la correspondance. Je vous envoie la formule des lettres qu'il faudra que vous m'envoyiez pour que je les signe. Pour vous, monsieur, dès que vous serez à Paris, vous rassemblerez tous vos papiers pour les remettre à M. de Vergennes et vous reposer après. »

« Vous reposer » ! On voit bien qu'il ne connaît pas le comte de Broglie. Mais bon, l'essentiel est de recouvrer sa liberté et de se voir branché sur le fidèle Vergennes.

Avec l'arrivée de celui-ci à Paris, la situation s'améliore encore. Ni Soubise ni Maurepas ne feront partie de la commission chargée d'examiner la conduite du chef du Secret : elle sera composée des seuls secrétaires d'État de la Guerre et des Affaires étrangères. Autant dire que Charles va être jugé par deux ministres dont l'un, du Muy, le sait incapable d'une fourberie parce qu'il le connaît depuis longtemps, tandis que l'autre, Vergennes, sait trop la mécanique du service pour entretenir le moindre doute sur la loyauté de son chef vis-à-vis du feu roi.

Certains agents ne subsistant que grâce au traitement que leur versait le Secret, une décision sur les pensions ne pouvait attendre le terme des travaux de la commission. Vergennes aidant, personne n'eut à se plaindre, à l'unique exception d'un agent dont le lecteur aura déjà deviné le nom. Liste émouvante que celle que signe Louis XVI le 10 septembre, car elle résume toute l'histoire du Secret. Avec vingt mille livres par an, le mieux loti était André Mokronowski, patriote polonais, l'homme de tous les courages, qui formait avec le comte de Broglie un couple mal assorti pour le physique — lui gigantesque, Charles minuscule — mais uni par la même foi et porté par le même enthousiasme au temps lointain où tous deux luttaient pour une Pologne forte et indépendante. (Au fait, le grand-général Branicki s'étant enfin décidé à mourir, André vient d'épouser Isabelle Branicka, sa maîtresse depuis très longtemps.) La belle

---

1. Contrairement à son grand-père, Louis XVI écrivait clairement et avait même à l'occasion du style. L'embrouillamini de la phrase résulte soit d'un moment de distraction chez le roi, soit d'une erreur de Dubois-Martin, secrétaire du comte de Broglie, qui a recopié la lettre dont l'original s'est perdu.

pension accordée au général Mokronowski, c'était comme une couronne funéraire déposée en expiation sur le tombeau des libertés polonaises. Durand, vétéran du service, recevrait six mille livres, tout comme Dubois-Martin, secrétaire du comte, et La Rozière, qui avait couru tant de risques dans ses périlleuses missions en Angleterre. Hennin aurait trois mille livres. Saint-Priest et trois de ses secrétaires initiés conservaient leur traitement, de même que les époux Monnet. Le fils de Jean-Pierre Tercier gardait naturellement ses deux mille livres. Drouet, à qui les folies de d'Éon avaient valu un séjour à la Bastille, recevait onze cents livres. On passe sur quelques subalternes, tels les Chrétien, père et fils. Le comte de Broglie réussit à faire porter sur la liste Jean-Louis Favier qui, sans avoir jamais appartenu au Secret, avait su ne pas se montrer trop bavard lors de l'affaire de la Bastille; il toucherait six mille livres vouées à enrichir les marchands de vin et les putains.

Bien qu'avec ses douze mille livres il vînt immédiatement après Mokronowski pour l'importance de sa pension, le chevalier d'Éon fut bien entendu le seul agent du service à pousser les hauts cris.

Le 7 juillet, il avait écrit au comte de Broglie une lettre fulminante. Après avoir rappelé les beaux succès obtenus dans son travail de renseignement en Angleterre, il poursuivait : « Je me contenterai de vous dire qu'il est temps, après la perte cruelle que nous avons faite de notre avocat général à Versailles [1], qui au milieu de sa propre cour avait moins de pouvoir qu'un avocat du Roi au Châtelet; qui par une faiblesse incroyable a toujours laissé ses serviteurs infidèles triompher sur ses fidèles serviteurs secrets, et a fait toujours plus de bien à ses ennemis déclarés qu'à ses véritables amis; il est temps, dis-je, que vous instruisiez le nouveau Roi, qui aime la vérité et qu'on m'a dit avoir autant de fermeté que son illustre aïeul en avait peu; il est temps, et pour vous et pour moi, que vous instruisiez ce jeune monarque que depuis plus de vingt ans vous étiez le ministre secret de Louis XV, et moi le sous-ministre sous ses ordres et sous les vôtres; que depuis douze ans j'ai sacrifié en Angleterre toute ma fortune, mon avancement et mon bonheur pour avoir voulu obéir

---

1. Rappelons que, dans le langage codé utilisé par d'Éon pour correspondre avec Broglie et Tercier, Louis XV était « l'avocat général ».

strictement à son ordre secret du 3 juin 1763, et aux instructions secrètes y relatives ; que par des raisons particulières connues uniquement du feu Roi, il a cru devoir me sacrifier en public à la fureur de son ambassadeur Guerchy, à celle de ses ministres et aux vapeurs hystériques de la Pompadour ; mais que sa justice et son bon cœur ne lui ont jamais permis de m'abandonner dans le secret, et qu'il m'a donné au contraire par écrit, de sa propre main, sa promesse royale de me récompenser et de me justifier un jour à venir.

« Quant à vous, monsieur le comte, vous saurez mieux peindre que moi par quelle jalousie, quelle perfidie, quelle bassesse et quelle noire vengeance du duc d'Aiguillon vous vous trouvez encore en exil à Ruffec, sans avoir cessé d'être l'ami et le ministre secret du feu Roi jusqu'à sa mort. Jamais la postérité ne pourra croire de tels faits, si vous et moi n'avions pas toutes les pièces nécessaires pour les constater, et de plus incroyables encore. Si ce bon Roi n'eût pas chassé les jésuites de son royaume et qu'il eût eu quelque Caramonel Saa ou quelque Malagrida pour confesseur, cela ne surprendrait personne, mais, grâce à Dieu, j'espère que le nouveau Roi nous tirera bientôt du cruel embarras où vous et moi sommes encore plongés. J'espère qu'il n'aura pas pour confesseur, ni pour ami, ni pour ministre, aucun jésuite, soit en habit de prêtre, soit en habit de chancelier, soit en habit de duc et pair, soit en habit de courtisan, soit en habit de courtisane. »

Charles de Broglie ne peut qu'approuver *in petto* ces rudes vérités. Le comportement inadmissible de d'Éon envers Guerchy n'enlève rien à la pertinence du jugement qu'il porte sur l'inconséquence et l'ingratitude de Louis XV envers le chef de son Secret. Mais quel ton pour le dire et quelle volée de bois vert pour la mémoire du feu roi ! Comment son petit-fils, qui a lu la lettre avant Broglie, ne s'en trouverait-il pas choqué, voire insulté ? D'Éon, ornement du service avant d'en devenir le tourment, déboule comme un chien dans un jeu de quilles au moment même où les choses prenaient meilleure tournure. Et la pugnacité de sa lettre annonce des revendications dont l'expérience laisse prévoir qu'elles seront rien moins que mesurées.

D'évidence, on n'en a pas terminé avec Londres.

III

Le règne précédent ayant si mal fini, le nouveau ne pouvait que commencer bien. Rares étaient les contemporains — parmi ceux-là, Voltaire et son admirateur Véri — assez informés et lucides pour voir, sous l'écume des péripéties, la vague qui portait le royaume vers la grande prospérité. Des dernières années de Louis XV, le public ne retenait que l'humiliant traité de Paris qui avait sanctionné une guerre conduite en dépit du bon sens, l'assujettissement à l'Autriche, l'abandon de la Pologne, l'impopulaire renvoi du Parlement, l'embarras croissant des finances publiques, lié à une fiscalité inique, et le spectacle navrant d'un roi sexagénaire qui ne fermait le Parc-aux-Cerfs que pour ouvrir son lit à la plus séduisante catin de Paris. La maladie de Louis XV n'avait soulevé aucune émotion ; son dernier voyage à Saint-Denis se fit sous les insultes et les quolibets.

Son petit-fils n'appelait pas le respect mais suscitait l'attendrissement. On aimait l'effroi modeste avec lequel il avait accueilli la couronne, son évidente bonne volonté, une aspiration proclamée à régner vertueusement. Les moqueries sur son aiguillette nouée n'empêchaient pas qu'on s'émût de voir le descendant de tant d'époux désastreux manifester à sa femme un attachement touchant. À Choisy, les premiers jours, Louis et Marie-Antoinette s'étaient promenés bras dessus bras dessous sur la terrasse. (« L'influence de l'exemple sur l'esprit des courtisans produisit un si grand effet qu'on eut le plaisir de voir dès le lendemain plusieurs époux très anciennement désunis, et pour de bonnes raisons, se promener sur la terrasse avec cette même intimité conjugale. ») À la Muette, où le couple royal doit se réfu-

gier, car Mesdames Tantes ont évidemment attrapé la petite
vérole — elles survivront —, c'est encore mieux. « Le bois [de
Boulogne] était plein, raconte le duc de Croÿ. La Reine, jolie
comme le jour, et remplie de grâce, y vint à cheval... Elle ren-
contra le Roi qui se promenait à pied au milieu de tout son
peuple et qui avait renvoyé ses gardes, ce qui avait beaucoup plu.
Elle se jette à bas, il court à elle, l'embrasse au front. Tout le bois
retentit d'acclamations. Le peuple bat des mains. Sur quoi le Roi
lui applique deux bons baisers. » Le choix de Maurepas avait été
trouvé judicieux : tant d'expérience alliée à tant de jeunesse. Les
poètes officiels tricotaient des vers doucereux célébrant le
Mentor et son Télémaque. On frappait même de cocasses
médailles montrant le jeune roi veillé par une Minerve qui avait
les traits de Maurepas... Mais des décisions plus substantielles
nourrissent la popularité. Le tout premier édit royal annonce la
renonciation de Louis XVI au « don de joyeux avènement », qui,
sous un nom charmant, représentait un impôt de vingt-quatre
millions de livres. La reine, de son côté, abandonne le traditionnel « droit de ceinture », autre impôt levé pour la même occasion.
Les vertus bourgeoises d'économie et d'harmonie conjugale
montent sur le trône étonné. Lasse du trop long règne du grand-
père (cinquante-neuf ans), la France accueille avec autant de
plaisir que de soulagement l'avènement d'un petit-fils synonyme
d'avenir. Les gazettes moulinent à l'unisson le même thème :
« Louis XVI semble promettre à la nation le règne le plus doux et
le plus fortuné » ; la poésie se mobilise pour célébrer le porteur
d'espérance :

> *De ton règne naissant, chacun bénit l'aurore ;*
> *Un peuple aimable et doux, pressé d'aimer ses rois,*
> *Au-devant de tes pas vole en foule et t'adore.*
> *L'amour de mille cris ne forme qu'une voix...*

À l'écart de la félicité générale, on ne trouve que la petite bande
de ceux qui ont tout perdu à la mort de Louis XV, avec, au premier rang, la comtesse du Barry, en train de révéler aux religieuses de l'abbaye de Pont-aux-Dames que le vice peut être bien
aimable ; son maquereau de beau-frère, Barry-le-Roué, vivement
parti se mettre à l'abri en Suisse ; le duc d'Aiguillon, retourné à
son vrai métier : remâcher ses rancunes et ourdir sa vengeance ; et
naturellement Pierre-Augustin Caron de Beaumarchais.

Beaumarchais

*
* *

C'est bien la peine de traîner une réputation d'empoisonneur de deux épouses successives, de passer pour le filou le plus adroit du royaume, un escroc, un suborneur de témoin, un maquilleur de testament ; d'avoir ridiculisé le Parlement Maupeou aux yeux de toute l'Europe, comme dirait notre Charles (mais, pour le coup, rien de plus vrai), d'y avoir gagné une immense popularité, puis de résigner cette gloire pour complaire à Louis XV en allant acheter en Angleterre un pamphlet nauséabond écrit contre sa favorite — ah oui ! c'était bien la peine de trouver en soi tant de basse complaisance, une courtisanerie de caniveau, une merveilleuse capacité à pétrir l'immondice, pour se retrouver en fin de compte Gros-Jean comme devant...

Maudite petite vérole. La mort de Louis XV avait assommé Beaumarchais. Il restait condamné, blâmé, autant dire infirme civique. Bien loin de lui valoir la réhabilitation promise, sa mission en Angleterre ne peut que le desservir auprès des nouveaux souverains qui détestent la du Barry. Elle va encore aggraver sa mauvaise réputation auprès de Louis XVI. Quand Marie-Antoinette s'était enthousiasmée pour les célébrissimes mémoires contre Goëzman, son époux l'avait morigénée : « Vous vous intéressez, madame, pour un mauvais sujet. »

Un instant, la flamme de Beaumarchais vacilla. Il craignit pour la première fois de « devenir misanthrope ». Puis il écrivit à son complice londonien Théveneau de Morande, diffamateur de profession, braconnier devenu garde-chasse par la vertu de la pension que Beaumarchais venait de lui obtenir : « Un autre s'en pendrait. Mais comme cette ressource ne me manquera pas, je la garde pour la fin, et, en attendant que je dise mon dernier mot là-dessus, je m'occupe à voir lequel, du diable ou de moi, mettra le plus d'obstination, lui à me faire choir et moi à me ramasser. » Aussi différents que possible par l'origine, le statut social, les rêves, les vertus publiques et les vices privés, Charles de Broglie et Caron de Beaumarchais ont en commun une indestructible énergie.

Un atout dans sa manche : Sartine. Il aime bien les aventuriers. Casanova a bénéficié de son indulgence. Beaumarchais l'inté-

resse et l'amuse. Issu d'une lignée d'épiciers lyonnais, le lieutenant de police doit éprouver une manière de solidarité de classe
avec le fils de l'horloger Caron.

Perdu pour perdu, Beaumarchais double la mise et lance les
dés. Il écrit à Louis XVI :

« Sire, lorsque j'avais l'air de fuir la justice et la persécution au
mois de mars dernier, le feu Roi votre aïeul savait seul où j'étais :
il m'avait honoré d'une commission particulière et très délicate
en Angleterre, ce qui m'a fait faire quatre fois le voyage de
Londres à Versailles en moins de six semaines.

« Je me pressais afin de rapporter au Roi les preuves du succès
de ma négociation, sur laquelle j'avais été croisé de toutes les
manières possibles. À mon arrivée à Versailles, j'ai eu la douleur
de trouver le Roi mourant ; et quoiqu'il se fût inquiété dix fois de
mon retard avant de tomber malade, je n'ai pas pu même avoir la
consolation de lui faire savoir que ses ordres secrets avaient eu
leur entière exécution.

« Cette affaire délicate intéresse Votre Majesté par ses suites,
comme elle intéressait le feu Roi par son existence. Le compte
que je venais lui rendre n'est dû qu'à Votre Majesté. Il y a même
des choses qui ne peuvent être confiées qu'à elle seule. Je la supplie de vouloir bien honorer de ses ordres à cet égard le plus malheureux, mais le plus soumis et le plus zélé de ses sujets. »

Pauvre Louis XVI ! Pauvre bon jeune homme ! À peine porté à
la tête du royaume, et considérant d'un œil forcément effaré la
complexité des affaires de l'État, le voici qui découvre sous son
trône de bien étranges galeries, depuis le vaste réseau creusé par
le Secret jusqu'aux égouts où courent comme des rats les libellistes tenant boutique de diffamation ordurière et les chats équi-
voques, tel Beaumarchais, censés leur donner la chasse...

La lettre est habile. Bien sûr, les vanteries ordinaires : Louis XV
qui se serait inquiété « dix fois » du sort du voyageur... Mais
Beaumarchais lance finement l'hameçon : l'affaire n'est pas
close par la mort du monarque et la mise aux oubliettes de sa
favorite, elle a des suites qui concernent le roi régnant, et ces
suites sont même si graves qu'elles ne peuvent être confiées qu'à
lui seul...

Déception : Louis XVI n'accorde pas l'audience sollicitée
entre les lignes. Une ouverture cependant, puisqu'il charge
Sartine de s'informer. Au lieutenant de police, Beaumarchais
annonce que les libellistes londoniens ont modifié l'angle de tir :

faute de maîtresse à se mettre sous la dent, c'est sur la reine elle-même qu'ils vont pointer leurs batteries. Un libelle sanglant se mijote, qui risque de mettre le feu à l'Europe. Il termine son rapport par une offre de services débordante de zèle : « Tout ce que le Roi voudra savoir seul et promptement, tout ce qu'il voudra faire vite et secrètement, me voilà : j'ai à son service une tête, un cœur, des bras et point de langue. »

Sartine l'expédie à Londres, histoire d'en avoir le cœur net. Qu'est-ce qu'on risque ? Il sera toujours temps d'aviser. Sinistre voyage. La Manche se déchaîne contre un Beaumarchais qui n'a jamais eu le pied marin. Échouage sur un banc de sable au large de la côte anglaise, retour en France dans une coquille de noix sans cesse au bord du naufrage, nouveau départ sur une mer toujours hostile. Après avoir vomi tripes et boyaux, Beaumarchais monte dans une voiture rapide. Un caillou projeté par l'un des chevaux frappe le voyageur à l'œil si violemment qu'il se croit devenu borgne. Un bandeau de pirate sur son œil blessé, les entrailles encore en déroute, Beaumarchais fait à Londres une entrée misérable. Il rend aussitôt visite à son ami lord Rochford, ministre des Affaires étrangères. Ils se sont connus à Madrid, où Rochford était ambassadeur ; leurs duos mélodieux charmaient la société madrilène. Lors de sa précédente mission, Beaumarchais avait obtenu l'accord de son puissant ami pour neutraliser les libellistes français installés à Londres ; du moins s'en était-il vanté à Versailles. Mais Rochford, sollicité, se dérobe. Avec un mépris ostensible, il laisse tomber que, si Beaumarchais se plaît à se charger de pareilles besognes, il ne faut pas compter sur lui pour y donner la main. Le sang aux joues, atteint au cœur par l'affront, Beaumarchais pique du nez sur ses chaussures pour dissimuler sa gêne. Quelle vie !…

Il rebondit et soumet Sartine à un feu roulant de lettres frénétiques. Grâce à Théveneau de Morande, il a identifié l'auteur du libelle : un Anglais nommé William Atkinson. Il a un valet ; Beaumarchais aussi. Le valet du second approche celui du premier et l'achète. Le prix n'est pas doux : cinquante guinées, mais il faut ce qu'il faut. Rendez-vous est pris dans les jardins du Vauxhall. Le valet félon remet à Beaumarchais le manuscrit du libelle, qu'il doit impérativement récupérer avant l'aube. Beaumarchais lit le texte, en recopie les passages les plus chauds, remballe le tout et, à quatre heures du matin, ouvre sa fenêtre et jette le paquet au félon qui attend dans la rue. Sa lecture l'a édifié. Il faut arrêter cela. À Sartine : « Si l'ouvrage voit le jour, la Reine, outrée avec justice, saura bientôt qu'il aurait pu être supprimé, et que vous et moi, nous nous en sommes mêlés... Connaissez-vous quelque femme irritée qui pardonne ?... Elle ne verra que vous et moi, elle fera retomber sur nous toute sa colère... » Il ne demande qu'à agir, mais il a besoin d'un ordre exprès du roi. Au fond, la dérobade de Rochford s'explique : ayant vu son partenaire de chant s'escrimer pour la du Barry, il ne peut pas le croire bien en cour auprès du nouveau roi. Pour simplifier les choses, l'expéditif Beaumarchais rédige l'ordre lui-même : le roi n'aura qu'à recopier. Louis XVI s'exécute sans changer un mot : « Le sieur de Beaumarchais, chargé de mes ordres secrets, partira pour sa destination le plus tôt qu'il lui sera possible. La discrétion et la vivacité qu'il mettra dans leur exécution sont la preuve la plus agréable qu'il puisse me donner de son zèle pour mon service. Marly, le 10 juillet 1774. Louis. »

Par retour de courrier, Beaumarchais marque au roi sa satisfaction dans un style très éloigné de celui dont usent Broglie et ses gens : « Un amant porte à son col le portrait de sa maîtresse, un avare y attache ses clefs, un dévot son reliquaire ; moi j'ai fait faire une boîte d'or ovale, grande et plate, en forme de lentille, dans laquelle j'ai enfermé l'ordre de Votre Majesté, que j'ai suspendue avec une chaînette d'or à mon col. » Le fétiche ne va pas tarder à jouer son rôle.

Et maintenant, au travail ! Après le marchandage habituel, Atkinson accepte de traiter, moyennant mille quatre cents livres sterling. On convient d'une rencontre, la nuit, sur la route d'Oxford. Un carrosse surgit des ténèbres : c'est l'Anglais, accompagné de deux ouvriers imprimeurs qui veillent sur les quatre mille exemplaires. Et le manuscrit ? Atkinson le tend. Beaumarchais s'approche d'une lanterne du carrosse pour l'examiner. C'est une copie. Il le sait pour avoir eu l'original en main. Démasqué, Atkinson remonte dans son carrosse et file chercher la pièce authentique. Il est de retour trois heures plus tard. Au moment de lui faire signer le reçu, Beaumarchais scrute son homme. Noir de cheveux, le teint sombre, il n'a pas le type anglais. Atkinson, confondu, s'avoue Guillaume Angelucci, juif vénitien. Deux précautions valant mieux qu'une, Beaumarchais lui fait signer le reçu de ses deux noms. Feu de joie en rase campagne. Mais ce n'est encore que la moitié de la besogne : on prépare en Hollande une seconde édition du libelle. Elle fait partie du marché. Beaumarchais part le 25 juillet pour Amsterdam où il retrouvera Angelucci.

Le titre du libelle, *Avis à la branche espagnole sur ses droits à la couronne de France, à défaut d'héritiers, et qui peut être même très utile à toute la famille de Bourbon, surtout au Roi Louis Seize,* est à lui seul meurtrier. Après quatre ans de mariage, Louis XVI reste, et pour cause, sans progéniture. Ses frères Provence et Artois se trouvent dans le même cas. Si la feue dauphine, leur mère, a mis au monde trois garçons stériles, la couronne passera, après leur mort, à la branche d'Orléans. Il faudrait alors aux Bourbons d'Espagne beaucoup de retenue pour ne pas revenir sur la renonciation formelle au trône de France consentie par le petit-fils de Louis XIV, Philippe, avant que de monter sur celui d'Espagne. Le lecteur se rappelle peut-être que la perspective, fort inquiétante pour beaucoup de bons esprits, dont Charles de Broglie, avait conduit Louis XV à envisager de reprendre du service en épousant une archiduchesse d'Autriche, sœur de Marie-Antoinette, ce qui eût fait de lui le beau-frère de son petit-fils. Durand, alors en poste à Vienne, avait reçu mission de rendre compte jusque dans le détail des grâces et des défauts physiques de la jeune personne[1]. Ce ridicule projet n'avait pas eu de suite, mais le problème de la succession demeurait et s'aggravait au fil du temps.

L'auteur du libelle assure que Louis XVI n'aura pas d'enfant pour cause d'impuissance. La reine, c'est autre chose. Jeune, coquette, entourée d'ambitieux sans morale, soumise à l'influence de sa mère, de Choiseul et de son lecteur, l'abbé de Vermond, créature de Choiseul, elle peut faire un roi de France avec qui elle voudra. « Comptez que le mal contre lequel je cherche à prémunir tous les intéressés est plus près qu'on ne l'imagine. Comptez surtout que l'État est perdu si le Roi ne prend pas contre l'ambition et la coquetterie de sa femme toutes les précautions que la prudence, la religion et l'amour de la justice doivent lui inspirer… Jeune Roi, puisse cet avis vous parvenir ! Puissent les princes vos frères en prendre une lecture aussi attentive que ces objets le méritent ! Puissent les princes espagnols, par leurs agents secrets, surveiller une princesse dont la première faute leur coûtera la plus belle succession du monde ! »

---

1. Cf. *Le Secret du Roi*, tome 2, p. 290.

Les pamphlets évoquant sans trop se soucier d'exactitude le passé parfois tumultueux des maîtresses du feu roi blessaient leur amour-propre, mais n'atteignaient l'amant que par ricochet. Pour aimer une fille naguère tarifée, on n'en reste pas moins roi de France. Ici, c'est le principe dynastique lui-même, socle sacré de toute monarchie, qui se trouve mis en cause avec une violence rare.

*
* *

En apposant sur son front l'onction du martyre, la fin de Louis XVI continue, deux siècles après, de remuer les derniers monarchistes et d'embarrasser maints républicains. Au moins avait-il une part de responsabilité dans son supplice. Ses jeunes années devraient en revanche lui valoir une compassion sans réserve. L'enfance privée d'amour est aussi scandaleuse dans le palais des rois que dans la plus humble chaumière.

Fait duc de Berry à sa naissance, il exista peu auprès de son frère, le duc de Bourgogne, son aîné de trois ans. Petite brute très douée, d'un orgueil incommensurable (« Pourquoi ne suis-je pas né Dieu ? »), autoritaire, capricieux, Bourgogne enchantait ses parents et la cour par sa beauté, son charme, ses bons mots que l'on répétait à l'envi et que les gazettes publiaient volontiers. Berry n'intéressait personne.

Une anecdote serre le cœur. Une loterie avait été organisée pour les princes et quelques familiers, la règle consistant à offrir le lot gagné à la personne la plus aimée. Bourgogne, Provence et Artois reçoivent maints cadeaux. Berry n'a rien. Quand il tire son propre lot, il le garde. Grondé, il se justifie : « Moi, je sais que personne ne m'aime, je n'aime non plus personne et je me crois dispensé de faire des présents. »

Puis Bourgogne tomba de son cheval en carton ; la chute provoqua à la hanche un traumatisme qui, selon la médecine moderne, dégénéra en tuberculose. Boiterie, fauteuil roulant, chaise longue. On fit passer Berry aux hommes un an avant la date normale pour qu'il tînt compagnie à l'infirme. Il devient son souffre-douleur. Le tyranneau l'accable de brimades et prétend faire son éducation. Bourgogne meurt enfin, après une agonie qu'il a voulu exemplaire. Il n'avait pas dix ans. Désespoir des parents, profonde affliction de Louis XV. Voici Berry héritier du trône après son père. Piètre héritier, en vérité... Il fait figure d'usurpateur. Dans le regard de ses parents posé sur lui, il ne peut que lire la désolation que la mort ait fait le mauvais choix. Son existence n'intéressait pas : on lui en fait à présent le muet reproche. Son gouverneur, La Vauguyon, gros homme détestable, illustration du parti dévot mais plat courtisan de la du Barry, rédige pour lui un *Recueil abrégé des vertus de Monseigneur le duc de Bourgogne* qui sanctifie le disparu.

Son père, dont il vénérera la mémoire, conduit son éducation d'une poigne rigoureuse. On ne lui connaît pas un mot de tendresse pour l'enfant. Cet homme point sot, confit en dévotion, qui affecte de se signer en passant devant les théâtres, trousse le matin à la va-vite des filles procurées par des entremetteurs ; la dauphine ferme les yeux en soupirant.

Lorsque La Vauguyon apprit à Berry que son père, atteint lui aussi de tuberculose, n'avait plus que peu de temps à vivre, le garçon, à qui personne n'avait jamais vu un moment de sensibilité, se présenta devant le moribond les larmes aux yeux. Il ne s'attira qu'une ultime rebuffade : « Eh bien, mon fils, vous pensiez donc que je n'étais qu'enrhumé ?... Sans doute que quand vous aurez appris mon état, vous aurez dit : Tant mieux, il ne m'empêchera plus d'aller à la chasse. » La Vauguyon, imperturbable, rédige l'éloge du défunt pour l'édification de Berry et réussit le tour de force de dépasser en stupidité hagiographique son premier essai. Selon lui, le disparu, encore au berceau, ne sachant pas parler, agitait les bras pour supplier qu'on secourût les pauvres gens... Marie-Josèphe, la veuve, s'abîme dans une douleur théâtrale. Elle vit désormais dans des appartements tendus de noir, éclairés par des bougies jaunes. Rongée à son tour par la tuberculose, se voulant Blanche de Castille, elle occupe ses derniers mois à rédiger un plan d'éducation pour l'enfant qu'elle a oublié d'aimer.

Frédéric de Prusse avait eu sa jeunesse saccagée par un père brutal et implacable. Lorsque ce père fit décapiter sous ses yeux son ami Katte, celui-ci répondit aux « Pardon ! Pardon ! » désespérés que lui lançait Frédéric de la fenêtre de sa prison : « Point de pardon, mon prince, je meurs avec mille plaisirs pour vous. » Exprimé dans un tel moment, un amour de cette force remplit une vie entière.

À seize ans, le futur Louis XVI a-t-il jamais aimé ? Il cultive le souvenir de son père et tombe malade à la mort de sa mère. Sans doute eût-il pu les aimer s'ils avaient bien voulu accueillir son affection. Il admire le roi, son grand-père, mais la vie privée de ce dernier empêche toute effusion. Une chose est sûre : il a le sentiment justifié de n'avoir pas été aimé. Devenu orphelin, la cour, comme ses parents naguère, guette ses pâleurs avec l'espoir qu'il laissera l'héritage du trône à son cadet, Provence, plus intelligent que lui, ou à Artois, drôle et dégourdi.

Marie-Antoinette pouvait l'éveiller : elle le glace. Il sait le mariage organisé par Choiseul, l'ennemi mortel de son père. La Vauguyon, opposé à l'alliance autrichienne, l'a soigneusement mis en garde. La gamine de quinze ans n'entre pas dans ses catégories. Il y a, d'une part, les saintes femmes, telle sa mère, qui a fini dans un mysticisme exalté, ou ses tantes, vieilles filles tournées à la bigoterie qui l'exhortent à la chasteté, et, d'autre part, les luxurieuses comme la du Barry. Qu'a-t-il à faire de la petite Autrichienne ? Il n'en fait rien. Avec le temps, le charme de Marie-Antoinette le dégèlera, le portant à ces marques d'affection diurnes que le bon peuple applaudit au bois de Boulogne. La nuit ? Rien, comme il écrit dans son carnet quand il revient bredouille de la chasse.

Nul doute qu'une meute de psychanalystes lancée à la traque d'un pareil gibier ne rentrerait pas bredouille [1].

Il bande. Le comte d'Aranda, ambassadeur d'Espagne, en informe Madrid : « Ses serviteurs de l'intérieur assurent avoir observé des érections parfaites et fréquentes ainsi que des taches révélatrices dans la chemise [de nuit]. Mais comme on n'a jamais

---

1. Révérence, quoi qu'ils en aient, vis-à-vis d'un monarque, ou bien méfiance envers une spécialité dans laquelle le profane progresse rarement d'un pied ferme, le fait est que la plupart des historiens négligent la clef psychanalytique. Une exception notable : Mme Évelyne Lever, dans son remarquable *Louis XVI* (Fayard). Il faut lire, par exemple, les lignes qu'elle consacre à la cryptophorie, « état d'un être qui porte en lui (dans sa "crypte") le fantôme d'un parent mort : le plus souvent celui d'un frère ou d'une sœur. Enseveli au plus profond de l'être, ce fantôme se repaît de la vie de celui qui l'habite, l'inhibant parfois totalement si l'"hôte" ne parvient pas à l'expulser. » Il s'agit évidemment ici de Bourgogne, à la fois tyran de son jeune frère, image sainte proposée/imposée à son édification, et dont Berry, devant les réactions de l'entourage, ses parents au premier rang, devait considérer qu'il avait, avec infiniment moins de vertus et de talents, usurpé la place.

sérieusement douté de la première indication et que la seconde coïncide avec les notions que j'ai communiquées antérieurement, que la douleur à l'introduction lui faisait éviter des frottements au moment de la plus forte tension, il est possible que l'éjaculation ait lieu à la séparation et que les taches se trouvent en plus grande abondance que ce qui correspondrait à un écoulement résiduel. Ainsi, la présence de ces mêmes taches prouverait le défaut qu'on a soupçonné. »

Un phimosis ? La douleur causée par un prépuce trop contraint dévoierait l'éjaculation royale ? Mais l'inconvénient, connu depuis la nuit des temps, ne résiste pas à un coup de bistouri et Versailles ne manque pas d'excellents chirurgiens. Sur ordre de Louis XV, La Martinière, son premier chirurgien, a examiné le jeune époux quelques semaines après le mariage : il juge une intervention superflue. Même diagnostic rendu plus tard par un collège de médecins : « Seul le défaut de volonté du prince donne lieu à une situation si étrange. » Louis XV, qui sait que son petit-fils « n'est pas fort caressant » et juge « que ce n'est pas un homme comme les autres », l'examine lui-même ; après tout, il possède dans ce domaine-là une manière d'expertise. Peut-être un peu de gêne dans le frein, mais rien de bien grave. (L'humiliation de ces manipulations… Et les questions, les détails exigés par ce grand-père qui réjouit chaque nuit sa jeune maîtresse…) Louis XV meurt et le temps passe sans rien changer à la situation. Leitmotiv des lettres de Marie-Thérèse : Quand va-t-on se décider à l'opération ? Lassonne, médecin de Marie-Antoinette, opine que, sans être nécessaire, l'intervention pourrait être utile. Le médecin de Louis XVI estime « qu'il y a beaucoup d'inconvénients à la faire et autant à ne pas la faire ». Un chirurgien de l'Hôtel-Dieu, appelé en consultation, se range à l'avis de ses confrères. On devine les hommes de l'art soumis à une telle pression qu'ils s'en tirent par des réponses de Normands. Si une intervention pouvait être efficace, hésiteraient-ils à la pratiquer ? Elle est banale et sans danger. Louis XVI a d'ailleurs prouvé qu'il savait prendre des risques en se faisant, ainsi que ses deux frères, vacciner contre la petite vérole un mois après la mort de son aïeul : l'inoculation, comme on disait alors, devenue courante en Angleterre, en Allemagne et en Autriche (Marie-Antoinette est vaccinée), restait considérée en France comme une innovation dangereuse, voire impie, puisque les prêtres assuraient que « la petite vérole, envoyée par la volonté divine, est un fléau auquel on doit se soumettre » — vieille chanson que nous n'avons pas fini d'entendre...

Sainte-Beuve écrira : « Louis XVI n'était pas impuissant, pas plus qu'on est muet pour être bègue ; mais, mari ou roi, il était le même, il n'était que gauche, honteux et empêché. »

Personnes privées, Louis et Marie-Antoinette vivraient une situation conjugale pénible. À la place où ils se trouvent, leur problème devient affaire d'État et farce nationale. Louis XVI se voit la risée de la cour. Il lit les « nouvelles à la main » qui répandent dans Paris spéculations grivoises et moqueries sur son impuissance. Il se sait espionné jusque dans son intérieur le plus intime, son linge examiné, ses draps scrutés par des domestiques achetés. Les dépêches interceptées lui découvrent que les cours d'Europe tiennent le compte minutieux des nuits passées auprès de sa femme. Et comme si ce n'était pas assez de cet espionnage obsédant, des regards railleurs sans cesse posés sur lui, de ces humiliations quotidiennes, voici que le libelle d'Angelucci le fait passer de la situation de mari impuissant à l'état prochain de cocu.

Pauvre homme.

*
* *

Rien de moins furtif que les missions secrètes de Beaumarchais. Continuant d'user du pseudonyme transparent de Ronac, anagramme de Caron, il ne circule pas enveloppé dans une cape couleur de muraille. À Londres, qu'il connaît à présent comme sa poche, il passe aisément du bordel au salon, fait ripaille en joyeuse compagnie, cause politique avec les puissants. Amsterdam le séduit. Il visite les canaux et s'intéresse à l'habitante. Avec Angelucci, exact au rendez-vous, les choses vont bien. Sa docilité enchante même Beaumarchais. Nouveau feu de joie. C'est donc terminé ? Tout recommence. Inquiet de l'absence de l'Anglo-Vénitien au dernier entretien prévu pour mettre le point final à l'affaire, Beaumarchais mène une rapide enquête et découvre que le fourbe file vers Nuremberg où il projette de faire imprimer une troisième édition de son libelle.

Lettre à Sartine : « Je suis comme un lion. Je n'ai plus d'argent, mais j'ai des diamants, des bijoux : je vais tout vendre, et, la rage dans le cœur, je vais recommencer à postillonner... Je ne sais pas l'allemand, les chemins que je vais prendre me sont inconnus, mais je viens de me procurer une bonne carte, et je vois déjà que je vais à Nimègue, à Clèves, à Dusseldorf, à Cologne, à Francfort, à Mayence, et enfin à Nuremberg. J'irai jour et nuit, si je ne tombe pas de fatigue en chemin. Malheur à l'abominable homme qui me force à faire trois ou quatre cents lieues de plus quand je croyais m'aller reposer ! Si je le trouve en chemin, je le dépouille de ses papiers et je le tue, pour prix des chagrins et des peines qu'il me cause. »

On a beau être lieutenant général de police depuis quinze ans, avoir tout vu, tout lu, tout entendu : ce Beaumarchais étonne.

Il traverse la Hollande, tombe malade à Cologne, repart avec la fièvre au corps et toujours « la rage dans le cœur ». Les routes sont affreuses. Le postillon ne parle qu'allemand, mais Beaumarchais a engagé un valet anglais qui connaît cette langue. Soudain, sur la route de Nuremberg, dans la traversée d'une forêt, devant la chaise de poste, « trottinant sur un petit cheval brun, un petit homme coiffé d'une perruque blonde, sous laquelle on devine les boucles frisées d'une chevelure noire ». C'est lui. Angelucci, se voyant pris, s'enfonce sous les arbres. Beaumarchais saute à terre et le rattrape. Courte bagarre. Angelucci a le dessous. Beaumarchais lui arrache sa sacoche : elle recèle l'ultime exemplaire du libelle. Bon prince, il laisse fuir le misérable. Mais un homme aux allures de brigand émerge des profondeurs du bois, un poignard à la main. Il en veut à la bourse du voyageur. Beaumarchais feint d'obtempérer, mais sort son pistolet et le braque sur l'agresseur. Il recule entre les sapins en tenant l'autre en joue. Un cri derrière lui ; il se retourne : un deuxième brigand lui coupe la retraite. Beaumarchais décide de se débarrasser d'abord du premier. Il appuie sur la détente de son pistolet, le coup ne part pas. Il continue d'avancer, la canne haut levée, quand le deuxième agresseur le ceinture et le renverse. « Le premier m'a alors frappé de son long couteau de toute sa force au milieu de la poitrine. C'était fait de moi ; mais pour vous donner une juste idée de la combinaison d'incidents à qui je dois, mon ami, la joie de pouvoir encore vous écrire, il faut que vous sachiez que je porte sur ma poitrine une boîte d'or ovale, assez grande et très plate, en forme de lentille, suspendue à mon cou par une chaînette d'or... » La lame glisse sur l'or. Au lieu d'atteindre le cœur, elle érafle la poitrine et perce le menton de

Beaumarchais. Il se redresse, empoigne la lame, qui lui coupe la paume jusqu'à l'os. Surpris, l'homme lâche son poignard, que Beaumarchais ramasse aussitôt. L'autre brigand s'enfuit. Le premier, dompté, demande miséricorde. Le tuer, Beaumarchais ne peut s'y résoudre. Il veut lui couper sa ceinture pour le garrotter et le ramener à sa voiture. Dans le mouvement, il le blesse aux reins. L'homme est à sa merci. Mais voici que le fuyard revient, « accompagné de quelques scélérats de son espèce ». Fort heureusement, le postillon, inquiet pour son client, est entré dans le bois et « sonne du petit cor que les postillons allemands portent tous en bandoulière ». Le brigand qui avait ceinturé Beaumarchais file à toutes jambes sous le nez du postillon. Les autres se dispersent. Beaumarchais réagit avec sang-froid : « Mon premier soin, quand je me suis vu en sûreté et à portée de ma chaise, a été d'uriner bien vite. Une expérience bien des fois réitérée m'a appris qu'après une grande émotion, c'est un des plus sûrs calmants qu'on puisse employer. J'ai imbibé mon mouchoir d'urine et j'en ai lavé mes plaies. »

L'éraflure à la poitrine ? Bagatelle. En revanche, le menton a souffert. « Il faudra changer mon appellation, et, au lieu de dire Beaumarchais le blâmé, l'on me nommera Beaumarchais le balafré. Balafre, mes amis, qui ne laissera pas de nuire à mes succès aphrodisiaques ! Mais qu'y faire ? Ne faut-il pas que tout finisse ? »

On fait étape, la nuit, à l'auberge du Coq rouge, aux abords de Nuremberg. Stoïque, Beaumarchais ne s'enquiert pas plus d'un médecin que de la police. L'aubergiste, Konrad Gruber, constate cependant que son client ne cesse d'arpenter sa chambre, d'ouvrir et de refermer sa fenêtre, de circuler à travers l'auberge, « comme s'il était atteint d'un dérangement de la tête ». Ce n'est qu'au matin que Beaumarchais porte plainte, mais rapidement, sans vouloir perdre du temps à une comparution officielle. Il s'embarque sur un coche d'eau à six rameurs qui descend le Danube jusqu'à Vienne. Le paysage le charme. Il l'écrit à l'ami Gudin : « Tout ce que je vois est un tour de force en culture… Chacun fait ici de son mieux. » Certes, il souffre beaucoup, mais « que c'est une chose agréable de vomir de gros et longs caillots de sang dans le Danube ! »…

Le 20 août à midi, il est à Vienne. Il se présente au baron de Neny, secrétaire particulier de Marie-Thérèse, à qui il remet une lettre pour l'impératrice-reine : « Madame ! du fond occidental de l'Europe, j'ai couru nuit et jour pour venir communiquer à Votre Majesté des choses qui intéressent votre bonheur, votre repos, et qui, j'ose le dire, vous touchent jusqu'au fond du cœur. Votre Majesté peut juger combien le secret est important ici, par l'irrégularité même de ma démarche auprès d'elle, mais Votre Majesté jugera bien mieux encore combien il est intéressant de ne pas perdre un instant pour m'entendre lorsqu'elle saura que, quoique j'aie été lâchement attaqué par des brigands auprès de Nuremberg, outrageusement blessé par eux et souffrant horriblement, je ne me suis pas arrêté une minute, et que je n'ai pris le Danube pour descendre à Vienne que lorsque l'excès de mes douleurs m'a mis hors d'état de soutenir le cahotement de la poste dans ma chaise. » Il demande « une audience particulière et secrète dont ni vos ministres ni notre ambassadeur ne doivent avoir aucune connaissance ».

Haut-le-corps de Neny : cet hurluberlu balafré et agité croit-il qu'on rencontre aussi aisément sa souveraine ? « Il me prit apparemment, s'offusque Beaumarchais, pour quelque officier irlandais ou quelque aventurier blessé qui voulait arracher quelques ducats à la compassion de Sa Majesté. » En pareil cas, une seule solution : hausser le ton. Le secrétaire, impressionné, transmet la demande à l'impératrice-reine : « Je ne comprends rien, Sacrée Majesté, à cette aventure, mais ce Raunac [*sic*] m'a paru homme de mise, et il a tant insisté sur ce que je présente son billet à Votre Majesté, qu'à la fin j'ai craint de manquer en résistant davantage. »

Marie-Thérèse n'a aucun goût pour les aventuriers. Le billet la laisse de marbre. « Je ne fais guère de cas de toutes ces prétendues révélations. » Elle charge néanmoins le comte de Seilern de voir de quoi il retourne. Seilern, gouverneur de la Basse-Autriche, est son homme de confiance pour les affaires de famille.

Le lendemain, Seilern reçoit Beaumarchais avec la morgue caractéristique de la haute caste autrichienne. Tout change lorsque le visiteur ouvre sa boîte d'or. Sitôt lu l'ordre de Louis XVI, Seilern fourre Beaumarchais dans son carrosse et l'emmène au palais de Schönbrunn.

Une heure plus tard, il est dans le cabinet particulier de l'impératrice-reine face à l'Augustissima.

*
* *

Bien entendu, tout est inventé. Les braillards de village font la joie du cabaret avec leurs innocentes vantardises, mais il faut un culot véritablement colossal pour oser servir un conte de cette force à Marie-Thérèse, à Louis XVI et à un homme aussi bien informé que Sartine.

Le postillon, Johann Dratz, un peu effaré par son étrange client, qu'il prenait d'ailleurs pour un Anglais, avait jugé prudent de faire une déposition. Selon lui, « le gentilhomme » avait sorti de ses bagages un miroir et un rasoir, puis, lui ordonnant de s'arrêter alors qu'ils traversaient la forêt de Leichtenholz, il était descendu et avait disparu sous les arbres. Dratz a pensé qu'il voulait sans doute se raser. Le petit homme coiffé d'une perruque blonde trottinant sur un petit cheval ? Il n'a rien vu de tel. L'attente dure une demi-heure. Le client revient enfin, « la main enveloppée dans un mouchoir blanc ». Il annonce à son domestique, qui traduit pour Dratz, qu'il « avait vu des brigands, mais rien ne lui manquait ». Des brigands ? Le postillon tombe des nues : l'Anglais n'aurait-il pas pris pour des brigands les trois compagnons charpentiers qui sont passés en chantant sur la route, « leurs haches sur l'épaule et leurs bagages sur le dos », pendant son arrêt dans le bois ? Il affiche en tout cas un calme étonnant. On repart. Chemin faisant, Dratz remarque une plaie au cou de son client dont les vêtements sont tachés de sang. Cela devient troublant. Par le truchement du domestique, il propose d'alerter la police de Neustadt qu'on vient de traverser. Le client refuse. Au relais suivant, changement de postillon et de chevaux. Johann Dratz préfère se mettre à couvert en informant l'officier du bailliage de Neustadt. Il dépose devant lui à six heures de l'après-midi. Beaumarchais attendra le lendemain matin pour porter plainte. Dratz déclare n'avoir entendu ni cris ni coups de feu. « Il lui semblait que le voyageur avait dû se faire lui-même des blessures à l'aide du rasoir qu'il a pris avec lui. »

L'avant-veille, sur la même route, le courrier postal avait été attaqué et pillé. On commentait l'événement aux relais et dans les auberges. De là, l'idée de simuler une agression. L'automutilation exige du courage, mais Beaumarchais n'en a jamais manqué. Et il n'a pas le choix. Il se trouve le dos au mur. S'il ne réussit pas à mettre Louis XVI dans sa poche, l'avenir est triste. Quoi de plus convaincant qu'un sujet assez dévoué pour courir les routes, de Londres à Nuremberg en passant par Amsterdam, et qui verse son sang au service de son jeune roi ? Sur le coche d'eau, quoique fiévreux et blessé, Beaumarchais écrit à des amis (Gudin, le président de Roudil) des lettres fort longues relatant son aventure. C'est qu'il n'ignore pas qu'on ouvre les lettres en Autriche encore plus qu'ailleurs : les siennes accréditeront la fable. Alors qu'il dit pis que pendre des territoires sous autorité prussienne qu'il a traversés (chemins affreux, pauvreté partout : ce Frédéric haï par Marie-Thérèse est décidément bien mauvais administrateur), ses lettres exaltent la prospérité du pays autrichien où « chacun fait de son mieux » : Vienne ne pourra qu'approuver l'édifiant contraste. Admirons au passage le recours à l'urine pour désinfecter les plaies : il signe le grand escroc. C'est le genre de détail trivial dont les destinataires des lettres se passeraient aisément, mais, pour cette raison même, il *fait vrai*. Quant au rôle providentiel de la boîte en or, chapeau bas ! Le serviteur zélé prêt à mourir pour son roi et sauvé de l'assassinat par l'ordre même qui l'expédiait aux aventures, il fallait un Beaumarchais pour y penser !

Pourquoi Vienne et Marie-Thérèse ? L'héroïque voyageur pourrait rentrer dare-dare en France, montrer ses plaies, remettre le manuscrit du libelle et recevoir sa récompense. Il double, triple, quadruple la mise en montant sur le coche d'eau. Vertige du joueur ? Coup de folie ? On ne sait. Mais Marie-Thérèse dans son jeu, adieu les soucis ! C'est une femme. La Goëzman exceptée, les femmes ont toujours été du côté de Beaumarchais. Encore Gabrielle Goëzman s'est-elle en fin de compte révélée bien utile contre son juge de mari. Beaumarchais les séduit toutes, de la grisette à la marquise. Il a même enjôlé Mesdames, les filles de Louis XV, pourtant bien cuirassées. Une baronne d'Oberkirch, aussi peu faite que possible pour être séduite par lui, va bientôt débarquer à Paris : elle tombe sous le charme. On lui répète que c'est un vaurien. « Je ne le nie pas », mais elle aime sa « belle figure, ouverte, spirituelle, un peu hardie peut-être » (peut-être ?), et lui trouve bien des qualités. Est-il une seule femme au monde, fût-ce la plus honnête, qui n'ait pas dans son cœur une place pour un chenapan ? Les hommes sérieux, c'est-à-dire tout occupés d'eux-mêmes, sont si ennuyeux.

Pourquoi pas Marie-Thérèse ?

*
* *

Elle fut cette fière cavalière qui, trente-quatre ans plus tôt, quand l'Europe lui disputait son héritage, sauvait l'empire en se ralliant les magnats hongrois conquis pas son intrépidité. Bientôt sexagénaire, le visage joufflu, à la limite de la bouffissure, le corps arrondi par l'âge et seize maternités, toujours habillée de noir, elle est la veuve absolue. Elle porte le deuil de son mari très aimé, François de Lorraine, mort neuf ans plus tôt ; celui de la Silésie que Frédéric lui a volée dans les années quarante et qu'une guerre de sept ans a échoué à lui ramener ; le deuil enfin de son honneur perdu par sa participation au dépeçage de la Pologne, contre son vœu profond, au nom de la raison d'État, mais au prix d'un incessant remords (livrer des catholiques à une Prusse protestante, à une Russie orthodoxe...) et en se donnant au surplus l'odieux de l'avidité dans la prédation, car tant qu'à commettre un péché, autant qu'il soit profitable.

Beaumarchais fait le paon. Elle ignore jusqu'à son nom. Atkinson, Angelucci, Londres, Amsterdam, les brigands de la sapinière, l'infâme libelle, le bonheur et la réputation de la reine de France... Au témoignage de Beaumarchais, Marie-Thérèse l'interrompt parfois, les mains jointes, avec cette question étonnée : « Mais, monsieur, où avez-vous pris un zèle aussi ardent pour les intérêts de mon gendre et surtout de ma fille ? » Il tend le manuscrit du libelle. L'impératrice-reine parcourt ce texte où sa fille est traitée comme on traitait naguère la du Barry. Beaumarchais insiste pour que la police recherche Atkinson-Angelucci à Nuremberg et qu'elle surveille les imprimeries pour empêcher une troisième édition du libelle. Le drôle posséderait donc encore un manuscrit ? Sait-on jamais, avec ces gens-là...

Le plus ébouriffant reste à venir : Beaumarchais propose de procéder à Vienne à une impression expurgée du manuscrit. On y laisserait tout ce qui concerne l'impuissance de Louis XVI, mais les allusions à la légèreté de sa femme et à ses conséquences prévisibles en seraient soigneusement ôtées. Ainsi Beaumarchais rentrerait-il à Versailles avec un texte qui ne risquerait plus de nuire à Marie-Antoinette dans l'esprit de son époux.

Même si Beaumarchais s'abstient de nous le dire, gageons que Marie-Thérèse doit considérer d'un œil rond ce Ronac-Beaumarchais (« Mais, monsieur, quelle nécessité à vous de changer de nom ? ») qui lui suggère tout bonnement de faire un faux. Elle se lève. « Allez vous mettre au lit, me dit-elle avec une grâce infinie ; faites-vous saigner promptement. » L'escroc prodigieux croit à de la bienveillance ; il se trompe : on saigne, pour les calmer, les exaltés de son espèce. L'impératrice-reine le prend pour un fou.

Rentré dans sa chambre de l'auberge des Trois Courriers, près du Théâtre français, il attend la réponse de Marie-Thérèse. Elle lui a promis qu'elle serait rapide. Le lendemain, pas de nouvelles. Il écrit au comte de Seilern. Pas de réponse. Il commence à comprendre qu'il est allé trop loin. La version expurgée, c'était une erreur. Longue lettre à l'impératrice-reine : « Non, Madame, tout considéré, je ne porterai point au Roi cet infâme libelle... » Le soir, sans frapper, un secrétaire de régence, deux officiers et huit grenadiers du régiment de Saxe-Hildenburghausen font irruption dans sa chambre. Le secrétaire tend un ordre d'arrestation émis par Seilern. Beaumarchais restera consigné dans sa chambre jusqu'à plus ample informé. « Point de résistance, conseille le secrétaire. — Monsieur, réplique l'autre, j'en fais quelquefois contre les voleurs, mais jamais contre les empereurs. »

Scellés sur tous ses papiers ; confiscation de son couteau, de ses ciseaux, des boucles de ses chaussures ; un grenadier au pied de son lit, nuit et jour, sans jamais le quitter des yeux, un autre sur le palier, un troisième sous sa fenêtre. Interdiction d'écrire. Interrogatoires présidés par Seilern et entrecoupés d'explosions de rage : « Ou je suis un bandit, fusillez-moi, ou je suis Beaumarchais qui travaille pour mon Roi, libérez-moi ! »

Pour un coup manqué, c'est un coup manqué.

Suprême espoir : Sartine. Seilern l'autorise enfin à lui écrire. Appel au secours : « Sur mon honneur, je crois qu'on me prend pour un homme qui s'empare des noms de Ronac et de Beaumarchais pour quelque mauvais dessein. Quoi qu'il en soit, ne tardez pas un moment à prévenir le Roi de ce bizarre accident, et faites réclamer bien vite et tirer de prison celui qui vous aime de tout son cœur. »

La lettre est du 23 avril.

Le lendemain, il y a du nouveau pour l'ami Sartine.

IV

D'Aiguillon sacrifié à la rancune de la reine, Pierre-Étienne Bourgeois de Boynes fut le deuxième ministre à partir. Excellent juriste, il avait aidé Maupeou à préparer son coup d'État contre les parlements. On l'avait remercié en lui donnant le secrétariat d'État de la Marine. La fonction était à l'époque rien moins que secondaire : seul ministère à pratiquer les investissements à long terme, la Marine englobait les arsenaux, la flotte de combat, les colonies et l'ensemble du commerce maritime. La gestion de Boynes passait pour catastrophique. Il n'avait jamais mis les pieds sur un vaisseau. Or Louis XVI se passionnait pour les choses de la mer. Son éducation avait été de ce point de vue très poussée. Sous la direction de Nicolas Ozanne, célèbre dessinateur et ingénieur constructeur, il avait appris la terminologie maritime, étudié sur plans et maquettes la construction des navires et la disposition des ports. Une flottille de petites embarcations naviguant sur le canal de Versailles servait aux travaux pratiques. Louis XVI tapissera son cabinet de cartes maritimes et l'encombrera d'instruments de navigation ; son appui ne manquera jamais aux expéditions lointaines. À vingt ans, le roi savait que la construction d'un vaisseau de cent dix canons exigeait 3 415 chênes de la plus belle qualité ; Boynes, disait-on, confondait la proue et la poupe. Maurepas, naguère à la Marine, s'y connaissait assez pour s'effarer de la nullité de son lointain successeur. Si le renvoi était dans l'air, encore fallait-il que le roi prît sa décision. Il tergiversait. Le 19 juillet, Maurepas perd patience : « Les affaires, lui dit-il, exigent des décisions. Vous ne voulez pas conserver M. de Boynes et le dernier Conseil vous en a dégoûté plus que jamais par le rapport qu'il y a fait. Finissez promptement le pour et le contre. » Le lendemain, Louis XVI renvoie Boynes et nomme Turgot à sa place.

Fils d'un conseiller d'État devenu prévôt des marchands de Paris et président du Grand Conseil, Anne-Robert Turgot s'est d'abord destiné à l'Église. Il fait de brillantes études à la Sorbonne où il a pour condisciples Véri, futur confident de Maurepas, et Vermond, appelé à devenir le lecteur de Marie-Antoinette ; cela servira. Honnête homme par excellence, il abandonne la carrière ecclésiastique : il ne se sent pas la vocation et refuse l'hypocrisie. L'économie le passionne. Prieur de la Sorbonne à vingt-deux ans, il prononce en latin le panégyrique de sainte Ursule, mais donne dans le même mouvement une étude critique du système de Law. Il entre au Parlement et continue de s'instruire par la fréquentation de Gournay, Quesnay ou Adam Smith. En 1761, l'intendance de Limoges. Le Limousin est l'une des régions les plus déshéritées du royaume. En douze ans, à force de soins et de sages réformes, telle celle de la corvée, il réussit à la tirer de ses misères. Attaché à sa province, il refuse les intendances plus brillantes dont ses succès lui valent la proposition. Son départ pour Versailles désolera la population. À Limoges, il continue de donner des essais sur des problèmes économiques, notamment sur le commerce des grains. Il prône le libéralisme, la libre circulation.

Curieusement, et malgré la différence d'âge, il ressemble beaucoup au roi. La démarche un peu gauche, la myopie, l'élocution embarrassée, la grande timidité. Mais Turgot est de taille plus haute et ses ennemis eux-mêmes lui reconnaissent « une belle figure ». Sa dignité impressionne.

Il a aimé dans sa jeunesse une ravissante demoiselle de Ligniville, son aînée de dix ans. Mais Ninette, comme l'appellent ses intimes, lui a préféré un fermier général. Elle avait invoqué la différence d'âge ; les jaloux disaient que les millions avaient pesé plus lourd que les années. Toujours est-il qu'elle était devenue l'épouse d'Helvétius, plus connu comme philosophe que comme fermier général, et dont le fameux ouvrage *De l'esprit* avait scellé la perte de Jean-Pierre Tercier, l'homme essentiel du Secret[1]. Depuis, on a connu à Turgot des amitiés féminines, mais ni pas-

---

1. Cf. *Le Secret du Roi*, tome 1, p. 451 *sq*.

sion ni liaison. Au témoignage de son ami l'abbé Morellet (« un honnête prêtre qui, à la vérité, ne disait pas beaucoup de messes », d'après Frédéric de Prusse) : « Il était impossible de hasarder la plus légère équivoque sur certain sujet sans le faire rougir jusqu'aux yeux et sans le mettre dans un extrême embarras. » Louis XVI, Maurepas, Turgot : le règne ne s'embarque décidément pas pour Cythère.

Ravagé par la goutte, le nouveau secrétaire d'État de la Marine confie volontiers : « Dans ma famille, on meurt à cinquante ans. » Il en a quarante-sept.

*
* *

Du triumvirat mis en place par Louis XV ne restaient plus que le chancelier Maupeou, garde des Sceaux, et l'abbé Terray, contrôleur général des finances. Ils portent leur âme sur leur visage : Terray, un géant couperosé, « sinistre et effrayant, une figure sombre, l'œil hagard » (« Voilà l'abbé qui rit : est-il arrivé malheur à quelqu'un ? ») ; Maupeou, « un petit homme noir, aux sourcils broussailleux », le teint bilieux (« Le visage le plus ingrat sur lequel il soit loisible de cracher »). Très grands ministres, au demeurant. Par son coup d'État, le chancelier a libéré la monarchie du harcèlement parlementaire ; l'avenir est libre. Quant à Terray, il a redressé en cinq ans une situation financière désespérée. Grâce à lui, le déficit se trouve réduit de moitié. Certes, il n'y est pas allé de main morte : augmentation des impôts indirects, réduction de maintes pensions (les retraites d'aujourd'hui), amputation des rentes viagères, diminution arbitraire des intérêts dus aux créanciers de l'État. Autant de banqueroutes partielles pour éviter la totale déconfiture. À un intendant, indigné par ces procédés, qui lui dit : « Mais, monsieur, c'est prendre dans la poche ! », l'abbé répond avec placidité : « Où voulez-vous donc que je prenne ? » Pour certains historiens économistes, sa rude politique a donné à l'Ancien Régime un sursis de vingt ans.

Dans le moment, il est détesté comme aucun contrôleur général avant lui. Le mépris affûtait la haine. On lui prêtait maintes malversations. On disait qu'il gagnait gros aux opérations sur les réserves de grains constituées pour parer aux temps de disette —

c'est l'origine du célèbre et imaginaire « pacte de famine ». Une
vie privée scandaleuse, même pour l'époque ; le lecteur se souvient peut-être de la protestation indignée de Charles de Broglie
à Louis XV : Terray créait un corps d'infanterie de marine de
neuf mille hommes pour en confier le commandement à un
comte d'Amerval dont le seul mérite était qu'il s'apprêtait à
épouser la nièce de l'abbé — une « nièce » dont chacun savait
qu'il l'avait eue avec sa maîtresse, Mme de La Garde[1]... Aussi
bien Terray avait-il été le plus acharné, au Conseil, à réclamer
l'exil de Broglie.

Louis XVI hésite. Il apprécie en Terray le ministre compétent,
mais déteste le prêtre scandaleux. « Je voudrais bien pouvoir le
garder, disait-il, mais c'est un trop grand coquin. C'est fâcheux,
c'est fâcheux... » Même réaction vis-à-vis de Maupeou : « Il en
aimait la besogne et n'en aimait point le personnel. » Pendant ces
semaines pour lui cruciales, la conduite du chancelier est décon-
certante. Il semble absent. Son handicap : il ne siège pas au
Conseil et ne peut donc défendre son bilan. Mais aucun effort pour
se gagner le roi. À Maurepas qui lui demande où il en est avec le
chancelier, Louis XVI répond : « À peine me fait-il l'honneur de
me voir, il ne me fait pas celui de me parler. » Maupeou se
résigne-t-il à une défaite jugée inévitable ? Sans doute l'ascension
de Maurepas, dont l'arbre généalogique, tronc et branches, est tout
parlementaire, lui a-t-elle paru de sinistre augure. Le départ de
Boynes est aussi un signe. Sans illusions sur le roi, il dit à ses
familiers : « Il me renverra, mais, une fois moi parti, il est foutu. »

On les garde ou on les vire ? Le Mentor n'en peut plus des
hésitations de son Télémaque. Le 9 août, sermon sur le métier de
roi : « Les délais accumulent les affaires et les gâtent même sans
les terminer. Il ne faut pas croire que vous n'avez que cette
affaire-ci à arranger. Le jour même que vous en aurez décidé
une, il en naîtra une autre. C'est un moulin perpétuel qui sera
votre partage jusqu'à votre dernier soupir. L'unique moyen d'en
soulager l'importunité est une décision expéditive, pourvu que la
réflexion ait précédé. » Il lance des noms. Malesherbes pour remplacer Maupeou ? Non, trop lié aux philosophes. Turgot à la
place de Terray ? Trop systématique et ami, lui aussi, de la secte
philosophique. La première fois que Maurepas lui a parlé de

1. Cf. *Le Secret du Roi*, tome 2, p. 319.

Turgot, Louis XVI aurait soupiré : « On dit qu'il ne va pas à la messe. — Sire, aurait rétorqué drôlement le Mentor, l'abbé Terray y va tous les jours. » Exaspéré, il adjure : « Décidez-vous pour quelqu'un ! » Le roi promet une réponse rapide.

Le 24 août, à bout de patience, Maurepas se présente chez le roi. La cour est à Compiègne. Comme son grand-père, Louis XVI préfère entre tous le séjour de Compiègne, et pour la même raison : les forêts giboyeuses sont le paradis du chasseur. Voyant entrer le vieux monsieur : « Vous n'avez pas de porte-feuille, vous n'avez pas grand-chose, sans doute ? — Je vous demande pardon, Sire, l'affaire dont je dois vous parler n'a pas besoin de papiers, mais elle n'en est pas moins des plus impor-tantes. Il s'agit de votre honneur, de celui de votre ministère et de l'intérêt de l'État. » Il reprend son refrain : « Si vous voulez conserver vos ministres, publiez-le ; et ne les laissez pas regarder par toute la populace comme voisins de leur chute. Si vous ne voulez pas les garder, dites-le pareillement et nommez les suc-cesseurs. — Oui, je suis décidé à les changer. Ce sera samedi, après le conseil des dépêches. — Non, point du tout, Sire. Ce n'est pas ainsi qu'on gouverne un État ! Le temps, je le répète, n'est pas un bien que vous puissiez perdre à votre fantaisie. Vous en avez déjà trop perdu pour le bien des affaires. Et il faut donner votre décision avant que je sorte d'ici… — Que voulez-vous, je suis accablé d'affaires et je n'ai que vingt ans. Tout cela me trouble. » Le coup des vingt ans, Maurepas l'a trouvé émouvant au mois de mai ; en août, il pense que cela commence à bien faire : « Voulez-vous ou ne voulez-vous pas changer les deux ministres ? — Oui, je le veux bien. » Enfin ! « Êtes-vous décidé pour les successeurs ? — Oui, je me décide. M. Turgot aura la finance. — Quant aux autres choix ? — Eh bien, M. de Miromesnil aux Sceaux et M. de Sartine à la Marine. » Ouf !…

Au soir de cette journée mémorable, l'abbé de Véri nota dans son journal : « Les révolutions attendues ont eu lieu ce matin. » Il en avait été l'un des instigateurs. Comme Maupeou et Terray étaient sacrifiés un 24 août, fête de saint Barthélemy, la cour et la ville eurent tôt fait de trouver un nom à l'opération : « C'est une Saint-Barthélemy de ministres. » Le comte d'Aranda, ambassa-deur d'Espagne, commenta : « Ce n'est pas le massacre des Innocents… »

Turgot, poussé aux Finances par le trio Véri-Vermond-Maurepas, a demandé une audience royale avant d'accepter.

Lâcher la Marine, où l'on a beaucoup de pouvoir et peu de problèmes, pour le Contrôle général, poste éminemment périlleux, est à juste titre considéré comme un sacrifice. Deux grands timides sont en présence. « Tout ce que je vous dis est un peu confus, bredouille Turgot, parce que je me sens encore troublé. — Je sais que vous êtes timide, mais je sais aussi que vous êtes ferme et honnête... — Il faut, Sire, que vous me donniez la permission de mettre par écrit mes idées générales, et j'ose dire mes conditions sur la manière dont vous devez me seconder dans cette administration ; car, je vous avoue, elle me fait trembler par la connaissance superficielle que j'en ai. — Oui, oui, comme vous voudrez... » Et Louis XVI, prenant dans les siennes les mains de Turgot : « Mais je vous donne ma parole d'honneur d'avance d'entrer dans toutes vos vues et de vous soutenir toujours dans les partis courageux que vous aurez à prendre. » Turgot encore : « Dans ce moment-ci, ce n'est pas au Roi que je me donne, c'est à l'honnête homme. »

Les temps changent. Imagine-t-on un ministre nommé par Louis XV lui poser ses « conditions » et prétendre l'éclairer sur la façon dont il doit le « seconder » ? Beaucoup d'effusions aussi, autant de sensibilité chez le roi que chez Turgot. On s'étreint les mains, on doit avoir les yeux humides. La fin de siècle s'annonce rousseauiste.

Non sans imprudence, Louis XVI s'engage sur l'honneur à toujours « entrer dans les vues » de son nouveau ministre et à lui accorder un indéfectible soutien. L'abbé Vermond, qui connaît bien le roi pour le voir chaque jour chez Marie-Antoinette, atténue la portée d'un engagement aussi général : « Je ne connais qu'un lien qui puisse arrêter la faiblesse du Roi contre les importunités de ses alentours : c'est d'avoir sa parole. » Et il conseille à Turgot : « Munissez-vous d'avance de sa parole pour tous les cas importants. »

Le nouveau ministère bouclé, les choiseulistes prennent le deuil de leurs espérances. Choiseul lui-même affecte de porter beau, comme d'habitude. À propos de Terray, il dira avec son plaisant cynisme : « À la place du Roi, je l'aurais gardé et j'aurais fait mettre sur son bureau un chapeau de cardinal et une potence. Je suis sûr qu'entre les deux il aurait bien fait. »

La nomination de Sartine à la Marine surprend tout le monde : on échange un juriste confondant proue et poupe contre un lieutenant de police ignorant la différence entre bâbord et tribord.

Pour Charles de Broglie, cette nomination signifie, après du Muy et Vergennes, l'arrivée d'un troisième soutien au sein du ministère.

Pour Beaumarchais, toujours détenu à Vienne, c'est la planche de salut.

*
* *

La lecture du libelle avait bouleversé Marie-Thérèse. Elle crie son indignation à Mercy-Argenteau : « Je ne saurais vous nier que je n'ai pas cru que la haine invétérée contre les Autrichiens, contre ma personne et la pauvre innocente Reine était encore si inaltérablement placée dans les cœurs des Français. C'est donc à cela qu'aboutissent toutes ces adulations tant prodiguées ! C'est donc cela l'amour qu'on porte à ma fille ! Jamais rien de plus atroce n'a paru et qui met dans mon cœur le plus vil mépris pour cette nation sans religion, mœurs et sentiments. »

La mère s'éprouve profondément blessée. La femme n'est pas épargnée, puisque le libelle insinue qu'elle aurait avec son Premier ministre, le chancelier prince de Kaunitz, des relations plus intimes que ne l'exigeraient les affaires de l'État. Kaunitz a toute sa confiance, même s'ils ont l'un pour l'autre des cachotteries de vieux couple. Elle l'aime, peut-être, mais sûrement pas à la façon du libelle.

Au moins le chancelier a-t-il entendu parler de Beaumarchais. « Le malheureux nom de ce coquin a excité la curiosité et attention du prince de Kaunitz, le croyant le même qui a eu un procès fameux avec un certain Goëzman dont les papiers ont fait les délices cet hiver ici à lire. Je n'en ai rien vu, car ces sortes de choses ne peuvent m'amuser et m'affligent, voyant comment on emploie mal son temps et ses talents, et que toutes les plus respectables choses deviennent le sujet de railleries. »

Kaunitz conduit l'enquête tambour battant. Elle est concluante. Les recherches effectuées dans la forêt de Leichtenholz échouent à repérer le moindre brigand. Nuremberg assure qu'aucun Angelucci ne se trouve dans ses murs. La déposition du postillon est naturellement écrasante. Mais il y a encore mieux, où pis ; dans sa propre déposition, Beaumarchais a décrit son premier agresseur : il avait « des cheveux noirs sous une perruque blonde et ronde ». Et les deux brigands se sont appelés par leur nom au cours de l'échauffourée : pour l'un, Atkinson, pour l'autre, Angelucci. Allons bon ! Voilà du nouveau... Par un étonnant phénomène de parthénogenèse, un homme vivant au singulier en Angleterre et en Hollande devient pluriel quand il passe la frontière d'Allemagne... Le siège de Kaunitz est fait : Angelucci-Atkinson n'existe ni au singulier ni au pluriel ; il n'y a qu'un Beaumarchais qui a tout inventé et à qui revient sans aucun doute la paternité du libelle.

Encore un siècle et un historien Eugène Linthilac, retrouvera une lettre de Beaumarchais, datée du 12 août, donc d'avant l'affaire des brigands, et adressée à une dame Fabia. Il lui demandait d'avertir un ami qu'il ait à refuser de payer une lettre de change de cent louis tirée sur lui au profit d'un certain « Guill. Angelucci » : « Quoique j'aie fait cette lettre, je ne la dois pas, mon fripon ayant forfait à toutes les lois qui me l'ont arrachée. » Faut-il y voir la preuve de l'existence d'Angelucci ? Rien de moins sûr. Sous le pseudonyme de Fabia se cache probablement Marie-Thérèse Willermawlaz, la jeune et jolie maîtresse de Beaumarchais. La lettre, comme celles écrites sur le coche d'eau, pouvait servir à accréditer sa fable. Mais peut-on sans invraisemblance lui attribuer la paternité d'un libelle qui, au passage, accusait de malversations Sartine, son plus fidèle soutien ? C'était justement la meilleure des couvertures. La troupe des libellistes installée à Londres est au surplus surveillée et dûment répertoriée. Ses membres se signalaient, sinon toujours par le talent, du moins par une extraordinaire prolificité. Guillaume Angelucci n'apparaît dans aucun rapport de police, aucune lettre, aucun mémoire du temps — nulle part. L'*Avis* demeure l'unique production à lui être imputée, et par le seul Beaumarchais. Et comment gober que le fantomatique Angelucci, après Londres et Amsterdam où il ne risquait rien, ait choisi la ville de Nuremberg, où Marie-Thérèse a évidemment le bras long, pour y faire imprimer un libelle calomniant sa fille ? Le texte lui-même plaide cependant pour notre homme par sa platitude et sa verbosité. Nous verrons bientôt Beaumarchais rédiger, pour une plus noble cause, des lettres anonymes qui ne tromperont personne, tant elles pétillent d'esprit. Le talent se cache encore moins aisément sous l'anonymat que des cheveux noirs sous une perruque blonde. Sans doute aura-t-il eu recours à quelque plume mercenaire. De l'ami Morande à l'ami Lauraguais, elles ne manquaient pas dans le bourbier londonien où il se trouvait aussi à l'aise qu'un caïman dans son marigot.

La proposition faite à Marie-Thérèse d'imprimer une version expurgée du libelle ? Gageons que l'impression compte plus que l'expurgation. C'est un manuscrit que Beaumarchais soumet à l'impératrice-reine. Elle l'enverra à Versailles, où il disparaîtra définitivement, mais après en avoir fait prendre une copie, conservée aux archives impériales, grâce à quoi l'*Avis* ne sera pas perdu pour la postérité. À Amsterdam comme à Londres, Beaumarchais aurait fait brûler des milliers d'exemplaires imprimés ; comment expliquer qu'il n'ait point sauvé des flammes une ou deux brochures pour preuve de la réalité des agissements du prétendu Angelucci, et aussi parce qu'on lit plus aisément un texte imprimé qu'un manuscrit ? Si Marie-Thérèse avait donné dans le panneau, poussée par le désir de protéger sa chère fille d'imputations calomnieuses, notre homme pouvait rentrer à Versailles avec le texte imprimé que chacun attendait.

Un escroc. Kaunitz ne l'appelle plus que « le drôle ».

Mercy-Argenteau reçoit l'ordre de porter à Versailles les plaintes de Vienne. Il s'étonne : « Ce Beaumarchais, que je ne connais pas personnellement, mais qui est généralement connu par ses aventures extravagantes, romanesques, et qui supposent au moins de la légèreté et de la folie, ne s'était cependant jusqu'à présent jamais rendu coupable d'une action criminelle. » Mais, avec « l'égarement déplorable du feu Roi », tout n'est plus que « désordre, scandale, atrocités »… L'ambassadeur trouve Sartine « très confus et très peiné ». On le serait à moins. Beaumarchais est son homme. C'est sur les instances du lieutenant de police que Louis XVI a signé l'ordre du 10 juillet, sésame qui a ouvert à l'aventurier la porte du cabinet particulier de l'impératrice-reine. Beaumarchais ? Sartine le déclare « léger, inconséquent, mais sans doute incapable d'une action déshonnête ». Le tout neuf ministre de la Marine (cette affaire nauséabonde juste à ce moment, quelle tuile !) tire des bords comme un vaisseau vent debout. Tantôt il insinue à Mercy que le libelle pourrait avoir pour commanditaire quelque grand personnage — ce duc d'Aiguillon, par exemple, désormais acharné contre la reine ; tantôt il s'avoue « de plus en plus tourmenté par le soupçon que Beaumarchais pourrait bien avoir ourdi l'audacieuse intrigue de composer lui-même ce libelle et de venir ensuite le dénoncer ». Il avait chassé de la police parisienne un inspecteur Goupil, le bien nommé, qui avait « racheté » très cher un pamphlet dont il était l'auteur...

Mais ni Louis XVI ni Sartine n'ont le choix : il faut assoupir une affaire désastreuse pour le prestige du trône. Le roi écrit à Marie-Thérèse une lettre la remerciant avec chaleur d'avoir fait arrêter Beaumarchais et lui demandant de le relâcher. Il plaisante avec Marie-Antoinette sur « la légèreté et l'étourderie de ce Beaumarchais ». À Mercy, il déclare en riant que l'homme n'est qu'« un imprudent et un fol ». Kaunitz n'en pense pas moins : « Il me semble, écrit-il à Mercy, qu'à la morale très relâchée de M. de Sartine, il s'y joint encore l'intérêt personnel qu'il peut avoir à éviter les reproches très fondés qu'on serait en droit de lui faire d'avoir donné au Roi, pour l'exécution d'une commission aussi délicate, un sujet comme M. de Beaumarchais... Tout annonce en France, à ce qu'il me paraît, un gouvernement pitoyable. » Quant à Marie-Thérèse, qui pour être impératrice-reine n'en reste pas moins une belle-mère préoccupée par le peu d'ardeur de son gendre au déduit, elle ne peut retenir ce souhait : « Si on pouvait piquer d'honneur le Roi que ce libelle le déclare impuissant ; je ne sais qu'en penser ! »

*
* *

Trente et un jours séquestré dans sa chambre. Il a fait le compte, en bon horloger : « Quarante-quatre mille six cent quarante minutes ; car pendant que les heures courent si rapidement pour les gens heureux qu'à peine s'aperçoivent-ils qu'elles se succèdent, les infortunés hachent le temps de la douleur par minutes et par secondes, et les trouvent bien longues, prises chacune séparément. » Interdiction de franchir la porte. Il n'a même pas le droit de regarder par la fenêtre. Des interrogatoires serrés conduits par un commissaire Sonnenfeld. Naturellement, Beaumarchais l'a mis dans sa poche et ils se quitteront bons amis. Mais l'ennui mortel de ces jours et de ces nuits qui se traînent misérablement dans la touffeur estivale de Vienne...

Sonnenfeld, le trente et unième jour : « Vous êtes libre, monsieur, de rester ou de partir, selon votre désir ou votre santé.
— Quand je devrais mourir en route, je ne resterais pas un quart

d'heure à Vienne. » Le commissaire tend mille ducats de la part de l'impératrice. Beaumarchais refuse avec hauteur. L'autre objecte : « Vous n'avez point d'autre argent pour partir… — Je n'accepte de bienfaits que de mon maître ; il est assez grand seigneur pour me récompenser, si je l'ai bien servi ; mais je ne recevrai rien, je ne recevrai surtout point de l'argent d'une puissance étrangère qui m'a si odieusement traité. » N'empêche, puisque Sonnenfeld insiste, il empoche les ducats et reprend le chemin de la France.

Il s'est grillé, à jamais déconsidéré. Paris et Versailles font des gorges chaudes de sa grotesque aventure. Son ennemi mortel, le comte de La Blache, contre qui il a perdu son procès devant le Parlement Maupeou, s'emploie déjà à constituer un dossier sur l'affaire de l'*Avis*. Il a compromis Sartine, ridiculisé le roi au lieu de le protéger. Il devrait rentrer l'oreille basse, la queue entre les jambes, remâchant ses chances gâchées, ruminant amèrement sur un avenir plus que compromis.

Il compose une chanson :

> *Toujours, toujours, il est toujours le même :*
> *Jamais Robin*
> *Ne connut le chagrin ;*
> *Le temps sombre ou serein,*
> *Les jours gras, le carême,*
> *Le matin ou le soir,*
> *Dites blanc, dites noir,*
> *Toujours, toujours, il est toujours le même.*

Elle deviendra *sa* chanson, une scie que le public entonnera en le voyant entrer dans quelque café ou théâtre.

À Versailles, Sartine lui dit avec sobriété : « L'impératrice vous a pris pour un aventurier. » Louis XVI ouvre sa cassette et note sur son carnet : « Trente mille livres à Beaumarchais pour arrêter un mauvais livre. »

Il trouve un emploi au pactole. Peu de temps après, la gazette la plus lue de Paris annonce : « Le sieur de Beaumarchais porte à son doigt un diamant de la plus grande beauté qui, naturellement, ne peut aller qu'à un souverain. Il excuse cette insolence sur ce que c'est un diamant qui lui a été donné par l'impératrice, lors de sa mission vers elle ; il refusa, dit-il, toute récompense pécuniaire, et cette Majesté le gratifia de ce beau présent. »

Toujours, toujours, il sera toujours le même.

*
* *

Charles de Vergennes représente le maillon faible du nouveau ministère.

Avec discrétion, il a pris possession de ses bureaux et de son appartement de fonction : cinquante-huit pièces dans l'une des deux ailes du château de Versailles réservées aux ministres ; ses fenêtres donnent sur la cour d'honneur. Il réorganise aussitôt ses services et instaure pour lui-même un horaire qui ne variera plus : lever à quatre heures, coucher à dix, onze heures chaque jour sur ses dossiers. Maurepas l'a pris parce qu'il ne risque pas de menacer sa prééminence. L'abbé de Véri, qui l'a poussé pour écarter l'arrogant Breteuil, confessera vite son erreur : « un travailleur, un *détailleur* », mais un commis fait pour une « fonction secondaire ». Le prince de Montbarey ne pense pas autrement : « Les talents et les connaissances d'un premier commis. » Le prince de Croÿ déplore de ne pas lui trouver « l'étendue du ton de cour et de courtisan ». Ses origines, son physique, sa mise, son genre de vie : tout en lui sue le bourgeois. Mercy-Argenteau estime que « le barreau perce partout dans ses actions et dans ses écrits ». Le prince de Starhemberg lui trouve « l'air d'un médecin ». Le baron de Goltz, ambassadeur de Prusse, se réjouit de le voir timide et irrésolu.

Bien entendu, les choiseulistes l'attaquèrent sur ses origines et sur sa femme. Mais il ne faut pas confondre le chef avec la troupe. La seconde fomente des intrigues au nom du premier sans se soucier toujours de son accord préalable. Or le duc de Choiseul ne se départit jamais d'une certaine élégance. Exaspéré par la prodigieuse verbosité des dépêches de Vergennes quand celui-ci servait à Constantinople, irrité par sa lenteur à lancer la Turquie dans une guerre où, à la vérité, elle avait plus à perdre qu'à gagner, Choiseul l'avait fort sèchement rappelé, pour reconnaître ensuite son injustice quand la nouvelle de l'entrée en guerre de la Porte était arrivée à Versailles avant même le diplomate disgracié. Avec sa lucidité coutumière, le duc voyait parfaitement les défauts de Vergennes — ses prudentes minutes, sa procrastination — et sa qualité essentielle : l'engagement total à l'heure de l'action. « Si nous lui demandions la tête du vizir, disait-il, il nous écrirait que cela est dangereux, mais il nous l'enverrait. » On en avait eu la démonstration à Stockholm : Vergennes, d'abord dubitatif sur les chances du coup d'État royal voulu par Gustave III, s'était engagé à fond quand il l'avait jugé inéluctable et avait alors poussé le jeune souverain à ne pas rester au milieu du Rubicon.

Qu'il fût de noblesse toute neuve, il eût été le dernier à le contester : comme tant d'autres, il avait porté le titre de chevalier pour la seule raison que son grand-père et son père avaient exercé le temps nécessaire des charges anoblissantes. Mais on exhuma après sa nomination l'affaire de son oncle et protecteur Chavigny, le plus ébouriffant feuilleton du règne de Louis XIV, qui jetait du louche sur toute la famille[1]. On daube surtout sur sa femme. Est-elle vraiment née d'un petit gentilhomme de Chambéry ? Il n'y a que les Vergennes pour l'affirmer, et Chambéry ne garde aucun souvenir de ce M. de Viviers. Un aventurier, sans doute, et des plus communs, parti chercher fortune du côté de l'Orient. Sa fille s'appelait en tout cas Testa, du nom de son défunt mari, médecin de son état, quand l'ambassadeur de France l'avait rencontrée. La calomnie la disait facile. À Constantinople, la mésalliance avait, de son propre aveu, contraint Vergennes à vivre « reclus dans sa maison ». Était-il concevable qu'une pareille créature parût à Versailles ? Avec un beau courage familial, Vergennes avait ramené sa belle-mère dans ses bagages. Ceux qui l'avaient aperçue en Bourgogne décrivaient une étrange personne vivant auprès du feu, ensevelie sous les couvertures, « absolument dans un état de végétation ». Quant à Annette de Vergennes, « elle était ordinairement assise sur un sofa, à la manière des tailleurs ; lorsqu'on allait la voir, elle se redressait avec une adresse incroyable et restait debout jusqu'à ce que l'on se fût assis ». Les journaux parisiens comme les courtisans l'appelaient « l'ancienne esclave » ou « l'esclave ottomane ».

Toute simple, la manœuvre devrait se révéler efficace : empêcher la présentation de la femme à la cour, et contraindre le mari à la démission ; ainsi le « cocher de l'Europe » pourrait-il reprendre les rênes de la politique étrangère.

---

1. Cf. *Le Secret du Roi*, tome 2, p. 243 *sq.*

L'exaltation du premier moment passée, Vergennes trouve plus d'épines que de roses à sa nouvelle vie. Le 23 août, veille de la Saint-Barthélemy des ministres, il écrit à sa femme, toujours cloîtrée en Bourgogne : « Vantera qui voudra les charmes des places soi-disant d'autorité ; peut-être si j'étais né avec plus d'ambition, j'en goûterais les prétendues délices. Comme je n'aspire qu'à ce témoignage intérieur que nous donne la satisfaction de faire notre devoir, je n'en connais exactement que la peine et le poids. »

Épine acérée, et qui avait si fort écorché la tranquillité ministérielle de ses prédécesseurs : le chevalier d'Éon.

Ses lettres aboutissaient désormais à Vergennes et non plus à Broglie. « Il s'y montre tel qu'il est, écrivait le ministre à Louis XVI : une tête chaude, exaltée et souverainement dangereuse. » C'est un homme « qu'il ne serait pas sans inconvénient de laisser en Angleterre ». On avait pensé le contenter en lui maintenant sa pension de douze mille livres. On lui avait fait écrire par Charles de Broglie une belle lettre au bas de laquelle le roi lui-même avait mis son *approuvé*. L'ancien chef du Secret faisait au chevalier des propositions séduisantes : pension sauvegardée, amnistie des griefs passés, permission de rentrer en France, moyennant, bien entendu, la remise des derniers documents détenus par lui. On avait envoyé à Londres le marquis de Prunevaux, capitaine au régiment de Bourgogne, pour porter la lettre et clore enfin une affaire qui n'en finissait plus. Las ! l'infernal chevalier soumet le marquis et capitaine à l'examen de ces comptes d'apothicaire dont il a le secret. Douze mille livres par an ? Plaisanterie ! Et le diamant de six mille livres offert en Russie par Poniatowski pour l'acheter, qu'il a refusé et dont le cardinal de Bernis lui avait promis l'équivalent en argent pour récompense de sa fidélité ? Et les dettes qu'il a dû faire en Angleterre pendant son séjour forcé de onze ans ? Et les quinze mille livres de manque à gagner sur ses vignes de Bourgogne laissées à l'abandon ? Douze mille livres, quand les comptes les plus authentiques démontrent qu'on lui doit exactement trois cent dix-huit mille quatre cent soixante-dix-sept livres seize sous de France !

Verra-t-on un jour le bout de l'accablante affaire d'Éon ?

La campagne contre sa femme atteint Vergennes au cœur. Il imagine son humiliation, sa douleur de voir, à cause d'elle, la carrière de son mari brisée, l'avenir de leurs enfants compromis. Il lui écrit : « Mon âme peut-elle être tranquille lorsque vous

souffrez ? Aimons-nous toujours en dépit des obstacles qui
s'opposent à notre félicité. C'est dans le fond de nos cœurs, c'est
dans notre propre vertu qu'il faut la chercher. J'embrasse bien
tendrement mes enfants... » Il s'éprouve désarmé. Le mois précédent, il a confié à Annette cette évidence : « À la cour, je suis
hors de mon élément. » Disposerait-il à Versailles d'appuis plus
solides qu'ils ne résisteraient pas au bélier choisi par ses adversaires pour l'abattre : la reine elle-même. Sa coterie est toute
choiseuliste. Si Marie-Antoinette refuse absolument la présentation de l'« esclave ottomane », Vergennes ne pourra que résigner
ses fonctions et rentrer en Bourgogne.

Le coup, apparemment imparable, va manquer parce que ses
instigateurs ignorent la correspondance triangulaire et secrète
entre Mercy-Argenteau, Marie-Thérèse et Marie-Antoinette.
L'impératrice-reine a bonne mémoire et sait témoigner de la
reconnaissance quand la raison d'État ne s'y oppose pas. Ainsi
gardait-elle gratitude au comte de Broglie pour son concours
ardent et efficace à l'heure la plus noire de la précédente guerre :
alors que Frédéric, vainqueur de l'armée autrichienne sous les
murs de Prague, s'était ouvert la route de Vienne, Charles de
Broglie, de passage dans la capitale, avait galvanisé les généraux
autrichiens, démoralisés, et concouru à la manœuvre salvatrice.
En 1771, Marie-Thérèse écrivait à sa fille : « Je ne puis pas nier
que je l'estime, m'ayant montré tant de zèle dans la situation la
plus critique où je me suis trouvée après la bataille de Prague...
Vous pouvez, dans les occasions, lui marquer que je m'en sou-
viens toujours. » Naturellement, cela n'empêchera pas l'impératrice-reine de lui préférer le duc d'Aiguillon : quand on veut
croquer un gros morceau de Pologne, il vaut mieux ne pas avoir
un Broglie à la tête de la diplomatie française...

Apprenant la nomination de Vergennes, elle avait écrit à Mercy-
Argenteau : « Celui-ci m'a rendu pendant la dernière guerre de
bons services à Constantinople en s'opposant aux intrigues du
parti prussien, qui a tenté l'impossible pour exciter la Porte contre
moi. Je vous charge donc de témoigner au comte de Vergennes la
reconnaissance que je lui en conserve toujours. » Cela pour le
passé. Quant à l'avenir : « Tout donc considéré, je ne crois pas
avoir jusqu'ici motif de me défier du caractère de Vergennes qui
me convient entièrement, n'étant pas entreprenant. »

Deux mois plus tard, l'ambassadeur tire la sonnette d'alarme :
« J'ai exposé dans ma dépêche d'office la difficulté qui existe

relativement à la présentation de la comtesse de Vergennes ; je dois soumettre aux hautes lumières de Votre Majesté l'usage qu'elle jugera à propos de faire à cette circonstance vis-à-vis de la Reine. » Versailles tient pour acquise l'opposition de Marie-Antoinette. « Il n'est pas du bon service de Sa Majesté que cette idée s'établisse, parce que jusqu'à présent le ministre des Affaires étrangères s'est conduit d'une façon à marquer son désir d'obtenir les bontés et la protection de la Reine, et que si Sa Majesté lui était contraire, elle ne ferait par là qu'appuyer les vues d'un parti [choiseuliste] duquel elle a quelques motifs de se défier, ce qui serait contraire à toute politique. »

Après consultation de Kaunitz, Marie-Thérèse rend son verdict : « Il ne conviendrait aucunement que ma fille fût mêlée dans l'affaire de la présentation de Mme de Vergennes ; je m'en remets à votre circonspection ordinaire. S'il y a des exemples que des femmes pareilles ont eu l'accès, j'avoue, on ne devrait pas refuser à celle-ci. »

Troisième et dernier acte : « Madame ma très chère mère, écrit Marie-Antoinette un mois plus tard, je suis bien contente d'avoir pu remplir vos intentions. Le Roi m'a accordé la présentation de Mme de Vergennes ; le mari, à qui je l'ai annoncé, m'en a paru touché et attendri jusqu'aux larmes. »

En perdition à Versailles, Vergennes, sans le savoir, est sauvé par Vienne[1].

---

1. Lui aussi a bonne mémoire. Après son rappel de Constantinople, son successeur, Saint-Priest, membre du Secret, avait omis de rapporter dans la dépêche relatant sa première audience les très vifs éloges que le grand vizir avait fait de Vergennes, « soit que cela m'eût échappé, soit que j'eusse regardé le propos comme chose de forme ». Vergennes ne le lui pardonnera jamais. Malgré des demandes réitérées, Saint-Priest, qui s'ennuie beaucoup à Constantinople, n'en partira qu'à la mort du ministre, au terme d'un séjour de dix-sept ans...
Ceci encore, qui démontre la versatilité intéressée de l'impératrice-reine en matière de généalogie. En 1777, on pensera à Saint-Priest pour l'ambassade de Vienne (Vergennes s'y opposera victorieusement). Il vient d'épouser une demoiselle qu'il nous présente ainsi : « Fille du comte de Ludolf, issu d'une noble et ancienne famille de l'Empire établie à Naples et envoyé extraordinaire de cette puissance à la Porte ottomane. » Quoique point du tout expert dans ce domaine, nous pensons que cette dame devait être plus « présentable » qu'une veuve Testa. Marie-Thérèse n'en écrit pas moins à Mercy : « Si son épouse devait venir avec lui, ce serait un embarras bien grand par l'impossibilité de faire paraître Mme de Priest, vu sa naissance obscure, à la cour et parmi la noblesse, comme il convient. Il faudrait donc que dans ce cas M. de Saint-Priest se décidât à laisser en France

Autre sujet de satisfaction pour l'impératrice-reine : le cardinal de Rohan, en congé en France, ne reviendra pas à Vienne. Elle ne supportait plus cet ambassadeur indélicat qui couvrait de ses privilèges diplomatiques un trafic de contrebande, ce prêtre scandaleux déguisant ses maîtresses en abbés, ses soupers de cent cinquante couverts où régnait une déplorable facilité et qui se terminaient fort avant dans la nuit, ce « bien mauvais sujet, sans talent, sans prudence, sans mœurs », et l'abbé Georgel, caricature de jésuite, son âme damnée et valet à toutes mains. Voilà deux ans qu'elle aspire à voir Rohan « dénicher d'ici », assommant Mercy-Argenteau de ses plaintes et récriminations. Le feu roi de France ne risquait pas de s'offusquer des galanteries du cardinal, mais Marie-Thérèse a meilleur espoir en son petit-fils. À Mercy, exaspérée : « Ce qui m'importe à cette heure le plus, c'est que Rohan ne soit plus renvoyé ici. J'avoue, si cela se faisait, je ne saurais que le trouver très mal et exiger qu'il ne reste ici que quinze jours pour prendre congé ; mais si vous pouvez l'empêcher, vous le ferez, et s'il faut trancher le mot, vous me nommerez, l'exigeant comme une due complaisance que le Roi doit avoir pour moi... » Et qui mettre à sa place ? « Pour mon particulier, je serais contente d'avoir ici Breteuil. »

Accordé. *Exit* Rohan. Le baron de Breteuil, que Louis XV avait envoyé végéter à Naples pour cause de choiseulisme, passe à l'ambassade de Vienne.

Une pensée pour Charles de Broglie... Vergennes, qui doit sa carrière au Secret, dirige les Affaires étrangères. Le fidèle Durand, pilier du service, est ministre plénipotentiaire à Saint-Pétersbourg. Saint-Priest représente la France à Constantinople. Voici Breteuil, autre ancien du Secret, nommé à la prestigieuse ambassade de Vienne. Et lui, qui fut leur chef à tous, doit constituer des dossiers pour faire la preuve qu'il n'a pas été, pendant près d'un quart de siècle, un intrigant de bas étage !

---

son épouse. » C'est sans doute que Saint-Priest, au cours des conflits incessants qui agitaient la région, favorisait systématiquement la Russie, qui l'en remercia en lui décernant le prestigieux collier de Saint-André — distinction qui lui fut bien utile, après 1789, dans les longues et pénibles années de l'émigration. Indiquons pour l'anecdote que Mme de Saint-Priest eut dans ces années-là une liaison avec Axel de Fersen. Quant à Annette de Vergennes, elle édifia Versailles par la manière impeccable dont elle tint son rang.

*
* *

À la fin d'un été 1774 si chargé en événements, la France vit l'un de ces instants d'euphorie qui comptent dans l'histoire d'une nation.

Il est aisé aujourd'hui de dresser un bilan positif de l'action ministérielle de Maupeou et de Terray. Dans le moment, la haine qu'on leur porte, pour de bonnes et de mauvaises raisons, est si forte que leur renvoi déclenche une explosion de joie populaire. Le ciel de Paris s'embrase de feux d'artifice. Une foule hurlante s'assemble autour de deux mannequins de paille représentant les deux ministres déchus. On met le feu à celui qui porte une soutane ; l'autre, revêtu de la simarre de chancelier, est pendu au carreau de la justice de Sainte-Geneviève. Terray, fuyant Paris, manque de peu d'être jeté à la Seine du haut du pont de Choisy par des contribuables enragés qui l'ont reconnu. Maupeou, les jours suivants, aura droit à maintes exécutions symboliques : roué en effigie, tiré par quatre ânes, etc. La fureur n'épargne pas les membres de son Parlement. Le président Nicolaï, si hostile à Beaumarchais lors de son procès contre La Blache, se fait bousculer dans un joyeux chahut ; on lui tire les cheveux. Le soir, au Palais, la farce vire au drame. Un exempt de robe courte, c'est-à-dire un officier de police du Parlement, est reconnu par la foule. Pour son malheur, il s'appelle Bouteille. Un farceur crie : « Il faut casser la bouteille ! » Sitôt dit, sitôt fait : le malheureux meurt écharpé. Le lieutenant de police fait intervenir le guet. La foule moque les hommes qui patrouillent à pied et à cheval autour du Palais ; on les appelle « les gardiens du Sépulcre », on dit qu'« ils attendent la résurrection » (de l'ancien Parlement, naturellement) ; d'ailleurs, le guet ne tarde pas à fraterniser avec les émeutiers. Une foule hurlante assiège l'hôtel particulier du premier président : il faut un subterfuge pour le tirer de ce mauvais pas.

Boynes, gros bonhomme amateur de bière, n'était pas aussi unanimement détesté que ses deux collègues, grâce à son absence de notoriété ; mais son renvoi avait suscité un identique soulagement chez ceux qui subissaient sa gestion. Les ouvriers de l'arsenal de Brest manifestèrent à travers la ville en promenant sous les huées un canonnier déguisé en ministre : ils n'étaient pas payés depuis dix-huit mois.

La page tournée, comment ne pas croire en l'avenir ? Les nouveaux ministres portent l'espérance générale. Son excellente gestion de Paris vaut à Sartine une popularité méritée. De Turgot, chacun sait qu'il a fait merveille dans le Limousin. L'opinion éclairée salue sa nomination avec enthousiasme. Julie de Lespinasse, qui l'appelle « la philosophie en action », rapporte à son amant Guibert, compromis dans l'affaire de la Bastille, « les transports de la joie universelle ». C'est le ton de toutes les gazettes. Condorcet exulte. Diderot s'emballe : « Si le bien ne se fait pas, c'est que le bien est impossible. » De Ferney, Voltaire écrit au nouveau contrôleur général : « En chantant à basse note le *De profundis* pour moi, je chante *Te Deum laudamus* pour vous » ; il en fait tant, à écrire sa « sainte joie » à ses innombrables correspondants, que le ministre lui demande discrètement de ne point trop en faire…

Première décision de Turgot : il réduit ses émoluments de cent quarante-deux mille livres à soixante-deux mille, et renonce aux traditionnels frais d'installation qui pouvaient se monter à trois cent mille livres. Ça change de Terray. Affichant un souci de transparence, Sartine décide quant à lui que les émoluments pris sur les fonds secrets de la Marine pour compléter le traitement du secrétaire d'État seront désormais rendus publics. Avec la renonciation royale au don de joyeux avènement et au droit de ceinture, les temps nouveaux sont à la vertu.

À l'orée de l'automne, un inconnu écrit ces mots sur le socle de la statue d'Henri IV, au Pont-Neuf : *Resurrexit*.

Le premier cercle du pouvoir échappe cependant à l'euphorie générale. Cent jours ont suffi à montrer les limites de Louis XVI. Son indécision inquiète. Mercy-Argenteau écrit dès juillet : « Tout semble indiquer que le caractère du Roi penche à la faiblesse. » Parfaitement bien placé pour en juger, Véri déplore « un caractère peu décidé et peut-être faible comme ceux du Dauphin, son père, si respectable par ailleurs, et de son grand-père Louis XV ». Il redoute l'avenir : « Un caractère faible et une capacité médiocre peuvent surmonter un jour les autres bonnes qualités. » Même le duc de Croÿ a des craintes. Royaliste viscéral, pilier du parti dévot, il avait noté, après la nomination du « philosophe » Turgot : « Ce fut, quoique sourdement et sans révolution, le plus grand coup porté à la religion, peut-être, depuis Clovis. » Rien de moins ! Il écrit en août : « Le plus malheureux est qu'on voyait qu'avec mille bonnes choses et bien du bon sens et de la justice même dans l'esprit, le Roi se laisserait mener, n'apprendrait pas à gouverner, ni à travailler lui-même, et que tout annonçait, à bien des égards, absolument tout comme du temps du feu Roi ». Maurepas, pourtant éloigné de toute forme d'activisme, se plaint de devoir arracher au forceps les décisions les plus urgentes.

L'indécision du roi ne pouvait surprendre ceux qui l'avaient connu dauphin. En revanche, les cent premiers jours révèlent un trait de caractère totalement insoupçonné. Quand il avait voulu le mettre en garde contre les agissements du maître du Cabinet noir, l'intendant général des postes d'Ogny, Charles de Broglie s'était avancé avec prudence, redoutant de choquer le jeune roi par la révélation de noirceurs pour lui inimaginables : « La pureté de cœur de Votre Majesté doit se révolter à cet exposé, et lui faire au premier coup d'œil regarder comme impossibles des actions si criminelles... » Eh bien, pas du tout ! Sa Majesté adore les ragots, les intimités surprises, les secrets d'alcôve, les méchancetés épistolaires, ce ragoût dont l'âcre fumet enchantait déjà son grand-père. Sa Majesté aura donc reçu en héritage la passion de la chasse aux bêtes sauvages et celle de la traque des secrets des pâles humains. Qui aurait attendu cela d'un garçon si franc du collier ?

Dès sa nomination, Maurepas l'avait éclairé sur les pratiques du Cabinet noir. L'ouverture des lettres privées, justifiée en principe par la sauvegarde de la sûreté de l'État, avait pris une telle extension qu'elle permettait les pires manipulations. On faisait écrire sur tel concurrent dans la course aux places et aux honneurs des lettres révélant ses vices réels ou supposés avec l'espoir, rarement démenti, que le diligent préposé mettrait ces horreurs sous les yeux du feu roi. Il se murmurait même que d'Ogny, dévoué à la du Barry et à d'Aiguillon, forgeait carrément des lettres remplies d'atrocités contre les ennemis de ses protecteurs. Louis XVI avait promis de ne jamais lire que les lettres ou les extraits concernant les affaires d'État. Vaine promesse ! Maurepas s'en irritait mais laissait faire. Véri, très vite, inscrit au passif du roi « les routes obscures qu'il paraît aimer pour avoir des observations », et constate, désolé, après quelques mois : « Il n'y a plus de secret de famille et d'amitié par le canal de la poste. » Les affaires de l'État elles-mêmes en souffrent : « Il en résulte qu'on a découvert dans ce prince ce qu'on avait reconnu dans son grand-père : une mauvaise opinion de tout le monde et conséquemment un esprit de méfiance général... C'est une triste sensation pour l'âme d'un souverain que d'avoir mauvaise opinion de tout ce qui l'entoure dans les emplois publics. »

Pour le malheur du trône, la méfiance royale épargnait ses pires adversaires.

V

Le Parlement Maupeou méritait dans une certaine mesure son exécrable réputation. Créé à la va-vite, composé de bric et de broc, il faisait piètre figure sociale auprès de l'ancien où prospéraient tant d'augustes dynasties judiciaires. Un conseiller Goëzman, qu'on avait dû chasser ignominieusement après l'affaire Beaumarchais, illustrait bien les faiblesses du recrutement. Il paraît que Maupeou, sans illusions sur certaines de ses ouailles, concédait volontiers : « J'ai dû faire comme les propriétaires qui louent un bâtiment neuf à des filles pour essuyer les plâtres. » D'Alembert constatait : « Ce Parlement est une bête puante » ; ajoutant aussitôt : « Mais l'ancien était une bête vénéneuse. » Condorcet ne pensait pas autrement : « Il vaut mieux garder des tribunaux avilis, encore quelque temps, que d'établir des tribunaux tyranniques. »

L'essentiel, néanmoins, était fait : il suffisait d'attendre. Parmi les magistrats exilés et drapés depuis trois ans dans la toge des vertus romaines, beaucoup avaient l'impression de se retrouver avec une tunique de Nessus sur le dos et aspiraient à la réintégration, fût-ce au prix d'une amende honorable et en passant sous les fourches Caudines du chancelier ; les avocats refusant de plaider devant les juges Maupeou commençaient à se lasser de leur héroïsme ; les justiciables s'acclimataient aux nouvelles juridictions. Louis XV et Maupeou avaient compté sur le temps pour entériner leur coup d'État. Le changement de règne permettait d'en gagner beaucoup : que Louis XVI annonçât avec solennité qu'il ne reviendrait jamais sur la décision de son grand-père, et le dernier carré des parlementaires disgraciés se disloquerait pour courir à Canossa.

Maurepas se montra ici d'une énergie et d'une habileté supérieures. Riant de presque tout, tenant à si peu de chose, il appartenait par toutes ses fibres à la caste parlementaire et voulait
absolument son retour. Ses premières approches furent prudentes.
« Sans Parlement, point de monarchie. Ce sont les principes que
j'ai sucés du chancelier de Pontchartrain [son grand-père]. »
Louis XVI restait de marbre. Il détestait les parlementaires. Sans
doute avait-il lu la lettre, en vérité admirable, que son père avait
naguère écrite au feu roi pour l'exhorter à « une fermeté inébranlable ». Renonçant à l'attaque frontale, le Mentor recourut aux
manœuvres d'enveloppement. Il connaissait désormais son
Télémaque et sa capacité à freiner des quatre fers quand on voulait le mener là où il refusait d'aller. Le retour du Parlement
n'aurait lieu que si le roi lui-même croyait en avoir pris la décision. Pour susciter une solution, il faut d'abord créer un problème.
Maints mémoires y pourvurent, qui traitaient de l'affaire comme
si elle restait pendante. Le prince de Conti, général de l'armée
parlementaire, sortit tel un spectre de son sépulcre doré. À cin-
quante-sept ans, il n'avait plus rien de commun avec le prince
paré de toutes les séductions auquel les patriotes polonais avaient
offert, trente ans plus tôt, la couronne de Pologne. Rongé par la
maladie — une probable syphilis —, épuisé par les crises de
goutte, martyrisé par une fistule, il avait sombré dans la crapule et
traînait derrière lui de sales histoires de putains assassinées pour
le plaisir. Son protégé Le Paige, théoricien et chef d'état-major du
parti parlementaire, infatigable fournisseur d'arguments, de thèses
et de mémoires, reprit du service. Beaumarchais lui-même, à
peine émergé de son équipée viennoise et ruisselant encore de
ridicule, y alla de son traité de droit constitutionnel. Intitulé *Idées
élémentaires sur le rappel des parlements*, son mémoire établis-
sait que le roi de France ne pouvait prétendre tenir son pouvoir de
Dieu, car n'importe quel tyran accommodait Dieu à sa sauce personnelle, ni d'ailleurs du droit de l'épée, qui ne consacrait que la
victoire du fort sur le faible, mais bel et bien du respect des « lois
fondamentales » régissant les rapports entre le prince et ses sujets,
et dont le Parlement était, bien entendu, le dépositaire et le garant.
Le mémoire négligeait d'expliquer par quel tour de passe-passe
des magistrats achetant leur charge à bon prix d'argent se retrou-
vaient investis du pouvoir d'incarner la nation.

Puis le Mentor joua avec habileté de la souhaitable réconciliation avec les princes du sang, tous solidaires, à une exception

près, des parlementaires exilés. Louis XVI montrait enfin du goût pour la popularité — « Je veux être aimé » — et l'opinion souhaitait le rappel de l'ancien Parlement. Faut-il revenir sur les raisons de cet attachement[1] ? Michelet, en une phrase, a exprimé la mieux fondée : « On en peut dire une seule chose, assez grave au fond : *il parlait.* » Face au souverain, le seul corps constitué à parler au nom de la nation tout entière. Et la nation appréciait qu'il s'élevât systématiquement contre les nouvelles impositions, même si son hostilité allait d'abord à celles qui menaçaient la fortune de ses membres. Voltaire : « Le peuple, qui n'aime pas les parlementaires, ne voit dans un Parlement que l'ennemi des impôts. Les riches encouragent les murmures de la populace. » Comme le Parlement Maupeou avait enregistré sans broncher les édits les plus exorbitants de l'abbé Terray, l'exécration qu'on lui vouait atteignait à son comble.

Au Conseil, seuls du Muy et Vergennes se dressèrent contre l'offensive conduite par Maurepas. Pour Vergennes, il y fallait du courage, à un moment où sa position était fragilisée par l'affaire de la présentation de sa femme. Toujours méthodique, il fit une intervention en trois points : « 1) L'ancien Parlement a-t-il mérité son châtiment ? 2) Le feu roi a-t-il pu le détruire ? 3) Dans l'un ou l'autre cas, ne serait-il pas plus dangereux de rétablir l'ancien Parlement que de laisser subsister le nouveau ? » Il concluait par l'affirmative sur les trois points, et avec des arguments si forts que le roi en fut sans doute ébranlé. Maurepas s'empressa de glisser qu'il fallait attendre des « éclaircissements importants » avant de prendre une décision.

Le renvoi de Maupeou fit sauter le dernier verrou.

Le 12 novembre, séance solennelle de rentrée du Parlement — l'ancien. Le matin, le roi s'était ingénument étonné : « Qui m'eût dit, il y a quelques années, lorsque je vins au lit de justice sous mon grand-père, que je tiendrais celui que je vais tenir ? » Véri, quant à lui, dressait froidement le bilan de la manœuvre : « Le but était de persuader au Roi que le résultat serait son propre ouvrage, afin qu'il y mît le degré de chaleur et d'intérêt qui est nécessaire à toute opération générale de cette nature... Cette méthode a eu l'effet désiré, qui était de lui faire regarder comme sien le plan qui a été adopté. » Les compères, gardant souvenir

---

1. Cf. *Le Secret du Roi*, tome 1, p. 349 *sq.*

du grand-père, incapable de lire sans bafouiller quatre phrases en public, avaient fait longuement répéter son discours au petit-fils, Maurepas battant la mesure de la main : « Trop vite, Sire, trop vite ! On ne vous a pas bien entendu... » Ahuris, ils verront ce garçon si timide et embarrassé dans le tête-à-tête atteindre à une sorte d'éloquence devant le Parlement. Jusqu'à sa mort, le roi se montrera maître de soi, et même impressionnant, dans toutes ses manifestations publiques, volontaires ou forcées.

Liesse populaire.

Beaumarchais exulte. Il écrit à Sartine qu'il espère bien « ne pas rester le blâmé de ce vilain Parlement que vous venez d'enterrer sous les décombres de son déshonneur ».

Vingt et un jours après son rappel, le Parlement, tel qu'en lui-même, déclarait illégal le lit de justice qui l'avait ressuscité, au motif d'une logique implacable que, ne pouvant être détruit, il n'avait pas à être réinventé. On s'occupa sans tarder de persécuter les usurpateurs déchus, traités publiquement de « laquais », de « scélérats », de « juges de cul fouetté ». La populace en rudoya certains. Beaucoup furent ruinés par une inexorable mise à l'index. Ils n'étaient pas tous médiocres et n'avaient fait qu'obéir au roi. En 1765, pendant les troubles parlementaires de Bretagne, et alors que Louis XV cédait sans cesse à l'insolence des magistrats, désavouant ses propres fidèles, un adjoint de l'intendant de Rennes avait écrit cette phrase terrible : « Si c'est un déshonneur que de servir le Roi, le Roi n'aura plus de serviteurs. »

Condorcet écrivit à Turgot une lettre indignée : « Ils méprisent toute lumière, toute philosophie, et, comme ils sont bouffis d'un orgueil digne de leur ignorance, ils seront ennemis de toutes lumières, les persécuteront, et tâcheront de nous replonger dans la barbarie... Ce qu'il y a de plus contraire au bien public, c'est de confier le droit de juger de la vie des citoyens à une troupe d'assassins. » Voltaire, hanté par les supplices de Calas, de Lally-Tollendal, du petit chevalier de La Barre, eut une fois de plus recours à ses injustes comparaisons zoologiques : « Il était digne de notre nation de singes de regarder nos assassins comme nos protecteurs ; nous sommes des mouches qui prenons le parti des araignées. » L'étranger fut stupéfait. « Il est incompréhensible, écrivit Marie-Thérèse à Mercy, que le Roi ou ses ministres détruisent l'ouvrage de Maupeou. » L'ambassadeur d'Angleterre, lord Stormont, rapporta à sa cour : « Le jeune Roi pense que son autorité est suffisamment assurée par les dispositions qu'il a prises. Il y a de grandes chances qu'il s'en morde les doigts avant la fin de son règne. » Maupeou aurait eu ce commentaire laconique : « J'avais fait gagner au Roi un procès qui durait depuis trois cents ans ; s'il veut le reperdre, il en est le maître. »

Louis XVI et Marie-Antoinette avaient été applaudis à tout rompre par la foule au sortir du lit de justice. Douze ans plus tard, une foule identique acclamera follement le cardinal de Rohan quand il sortira du Palais, blanchi par le même Parlement de toute responsabilité dans l'affaire du Collier : un acquittement qui signifiait qu'on pouvait à bon droit penser avoir la reine de France pour un bijou.

*
* *

De Rohan, Marie-Thérèse avait écrit à Mercy : « Depuis son départ, maintes affaires scandaleuses ont paru ; tout ce qui a encore un peu de mœurs et décence est recouru à moi pour me conjurer d'empêcher que ce sujet dépravé ne revienne. » Il ne reviendrait donc pas en Autriche, mais sans doute l'impératrice-reine devait-elle admettre avec tristesse que ses Viennois ne possédaient pas tous mœurs et décence, puisqu'elle écrivit peu après à son ambassadeur : « Breteuil pourrait trouver à son premier début ici quelque embarras, tant on est prévenu en faveur de Rohan. Ses partisans, cavaliers et dames sans distinction d'âge, sont fort nombreux, sans même en excepter Kaunitz, qui est encore porté pour l'abbé Georgel... » Sa crainte s'accroît au fil des semaines et des lettres, tempérée cependant par l'espoir que Breteuil, « sage comme il est, ne tardera pas de l'emporter par sa conduite honnête et régulière sur son prédécesseur. »

Recruté en 1760, juste avant son départ pour Saint-Pétersbourg où Choiseul le destinait au rôle d'étalon auprès de Catherine, qui n'était encore que l'épouse du futur héritier du trône des czars, le baron de Breteuil ne s'était pas véritablement intégré à la communauté du Secret. Comme Saint-Priest, il s'était incliné devant l'ordre du roi sans jamais se dévouer corps et âme au service. On l'avait bien vu en 1762, lorsqu'il avait jugé expédient de déserter Saint-Pétersbourg pour ne pas se compromettre dans le coup d'État fomenté par Catherine contre son misérable époux, enfin monté sur le trône, et après avoir sottement rebuté les demandes d'aide de la future czarine, dont tout esprit lucide devait penser qu'elle ne pouvait pas manquer son affaire[1]. Un Durand ou un Vergennes ne se fussent point conduits ainsi. Sur sa personne, les opinions rejoignent presque unanimement celle de l'abbé de Véri. Le comte d'Allonville a ce jugement sans appel : « Vaniteux et dur, quoique sans manières et sans mœurs. »

Un tel personnage ne risquait guère de conquérir Vienne.

Marie-Thérèse se résigna vite à sonner le glas de ses propres espérances. Le 4 mars 1775 : « Comte de Mercy, la situation du baron de Breteuil est jusqu'à présent plus pénible encore que je ne l'avais d'abord imaginé. Tant s'est enracinée la prédilection pour Rohan qu'en le mettant en parallèle avec Breteuil l'avantage est toujours du côté du premier. On critique les façons, l'extérieur, les habits et même la perruque de Breteuil ; on est surtout effarouché de sa déclaration de ne vouloir ni jouer ni donner des soupers : voilà un rustre en comparaison du galant Rohan ! Ce qui me fait le plus de peine est que l'Empereur [son fils Joseph II] donne le ton dans les entretiens qui se font aux dépens de Breteuil ; il est même arrivé dans un des appartements que l'Empereur, l'ayant aperçu, fît un signe moqueur à l'abbé Georgel, qui est aussi bien vu par lui que par Kaunitz, malgré que c'est un homme vain et impertinent. » Exaspéré par Breteuil, le chancelier Kaunitz disait que c'était « un homme arrogant et vindicatif, vis-à-vis duquel il fallait marcher sur des échasses pour l'abaisser ». Lors de son ambassade à Versailles, en 1751, Kaunitz avait étonné par sa morgue la plus haute noblesse de France ; qu'il trouvât plus arrogant que lui tenait du miracle.

Une autre partie se jouait dans le huis clos de l'ambassade de France.

Avec bien des défauts, Louis de Rohan possédait une qualité : le sens du renseignement. À moins, bien entendu, qu'il n'ait bénéficié dans ce domaine aussi de l'entregent de son jésuitis-sime jésuite, l'abbé Georgel. Toujours est-il que l'ecclésiastique duo avait su pénétrer la machine d'État autrichienne. Nous avons vu l'excellent Durand, vétéran du Secret, ministre plénipoten-tiaire à Vienne, dupé par Kaunitz au point de refuser jusqu'au bout l'éventualité d'un partage de la Pologne — seule faute de sa

---

1. Cf. *Le Secret du Roi*, tome 1, p. 547 *sq.*

carrière, mais capitale — et le néophyte Rohan, que Durand était censé guider, dévoiler le premier le pot aux roses[1]. Après la mort de Louis XV, redoutant qu'on lui ôtât une ambassade à laquelle il tenait beaucoup, Rohan s'était empressé d'adresser à Louis XVI un mémoire intitulé *Mes Découvertes*, qui mettait en valeur son travail de renseignement. Si la forme pèche par une vantardise qui eût exaspéré Charles de Broglie, le fond est pour l'essentiel confirmé par l'examen des dépêches de l'ambassadeur. Il a réellement disposé à la chancellerie d'État d'une taupe grâce à laquelle il connaissait les tractations secrètes entre Prusse et Autriche. Il a eu à la cour un informateur au fait de la vie privée de l'impératrice-reine et de son fils. Il a recruté au ministère de la Guerre un agent bien placé. Il a obtenu plus que des notions sur le réseau de renseignement autrichien en France. Par malheur, ses sources ont disparu l'une après l'autre. La taupe de la chancellerie d'État ? Noyée dans le Danube « après avoir laissé sur son bureau un papier où il était écrit de sa main : "J'étais indigne de vivre." » L'informateur à la cour ? Arrêté et chassé de Vienne. L'agent bien introduit au ministère de la Guerre ? Apparemment muté. Comment s'étonner de ces tarissements successifs, puisque nous savons que les services autrichiens interceptaient et déchiffraient les dépêches de l'ambassadeur de France ? Mais la source des sources reste assurément l'homme masqué qui, voilà quelques mois, a révélé à l'abbé Georgel cette interception en même temps que celle des dépêches du Secret. Le lecteur ne peut avoir oublié le mystérieux inconnu qui, deux fois par semaine autour de minuit, rencontrait l'abbé sur un rempart de Vienne et lui remettait des documents confidentiels du plus haut intérêt[2] Cette source-là n'est pas tarie.

Venu en congé à Versailles pour mieux défendre son ambassade qu'il savait menacée, Rohan avait fait grand cas de ses réussites, au mépris d'une saine confidentialité, puisque nous en retrouvons l'écho dans le journal de l'abbé de Véri : « Le prince Louis fait beaucoup valoir les moyens secrets qu'il a trouvés de gagner les bureaux du prince de Kaunitz, principal ministre à Vienne, et d'en avoir toute la correspondance avec le roi de Prusse et les puissances du Nord. Il dit qu'il ne veut ni ne peut indiquer ces moyens à un successeur pour ne pas trahir les gens

---

1. Cf. *Le Secret du Roi*, tome 2, p. 349.
2. Cf. *Le Secret du Roi*, tome 2, p. 497 *sq.*

qui se sont confiés à lui. Ce dernier fait pourrait être vrai dans toute son étendue. Mais ce ne serait pas sur la parole seule du prince Louis qu'on devrait le croire. Plusieurs faits particuliers développent chez lui un caractère un peu gascon. »

Gasconnade ? Le chantage est ici évident : si vous ne me maintenez pas à Vienne, adieu la source ! Mais, puisque la manœuvre avait échoué, Breteuil devait estimer que Georgel, resté à Vienne, et seul à posséder le contact avec l'homme masqué, ne se ferait pas trop tirer l'oreille pour passer le relais.

Georgel, en charge de l'intérim, avait interrompu ses fournitures à l'annonce de la nomination du baron.   Une lettre de Vergennes, portée par un courrier extraordinaire, lui ordonna de les reprendre. Il obtempéra. Selon lui, son homme masqué l'avertit que leurs rendez-vous cesseraient dès l'arrivée du nouvel ambassadeur de France. On pourrait assurément le contraindre à la fuite en recherchant son identité pour le reprendre sous contrôle, mais la source n'en serait pas moins tarie. Toujours selon Georgel, l'homme n'était pas vénal. Il avait exigé mille ducats à leur première rencontre parce qu'il connaissait une passe financière désespérée, mais avait ensuite refusé toute gratification. « Je suis, disait-il, un honnête criminel. »

Breteuil s'étonne de ne pas trouver l'abbé à l'ambassade : il s'est installé ailleurs. Mauvais présage. Mais le baron n'arrive pas sans munitions. Dès leur première rencontre, il tend à Georgel une lettre du roi ordonnant à celui-ci de révéler sans restriction toutes ses sources d'information. Georgel amuse le tapis en évoquant quelques troisièmes couteaux, mais l'autre finit par poser la question de confiance. Récit de Georgel : « "Je m'attends, me dit-il avec ce ton qui appelle l'effusion de la confiance, que vous couronnerez les renseignements intéressants que vous m'avez donnés jusqu'ici par ceux qui doivent ajouter le plus grand prix à ma mission." Ma réponse fut prompte : je ne le pouvais pas ; son arrivée avait tari cette source si féconde et si avantageuse : comment, en effet, pouvoir retrouver un homme que je n'avais vu que de nuit, qui ne me parlait que masqué, qui m'avait prévenu que toute tentative pour le connaître et le ramener serait à pure perte et même dangereuse ? J'étais de bonne foi ; mais cette réponse fut prise pour une défaite [dérobade]. Le baron de Breteuil, se voyant trompé dans son attente, prit le ton de la menace ; il se déchaîna d'une manière peu décente contre le prince de Rohan, en me disant "que j'avais épousé sa haine : que c'était sûrement par ses insinuations que je le privais du plus beau fleuron de l'ambassade... Je saurai un jour m'en venger, ajouta-t-il en colère ; je serai son ministre, et je lui ferai sentir le poids de mon autorité !" » L'abbé ne bronche pas. Jusqu'au bout, il restera inébranlable.

Ignore-t-il vraiment l'identité de son informateur ? Breteuil, fou de rage, avise Versailles. Le 3 mars 1775, Louis XVI écrit à Vergennes : « Pour ce qui regarde le baron de Breteuil et l'abbé Georgel, celui qui peut mentir une fois peut mentir vingt. L'abbé dit qu'il ne sait pas le nom de son homme ; le coadjuteur [Rohan] me l'a nommé à Marly dans le temps qu'il n'avait nulle raison pour me cacher son nom, mais je l'ai oublié. Il faut attendre que l'abbé Georgel soit de retour pour apprécier ses raisons, qui tiennent un peu aux ruses jésuitiques. Il me paraît que le baron ne les a pas trouvées bonnes et qu'elles lui ont échauffé la bile. » Si Rohan connaît le nom, Georgel ne peut l'ignorer ; donc, il ment.

Déplorons au passage l'éternelle désinvolture à l'égard du renseignement. Voilà un agent en posture de communiquer à la France les secrets non seulement de la diplomatie autrichienne, mais de plusieurs cours d'Europe. C'est l'une de ces aubaines comme il s'en présente deux ou trois par siècle. Cela mériterait peut-être une petite opiniâtreté. On pourrait, par exemple, exiger de Rohan qu'il redise le nom lâché à Marly. Et, s'il fait à son tour le jésuite, on aurait encore le recours à la mémoire du roi, d'ordinaire infaillible, même si elle est ici fautive. Combien de fonctionnaires à Vienne en position d'accéder aux documents les plus confidentiels ? Une dizaine, en comptant large. Quoi de plus simple que de réunir leurs noms et de les citer au roi, avec l'espoir raisonnable qu'une consonance réactivera sa mémoire ? La solution la plus expéditive consisterait à rappeler l'abbé dare-dare et à lui offrir le choix, non pas entre le chapeau de cardinal et la potence, comme le voulait Choiseul pour son confrère Terray mais entre une chambre à la Bastille et quelque grasse abbaye. Georgel avait l'âme trop basse pour hésiter longtemps. Au lieu de quoi Louis XVI se borne à attendre son retour.

Il se fit désirer. Il jouissait des attentions que lui prodiguaient Kaunitz et l'empereur pour mieux humilier Breteuil. Sans doute Georgel, dans sa fourberie cynique, jugeait-il ces grâces très méritées, puisque son mutisme neutralisait un agent fort dommageable à l'Autriche. Faut-il croire à son pittoresque feuilleton ? Un homme masqué, enveloppé dans un manteau, donnant des rendez-vous « autour de minuit » sur un rempart désert : Eugène

Sue et Ponson du Terrail feront leurs choux gras de pareilles histoires. Mais, après tout, pourquoi pas ? En revanche, il ment quand il affirme ignorer son nom. Et il ment encore lorsqu'il prétend que l'homme refuse de collaborer après le remplacement de Rohan. Que de belles Viennoises fussent disposées à toutes les folies pour le galant ambassadeur, nous le croyons volontiers, puisque l'impératrice-reine nous l'affirme, mais pourquoi un « honnête criminel » trahirait-il pour les beaux yeux de Rohan et refuserait-il de persévérer avec son successeur ? C'est de propos délibéré, et par pure animosité, que le jésuite et son maître privent leur pays d'une source d'information capitale.

Kaunitz poussa la provocation jusqu'à demander à l'impératrice-reine d'accorder une audience de congé à Georgel. Elle se récria : « Incroyable, cette prédilection dans un homme de tant de génie », écrivit-elle à Mercy. Mais son fils, après lui avoir promis le contraire, reçut l'abbé pendant près d'une heure et en donnant à cette extraordinaire faveur le maximum de publicité. Quant à Kaunitz, il choisit le premier dîner officiel offert par Breteuil pour remettre à Georgel le riche présent offert par leurs majestés impériales et royales. L'insolent chancelier était arrivé à l'ambassade avec une heure et demie de retard, de sorte qu'on s'était attablé devant des mets trop cuits ou déjà refroidis. Assez légitimement, Breteuil faisait la tête. À la fin du repas, Kaunitz glissa à l'abbé : « Monsieur l'ambassadeur paraît avoir beaucoup d'humeur ; il voudrait faire le petit Choiseul ; il en a bien l'audace, mais il n'en a pas l'esprit. »

Le baron de Breteuil, devenu entre-temps secrétaire d'État de la Maison du roi, aura sa revanche dix ans plus tard, le lundi 15 août 1785, quand, dans la galerie des Glaces bondée de courtisans, pointant le doigt sur le cardinal de Rohan sorti pâle et défait du cabinet de Louis XVI, et qui le suppliera d'éviter tout scandale, il criera d'une voix de stentor au lieutenant des gardes du corps : « Je vous ordonne, monsieur, de la part du Roi, d'arrêter monsieur le cardinal et d'en répondre. » L'affaire du Collier commencera alors sa carrière publique.

Pour l'heure, Georgel rentre en France, fait passer son histoire d'« honnête criminel » comme lettre à la poste, reçoit des compliments et une pension, reprend son rôle de requin pilote auprès de son protecteur, et se pousse habilement dans l'appartement des Maurepas (« Il s'y est interné », écrit drôlement Mercy) où il régale la compagnie de ses venimeux ragots. Quant à Rohan, il deviendra, comme on sait, grand aumônier de France, au dam de Marie-Thérèse qui, avec son habituelle lucidité, accrue ici par l'intuition maternelle, n'aura de cesse de mettre en garde Marie-Antoinette. « Cet homme, écrira-t-elle à Mercy, me paraît de plus en plus dangereux, et je crains qu'un jour sa charge de grand aumônier ne lui donne de l'influence et même de l'accès auprès de ma fille. »

Grâce aux interceptions, l'impératrice-reine avait découvert que Rohan citait dans ses dépêches des lettres censées émaner d'elle et qu'elle n'avait en réalité jamais écrites. Mercy lui confirmera que les Rohan « ont des ouvriers propres à ce genre de manœuvres, entre autres l'abbé Georgel, que je sais avoir été employé en certaines occasions à écrire des lettres supposées et à faire répandre des bruits dans le public... »

Le lecteur voudra bien se ressouvenir de ces particularités lorsque notre Charles de Broglie deviendra, pour son malheur, la cible du jésuite.

*
* *

Le 13 août 1774, première séance de travail entre le comte de Broglie et les deux ministres chargés par le roi d'examiner sa conduite, du Muy et Vergennes. Elle est consacrée à l'entêtante affaire d'Éon.

Le 20 août, deuxième conférence sur les comptes financiers du Secret depuis 1765.

Puis Charles part pour Ruffec, comme chaque année à pareille époque. Une maladie de du Muy et les obligations ministérielles de Vergennes imposent un retard supplémentaire.

Le travail reprend le 27 janvier 1775. La séance est consacrée à la Pologne. Le 1er février, les deux commissaires entendent l'ancien chef du Secret exposer la genèse et la mise au point du plan de descente en Angleterre. Le 16, examen de l'action du service dans les pays autres que la Pologne. Le 1er mars, Broglie s'explique sur sa collaboration avec Jean-Louis Favier, et sur les fameuses *Conjectures raisonnées*.

Chaque conférence est précédée et suivie par un feu nourri de mémoires, notes, contre-notes, auquel le comte soumet ses deux commissaires et amis. Sa plume infatigable n'entend laisser aucun détail dans l'ombre. Il répond aux questions que ni du Muy ni Vergennes ne songeraient à lui poser. Il n'a rien à cacher. Une certaine mauvaise foi entache cependant quelque peu son apologie du travail de Favier. On sait que le savant et débauché publiciste s'était institué dès 1756 l'intransigeant critique de l'alliance autrichienne. Sa hargne contre Vienne imprègne les *Conjectures raisonnées*. Or Marie-Antoinette est devenue reine de France et nul n'ignore son influence sur son époux. Les deux premières parties rédigées par Favier, affirme avec aplomb Broglie, n'ont jamais eu pour but « de saper, de renverser cet édifice politique, mais uniquement de poser une base sur laquelle il semblait possible et même indispensable de l'affermir et de le consolider ». Et il enchaîne : « La seule occasion où l'on eût eu pu avoir prise sur le comte de Broglie se serait trouvée dans l'examen d'un système politique qu'il eût proposé ; mais ce n'aurait été que dans la troisième section, et elle n'a pas été commencée. On ne peut donc apprécier l'esprit dans lequel cette partie aurait été traitée que par un seul moyen, c'est de juger ce futur contingent qui n'est pas arrivé par le même esprit qui a dicté, depuis 1755, tous les mémoires, lettres et dépêches du comte de Broglie. Il ne craint pas que des ministres éclairés et impartiaux puissent jamais interpréter défavorablement sa vigilance et sa sollicitude. En jetant au hasard les yeux sur plusieurs de ses lettres, ils trouveront dans toutes le même zèle qui l'a animé, et au moment de l'entrée des Prussiens en Saxe, et pendant son séjour à Vienne. » C'était rappeler utilement son rôle décisif après la bataille de Prague, dont l'impératrice-reine voulait bien garder un souvenir reconnaissant.

Les deux commissaires, acquis d'avance, n'avaient nul besoin d'un tel feu épistolaire pour éclairer leur lanterne. Après chacune des quatre premières conférences, ils transmettent au roi les mémoires de Broglie en les accompagnant d'un rapport des plus élogieux. Le 3 février 1775, c'est un satisfecit complet : « M. le comte de Broglie n'ayant eu d'abord part à la correspondance secrète, et n'ayant été depuis chargé de sa direction qu'en vertu des ordres secrets et bien constatés du feu Roi, il n'est pas dans le cas d'établir sa justification ; mais si Votre Majesté daigne jeter les yeux sur ses mémoires, nous sommes persuadés qu'elle y remarquera avec satisfaction que sa conduite, loin d'avoir donné lieu aux reproches et aux imputations qu'on a pu lui faire, n'est susceptible que d'éloges. En effet, autant que les vues qu'il était chargé de soigner étaient louables et intéressantes, autant la prévoyance, la dextérité et la science dont il a fait preuve dans l'exécution, semblent devoir lui mériter les bontés de Votre Majesté. »

Un autre se fût contenté d'une justification aussi éclatante. Charles ne l'entend pas ainsi. Il impose aux deux ministres, qui ont quand même autre chose à faire, la plongée dans les quatre cents pages des *Conjectures raisonnées*. Est-ce le terme de l'épreuve ? Point du tout. Il écrit à Louis XVI pour réclamer un examen approfondi de l'affaire de la Bastille et demander que Sartine, qui la connaît bien, soit adjoint à du Muy et à Vergennes. Les deux commissaires, dont on perçoit à travers les lignes que leur patience commence à se lasser, demandent au roi ses instructions. Lui-même excédé, Louis XVI répond à Vergennes : « Pour ce qui regarde l'affaire de la Bastille, il m'a demandé il y a quelque temps que M. de Sartine se joignît à vous lorsqu'il en serait question. Je lui avais écrit à Marly qu'il n'y avait que faire d'en parler, que je la regardais comme finie et que je ne voulais pas en entendre parler. D'ailleurs, on avait fait un monstre d'une très petite affaire et qui ne le regardait en rien ; vous pouvez lui en parler sur ce ton-là, et je crois qu'il n'y insistera plus. Alors vous finirez les séances. »

Le roi de France écrit de sa blanche main que l'affaire « ne regardait en rien » le comte de Broglie. Que demander de mieux ? Il ne veut plus entendre parler de cette histoire. On le comprend aisément. Son grand-père et sa passion sénile pour la du Barry étaient cruellement moqués dans les lettres échangées entre Ségur et Dumouriez. Le déroulement de l'affaire indiquait aussi un déplorable affaissement d'esprit chez le feu roi, qui finissait par tout mélanger. Mieux valait tourner la page.

Charles s'obstine.

Il pourrait entonner la chanson de Beaumarchais : « Toujours, toujours, il est toujours le même. » Différents en presque tout, ils ont en commun, outre une extraordinaire énergie vitale, l'immuabilité dans le caractère. Mais, tandis que pour Beaumarchais les avanies ruisselant sur son visage sont comme une rosée bienfaisante à son teint, elles brûlent Broglie tel un insupportable acide. L'un oublie le soir l'injure du matin ; elle procure à l'autre une nuit blanche. Que le roi en personne lui donne raison ne suffit pas pour Charles à effacer le tort qu'on lui a fait. Il n'apprendra jamais jusqu'où il peut aller trop loin. L'acharnement est ici parfaitement imbécile. Ne comprend-il pas qu'un nouveau chapitre s'est ouvert avec l'avènement de Louis XVI et que ses amis du Muy et Vergennes, encore tout neufs aux affaires, ont des préoccupations plus urgentes que l'examen d'une vieille histoire qui n'intéresse plus personne ? Quant à Sartine, son complice depuis dix ans, ne voit-il pas que son exigence le place dans une situation impossible ? Contraint et forcé, et sauvant ce qui pouvait l'être, Sartine n'en a pas moins signé, avec les autres commissaires, le rapport final sur l'affaire de la Bastille. Charles demande au ministre de la Marine de désavouer le lieutenant de police.

Le 27 mars 1775, en présence de Sartine, conférence sur l'affaire de la Bastille, précédée de la préparation d'artillerie ordinaire. Le 24 avril, rapport au roi des trois commissaires. Il ne laisse rien subsister du laborieux montage élaboré par d'Aiguillon pour se débarrasser de rivaux actuels ou potentiels. Sur Broglie : « Le dessein d'impliquer M. le comte de Broglie dans une affaire désagréable est manifesté dans toute la procédure. Cependant, nulle preuve acquise contre lui ; nulle induction, même tant soit peu probable. » C'est la réhabilitation complète. Sartine, pour sauver au moins la face, avait obtenu l'insertion d'un paragraphe fumeux : « Les commissaires du [feu] Roi, éblouis sans doute par les apparences qu'offraient les lettres interceptées et saisies, et par le sens forcé qu'on a pu chercher à leur donner dans des conversations privées, ont pu être induits en erreur sur la nature de la correspondance secrète qu'il [Broglie] suivait de l'ordre du feu Roi. Il est possible qu'on leur ait donné le change. Nous voyons bien la trace d'une intrigue ; mais nous n'apercevons pas bien distinctement la main qui la dirigeait. » Le plus averti des lieutenants de police, sujet aux éblouissements, victime des apparences et se laissant mener par le bout du nez par une main non identifiée, voilà bien du nouveau !... Lui aussi mis hors de cause, Dumouriez constate avec un cynisme amusé : « Dans cette affaire, Sartine avait signé le pour et le contre : comme lieutenant de police et commissaire, il avait signé la pièce du rapport du duc d'Aiguillon qui chargeait un peu Dumouriez ; comme ministre, il avait signé celle qui le déclarait innocent. »

Charles demande au roi une réhabilitation publique. Les trois commissaires proposent de leur côté qu'une lettre du monarque rende justice « au zèle, à la fidélité et à l'intelligence avec lesquels il a servi le feu Roi », et l'assure qu'il peut compter sur « l'estime et la bienveillance » de son successeur.

Louis XVI s'exécute le 1ᵉʳ mai 1775 : « Monsieur le comte de Broglie, après avoir fait examiner et m'être fait rendre le compte le plus exact de la correspondance secrète que vous avez eue pendant dix-huit ans avec le feu Roi mon seigneur et aïeul, j'ai reconnu que vous vous étiez comporté avec tout le zèle et toute la fidélité que vous lui deviez, que les circonstances quelquefois embarrassantes où vous vous étiez trouvé n'avaient jamais ralentis ; et qu'en tout vous vous étiez acquitté de cette commission de la manière la plus sage et la plus conforme aux vues du feu Roi. J'ai vu de plus que, pendant la dernière année, vous vous étiez trouvé compromis dans une affaire où vous n'aviez eu aucune part, et que sur des soupçons qui ne pouvaient exister que dans l'ignorance où l'on était des relations et travaux que vous faisiez de l'ordre du Roi, ce qui ne vous a jamais engagé à trahir son secret. Je vous fais cette lettre pour vous assurer que je n'ai aucune impression défavorable sur votre compte, et qu'au contraire j'ai reconnu dans toute votre conduite la marche d'un bon et fidèle serviteur ; et que, ne doutant pas de la persévérance de votre attachement à mon service, je vous donnerai toujours des preuves de mon estime et de ma bienveillance.

« Sur ce, je prie Dieu, Monsieur le comte de Broglie, qu'Il vous ait en Sa sainte garde. »

Cet éclatant témoignage de satisfaction sur le passé, ces promesses implicites pour le futur, cette lettre que Charles de Broglie n'aurait pas faite plus élogieuse s'il l'avait lui-même dictée, sera-ce enfin suffisant ? Pas du tout. Le comte reprend sa plume inlassable, rappelle qu'il a été « dénoncé au feu Roi, à son Conseil, à toute la France, à l'Europe entière, comme un incendiaire politique livré aux intrigues les plus criminelles » et qu'il ne peut se satisfaire d'une lettre que « ses ennemis ne manqueraient de présenter comme émanée de la bonté de Votre Majesté plutôt que de sa justice, et peut-être même comme un acte arraché à sa clémence par les importunités du comte de Broglie ». Il lui faut une déclaration publique des commissaires.

Comment ne pas comprendre ses raisons ? L'affaire de la Bastille l'a plongé dans les abîmes de la dépression. Mais le problème de cet homme, c'est qu'il finit par avoir tort à force d'avoir raison.

Cette fois, il passe les bornes. Son exigence, absurde en soi, est insultante pour le roi, dont la signature vaudrait moins que celle de ses ministres. Rarement aura-t-on vu un homme aussi acharné à saboter son avenir. Le 25 mai, Louis XVI répond avec bon sens à Vergennes : « Pour ce qui est de la déclaration que vous deviez lui donner, je la regarde comme absolument inutile ; ma première lettre suffit. » Et à Broglie, le même jour, avec une mauvaise humeur manifeste : « Je vous ai marqué, Monsieur, par ma dernière lettre, la conviction où j'étais de votre innocence par rapport à l'affaire de la Bastille. J'attends de votre soumission et de votre fidélité que vous ne chercherez pas à réveiller une affaire que je veux qui soit oubliée. En conséquence, j'ai ordonné qu'on me rapportât la procédure et toutes les copies du rapport [des commissaires de la Bastille] pour être brûlées ; et, s'il en restait encore, elles doivent être regardées comme de nulle valeur. »

Le surlendemain, relancé par Broglie, Vergennes, qui doit commencer à trouver pesante l'obligation de gratitude envers son bienfaiteur, écrit au roi : « Sire, la lettre que Votre Majesté veut bien écrire à M. le comte de Broglie, et qu'il lui plaît de me communiquer, fait une démarche plus honorable et d'un plus grand poids que toutes les déclarations que ses ministres pourraient lui donner. Cependant, le refus de celle qu'il attendait de la part de M. le maréchal du Muy et de la mienne lui paraîtra d'autant plus sensible qu'indépendamment de la manifestation de son innocence dans l'affaire de la Bastille, elle lui procurerait un témoignage de la satisfaction que Votre Majesté veut bien avoir de la manière dont il a répondu aux intentions du feu Roi dans la direction de la correspondance secrète. Je suis, etc. »

Ah ! qu'on nous pardonne l'anachronisme et la vulgarité, mais comment Louis XVI, Vergennes, du Muy, Sartine et le lecteur lui-même ne penseraient-ils pas que ce fichu comte de Broglie est un redoutable emmerdeur ?

Le 31 mai, déclaration solennelle des commissaires. Fidélité, zèle, exactitude, sagesse, prévoyance, prudente dextérité, honnêteté, pureté de vues, conduite sûre, etc. Conclusion : « Après avoir rendu dans ce résumé, ainsi que dans nos rapports directs et particuliers à Sa Majesté, la justice que nous croyons due à tous égards à M. le comte de Broglie, nous estimons ne pouvoir mieux répondre aux intentions du Roi, et à la confiance dont il lui a plu de nous honorer, qu'en représentant très humblement à Sa Majesté qu'à tous ces titres aucun de ses sujets n'est plus digne que M. le comte de Broglie des marques de sa bonté et de sa haute bienveillance. »

Une grâce : voilà ce qu'il fallait demander sans tarder — et puis tourner la page ! Charles attend la fin de la trop longue procédure pour solliciter. Solliciter ? Non, il réclame un dû. On l'a dit, mais il ne faut pas se lasser de le répéter : rien de plus naturel que de solliciter. Tout le monde le fait. C'est la règle du jeu en un temps où les carrières ne sont pas déterminées par des diplômes, ni par l'ancienneté (sauf, dans une certaine mesure, pour le militaire), ni même par les services rendus, mais par la seule faveur. Le métier de courtisan consiste à solliciter. Du marquis de Ségur, glorieux manchot depuis la bataille de Lawfeld, Rivarol disait : « Il tend jusqu'à la main dont le bras lui manque. » Le marquis de Bombelles, ancien du Secret, adjoint de Breteuil à l'ambassade de Naples, écrit dix lettres par jour : neuf implorent une grâce pour lui ou pour sa parentèle. Et les grâces tombent au petit bonheur, pas toujours sur les sujets les plus dignes des marques de bonté du roi. Le lecteur aura ainsi noté, dans la dernière lettre de Vergennes, que Louis du Muy vient d'être élevé à la dignité de maréchal de France. C'est une plaisante histoire. Harcelé par Marie-Antoinette, Louis XVI avait promis le bâton de maréchal à son protégé, le duc de Fitz-James, qui ne le méritait en rien. Insurrection de la hiérarchie militaire. Au Conseil, du Muy s'oppose formellement à une grâce aussi déplacée. Mais Fitz-James, à qui la bonne nouvelle avait été annoncée, attendait dans l'antichambre du Conseil pour présenter ses remerciements. Il repart déconfit. Fureur de la reine. Louis XVI s'en tire par une promotion sans précédent de sept maréchaux d'un coup, dont du Muy et évidemment Fitz-James. Cela fit beaucoup rire. L'une des nombreuses chansons satiriques composées pour l'occasion appelait les nouveaux promus « les sept péchés capitaux ».

Charles veut être duc. Pourquoi pas ? Nous verrons bientôt un mauvais sujet créé duc par la grâce de Marie-Antoinette quand il méritait plutôt l'hospitalité de la Bastille. Mais notre homme s'y prend mal. Il rappelle au roi qu'à l'occasion de son mariage avec Louise-Augustine de Montmorency, en 1759, la famille de la demoiselle, trouvant un Broglie socialement un peu léger, avait mis pour condition qu'il obtînt d'être créé duc. Selon lui, Louis XV s'était abstenu pour la seule raison qu'il ne voulait pas risquer de dévoiler l'existence du Secret en gratifiant publiquement son chef. Mais il avait daigné approuver ses « espérances ». Première nouvelle. Aucun billet du feu roi ne manifeste une telle approbation. Toujours est-il que Broglie affirme à Louis XVI que son aïeul n'eût pas manqué, à la fermeture du Secret, de lui accorder la couronne ducale en récompense de son dévouement. Il demande en somme au petit-fils de tenir la promesse du grand-père et d'admettre que ses services la méritent. C'est ôter au roi son plaisir. À la limite, une grâce est d'autant plus délicieuse à accorder que son bénéficiaire manque de titres à l'obtenir : manifestation de pouvoir discrétionnaire par le bienfaiteur, gratitude sans limite de l'obligé. Charles de Broglie prend le ton du créancier réclamant son remboursement.

Le mutisme royal détermine une ultime lettre bien superflue. Le comte observe avec amertume que l'absence de toute grâce fera la joie de ses calomniateurs. « Je ne renouvellerai point ici tous les motifs que j'ai cru propres à exciter la bienveillance de Votre Majesté ; je me bornerai, Sire, à la satisfaction de lui obéir, et j'attendrai, avec la confiance que j'aurai toujours dans sa justice et sa bonté, les marques honorables d'estime et de bienveillance qu'elle m'a permis d'espérer. »

Le bonheur eût été d'entrer au gouvernement. Un titre de duc aurait offert une belle consolation. Il est nommé adjoint en second de son frère Victor-François, gouverneur des Trois-Évêchés. On le renvoie à la carrière militaire dans laquelle il avait fait des débuts prometteurs avant de s'en détourner pour la diplomatie. Lieutenant général à cinquante-cinq ans. Le rideau tombe sur ses ambitions.

Il l'a bien cherché.

VI

On imagine volontiers les ministres, surtout celui des Affaires étrangères, tout occupés à régler d'immenses problèmes ; en réalité, leur quotidien s'empêtre de questions de personnes et de tracas subalternes qui leur font perdre un temps fou. Vergennes n'avait pas trop de ses onze heures de bureau pour définir et conduire la nouvelle politique extérieure de la France, satisfaire à l'acharnement raisonneur de son protecteur, et chercher un règlement à deux dossiers qui empoisonnaient de longue date la vie de son département : l'affaire du chevalier d'Éon et celle du comte de Guines, ambassadeur à Londres. Elles n'étaient pas étrangères à Charles de Broglie, puisque Guines était son beau-frère et que d'Éon appartenait au Secret.

Débarquant à Londres, le marquis de Prunevaux, premier capitaine au régiment de Bourgogne, comprit assez vite que le personnage qu'il devait ramener à la raison ne serait pas aisément manœuvrable. D'Éon exigeait, tel Broglie, mais sans le mériter comme lui, une justification solennelle de sa conduite passée. Il réclamait aussi sa réintégration dans tous ses titres et emplois, notamment celui de ministre plénipotentiaire. À ce propos, il invoquait l'exemple de La Chalotais, procureur général du parlement de Bretagne. Louis XVI avait, comme de juste, restitué sa charge à cet homme ambitieux et violent, chef de l'opposition parlementaire bretonne, qui avait tenté de faire chanter son grand-père à propos de ses amours clandestines avec Anne de Romans, dont il avait eu un fils[1]. La Chalotais avait reçu en sus

---

1. Cf. *Le Secret du Roi*, tome 2, p. 181 *sq*.

une indemnité de cent mille livres et une pension de huit mille. C'était fort bien traiter un être pétri d'un incommensurable orgueil de caste, arborant sa récente noblesse de robe comme s'il sortait de la cuisse de Jupiter, et qui ne cesserait de s'attaquer au trône que pour monter, étonné, sur l'échafaud révolutionnaire. D'Éon présenta enfin sa facture, qui se montait donc à plus de trois cent mille livres. L'énormité de la somme fit vaciller le capitaine : « Mais tout cela est monstrueux ! — Monstrueux pour vous, qui parlez toujours écus là où on ne parle que guinées ; monstrueux dans votre pays natal du Morvan où un cheval coûte deux louis, un bœuf dix livres et un âne un écu... Mais, pour moi, je suis à Londres depuis treize ans, et un dindon y coûte six livres sans être rôti ! » La vie à Londres était réellement hors de prix.

La marge de négociation laissée par Vergennes à son émissaire ne l'autorisait pas à traiter sur un tel pied. Prunevaux se borna à proposer d'ajouter trois mille livres à la pension de douze mille déjà accordée au chevalier. Celui-ci refusa tout net. Il ne restait plus qu'à rompre. La vaine négociation traîna néanmoins cinq mois. D'Éon, pourtant enclin à trouver très naturel l'intérêt porté à sa personne, ne laissait pas de s'en étonner. Il écrivit à Paris : « Je me contenterai de dire ici que le long séjour et la négociation de M. de Prunevaux à Londres ont été sans fruit. » Le mot « fruit » est adéquat. Nous trouvons l'explication de la persévérance du capitaine dans le journal de l'abbé de Véri, qui ne répugnait pas à l'anecdote : « L'idée de traiter avec lui [d'Éon] pour ces papiers a été d'une grande utilité pour une jeune femme de province, dont je tairai le nom et la patrie. Elle avait favorisé son amant en l'absence de son mari, au point d'en devenir grosse. Ses confidences sont parvenues à M. de Nivernais, qui connaissait ses parents. Celui-ci, dont l'âme est pleine de douceur et d'indulgence, s'est fort occupé de masquer aux yeux du mari l'écart de sa femme, pour conserver une union paisible qui régnait dans le ménage. Il a fait part de ses désirs à ceux qui pouvaient le seconder, et sa vive et douce éloquence a persuadé M. de Vergennes de donner au mari la commission secrète d'aller à Londres traiter avec d'Éon. Le résultat de la négociation avançait plus que la grossesse et il a fallu faire naître des prétextes de relais. Enfin, lorsqu'on était à bout de ces prétextes, l'accouchement a eu lieu et le mari a eu la liberté de revenir. » Il était décidément écrit que tout ce qui toucherait à l'affaire d'Éon, si grave en soi qu'elle n'avait pas peu contribué à la mort du malheureux Jean-Pierre Tercier, serait marqué au sceau de la farce et du vaudeville. Nul doute que le chevalier aurait beaucoup ri s'il avait su la raison de la persistance de son interlocuteur. Nul doute aussi qu'un méchant pamphlet aurait conduit l'épouse infidèle à s'aller réfugier dans quelque couvent...

Vergennes avait été informé que la négociation s'engageait mal. Le 21 septembre 1774, il écrivait au roi : « Les moments de repentir du sieur d'Éon sont courts, Votre Majesté en jugera par une lettre du sieur de Prunevaux que je viens de recevoir. J'ai l'honneur de la joindre ici, et le projet de réponse que j'y ai fait. Si Votre Majesté daigne approuver le dernier, je l'expédierai avec la lettre qui a déjà passé sous ses yeux. »

Avec la lettre fut expédié un nouveau négociateur, Pommereux, capitaine de grenadiers, qui présentait l'avantage d'une amitié ancienne avec la famille d'Éon. Convaincu que le chevalier appartenait au beau sexe, et désireux sans doute de mettre un atout cœur dans sa manche, il commença par lui proposer le mariage. D'Éon lui rit au nez et consentit à réduire ce qu'il appelait sa « créance royale » à deux cent cinquante mille livres. C'était encore trop. M. de Pommereux repassa la Manche célibataire et déconfit.

Vergennes, à bout d'expédients, demande à Charles de Broglie, lorsqu'ils se retrouvent au début de l'année 1775 pour l'examen des dossiers du Secret, de tenter de raisonner son ancien agent. Charles s'exécute le 18 janvier : « À mon arrivée ici de Ruffec, Monsieur, j'apprends avec le plus grand étonnement que vous n'avez pas accepté les propositions qui vous ont été faites par M. le comte de Vergennes... » Il souligne que le chevalier devrait s'estimer heureux de conserver sa pension de douze mille livres, et joue sur le mal du pays dont l'autre s'est dit tant de fois atteint : « Dans des temps où vous vous persuadiez que vous pouviez avoir quelque chose à craindre dans ce pays-ci, le refus que vous auriez fait d'y revenir eût pu paraître pardonnable. Mais aujourd'hui que les sûretés qui vous sont offertes par un ministre tel que M. le comte de Vergennes, autorisé par Sa Majesté elle-même, détruisent jusqu'à l'ombre des motifs de soupçons, toute défiance de votre part serait absolument inexcusable. Le désir de rentrer dans votre patrie, que vous avez montré à M. Drouet en 1772, à son voyage à Londres, ne me permet pas de douter que vous ne profitiez des facilités qu'on vous donne. Je désire donc que vous écoutiez la voix de la raison, du devoir et même de votre propre intérêt, et que vous répariez par une prompte obéissance des torts qu'une plus longue résistance aggraverait d'une manière irréparable. » Le donneur de conseils devrait bien s'appliquer ces sages préceptes...

D'Éon persiste dans ses exorbitantes revendications.

Chose rare chez lui, Vergennes perdit son sang-froid. Il écrivit au roi, le 26 janvier 1775 : « J'ai l'honneur d'envoyer à Votre Majesté la note chiffrée que j'ai reçue du sieur d'Éon : elle n'est remarquable que par sa prolixité et par les traits de présomption et d'avidité qui s'y décèlent. En tout c'est un nouveau monument du délire de cet esprit par trop singulier. J'aurais désiré pouvoir épargner à Votre Majesté la lecture de cette rhapsodie, mais je ne puis éconduire les demandes de cet être singulier sans les ordres de Votre Majesté, et je la supplie de me prescrire ce qu'elle veut que je lui réponde.

« Le sieur d'Éon met à un si haut prix la remise des papiers dont il est dépositaire, qu'il faut renoncer pour le présent à les retirer ; mais, comme il pourrait n'être pas sans inconvénient de le priver de toute ressource, [et] en le mettant dans la nécessité d'abuser du dépôt, de donner lieu à un éclat toujours fâcheux, si Votre Majesté l'approuve, on pourrait laisser les choses au même état où elles se trouvaient à l'avènement de Votre Majesté au trône, c'est-à-dire continuer le paiement par quartier du traitement que le feu Roi avait bien voulu faire au sieur d'Éon, avec la liberté de le manger hors de France, où il voudra. À mesure que l'objet s'éloignera, il ne pourra devenir que plus indifférent, et l'abus en sera moins à craindre. Je supplie Votre Majesté de daigner me faire savoir ses intentions. »

Exaspéré, Louis XVI répond le même jour : « Je vous renvoie, Monsieur, la note de d'Éon. Je n'ai jamais vu de pièce plus impertinente et plus ridicule ; s'il n'y avait pas des papiers importants, il faudrait l'envoyer promener ; et, comme vous le pensez, il faudra employer bien mal douze mille livres à lui faire garder le secret, qui sera moins important plus il s'éloignera. »

Les rois passent, d'Éon demeure. La solution adoptée par Louis XVI sur le conseil de Vergennes réédite exactement celle suivie par Louis XV sur l'avis de Broglie : éviter de pousser le chevalier aux extrémités en lui assurant une pension convenable, et gagner le maximum de temps afin d'amenuiser progressivement le caractère explosif des documents encore détenus. Broglie y ajoutait une technique machiavélique mais classique en ce domaine : employer d'Éon à un travail de renseignement qui

donnerait barre sur lui en le menaçant, si besoin était, de le livrer
au contre-espionnage anglais. Le comte n'avait eu qu'à se féliciter des fournitures de son agent, et il avait eu loisir de constater
que, si difficile qu'il fût, d'Éon n'avait jamais trahi le Secret. On
peut être assuré qu'entre deux conversations sur l'affaire de la
Bastille, il donna sur ce point tous apaisements à Vergennes,
puisque le ministre, dans le même temps qu'il stigmatisait pour
le roi le « délire » d'un « esprit par trop singulier », recommandait à son ambassadeur à Londres, le comte de Guines, de ne pas
négliger les renseignements que pouvait lui fournir d'Éon sur les
affaires d'Amérique : « Si vous pouvez entretenir des relations
indirectes avec lui, je sais qu'il n'est pas éloigné de vous être
utile. Son cœur est toujours français, quoique ses malheurs et ses
emportements aient paru l'éloigner quelquefois. Il a des amis
dans l'opposition et ce n'est pas le plus mauvais canal pour être
bien instruit. »

Pourtant, Vergennes ne tardera pas à juger plus prudent de
ramener d'Éon en France.

*
* *

Charles de Broglie et Adrien-Louis de Guines avaient épousé
deux sœurs Montmorency ; mais autant le premier témoignait
d'une parfaite fidélité et gratifiait sa femme d'une vie conjugale
paisible, sinon toujours bien folichonne, autant le second défrayait
la chronique londonienne par ses amours tumultueuses. Le lecteur
se souvient peut-être de sa liaison avec une mère de sept enfants,
lady Craven, qui lui avait valu une promesse de duel de la part du
mari dès la fin de son ambassade, puis la menace d'un procès
scandaleux qui eût mis un terme prématuré à ladite ambassade[1].
À peine sorti de cette aventure, dont tout Londres fit des gorges
chaudes, Guines se mêla de poursuivre une princesse qui nous
renvoie à la chère Pologne. Isabelle Czartoryska, épouse séparée
du prince Adam-Casimir Czartoryski, traînait à travers l'Europe

---

1. Cf. *Le Secret du Roi*, tome 2, p. 401 sq. Dans les premières éditions, une
fâcheuse coquille a fait que Craven est devenu Crewen...

le prince russe Repnine, que nous avons vu faire le *gauleiter* à Varsovie sous le titre d'ambassadeur de Catherine, et dont elle avait eu un enfant ; follement amoureux, il avait tout quitté pour elle. Les assiduités de Guines excitèrent sa jalousie, ce qui agaça la princesse et lui donna pour l'ambassadeur de France une inclination qui n'alla pas jusqu'à lui ouvrir les bras. Elle devait confier au jeune duc de Lauzun, également amoureux d'elle, mais avec plus de succès : « Je l'aurais certainement aimé s'il s'était moins uniquement aimé lui-même. »

Guines irradiait la fatuité. Fort bel homme, mais un peu grassouillet, il effaçait l'empâtement par la contrainte vestimentaire : « Il avait pour chaque habit, raconte Lévis, deux culottes différemment coupées. Lorsqu'il faisait sa toilette, son valet de chambre lui demandait gravement : "Monsieur le comte s'assoit-il aujourd'hui ?" Lorsqu'il devait rester debout, il montait sur deux chaises et descendait dans sa culotte, tenue par deux de ses gens. » Avec cela, beaucoup d'esprit : « Il avait une plaisanterie fine et piquante… Le persiflage était son fort, et sa gravité alors était imperturbable. » Son art à jouer de la flûte avait conquis Frédéric de Prusse, lui-même amateur éclairé, et épaté Mozart.

Charles de Broglie ne l'aimait guère. Opposition des caractères et des styles de vie ? Querelles familiales ? On ne sait. Ce qui est sûr, c'est que le choiseulisme de Guines le rangeait dans le camp des ennemis de son beau-frère. Les lettres de celui-ci à Louis XV ne cessent de mettre le roi en garde contre son ambassadeur à Londres. Ce n'est qu'après la chute de Choiseul, consommée par l'affaire des îles Malouines, où l'on avait été si près de la guerre, que Charles trouve des qualités diplomatiques à son beau-frère : « Ses succès en Angleterre sont si publics que je crois devoir lui accorder des talents qui auraient pu être moins utiles sous le ministère de M. de Choiseul, à qui il était trop dévoué. Ils pourraient l'être davantage aujourd'hui. Il plaît beaucoup au Roi et à la nation anglaise. » De fait, malgré ses aventures tumultueuses, ou grâce à elles, l'ambassadeur jouissait à la cour comme à la ville d'une vraie popularité.

La chute de Choiseul aurait logiquement dû entraîner la sienne, tant il lui était inféodé. Le « scandale Tort » obligea à le laisser en place. Un rappel l'eût déconsidéré, et, à travers lui, la France.

Tort de la Sonde était son secrétaire. On sait depuis d'Éon que les secrétaires d'ambassade à Londres ne sont pas toujours propices au chef de poste. Au matin du 20 avril 1771, Guines s'étonne de ne pas le trouver à son bureau. Il a passé la Manche sans tambour ni trompette. Une meute de créanciers explique bientôt cette disparition inopinée : Tort a joué à terme à la Bourse de Londres pendant la crise des Malouines ; après avoir beaucoup gagné, il a joué la guerre, donc la baisse ; la paix préservée l'a ruiné et couvert de dettes. Informé par Guines, le duc de La Vrillière, secrétaire d'État des Affaires étrangères par intérim, fait fourrer Tort à la Bastille. Le duc d'Aiguillon, lorsqu'il succédera à La Vrillière, soutiendra lui aussi l'ambassadeur. Il en a bien besoin : Tort proclame sur tous les toits qu'il n'a agi qu'en qualité d'homme de paille et pour le compte de Guines. L'ambassadeur, grâce à des informations reçues de Versailles, aurait commis ce que nous appelons aujourd'hui un délit d'initié. Est-ce vrai ? Les preuves manquent, mais des exemples récents montrent combien ce type de délit est difficile à établir. Guines présentait une défense à première vue convaincante : renseigné comme il l'était, il n'aurait pas fait jouer à la baisse. Mais il était informé par son ministre, Choiseul, et celui-ci avait si bien monté son affaire que la guerre devait paraître inévitable ; le coup de tonnerre de la disgrâce l'avait écartée à la dernière minute[1]. À défaut de preuves formelles, indiquons que la plupart des contemporains dignes de crédit et sans parti pris tiennent pour probable la culpabilité de Guines. Deux employés de l'ambassade confirmaient les accusations de Tort.

Il fallait assoupir l'affaire. C'était l'intérêt de Guines. Qu'est-ce qu'un Tort ? Un d'Éon sans la plume assassine — autant dire rien. Au lieu de quoi on vit bientôt se déployer une « hydre de procédures ». Poursuivi par son secrétaire, Guines choisit de contre-attaquer et de l'assigner devant la juridiction du Châtelet. Deux particularités vont faire d'un simple procès privé une retentissante affaire d'État : Guines est l'ami intime de la comtesse de Polignac, que Marie-Antoinette aime de tout son cœur, et il choisit de mettre en cause d'Aiguillon en l'accusant d'avoir lancé Tort contre lui. Surprenante accusation : tant que d'Aiguillon était ministre, Guines lui exprimait une reconnaissance émue pour son soutien ; à présent qu'il ne l'est plus, il devient le manipulateur de Tort. L'inconvénient d'être d'Aiguillon, c'est qu'un lourd passé rend plausibles les pires calomnies. De même murmure-t-on à Versailles que, retranché dans son hôtel parisien, il

1. Cf. *Le Secret du Roi*, tome 2, p. 307 *sq*.

dirige et entretient les plumes à gages d'où sortent les pamphlets salissant la vie privée de la reine. Est-ce exact ? Marie-Antoinette en est convaincue. Son amitié fervente pour Yolande de Polignac, ses sentiments pour Choiseul et sa haine de d'Aiguillon la conduisent à épouser, feu et flamme, la cause de Guines. Tort devient le simple prétexte à un duel à mort entre l'ambassadeur et le ministre déchu. Les passions sont si violentes qu'elles déteignent sur la progéniture des adversaires : Louise d'Aiguillon, quinze ans, et Marie de Guines, treize ans, toutes deux pensionnaires au couvent de Panthemont, descendent dans le jardin et se battent au couteau ; l'une a le bras percé, l'autre, une blessure au cou. L'époque avait du ton.

Le roi fut lamentable. Guines avait demandé l'autorisation d'utiliser pour sa défense la correspondance ministérielle. Prétention exorbitante ! Vergennes s'indigne : « Quel est l'ambassadeur qui osera désormais écrire en liberté ? Quel est le ministre qui ne sera pas inquiet ? Quel est le ministère de puissance étrangère qui puisse se fier à nos ambassadeurs si l'on voit que le secret du cabinet est découvert au public pour une querelle de friponnerie entre deux individus ? » Soutenu par Maurepas, dont d'Aiguillon est le neveu, il défend devant le Conseil l'ancien ministre, dont l'attitude lui paraît impeccable. Le Conseil, convaincu, ordonne la suppression d'un mémoire en défense de Guines dans lequel figurent des extraits de dépêches officielles. Marie-Antoinette invoque alors une grippe pour faire chambre à part. Elle se déchaîne contre d'Aiguillon, accusé d'avoir « intrigué, tripoté, brigandé ». Coincé entre l'enclume et le marteau, entre ses ministres et sa femme, le roi, dont la correspondance avec Vergennes trahit un désarroi proche de la panique, cède à la pression conjugale, casse l'arrêt de son Conseil et écrit au Châtelet qu'il a autorisé Guines à utiliser la correspondance officielle, sauf à ne pas attaquer le duc d'Aiguillon... On imagine le poids d'une telle lettre dans un conflit privé.

Par jugement du 2 juin 1775, le tribunal déclare calomnieuses les accusations de Tort et le condamne à trois cents livres d'amende. Guines et le parti choiseuliste couvrent les murs de Paris d'affiches reproduisant la sentence en caractères gigantesques. Le condamné, bien loin de se tapir pour ruminer sa défaite, se montre partout avec ses partisans. Le jugement n'a été acquis que par sept voix contre six. Bizarrement, une partie des dépens est imputée à Guines. C'est pour celui-ci une victoire à la Pyrrhus.

Les difficultés n'étaient pas finies pour Vergennes. Reparti pour Londres, le comte de Guines exige le rappel du secrétaire d'ambassade Garnier dont la déposition au procès ne lui a pas été aussi favorable qu'il l'espérait. Vergennes refuse. Avec son sens habituel de la litote, il va bientôt écrire au roi, à propos de Guines, que « sa vocation n'était pas pour être ambassadeur ». Or Londres exige un homme de confiance, et il estime Garnier. Guines fait intervenir Marie-Antoinette. Aux représentations du ministre, elle répond sèchement : « J'y persiste et je l'exige. » Vergennes se sait affaibli par l'affaire. Les gazettes parisiennes évoquent son renvoi, ainsi que celui de Maurepas. En désespoir de cause, il s'adresse à Mercy-Argenteau. Grâce à l'intervention de l'ambassadeur d'Autriche à Versailles, le secrétaire de l'ambassade de France à Londres pourra rester en place...

*
* *

Beaumarchais retourne au charbon — enfin, à la tourbe... Le 8 avril 1775, alors que Charles de Broglie fatigue ses amis et le roi de ses pointilleuses exigences, et que l'affaire du comte de Guines enfièvre Paris, le préposé au blanchissage des alcôves royales repart pour Londres. Il faut encore arrêter de « mauvais livres ». S'agit-il de ceux que d'Aiguillon ferait écrire à Paris et imprimer en Angleterre ? Si les indices ne manquent pas pour incriminer l'ancien ministre, on sait aujourd'hui que le venin venait aussi d'ailleurs, et de plus haut. Évoquant les ignominies reprochées à la malheureuse Marie-Antoinette lors de son procès devant le Tribunal révolutionnaire, l'historien monarchiste Pierre Gaxotte constate avec amertume : « Le réquisitoire de Fouquier-Tinville ne fera que répéter les calomnies de Madame, de la comtesse d'Artois ou de Mme de Balbi[1]. » Les livres à arrêter roulent

---

1. Madame, c'est la femme du comte de Provence, futur Louis XVIII, auprès de qui Mme de Balbi tient le rôle de maîtresse platonique (car il est, lui, parfaitement impuissant), et la comtesse d'Artois est la femme du futur Charles X. Si Gaxotte choisit de ne pas mettre en cause les frères de Louis XVI, qui ne se privaient point de répandre les ragots les plus infamants, c'est peut-être par respect pour des personnages appelés à monter sur le trône et sans doute à cause de sa mysoginie militante... (Cf. *La Révolution française*, Fayard.)

comme d'habitude sur les turpitudes sexuelles prêtées aux souverains, mais l'un d'eux innove — c'est significatif — en accusant
Louis XVI d'impuissance politique : il se laisserait mener par ses
ministres et surtout par sa femme. L'auteur en est ce Jean
Vignoles, moine défroqué, qui, un temps secrétaire de d'Éon, fut
utilisé en double par le Secret[1].

Beaumarchais ne supporte plus ces sales besognes. Il écrit à
Sartine : « Je vous prie de mettre aux pieds du Roi mes justes
répugnances pour un genre de commissions plus difficiles à bien
remplir que les missions politiques les plus difficiles. » Rentré
ridicule de son équipée viennoise, il vient de rebondir superbe-
ment, à la Beaumarchais, avec son *Barbier de Séville* dont ses
tribulations judiciaires avaient trop longtemps fait interdire la
représentation. Après l'accueil mitigé réservé à ses premières
pièces, moralisatrices et larmoyantes, voilà l'un de ces triomphes
qui comptent dans l'histoire du théâtre. Rebondissement beau-
marchaisissime, puisqu'en deux temps. À la première représentation, le 23 février 1775, devant la salle archicomble des Tuileries
— plus de deux mille spectateurs —, la pièce tombe[2]. Un bide
noir. Sifflets au troisième acte, huées pour les deux derniers. Car
la pièce s'étire sur cinq actes, quand le texte lu avec succès par
l'auteur dans d'innombrables salons n'en comptait que quatre.
Beaumarchais avait ajouté le cinquième pour régler quelques
comptes. Il mesure à la sortie l'ampleur du désastre : « C'était
une désertion totale, une vraie désolation. Les uns lorgnaient à
gauche en me sentant passer à droite, et ne faisaient plus semblant de me voir, ah dieux ! D'autres, plus courageux, mais
s'assurant bien si personne ne les regardait, m'attiraient dans un
coin pour me dire : "Hé ! comment avez-vous produit en nous
cette illusion ? Car il faut en convenir, mon ami, votre pièce est
la plus grande platitude du monde." »

Il se remet aussitôt à l'ouvrage, taille, coupe, revient à quatre
actes (« Nous nous sommes mis en quatre pour vous plaire ») et,
à la deuxième représentation, trois jours plus tard, reçoit un

---

1. Cf. *Le Secret du Roi*, tome 2, p. 265.
2. En attendant qu'on leur construisît ce qui est aujourd'hui le théâtre de
l'Odéon, les Comédiens-Français avaient trouvé refuge aux Tuileries. La salle se
situant entre le jardin des Tuileries et la cour du Carrousel, le semainier, ancêtre
de nos actuels metteurs en scène, indiquait: «Marchez à la cour» ou «Marchez
au jardin». L'expression perdure.

accueil enthousiaste. « À la première, écrit Mme du Deffand, elle fut sifflée ; pour hier, elle eut un succès extravagant : elle fut portée aux nues, elle fut applaudie à tout rompre. » Dans son travail de refonte, Beaumarchais a eu l'esprit de conserver un ajout mémorable : la tirade de Figaro sur la calomnie. Elle le vengeait de bien des malheurs et traversera les siècles.

Dix-sept représentations, ce qui constitue une sorte de record pour l'époque et dans une salle si vaste. Autre record : celui des recettes. Il est fêté, célébré, mais il reste le blâmé du « vilain » Parlement Maupeou, et il lui faut donc replonger dans la sentine londonienne.

Un homme le file sur la route de Boulogne. Du moins Beaumarchais l'affirme-t-il. Certes, nous avons le témoignage de son compagnon de voyage, le petit Gudin de la Brenellerie : « Un homme à cheval qui ne le perdait pas de vue et ne faisait ni plus ni moins de postes que lui. » Mais si son dieu vivant avait affirmé à l'adorable Gudin que c'est le roi de France qui les suivait, nul doute qu'il l'aurait cru. Il trompe l'espion en annonçant à Boulogne qu'il compte se reposer un brin, puis en s'embarquant de nuit pour l'Angleterre. À Londres, il trouve à sa porte une lettre anonyme l'enjoignant de rentrer en France sous peine de mort. Il fait publier dans la presse anglaise un avis demandant à son correspondant de se faire connaître. C'est sa manière : son meilleur incognito sera toujours la publicité.

L'ancien moine Vignoles se montre bon bougre ; il est rodé à ces manigances et sait que, dans son secteur éditorial, les livres qui rapportent le plus sont ceux qu'on ne publie pas. Une dame Campagnol cède sans trop de manières un libelle et un lot de gravures montrant Marie-Antoinette et Yolande de Polignac dans des postures obscènes. Mais quelle pitié de perdre son temps à ces misères quand il se passe en Angleterre tant de choses passionnantes !... Dix jours après son arrivée à Londres, Beaumarchais écrit au roi : « Après avoir pris des mesures pour détruire, sans se compromettre, ce nœud de vipères, je me suis livré à une étude plus noble et à des recherches plus satisfaisantes, et mon nom seul m'ayant fait accueillir par des gens de partis différents, j'ai pu m'instruire aux bonnes sources de tout ce qui a rapport au gouvernement et à la situation actuelle de l'Angleterre. Je suis en état de mettre sous les yeux de Votre Majesté des tableaux instructifs, très fidèles, fort étendus ou succincts, des hommes et des choses. Je puis donner les notions les plus sûres sur l'action de la métropole, sur ses colonies et la réaction du désordre de celles-ci en Angleterre ; ce qui doit en résulter pour les uns et pour les autres ; l'importance extrême dont tous ces événements sont pour l'intérêt de la France ; ce que nous pouvons espérer ou craindre pour nos îles à sucre ; ce qui peut nous laisser la paix ou nécessite la guerre, etc. »

Là-dessus, d'Éon demande à le voir.

C'est un événement. Jusqu'ici, le chevalier se bornait à recevoir les émissaires dépêchés par Versailles, à les amuser et à les renvoyer bredouilles. Quand Beaumarchais était venu, l'année précédente, négocier l'achat du pamphlet contre la du Barry, d'Éon avait refusé la rencontre proposée par leur commun ami Morande. Cette fois, il est demandeur. « Nous nous vîmes, écrira-t-il, conduits sans doute par une curiosité naturelle aux animaux extraordinaires de se rencontrer. » L'expression « monstre sacré » n'existe pas encore. Mais le rendez-vous n'est pas motivé par la seule curiosité de connaître l'homme dont toute l'Europe parle depuis un an en bien ou en pire. D'Éon vieillit. Ses dettes s'alourdissent. Il est fatigué de Londres, de la figure équivoque qu'il y fait. La représentation lasse l'acteur et risque d'ennuyer bientôt les spectateurs. Il voudrait changer de théâtre. L'échec des missions Prunevaux et Pommereux implique le maintien du *statu quo* pour une durée indéterminée. Il faudra bien finir par traiter. Peut-être serait-il intelligent de le faire sans trop tarder. Les relations entre l'Angleterre et ses colonies américaines se détériorent à vue d'œil. Si une guerre éclate, à laquelle pourrait être mêlée la France, que pèseront les fameux papiers du chevalier ? Aussi dévalués que leur détenteur, ils ne justifieraient même plus une pension de douze mille livres. Il faut conclure. Pourquoi pas avec ce Caron, dit de Beaumarchais ? D'Éon écrira plus tard : « Semblable à un noyé que le feu Roi et son ministre secret, par des raisons de sublime politique, ont, pour ainsi dire, abandonné au torrent d'un fleuve empoisonné, je me suis accroché un instant à la barque de Caron comme à une barre de fer rouge. Quoique j'aie pris la précaution d'armer ma main de gantelets, je n'ai pas laissé que d'avoir par la suite les doigts brûlés. » On a compris que la brouille ne tardera pas, mais les premières rencontres se déroulent le mieux du monde. Les animaux extraordinaires se frottent le museau tout en restant sur l'œil, comme on dit en Cotentin d'un cheval ombrageux. D'Éon bouleverse le petit Gudin : « Elle m'avoua en pleurant qu'elle était femme, et me montra ses jambes couvertes de cicatrices, restes des blessures qu'elle avait reçues lorsque, renversée de son cheval tué sous elle, un escadron lui passa sur le corps et la laissa mourante dans la plaine. »

D'Éon informe le comte de Broglie. Charles lui répond le 1er juin : « J'ai reçu, Monsieur, la lettre que vous avez pris la peine de m'écrire du 20 avril, à laquelle était jointe celle que vous avez adressée à M. le prince de Conti. Je vous avouerai que j'ai été un peu étonné qu'elle me fût remise par le sieur de Beaumarchais, que je ne connaissais pas, au lieu de me la faire passer sous l'adresse de M. le comte de Vergennes... » Le chevalier a établi le contact entre deux personnages évoluant jusqu'alors à des distances intersidérales.

Beaumarchais pourra bientôt écrire à Paris : « Je tiens à vos ordres le capitaine d'Éon, brave officier, grand politique et rempli, par la tête, de tout ce que les hommes ont de plus viril. »

*
* *

Ce même printemps 1775, le contrôleur général des finances Turgot joue une partie d'une tout autre envergure. Nous ne racontons pas ici le règne de Louis XVI et il serait impudent de prétendre traiter en quelques paragraphes de la complexe expérience Turgot. Et pourtant, quel moment passionnant ! Rien n'est joué. Seuls les dogmatiques jugeront après coup que la Révolution était inévitable puisqu'elle a eu lieu. Tout est encore possible, même si l'abbé de Véri, accablé par l'irruption de Marie-Antoinette dans la chose publique, s'abandonne à des prédictions moroses : « L'influence de la Reine sur les grandes affaires ne sera pas un bonheur pour l'État. Sa tête, moins bonne que son cœur, y est peu propre ; elle sera facile à tromper... Son mari sera le premier à en souffrir... Malheur à la nation lorsque les partis opposés voudront s'étayer de troupes. On en est plus voisin qu'on ne pense. Le soldat raisonne et n'obéit plus en machine. Les idées d'égalité et de république fermentent sourdement dans les têtes. » Pour l'opinion éclairée, s'il est un homme capable de redresser la barre, c'est Turgot.

« Il y avait en France un misérable prisonnier, le blé, qu'on forçait de pourrir au lieu même où il était né », écrira magnifiquement Michelet. Hantées par le spectre de la famine, les provinces veillaient jalousement sur leurs grains et multipliaient les règlements pour empêcher leur sortie ; ainsi telle région pouvait-elle souffrir cruellement de la disette tandis que sa voisine laissait perdre son excédent. Ce cloisonnement conduisait immanquablement au malthusianisme sur les terres les plus aptes à produire : pourquoi semer un blé qu'on ne pourra peut-être pas vendre ? Turgot veut libérer le « misérable prisonnier ». C'est sa marotte, son obsession, sa grande idée. Il y réfléchit depuis des décennies. Liberté de circulation ! Liberté des prix ! L'offre aura tôt fait de s'adapter à la demande et c'en sera fini des famines injustifiées.

Qu'une lame de fond porte la France à la prospérité est une évidence ; qu'elle laisse derrière elle maints noyés en est une autre. Si les prix flambent, les salaires ne suivent pas, notamment les plus bas. Toujours plus de riches, et de plus en plus riches, mais des pauvres de plus en plus pauvres. Il en sera ainsi jusqu'en 1789. Vieille histoire, dont nous voyons bien qu'elle n'est pas finie. Or, pour le petit peuple menacé à chaque instant de sombrer dans le gouffre de la misère, le pain constitue l'alimentation de base. Son achat absorbe en moyenne *les trois quarts* du budget familial. Un pain de quatre livres coûte, selon les saisons et les lieux, entre huit et seize sous ; le salaire quotidien du journalier rural ou de l'ouvrier citadin non qualifié varie entre dix et vingt sous, et l'année ne compte que deux cents à deux cent cinquante jours de travail.

Turgot s'attaque donc à une dure réalité et à un mythe, car, en France, le pain ressortit au mythe. Il le fait au plus mauvais moment. La récolte a été médiocre : à peine la moitié d'une année normale dans la plupart des provinces. Les prix vont forcément grimper. Les avertissements ne manquent pas au contrôleur général : Attendez une meilleure année, vous allez gâcher une réforme bénéfique en la lançant dans les pires conditions ! Il s'obstine. Cela fait trop longtemps qu'il attend sa chance d'opérer en grand ce qu'il a fait en petit dans son Limousin. Louis XVI, avant sa nomination, le craignait « systématique ». Nous le dirions technocrate. Ainsi a-t-il prévu, pour ceux qui ne pourront pas suivre la hausse des prix, l'ouverture d'« ateliers de charité ». Très bien, cela, sur le papier, mais quel délai entre la chute dans la misère et l'ouverture desdits ateliers ? On ne raisonne pas à l'échelle de la France comme on pouvait le faire quand on régnait sur le seul Limousin. Et ceux qui travaillent à la limite de la survie, ce n'est pas un atelier charitable qu'ils réclameront, mais un pain accessible à leur maigre salaire. Véri, meilleur soutien de Turgot, écrit en ce mois de mars 1775 qui accouche de la grande réforme : « Il trouvera des obstacles qu'il ne prévoit pas parce qu'il croit que tout ce qui est évident à ses yeux doit aussi le paraître aux autres. »

Le 31 mars, à Pontoise, carrefour fluvial de l'approvisionnement parisien, le pain est à vingt et un sous.

Le 18 avril, l'émeute éclate à Dijon. La veille, des poissonnières ont frappé à coups de carpes un meunier qui refusait de vendre son blé à moins de dix-huit livres le setier, ce qui met le pain à dix-neuf sous. Le mardi 18, jour de marché, les femmes s'en prennent à coups de bâton au plus riche meunier de la ville. Sa maison est mise à sac, son moulin aussi. La Tour du Pin, lieutenant général de la province, lance à la foule l'une de ces phrases qui se paieront dix-huit ans plus tard : « L'herbe commence à pousser : allez la brouter, mes amis ! » Il échappe de justesse à la fureur populaire. Turgot se fâche. L'homme d'État, l'homme à poigne perce sous le « philosophe ». « Je ne suis pas étonné. Monsieur, écrit-il au lieutenant général, du tumulte arrivé à Dijon. Toutes les fois qu'on partage les terreurs du peuple et surtout ses préjugés, il n'y a point d'excès auxquels il ne se porte. » Et le roi ajoute au bas de la lettre : « Autant je désire que mon peuple soit heureux, autant je suis fâché quand il se porte à des excès où il n'y a nulle espèce de raison. » Peuple décevant qui ne voit pas plus loin que son pain de quatre livres… On fera son bonheur malgré lui.

Émotions à Metz, Reims, Tours, Montauban…

Turgot s'indigne. Le blé a connu des hausses encore plus fortes sous Terray, et personne n'a bougé. C'est donc qu'on lui en veut. Il y a du complot là-dessous, des meneurs, des agents avec de l'or dans les poches pour soulever la populace. Il ne comprend pas qu'on n'attendait rien de Terray, sinon des voleries et des impôts nouveaux, tandis que son arrivée, conjuguée avec l'avènement du jeune roi, a suscité d'immenses espérances.

Le 27 avril, à Beaumont-sur-Oise, le setier de blé est à trente-deux livres, presque le double du prix qu'il atteignait à Dijon dix jours plus tôt. Les portefaix vident les péniches de leurs sacs, taxent d'autorité le blé à douze livres, et, aidés des femmes, le vendent sur le marché. Aucun pillage. Tout se passe dans l'ordre. À l'issue du marché, les fonds sont portés au procureur de la ville.

La révolte épouse le cours sinueux des rivières sur lesquelles se traînent les lourdes péniches chargées de sacs. Pontoise, Beauvais, Poissy, Saint-Germain-en-Laye, Saint-Denis, etc. Partout des troupes d'hommes et de femmes armés de bâtons imposent la taxation. Quand on la leur refuse, violences et pillages. Les femmes sont les plus déterminées. Comment Turgot ne comprend-il pas que pour elles, pour leurs enfants, le prix du pain décide de la vie ou de la mort ?

Le 2 mai, l'émeute flambe à Versailles. Turgot est à Paris où l'on prévoit des troubles. Le roi lui écrit à onze heures du matin : « Versailles est attaqué. » Lettre courte, décidée — « Je viens de faire marcher la garde au marché » — qui exprime un soutien sans faille au contrôleur général : « Vous pouvez compter sur ma fermeté. » À deux heures de l'après-midi, seconde lettre, plus longue, tout aussi vigoureuse. Il annonce avec plaisir la dispersion des émeutiers à l'arrivée des troupes, puis, en bas de page, annonce une mauvaise nouvelle : « Monsieur de Beauvau m'interrompt pour me dire une sotte manœuvre, qui est de leur laisser le pain à deux sous [la livre]. Il prétend qu'il n'y a pas de milieu entre leur laisser comme cela ou les forcer à coups de baïonnette à le prendre au taux où il est. » À Versailles, l'émeute a donc gagné. On croira partout que le souverain en personne a accordé la taxation.

Le 3 mai, jour de marché à Paris, le pain est à quatorze sous, chiffre encore jamais atteint pour la période dans une ville que les ministères successifs avaient la prudence d'approvisionner en suffisance. L'armée ceinture la halle aux grains, devenue inexpugnable. L'émeute se rabat sur les marchés et les boulangeries. Cette fois, taxation et pillage alternent. Le guet n'intervient pas, ou mollement. Les mousquetaires frappent dur. Le reste de la troupe, mal commandé, ne sort pas de l'expectative. Turgot arrive en fin de matinée et reprend son monde en main. Le soir, tout est terminé. Les troubles persisteront ailleurs quelques jours encore, puis s'éteindront.

Quatre cents arrestations à Paris. Une poignée de malandrins avérés, bien sûr, mais des cloutiers, chiffonniers, garçons menuisiers, portefaix, compagnons bourreliers, carriers, terrassiers, garçons chapeliers, porteurs d'eau, fileurs de soie, filles revendeuses, etc. Ce petit peuple pour lequel le pain à quatorze sous signifie promesse de mort, car à ce taux, constate Edgar Faure au terme de savants calculs, « l'être humain se trouve menacé dans sa vie organique ». La thèse du complot n'en continue pas moins de prospérer. On incrimine le prince de Conti au prétexte que les troubles en Île-de-France ont démarré dans la région de Beaumont-sur-Oise, où sont ses domaines. On soupçonne aussi l'abbé Terray, le cardinal de La Roche-Aymon. Voltaire, turgotiste passionné, y va d'une *Diatribe* contre le clergé (« Le petit prêtre leur suggérait d'une voix de stentor : Saccageons tout, mes amis, Dieu le veut... ») ; en vérité, quelques curés avaient bien accompagné leurs ouailles dans leurs expéditions, mais plus pour les encadrer que pour les exciter[1].

La guerre des Farines laissera des traces.

Dans le feu de l'action, Louis XVI a soutenu avec vigueur son contrôleur général. Il a fait preuve pour le coup d'un étonnant esprit de décision. Mais comment d'amères réflexions ne viendraient-elles pas à ce jeune roi qui aime tant être aimé ? C'est donc cela, la réforme ? On a ramené autour de Paris une armée de vingt-cinq mille hommes, comme si une invasion étrangère menaçait la ville. Il a fallu tenir un lit de justice au Parlement, dont on se méfie à juste titre, pour le dessaisir du jugement des inculpés, qui lui revenait de droit, et confier la répression à des cours prévôtales. Deux hommes condamnés à mort, qui n'ont fait ni plus ni moins que les autres. Jean-Denis Desportes, fort de la halle, « sortant de travailler, est entré avec sa femme chez Jardin, boulanger rue Mouffetard, où sa femme a pris trois pains de quatre livres qu'elle a payés trente-six sous ». Jean-Claude Lesguiller, apprenti gazier, « a donné un coup de pied dans la porte d'une boulangerie pour la faire ouvrir ». On les pend en place de Grève, l'après-midi du 11 mai, à un échafaud surélevé pour l'occasion à six mètres. Desportes, la corde au cou, proteste qu'il n'a fait aucune violence ; il a vingt-huit ans. Le petit Lesguiller sanglote ; il a seize ans. Tous deux crient qu'ils meurent « pour le peuple ». Avec eux meurt l'état de grâce. Le roi est très affecté d'apprendre que le mot *resurrexit* écrit sur le socle de la statue d'Henri IV a été biffé au cours de l'émeute. Une fêlure

---

1. Edgar Faure, dans son maître ouvrage *La Disgrâce de Turgot* (Gallimard), a fait justice de ces imputations. Ce livre profond, très informé, écrit d'une plume allègre, auquel les historiens patentés rendent un hommage unanime, sera lu, on en jurerait, longtemps après que la carrière politique de son auteur aura disparu des mémoires.

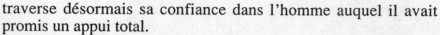

traverse désormais sa confiance dans l'homme auquel il avait promis un appui total.

Indifférent à l'affaire des grains, peu fait pour les situations violentes, Maurepas s'est déconsidéré. Le 2 mai, alors que Turgot se démenait à Paris pour prévenir l'émeute annoncée, le Mentor a passé sa soirée... à l'Opéra. Maintes chansons l'en moqueront. Il a l'habitude. Mais lui qui s'est employé si astucieusement à peupler le ministère de « plantes exotiques », sans soutiens à la cour, comment ne constaterait-il pas d'un œil sombre l'extraordinaire montée en puissance de Turgot ? Le contrôleur général, avec l'accord du roi, s'est comporté comme un Premier ministre de fait.

Sartine ne pardonnera pas le renvoi de son ami Lenoir, qu'il avait fait nommer à sa place lieutenant général de police et dont Turgot obtient la tête pour cause d'incapacité à maîtriser l'émeute.

Vergennes, de par ses fonctions, était en principe étranger au problème. Il remet cependant à Turgot un mémoire jugé remarquable par tous les spécialistes. Homme de bon sens, éloigné de tout systématisme, il fait observer avec raison que la liberté d'exporter les grains, incluse dans le programme du contrôleur général, même s'il la suspend provisoirement, profitera à l'étranger au détriment de certaines provinces françaises : pour un cultivateur bourguignon, il est plus simple de livrer en Suisse qu'en Bretagne. Or les régions limitrophes de la France (Savoie, Forêt-Noire, Ardennes, Luxembourg, etc.) sont déficitaires en céréales. Et comme l'argent est moins cher à l'étranger qu'en France, les acheteurs de ces régions pourront aisément surenchérir sur la demande intérieure.

Mais l'essentiel n'est pas dans ces controverses techniques. Turgot le répète sur tous les tons au roi : après les folles dépenses de la guerre de Sept Ans, un nouveau conflit creuserait le déficit et compromettrait les réformes. Surtout, point de guerre !

Charles de Vergennes a sur la question des idées différentes.

VII

Marie-Antoinette part heureuse pour le sacre de son mari à Reims : elle a eu la peau de d'Aiguillon.

Elle aussi est toujours la même. Son métier de reine l'ennuie. Elle avait vécu à Vienne une enfance tranquille, douillette, bourgeoise en somme, avec sa nombreuse fratrie et dans une cour où l'étiquette régissait les seules manifestations extérieures de la famille impériale. La découverte du carcan versaillais fut une épreuve. Elle eut tôt fait de surnommer sa dame d'honneur, la comtesse de Noailles, Madame l'Étiquette. Elle eut des mots malheureux, levain de haines tenaces, pour les vieilles duchesses, comtesses et marquises qui peuplaient Versailles : « Passé trente ans, je ne comprends pas qu'on ose encore paraître à la cour. » Et encore : « Ce sont des collets montés, des esprits de l'autre siècle. Tous ces paquets n'ont qu'à s'en aller. » Les paquets s'obstinant, elle s'en isola au sein d'une coterie exclusive composée de jeunes gens de son âge. Comme son mari déteste autant qu'elle la représentation publique, redoutable à sa timidité, et qu'il n'est heureux qu'à la chasse ou dans sa forge, on finit par en prendre son parti : à quoi bon venir à la cour si l'on ne peut y faire sa cour ? Paris supplante Versailles.

Une favorite, la princesse de Lamballe, très douce, assez sotte, règne d'abord sur le cœur de Marie-Antoinette, puis se voit évincée par Yolande de Polignac, dont tant d'hommes célèbrent la radieuse beauté qu'on citera, pour le plaisir du paradoxe, la baronne d'Oberkirch : « Elle est petite et mal faite, bien qu'elle soit très droite, mais elle marche mal et n'a aucune grâce ; son visage est parfait, à l'exception de son front trop brun et dont la forme est désagréable... » Yolande de Polignac a pour conseillère Mme d'Andlau. Cette femme de tête, entrée dans une famille dévouée à Stanislas Leszczynski (le lecteur se souvient-il du jeune chevalier d'Andlau qui, en 1733 — quarante-deux ans déjà... —, avait, sous le pseudonyme de Bawer, accompagné Stanislas dans son aventureux voyage à travers l'Allemagne?), et dont le fils a épousé la fille du philosophe Helvétius, fatal à Tercier, avait été chassée de la cour par Louis XV pour avoir passé à Madame Adélaïde, fille du roi, *Le Portier des Chartreux*, livre pornographique qui, avec quelques ouvrages de la même veine, avait valu la décapitation au malheureux chevalier de La Barre[1].

Marie-Antoinette s'étourdit de plaisirs. Sa mère s'en afflige. On n'en finirait pas de citer ses remontrances et ses exhortations. L'impératrice-reine est exactement renseignée par Mercy-Argenteau, mouchard minutieux dont les « très humbles rapports » débordent de plaintes offusquées qui ne laissent pas d'étonner de la part d'un grand seigneur épicurien roulant dans les plus beaux équipages de Paris, recevant admirablement dans son palais du Petit-Luxembourg (« Un des plus beaux appartements de l'Europe », s'extasie Croÿ) ou dans sa délicieuse maison de campagne de Chennevières, et qui entretient avec faste l'une des plus fracassantes créatures de l'Opéra, la célèbre Rosalie Levasseur.

Elle ne lit pas ; elle est trop familière avec Artois, son libertin de beau-frère ; elle a l'imprudence de se promener en cabriolet ; elle adopte des coiffures ridicules ; elle fait la course en traîneau ; elle perd son temps à jouer de la harpe ; elle s'amuse trop au carnaval ; elle est obsédée par l'aménagement de son jardin anglais de Trianon ; elle dépense des fortunes en diamants ; elle joue au pharaon et perd gros ; elle va aux courses de chevaux, qui sont une vraie foire d'empoigne ; elle danse au bal de l'Opéra ; elle rentre si tard de ses fêtes perpétuelles que le roi, qui n'y va jamais, préfère dormir dans sa chambre personnelle... Un contemporain constate : « On aurait fait une jeune souveraine exprès pour la nation française qu'on n'aurait pas mieux réussi. » C'est précisément ce que reproche l'impératrice-reine à sa fille : « Cette légèreté française, avec toutes ces extraordinaires parures ! Ma fille, ma chère fille, la première reine, le deviendrait-elle elle-même ? Cette idée m'est insupportable ! » Sur cette enfant pro-

---

1. *Le Portier des Chartreux* vient opportunément d'être republié par les éditions Actes Sud.

fondément aimée, Marie-Thérèse rendra bientôt un verdict qui résume cent observations éparses dans sa correspondance : « Je vois avec douleur que mon jugement sur le caractère de ma fille n'est que trop justifié par l'événement. Je l'ai épluchée avec bien de l'attention depuis sa plus tendre jeunesse, et je l'ai toujours trouvée légère, sans réflexion, sans goût pour les occupations solides, susceptible d'attachement pour les personnes qui ont l'adresse de se faire à ses inclinations et dissipations, et en même temps très attachée à ses idées, en faisant même semblant de vouloir les abandonner pour venir d'autant mieux à ses fins. »

Sa gaieté n'est que superficielle. Le baron de Besenval qui, avec ses cinquante-quatre ans, fait figure de patriarche dans sa petite coterie, a finement décelé en elle un fond de mélancolie. Mélancolique, comment ne le serait-elle pas, cette femme sans doute sensuelle dont la fierté est perpétuellement humiliée par sa position ridicule de femme frustrée au sein de la cour la plus voluptueuse du monde ? On fera ici l'économie de développements freudiens par trop évidents. Elle subit le spectacle du ventre rond qu'arbore sa belle-sœur, la comtesse d'Artois, désormais porteuse des espérances dynastiques. Quand celle-ci accouchera, au mois d'août, Marie-Antoinette ira avec bonne grâce la féliciter, mais sera raccompagnée à ses appartements par une cohorte de poissardes des Halles venues à Versailles célébrer l'événement et qui lui crieront dans les termes les plus crus que c'est à elle de faire des enfants ; elle s'enfuira en sanglotant. Elle compense par un amour-propre exacerbé et une volonté de puissance qui trouve son exutoire dans des futilités. Mercy-Argenteau constate : « Il n'est que trop vrai que le caractère de la Reine est un peu *indécis*, et malgré cela souvent *volontaire*. » La contradiction n'est qu'apparente : indécise sur les problèmes importants vers lesquels sa mère et l'ambassadeur s'efforcent en vain de la tourner, elle montre de la volonté, voire de l'acharnement, pour les riens qui la passionnent.

Le baron de Besenval s'emploie à canaliser cette énergie vers des fins politiques.

Nous avons rencontré Besenval dans le tumulte morose de la guerre de Sept Ans où il avait d'ailleurs fait preuve d'une belle bravoure [1]. Le voici lieutenant-colonel des gardes suisses et tra-

1. Cf. *Le Secret du Roi*, tome 2, p. 530.

vaillant au retour aux affaires de son ami Choiseul. Célibataire, sa maison est tenue par sa sœur, la marquise de Broglie, lointaine parente par alliance des nôtres. Il a su plaire à Marie-Antoinette. Il lui a appris à jouer au trictrac. Il l'aide à acclimater des espèces rares dans son jardin de Trianon. Il la charme par une conversation pétillante et hardie. Cet homme madré, manœuvrier accompli, sait feindre à merveille la rusticité helvétique de ses aïeux paternels (mais sa mère était une noble polonaise, Catherine Bienlinska). Marie-Thérèse s'épouvante en apprenant que sa fille fait si grande confiance au baron qu'elle lui a livré le secret de son intimité conjugale.

Pour rouvrir la porte du pouvoir à Choiseul, Besenval a décidé d'écraser définitivement d'Aiguillon, qu'il tient pour responsable de la chute de son ami (« Il convenait à mon sentiment de l'en punir »), et cela dans des conditions assez humiliantes pour écœurer son oncle Maurepas et le pousser à la démission.

Le 30 mai, avant la traditionnelle revue militaire du Trou d'Enfer, à laquelle doivent participer ses chevau-légers, d'Aiguillon va, selon l'étiquette, demander les instructions de la reine. « Que n'allez-vous à Saint-Vrin solliciter les ordres de Mme du Barry ? » lui répond-elle. D'Aiguillon se rend néanmoins à la revue. Le roi affecte de ne pas le voir. Quand il passe devant son carrosse, la reine abaisse son store ; on prétend même qu'elle lui tire la langue.

On avait décidé d'en finir avec la pratique gothique de l'exil. Le roi accorde à sa femme l'exil de d'Aiguillon sur sa terre de Veretz, près de Tours. Besenval se récrie : Veretz n'est pas assez loin, il faut l'exiler à Aiguillon, près d'Agen. Marie-Antoinette repart en campagne. Le roi subit. Mme Campan : « Sa longue indifférence avait été suivie d'un sentiment d'admiration et d'amour : il était esclave de tous les désirs de la Reine qui, charmée du changement heureux qui s'était opéré dans le cœur du Roi et dans ses habitudes, ne cachait point assez la satisfaction qu'elle en éprouvait, ni l'ascendant qu'elle prenait sur lui. » Véri corrige : « Il la craint plus qu'il ne l'aime. » Mercy constate la difficulté de réformer la reine : « Le Roi même y met obstacle par sa complaisance, qui ressemble à la soumission ; son maintien est celui du courtisan le plus attentif, au point qu'il est le premier à traiter avec une distinction marquée ceux des entours de la Reine qu'elle favorise, tandis que l'on sait de notoriété que le Roi ne les aime pas. » Face à la nouvelle offensive, Maurepas monte au créneau pour défendre son neveu. Qu'a-t-il donc fait ? Que lui reproche-t-on ? Son innocence dans l'affaire Guines-Tort n'est-elle pas assez démontrée ? Le 3 juin, Marie-Antoinette lance l'ultime assaut : « La mesure est comble. Il faut que le vase renverse... Je prends tout sur moi. » Le duc et la duchesse reçoivent l'ordre d'aller s'enterrer dans leur château agenois, décati et démeublé depuis des lustres.

Le 5 juin, départ de la cour pour Reims.

Maurepas n'est pas du voyage. Il préfère prendre du champ. « Oubliez tout, a-t-il dit à son Télémaque, j'irai me tranquilliser à Pontchartrain avec mes carpes. » Aucune velléité de démission. Le Mentor est une trop vieille carpe pour se laisser cuire au bleu par un Besenval.

*　*
*　*

Victor-François, maréchal duc de Broglie, avait reçu cette invitation : « Mon Cousin, la Puissance Divine qui m'a destiné à porter la Couronne de mes Ancêtres n'ayant cessé de me donner des marques de sa Protection en conservant mon Royaume dans une heureuse tranquillité, j'ai cru ne pas devoir différer à me mettre en état de seconder Ses desseins en recevant l'Onction sacrée à laquelle Elle attache les grâces les plus nécessaires aux Rois : c'est pourquoi j'ai résolu de me rendre en ma ville de Reims le 11 du mois prochain pour la Cérémonie de mon Sacre. Je désire qu'elle soit accompagnée de tout ce que l'ancien usage a introduit de plus auguste pour sa solennité et que vous y assistiez pour porter le Sceptre. Je vous fais cette lettre pour vous en donner avis, et, ne doutant pas que vous vous rendiez le d. jour près de moi, je prie Dieu qu'il vous ait, mon Cousin, en Sa sainte et digne garde. Écrit à Versailles, le 2 mai 1775. Louis. »

Charles était lui aussi convié en sa qualité de chevalier de l'ordre du Saint-Esprit.

Le roi exagérait bien un peu en évoquant l'« heureuse tranquillité » de son royaume : on sortait tout juste de la guerre des Farines. La région de Reims n'avait pas été épargnée ; aussi l'avait-on garnie de troupes. Prudence superflue : la vieille magie opère toujours. Alliant majesté des cérémonies et ferveur populaire (parmi le public, un nommé Danton), le sacre est un triomphe. La dernière grande fête de la monarchie française. Doyen des maréchaux, vétéran de Fontenoy, le marquis de Clermont-Tonnerre porte Joyeuse, l'épée de Charlemagne. Elle est si lourde, et lui si vieux, qu'il tombe deux fois, mais se relève sans trop de mal. Le maréchal de Contades porte la couronne et le président Nicolaï, la main de justice. Victor-François tient le sceptre de Charlemagne, incrusté d'or, surmonté du portrait de l'empereur. Le moment venu, il le passe au cardinal de La Roche-Aymon qui le remet au roi en disant : « Recevez la marque de la puissance royale appelée sceptre de droiture et règle de vertu. »

Vive émotion dans la cathédrale, beaucoup de larmes, y compris dans les yeux de Marie-Antoinette qui assiste à la cérémonie depuis une tribune. (Ses entours avaient songé un instant à la faire couronner aux côtés de son époux, puis avaient sagement renoncé à cette rupture avec les traditions françaises.) Pour une fois, Mercy-Argenteau, qui ne la quitte pas du regard, peut annoncer de bonnes nouvelles à Vienne : « Tout le monde était en pleurs ; on remarqua que le Roi, en levant la tête, regardait la Reine, et il se peignit sur la physionomie du monarque un air de contentement auquel on ne pouvait pas se méprendre. Cette sensibilité de la Reine fit une telle impression au Roi que pendant tout le reste de la journée, il fut vis-à-vis de son auguste épouse dans une contenance d'adoration que l'on ne saurait bien dépeindre. À tout moment il parlait à ses courtisans des larmes de la Reine, et il revenait sans cesse sur ce chapitre. »

L'émotion n'est pas factice. Marie-Antoinette a été remuée par l'antique cérémonial. Elle écrira à sa mère une lettre enthousiaste, ponctuée par une phrase qui, pour nous qui savons la fin, sonne lugubrement : « Je sais bien que je n'oublierai de ma vie, dût-elle durer cent ans, la journée du Sacre. »

Mais l'obstinée jeune personne ne désarme pas pour autant. Au terme de la guerre des Farines, elle avait donné à son époux un mémoire transmis par la comtesse de Brionne, maîtresse de Choiseul. Le mémoire, fort alarmant, concluait que seul M. de Chanteloup pouvait sauver la France. Louis XVI l'avait écarté en disant : « Qu'on ne me parle jamais de cet homme-là ! » Malgré la rebuffade, Marie-Antoinette, la veille du sacre, confie au roi son embarras : où va-t-elle trouver un moment, dans un emploi du temps si chargé, pour parler avec le duc de Choiseul ?

« Après-demain dans la matinée », lâche bonnement le roi. Le tour est joué, croit-elle. Une heure de conversation anodine avec Choiseul, voilà qui va suffire à enfiévrer Reims : « l'épouvantail des ministres » reviendra-t-il à Versailles investi du pouvoir ? Il en aurait bien besoin. Avec huit cent mille livres de pensions, il réussit le tour de force de se ruiner. Les deux cent dix personnes qui avaient eu le courage de se rendre à Chanteloup pendant son exil trouvaient table ouverte dans son hôtel particulier de la rue de Richelieu. Chaque soir, c'étaient des soupers fastueux à cinquante ou soixante couverts où se pressaient les fidèles d'hier et les courtisans d'un avenir vraisemblable.

Le surlendemain du sacre, procession solennelle de l'ordre du Saint-Esprit. Il est probable que nos deux Broglie y apportèrent la touche comique. Le manteau de cérémonie prévu pour la circonstance coûtait dans les huit mille livres et pesait horriblement lourd. Le duc de Croÿ souffrit beaucoup : « On était étouffé, étranglé et assommé de ces immenses manteaux, et on ne pouvait se retourner. » L'épreuve laisse des traces : « Les épaules me firent mal pendant deux jours. » On imagine les deux frères, si petits que presque nains, ensevelis sous les somptueux brocarts... À la fin de la procession, prosternement devant le roi et baisemain. Louis XVI traite froidement le vieux maréchal duc de Richelieu, dont il déteste la vie débauchée. Quand apparaît Choiseul, il détourne la tête avec « une grimace effroyable » et retire sa main. Deux affronts en un an. Choiseul quitte Reims. Cette fois, c'est fini. Il mourra ruiné dans dix ans.

Marie-Antoinette a eu l'imprudence de se vanter de son bon tour auprès d'un ami d'enfance, le comte de Rosenberg, auquel elle croyait pouvoir écrire librement. Le 18 avril, déjà, elle lui confiait : « Mes goûts ne sont pas les mêmes que ceux du Roi, qui n'a que ceux de la chasse et des ouvrages mécaniques. Vous conviendrez que j'aurais assez mauvaise grâce auprès d'une forge ; je n'y serais pas Vulcain, et le rôle de Vénus pourrait lui déplaire beaucoup plus que mes goûts, qu'il ne désapprouve pas. » On pouvait difficilement témoigner plus de moqueuse condescendance envers celui qu'elle appelait « l'homme des bois ». Une hardiesse, inconcevable sous le règne précédent, avait scandalisé les « paquets » de Versailles. On savait que le roi se couchait ponctuellement à onze heures. Un soir qu'il assistait avec la reine à une réception donnée par un courtisan, un mauvais plaisant avança les aiguilles de l'horloge. Le roi, croyant qu'il était onze heures, se retira dans ses appartements... qu'il trouva vides ! Après le sacre, Marie-Antoinette écrit derechef à Rosenberg : « Vous aurez peut-être appris l'audience que j'ai donnée au duc de Choiseul à Reims. On en a tant parlé que je ne répondrais pas que le vieux Maurepas n'ait eu peur d'aller se reposer chez lui. Vous croirez aisément que je ne l'ai point vu sans en parler au Roi, mais vous ne devinerez pas l'adresse que j'ai mise pour ne pas avoir l'air de demander permission. Je lui ai dit que j'avais envie de voir M. de Choiseul et que je n'étais embarrassée que du jour. J'ai si bien fait que le pauvre homme m'a arrangé lui-même l'heure la plus commode où je pouvais le voir... » Le mouchardage étant décidément une spécialité autrichienne, Rosenberg transmet la lettre à l'impératrice-reine.

« Le pauvre homme » ? Marie-Thérèse suffoque. Son fils Joseph II prend la plume pour tancer l'évaporée : « De quoi vous mêlez-vous, ma chère sœur, de déplacer des ministres, d'en faire envoyer un autre sur ses terres, de faire donner tel département à celui-ci ou à celui-là, de faire gagner un procès à l'un, de créer une nouvelle charge dispendieuse à votre cour, enfin de parler d'affaires, de vous servir même de termes très peu convenables à votre situation ? Vous êtes-vous demandé une fois par quel droit vous vous mêlez des affaires du gouvernement et de la monarchie française ? Quelles études avez-vous faites ? Quelles connaissances avez-vous acquises pour oser imaginer que votre avis ou opinion dût être bonne à quelque chose, surtout dans des affaires qui exigent des connaissances aussi étendues ? Vous, aimable jeune personne qui ne pensez qu'à la frivolité, qu'à votre toilette, qu'à vos amusements toute la journée ; qui ne lisez ni n'entendez parler raison un quart d'heure par mois ; qui ne réfléchissez ni ne méditez, j'en suis sûr, jamais... Peut-on écrire quelque chose de plus imprudent, de plus irraisonnable, de plus inconvenant que ce que vous marquez au comte de Rosenberg touchant la manière avec laquelle vous arrangeâtes une conversation à Reims avec le duc de Choiseul ? Si jamais une lettre comme celle-là s'égarait, si jamais, comme je n'en doute presque point, il vous échappe des phrases pareilles vis-à-vis de vos intimes confidents, je ne puis qu'entrevoir le malheur de votre vie... »

Celle qui va bientôt se gagner le surnom fatal de « l'Autrichienne », c'est pourtant de Vienne qu'elle aura reçu les plus rudes volées de bois vert.

*
* *

Les Broglie n'en avaient pas fini avec les cérémonies : dans la foulée du sacre, ils présidèrent à la réinstallation du parlement de Metz, supprimé par Maupeou en 1770.

Nul doute que leurs retrouvailles furent douces au cœur des deux frères. Seuls les hasards des campagnes militaires, l'ambassade de Charles et son dernier exil les avaient physiquement séparés depuis le temps lointain où, âgés de quinze et quatorze ans, ils partaient guerroyer en Italie sous le commandement de leur père. Les pires tribulations les laissaient soudés. Cette solidarité n'est pas vertu familiale, car le clan Broglie se trouve dans le moment déchiré par des procès pour des affaires de succession. Mais, entre Victor-François et Charles, ces quasi-jumeaux (moins de dix mois les séparent), pas l'ombre d'une chamaillerie. Ils avaient vécu dans l'harmonie leur commun exil de 1762, alors que les circonstances devaient les porter à s'en imputer mutuellement la responsabilité. Une fêlure cependant, et récente, à l'occasion de l'affaire de la Bastille. Le machiavélisme de d'Aiguillon et la conduite abracadabrante de Louis XV avaient réussi à ébranler la confiance de Victor-François. Il s'était demandé si son frère n'était pas coupable. Désespéré, Charles avait écrit à Louis XV : « J'ose dire, Sire, que vous seul qui connaissez le cœur des deux frères pouvez juger ce qu'une pareille situation a d'affreux pour tous deux. » L'éclatante réhabilitation du cadet avait dissipé cette ombre.

Comme nos encens démocratiques ont un pauvre fumet auprès des enivrantes vapeurs de la monarchie de ce temps-là ! À Verdun, ce n'est qu'un cri : « Vive la famille royale et celle des Broglie ! Vivent les protecteurs et les anges tutélaires des Trois-Évêchés ! » Metz, les larmes aux yeux, acclame en Victor-François « le Génie tutélaire de la France et le Bienfaiteur magnanime de la patrie », et célèbre « un héros chrétien, un héros militaire, un héros citoyen ». Les juifs, qui se distinguent par leur entrain, ont dressé un arc de triomphe devant la synagogue. Partout des banderoles : « Vive notre bon Roi, notre second Henri ! Vivent les Broglie, ces généreux pères de la patrie ! » La

maréchale de Broglie, dont c'est la première visite dans la province, opère même un miracle en réconciliant deux sœurs
brouillées à mort. Victor-François est celui « en qui Metz voit un
père, la France un soutien, l'univers un héros » : voilà une définition susceptible de heurter la modestie broglienne, qui limitait le
rayonnement familial à l'Europe. Une semaine durant, ce ne sont
que fêtes, feux d'artifice, banquets et bals.

Ils grinçaient sûrement des dents, les anges tutélaires et pères
de la patrie ! Et Victor-François dut s'arracher les mots de la
bouche pour prononcer son allocution devant le parlement ressuscité : « J'ai partagé avec tous les habitants de cette ville et de
cette province la douleur que leur a causée la perte de leur parlement et j'ai ressenti aussi vivement que les meilleurs citoyens les
maux qui en ont été la suite. Aux sentiments de joie qui me sont
communs avec eux, je joins la satisfaction personnelle d'être
chargé de rétablir dans leurs fonctions les magistrats si longtemps et si ardemment désirés. » Enfin un Broglie hypocrite ! Et
c'est Victor-François, le plus roide représentant de la tribu... Il a
applaudi des deux mains au coup d'État de Maupeou. Il était
même aux côtés du chancelier, le 13 avril 1771, lors de la mémorable intronisation du nouveau parlement de Paris (« Monsieur le
chancelier, jamais je ne vous ai vu si radieux et si calme. —
Comme vous, monsieur le maréchal, un jour de bataille »).
Charles ne pense pas autrement. Quand Louis XV l'a autorisé à
lui écrire sur les affaires intérieures, il a toujours soutenu ceux
qui étaient allés reprendre « la couronne consignée au greffe du
Parlement » et exhorter le roi à proclamer l'irrévocabilité de sa
décision. Mais c'est pour Charles de Calonne, intendant des
Trois-Évêchés, que la pilule est le plus amère. En 1770, le parlement de Metz avait rendu un arrêt lui interdisant de venir siéger
en la compagnie au motif qu'il avait été procureur général de la
commission de Saint-Malo chargée d'élucider l'affaire La
Chalotais. Un tel affront eût à lui seul déterminé l'implacable
Maupeou, mais il n'était, pour dissoudre le parlement de Metz,
que de constater son inutilité : Nancy possédait une cour souveraine et une chambre des comptes qui, complétées par un contingent de magistrats messins, suffisaient bien à la besogne. Voici
Calonne qui se lève à son tour et déclare devant les chattemites
triomphantes : « Messieurs, le Roi, convaincu de cette importante
vérité que la prospérité d'un empire ne peut être solidement
affermie que par le règne des lois et par la stabilité des anciennes

institutions, etc. » Ah ! misère !... Comme si le renvoi des bœufs-tigres avait interrompu en France le règne de la loi !

Tournant le dos à l'amère politique, le maréchal, son petit frère dans son sillage, retourne à la seule chose qui le passionne en ce monde : l'armée.

*
* *

On l'a dit, on le redit : rien de plus erroné que de se représenter un Charles de Broglie toujours râleur, rouspéteur, ergoteur. Cet homme est foncièrement gai. Tous ceux qui l'approchent en craignant le pire, tant sa réputation est épouvantable, découvrent un chef facile à servir, un compagnon délicieux. Faut-il rappeler Saint-Priest, pourtant mauvaise langue ? « Un des hommes les plus aimables que j'aie jamais rencontrés dans ma vie », « inépuisable de gaieté ». Et Favier, pourtant fort prévenu contre lui : « Son front se déride souvent et la gaieté règne dans nos élucubrations. » Et Mme du Deffand, qui tient un salon où les ennuyeux ne prennent pas racine, après le second exil : « Je suis fâchée... Sa société m'est aimable et les gens de bonne compagnie sont trop rares pour qu'un de moins ne soit pas une perte. »

Il lui faut le mouvement de la vie. Il est dans l'action comme un poisson dans l'eau. C'est seulement quand il est *arrêté* par les circonstances qu'il s'abandonne au tracassin broglien : complexe de persécution, acharnement pointilleux, ratiocinations épuisantes. Ainsi des deux exils. Il voulait être duc, il devrait être ministre, il n'est que commandant adjoint des Trois-Évêchés : va pour les Trois-Évêchés ! L'essentiel est que la vie redémarre. On ne le verra jamais tourner avec mélancolie les pages de son passé, seul l'intéresse le chapitre à écrire. Ce n'est pas lui qui décréterait la fin de l'Histoire.

Plutôt que de ressasser avec ses pairs les souvenirs de la guerre de Sept Ans, il se tourne vers les jeunes officiers. Son neveu et aide de camp Théodore de Lameth, dix-neuf ans à l'époque : « Le comte de Broglie, pétillant d'esprit, riche de moyens, aimait la jeunesse, pensait avec intérêt à son avenir ; aussi chez lui, tous les soirs, il en était entouré... » Le comte de La Marck, vingt-deux ans : « Un homme de beaucoup d'esprit et de talent... Il attirait à lui beaucoup de jeunes gens dont il cherchait à discerner la capacité. » Metz est alors la ville la plus ennuyeuse de France. Trente mille habitants, dont dix mille soldats. Une grosse caserne resserrée dans ses remparts, écrasée sous l'ennui d'une vie de garnison. Ce n'est pas tous les jours qu'on ressuscite un parlement. Seule distraction : la manœuvre. Mais la manœuvre pour quoi ? La paix s'éternise depuis treize ans, on n'a jamais vu cela dans le siècle. Les jeunes officiers, moroses, marmonnent déjà la phrase de leur lointain successeur en ces tristes lieux, le colonel de Gaulle : « La guerre, c'est horrible ; mais la paix, c'est assommant. » Quelle bouffée d'oxygène leur apporte le coruscant Charles de Broglie ! Il débarque à Metz avec une légende tramée de mystères. Son ambassade dans un pays remuant. Sa correspondance secrète avec le feu roi. Des agents qui vont de cette folle de d'Éon au très sage Vergennes. Deux exils — cela non plus on ne l'avait encore jamais vu. C'est à n'y rien comprendre. Mais il n'en parle jamais. Motus. Il ne parle qu'au futur. Et il a l'air de croire furieusement qu'il existe un avenir pour un officier de vingt ans dans une France qui semble pourtant à jamais encalminée.

Cet homme à histoires leur est promesse d'Histoire.

Parmi eux, Gilbert de La Fayette.

*
* *

Il a dix-sept ans et s'ennuie beaucoup. Sa femme-enfant, Adrienne de Noailles, enceinte, a fait une fausse couche. Il la trompe, mais pas autant qu'il voudrait. Aglaé d'Hunolstein lui résiste. Beaucoup la tiennent pour la plus jolie femme de Paris. Dans quelques années, tombée dans la nymphomanie, elle raccrochera les promeneurs dans le jardin du Palais-Royal, ce qui obligera à la mettre au couvent. Toute une nuit, Gilbert a sommé son ami Ségur de se battre en duel avec lui, convaincu qu'il était que l'autre couchait avec sa belle. Louis-Philippe de Ségur a eu bien de la peine à le convaincre de son erreur. « Quelques jours après notre querelle et notre réconciliation, commente Ségur, je ne pus m'empêcher de rire en écoutant le maréchal de Noailles et d'autres personnes de sa famille me prier d'user de mon influence sur lui pour échauffer sa froideur, pour le réveiller de

son indolence et pour communiquer un peu de feu à son caractère. » Avec sa silhouette dégingandée, sa tignasse rousse et son
air niais, il détonne parmi ses camarades infiniment plus dégourdis. Un taiseux égaré parmi les beaux parleurs. Il n'en a que trop
conscience, même s'il justifie son silence : « Je ne pensais et
n'entendais guère de choses qui me parussent mériter d'être
dites. Ce mauvais effet de l'amour-propre déguisé et d'un penchant observateur n'était pas adouci par la gaucherie de mes
manières qui, sans être déplacées dans les grandes circonstances,
ne se plièrent jamais aux grâces de la cour ni aux agréments d'un
souper dans la capitale. » Marie-Antoinette a éclaté de rire en le
voyant danser le quadrille comme une bourrée auvergnate.

Il fait pourtant de son mieux. Son modèle, c'est le vicomte de
Noailles, beau garçon, bon danseur, excellent cavalier. Ce Louis-
Marie de Noailles a épousé la sœur aînée d'Adrienne, sa petite-
cousine ; il est donc le beau-frère de Gilbert. On se perd un peu
dans l'arbre généalogique des Noailles, aussi branchu qu'une
forêt. Noailles, Ségur et La Fayette forment un inséparable trio.
À Paris, ils retrouvent à l'auberge de l'Épée de bois des camarades de leur âge. On fronde le pouvoir, on se moque du
Parlement, on se livre à maintes farces et espiègleries, on dit du
mal des hommes, du bien des dames, on boit énormément. La
Fayette s'efforce de se mettre au diapason. Après un souper
auquel Noailles n'a pas participé et où il s'est vaillamment
saoulé, les camarades le portent jusque dans sa voiture en riant
de sa litanie d'ivrogne : « N'oubliez pas de dire à Noailles
comme j'ai bien bu… » Ce qu'il ne faut pas faire !

À Metz, il commande une compagnie du Noailles-Dragons,
qui a pour colonel le prince de Poix, frère aîné du vicomte de
Noailles. Le prince est de si courte taille qu'on l'appelle, comme
de bien entendu, « le petit Poix ». Les Broglie ne risquaient pas
de lui reprocher son défaut d'altitude.

Le 8 août 1775, Metz en émoi reçoit Son Altesse Royale le duc
de Gloucester et la princesse son épouse, qui font étape dans la
ville sur le chemin de l'Italie. Charles de Broglie les traite à
dîner [1], Victor-François se réservant de les accueillir à Nancy.
Tablée réduite : une dizaine de convives. Charles sélectionne
quelques-uns de ces jeunes gens dont il s'emploie « à discerner la

---

1. Faut-il rappeler que le dîner d'alors est notre actuel déjeuner?

et Charlotte w/d'éon
et fils illégitime
hon ?

capacité » ; parmi eux, son neveu Théodore de Lameth, le vicomte de Noailles, le petit Poix. La Fayette, qui aura dix-huit ans dans un mois, est le benjamin de la table.

Gloucester, frère du roi d'Angleterre George III, camoufle en voyage d'agrément un exil plus ou moins volontaire. La raison de sa disgrâce ? Sa jeune et jolie femme dont le teint frais contraste avec sa mine blafarde. Elle est née des amours illégitimes d'Edward Walpole, grande figure du parti whig, et d'une lingère. Gloucester l'a épousée secrètement, en violation du *Royal Marriage Act* que George III avait fait voter pour empêcher les siens de déroger. La naissance d'une fille a fait éclater le scandale. Il cristallise le vieil antagonisme entre deux frères en désaccord sur tout. Criblés de dettes, importuns à la cour d'Angleterre, les Gloucester vont en Italie pour s'y faire oublier.

Mais Gloucester n'oublie rien. Sa haine envers son frère éclate dans chacune de ses phrases, prononcées dans un français parfait. Il l'attaque surtout sur sa politique américaine. Réquisitoire en règle devant des convives médusés. Londres foule aux pieds les libertés des colons d'Amérique. Les taxer comme le font le roi et son gouvernement revient à violer un principe sacré pour tout Anglais : pas d'impôt qui ne soit voté par les représentants des contribuables. Or les colons ne députent pas aux Communes. On les traite en esclaves. Et cela dure depuis dix ans. Dix ans à leur mentir, à les humilier, à les réprimer. Ils ont bien raison de se révolter, les Insurgents ! Querelle d'honneur ! Combat pour la liberté ! On est allé trop loin pour qu'un compromis soit désormais possible. Il y aura la guerre, c'est sûr. Et les Insurgents auront le droit et la justice de leur côté.

Gilbert de La Fayette écoute la diatribe bouche bée. Il est Paul sur le chemin de Damas, Claudel derrière le pilier de sa cathédrale. Une révélation et une conversion. Il a rencontré son destin. « Jamais si belle cause n'avait attiré l'attention des hommes, écrira-t-il. C'était le combat de la liberté, et sa défaite ne lui laissait ni asile ni espérance. » Il ne balance pas : « Mon cœur fut enrôlé et je ne songeai qu'à joindre mes drapeaux. »

Il ne sait de l'Amérique que ce que Gloucester vient d'en dire, mais Charles de Broglie tient à sa disposition les informations nécessaires.

VIII

Pour nous autres qui savons qu'un conflit nucléaire déclenché par quelque fou furieux pourrait vitrifier la planète, revenir sur la guerre d'Amérique, monument de la bêtise humaine, c'est se retourner vers les Gorgones au risque d'en rester pétrifié. Aucune raison de fond ne justifiait un tel conflit. Pur produit de l'orgueilleuse folie d'un roi et d'un parti, il n'aurait jamais dû avoir lieu.

Deux siècles après, et les États-Unis étant aujourd'hui ce qu'ils sont, la soumission à l'événement, toujours disposée à tenir pour inévitable ce qui est advenu, conduit à considérer rétrospectivement le divorce comme écrit d'avance. Trop d'océan entre les colonies et la métropole, trop de puissance accumulée d'un côté pour admettre de rester assujetti à l'autre. Et l'irrésistible mouvement d'émancipation qui porte un peuple constitué à revendiquer son indépendance. On le pensait déjà à l'époque. Les hommes les plus raisonnables du royaume de France tenaient pour close l'ère des colonies. Turgot : « Sage et heureuse sera la nation qui, la première, saura plier sa politique aux circonstances nouvelles, qui consentira à ne voir dans ses colonies que des provinces alliées et non plus sujettes de la métropole. Voilà où toutes les nations européennes qui ont des colonies arriveront tôt ou tard, de gré ou de force. » Vergennes considère lui aussi que l'expansion française dans le monde n'est ni possible ni souhaitable. Nous avons vu Louis XV écrire au comte de Broglie que nos îles à sucre allaient à l'émancipation dans la mesure même où elles se développaient ; on l'eût beaucoup étonné en lui annonçant que, plus de deux siècles après, la Martinique et la Guadeloupe se trouveraient toujours dans le giron de la France. « Prévoir le présent », répète l'intelligent Turgot. Il ne prévoit pas le futur — le siècle à venir, ce siècle tout proche qui verra la formidable expansion des empires coloniaux européens.

L'Amérique ? Les Amériques. Les treize colonies vivent à l'enseigne de la disparate. Huit colonies royales avec, à leur tête, un gouverneur nommé par le roi. Trois « colonies de propriétaire », telle la Pennsylvanie qui tire son nom de la famille Penn à laquelle la Couronne l'a donnée en règlement d'une dette. Deux « colonies à charte » où les colons possèdent le droit de réglementer. Quoi de commun entre la Nouvelle-Angleterre des puritains et la Pennsylvanie des quakers, entre les bourgeois du Nord et les aristocrates du Sud, entre George Washington, gentleman régnant sur les esclaves de sa plantation de Mount Vernon, et Benjamin Franklin, imprimeur et journaliste à Philadelphie ? La géographie sépare plus qu'elle n'unit : l'Atlantique est un boulevard où l'on circule mieux que sur des routes méritant à peine le nom de pistes. La Déclaration d'indépendance mettra vingt-neuf jours pour aller de Philadelphie à Charlestown, où elle sera connue plus tardivement qu'à Versailles.

Un fil unique, mais d'une solidité éprouvée, fait tenir ensemble cette tapisserie hétéroclite, déchirée par des chamailleries incessantes : la fierté d'être anglais. George III n'a pas de sujets plus loyaux que sur ces terres lointaines. Le sang versé en commun lors de la dernière guerre contre les Français et leurs alliés indiens n'a fait que renforcer un sentiment d'appartenance ancré depuis toujours dans les esprits et dans les cœurs. S'émanciper de l'Angleterre ? Personne n'y songe. Ce serait une félonie doublée d'une sottise. Seul un fou pourrait nourrir le projet de se séparer de la nation maîtresse du monde.

Depuis le traité de Paris de 1763, l'Angleterre exerce une suprématie sans partage. Elle règne sur l'Amérique du Nord. La conquête du Bengale la fait souveraine dans l'océan Indien. Son commerce avec la Chine est prépondérant. Elle contrôle la côte ouest de l'Afrique. Ses navires sillonnent la Baltique et fournissent la Russie. La mer du Nord est sienne. Elle a un pied sur le continent avec le Hanovre, propriété de la Couronne. Gibraltar lui garantit la Méditerranée. Avec ses sept millions et demi d'habitants, et au prix d'un effort prodigieux, l'Angleterre a relégué à un rang secondaire une France forte de vingt-deux millions de sujets.

Ses colonies américaines lui assurent un avenir plus prometteur encore. Leur population sans cesse augmentée (déjà deux millions d'habitants en 1770) et leur puissance montante annoncent à court ou moyen terme l'éviction des Espagnols de la Floride et de la Louisiane, sans parler des îles à sucre, tant françaises qu'espagnoles, à portée de main. Pour le présent, l'Amérique représente un pactole. Seules des marchandises anglaises apportées par des vaisseaux anglais peuvent être débarquées dans les ports américains ; même monopole dans l'autre sens. Certes, il existe une contrebande sur laquelle on ferme intelligemment les yeux. Les colonies se fournissent en esclaves et en mélasse, indispensable à la fabrication du rhum, dans les Antilles françaises, qui les procurent à meilleur prix. Ces coups de canif dans un contrat si profitable n'empêchent pas que le plus élémentaire bon sens, qu'on dit qualité britannique, devrait conduire la métropole à veiller comme sur la prunelle de ses yeux à la solidité de ses liens avec les treize colonies.

Mais l'Angleterre est sortie financièrement exsangue de la guerre. La dette publique se monte à cent trente-neuf millions de livres sterling — chiffre colossal auprès duquel le déficit français n'est que plaisanterie. Qui va payer ? Les propriétaires terriens, majoritaires aux Communes, refusent toute imposition supplémentaire. Pourquoi ne pas taxer les colonies ? Après tout, ce sont les troupes anglaises qui les ont délivrées du cauchemar de la guerre franco-indienne. Dix mille soldats stationnent encore en Amérique et leur entretien coûte cher à la Couronne. En 1765, le Parlement de Londres vote le *Stamp Act*, impôt sur les documents officiels, les journaux et les cartes à jouer. C'est une révolution. Les « colonistes » n'ont jamais payé que les contributions votées par leurs assemblées. Comme le duc de Gloucester l'a rappelé à Metz, c'est aussi la violation d'une règle fondamentale : pas d'imposition sans représentation. George III n'en a cure. Ce roi de vingt-six ans entend régner et gouverner. Il grignote l'une après l'autre les libertés conquises par la Grande Révolution de 1649, et, sous son sceptre, l'Angleterre s'éloigne de ce modèle relativement démocratique qui avait enchanté naguère le jeune Voltaire. La presse s'efforce de résister aux incessantes tentatives de musellement. Les élections relèvent de la farce. Le système des « bourgs pourris » met les sièges à l'encan et le roi dépense des sommes considérables pour se fabriquer des majorités à sa main [1]. Il s'appuie sur le parti tory, favorable aux prérogatives de la Couronne, écarté du pouvoir depuis un demi-siècle. John Wilkes, fameux démagogue, ami de d'Éon comme de Beaumarchais, atteindra à la célébrité par sa résistance farouche à l'offensive royale.

Benjamin Franklin se trouve alors à Londres. Les colons de Pennsylvanie l'avaient déjà délégué pour soutenir un procès contre la famille Penn. Pendant la guerre, et alors même qu'on promenait dans les rues de Philadelphie les cadavres de colons scalpés par les Indiens, les propriétaires refusaient de payer les impôts votés pour la levée des milices au prétexte que leurs terres échappaient à l'imposition. Franklin doit maintenant demander au roi d'Angleterre de reprendre personnellement le gouvernement de la colonie. Mais il porte une double casquette : le Massachusetts, la Géorgie et la Pennsylvanie l'ont aussi commissionné pour s'opposer aux projets de taxes dont on commence alors à parler aux Communes.

Durand est à l'époque ministre plénipotentiaire à Londres. Charles de Broglie s'intéresse trop aux affaires d'Amérique pour que son agent ne tente pas d'extraire de Franklin tout ce qu'il peut donner. « Il a manifesté le désir d'avoir tous mes écrits politiques, écrit l'Américain à son fils. Il m'a invité à dîner, posé mille questions, traité avec beaucoup de civilité ; il me rend des visites... Je crois que cette nation intrigante serait ravie de s'en mêler à l'occasion, et de mettre le feu aux poudres entre l'Angleterre et ses colonies ; mais j'espère que nous ne lui en donnerons pas la possibilité. »

Franklin est tout anglais. Il demande depuis longtemps que les colonistes soient représentés aux Communes. Il rêve d'une fédération des treize colonies et de la formation avec l'Angleterre d'un empire anglophone où l'Atlantique jouerait le même rôle que jadis la Méditerranée pour le monde antique, et qui deviendrait « le plus grand édifice politique qu'ait jamais érigé la sagesse humaine ».

Le *Stamp Act* l'afflige. Il se résigne, car il est bien placé pour mesurer la violence de l'impérialisme que le pouvoir anglais a

---

1. Cinquante-six «bourgs pourris» comptaient moins de 40 électeurs. Sur 513 députés représentant l'Angleterre et le pays de Galles, 254 étaient élus par un total de 11 500 électeurs. Ainsi la Cornouailles envoyait-elle 44 députés aux Communes quand le Middlesex, Londres et Westminster n'en avaient que 8.

décidé d'exercer sur ses lointains sujets. « Autant vouloir empêcher le soleil de se coucher, écrit-il à un ami. Nous n'avons rien
pu faire. Mais puisqu'il est couché, mon ami, et que peut-être il
ne se lèvera pas avant longtemps, arrangeons-nous pour passer
une aussi bonne nuit que possible. Nous pouvons toujours allumer des chandelles. »

Les colonistes allument un incendie. Conformément au génie
de leur future nation, ils usent de l'arme économique et frappent
à la caisse en organisant le boycottage des produits anglais.
Franklin entreprend alors de justifier le deuxième terme de la
triple définition que Balzac donnera de lui : « Inventeur du paratonnerre, de la supercherie et de la république. » Il invente en
effet la désinformation. Pour convaincre les Anglais que les colonies peuvent aisément se passer de leur laine, et fort de sa réputation internationale de savant, il publie dans la presse londonienne
des articles affirmant qu'à « elle seule, la queue des moutons
américains est si chargée de laine que, pour la porter et l'empêcher de traîner par terre, il leur faut à chacun une voiture ou un
chariot monté sur quatre petites roues ». L'hégémonie navale
anglaise ? Elle ne risque pas de priver les colonies de leur poisson favori, la morue, car celle-ci foisonne dans les lacs intérieurs
américains : « Comme n'importe quel poisson quand il est attaqué, les morues s'enfuient dans l'eau qu'elles estiment la plus
sûre... Les baleines, quand elles sont d'humeur à manger des
morues, les poursuivent n'importe où, et le grand saut de la
baleine en chasse pour remonter les chutes du Niagara est, de
l'avis de ceux qui l'ont vu, l'un des plus beaux spectacles de la
nature. » Les gentlemen de la City sourient peut-être de ces
contes destinés au populaire, mais se désespèrent en faisant leurs
comptes : le *Stamp Act*, qui était censé rapporter soixante mille
livres à l'État, va en coûter quatre millions au commerce britannique. Vingt-cinq villes et ports anglais exigent son abrogation.
George III s'y résigne à contrecœur. Il l'abolit mais fait passer
dans le même mouvement un *bill* affirmant le droit du Parlement
à taxer les colonies. C'est annoncer une deuxième manche.

Une plaie est ouverte, qui ne se refermera plus. Même s'ils
échappent provisoirement à l'impôt, les colonistes, qui se voulaient plus anglais que les Anglais, découvrent que la mère patrie
les traite en indigènes et non en concitoyens. Le mépris se dur-
cira au rythme de leur résistance. « Race de convicts », écrira le
célèbre Samuel Johnson. L'Angleterre de George III et des

tories, folle d'orgueil, enivrée par sa puissance, ne supporte pas que des misérables s'opposent à ses volontés.

La suite n'est qu'aveugle répétition d'actes d'autoritarisme. La présence de troupes anglaises insupporte les colonistes qui les considèrent désormais comme une menace plus que comme une protection. On appelle les soldats « dos-de-homards » à cause de la couleur rouge de leur uniforme. Le 5 mars 1770, à Boston enfiévrée par une décision royale déclarant illégale la convocation lancée à ses voisines par l'assemblée du Massachusetts, des enfants lancent des boules de neige sur les dos-de-homards ; il paraît que certains avaient lesté leurs boules d'une pierre. La foule s'assemble. Le ton monte. L'officier anglais fait tirer : six morts. C'est cher payer pour une boule de neige, même lestée.

En avril 1773, le Parlement de Londres autorise la Compagnie des Indes, dont les magasins regorgent de thé, à s'en débarrasser dans les colonies, où il sera taxé. Au mois de décembre, des jeunes Bostoniens déguisés en Indiens Mohawks envahissent le *Darmouth* et jettent les balles de thé à la mer. Londres réplique en ordonnant la fermeture du port de Boston. Le roi écrit à son Premier ministre : « Le dé est maintenant jeté ; les colonies doivent ou se soumettre ou triompher. »

Une partie de l'opinion américaine se radicalise. La majorité se refuse au saut dans l'inconnu. Mais les colonies du Sud, jusqu'alors à la traîne, rejoignent le mouvement. Un premier congrès continental se réunit à Philadelphie en 1774, la Géorgie restant seule à l'écart. La folie anglaise a donc réussi le miracle d'unir des colonies jalouses les unes des autres et toujours en dispute. C'est le moment décisif que Londres choisit pour promulguer le *Quebec Act*. Il octroie à la province du Québec l'intérieur du continent américain conquis sur les Français. L'ahurissante décision interdit aux colonies tout espoir de développement futur ; or des hommes d'influence, dont George Washington et Benjamin Franklin, avaient justement créé des compagnies puissantes pour mettre en valeur l'Ohio par l'implantation progressive de colons. Et c'est aux papistes québécois que le roi d'Angleterre réserve ce somptueux cadeau ! Pour faire bonne mesure, le général Gage et ses dos-de-homards occupent Boston.

Fort modéré dans les termes, affirmant sa volonté de réconciliation, appelant à l'harmonie et à l'amitié, le Congrès, dans son immense majorité, pense comme John Jay, délégué de New York : « C'est notre plus grand bonheur et notre plus grande gloire d'être nés sujets britanniques, et nous ne désirons rien plus ardemment que de vivre et de mourir tels. » Mais le Congrès n'en décide pas moins de recourir de nouveau à l'arme économique. Le boycottage reprend, avec menace de sanctions terribles pour ceux qui voudraient s'y dérober. Même cause, mêmes conséquences. Le commerce anglais avec l'Amérique tombe en un an de 437 000 livres à 1 828. Ambassadeur lamentable, le comte de Guines savait au moins faire suivre à Versailles les adresses et pétitions des villes, ports et corps de métiers anglais protestant contre un tel désastre. À les lire, on mesure à quel degré de violence peuvent atteindre des âmes commerçantes qui s'éprouvent blessées dans leurs intérêts les plus sacrés. À voir combien le bras de fer voulu par le pouvoir coûtait cher au pays, on se dit aussi que l'économie n'est pas toujours le facteur historique déterminant.

En Amérique, des milices se créaient. Les *minutemen* s'organisaient, capables en soixante secondes de se jeter sur les dos-de-homards. Averti qu'on entrepose des munitions à Concord, le général Gage y dépêche un millier de soldats. Une fusillade avec cinquante miliciens fait huit morts parmi ces derniers. Les Anglais détruisent les magasins et repartent. Harcelés tout le long du chemin, ils perdent le tiers de leur effectif.

Trois semaines plus tard, le 10 mai 1775, un deuxième congrès continental se réunit à Philadelphie. Le sang répandu sépare désormais loyalistes et radicaux. Les premiers adressent à George III la « pétition du rameau d'olivier ». Avec Gouverneur Morris, ils tiennent la querelle pour « contraire à la nature, entre père et enfant ». Les seconds imposent des mesures militaires défensives. Le lien politique avec l'Angleterre n'est pas rompu. Un geste de Londres, et tout pourrait encore rentrer dans l'ordre.

Le 17 juin, Gage attaque les hauteurs de Bunker Hill, défendues par des miliciens sans uniforme et presque sans armes ; beaucoup, faute de balles, lancent des écrous et des boulons. Les Anglais l'emportent, mais en perdant un millier de morts et de blessés graves. L'Américain Greene commente : « Nous avons beaucoup de terrain à vendre au même prix. »

Le 23 août, trois semaines après le dîner de Metz, George III déclare les colonies rebelles, interdit le commerce avec elles, décide que tout navire américain capturé en mer sera de bonne prise, et fait bombarder sans préavis les ports de Falmouth et de Norfolk.

Cette fois c'est la guerre, comme l'avait prévu le duc de Gloucester.

Rentré à Philadelphie au mois de mai, le pacifique Franklin écrit à son ami anglais Strahan : « Monsieur Strahan, vous êtes un membre du Parlement et de la majorité qui ont voué mon pays à la destruction ; vous êtes maintenant mon ennemi, et je suis le vôtre. »

*
* *

Brûlant de « joindre ses drapeaux », La Fayette fait le siège du comte de Broglie pour qu'il l'aide à passer en Amérique.

Charles hésite. Si passionné qu'il soit, nous ne l'avons jamais vu jouer à la légère avec la vie de ceux qui marchent sous sa bannière. Le constant souci de leur bien-être et de leurs intérêts lui vaut au contraire un attachement sans faille. Il pèse sa responsabilité envers Gilbert de La Fayette, dix-huit ans, seul rejeton mâle d'une lignée où l'on meurt beaucoup pour la France. Charles a vu tomber son oncle, Jacques-Roch, sur un champ de bataille d'Italie, en 1734. Le père de Gilbert, fauché par un boulet anglais, est mort dans ses bras à Minden, en 1759[1]. Peut-il en conscience expédier aux aventures cet adolescent monté en graine, le lâcher dans une sorte de guerre civile, genre redoutable même pour un professionnel expérimenté, alors que ses soixante-dix dragons n'ont pas encore fini de lui apprendre à les faire manœuvrer ? Il lui dit : « J'ai vu mourir votre oncle dans la guerre d'Italie. J'étais présent à la mort de votre père, à la bataille de Minden. Je ne veux pas contribuer à la ruine de la seule branche qui reste de la famille. »

Le gamin s'obstine.

---

1. Un lapsus calami nous a fait écrire, dans les premières éditions du tome 2, que cette mort était intervenue à la bataille d'Hastenbeck en 1757. À cette date, Broglie ne se trouvait d'ailleurs pas aux armées, qu'il ne rejoignit précisément qu'à la veille de Minden, deux ans plus tard.

*
* *

« N'est-ce pas curieux, remarquera le prince de Ligne, de voir le ministre le moins gai qu'il y eût jamais en France employer un farceur ? » On aura reconnu Vergennes et Beaumarchais. C'est Sartine qui a présenté le second au premier, puisque d'Éon, qu'il s'agit de récupérer, relève des Affaires étrangères. Qu'un lieutenant de police, obligé de pêcher ses indicateurs dans les eaux les plus troubles, utilise un Beaumarchais, rien de plus naturel — mais Vergennes ? Les contemporains partageront le sentiment du prince de Ligne et les historiens ne manqueront pas de s'étonner d'une association si saugrenue. C'est sous-estimer peut-être l'expérience acquise par le ministre en vingt ans de Secret. Hier comme aujourd'hui, on apprend dans les services que vertu et sérieux ne se conjuguent pas toujours avec efficacité.

Les fameux papiers détenus par le chevalier justifient-ils tant de tracas ? Il a remis à Durand les documents les plus explosifs, notamment la lettre autographe de Louis XV ordonnant des reconnaissances sur les côtes anglaises en vue d'une descente. Le baron de Breteuil, de passage à Londres, a récupéré une nouvelle liasse. Certes, d'Éon doit avoir dressé copie de l'ordre autographe, mais on le sait homme — ou femme — à fabriquer des faux et, s'il produisait son double, il suffirait de crier à l'escroquerie. L'abbé de Véri ne comprend pas que le ministre des Affaires étrangères perde son temps à des futilités. La page du règne précédent n'est-elle pas tournée ? Et puis quoi ! ces espionnages ne font-ils pas partie de la règle du jeu ? L'abbé propose de dire aux Anglais : « Il est vrai que le feu Roi voulait connaître le faible de vos ports, il est encore certain que nous avons la même curiosité. Vous avez sûrement un désir pareil à l'égard de la France, même dans le sein de la paix ; et nous faisons chacun le personnage qui nous convient. » Mais Vergennes s'intéresse probablement autant à la personne du chevalier qu'à ses papiers. La crise américaine et ses développements potentiels ne peuvent que l'inciter à récupérer l'encombrant personnage. Si Beaumarchais veut tenter sa chance après tant d'émissaires rentrés l'oreille basse, pourquoi pas ? Il lui fixe par écrit les limites de sa mission.

Sur la pension de douze mille livres, aucune difficulté : on la transformera, selon le désir de d'Éon, en solide rente viagère. Pour les dettes, « il faut qu'il se réduise, et considérablement, pour nous arranger ». Beaumarchais devra le laisser venir et discuter : « Monsieur d'Éon a le caractère violent, mais je lui crois une âme honnête et je lui rends assez de justice pour être persuadé qu'il est incapable d'une trahison. » Pour l'affaire avec Guerchy, il faut l'enterrer aussi définitivement que feu l'ambassadeur. Quant à l'audience de congé que le chevalier prétend obtenir du roi d'Angleterre, « la révélation de son sexe ne peut plus le permettre, ce serait un ridicule pour les deux cours ». Vergennes conclut : « Vous êtes éclairé et prudent, vous connaissez les hommes, et je ne suis pas inquiet que vous tiriez bon parti de M. d'Éon, s'il y a moyen. Si l'entreprise échoue dans vos mains, il faudra se tenir pour dit qu'elle ne peut plus réussir, et se résoudre à tout ce qui pourra en arriver. » Beaumarchais, « prudent » ? Voilà qui ferait bien rire les Viennois. Vergennes applique la méthode Broglie : un agent réussira d'autant mieux qu'il s'éprouve investi de la totale confiance de son mandant.

Ainsi le Secret, inventif metteur en scène, quoique bien malgré lui en l'occurrence, réunit-il sur les mêmes planches les deux plus grands farceurs de France, affabulateurs hors pair, champions en matière de supercherie... Comme on aimerait pouvoir narrer dans le détail l'affrontement cocasse des « animaux extraordinaires » ! Mais l'Amérique qui se mobilise, Gilbert de La Fayette qui fait son bagage, notre Charles de Broglie en train de ruminer le projet le plus fou jamais conçu par son génie fertile... Désignons au moins le vainqueur dans l'ordre de la farce : d'Éon. Il mystifie le père de Figaro en l'autorisant à constater *de tactu* sa féminité. Et l'autre marche ! Et son compère Morande, admis également à mettre la main, tombe lui aussi dans le panneau ! Nous avons vu l'excellent Drouet, longtemps secrétaire de Broglie, affirmer à son chef qu'« après avoir examiné et palpé avec beaucoup d'attention », il pouvait affirmer que le chevalier était une chevalière[1]. Honnête père de famille que ce Drouet, mais Morande ! mais Beaumarchais dont la main s'est acquise une indéniable expertise ès palpations ! Boccace et La Fontaine ont beau nous expliquer qu'une simple ficelle fait merveille (car

---

1. Cf. *Le Secret du Roi*, tome 2, p. 370.

le tour est vieux comme le monde) : il en fallait sans doute un
peu plus pour mystifier de pareils lurons, et si le rapport d'autopsie de d'Éon ne tranchait, si l'on ose dire, la question, leur verdict emporterait la conviction. Mais le chevalier fait mieux
encore : à force d'agaceries, de mines, de coquetteries, il
convainc Beaumarchais de son amour naissant. Il lui offre son
portrait, demande pardon pour ses vivacités (« Attribuez tout cela
à nos vapeurs, à nos faiblesses... ») et se présente comme sa
« petite dragonne ». Pour n'être point une femme, le drôle n'en
avait pas moins pris la mesure de la fatuité masculine.
Beaumarchais écrit à Vergennes ; « Tout le monde me dit que
cette fille est folle de moi. » Londres et Paris parlent déjà de
mariage.

Mais le fat tourné en bourrique mène sa négociation tambour
battant.

La famille Guerchy posait problème. Elle et ses amis tenaient
d'Éon pour responsable de la disparition prématurée de l'ambassadeur, « mort de chagrin ». L'animosité du chevalier n'avait rien
perdu non plus de sa vivacité. Or on le savait l'une des
meilleures lames d'Europe. S'il rentrait en France, la vie du fils
Guerchy ne serait-elle pas en danger ? « Quelque désir que j'aie
de voir, de connaître et d'entendre M. d'Éon, écrivait Vergennes
à Beaumarchais, je ne vous cacherai pas une inquiétude qui
m'assiège. Ses ennemis veillent et lui pardonneront difficilement
tout ce qu'il a dit d'eux... Si M. d'Éon voulait se travestir, tout
serait dit... » L'idée était ingénieuse : on ne croise pas l'épée
avec une femme. L'expression « se travestir », sous la plume de
Vergennes, suscitera — et continue de susciter — maintes inter-
rogations chez ses biographes comme chez ceux de
Beaumarchais et de d'Éon. Par quel miracle le ministre serait-il
le seul à savoir que d'Éon est un homme, alors que tout le
monde, Broglie inclus, croit le contraire ? Le miracle est simple :
Vergennes vient de Bourgogne, où vit sa parentèle. Trop de
Tonnerrois avaient vu le bambin d'Éon courir cul nu dans la cour
de ses parents pour s'en laisser accroire. Le marquis de
Bombelles, ancien du Secret, Bourguignon lui aussi, note dans
son journal que les témoignages de ses amis restés au pays l'ont
parfaitement édifié.

Lorsque Beaumarchais évoqua devant lui la suggestion de
Vergennes, d'Éon jura « comme un estafier allemand » d'une
voix qui évoquait davantage le corps de garde que le boudoir,

tempêta, supplia, puis se soumit. Pris à son propre piège, il se retrouvait incarcéré à perpétuité dans la Bastille du vêtement[1].

*
* *

Une négociation de ce niveau ne pouvant se passer du sceau royal, Louis XVI, bon prince, prit la plume et signa, le 25 août 1775, un ordre rédigé dans des termes aussi solennels que s'il s'agissait de régler le partage du monde. Le représentant du roi de France était autorisé « à prendre les arrangements et à passer tous actes qu'il estimera nécessaires, enfin à imposer, pour l'entière exécution de sa commission, toutes les conditions que sa prudence lui suggérera, Sa Majesté voulant bien, à cet égard, s'en rapporter à ses lumières et à son zèle ». Vergennes avait contresigné. Muni de cet ordre, Beaumarchais, après plusieurs allers et retours entre Versailles et Londres, repassa le pas de Calais pour conclure. Il emportait aussi une injonction royale à demoiselle d'Éon, « fille majeure connue jusqu'à ce jour sous le nom de chevalier d'Éon, ancien capitaine de dragons, etc. », d'avoir à reprendre les habits de son sexe pour ne plus les quitter, et un sauf-conduit lui garantissant un retour en France sans problèmes.

Le traité de paix fut signé le 4 novembre dans cette maison de Brewer Street que le chevalier avait transformée en forteresse dûment minée aux heures chaudes où les sbires du gouvernement français s'employaient à le kidnapper. La grande querelle finissait en comédie après avoir si longtemps menacé de déclencher

---

1. Indiquons au passage que les alarmes à propos du fils Guerchy étaient vaines. Officier — il finira colonel —, cet esprit libéral et éclairé se souciait peu de duels. Il jouissait d'une réputation justifiée de philanthrope et multipliait les initiatives industrielles sur ses terres de Nangis : filatures, métiers à bas, manufacture de cotonnades. Sa femme et lui professaient des idées républicaines et ils approuvèrent sans restriction 1789, condamnant ensuite le droit de veto du roi et prônant une large décentralisation du pouvoir. Également passionné d'agriculture, Anne-Louis de Guerchy a laissé un *Mémoire sur les obstacles qui s'opposent au parcage des bêtes à laine en Brie* ; cet ouvrage n'a perpétué son nom que dans un cercle relativement étroit. À propos de bêtes à laine, le lecteur se rappelle peut-être que d'Éon avait attribué à son malheureux père le nom de code de « Mouton cornu » pour des raisons étrangères à l'agriculture...

un drame — une guerre entre l'Angleterre et la France, perdue d'avance pour cette dernière. Au moins le talent de Beaumarchais sut-il donner du ton à l'acte final. Son texte, assurément le plus extravagant jamais archivé par le ministère des Affaires étrangères, a le mouvement d'une pièce de théâtre, avec apparitions alternées des deux protagonistes (« Moi, Caron de Beaumarchais, j'exige au nom du Roi… — Et moi, Charles-Geneviève-Louise-Auguste-Andrée-Timothée d'Éon de Beaumont, fille majeure… ») et périodes éloquentes où chacun proteste de sa bonne volonté. On aimerait le citer tout au long s'il n'était réellement trop long. Le chevalier restituait tous ses papiers. On lui garantissait sa rente viagère et un retour paisible au pays. Mais d'Éon présenta quelques exigences nouvelles. Il réclamait, par exemple, la permission d'arborer sur sa robe la croix de Saint-Louis. Beaumarchais l'accorda, sous réserve de la confirmation royale, au motif « que le rare exemple de cette fille extraordinaire sera peu imité par des personnes de son sexe et ne peut tirer à aucune conséquence ; que si Jeanne d'Arc, qui sauva le trône et les États de Charles VII en combattant sous des habits d'homme, eût, pendant la guerre, obtenu, comme ladite demoiselle d'Éon de Beaumont, quelques grâces ou ornements militaires, tels que la croix de Saint-Louis, il n'y a pas d'apparence que, ses travaux finis, le Roi, en l'invitant à reprendre les habits de son sexe, l'eût dépouillée et privée de l'honorable prix de sa valeur, ni qu'aucun galant chevalier français eût cru cet ornement profané parce qu'il ornait le sein et la parure d'une femme qui, dans le champ de l'honneur, s'était toujours montrée digne d'être un homme ». D'Éon recevait deux mille livres pour s'acheter un trousseau de fille, mais devait vendre sa garde-robe masculine afin de n'être pas exposé à la tentation de s'en revêtir. Le représentant du roi de France l'autorisait cependant à conserver « un habit uniforme complet du régiment où elle a servi, le casque, le sabre, les pistolets et le fusil avec sa baïonnette, comme un souvenir de sa vie passée, ou comme on conserve les dépouilles chéries d'un être aimé qui n'existe plus ». À propos de ses habits de fille, le chevalier ajouta : « que j'ai déjà portés en diverses occasions connues de Sa Majesté ». C'était vouloir accréditer par un texte officiel la fable d'une première mission à Saint-Pétersbourg en qualité de lectrice de la czarine. Beaumarchais raya le rajout, preuve que les coquetteries de son amoureuse ne lui tournaient pas complètement la tête.

Quant aux énormes dettes de d'Éon, pierre d'achoppement de tant de négociations, Beaumarchais ne les régla que pour un peu moins de cinq mille livres sterling, promettant pour l'avenir « de plus fortes sommes ». Il justifia ce flou inquiétant auprès de Vergennes en expliquant qu'il comptait ainsi avoir barre sur d'Éon : « J'ai assuré cette demoiselle que, si elle était sage, modeste, silencieuse, si elle se conduisait bien, j'espérais lui obtenir quelques nouveaux avantages. » C'était reculer pour mieux sauter, et, comme le chevalier ne verrait rien venir, la reprise de la guerre se trouvait en germe dans le texte même du traité de paix.

Beaumarchais rouvrit d'ailleurs les hostilités par une mauvaise manière. Désormais convaincu de la féminité de d'Éon, il imagina, avec son compère Morande, de réaliser une juteuse opération financière en relançant les paris sur son sexe. Ils flambèrent aussitôt. Rien ne pouvait exaspérer davantage le chevalier qu'une initiative qui lui rendait la vie impossible en l'exposant à se voir déculotté à chaque coin de rue par des parieurs désireux de miser à coup sûr. Morande, provoqué par lui en duel, mais en vain, recevra bientôt des lettres vigoureuses (« Jean-Foutre, ne m'envoie plus de papier barbouillé de ta patte cornue ; garde-le pour en bourrer tes pistolets, si tu as du courage. Que j'aie une queue ou que je n'en aie pas, qu'est-ce que cela te fait ? On ne te demande pas de faire assaut contre une queue. Bats-toi contre mon pistolet, mon sabre ou mon épée, etc. » Quant à Beaumarchais (« L'insolence d'un garçon horloger qui, par hasard, aurait trouvé le mouvement perpétuel »), d'Éon ira répétant qu'il se sent de taille « à faire la barbe à tous les barbiers de Séville ».

Toujours aimé, Charles de Broglie reçut, en forme d'épilogue, une lettre d'un autre ton : « Monsieur le comte, il est temps de vous désabuser. Vous n'avez eu pour capitaine de dragons et aide de camp en guerre et en politique que l'apparence d'un homme. Je ne suis qu'une fille, qui aurait parfaitement soutenu mon rôle jusqu'à la mort si la politique et mes ennemis ne m'avaient pas rendue la plus infortunée des filles, ainsi que vous le verrez par les pièces ci-jointes.

« Vous connaîtrez, par la facilité que j'aurai à me détacher du monde, que je n'y demeurais que pour vous ; et puisque je ne puis plus travailler ni combattre sous vos ordres et ceux de monsieur le maréchal votre frère, je renoncerai sans peine à ce monde trompeur, qui cependant ne m'a jamais séduite que dans ma jeunesse si tristement passée.

« Je ne crois plus qu'on puisse mourir de douleur, puisque j'ai eu la force d'y résister. Je ne sais pas si je pourrai encore soutenir longtemps ce cruel assaut, étant dans mon lit malade depuis un an. Je suis avec respect, monsieur le comte, votre très humble et très obéissante servante. »

*
* *

Mais Sartine avait confié à Beaumarchais une mission de renseignement sur la flotte anglaise. Et tout occupé qu'il était à régler le problème d'Éon, à soigner une chaude-pisse contractée dans un bordel où l'avait conduit Morande, à courir de Londres à Versailles et de Versailles à Londres, à poursuivre la cassation de l'arrêt qui l'avait blâmé, à réfléchir au moyen d'empêcher les auteurs dramatiques de se faire systématiquement voler par les acteurs, à nouer une liaison torride avec la très belle dame de Godeville, inlassable fournisseuse de libelles orduriers et luronne capable d'épuiser au lit les plus ardents séducteurs de dragonnes, Beaumarchais n'en gardait pas moins l'oreille ouverte au grand fracas des affaires d'Amérique. Son ami lord Rochford lui a confié son inquiétude et il a rencontré chez John Wilkes, soutien inconditionnel des colonistes, le représentant secret de ceux qu'on nomme désormais les Insurgents. Cet Arthur Lee, qui a étudié à Oxford, puis à l'université d'Édimbourg, est inscrit au barreau de Londres. Un petit homme pète-sec aussi déplaisant que possible. Bien éloigné du loyalisme déconfit de Franklin, qu'il a vu avec plaisir s'en retourner à Philadelphie, Lee veut l'indépendance à tout prix.

Le 21 septembre 1775, un mois après la déclaration de rébellion fulminée par George III, Beaumarchais, de passage à Paris, écrit à Louis XVI : « Sire, l'Angleterre est dans une telle crise, un tel désordre, au-dedans et au-dehors, qu'elle toucherait presque à sa ruine si ses voisins et rivaux étaient eux-mêmes en état de s'en occuper sérieusement. » Intoxiqué par Lee, il prête à la jeune armée américaine des effectifs démesurés : trente-huit mille hommes « armés et déterminés » sous les murs de Boston, quarante mille autres dans le reste du pays. Dans la période la plus favorable, Washington n'en aura pas la moitié sous ses ordres.

Selon lui, toute la population se mobilise pour la guerre : « Je dis, Sire, qu'une telle nation doit être invincible, surtout ayant derrière elle autant de pays qu'il lui en faut pour ses retraites, quand même les Anglais se seraient rendus maîtres de toutes leurs côtes, ce qui est bien loin d'arriver. » Sur cet atout stratégique des Américains, il a raison. « Tous les gens sensés sont donc convaincus en Angleterre que les colonies anglaises sont perdues pour la métropole, et c'est aussi mon avis. » Mais les salons de l'opposition ne sont pas l'Angleterre. Même ceux qui protestaient contre une politique responsable d'un boycottage ruineux restaient, dans leur grande majorité, convaincus que les milices insurgentes ne résisteraient pas à l'offensive de troupes réglées. « La guerre ouverte qui se fait en Amérique est bien moins funeste encore à l'Angleterre que la guerre intestine qui doit éclater avant peu dans Londres ; l'aigreur entre les partis y est montée au plus haut excès depuis la proclamation du roi d'Angleterre qui déclare les Américains rebelles. Cette ineptie, ce chef-d'œuvre de démence de la part du gouvernement a renouvelé les forces de tous les opposants en les réunissant contre lui... Le lord Rochford, mon ami depuis quinze ans, causant avec moi, m'a dit en soupirant ces mots : "J'ai grand-peur, monsieur, que l'hiver ne se passe point sans qu'il y ait quelques têtes à bas, soit dans le parti du Roi, soit dans l'opposition." D'un autre côté, le lord-maire Wilkes, dans un mouvement de joie et de liberté à la fin d'un dîner splendide, me dit publiquement ceux-ci : "Depuis longtemps le roi d'Angleterre me fait l'honneur de me haïr. De ma part, je lui ai toujours rendu la justice de le mépriser. Le temps est venu de décider lequel a le mieux jugé l'autre, et de quel côté le vent fera choir des têtes." » Aucune tête ne sera coupée, mais Beaumarchais ne se trompe pas en décrivant une Angleterre qui aborde une des crises les plus graves de son histoire avec le handicap de haines intestines inconciliables.

La lettre au roi est du 21 septembre ; dès le lendemain, Beaumarchais écrit à Vergennes son étonnement de ne pas avoir de réponse : « Quand le zèle est indiscret, il doit être réprimé. Lorsqu'il est agréable, il faut l'encourager ; mais toute la sagacité du monde ne pourrait pas faire deviner à celui à qui on ne répond rien quelle conduite il doit tenir. » Comment a-t-on réagi à sa note ? « Il a dû être question de tout cela au Conseil, et ce matin, vous ne me faites rien dire. Les choses les plus mortelles aux affaires sont l'incertitude et la perte du temps. Dois-je attendre ici votre réponse, ou faut-il que je parte sans en avoir aucune ? Ai-je bien ou mal fait d'entamer les esprits dont les dispositions nous deviennent si importantes ? Laisserai-je à l'avenir avorter les confidences, et repousserai-je, au lieu de les accueillir, les ouvertures qui doivent influer sur la révolution actuelle ? Enfin, suis-je un agent utile à mon pays ou seulement un voyageur sourd et muet ? »

Le jour même, Vergennes lui donne avis de repartir avec les oreilles et les yeux bien ouverts, mais d'un pied précautionneux. Avertissement superflu : « Que Votre Excellence soit tranquille ; ce serait à moi une ânerie, impardonnable en pareille affaire, que de compromettre en rien la dignité du maître et de son ministre. » Lettres et mémoires ne cesseront plus de pleuvoir sur Versailles. Se sait-il manipulé par Arthur Lee ? C'est probable, mais il n'en a cure. Agent de renseignement, il se fait agent d'influence auprès de son propre gouvernement. Comme Gilbert de La Fayette, il sait qu'il a rencontré son destin. La cause des Insurgents est devenue la sienne.

Après l'avoir tenu enlisé pendant dix-huit mois dans des sentines nauséabondes, Beaumarchais accroche son char à treize étoiles.

*
* *

S'il fallait résumer d'un mot la politique de Vergennes, ce serait : « équilibre ». Il pourrait dire, paraphrasant Maurepas : « C'est le principe que j'ai sucé de M. de Chavigny. » Chavigny : son oncle, protecteur et mentor.

Le 8 décembre 1774, six mois après sa nomination, il remettait à Louis XVI un long mémoire (le verra-t-on jamais faire court ?) où il exposait ses idées tout en dispensant discrètement un cours de politique étrangère non superflu pour un jeune roi qui avait la naïveté de croire que les autres nations ne se mêleraient pas de ses affaires, puisqu'il n'avait pas l'intention de s'occuper des leurs.

Comme d'habitude, c'est ampoulé et pâteux. Rien à voir avec le style électrique de Charles de Broglie. « Le mépris absolu des principes de justice et de décence, qui caractérise la conduite et

les entreprises de quelques puissances contemporaines, doit être
un sujet pressant de réflexions sérieuses, et même de prévoyance
pour ceux des États qui, se dirigeant par des maximes plus
saines, ne placent pas sur la même ligne le juste et l'injuste… Si
la force est un droit, si la convenance est un titre, quelle sera la
sûreté des États ? Si une possession immémoriale, si des traités
solennels qui ont fixé les limites respectives, ne peuvent plus servir de frein à l'ambition, comment se garantir contre la surprise
et l'invasion ? Si le brigandage politique se perpétue, la paix ne
sera bientôt plus qu'une carrière ouverte à l'infidélité et à la trahison. » Et ainsi de suite.

À une réserve près, le fond est tout broglien.

Pour Vergennes, la France est faite [1] : « Constituée comme elle
l'est, [elle] doit craindre les agrandissements bien plus que les
ambitionner : plus d'étendue de territoire serait un poids placé
aux extrémités qui affaiblirait le centre. » L'outre-mer ? « La
France a des colonies dans la proportion qui convient à sa population et à son industrie : plus serait une charge plus qu'un bénéfice. » On ne jurerait pas que le comte de Broglie fût inspiré par
la même retenue. Mais, pour le reste, Vergennes met ses pas dans
les siens. L'alliance autrichienne, toujours souhaitable, ne doit
plus jouer à sens unique. Il faut la ramener à son objet défensif.
(Breteuil, en partance pour Vienne, recevra d'ailleurs des instructions adéquates.) Le dépeçage de la Pologne a montré quel cas
l'allié autrichien faisait de nos intérêts. Encore Marie-Thérèse
n'a-t-elle été entraînée qu'à contrecœur, mais qu'en sera-t-il
lorsque son fils Joseph, « dont le génie n'est pas moins romanesque que son caractère est ambitieux », montera sur le trône ?
La succession de Bavière peut ouvrir une crise. L'Autriche
risque de regarder du côté de l'Italie. Il faut donc la contrebalancer par la Prusse : « Plus Votre Majesté attache de prix au maintien de son alliance avec la cour de Vienne, plus son intérêt
essentiel la conviera à veiller soigneusement à ce que la puissance prussienne ne soit pas entamée et diminuée… C'est la
crainte du roi de Prusse qui a donné à la France la cour de
Vienne pour alliée. Laissons disparaître cette crainte, et bientôt
cette cour reviendra à l'ancien système qu'elle n'a abandonné

---

1. Pour être telle qu'aujourd'hui, il lui manque la Savoie, Nice, le Comtat
Venaissin et le pays de Montbéliard.

que par la conviction d'une plus grande utilité. » Pour avoir inlassablement rappelé ces évidences, qui relèvent du simple bon sens, Charles de Broglie a été dénoncé par ses ennemis et morigéné par Louis XV comme un adversaire viscéral de l'alliance autrichienne.

Son *si vis pacem, para bellum* qui insupportait le feu roi, rétif à l'idée même d'un conflit, Vergennes n'hésite pas à le lancer à Louis XVI, dont le pacifisme vaut bien celui de son grand-père : « On respecte toute nation qu'on voit en mesure d'une résistance vigoureuse… La paix subsiste depuis douze ans ; c'est un grand préjugé contre sa stabilité ultérieure. Ce n'est donc pas excéder les bornes d'une prévoyance légitime, d'insister sur la nécessité de se tenir prêt à tout événement. D'ailleurs, on n'est jamais plus assuré de la paix que lorsqu'on est en situation de ne pas craindre la guerre. »

La vigilance s'impose d'autant plus qu'une nation a rompu à son profit le sacro-saint équilibre, « une nation inquiète et avide, plus jalouse de la prospérité de ses voisins que de son propre bonheur, puissamment armée, et prête à frapper au moment où il lui conviendra de menacer ». Dès qu'il s'agit de l'Angleterre, un autre Vergennes apparaît. Lui, d'ordinaire si prudent, raisonnable, ennemi de l'excès et de l'enflure, le voici qui s'abandonne aux violences de la passion et même à une sorte de racisme. Sa haine éclate dans tous ses textes. Le Français ? « Sentimental, confiant, tout dévoué à ses Rois. » L'Anglais ? « Inquiet, calculateur et égoïste. » L'Angleterre ? « Une nation qui se joue des droits les plus sacrés des nations. » Elle est « incontestablement et héréditairement l'ennemie de la France ». Par quelle aberration des Français peuvent-ils admirer sa réussite, résultat d'une longue suite de perfidies et de malfaisances ? Si forte est l'indignation de notre ministre qu'il en atteint à l'éloquence : « Je rougis pour l'humanité, non qu'il y ait des âmes aussi dénaturées et aussi atroces, mais des âmes assez faibles et assez imbéciles (et c'est le plus grand nombre) pour encenser comme l'effet le plus généreux de la vertu et du patriotisme ce qui est le comble du crime et de la trahison. Je rougis encore plus, je frémis même quand je pense que c'est la nation que nos docteurs modernes nous proposent comme un objet digne de notre imitation. »

Il hait l'Angleterre comme il aime sa femme : absolument.

La communauté du Secret, Broglie en tête, nourrissait cette aversion depuis que le sage Durand, en poste à Londres, l'avait alertée sur l'impérialisme britannique avec des accents aussi inattendus chez lui que de la part de Vergennes. Guère de Français pour ne pas la partager. On gardait souvenir, comme Vergennes, de « la manière plus que pirate avec laquelle les Anglais commencèrent la guerre en 1755 », les trois cents vaisseaux français arraisonnés sans préavis sur toutes les mers du globe, avec à leur bord six mille officiers et matelots dont certains avaient dû, sous peine de mort, servir dans la marine anglaise. On n'oubliait pas l'humiliant traité de Paris de 1763, ce traité que Vergennes recommandait au roi de relire sans cesse « pour juger combien cette arrogante puissance savourait le plaisir de nous avoir humiliés ; pour acquérir de nouvelles preuves de l'injustice systématique du cabinet de Saint-James, enfin pour y puiser un sentiment d'indignation et de vengeance que le seul nom anglais doit inspirer à tout Français patriote ».

Un homme incarnait l'humiliation nationale : le commissaire anglais installé à demeure à Dunkerque, payé et entretenu par la France pour veiller au désarmement du port. Impossible de rien comprendre à notre histoire si l'on sous-estime l'exécration vouée à cet homme symbole. Et le vieux Pitt le voulait bien ainsi, qui avait proclamé que Dunkerque resterait « le monument éternel du joug imposé à la France ».

Pour Vergennes, le retour à l'équilibre européen impose l'abaissement de l'Angleterre. Quant à la France, elle ne retrouvera son rang qu'après avoir obtenu sa revanche. Il faut la venger « des injustices, des outrages et des perfidies qu'elle n'a que trop souvent éprouvés » de la part des Anglais, et mettre ceux-ci « hors d'état d'en commettre de longtemps ». Cet objectif va sous-tendre toute sa politique. Pour l'atteindre, il faut impérativement rassurer le concert des nations sur la modération française. Aucune volonté d'expansion, pas la moindre revendication territoriale. La France n'agira point tant pour son propre compte qu'au nom de tous ceux qui refusent le règne d'une nation folle d'orgueil sur les mers et les océans.

On ne réussira pas sans l'Espagne. Seule l'addition des flottes française et espagnole peut laisser espérer quelque succès contre la formidable puissance navale anglaise, invincible depuis plus d'un siècle. Vergennes retrouve ici ses prudences habituelles. Quoi qu'il arrive, et même si les accusations de pusillanimité, voire de lâcheté, doivent pleuvoir sur lui, il ne marchera que main dans la main avec Madrid. Le pacte de famille existe, voulu par Choiseul. Il convient de le renforcer et de le rendre opérationnel, comme nous dirions aujourd'hui. Vergennes rejoint en cela Broglie, avec cette différence, dont on vérifiera à l'épreuve qu'elle n'est pas secondaire, que le chef du Secret, peu confiant dans le dynamisme espagnol, n'attribuait dans son plan de guerre contre l'Angleterre qu'un rôle de diversion aux flottes du roi d'Espagne.

Les Insurgents ? Le ministre n'a pour eux aucune sympathie. Il n'est ni La Fayette, ni Beaumarchais, ni même Charles de Broglie qui, de la Pologne à la Corse, a toujours montré son attachement aux libertés nationales. Monarchiste avéré, partisan de l'absolutisme, Vergennes considère que la république ouvre à une nation la voie la plus rapide vers la décadence. Les Insurgents ne seraient pour lui que des sujets rebelles méritant une répression sans faiblesse s'ils ne s'insurgeaient contre l'Angleterre. Jusqu'où cela peut-il aller ? Longtemps il a cru à un accommodement. En juillet 1775, il en avait encore la conviction, « car le commerce avec les colonies est la source la plus abondante et la plus sûre du bénéfice mercantile de la métropole ; et que, si elle devait se tarir, l'effet en serait terrible et ne serait susceptible d'aucun remède ». Un mois plus tard, la déclaration de rébellion le stupéfie. Comment peut-on être à ce point imbécile ? Il n'osait pas l'espérer. En même temps, elle l'inquiète : « Ce serait une connaissance intéressante que celle du projet qu'on peut avoir en Angleterre pour intercepter nos matelots et détruire la meilleure partie de notre flotte sans que nous puissions nous en douter et être à temps de nous y opposer. » Mais pourquoi les Anglais, avec les Insurgents sur les bras, iraient-ils nous chercher noise ? L'inquiétude de Vergennes, significative de la force du traumatisme de 1755, exprime une hantise et des timidités communes à une bonne partie des hiérarchies politiques et militaires. La France veut la revanche, mais reste tétanisée par le souvenir des désastres passés.

Voler au secours des Insurgents ? Charles de Vergennes n'y songe point du tout. Son mot d'ordre du moment : « Laissons les Anglais travailler eux-mêmes à leur propre destruction. » Pour la suite, on verra. Beaumarchais lui sert de poisson-pilote dans les eaux agitées de la politique anglaise. Il le lit et l'écoute avec attention. L'écho des informations fournies par son agent se retrouve dans ses propres textes ; ainsi : « Au terme où l'on porte les choses, il est bien à craindre que nous ne voyions des échafauds dressés en Angleterre. » Mais attention : « Il n'est pas sans exemple que le cri de la guerre contre la France ait été le signal du ralliement des partis qui divisaient l'Angleterre. »

Vergennes : un noyau irréfragable — la volonté de revanche — enrobé de toutes les prudences.

IX

Le maréchal du Muy, secrétaire d'État de la Guerre, mourut le 10 octobre 1775. Il souffrait de la maladie de la pierre, c'est-à-dire de calculs dans la vessie. Il se soumit au bistouri du frère Côme, un religieux qui s'était acquis une grande réputation dans ce type d'opération, mais dont la main perdait de sa légèreté. Du Muy, vieux maréchal et jeune marié, n'avait rien dit à sa femme pour ne pas l'inquiéter. Les cris de douleur du pauvre diable la précipitèrent dans la chambre où opérait le frère Côme, qui n'était pas dans un bon jour. Du Muy survécut quarante-huit heures. Conformément à son vœu, il fut enseveli aux pieds du père de Louis XVI, son dauphin bien-aimé, dans la cathédrale de Sens. Les Broglie perdaient avec lui un ami de toujours et un ferme soutien dans le ministère. De Metz, Charles écrivit sans tarder à Vergennes pour lui rappeler que le défunt possédait des papiers qui ne pouvaient aller aux bureaux et à son successeur sans un ordre exprès du roi. Il s'agissait des *Conjectures raisonnées* rédigées par Favier, et surtout d'« un projet de descente en Angleterre avec les cartes des côtes et de l'intérieur de ce royaume ».

Le choix du successeur enfiévra Versailles. On citait pêle-mêle les noms du baron de Breteuil, en poste à Vienne, du marquis de Castries, du duc de La Rochefoucauld, de MM. de Narbonne Fritzlar, de La Galaisière, du Châtelet, de Voguë, Taboureau et Devaux. Certains évoquèrent même le comte de Broglie. Ils ignoraient l'agacement du roi, l'animosité de la reine et l'hostilité du clan Maurepas, conjonction plus que suffisante pour écarter Charles du pouvoir. Mercy-Argenteau savait mieux sa cour lorsqu'il écrivait à Marie-Thérèse, seize mois plus tôt : « Quoique ce comte revienne de son exil, je suis persuadé qu'on ne se servira plus de lui. » La *Correspondance secrète* de Métra, gazette bien renseignée, avait annoncé que Louis XVI considérait le commandement en second des Trois-Évêchés comme « un avantage assez grand pour se croire tout à fait quitte avec le comte et aurait dit que celui-ci devrait se contenter d'avoir les intérims de son frère ». On était loin d'un ministère.

Turgot dit à Maurepas : « J'ai une pensée que vous trouverez ridicule, mais comme elle me paraît bonne à l'examen, je ne veux pas avoir à me reprocher mon silence. J'ai pensé à M. de Saint-Germain. — Eh bien ! monsieur, si vos pensées sont ridicules, les miennes le sont aussi, car je vais partir pour Fontainebleau avec le dessein de le proposer au Roi. » Le comte de Saint-Germain occupait sa retraite à rédiger des mémoires sur le militaire. Ses propositions de réformes devaient séduire Turgot, lui-même réformateur acharné ; quant à Maurepas, toujours attentif à choisir pour le ministère des hommes sans parti ni entours, il ne pouvait qu'apprécier un Saint-Germain dont le prince de Montbarey disait qu'il était aussi étranger à la cour « que s'il fût arrivé de Chine ». Le roi entérina. La reine laissa faire, malgré la pression de son entourage en faveur du choiseuliste Castries.

S'il ne l'avait jamais poussé jusqu'en Chine, le caractère du comte de Saint-Germain l'avait cependant conduit à visiter maints pays. Né en Franche-Comté dans une famille aussi noble que pauvre, on avait d'abord voulu le faire jésuite, mais il ressentait des « inclinations peu monastiques », qu'il démontra en tuant un homme en duel après être entré dans l'armée avec le grade de sous-lieutenant. La suite donne le tournis. Il sert successivement l'Électeur du Palatinat, l'empereur Charles VI, père de Marie-Thérèse, l'Électeur de Bavière ; ses emplois se terminent dans l'humeur et la brouille. Il passe en Prusse et n'y fait pas long feu. Rentré en France grâce à l'appui du maréchal de Saxe, il se signale autant par ses talents que par ses disputes avec ses supérieurs et pairs. Le maréchal de Broglie, lui-même assez difficile, en fit les frais pendant la guerre de Sept Ans. On a dit quel trio explosif formaient Broglie, Saint-Germain et Chevert, sorti du rang : sans contredit les meilleurs généraux français du temps, mais avec un caractère de chien, exaspérés de se voir subordonner à des favoris de cour incapables de conduire une armée, condamnés pour cette raison à ce que leurs succès fussent annulés par l'inéluctable défaite finale, et qui ne manquaient pas de se déchirer entre eux à belles dents. En 1760, enragé de se trouver placé aux ordres de Broglie, Saint-Germain témoignait de son irascibilité coutumière en désignant à ses officiers le quartier général de son supérieur avec ce cri du cœur : « Voilà l'ennemi ! » Il quitta l'armée en pleine campagne, et beaucoup jugèrent que ce coup de tête s'apparentait à une désertion. Victor-François de Broglie lut à son état-major la correspondance échangée avec lui ; même ceux des officiers qui avaient à se plaindre du caractère broglien reconnurent qu'on ne pouvait rien lui reprocher en l'occurrence[1]. Saint-Germain, passé au service du Danemark, aggrava son cas en renvoyant à Versailles son cordon rouge de l'ordre de Saint-Louis, ce qui fut tenu pour une insolence, alors qu'il craignait, selon toute vraisemblance, qu'on lui ordonnât de le restituer parce qu'il servait à l'étranger. À Copenhague où on l'avait fait feld-maréchal et ministre de la Guerre, avec mission de réorganiser l'armée de fond en comble, les mauvaises langues affirment que ses réformes se bornèrent à supprimer la cavalerie et à raser les fortifications. Il eut aussi l'imprudence de se mêler à des intrigues de cour assez corsées. La reine Caroline-Mathilde couchait avec le Premier ministre, Struensee, ce qui devait conduire ce dernier à l'échafaud. En 1772, il refit donc son bagage et revint planter ses choux à Lauterbach. Sa retraite eût été dorée s'il n'avait confié ses économies — cent mille écus — à une banque de Hambourg dont la faillite le ruina. Des officiers qui avaient servi avec lui voulurent se cotiser pour le tirer du dénuement. Maurepas et quelques autres estimèrent que l'État se devait d'accomplir un geste. L'austère du Muy se fit tirer l'oreille avant d'accorder une pension de dix mille livres : « Ce fond est encore trop pour un déserteur. » Comme chacun savait l'amitié du ministre pour les Broglie, sa rigueur fut inscrite au débit du maréchal dont la réputation de mauvais coucheur en sortit renforcée.

L'émissaire royal trouva Saint-Germain dans son jardin de Lauterbach, coiffé d'un bonnet rouge et occupé à nourrir ses poulets. À soixante-huit ans, il se croyait oublié de tous, et spécialement de la cour. L'annonce de sa nomination opéra sur lui

---

1. Cf. *Le Secret du Roi*, tome 1, p. 514.

comme sur Maurepas l'année précédente ; et avec les mêmes conséquences : une volonté farouche de s'accrocher au poste échu comme par miracle. Il prit incognito la route de Fontainebleau, demanda une chambre à l'hôtel du Cerf, place du Charbon, obtint une mauvaise chambre et ne souffla mot quand le patron lui expliqua qu'il ne pouvait le loger mieux, « parce que tout est rempli pour attendre le nouveau ministre de la Guerre, qui viendra bientôt ». Maurepas dénicha dans sa soupente ce grand modeste qui, selon Montbarey, affectait « d'appréhender la pesanteur de son fardeau et de regretter son ermitage philoso-phique » malgré « la joie très vive, et peu difficile à remarquer, qu'il éprouvait de son élévation ».

Seuls les candidats évincés et les officiers courtisans montrè-rent du dépit. Ceux que Turgot appelle drôlement les « militaires guerriers » — la masse des officiers voués au service — applau-dirent à l'arrivée au ministère d'un vrai professionnel. Saint-Germain n'avait attaché son nom à aucune victoire mémorable, mais les hommes de guerre appréciaient son sens manœuvrier, son utilisation du terrain, et surtout son souci de préserver l'outil — l'armée elle-même, c'est-à-dire la vie des hommes. Sa popu-larité dans la troupe égalait celle du maréchal de Broglie. Quant au public, charmé par le bonnet rouge, le grain jeté aux poulets et l'anecdote de l'hôtel du Cerf, il trouvait au retour du Cincinnatus les allures d'un conte moral attendrissant.

Le nouveau personnage joué par Saint-Germain, tout de modes-tie et de discrétion, ne pouvait qu'étonner ceux qui connaissaient — ils étaient rares, et Turgot n'en faisait pas partie — le détail de sa longue et tumultueuse carrière. À l'unique exception du maré-chal de Saxe, Saint-Germain s'était brouillé avec tous ses supé-rieurs, à quelque nationalité qu'ils appartinssent. « Est-il vraisemblable qu'il ait eu toujours raison, et eux toujours tort ? » Avec son bon sens habituel, Marie-Thérèse s'étonna : « Le choix du comte de Saint-Germain ne doit-il pas surprendre ? Étrange comme il est, ne s'étant fixé nulle part où il a servi — en Bavière, chez nous, en France et au Danemark. » Pour un esprit un peu au fait de sa vie, le nouveau secrétaire d'État devait apparaître comme un homme inapte au travail en équipe, sujet à des crises à répétition, soumis au vertige de la rupture violente — ce que nous appellerions aujourd'hui un grand caractériel.

En apprenant sa nomination, le duc de Croÿ note dans son journal : « Ce choix devait écraser le parti des Broglie. »

*
* *

S'agissant de l'Espagne, qu'il voulait mobiliser aux côtés de la France, Charles de Vergennes ne tarda pas à trouver la mariée trop belle : Madrid piaffait d'impatience pour la guerre, mais désignait Lisbonne, et non pas Londres, comme l'objectif prioritaire. La très ancienne prétention espagnole à se soumettre la totalité de la péninsule avait été humiliée pendant la guerre de Sept Ans par le piteux échec d'une armée qui n'aurait dû faire qu'une bouchée des troupes du roi du Portugal, et s'exaspérait des provocations portugaises en Amérique du Sud, sur le Rio de la Plata, à la frontière indécise entre le Brésil et l'actuelle Argentine, où des escarmouches opposaient sans cesse les soldats des deux couronnes. Madrid entendait bien prendre sa revanche sur l'Angleterre, récupérer Gibraltar et Minorque, agrandir à ses dépens ses possessions en Amérique du Nord, mais la guerre contre l'Angleterre devait d'abord fournir l'occasion de régler définitivement le compte de son allié traditionnel, le Portugal.

Vergennes s'alarmait d'une pugnacité qui bousculait ses précautions. « Le Roi, écrivait-il à Madrid, verra toujours sans jalousie comme sans inquiétude l'agrandissement de la monarchie espagnole, mais Sa Majesté ne peut dissimuler au Roi son oncle que la conquête du Portugal serait très alarmante pour toutes les puissances qui, s'intéressant au maintien de l'équilibre de la balance, ne pourraient voir tranquillement la maison de Bourbon s'accroître par la réunion du reste de la péninsule. » Pour prix d'une entrée en guerre commune contre le Portugal, l'Espagne promit le Brésil, possession portugaise. Vergennes déclina avec tact : « Quoique l'objet soit séduisant et qu'il serait difficile de se proposer une plus belle et plus riche acquisition, elle ne tente pas du tout le Roi mon maître : Sa Majesté, contente de son domaine, veut le conserver et ne songe point à l'étendre. »

Les deux cours divergeaient aussi sur l'Amérique du Nord. L'Espagne, craignant pour ses propres colonies la contagion de l'esprit de rébellion, vouait les Insurgents à une répression sans compromis. Elle ne demandait qu'à en découdre avec l'Angleterre, mais par une offensive directe, foudroyante, et surtout pas par le détour d'une aide aux Insurgents, comme Vergennes commençait à y songer sous l'influence de Beaumarchais. L'état d'esprit espagnol rendait périlleuses des divergences circonstancielles. De même que l'alliance avec Vienne n'avait pas éteint dans les cœurs français la vieille animosité contre l'Autriche, de même le pacte de famille n'empêchait pas les Espagnols, exaspérés par une condescendance proche de la morgue, de haïr cordialement la France. Pour compliquer encore les choses, l'ambassadeur du roi d'Espagne à Versailles, le très brillant comte d'Aranda, se distinguait par une intransigeance pointilleuse. « J'ai connu bien des hommes d'un caractère très difficile, gémissait Vergennes, j'ai manié dans ma vie plusieurs affaires épineuses, j'ai négocié avec les Turcs, c'est tout dire ; mais je n'ai rien vu de pareil à cet ambassadeur... » Il lui fallait convaincre ce diplomate incommode et un ministère impétueux qu'un engagement prématuré servirait l'Angleterre en lui permettant de rassembler autour d'elle quelques nations européennes et de recourir à sa diversion classique : la guerre continentale. Vergennes prêchait à l'Espagne le *wait and see* britannique : « Si les Anglais ont la sottise de détruire leurs forces par leurs propres forces, d'épuiser leurs finances et de s'engouffrer dans la guerre civile, pourquoi les en détournerions-nous ? Voyons-les tranquillement se consumer, et aussi longtemps que la situation des affaires peut le permettre. »

Le comte de Guines déboula dans ce jeu politique délicat comme un éléphant dans un magasin de porcelaine.

Vergennes n'avait aucune confiance dans son ambassadeur à Londres. Quand celui-ci s'irrite de se voir sans cesse doublé par des émissaires officieux, on ne peut que trouver son dépit très fondé : le ministre se fie plus à Beaumarchais qu'au représentant officiel du roi de France. Au contraire du marquis d'Ossun, ambassadeur à Madrid, à qui Vergennes confie ses arrière-pensées, Guines n'est utilisé que pour intoxiquer l'Angleterre. Aussi les dépêches ministérielles sont-elles de nature à rassurer pleinement le cabinet de Saint-James. Le 23 juin 1775, alors que la crise américaine prend un tournant dramatique : « L'esprit de révolte, en quelque endroit qu'il éclate, est toujours un dangereux exemple. Il en est des maladies morales comme des maladies physiques : les unes et les autres peuvent devenir contagieuses. Cette considération doit nous engager à prévenir que l'esprit d'indépendance, qui fait une explosion si terrible dans l'Amérique septentrionale, ne puisse se communiquer aux points qui nous intéressent dans cet hémisphère. ». Volonté française de revanche ? Pas du tout : « Le Conseil du roi d'Angleterre se trompe grièvement s'il se persuade que nous regrettons autant le Canada qu'il peut se repentir d'en avoir fait l'acquisition. » La piraterie de 1755 ? « Le ressentiment ne subsiste plus. » Profiter de l'occasion américaine pour inquiéter les Anglais ? L'idée n'effleure même pas l'esprit du ministre : « Le maintien de la paix avec cette puissance est notre unique objet ; ainsi nous devons éviter soigneusement tout ce qui ne tend pas immédiatement vers un but aussi salutaire. »

Tenter une explication de la conduite incohérente du comte de Guines, c'est se condamner à hésiter entre imbécillité pure et simple, confusion d'esprit et machiavélisme si retors qu'on en perd le fil. Sans doute faut-il imputer à sa niaiserie l'étrange dépêche qu'il adressa, le 19 novembre 1775, à un Vergennes dont il recevait au premier degré les protestations d'amitié pour l'Angleterre. L'ambassadeur rendait compte d'une proposition de Powerall, sous-secrétaire d'État des Colonies dans le cabinet britannique, qui lui était transmise par l'un de ses agents. Il s'agissait, pour la France, d'envoyer des troupes en Amérique afin d'aider les Anglais à mater les Insurgents. Les Indiens francophiles joueraient un grand rôle dans l'opération. Et Guines d'énumérer gravement toutes les raisons plaidant en faveur d'une acceptation. Il considère que c'est « l'occasion la plus favorable d'effacer pour jamais la tache la plus honteuse, la plus inouïe pour une puissance telle que la nôtre, et que tout sujet du Roi devrait désirer laver de son sang, s'il était nécessaire : Dunkerque enfin, et ce commissaire anglais avec qui le Roi lui-même et son Conseil ont à compter sans cesse... » En somme, on se revancherait de l'Angleterre en versant son sang pour elle, sous ses bannières et pour sa plus grande prospérité, avec comme pourboire le retrait du commissaire honni ! L'étonnement de Vergennes fut tel que sa réponse accéda à l'humour : « Nous ne pouvons disconvenir, à l'inspection de l'extrait que vous nous en avez donné, que l'auteur a parfaitement bien prouvé que l'Angleterre n'aurait rien de mieux à faire ; mais nous ne voyons pas aussi clairement la réciprocité d'avantages que nous pourrions y trouver, et je n'inviterai pas l'auteur à en établir la démonstration : nous sommes gens trop bornés pour saisir des idées aussi métaphysiques. »

Les investigations du ministre amenèrent d'inquiétantes découvertes. Roubeaud, l'agent de Guines, travaillait en double. Quant à
la prétendue proposition de Powerall, on murmurait en Angleterre
que l'ambassadeur de France en était le véritable auteur...

Quelques semaines plus tard, en janvier 1776, autre chanson.
Le terrible M. d'Aranda demande à Vergennes des explications
sur la conduite de son ambassadeur à Londres. Il présente une
dépêche de l'ambassadeur d'Espagne à la même cour, le prince
de Masserano, que lui a transmise Madrid, selon laquelle Guines
avait exposé au ministère britannique que « si l'Angleterre ne
prenait pas le parti du Portugal, la France n'assisterait point
l'Espagne ». Guines avait eu la candeur d'annoncer lui-même sa
démarche à Masserano. C'était nier l'existence du pacte de
famille, instiller à Madrid une compréhensible suspicion sur la
bonne foi de la France, anéantir les patients efforts déployés pour
faire aller du même pas l'attelage franco-espagnol. Et Vergennes
éprouve l'humiliation d'apprendre par l'ambassadeur d'Espagne
la conduite aberrante de son propre ministre à Londres.

Il évoque l'affaire au Conseil suivant. Le roi ne montre aucune
surprise. Il connaît déjà la dépêche du prince de Masserano. Le
courrier diplomatique entre Londres et Madrid passe par Paris, et
l'efficace Cabinet-noir de d'Ogny a intercepté et déchiffré le
message. Le coup de théâtre stupéfie Vergennes autant qu'il
l'accable : comment le roi a-t-il pu lui dissimuler une information
d'une telle gravité ?

*
* *

Il y a eu, entre Louis XVI et son ministre des Affaires étrangères, une sorte de coup de foudre tranquille. Ils s'apprécient
parce qu'ils se ressemblent. Deux hommes de cabinet, plus à
l'aise avec les dossiers qu'avec les êtres, ne se prêtant aux fastes
de la cour que par obligation. Les Vergennes chérissent leur
petite maison de Versailles — leur « campagne » —, sur
l'actuelle avenue de Paris, où ils ne reçoivent que quelques amis
sûrs et dont le ministre soigne amoureusement le jardin, mais
sans bonnet de laine rouge sur la tête. Le jeune Ségur, ami inséparable de La Fayette, évoquera la « simplicité presque bour-

geoise de mœurs et de langage » d'un Vergennes autant méprisé pour cette simplicité par les fiers courtisans qu'il en est apprécié par un roi jamais plus heureux que dans sa forge ou sa bibliothèque et qui fait figure, lui aussi, de bourgeois dans la perpétuelle représentation qui se donne à Versailles. Louis XVI aime son sérieux, sa stabilité, sa loyauté. Turgot lui demeure étranger par ses attaches avec le parti philosophique et une rage de réformer dont il ne sait trop où elle pourrait mener le royaume. Vergennes le tranquillise au contraire par une piété qui n'est pas cagoterie et un attachement sans équivoque au principe monarchique. De cet homme-là, nulle mauvaise surprise à craindre. Il partage sa volonté de remettre la France à son rang en vengeant l'humiliation du traité de Paris, dont il a souvent entendu son père déplorer la honte, mais s'inquiète des moyens et redoute le quitte ou double de la guerre. De ce point de vue, en voulant le brusquer, un Choiseul ou un Broglie, tout feu tout flamme, ne réussiraient probablement qu'à le conduire à se buter. La démarche prudente d'un ministre ennemi des fanfaronnades et des paris périlleux rassure son pacifisme foncier. Il accueillera avec plaisir le compliment que Vergennes lui fera un jour d'être un « roi citoyen ». Et s'il n'entend pas grand-chose aux affaires de finance, marque peu d'intérêt pour le militaire et abandonne à ses ministres la gestion de l'intérieur, la politique étrangère devient vite le domaine où il croit pouvoir donner sa mesure.

Est-il une bonne éducation concevable pour un futur roi de France ? La Vauguyon, son gouverneur, qu'il détestait et qui jouissait d'ailleurs d'un mépris général, avait fait, comme les autres, le grand écart entre l'affirmation qu'un monarque de droit divin ne doit de comptes qu'à Dieu, et celle que le pouvoir absolu ne se justifie que par le dévouement au bonheur du peuple. Un adolescent pouvait éprouver quelque peine à tenir les deux bouts d'une chaîne allant ainsi du ciel à la terre. Il est certain que La Vauguyon, en voulant museler chez son élève un orgueil imaginaire, n'a réussi qu'à détruire sa confiance en soi. L'étude intensive de Fénelon ne risquait pas de lui donner le goût de sa future fonction. Quand son aïeul Louis XIV disait : « Le métier de Roi est grand, noble, délicieux », l'auteur de *Télémaque* écrivait : « Quelle folie de mettre son bonheur à gouverner les hommes… Ô insensé, celui qui cherche à régner ! Heureux celui qui se borne à une condition privée et paisible, où la vertu lui est moins difficile… » Fénelon avait au moins fait le bonheur de Maurepas, puisque son livre recommandait à un jeune prince de choisir pour conseiller un vieillard depuis long-temps en disgrâce. Si néfaste qu'ait été son éducation pour la formation du caractère, Louis XVI a cependant beaucoup appris. Il sait assez d'anglais et d'italien pour lire couramment les deux langues. Servi par une mémoire exceptionnelle, il a retenu ses leçons d'histoire. La géographie le passionne. De sérieuses lectures ont enfin approfondi ses connaissances. Vergennes et lui s'écrivent constamment. Les notes royales étonnent par leur justesse. Louis XVI a un coup d'œil sûr ; il connaît les causes et prévoit les conséquences. Le jugement porté par cet homme si jeune ne le cède en rien, pour l'acuité ou le bon sens, à celui du ministre blanchi sous le harnais des ambassades. Nulle hésitation dans sa démarche. Réfractaire à la caricature simplificatrice, Louis XVI est décidément pétri de contradictions : embarrassé dans le tête-à-tête, mais souverain face aux assemblées, fût-ce dans les circonstances les plus tragiques ; un océan d'indécision hérissé de quelques rocs insubmersibles ; vertueux et amateur de secrets d'alcôve ; s'endormant volontiers au Conseil, où ses ronflements gênent le débat, mais portant à la politique étrangère un intérêt jamais démenti.

Autre point commun entre le roi et Vergennes : la peur de Marie-Antoinette.

Quelle autre explication donner à la pitoyable dissimulation, par le premier, d'une dépêche interceptée si essentielle pour le second ? Marie-Antoinette protège Guines. Elle a montré, lors du procès Tort, à quelles extrémités pouvait la porter son parti pris. Plutôt que de s'attirer un nouveau drame avec sa femme, Louis XVI préfère manquer au ministre qui a toute sa confiance.

Quant à Vergennes, il fait preuve dans l'occasion d'une pleutrerie parfaite. À lire ses lettres au roi, on croirait que c'est lui le coupable, et non pas Guines. Sa panique le porte au point d'assurer Louis XVI qu'il n'a pas fabriqué la lettre du prince de Masserano, dont d'Aranda lui a laissé copie ! Il n'ose réclamer aucune sanction contre l'ambassadeur imbécile. Il se cache derrière Turgot, dont ce n'est pas le problème, mais qui, avec son sens rigoureux de l'État, se charge de demander au roi la tête de Guines.

La lettre de rappel part de Versailles le 22 janvier 1776.

La seconde affaire Guines commence.

*
* *

Le 11 février suivant, le duc de Croÿ va dîner à Versailles chez son ami Saint-Germain, « où il y avait un monde prodigieux ». Il embrasse le nouveau ministre de la Guerre et s'assoit. « Qu'on imagine mon étonnement, en levant la tête, de voir, vis-à-vis, le comte de Broglie, le prince de Beauvau et tout le parti Choiseul et Broglie, surtout pour moi qui avais toujours présente la catastrophe de 1760, où je m'étais donné tant de soins inutiles pour les raccommoder. » (1760 : la brouille sanglante entre le maréchal de Broglie et le comte de Saint-Germain.) L'embrassade avec le ministre n'étant pas restée inaperçue, Croÿ est très entouré à la fin du repas. « Le comte de Broglie, en particulier, me fit, pour la première fois, des prévenances. Nous nous amusions, dans un coin, avec le maréchal de Contades et quelques autres, à rire d'un tableau qu'on ne s'était sûrement pas attendu à voir. »

Charles de Broglie enfin courtisan, ravalant ses rancunes, multipliant sourires et courbettes à un ministre parce qu'il est ministre ? Voilà du nouveau. On souhaiterai presque qu'il en fût ainsi. La réalité est plus complexe. Saint-Germain hait le maréchal, mais estime son frère. Dans une sorte de testament politique rédigé peu avant sa mort, il aura pour lui des appréciations flatteuses. C'est l'hommage rendu, quoi qu'il en ait, par un professionnel de la guerre à un autre. Charles avait maintes fois démontré, notamment à Kassel, qu'il savait commander au feu, mais ses fonctions de maréchal général des logis de l'armée lui donnaient la responsabilité des subsistances, ce dont il s'était toujours acquitté à merveille. Un bon général sait qu'une troupe qui marche le ventre creux connaît plus souvent la défaite que la victoire : avec Charles de Broglie, les soldats mouraient rassasiés. Cela dit, l'estime éventuelle de Saint-Germain n'eût pas convaincu le maréchal de Broglie de s'asseoir à sa table comme on va à Canossa. Dès l'annonce de la nomination du ministre, l'intraitable Victor-François a fait savoir qu'il ne mettrait plus les pieds à la cour. Ses amis et lui n'ont pour Saint-Germain, selon Montbarey, qu'« improbation et sarcasmes ». Son frère cadet n'est pas ainsi.

Un grand projet, une puissante espérance le portent au-delà des rivalités subalternes. Il brûle d'une flamme trop ardente pour qu'elle ne consume pas la rancune. Ainsi l'avons-nous vu transmettre à Choiseul, l'adversaire absolu, son plan de descente en Angleterre : peu importait qui aurait la gloire d'accoler son nom à l'affaire, pourvu qu'elle se réalisât. L'année 1776 commençante s'annonce riche d'événements. L'Amérique bouge. Charles la sentait frémir depuis longtemps. Le premier en France, il a annoncé que le lointain continent s'éveillait à l'Histoire. Le premier, il a prévu une révolution. On y est. L'Amérique vaut bien d'aller manger la soupe de M. de Saint-Germain.

Le 10 février, veille de ce dîner qui stupéfie le duc de Croÿ, Charles a écrit au secrétaire d'État de la Guerre pour l'informer qu'il tenait à sa disposition les informations rassemblées par ses agents tant en Angleterre que sur les côtes de France. Il n'a cessé de croire qu'elles serviraient un jour. À la liquidation du Secret, et alors que le roi exigeait un autodafé de tous les papiers, il a insisté pour que fût sauvé le dossier de la descente. Aussi Vergennes et du Muy avaient-ils écrit à Louis XVI : « Nous osons supplier Votre Majesté de lire avec une attention particulière le mémoire coté n° 2. Il renferme un plan bien combiné de débarquement en Angleterre. Nous souhaitons que Votre Majesté ne soit jamais dans le cas d'en faire usage ; mais, dans le besoin, il pourrait être de grande utilité. C'est pour cet effet que, quoique Votre Majesté nous ait donné l'ordre de brûler tous les monuments de la correspondance secrète, nous la supplions très humblement de nous permettre d'en excepter un travail dont on ne peut pas se flatter que l'application ne deviendra pas indispensable au moment, peut-être, où on s'y attendra le moins. » Le « précieux monument » avait été préservé des flammes et, comme on l'a vu, le maréchal du Muy en conservait une copie. Vergennes, bien sûr, avait la sienne[1].

---

1. Si l'ordre royal avait été rigoureusement exécuté, l'histoire du Secret n'aurait jamais pu être écrite. Pour notre bonheur, Vergennes archiva certaines pièces au dépôt des Affaires étrangères, et Charles de Broglie conserva maints originaux et copies. Un *Catalogue des papiers politiques et militaires de M. le comte de Broglie*, établi entre 1778 et 1781, indique la richesse de ses archives. Didier Ozanam et Michel Antoine, qui se sont efforcés de retracer le cheminement ultérieur des papiers, avouent leur perplexité. Il est certain que Soulavie, prêtre défroqué à qui l'on doit le sauvetage de documents précieux sur le règne de

*
* *

Voilà huit ans, Beaumarchais écrivait au duc de Noailles : « Il n'y a peut-être personne qui ait éprouvé autant que moi la contrariété de ne pouvoir rien voir qu'en grand, lorsque je suis le plus petit des hommes ; quelquefois même j'ai été jusqu'à murmurer, dans mon humeur injuste, de ce que le sort ne m'avait pas placé plus avantageusement pour les choses auxquelles je me croyais destiné. » Le sort le favorise enfin au moins géographiquement, en le plaçant à Londres où tout se joue, mais il continue de voir en grand et s'afflige de peser si peu. Qu'attend-on pour aider les Insurgents ? L'immobilisme de Versailles l'exaspère. Il bombarde le roi et Vergennes de mémoires véhéments, bourrés d'informations sujettes à caution, pour les tirer de leur inertie.

Le 29 février 1776, deux semaines après que Charles de Broglie a pris langue avec Saint-Germain : « Sire, la fameuse querelle entre l'Amérique et l'Angleterre, qui va bientôt diviser le monde et changer le système de l'Europe, impose à chaque puissance la nécessité de bien examiner par où l'événement de cette séparation peut influer sur elle et la servir ou lui nuire. » Qu'elle le veuille ou non, la France ne restera pas à l'écart du conflit. Si les Insurgents l'emportent, l'Angleterre compensera ses pertes par la conquête des îles à sucre françaises. Si l'Angleterre gagne au terme d'une lutte épuisante pour ses finances, elle se renflouera de même manière. Que doit-il répondre à Arthur Lee quand le député secret des Insurgents à Londres lui demande : « Une dernière fois, la France est-elle absolument décidée à nous refuser tout secours et à devenir la

---

Louis XV, mais aussi la fabrication de nombreux faux, trouva quelque part les pièces que la Révolution avait confisquées à la comtesse de Broglie. La police de Napoléon les lui confisqua à son tour. Les billets de Louis XV à Broglie, qui avaient échappé à Soulavie, aboutirent, on ne sait comment, aux Archives nationales. Ainsi le Secret garde-t-il du romanesque jusque dans le chemin parcouru par ses documents, dont l'essentiel se trouve aujourd'hui réuni au Quai d'Orsay, tandis que d'autres pièces dorment aux archives de la Marine et aux Archives nationales.

victime de l'Angleterre et la fable de l'Europe par cet incroyable engourdissement ? » Et Lee menace : si aucun secours en armes et en munitions n'arrive, les Insurgents feront, bien obligés, la paix avec Londres, mais ils se joindront alors aux forces anglaises pour tomber sur les îles françaises.

Beaumarchais connaît le pacifisme de Louis XVI, principal obstacle à une intervention ; aussi déguise-t-il son engagement passionné au service de la cause américaine sous les apparences d'un machiavélisme qui se veut rassurant : « Vous ne conserverez la paix que vous désirez, Sire, qu'en empêchant à tout prix qu'elle ne se fasse entre l'Angleterre et l'Amérique, et qu'en empêchant que l'une triomphe complètement de l'autre ; et le seul moyen d'y parvenir est de donner des secours aux Américains, qui mettent leurs forces en équilibre avec celles de l'Angleterre, mais rien au-delà. Et croyez, Sire, que l'épargne aujourd'hui de quelques millions peut coûter avant peu bien du sang et de l'argent à la France. » Pour éviter tout incident susceptible de mettre le feu aux poudres, il suffit de choisir un agent adéquat qui saura envelopper dans le secret les fournitures aux Insurgents, « et si Votre Majesté n'a pas sous la main un plus habile homme à y employer, je me charge et réponds du traité, sans que personne soit compromis, persuadé que mon zèle suppléera mieux à mon défaut d'habileté que l'habileté d'un autre ne pourrait remplacer mon zèle ».

Tout lui est bon, au fil des mémoires, pour fouetter l'apathie royale. Les pirateries de 1755 et la honte de Dunkerque sont naturellement invoquées, mais aussi des affronts tout récents, tel l'arraisonnement de vaisseaux marchands français en mer du Nord pour les soumettre au droit de visite — « humiliation que les Hollandais mêmes n'ont pas voulu souffrir et qui nous était exclusivement réservée, humiliation qui eût fait à Louis XIV plutôt manger ses bras que de n'en pas avoir raison... » Vergennes lui répond que le roi « croit sa justice intéressée à ne pas adopter l'expédient proposé », c'est-à-dire l'aide à des sujets rebelles. Comment Louis XVI, souverain de droit divin, consentirait-il de bon cœur à encourager une révolte ? Au-delà de sa prudence systématique à l'égard d'un ambassadeur dangereux, le ministre exprime une réalité lorsqu'il écrit à Guines, à la fin de l'année 1775 : « Au reste, les colonies peuvent dire ce qui leur plaît. Les principes sont immuables, et vous ne vous avancerez pas trop en expliquant que, quand bien même l'intérêt de Sa Majesté la convierait à entretenir le feu de la rébellion en Amérique, sa justice s'y opposerait : celle-ci est de tous les ressorts le plus puissant sur son âme. » L'argument enrage Beaumarchais, qui s'emporte jusqu'à l'insolence : « L'objection ne porte donc ni sur l'immense utilité du projet, ni sur les dangers de son exécution, mais uniquement sur la délicatesse de conscience de Votre Majesté… Si votre délicatesse est telle que vous ne vouliez pas favoriser même ce qui peut nuire à vos ennemis, comment souffrez-vous, Sire, que vos sujets disputent à d'autres Européens la conquête de pays appartenant en propre à de pauvres Indiens, Africains sauvages ou Caraïbes qui ne vous ont jamais offensé ? Comment permettez-vous que vos vaisseaux enlèvent de force et fassent gémir à la chaîne des hommes noirs que la nature avait fait libres et qui ne sont malheureux que parce que vous êtes puissant ? Comment souffrez-vous que trois puissances rivales se partagent iniquement les dépouilles de la Pologne à vos yeux, vous, Sire, dont la médiation devrait avoir un si grand poids en Europe ! »

Les temps changent. Même un Beaumarchais n'eût pas osé écrire ainsi à Louis XV.

Vergennes transmet imperturbablement plaidoyers et diatribes. L'éloquence de Beaumarchais lui sert à chauffer le roi, quelque peu révulsé à l'idée d'encourager une rébellion contre un souverain légitime. Le ministre a tiré la leçon de la méthode utilisée par Maurepas pour obtenir le rappel du Parlement : surtout, ne pas prendre le roi de front, car il se braque aussitôt, jaloux de sa prérogative, mais l'envelopper d'insinuations et de suggestions jusqu'à l'amener à tenir pour sien un choix pourtant contraire à sa première conviction. D'Ormesson, longtemps ami de Vergennes, s'indignera de cette manipulation : « Il avait persuadé au Roi que c'était de lui, Roi, qu'il avait appris le département des Affaires étrangères et recevait personnellement les lumières et l'impulsion qui devaient diriger le département. » Le ministre ne conclut jamais l'exposé d'un problème en proposant une solution : il amène habilement le roi à trancher, « avec la brusquerie de son ton habituel », pour l'issue qui a sa préférence ; « M. de Vergennes s'extasiait alors sur les lumières supérieures de Sa Majesté qui avait pu seule lui procurer le trait de lumière et la solution qu'il avait en vain cherchée pendant longtemps. »

Vergennes lui-même ne laisse pas d'être ébranlé par la fougue de Beaumarchais. Prudent par nature, temporisateur par politique, il accélère le pas. À la fin de l'année 1775, il fait rédiger par ses bureaux des *Réflexions sur la crise d'Amérique*. Seuls le roi et Maurepas les liront. Il est encore trop tôt pour les communiquer au Conseil : Turgot ne veut pas d'une guerre qui compromettrait le redressement des finances ; Saint-Germain va répétant que « le Roi n'a plus d'armée » (« Qu'en avez-vous donc fait ? » lui rétorque Choiseul, convaincu d'en avoir laissé une) ; et certains ministres s'indigneraient d'un secours apporté à des sujets révoltés. Tout comme dans l'affaire du Parlement, Vergennes sait ne pouvoir compter que sur Sartine.

Les *Réflexions* reproduisent en les résumant les thèses de Beaumarchais, y compris les exagérations nées de l'intoxication pratiquée avec persévérance par Arthur Lee : « Les colonies ont actuellement sur pied cinquante mille hommes de troupes régulières, bien vêtus, bien armés, bien disciplinés, bien commandés. Elles ont presque autant de volontaires qui ne reçoivent pas de solde et qui ne demandent qu'à combattre. » Soit cent mille hommes jouissant de l'avantage de se battre chez eux, et pour leur liberté, contre quarante mille soldats du côté anglais, dont dix-sept mille mercenaires achetés à des princes allemands. Avec un tel rapport de forces, pourquoi les Insurgents auraient-ils besoin de secours ? C'est l'inconvénient des intoxications brouillonnes : elles obtiennent souvent un résultat contraire au but recherché. Les rédacteurs s'en tirent en évoquant l'épuisement futur de munitions qu'il faudra bien remplacer. Cela pourrait s'opérer sans compromettre le gouvernement français : « Il suffirait d'un négociant intelligent, fidèle et discret... » Il conviendrait aussi de pourvoir les Insurgents en numéraire et en vaisseaux. Ils régleront en nature, leurs bateaux de commerce débarquant leur cargaison dans les ports français. Mais la prudence de Vergennes et sa crainte d'effaroucher le roi et Maurepas se conjuguent pour tempérer la fougue de Beaumarchais : rien ne presse, attendons le résultat de la campagne de 1776 pour prendre une décision...

Les *Réflexions* enfoncent cependant le clou en reprenant la démonstration de Beaumarchais pour mettre les deux éminents lecteurs face à l'inéluctabilité de la guerre : victorieux ou vaincus en Amérique, les ministres anglais s'en prendront à nos îles, soit pour renflouer leurs finances, soit « pour sauver leur tête de l'échafaud ». Il faut donc songer à se donner les moyens de gagner la guerre. Le mémoire se conclut par cette phrase : « On ose penser que les plus essentiels de ces moyens seraient de s'assurer des Colonies et de faire, en cas de besoin, cause commune avec elles. »

Attentif à ne pas brusquer son monde, Vergennes pratique la politique des petits pas.

Le rapport du chevalier de Bonvouloir arrive à Versailles à la fin de février 1776.

*
* *

Ce Bonvouloir est une trouvaille de Guines. Plus exactement, le chevalier s'est présenté à l'ambassadeur en se proposant pour une mission de renseignement en Amérique où il a déjà voyagé et où il possède d'utiles relations à Boston, New York, Providence et Philadelphie. D'où sort-il ? Ancien volontaire au régiment du Cap, qui sert aux Indes. Mais il est cousin germain du marquis de Lambert. Or Lambert est si proche de Charles de Broglie qu'il lui a rendu visite à Ruffec, pendant son second exil, pour lui apporter le courrier de la correspondance secrète et les lettres de sa famille affolée par l'affaire de la Bastille. Bonvouloir propulsé par Broglie ? Nous n'en avons pas la preuve formelle, mais l'hypothèse paraît presque certaine. Il ne serait pas, comme on le verra, le premier agent envoyé par Charles en Amérique. La caution de l'ancien chef du Secret expliquerait surtout l'extraordinaire empressement du très circonspect Vergennes à accepter un agent inconnu de lui et proposé par un Guines dont il se méfie tant.

Les instructions ministérielles sont brèves. Bonvouloir reçoit mission de rendre compte « des événements et de la disposition générale des esprits ». Ainsi pourra-t-on recouper les informations dispensées à Beaumarchais par Arthur Lee. Le chevalier devra également « rassurer les Américains contre la frayeur qu'on cherchera, sans doute, à leur donner de nous. Le Canada est le point jaloux pour eux : il faut leur faire entendre que nous n'y songeons point du tout. » Sagace Vergennes ! Certes, comme la quasi-unanimité des Français, il n'éprouve aucun regret de la perte du Canada et considère que Choiseul a fort bien manœuvré en sacrifiant les « quelques arpents de neige » à la récupération des Martinique, Guadeloupe et Sainte-Lucie. Beaucoup d'Anglais n'en jugeaient pas autrement et tenaient que le vieux Pitt s'était laissé berner. Mais l'entrée en scène des Insurgents impose une renonciation sans équivoque à toute prétention sur le Canada. La loyauté à la couronne d'Angleterre a longtemps cimenté les treize colonies ; à présent qu'elle a fondu au feu des salves, divisant jusqu'aux familles, l'antipapisme demeure le sentiment commun à tous les colonistes. Les imprécations ne cessent pas contre le catholicisme, « culte sanguinaire et impie ». La seule perspective d'un retour de la France au Canada suffirait à réunir les treize colonies dans une hostilité unanime.

Vergennes accepte les demandes de Bonvouloir, mais impose à sa mission de minutieuses conditions de sécurité. Le chevalier est fait lieutenant par décision antidatée : il avait avoué s'être présenté abusivement comme officier lors de son premier voyage en Amérique. Il reçoit une avance de deux cents louis. Louis XVI lui écrit enfin une lettre élogieuse que lui lit Guines, mais dont il ne pourra prendre possession qu'à son retour. Aucun document ne doit compromettre ses mandants, et Bonvouloir est averti qu'en cas de capture par les Anglais, il sera purement et simplement désavoué. Ses rapports se présenteront sous la forme de lettres de commerce expédiées à Anvers, avec un texte codé écrit avec du lait, qui n'apparaîtra que lorsque la feuille sera « chauffée avec une pelle rouge ». Les lettres seront adressées à un correspondant habitant Calais qui, au lieu de les faire suivre à Anvers, les acheminera par une voie sûre jusqu'à l'ambassade de France à Londres.

Le 8 septembre 1775, Guines écrit à Vergennes : « M. de Bonvouloir est expédié ; il s'embarque ce soir sur un vaisseau pour Philadelphie, qui met à la voile cette nuit ; je lui ai fait sa leçon de manière à ce que, dans aucun cas, il ne puisse compromettre que lui. » Nous croyons qu'en matière de clandestinité, le chevalier disposait de professeurs plus avertis que le comte de Guines.

À Philadelphie, Bonvouloir ne tarda point à se mettre en rapport avec le Comité de correspondance secrète du Congrès, ancêtre de l'actuel département d'État, dont faisait partie Benjamin Franklin, et comprit vite qu'en dépit de ses peu candides protestations on ne le considérait pas comme le « voyageur curieux » qu'il prétendait être. Le bon sens américain se refusait à croire « qu'il eût traversé l'Océan en plein hiver [*sic*] sans avoir de bonnes raisons pour cela ». Après de longues palabres avec un interlocuteur aussi insaisissable qu'une anguille, le Comité lui adressa carrément trois questions écrites en lui demandant une réponse écrite :

1) Quelles sont les véritables dispositions de la cour de France à l'égard des colonies ? Si elles sont favorables, de quelle manière peut-on en avoir une assurance authentique ?

2) Les Américains peuvent-ils obtenir qu'on leur envoie de France deux habiles ingénieurs [officiers du génie], sûrs et bien recommandés ?

3) Les Américains peuvent-ils obtenir directement de France des armes et autres munitions de guerre, en échange des productions du pays ? Les vaisseaux américains pourront-ils entrer et sortir librement des ports français ?

Sur le premier point, Bonvouloir répond que le plus sûr moyen de connaître les sentiments de la France, c'est d'y envoyer quelqu'un, même si « le pas est scabreux et demande bien des ménagements ». Pour les ingénieurs, il ne devrait pas y avoir de problème. Les armes et les munitions ? « Comme ceci est affaire de marchand à marchand, je ne vois pas de grands inconvénients de la part de la France. Je vous adresserai même à d'assez bons correspondants. » L'ouverture des ports français aux vaisseaux américains est plus délicate : « Ce serait se déclarer ouvertement pour vous, et la guerre pourrait s'ensuivre. Peut-être fermera-t-on les yeux : c'est là ce qu'il vous faut. » En dépit de la conclusion du chevalier — « J'ai l'honneur de vous répéter, Messieurs, que je ne réponds de rien. Je suis bien peu de chose ; j'ai de bonnes connaissances, c'est tout » —, on ne pouvait être plus clair dans une négociation forcément ombreuse.

Le Comité de correspondance décide d'envoyer en France un représentant, Silas Deane.

Pour ce qui est de l'état d'esprit des Américains, Bonvouloir décrit un peuple « dans un état d'agitation extrême », préparant fiévreusement la campagne de printemps. Partout s'affirme la volonté de se battre jusqu'au bout. Il assure que l'armée insurgente dispose de cinquante mille hommes soldés et d'un nombre encore plus considérable de volontaires qui ne veulent point de paie. « Les troupes sont bien vêtues, bien payées et bien commandées. » Beaumarchais n'est pas le seul à se laisser intoxiquer... Les Insurgents, confiants pour ce qui concerne la lutte sur le continent, se savent néanmoins très inférieurs sur mer : ils comptent sur la France pour leur fournir un appui naval. Bonvouloir insiste sur la qualité des hommes avec lesquels il a eu à débattre : réellement, il y a là « de bonnes têtes ».

Quelques jours après l'arrivée du rapport, Vergennes rédige ses *Considérations*.

*
* *

Cette fois, il ne réserve pas la teneur de son mémoire au roi et à Maurepas, mais le communique, le 12 mars 1776, à Turgot, Sartine et Saint-Germain en les invitant, d'ordre du roi, à donner leur avis par écrit. Les *Considérations* reprennent les thèmes développés dans les *Réflexions* et martelés depuis des mois par Beaumarchais : dans toutes les hypothèses, la France n'échappera pas à une agression anglaise. À distance, l'analyse paraît des plus fragiles. Si l'Angleterre s'épuise dans une lutte stérile contre les Insurgents, où trouverait-elle les forces nécessaires pour affronter ensuite l'Espagne et la France réunies ? Si elle gagne, elle finira la guerre dans un état peu propice à des opérations plus vastes et plus coûteuses. Quant à dépeindre des Insurgents disposés à se jeter par dépit sur les îles à sucre, c'est pure fantasmagorie : avec devant eux un continent vide, leur frontière se situe évidemment à l'ouest. Mais Beaumarchais, passionné pour la cause américaine, se soucie si peu de logique qu'il décrit dans une même phrase des Insurgents réduits au recours à la seule France, et prêts à proposer à l'ensemble des nations des avantages commerciaux tels qu'ils n'auraient plus qu'à choisir leurs alliés ! Vergennes, de son côté, fait son miel de tout ce qui peut conduire à la revanche. Ainsi glisse-t-il dans son texte cette phrase propre à ouvrir l'appétit : « Si les dispositions de ces deux princes [les rois de France et d'Espagne] étaient guerrières, s'ils étaient disposés à se livrer à l'impulsion de leurs intérêts et peut-être de la justice de leur cause, qui est celle de l'humanité si souvent offensée par l'Angleterre, si leurs moyens militaires et pécuniaires étaient au point de développement et d'énergie convenable et proportionnés à leur puissance effective, il faudrait, sans doute, leur dire que la Providence a marqué ce moment pour l'humiliation de l'Angleterre, qu'elle l'a frappée de l'aveuglement qui est le précurseur le plus certain de la destruction, et qu'il est temps de venger sur cette nation les menaces qu'elle a faites depuis le commencement du siècle à ceux qui ont le malheur d'être ses voisins et ses rivaux... » On y va ? Mais non : « Ce n'est pas là le point de vue où les deux monarques veulent se placer, et leur rôle paraît, dans la conjoncture actuelle, devoir se borner à une prévoyance circonspecte, mais active. »

Vergennes ne propose pas, pour l'instant, une alliance avec les Insurgents, qui « ne serait pas de la dignité du Roi, ni de son intérêt ». Il sera temps d'y penser lorsque « la liberté de l'Amérique anglaise aura pris de la consistance ». Mais il suggère « des secours secrets en munitions et en argent ». Vis-à-vis de l'Angleterre, il faut « entretenir avec dextérité la sécurité du ministère anglais sur les intentions de la France et de l'Espagne ». Et comme « les Anglais ne respectent que ceux qui peuvent se faire craindre », les deux monarques alliés doivent mettre leurs forces en état de soutenir un conflit, car « de toutes les conjectures vraisemblables que la circonstance peut autoriser, la moins apparente est celle que la paix puisse être conservée, quelle que soit l'issue de la guerre actuelle entre l'Angleterre et ses colonies ».

L'Angleterre, déchirée dans le moment entre factions haineuses, son commerce sinistré, ses finances à sec, son armée si maigre qu'il lui faut louer des mercenaires en Allemagne pour soutenir une guerre lointaine, ses alliances en Europe rompues ou distendues — car Marie-Thérèse ne lâchera jamais la France, le Grand Frédéric, qui a passé l'âge des aventures, digère son morceau de Pologne, et la czarine Catherine se penche avec gourmandise sur le parfum de décomposition émanant de l'Empire ottoman... À combien de décennies ou de siècles faut-il remonter pour trouver une Angleterre à ce point isolée, empêtrée, vulnérable ?

Mais un fantasme ne se raisonne pas et les ministres réunis autour de Louis XVI souffrent, Vergennes le premier, d'une névrose obsessionnelle vis-à-vis d'un pays qui a monté si vite et si haut qu'ils le trouveraient encore formidable s'ils le voyaient au fond de l'abîme. De toutes les mémorables raclées subies par la France au cours de son histoire, celle de la guerre de Sept Ans a sans doute été la plus traumatisante, parce que la moins explicable. Vergennes, homme coulé dans le plomb, évoquera bientôt le « talisman magique » de l'Angleterre. On ne saurait mieux exprimer la crainte irrationnelle qu'elle inspire au Conseil du roi de France.

Les ministres eurent donc à opiner par écrit sur les *Considérations*. Turgot excepté, tous se rangèrent, avec des nuances, au programme proposé par Vergennes. Turgot ne pouvait tenir pour catastrophique la conquête par l'Angleterre des possessions françaises outre-mer, puisqu'il les croyait destinées à quitter de toute façon le giron de la métropole, et une politique risquant de conduire à la guerre mettait en péril le redressement financier du pays. En vérité, on n'avait jamais vu un contrôleur général des finances pousser à la guerre, de sorte que l'opposition de Turgot allait de soi. Il acceptait néanmoins l'envoi de secours discrets aux Insurgents.

Le roi est gagné. Il emboîte le pas à Vergennes. Le patient travail de suggestion a porté ses fruits. Nul doute que Beaumarchais a puissamment aidé à faire avancer les choses. Autant le blanchisseur du linge sale de la du Barry suscitait le dégoût, et l'affabulateur de la longue traque d'Atkinson-Angelucci le mépris, et le tripoteur de la demoiselle d'Éon un ricanement amusé, autant la justice impose de saluer la révélation d'un homme émergeant des égouts pour se hisser d'emblée au niveau de l'Histoire. Michelet, qui ne sait pas tout, mais sent tout, célébrera la métamorphose dans une envolée lyrique d'un inégalable éclat. Avec ses erreurs d'appréciation, volontaires ou non, quant au subalterne, Beaumarchais a compris l'essentiel : ce n'est pas une dispute de taxe sur le thé ou les mélasses qui se vide sur les bords du continent américain, mais la grande et éternelle querelle de l'humanité en quête de liberté. Sa conviction donne à ses plaidoyers une force irrésistible. Le roi les lit. Il écoute cet homme dont il disait à Mercy-Argenteau, quelques mois plus tôt, qu'il n'était qu'« un imprudent et un fol ». La correspondance de Vergennes avec Louis XVI ne laisse aucun doute sur l'influence de Beaumarchais. Et c'est une semaine avant la communication des *Considérations* de Vergennes aux principaux ministres que le roi reçoit le mémoire de Beaumarchais du 29 février, intitulé *La Paix ou la Guerre*, peut-être le plus fort de tous ses textes sur l'affaire d'Amérique.

Le pas historique est franchi. On aidera les Insurgents. À condition, bien sûr, que le ministère survive à la tempête déclenchée par M. de Guines.

X

Une affaire ? Une série d'affaires emboîtées comme des poupées russes. Depuis le rappel de l'ambassadeur, le dossier ne cesse de s'alourdir et l'on n'en finit pas d'inventorier les dégâts. Il s'est fait casser son chiffre. Cela est arrivé à d'autres, mais Vergennes croit que l'ambassade elle-même est pénétrée. Rien d'étonnant : le procès Tort et ses séquelles ont créé des haines farouches au sein du personnel.

La décision de rappel avait été motivée par l'étrange démarche de Guines assurant le cabinet anglais que la France ne soutiendrait pas l'Espagne si l'Angleterre s'abstenait d'appuyer le Portugal.

On apprend après son rappel que Guines a averti le prince de Masserano, ambassadeur d'Espagne à Londres, qu'il savait avec certitude, grâce à ses agents, que les préparatifs militaires anglais, ostensiblement destinées à mater les Insurgents, auraient en réalité pour objectif la conquête du Mexique, possession espagnole. C'est encore par une interception du Cabinet noir que Louis XVI connaît la très inquiétante initiative de son représentant à Londres. Or Guines n'a soufflé mot de l'information à Vergennes. Les agents de l'ambassadeur de France travaillent-ils pour le roi de France ou pour celui d'Espagne ? Et, avec une rébellion sur les bras, qu'iraient donc faire les Anglais au Mexique ? À quoi rime cette histoire de fou qui pouvait mettre le feu aux poudres ?

On découvre ensuite que Guines a donné au cabinet de Londres l'assurance *écrite* que la France ne fournirait aux colonies américaines aucun soutien direct ou indirect. C'était violer ses instructions et exposer le gouvernement français au reproche de rupture de la parole donnée s'il se faisait pincer à envoyer un secours.

On démêle enfin que Guines a menti délibérément à propos d'une affaire antérieure à ces trois incidents. Il avait rendu compte d'une proposition de Londres visant à nouer avec l'Espagne une alliance offensive et défensive, avec garantie réciproque de leurs colonies respectives. Guines appuyait l'offre avec chaleur et s'employait à démontrer la facilité de sa réalisation. Vergennes l'avait écartée d'un revers de main : ce n'était pour lui qu'une manifestation supplémentaire de la volonté anglaise d'enfoncer un coin dans le pacte de famille. Or il se révèle que Guines avait inventé cette initiative, sortie en vérité de sa fumeuse cervelle. Les Anglais pensaient donc que la proposition venait de la France, tandis que le ministère français, trompé par son ambassadeur, la croyait émanée de l'Angleterre...

Deux siècles après, personne ne peut dire avec certitude ce que Guines avait en tête en cultivant ainsi l'imbroglio, ni même s'il poursuivait un objectif précis. Louis XVI jugea que ce choiseuliste s'ingéniait à déclencher une guerre. Le duc de Choiseul était considéré comme l'homme de la guerre. Son parti estimait qu'un conflit obligerait à recourir à son énergie nerveuse. Et chacune des initiatives de Guines ouvrait les portes du temple de Janus. Annoncer la neutralité de la France en cas de conflit entre Espagne et Portugal, c'était jeter de la paille sur le feu des belliqueuses provocations portugaises. Inventer une invasion imminente du Mexique amènerait l'Espagne à réagir. Garantir qu'aucun secours ne serait envoyé aux Insurgents exposait la France à des représailles dès la première anicroche. Insinuer enfin que Londres fricotait avec Madrid devait inciter Versailles à précipiter un conflit avant que son allié ne s'éloignât. Mais des manœuvres si brouillonnes, d'un machiavélisme si ingénu, avaient-elles la moindre chance de survivre à la mise à plat que les trois cours intoxiquées ne pouvaient manquer de pratiquer pour éclaircir la démarche de l'ambassadeur ? S'agissant de Guines, l'hypothèse de l'imbécillité pure et simple ne doit jamais être écartée.

L'incendie de l'Europe évité, encore fallait-il que l'affaire n'embrasât pas Versailles. Marie-Antoinette admit raisonnablement que son protégé avait mérité son rappel. Quant à Choiseul, il déclara tout de go que, si Guines était son fils, « il ne demande-

rait d'autre grâce que la certitude que son procès ne
fait, et qu'il consentirait de bon cœur à ce qu'il fût po
temps à la Bastille ».

Le jeune duc de Lauzun ne l'entendait pas ainsi.

On a déjà évoqué Armand-Louis de Gontaut, duc de Lauzun,
neveu de Choiseul mais tenu pour son fils par toute la cour, le
père officiel répondant au surnom de l'« Eunuque blanc » depuis
une malheureuse blessure de guerre. On a dit aussi les amours
enchevêtrées et souvent détonantes de l'oncle-père et du neveu-
fils, qui ne laissaient rien à désirer, dans l'ordre de la complexité,
aux intrigues diplomatiques de Guines[1]. Lauzun qui, sous le nom
de Biron, deviendra l'un des meilleurs généraux de la Révolution
avant de finir injustement sur l'échafaud de la Terreur, incarne
cette « douceur de vivre » de l'Ancien Régime évoquée par
Talleyrand. La vie se déroule sous ses pas comme un tapis de
roses. Entré à douze ans dans le régiment des gardes-françaises
que commandait son oncle, le maréchal de Biron, sous-lieutenant
à quatorze, il écrira : « Je sus à cet âge que j'étais destiné à une
fortune immense et à la plus belle place du royaume, sans être
obligé de me donner la peine d'être un bon sujet. » Bon sujet,
jamais il ne le sera, mais brillant assurément, et si courageux,
face aux fusils corses, qu'il reçoit la faveur d'aller annoncer à
Louis XV la soumission de l'île. Il avait fait à la cour des débuts
remarqués. « Tous les avantages de la nature paraissaient réunis
en sa faveur, écrit Dufort de Cheverny : dix-sept ans, aimable
autant qu'on peut l'être, une belle figure, un grand nom... Cet
être charmant, noble dans ses manières, se laissa aller à tous les
plaisirs. » Il avait commencé tôt. Déniaisé par sa tante, la comtesse de Gramont, sœur de Choiseul, avec qui elle couchait,
cueillant la du Barry avant son entrée dans le lit royal, multipliant les conquêtes, il est pour l'heure, comme on l'a dit, amoureux de la princesse Czartoryska, que Guines avait poursuivie de
ses assiduités. Cette passion le mène à Varsovie, puis à Berlin, et
lui donne de l'intérêt pour les affaires du Nord : il s'informe, étu-
die, rédige des mémoires. Il aspire à l'ambassade de Pologne et
rêve de nouer entre la France et la Russie une alliance qui leur
donnerait la suprématie en Europe. Vergennes élude. Un homme
formé par le Secret pouvait difficilement s'enthousiasmer pour

---

1. Cf. *Le Secret du Roi*, tome 1, p. 394.

l'union avec un pays dont le service s'était si longtemps ingénié à contenir les ambitions. Lauzun tente alors de court-circuiter Vergennes en adressant ses mémoires à Maurepas. Le Mentor a d'autres soucis en tête. Suprême recours : Marie-Antoinette. Le romanesque Lauzun, à qui les dames ont toujours été propices, imagine de réaliser son grand projet en traitant directement avec deux femmes : la reine de France et la czarine de Russie. À vingt-huit ans, ce vétéran des alcôves veut se projeter sur la scène du monde.

Marie-Antoinette raffole de lui. Elle applaudit à la victoire de ses chevaux aux courses des Sablons. Son faste l'enchante. Lauzun achève de dilapider son énorme fortune avec une dépense d'un million de livres par an. Il vient de perdre un procès contre Louise Crozat de Thiers, épouse du maréchal de Broglie et descendante, comme Lauzun, du richissime financier Crozat. L'avocat de Lauzun avait attaqué le règlement de la succession et réclamé la somme rondelette de quatorze millions de livres, capital et intérêts. Débouté... Mais Lauzun a le cœur ailleurs. La reine l'aime. Maints courtisans pour parier qu'elle couche avec lui. Il sait bien que non. Mais, à en croire ses Mémoires, où il ne se flatte pas trop, une attirance réciproque évidente et une sorte de scène d'amour. Catherine de Russie lui offrait un commandement militaire alléchant ; l'annonce bouleverse Marie-Antoinette : « Ne m'abandonnez pas... » Elle a les larmes aux yeux. Il s'agenouille, baise sa main. Elle se penche sur lui. Quand elle se relève, « elle était dans mes bras... Je la serrai contre mon sein, qui était fortement ému, elle rougit, mais je ne vis point de colère dans ses yeux. »

Une semaine plus tard, la coterie de la reine est réunie dans le salon de la princesse de Guéménée, fille du maréchal de Soubise et femme d'assez mauvais genre chez qui l'on joue un jeu d'enfer réunissant grands seigneurs et fripons autour d'une Marie-Antoinette folle de pharaon, au grand dam de son époux. Mme de Guéménée s'approche de Lauzun, la mine défaite : « Quittez ce jeu sur-le-champ, j'ai quelque chose d'important et de pressé à vous dire. » Lauzun se résigne : c'est la Bastille ; Versailles et Paris jasent sur ses amours avec la reine. Mais non, il ne s'agit que de l'affaire Guines. Le duc de Coigny, autre figure éminente de la coterie, amant au demeurant de la princesse de Guéménée, conseille avec vigueur la prudence : surtout, que la reine ne s'en mêle pas ! Choiseul lui-même n'a-t-il pas désavoué l'ambassadeur ? Lauzun : « J'osai m'y opposer avec force, et représentai que la Reine ne devait pas abandonner aussi facilement un homme à qui elle avait marqué un intérêt aussi décidé… J'ajoutai que, sans cette faveur, il serait impossible aux plus fidèles serviteurs de la Reine de compter sur ses bontés et sur son intérêt. » Il connaît bien Marie-Antoinette. Son amour-propre s'enflamme : « En voilà assez ! Je suis décidée et convaincue. Je suivrai l'avis de M. de Lauzun. » Que Lauzun ait épousé la nièce de Guines n'entre pour rien dans son plaidoyer, car il déteste et traite fort mal cette femme que son père lui a imposée. Il ne s'agit pour lui que de faire jouer à la reine un rôle politique.

Le 9 février, Marie-Antoinette rencontre Choiseul au bal de l'Opéra. Il a changé d'avis. Il ne voit plus en Guines un coupable qu'une chambre à la Bastille préserverait d'un châtiment plus sévère, mais la victime d'un complot machiné par Mme de Maurepas et son neveu d'Aiguillon, avec pour complices les principaux ministres. Le pétulant petit duc prétend s'être informé auprès des Espagnols et en avoir retiré la conviction de l'innocence de l'ambassadeur.

Le 3 mars, Guines, enfin rentré de Londres, remet à Vergennes un mémoire pour le roi. Il réclame la possibilité de se justifier et affirme en conclusion qu'il ne s'est pas rendu indigne de la protection… de la reine.

L'affaire accable Vergennes. Elle prospère, comme le lecteur l'aura remarqué, au moment précis où se décide la politique de la France en Amérique. La conduite de son ambassadeur scandalise le ministre. Lorsqu'il apprend sa dernière frasque — la prétendue proposition anglaise d'alliance avec l'Espagne —, il arrive au Conseil pâle comme un mort et doit demander à un autre ministre de lire la dépêche « parce qu'il en était trop ému ». Le pire est à venir. Rééditant les prétentions manifestées à l'occasion du procès Tort, le comte de Guines exige, pour sa justification publique, la production des dépêches diplomatiques. Voilà Vergennes aux cent coups. Sa peur de la reine l'avait amené à se décharger misérablement sur Turgot du soin de demander le rappel de Guines, mais il monte cette fois au créneau. Trop c'est trop. Il rappelle au roi que « plusieurs des titres qui déposent contre M. de Guines consistent dans des pièces interceptées. Si Votre Majesté permet qu'il en soit fait mention, ce sera apprendre à la France et vraisemblablement à l'Europe entière qu'il existe une interception. » Et Vergennes d'expliquer

quelques principes qu'il eût été superflu de rappeler à Louis XV :
« Une ambassade, Sire, n'est point une propriété, c'est un dépôt
de confiance que le souverain reprend toutes les fois qu'il cesse
d'avoir confiance dans celui qu'il en avait chargé. J'ai eu, Sire, le
malheur d'être rappelé moi-même et très brusquement. Des succès marqués à différentes époques faisaient l'apologie la plus
complète de toute ma conduite. Cependant, je n'ai pas eu la
témérité de demander compte des motifs de mon rappel. » Si le
roi ne peut pas révoquer un ambassadeur sans avoir à se justifier,
il n'y a plus d'État.

Son propre renvoi est évoqué partout. Même Beaumarchais, à
Londres, en reçoit l'écho et l'avertit de prendre garde. Son successeur serait le baron de Breteuil, protégé par Marie-Thérèse, et
à qui Marie-Antoinette vient de faire obtenir le cordon bleu de
l'ordre du Saint-Esprit, tandis que Guines, en récompense de ses
bons et loyaux services à Londres, recevrait l'ambassade de
Vienne. La pression est si forte que Vergennes écrit au roi pour
proposer sa démission. Il rappelle qu'il n'a jamais ambitionné de
devenir ministre : « J'ai obéi à votre voix, Sire, parce que mon
devoir me le prescrivait. » Depuis, « j'ai été tout entier aux
affaires ; je me suis même interdit les délassements les plus innocents. J'espérais, en me conduisant d'après des principes aussi
honnêtes et aussi désintéressés, pouvoir exister à l'abri des tracas-
series. Je vois, Sire, que ma prévoyance a été illusoire. Je
n'entends rien, Sire, à ce genre d'escrime, le moins adroit de vos
courtisans aurait sur moi les plus grands avantages : je n'ai eu que
le courage des affaires. Le combat étant trop inégal, il y aurait de
l'imprudence de ma part à le risquer. Je ne puis dire autre chose à
M. de Guines, si ce n'est que Votre Majesté m'a ordonné de lui
expédier ses lettres de rappel. S'il faut aller plus loin, je supplie
Votre Majesté de m'en dispenser, et de permettre que je sacrifie la
place dont elle m'a honoré au respect dû à son autorité et à mon
attachement pour sa gloire. La retraite ne peut m'effrayer, Sire,
qu'autant que j'aurais eu le malheur d'avoir perdu l'estime de
Votre Majesté et de m'être rendu indigne de ses bontés. Sa justice
et ma conscience me rassurent contre ce malheur. »

La tempête s'apaise aussi subitement qu'elle avait enflé.
Marie-Antoinette n'adresse plus la parole au comte de Guines.
Elle cesse même de fréquenter chez la princesse de Guéménée.
Le voyant ainsi abandonné par sa protectrice, les amis de Guines
le croient, écrit Mme du Deffand, « complètement malheureux ».

*Malesherbes
grd Bonhomme*

*
* *

Le ministre auquel un Vergennes trop ému avait demandé de lire au Conseil la dépêche relatant la dernière frasque de Guines était M. de Malesherbes. Son entrée dans le ministère date du mois de juin de l'année précédente, juste après le sacre. Turgot, son ami de vingt ans, le voulait à ses côtés pour entreprendre la réforme de la maison du roi, pièce importante du redressement financier. Le duc de La Vrillière, titulaire du poste depuis un demi-siècle, désormais sourd comme un pot, méprisé autant qu'il était détesté, avait consenti, bien obligé, à prendre sa retraite.

Magistrat éminent, président de la Cour des aides, directeur de la Librairie — fonction dans laquelle il avait efficacement protégé les Encyclopédistes —, Malesherbes avait reçu en 1771 sa lettre d'exil par les soins de ce même La Vrillière qu'on l'appelait à remplacer. Louis XV ne supportait plus ses remontrances audacieuses. Il s'était retiré sur sa terre de Malesherbes, près de Pithiviers, et y coulait des jours paisibles partagés entre la réflexion, l'écriture et l'herboristerie. Évidemment partisan du retour du Parlement, mais à condition de brider le pouvoir des magistrats, il avait retrouvé, après le rappel, sa présidence de la Cour des aides, mais ne venait à Paris que pour les solennités obligatoires. Ruiné par la disgrâce, incapable d'entretenir son vaste château Louis XIII, il vivait dans une petite maison du village avec une voisine pour cuisinière. Ainsi le nouveau règne se faisait-il une spécialité d'aller quérir pour le ministère des retraités philosophes. Mais, tandis que Maurepas et Saint-Germain avaient accepté sans trop se faire prier de quitter la retraite en même temps que la philosophie, Chrétien-Guillaume Lamoignon de Malesherbes n'entendait pas abandonner ses manuscrits et ses herbiers. Il n'avait aucune envie de devenir ministre. Il ne s'en croyait pas la capacité. Quelques jours avant l'appel de Versailles, et comme Boisgelin, archevêque d'Aix, lui expliquait que l'art de gouverner exigeait surtout du caractère : « Vous avez bien raison, approuva-t-il. C'est ce qui fait que je ne serais pas un bon ministre : je n'ai pas le caractère. »

Vit-on jamais, avant et depuis, autant d'efforts déployés pour convaincre un homme d'accéder au ministère ? Maurepas, Turgot et Véri conjuguèrent leurs énergies pour emporter la place forte. Le 27 juin, ils plaidèrent inlassablement devant le « bonhomme Malesherbes », comme on l'appelait, car, dépouillé de sa robe majestueuse de magistrat, il n'était plus qu'un gros père assez comique avec sa vieille perruque démodée toujours de travers et un jabot taché de tabac. À la vérité, l'enjeu dépassait Malesherbes. La reine, rentrée de Reims furieuse de l'affront fait à Choiseul, convaincue par Besenval que son pouvoir ne devait pas se limiter à défaire des ministres, tel d'Aiguillon, avait en tête son propre remaniement ministériel : donner la Maison du roi à Sartine, dont la nomination à la Marine avait déconcerté tout le monde, et placer à la Marine d'Ennery, une créature de Choiseul. Maurepas et Turgot savaient que la réussite du plan marquerait l'entrée définitive de la reine dans le jeu politique. Malesherbes voyait dans ces manœuvres une raison de plus pour refuser : « Il était persuadé, rapporte Véri, que le Roi céderait tôt ou tard à la Reine pour le choix de ses ministres ; qu'il serait impossible de gouverner sagement sous la direction de cette princesse… » Et quel piètre ministre il ferait ! « Parler, jeter des idées en avant », à la bonne heure ! mais diriger des commis, régler chaque jour des détails, sûrement pas : « Il était inapte pour une place d'action. » Sans opposer un refus définitif, il demande un délai de réflexion tout en laissant entendre que sa réponse sera négative.

Là-dessus, Maurepas rencontre Marie-Antoinette. Elle sait la réticence de Malesherbes et réaffirme sa volonté : Sartine à la Maison du roi, d'Ennery à la Marine. « Je vous préviens que je dirai ce soir au Roi et que je lui répéterai demain ce que je désire. Je vous réitère que je veux être unie avec vous ; il ne tient qu'à vous que cela soit. Vous voyez à quelle condition. »

Malesherbes donne sa réponse : il refuse. Maurepas et Turgot lui envoient par courrier spécial une supplique : « Votre décision engage le bonheur de vingt millions d'hommes. » L'autre occupe une nuit blanche à noircir du papier : « Vous voulez me faire entrer contre le gré, contre le choix d'une Reine toute-puissante. Cela a-t-il la moindre vraisemblance ? Vous voulez me faire entrer aujourd'hui pour être chassé demain… » Maurepas brûle ses vaisseaux et demande audience au roi. Celui-ci l'écoute, prend sa plume et y va de son propre appel au récalcitrant : « Je pense que votre amour pour le bien public doit vaincre votre répugnance et vous ne sauriez croire le plaisir que vous me feriez d'accepter, du moins pour quelque temps si vous ne voulez pas vous y résoudre tout à fait. Je crois que cela est absolument nécessaire pour le bien de l'État. » Véri se jette dans une voiture et porte le message au galop. Malesherbes se résigne : « À l'exception d'une maladie mortelle, il ne pouvait rien m'arriver de plus funeste ! » L'annonce de sa nomination enchante l'opinion éclairée. Voltaire à un ami : « La France est-elle assez heureuse, pour que M. de Malesherbes soit dans le ministère ! Voilà donc de tous côtés le règne de la raison et de la vertu. Je vois qu'il faut songer à vivre. » Et Julie de Lespinasse, ravie de l'attelage Turgot-Malesherbes : « Jamais, non, jamais deux hommes plus vertueux, plus désintéressés, plus actifs n'ont été réunis et animés plus fortement d'un intérêt plus grand et plus élevé. Vous verrez, leur ministère laissera une trace profonde dans l'esprit des hommes. » D'Alembert annonce : « Un jour plus pur nous vient. »

Besenval, chef d'état-major politique de la reine, sait reconnaître une défaite : « Cela lui donne ce qu'on appelle, en langage d'intrigue, un soufflet. » Elle l'imputera entièrement à Turgot, et sa haine pour lui atteindra au paroxysme lorsque, sept mois plus tard, suppléant un Vergennes défaillant, le contrôleur général aura l'audace de demander, comme on l'a vu, le rappel de son protégé Guines. Quant au roi, qui n'aime point Malesherbes à cause de ses attaches avec le parti philosophique, il s'agace d'avoir été mis au pied du mur, contraint de choisir entre un choiseuliste et lui. Le lendemain même de la nomination, il glisse à Maurepas, parlant de Turgot : « Vous l'avez entendu ? Il n'y a que ses amis qui aient du mérite et il n'y a que ses idées qui soient bonnes. » Avec un Maurepas jaloux de sa prépondérance depuis la guerre des Farines, une reine décidée à lui régler son compte, et un roi qui commence à bougonner son humeur, l'avenir s'annonce difficile pour Turgot.

*
* *

Le quotidien ministériel se révéla aussi assommant que l'avait prévu Malesherbes, et lui-même ne se déçut pas : il fut aussi mauvais ministre qu'il l'avait annoncé. La mission de nettoyer les écuries d'Augias était, il est vrai, d'une ampleur et d'une difficulté propres à en effaroucher plus d'un. Il eût fallu un Machault pour manier la hache avec le fanatisme du service de l'État ; on n'avait qu'un Malesherbes, trop sensible aux cris d'orfraie.

Nous n'allons pas ennuyer le lecteur en lui répétant ce que tous les manuels d'histoire apprennent aux collégiens : le formidable entassement de prébendes qu'était devenue la cour au fil des décennies. À la maison du roi au sens strict (quinze mille hommes et cinq mille chevaux) s'ajoutaient celles de la reine, de Mesdames, filles du feu roi, des comtes de Provence et d'Artois, de leurs épouses, enfin des princes du sang. Deux exemples parmi tant d'autres. La princesse de Lamballe avait touché la première le cœur de la reine avant de l'ennuyer par ses fadeurs et ses perpétuels évanouissements. Pour la consoler de se voir préférer Yolande de Polignac, la reine recréa pour elle la charge de surintendante de sa maison, supprimée naguère par la bonne Marie Leszczynska, avec cent cinquante mille livres de pension, et cela à l'instant précis où Malesherbes arrivait pour tailler dans les dépenses... Quant à la Polignac, sa gourmandise et celle de sa famille ne connaissent point de limites. Elle est nommée gouvernante des Enfants de France (encore à naître...) et reçoit quatre cent mille livres pour payer ses dettes, la promesse d'une terre de trente-six mille livres de revenu et huit cent mille livres pour la dot de sa fille. Son mari, Jules de Polignac, créé duc et pair, nommé survivancier du premier écuyer de la reine, double aussitôt l'écurie royale. Son beau-père reçoit l'ambassade de Suisse. Sa belle-sœur, Diane de Polignac, est faite surintendante de la maison de Madame Élisabeth, jeune sœur de Louis XVI. Son amant, Vaudreuil, se voit accorder trente mille livres de pension et un domaine de même revenu (« le cri public », selon Mercy-Argenteau, l'oblige à renoncer à la pension : il est déjà très riche). On note encore une charge de premier aumônier pour un Polignac, « évêque peu canonique ». « Madame Déficit » commence ici... Quant à Provence et Artois, qui mènent grand train, ils recevront en cinq ans plus de vingt-sept millions de livres pour payer leurs dettes !

Au même moment, et alors que grossit une crise américaine qui annonce un conflit essentiellement maritime, Sartine s'efforce de reconstituer une marine française. Le coût d'un grand vaisseau de ligne tourne autour d'un million de livres.

Les historiens épris de royauté calculeront que la cour n'absorbait guère que six pour cent du budget, et noteront avec justesse que bien ces pensions avaient leur justification. L'essentiel n'est pas là. La cour était la vitrine de la France. Toute réforme sérieuse devait commencer par elle. Le problème dans lequel se débat la France a été cent fois défini : un État pauvre dans un pays riche. Pour s'en sortir, un moyen à la fois nécessaire et suffisant : l'abolition du privilège fiscal de la noblesse et du clergé. Si la volonté de réforme se casse les dents sur la cour, lieu emblématique de tous les privilèges et des abus les plus éclatants, la réforme ne se fera nulle part. La crise financière devient alors crise de société. Machault l'avait compris. Louis XV ne l'avait pas écouté. Nul n'entendra un Malesherbes à la voix trop basse.

Il fait de son mieux, mais dans des domaines ressortissant à ses anciennes compétences. Il met de l'ordre dans le régime des lettres de cachet, fait sortir quelques prisonniers de la Bastille (mais la plupart des autres sont dans un tel état qu'ils ne sauraient que faire de leur liberté...), s'efforce d'améliorer le régime civil des protestants : il voudrait qu'ils puissent au moins se marier. Pour le reste, il n'est pas l'homme de la situation. Il avoue à l'abbé de Véri : « J'ai trop envie, par nature, de trouver que quiconque entre dans mon cabinet a raison. » Aussi se trouve-t-il entouré de l'affection générale. Le roi l'en félicite. « Ma réponse fut que c'était une preuve que je faisais mal la place qu'il m'avait donnée. Car, si je la faisais bien, je trouverais une foule de plaignants. » La réforme de la cour ? « J'en pourrais préparer les matériaux, mais on se trompe fort si l'on attend que je la ferai. J'en suis incapable par caractère. »

Quand éclate la seconde affaire Guines, il parle déjà de démission.

*
* *

Turgot, c'est le contraire : la plupart de ses amis voudraient modérer sa fougue. Il les inquiète par son dédain des contingences et sa sous-estimation systématique des résistances. Il est trop assuré d'avoir raison. Véri avait aperçu cet inconvénient. Il note encore : « Les lumières sûres, les connaissances profondes, la plus intacte probité, le désintéressement le plus entier sont ses vertus. L'inflexibilité dans les opinions, le manque d'adresse pour s'arranger avec celles de ses égaux sont ses défauts. » Malesherbes lui reprochera, sur le ton de la plaisanterie amicale, d'avoir non pas l'amour, mais la rage du bien public.

Il fonce. L'urgence des réformes. Sa certitude de mourir aux alentours de la cinquantaine. La goutte qui le ronge. Sur les vingt mois de son ministère, il en passe six cloué par la maladie, obligé de travailler au lit et de se faire porter dans un fauteuil jusqu'au cabinet du roi pour les audiences indispensables. Il n'a pas de temps à donner au temps.

Son action se déploie sur trop de fronts pour qu'on les inventorie ici. Que veut-il au fond ? Décorseter la France, libérer ses énergies entravées. Inévitablement, il dérange. Les positions acquises les moins défendables dans le principe ont, dans la pratique, des profiteurs acharnés au maintien du *statu quo*. Ainsi des transports routiers, concédés à des particuliers. Le duc d'Aiguillon, par exemple, jouit du privilège accordé à perpétuité de faire « rouler telles quantités de carrosses, coches, cabriolets et calèches entre Paris et les lieux où seraient le Roi, les Enfants de France et ses conseils ». Lui et ses semblables se soucient davantage d'exploiter leurs profitables privilèges que de la satisfaction du public : horaires non coordonnés, tarifs incohérents, voitures lourdes et lentes. Quatre jours pour aller de Paris à Arras, dix pour Strasbourg, avec un seul départ par semaine. Faute de pouvoir instaurer d'emblée une liberté d'entreprise qui a évidemment sa préférence, Turgot crée une régie, impose un contrat unique pour l'ensemble du royaume et met en service un nouveau modèle de voiture de quatre à neuf places qu'on nommera la turgotine, légère, bien suspendue, tirée par les chevaux des relais de poste, plus rapide que les berlines et diligences en usage. Il fallait quatorze jours pour aller de Paris à Bordeaux ; la turgotine couvre le trajet en cinq jours et demi pour le même prix et dans des conditions de confort incomparables. Turgot est donc applaudi ? On le hue. Les transporteurs évincés par la régie, dont l'indemnisation était pourtant prévue, montent contre lui une bruyante cabale : il aurait mis au chômage vingt mille employés — chiffre absurde ; les rapides turgotines empêchent leurs passagers d'aller à la messe ; etc. On n'entend qu'eux, on ne lit que leurs plumes à gages ; les voyageurs voyagent et leur satisfaction ne s'exprime nulle part.

Il prend la direction des postes (en renonçant aux émoluments attachés à la fonction) avec le propos de préserver du Cabinet noir les correspondances privées ; il se heurte au roi, incapable de renoncer aux plaisirs du voyeurisme, et enrage davantage encore la reine qui voulait la direction pour l'un de ses favoris. Il impose la liberté de transit des vins par Marseille et Bordeaux. Il ouvre Rochefort et Saint-Brieuc aux vaisseaux de commerce revenant des Indes et des Antilles, alors que Lorient jouissait du privilège exclusif de leur relâche. Il crée une Caisse d'escompte. Il lance un emprunt en Hollande pour amasser un trésor de guerre permettant le remboursement des charges de la maison du roi. Il amorce la suppression de la Ferme, qui, depuis des décennies, fait un millionnaire de chaque fermier général.

Chacune de ses initiatives piétine un abus, lèse des intérêts, annonce des réformes plus épouvantables encore pour les nantis.

Il va sans plan bien établi, mais sait parfaitement où il veut aller. Sa grande idée, celle qui couronnera son œuvre, c'est la mise en place d'une structure pyramidale de propriétaires couvrant l'ensemble du royaume, de la paroisse à l'élection (arrondissement), de l'élection à la province, de la province à la Municipalité royale, chaque assemblée élisant ses députés à l'étage supérieur. Chargées de la répartition de l'impôt, de l'élaboration des programmes de travaux publics, du choix des administrateurs, de l'assistance aux déshérités, les assemblées auront évidemment vocation à élargir leurs compétences : répartir l'impôt risque de conduire à le vouloir consentir. C'était un embryon de Constitution, donc une révolution. Turgot la croyait nécessaire « La cause du mal, Sire, écrivit-il à Louis XVI, vient de ce que votre nation n'a point de Constitution. C'est une société composée de différents ordres mal unis, et d'un peuple dont les membres n'ont entre eux que très peu de liens sociaux. » Son système d'assemblées municipales donnait une voix non pas au peuple, mais à la partie la mieux partagée du peuple. Malesherbes ne raisonnait pas autrement lorsqu'il conjurait le roi d'établir avec la nation une « communication directe » par l'établissement d'états provinciaux. « Les peuples sentent leur malheur, constatait-il, mais il leur manque un organe pour se faire entendre. » Le Parlement s'était autodésigné comme le porte-parole de la nation, sans la moindre légitimité pour y prétendre, et avec les exécrables conséquences que l'on sait, mais la nature politique ayant, elle aussi, horreur du vide, son usurpation se perpétuait par défaut. Les structures imaginées par Turgot, aussi rudimentaires qu'elles fussent, l'auraient renvoyé à sa fonction première : rendre la justice.

L'autre grande idée, tout autant révolutionnaire, est la création d'une « instruction nationale » en sus et à côté de l'instruction religieuse. Un maître d'école dans chaque paroisse et des collèges échappant à la férule des ordres religieux, le tout sous l'impulsion d'un Conseil de l'instruction nationale.

On n'en est pas là. Turgot avance cahin-caha, s'efforçant d'ouvrir dans le mur de l'ordre établi les brèches par lesquelles il fera passer ses réformes fondamentales. Au moment précis — février 1776 — où la seconde affaire Guines embrase la cour et affaiblit le ministère, il fait adopter par le Conseil six édits. Quatre d'entre eux portent sur des problèmes très secondaires, tel le commerce des suifs, ou sur une affaire déjà entamée : la police des grains. Deux recèlent une redoutable charge explosive : l'abolition de la corvée et la suppression du monopole des jurandes, c'est-à-dire des corporations. Les jurandes, tenues d'une main de fer par une caste de maîtres se reproduisant de père en fils, interdisaient aux ouvriers de s'établir à leur compte par la multiplication de règlements draconiens. Quant à la corvée, supprimée dans le Limousin, Turgot la considérait comme injuste dans son principe, puisque seuls les paysans y étaient astreints, et antiéconomique dans la pratique, car elle désorganisait la production agricole pour un rendement des plus médiocres. Il proclamait la liberté du travail, droit naturel, et décidait que chacun pourrait exercer l'artisanat ou le commerce de son choix sans autre formalité qu'une simple déclaration administrative. Pour les chemins, leur entretien serait désormais assuré grâce à un impôt payé par tous les utilisateurs, qu'ils appartinssent au clergé, à la noblesse ou au tiers état. L'opposition manifestée par le garde des Sceaux, Miromesnil, incita cependant le contrôleur général à exempter le clergé, comme il l'avait d'ailleurs fait en Limousin. La noblesse restait assujettie. C'était faire tomber un premier pan de son privilège fiscal. Après un examen minutieux, le roi signa les édits. Il ne restait plus qu'à les faire enregistrer par le Parlement. Ses amis pressaient Turgot de tenter de se concilier quelques magistrats influents. Il refusait en répétant : « Si le Parlement veut le bien, il enregistrera. » Ce serait la réplique la plus comique du siècle si elle ne tombait de la bouche d'un homme si grave à propos de problèmes si sérieux.

*
* *

En attaquant sur plusieurs fronts à la fois, malgré les sages avis de Malesherbes, le contrôleur des finances s'exposait à une contre-offensive généralisée. Maîtres tailleurs, graveurs-ciseleurs et autres patrons des jurandes recrutèrent des plumes et inondèrent le public de mémoires véhéments. Le Parlement engagea les hostilités avant même d'avoir reçu le texte des édits. Se saisissant d'une brochure sur les corvées attribuée à Condorcet, ami de Turgot, il ordonna sa suppression. Puis il condamna au feu un texte rédigé par Boncerf, commis de Turgot, sur les *Inconvénients des droits féodaux*. Fort modéré, Boncerf ne contestait nullement les droits fondés sur la propriété, mais proposait, moyennant indemnisation, la liquidation progressive des pratiques archaïques qui, peu rémunératrices pour le seigneur, exaspéraient l'assujetti : droits de garenne, de colombier, de chasse, corvées seigneuriales, etc. Dans douze ans, les cahiers de doléances crieront l'exigence paysanne d'en finir avec ces insupportables vieilleries[1].

Le terrain ainsi préparé, le Parlement examine les six édits le 17 février 1776. Il a retrouvé son général : le prince de Conti. C'est un moribond qui sort de son carrosse enveloppé de fourrures pour se préserver du froid. Il achève dans la débauche la plus crasseuse une vie commencée sous le signe de la plus haute ambition. L'édit sur les jurandes lui coûte cher : l'enclos du Temple, sur lequel il règne, échappe aux corporations, et le prince veut conserver pour son seul profit la liberté que Turgot voudrait générale. Mais les considérations financières sont peu de chose pour un homme au bord du tombeau. Il est contre, toujours contre. Depuis un quart de siècle, il n'existe politiquement qu'en s'opposant. Ses idées personnelles ? Bien malin qui s'y

---

1. Dans un village voisin de celui qu'habite l'auteur, en Cotentin, le cahier de doléances demandera avec vigueur l'abolition d'une corvée seigneuriale qui obligeait les paysans à se relayer chaque nuit d'été, par équipes de douze, pour battre l'eau de l'étang avec des branchages afin que le sommeil des châtelains ne fût pas troublé par le coassement des grenouilles.

retrouverait. Il répète que la république ne lui fait pas peur, mais abhorre la démocratie ; affirme que le rôle de la noblesse consiste à protéger le roi contre le peuple, mais aussi le système monarchique contre le roi lui-même. Il lui reste six mois à vivre. Si grande est sa faiblesse qu'il traverse le grand parquet du Parlement en diagonale, soutenu par ses laquais, alors que le protocole exige qu'on en fasse le tour. C'est sa dernière bataille.

Remontrances au roi « au nom de toute la noblesse de France ». Les « pères du peuple », comme aiment à s'intituler les magistrats, laissent tomber le masque. L'abolition des corvées ? Ils rejettent un projet qui, « tendant à établir entre les hommes une égalité de devoirs et à détruire ces distinctions nécessaires, amènerait bientôt le désordre, suite inévitable de l'égalité absolue, et produirait le renversement de la société civile dont l'harmonie ne se maintient que par cette gradation de pouvoirs, d'autorités, de prééminences et de distinctions qui tient chacun à sa place et garantit tous les états de la confusion ». Au clergé, le culte, l'enseignement et la charité. La noblesse conseille le roi et verse à la guerre l'impôt du sang. « La dernière classe de la nation, qui ne peut rendre à l'État des services aussi distingués, s'acquitte envers lui par le tribut, l'industrie et les travaux corporels. » Chacun à sa place et surtout, pas d'impôt pour tous ! De même que les bœufs-tigres, pour étayer leur prétendue prééminence, appelaient à la rescousse Clovis, Childebert Iᵉʳ et Charles le Chauve, de même ils vont chercher loin la justification de leur refus : le droit de corvée « appartenait aux Francs sur leurs hommes... Lorsque les serfs obtinrent des affranchissements en devenant citoyens libres mais roturiers, ils demeurèrent corvéables... Assujettir les nobles à un impôt pour le rachat de la corvée, au préjudice de la maxime que nul n'est corvéable s'il n'est taillable, c'est les décider corvéables comme les roturiers... Ainsi les nobles de race, les gentilshommes, pourraient être exposés à l'humiliation de se voir traîner à la corvée... » Il fallait bien du vice dans le raisonnement pour déduire d'un édit abolissant la corvée qu'il exposait les « nobles de race » à empoigner la brouette ! Et faut-il rire ou pleurer d'entendre parler « au nom de toute la noblesse de France » ces grotesques boursouflés qui ont payé en écus leurs blasons tout neufs et dont jamais le sang ne rougit le champ de bataille ?

L'édit sur les jurandes était également rejeté. Les incessants litiges entre corporations donnaient du grain à moudre au

Parlement. Le conflit entre tailleurs et fripiers avait à lui seul produit quatre cents jugements...

Remontrances, rejet par le roi, itératives remontrances : nous connaissons la monotone mécanique.

L'étranger n'en revenait pas. De Marie-Thérèse aux libéraux anglais, Turgot était fort admiré. Horace Walpole écrit : « La résistance du Parlement à l'admirable réforme préparée par MM. Turgot et Malesherbes est plus scandaleuse que le plus féroce caprice du despotisme... Ces magistrats prévaricateurs s'opposent au bonheur de plusieurs millions d'hommes. » En France, l'opinion éclairée soutient les édits. Voltaire traite naturellement les opposants de reptiles et fustige la « levée de talons rouges » (les nobles) et de « bonnets carrés » (les magistrats). Trudaine proclame que « la voix des forts contre les faibles est dans le Parlement, dans la Cour des aides, dans ce qu'on appelle la bonne compagnie de Paris, dans la cour ». Condorcet dénonce dans cette prétendue élite « la lie du peuple » et la voue « au mépris et à la haine de tous les siècles ».

Mais l'union sacrée du clergé, de la noblesse, de la bourgeoisie commerçante et artisanale remue Paris et répand les pires alarmes. On annonce une famine prochaine. Les rumeurs de complot galopent. Par une coïncidence non fortuite, marée de libelles sur la vie privée de la reine. Et Turgot se retrouve isolé au Conseil. Miromesnil joue contre lui. Vergennes, Sartine, Saint-Germain se tiennent dans une prudente expectative. Seul Malesherbes reste solide au poste. Maurepas retourne sa veste. Il déconseille au roi de tenir le lit de justice indispensable à l'enregistrement des édits. À l'exception de Malesherbes et de Turgot, les ministres opinent dans ce sens. Louis XVI donne raison à Turgot. Maurepas, qui parle de démission parce qu'il se croit menacé d'un renvoi, ne le pardonnera pas au contrôleur général.

Le lit de justice se tient à Versailles le 12 mars. Affluence des grands jours. Les femmes sont si nombreuses qu'on doit leur demander d'ôter leurs paniers pour qu'elles puissent trouver place sur les banquettes. La reine trône dans une lanterne, entourée de sa coterie. On s'émeut d'une algarade entre Choiseul et Conti. Car — ô surprise ! — Choiseul est pour les édits. Il veut se rapprocher du roi. Conti, ses yeux furibonds, où se concentre son reste de vie, fixés sur le duc : « Monsieur de Choiseul, avant d'être en place, vous étiez un étourdi ; quand vous avez été en place, vous avez été un insolent ; et depuis que vous n'y êtes plus, vous êtes un pied-plat ! » Un grand jour, décidément. Mais le prince moribond est trop faible pour prononcer le discours tant attendu ; il se contente d'en communiquer le texte écrit. Dommage : son éloquence a plus d'une fois soulevé le Parlement.

Le premier président d'Aligre égrène d'une voix sépulcrale les phrases que nous entendons depuis si longtemps : « capitale en alarme », « noblesse plongée dans l'affliction », « une morne tristesse s'offre partout aux augustes regards de Votre Majesté. Si elle daigne les jeter sur le peuple, elle verra le peuple consterné. » Tartufe ! Jean-foutre ! Au même moment, à Versailles comme à Paris, les ouvriers libérés des jurandes s'entassent joyeusement dans des carrosses de louage, remplissent les guinguettes en offrant « partout le spectacle du vrai délire ». Et la France rurale, à l'annonce de la fin des corvées, se livre à des « transports de joie ». On chante au village :

> *Je n'irons plus aux chemins*
> *Comme à la galère*
> *Travailler soir et matin*
> *Sans aucun salaire.*
> *Le Roi, je ne mentons pas,*
> *A mis la corvée à bas*
> *Oh ! la bonne affaire.*
> *O Gué*
> *Oh ! la bonne affaire !*

L'avocat général Séguier prend autant de fois la parole qu'il y a d'édits en balance. Sur la corvée, il se garde habilement de se faire le défenseur du privilège, mais dénonce une imposition supplémentaire et reprend à son compte une suggestion de Saint-Germain, ministre de la Guerre : confier l'entretien des chemins à la troupe, moyennant un doublement de la solde. Pour les jurandes, dont l'abolition, selon d'Aligre, laisserait « sans règle et sans frein une jeunesse turbulente et licencieuse qui se croirait indépendante », l'avocat général se montre plus habile encore. Il admet volontiers la nécessité de réformer un système souvent absurde, de fusionner, par exemple, tailleurs et fripiers, boulangers et pâtissiers, menuisiers et ébénistes, mais oppose à une liberté complète des objections autant de principe que techniques. Sa modération même donne du poids à son propos.

Séguier se pose en homme raisonnable face à un Turgot qui veut tout bouleverser. On l'applaudit. On juge qu'il a parlé « non comme un homme, mais comme un dieu ». On remarque que le roi paraît « ému et ébranlé » par sa dernière intervention. Autre motif d'émotion pour Louis XVI : au moment des avis, Provence et Artois opinent contre les édits ; c'est la première fois que ses frères se séparent de lui.

Après avoir ordonné l'enregistrement, le roi lève la séance avec une ultime déclaration qui trahit son trouble : « Si l'expérience fait reconnaître des inconvénients dans quelques-unes des dispositions, j'aurai soin d'y remédier. »

Le jour même, le lieutenant général de police fait apposer les scellés au siège des jurandes.

Turgot a gagné. Il est perdu.

XI

Beaumarchais a eu chaud. Ses incessants voyages à Londres ne pouvaient qu'éveiller les soupçons du contre-espionnage anglais et l'activité qu'il déploie sur place ne risquait pas de les assoupir. Ses fréquentations politiques trahissent son rôle d'informateur. Il fournit à Versailles maints renseignements sur les envois de troupes en Amérique et sur les mouvements des flottes anglaises, en même temps que le compte rendu, pris aux meilleures sources, des opérations contre les Insurgents. Il pratique aussi le renseignement économique : « Je l'avais vu à Londres, écrira le petit Gudin, chercher à faire parvenir en France le secret de plusieurs manufactures utiles. » Il négocie l'achat d'une forêt anglaise dont les arbres fourniront des mâts aux vaisseaux de l'ami Sartine. La corde devait bien finir par rompre...

Lorsqu'il repasse le pas de Calais, en avril 1776, son ami lord Rochford le soumet à un interrogatoire serré : que vient-il faire au juste ? Beaumarchais exhibe une commission, signée de Sartine, le chargeant d'acheter à Londres, pour le compte du ministère de la Marine, des piastres portugaises ayant cours dans les Antilles françaises. L'enquête diligentée par Rochford à la Bourse se révèle positive : le commissionnaire a pris contact avec des banquiers pour réaliser son achat. Et Beaumarchais a eu la prudence d'écrire à un correspondant parisien par la poste officielle, sachant par conséquent qu'elle sera ouverte, une lettre vantant la « grande et belle affaire bien lucrative ». Il est provisoirement blanchi. Ouf ! Billet à Vergennes, le 12 avril : « J'écrirai vendredi à M. de Sartine en le remerciant, ainsi que le Roi, de ce qu'ils m'ont fourni le moyen de dormir tranquillement à

Londres. » Et Vergennes, soulagé, de descendre à des vulgarités peu dans sa manière : « Il faut avouer que ces Anglais, que nous croyions des hommes, sont fort au-dessous des femmes, s'ils prennent la peur à si bon marché... »

George III propose à Rochford la place de vice-roi d'Irlande. Beaumarchais se vengera de la curiosité de son vieil ami en lui collant une taupe, un certain Duflos, introduit par ses soins dans son entourage, dont il écrit à Vergennes qu'il lui est « absolument dévoué, et par lequel vous aurez toujours des nouvelles certaines du plus intime intérieur de la vice-royauté ».

Le responsable de ces tracas ? Stormont, évidemment, le jeune ambassadeur de Sa Majesté britannique à Versailles, neveu de ce lord Mansfield qui valut tant de soucis à d'Éon, enjoué, ruisselant de charme — beaucoup de dames de la cour ne lui ont pas été cruelles —, dont les dépêches indiquent un sens politique très sûr et qui a surtout le génie du renseignement. C'est lui qui alerte Londres sur les menées souterraines de Beaumarchais. Un vrai cauchemar que cet homme-là ! On le surnomme déjà « milord Tout-ouïe et Tout-œil ». L'année précédente, à peine les premiers navires américains touchaient-ils les ports français qu'il protestait auprès de Vergennes : « Monsieur, quelques vaisseaux américains ayant paru dernièrement dans plusieurs ports de l'Europe [euphémisme pour la France], dont les capitaines ont ouvertement avoué que le dessein était de se munir d'armes et de munitions, j'ai l'honneur d'en passer avis à Votre Excellence, étant très fermement persuadé qu'elle procurera l'expédition des ordres qui seront nécessaires pour défendre dans les ports de ces royaumes la sortie de munitions de guerre de toute espèce sur des vaisseaux britanniques et même sur des vaisseaux d'autres nations destinés à l'Amérique. » À croire qu'il a un agent dans chaque port... Vergennes s'était naturellement empressé d'assurer l'ambassadeur que M. de Sartine recevrait du roi les ordres adéquats, ce à quoi l'autre avait répondu avec une égale hypocrisie : « Le Roi mon maître, dont toutes les vues tendent à perpétuer l'heureuse harmonie qui subsiste entre les deux nations, recevra avec un plaisir sensible les assurances réitérées de Sa Majesté Très Chrétienne et le nouveau témoignage qu'elle vient d'en donner. »

La désastreuse affaire Guines avait eu au moins l'avantage de délivrer la France du milord : Versailles rappelant son ambassadeur, l'usage diplomatique voulait que Londres en agît de même avec le sien. Beaumarchais insistait auprès de Louis XVI sur le danger présenté par un homme qui, « par la facilité de ses liaisons en France, est à portée d'instruire et instruit journellement l'Angleterre de tout ce qui se dit et s'agite au Conseil de Votre Majesté ». Il juge donc le rappel de Guines « on ne peut plus favorable ». Surtout, qu'on ne se presse pas de nommer un nouvel ambassadeur à Londres !

Sa situation n'en reste pas moins précaire. Il se sait entouré, épié. Ses amis français lui prédisent une arrestation prochaine. On vient de pincer deux agents irlandais. Et Vergennes qui ne bouge pas... Il a refusé de recevoir Arthur Lee à Versailles. Le 26 avril 1776, c'est un Beaumarchais excédé qui prend la plume : « Monsieur le comte, je profite d'une occasion fidèle pour vous entretenir avec liberté sur la seule affaire vraiment importante aujourd'hui : l'Amérique et tout ce qui s'y tient. » Lee ne cesse de lui répéter : « Il nous faut des armes, de la poudre, mais surtout il nous faut des ingénieurs. » Que doit-il répondre ? « Est-il bien vrai, monsieur le comte, que vous ne ferez rien pour les Américains qui les mette au pair de leurs ennemis ? N'aurez-vous pas la vertu de montrer encore une fois au Roi combien il peut gagner, sans coup férir, en cette seule campagne ? Et n'essaierez-vous pas de convaincre Sa Majesté que ce misérable secours qu'ils demandent, et sur lequel nous débattons depuis un an, doit nous faire recueillir tous les fruits d'une grande victoire sans avoir essuyé les dangers d'un combat ? que ce secours peut nous rendre, en dormant, tout ce que la paix honteuse de 1763 nous a fait perdre ; et que le succès des Américains, réduisant ses rivaux à n'être plus qu'une puissance du second ordre, nous replace au premier rang, et nous donne pour longtemps la prépondérance sur l'Europe entière ?... Malgré le danger que je cours en vous écrivant, de Londres, des choses aussi hardies, je me sens une fois plus français ici qu'à Paris. Le patriotisme de ces gens-ci ranime le mien. Il semble même que l'état précaire et dangereux où je me vois, par les soupçons et l'inquisition sévère qui se fait sur tout ce que j'entreprends, rende mon zèle plus ardent ! »

Vergennes répond dans son style ampoulé : « Il est aussi aisé de bien dire que difficile de bien faire : c'est un axiome que tous les gens d'administration, sans en excepter les ministres britanniques, vous certifieront. Ceux dont le rôle est de raisonner envisagent un objet sur un point de vue isolé, déduisent supérieurement les avantages à en recueillir ; mais, s'ils pouvaient embrasser l'ensemble, ils reconnaîtraient bien vite que ces prétendus avantages, si exaltés dans la spéculation, ne seraient, dans la pratique, qu'une source d'inconvénients plus funestes les uns que les autres. J'ai été longtemps dans le parterre avant d'arriver sur la scène ; j'y ai vu ces gens de toutes les classes et de toutes les trempes d'esprit. Tous, en général, frondaient, blâmaient ; on ne faisait jamais bien selon eux. Quelques-uns, de juges qu'ils se constituaient, se sont exposés à être jugés. Je les ai presque tous vus prendre les errements qu'ils avaient si sévèrement condamnés, tant il est vrai qu'il est une force d'impulsion ou d'inertie, comme il vous plaira de la qualifier, qui ramène toujours les hommes vers un centre commun. »

Le ministre s'emploie cependant à rassurer son agent, et lui adresse même un clin d'œil : « Cette préface n'est point destinée à réfuter votre prévoyance, que je loue, au contraire, et que j'approuve. Mais ne croyez pas, parce qu'on ne la saisit point avec rapidité, qu'on la rejette. Il est des gradations qu'il est de la prudence de suivre, et n'en déplaise à vos bouillants qualificateurs, tout sommeil n'est point léthargique. Quoique la voie dont je me sers soit sûre, je n'y ai cependant pas assez de confiance pour ne pas mettre un frein au désir que j'aurais de vous dire toutes mes pensées ; mais je me repose sur votre sagacité pour les deviner. Pensez-y bien, et vous me trouverez plus près de vous que vous ne l'imaginez. »

La réponse de Vergennes est du 2 mai. Dix jours plus tard, Turgot recevait son congé.

*
* *

Exactement deux mois entre le victorieux lit de justice et le renvoi : la roche Tarpéienne était bien près du Capitole...

On avait naturellement assisté aux désordres inséparables de toute réforme un peu profonde. Des rixes entre compagnons et maîtres ont nécessité l'intervention de la troupe. Dix mille personnes se sont fait inscrire comme cordonniers. Les ouvriers boulangers ont déserté en masse le four de leur patron pour ouvrir boutique à leur compte. On a même arrêté un faux prêtre qui déclarait pour métier : « Dire des messes à douze sous. » Cela a fait rire. Mais la noblesse s'est alarmée de quelques troubles survenus dans le pays. La condamnation par le Parlement de l'ouvrage de Boncerf lui avait valu un très vif succès. La rumeur de l'abolition des droits féodaux s'est répandue dans les campagnes et les croquants ont investi deux châteaux, obligeant le seigneur du cru à une fuite humiliante.

Maintes explications à l'échec de Turgot, mais il faut aller à la plus essentielle : le roi ne peut pas le suivre. Un frein psychopolitique l'en empêche. Son évidente bonne volonté bute sur un obstacle insurmontable. Il est trop intelligent pour ne pas voir où conduisent, à terme, les réformes de Turgot. Le privilège fonde la distinction par ordres qui structure la société française depuis des siècles ; son abolition signifierait le démantèlement d'une hiérarchie fondée sur la certitude où sont les nobles d'appartenir à une *race* différente et supérieure. Le sentiment intime de Louis XVI ne s'exprime nulle part plus clairement que dans son commentaire du *Mémoire sur les municipalités* que Turgot lui soumet après le lit de justice. Même si le contrôleur général a la prudence de borner son échafaudage d'assemblées à un rôle consultatif, le roi constate : « Il ne faut pas être savant pour juger que le présent mémoire est fait pour établir en France une nouvelle forme dans le gouvernement et pour décrier les institutions anciennes, que l'auteur suppose être l'ouvrage des siècles d'ignorance et de barbarie, comme si le règne de mes trois prédécesseurs pouvait être classé, par un esprit juste et raisonnable, avec ceux des siècles barbares... » Il critique avec humour le suffrage censitaire proposé par Turgot, selon lequel on n'est électeur qu'à partir de six cents livres de revenu : « Ainsi, celui qui n'aurait que cent livres ne serait qu'un sixième de citoyen. L'idée est si nouvelle qu'elle a encore dans nos opinions je ne sais quoi de bizarre et de romanesque que la dignité de l'État ne pourrait se promettre de proposer. » Voici le plus important : « On voit encore que M. Turgot est l'ennemi des ordres et de la hiérarchie de leurs assemblées, qui conservent en France les facultés et les honneurs des différents individus, et forment en France la hiérarchie de mes sujets, sans laquelle il ne peut y avoir nulle part de hiérarchie. M. Turgot propose une hiérarchie de pouvoirs ; cette hiérarchie est chimérique si une hiérarchie de naissance n'en est la base, comme dans toutes les monarchies anciennes ou modernes. » Le roi conclut : « Les formes antiques de la monarchie seraient abolies pour [y] substituer les réunions du peuple neuf. J'ignore si la France, administrée par les élus du peuple, par les plus riches, serait plus vertueuse qu'elle ne l'est, étant administrée par droit de naissance et par le choix des rois. » Les innovations proposées ne sont en somme que des « entreprises dangereuses ».

Michelet écrira de lui : « Il était l'antiquité même. » C'est excessif. Mme Campan, première femme de chambre de Marie-Antoinette, donne une analyse plus nuancée : « Turgot, Malesherbes et Necker avaient jugé qu'un prince de ce caractère sacrifierait volontiers les prérogatives royales à la solide grandeur de son peuple ; son cœur le portait, à la vérité, vers des idées de réforme ; mais ses principes, ses préjugés, ses craintes, les clameurs des gens pieux et des privilégiés l'intimidaient et lui faisaient abandonner des plans que son amour pour le peuple lui avait fait adopter. » Principes et préjugés pèsent sans doute plus lourd que les pressions extérieures, et la célèbre indécision ne fait ici qu'enrober de flou sa conviction intime. Il ne peut pas suivre Turgot parce que les réformes de celui-ci conduisent à la subversion d'un ordre social qu'il a juré de maintenir au sacre de Reims.

Quoique dévoué corps et âme au principe monarchique, Vergennes voyait le royaume d'un œil différent. « Il n'y a plus de clergé, ni de noblesse, ni de tiers état en France, écrira-t-il bientôt à Louis XVI ; la distinction est fictive, purement représentative et sans autorité réelle. Le monarque parle ; tout est peuple, tout obéit. » C'est une définition sommaire mais suffisante du despotisme éclairé — expression elle-même peu adéquate à la réalité qu'elle recouvre. Cette réalité impliquait, sinon un despote, du moins une volonté souveraine à la tête de l'État. Jamais il ne suffira à Louis XVI de parler pour que tout ne soit qu'obéissance.

À son avènement, le Grand Frédéric avait dit : « Il faudrait au jeune roi de France de la force et du génie. » Il en eût fallu, en effet, pour rejoindre le cercle étroit des grands monarques du siècle propulsant leur peuple dans la modernité grâce au rude levier du despotisme éclairé, ou bien pour renverser le vieux monde et inventer le nouveau que seule une immense révolution saura accoucher.

Edgar Faure constate qu'en renvoyant Turgot « le règne avait laissé échapper l'heure et la chance ». Et il tire la leçon politique de l'échec : « C'est l'éternel drame et l'insoluble problème des régimes vieillissants. Dans l'effondrement des structures d'origine, dans le retrait des supports affectifs, la pire politique, pour eux, c'est la politique qui *dérange*. L'organisme condamné semble supporter plus aisément l'agonie que le soubresaut. L'immobilisme ne peut éviter une issue fatale, mais l'action la plus généreuse semble la précipiter. »

Un soir, Sartine discute de ses collègues du ministère devant une dame et l'abbé de Véri : qui tiendra ou ne tiendra pas ? « La dame, raconte Véri, lui demanda gaiement : "Et Louis XVI, y sera-t-il encore dans deux ans ?" Cette question ne fut qu'un objet de plaisanterie. Mais si on eût osé la faire il y a trente ans, on aurait craint que les murailles ne la répétassent. »

*
* *

Tout s'est conjugué pour perdre Turgot.

L'enregistrement des édits ne fit que multiplier pamphlets et libelles. L'un d'eux, intitulé *Les Mannequins* et attribué avec la plus grande vraisemblance au comte de Provence, mettait en scène un Togur transparent, dénonçait « sa rudesse extrême et son despotisme », et s'en prenait au roi lui-même : « Une probité ignorante est un plus grand fléau en politique que la perversité lorsqu'elle est éclairée. » Un autre, *La Prophétie turgotine*, raillait le goût égalitariste du contrôleur général :

> *Du même pas marcheront*
> *Noblesse et roture,*
> *Les Français retourneront*
> *Au droit de nature.*

L'auteur, le chevalier de Lisle, n'épargnait pas le roi

> *Qui, se croyant un abus,*
> *Ne voudra plus l'être.*
> *Ah ! qu'il faut aimer le bien*
> *Pour, de Roi, n'être plus rien !*

Turgot avait réussi la performance de réconcilier le clergé et le Parlement : enterrant leur vieil antagonisme au nom de la sacro-sainte défense du privilège, mitres et bonnets carrés faisaient front commun contre lui. La noblesse de cour haïssait un homme qu'elle savait résolu à réduire ses prébendes. Les noblaillons s'effaraient qu'on prétendît les priver de corvées seigneuriales si douces à leur confort et à leur amour-propre. Les maîtres des jurandes agitaient Paris. Turgot n'avait pour lui que le peuple et les provinces, autrement dit rien puisque ni le peuple ni les provinces ne disposaient d'organes pour se faire entendre. L'énorme joie paysanne, lorsque le curé de chaque paroisse avait lu en chaire l'édit abolissant la corvée, n'atteignit pas Versailles ; celle des ouvriers libérés du carcan corporatif posait plus de problèmes au pouvoir qu'elle ne lui apportait de soutien. L'approbation des philosophes ? Venant d'eux, c'est le pavé de l'ours. Tel son grand-père, Louis XVI tourne inlassablement dans le cercle enchanté de ses châteaux : Versailles, Choisy, Marly, Fontainebleau, Compiègne. Il ignore la France. Il la découvrira dans onze ans, quand il fera le voyage de Cherbourg, et avec tant d'étonnement ravi qu'il se promettra de récidiver ; mais le voyage suivant s'arrêtera à Varennes. Comment la clameur qui monte contre Turgot ne lui apparaîtrait-elle pas comme l'expression de l'opinion publique ? Le libraire parisien Hardy qui, à la vérité, avait peu de chances d'assister à une conversation entre Louis XVI et le contrôleur général, note dans son journal cette apostrophe royale qui, vraie ou apocryphe, circulait dans les rues de Paris : « Mais, monsieur Turgot, vous ne me parlez que du bonheur de mon peuple, que du bien général de mes sujets. Comment peut-il donc se faire que des arrangements aussi utiles et aussi avantageux que vous me le dites excitent autant de réclamations ? »

Maurepas joua supérieurement. Il voulait le départ de Turgot. L'épisode du lit de justice tenu par le roi contre son avis l'avait déterminé à en finir avec un rival dangereux. Il sut diminuer dans l'esprit de Louis XVI et Malesherbes et Turgot : « Voilà deux hommes que je vous avais donnés moi-même comme étant de la plus grande vertu et ayant pour vous le plus grand attachement. L'un des deux vous quitte pour quelques légères difficultés suggérées par une utile prudence. L'autre vous menace souvent de vous quitter si vous ne suivez pas en tout ses avis. Je vois avec regret qu'ils ne vous sont attachés ni l'un ni l'autre. » Le Mentor imagina une manœuvre d'un machiavélisme accompli, bien digne d'un vieil homme rompu aux intrigues de cour. Puisque

Malesherbes démissionnait, il proposa de le remplacer par Amelot, dont la nullité n'était contestée par personne. Maurepas lui-même, son oncle, disait en riant : « On ne me reprochera pas d'avoir appelé celui-ci pour son esprit. » Il savait que Turgot ne pouvait accepter un tel choix.

Turgot songeait à son ami Véri pour la Maison du roi. Il ne lui en avait soufflé mot et rien ne prouve que l'autre eût accepté : son journal exprime une solide aversion pour le métier de ministre et les innombrables dégoûts qu'il occasionne. Véri s'est d'ailleurs retiré sur ses terres de Saint-Satur, en Berry, fatigué de jouer le « raccommodeur perpétuel » entre ses trois amis.

Le contrôleur général écrit alors au roi une lettre émouvante, échevelée, aussi maladroite que possible — la lettre d'un homme aux abois. Certaines phrases devaient heurter le destinataire : « Je répète sans cesse la même chose. Que puis-je vous dire de plus clair ? et quels sont donc les moyens de vous faire connaître la vérité ?... Vous n'avez point d'expérience personnelle ; mais, pour sentir la réalité des dangers de votre position, n'avez-vous pas l'expérience si récente de votre aïeul ? Je vous ai peint tous les maux qu'avait causés la faiblesse du feu Roi. Je vous ai développé la marche des intrigues qui avaient par degrés avili son autorité... J'ose vous prier de relire cette lettre et de vous demander si vous voulez courir le risque des même dangers, je dirai même de dangers plus grands... On vous croit faible, Sire, et il est des occasions où j'ai craint que votre caractère n'eût ce défaut... N'oubliez pas, Sire, que c'est la faiblesse qui a mis la tête de Charles Ier sur un billot. » Et la furieuse Cassandre de dénigrer ses collègues du ministère. Maurepas ? « Tout le monde sait que Mme de Maurepas, qui a infiniment moins d'esprit, mais beaucoup plus de caractère, lui inspire habituellement toutes ses volontés. » Un faible, incapable d'être ce guide dont le roi a besoin. Vergennes ? « M. de Guines serait peut-être encore ambassadeur à Londres si je n'avais pris sur moi de dire à Votre Majesté ce que d'autres auraient été plus faits pour lui dire. » Miromesnil ? Acharné à lui susciter des difficultés. Amelot au ministère ? « Je vous supplie de réfléchir encore avant de vous déterminer à un choix qui sera mauvais en lui-même, funeste par ses suites, vu les circonstances, et qui sera certainement trouvé ridicule... » Il écrit comme on se suicide.

D'Ogny, l'homme du Cabinet noir, joua son rôle en fournissant des lettres interceptées, systématiquement défavorables à

Turgot. Elles étaient authentiques ou fabriquées, car on le savait capable de forger des faux ; Charles de Broglie en avait averti le roi dès son avènement. Plus grave, il montre à Louis XVI une lettre écrite à Turgot par l'un de ses amis, avec cette phrase : « Je ne croyais pas le Roi aussi borné que vous me le représentez. » Cela ne pouvait pas plaire.

Le 10 mai au matin, Turgot apprend la nomination d'Amelot. Quelques heures plus tard, le coup de grâce : le comte de Guines est créé duc.

*
* *

Marie-Thérèse a raison d'écrire à Mercy qu'ayant « épluché » sa fille « avec bien de l'attention depuis sa plus tendre enfance », elle la sait « très attachée à ses idées, en faisant même semblant de les abandonner pour venir d'autant mieux à ses fins ». Avec une fourberie rare chez une personne de son âge, Marie-Antoinette a parfaitement trompé son monde. L'abandon ostensible de Guines, source de désolation pour ses amis, n'était qu'une feinte destinée à masquer son action pour lui. Depuis deux mois, elle obsède le roi, sachant par expérience qu'il résiste mal au harcèlement quotidien. Elle pousse naturellement au renvoi de Turgot et veut que la chute de l'un coïncide avec l'élévation de l'autre : ainsi la cour prendra-t-elle la mesure de son pouvoir. Le 10 mai, elle exige du roi un brevet de duc. Il s'incline et rédige la lettre annonçant la faveur. L'ayant lue, Marie-Antoinette la déchire : elle ne la juge pas assez élogieuse. Trois fois, Louis XVI devra refaire sa copie. Pauvre homme, en vérité... La quatrième version satisfait la reine : « Versailles, 10 mai 1776. Lorsque je vous ai fait dire, Monsieur, que le temps que j'avais réglé pour votre ambassade était fini, je vous ai fait marquer en même temps que je me réservais de vous accorder les grâces dont vous étiez susceptible. Je rends justice à votre conduite, et je vous accorde les honneurs du Louvre, avec la permission de porter le titre de duc. Je ne doute pas, Monsieur, que ces grâces ne servent à redoubler, s'il est possible, le zèle que je vous connais pour mon service. Vous pouvez montrer cette lettre. »

Le voici duc, l'ambassadeur infidèle dont le cardinal de Richelieu eût fait trancher la tête sur le billot, que Louis XV eût envoyé méditer pour longtemps à la Bastille... Charles de Broglie, à qui la même dignité vient d'être refusée, devait penser que le trône dispensait ses faveurs d'étrange façon.

Le surlendemain, Turgot recevait son congé après avoir vainement tenté d'obtenir une audience du roi. Malesherbes partait avec lui. Véri note avec tristesse : « Mon cœur éprouve une vive amertume quand je pense que les trois hommes publics avec lesquels j'étais le plus lié ont été placés par le sort dans le même ministère ; qu'ils semblaient destinés à rendre le règne actuel le plus glorieux de tous et qu'ils en ont laissé échapper l'occasion : le premier (M. de Malesherbes), faute de volonté pour rester au pouvoir dont il s'est dégoûté comme un enfant se dégoûte de l'école ; le second (M. Turgot), faute de conciliabilité ; le troisième (M. de Maurepas), faute d'âme pour suivre ses lumières. »

La simultanéité du départ des deux ministres et de l'élévation de Guines médusa la cour et enthousiasma le parti choiseuliste. La duchesse de Choiseul, pourtant peu portée à se réjouir du malheur d'autrui, écrivit ces mots inouïs : « J'ai été comme transportée de joie par le triomphe de M. de Guines. Je trouve que la disgrâce des deux ministres qui l'a accompagné le fait ressembler aux triomphateurs romains qui traînaient leurs esclaves à leur suite. »

Ayant ainsi démontré sa capacité à briser ses ennemis et à élever ses amis, Marie-Antoinette est-elle satisfaite ? Elle rêvait d'une démonstration encore plus éclatante. Mercy-Argenteau : « Le projet de la Reine était d'exiger du Roi que le sieur Turgot fût chassé, même mis à la Bastille, le jour même que le comte de Guines serait déclaré duc, et il a fallu les représentations les plus fortes et les plus instantes pour arrêter les effets de la colère de la Reine, qui n'a d'autre motif que celui des démarches que Turgot a cru devoir faire pour le rappel du comte de Guines. Ce même contrôleur général jouissant d'une grande réputation d'honnêteté et étant aimé du peuple, il sera fâcheux que sa retraite soit en partie l'ouvrage de la Reine. Sa Majesté veut également faire renvoyer le comte de Vergennes, aussi pour cause du comte de Guines, et je ne sais pas encore jusqu'où il sera possible de détourner la Reine de cette volonté. »

Turgot à la Bastille !

Son renvoi désola Voltaire : « Un vieillard d'environ quatre-vingt-trois ans est bien près de mourir quand il apprend de telles nouvelles... C'est un désastre... Je ne me consolerai jamais d'avoir vu naître et périr l'âge d'or que M. Turgot nous préparait. » Selon le marquis de Mirabeau, le peuple « baissa l'oreille et courba l'échine ». Mais la cour exultait et les évêques firent dire dans leur diocèse des prières d'action de grâces.

Le duc de Guines ne retourna pas à Londres, où Vergennes avait eu la précaution de faire nommer, le jour même de son élévation, le marquis de Noailles, mais la reine lui conserva longtemps sa protection. Lorsque sa fille épousa le fils du duc de Castries, il obtint pour elle une dot de trois cent mille livres, et pour son gendre le titre de duc héréditaire. Puis il insupporta Marie-Antoinette par une ambition jamais assouvie et par le ton tranchant qu'il prenait avec elle pour imposer ses projets toujours fumeux. Mercy fit de son mieux pour envenimer leurs rapports. Le duc finit par disparaître de la coterie. « De tous ceux qui pouvaient aspirer à la confiance de la Reine, rapporte l'ambassadeur d'Autriche, le duc de Guines était sans doute celui qu'il importait le plus d'en écarter. »

L'imbécile Amelot mis à la place de Malesherbes, Jean-Étienne Bernard de Clugny, intendant de Guyenne, prit, à la stupéfaction générale, celle de Turgot. On n'eût pas fait mieux si l'on avait voulu illustrer à la manière naïve des images d'Épinal que le vice succédait à la vertu. Nommé d'abord à Saint-Domingue, Clugny avait multiplié les rapines au point que le Conseil supérieur de la colonie avait exigé son rappel. Intendant à Perpignan, puis à Bordeaux, il s'était signalé par une grande constance dans la médiocrité. Sa vie privée étonnait : marié, il vivait avec trois maîtresses qui présentaient la particularité d'être aussi ses sœurs. On se serait cru sous Louis XV. Il abolit d'un trait de plume les réformes de son prédécesseur, tâche pour laquelle on l'avait choisi, et consacra toutes ses forces à son enrichissement personnel. Le roi et Maurepas réfléchissaient au moyen de se débarrasser sans trop de ridicule d'un homme qu'ils venaient à peine de nommer, quand un accès de goutte compliqué de fièvre miliaire leur ôta ce souci : Clugny mourut le 18 octobre, veillé par ses quatre femmes. Il fut remplacé par le banquier Jacques Necker qui, depuis la guerre des Farines, avait combattu Turgot avec intelligence et pugnacité.

On n'éviterait pas 1789.

XII

Le jour même — 2 mai 1776 — où il remettait Beaumarchais à sa place de diplomate amateur tout en lui adressant un assez lumineux signal de connivence, Vergennes écrivait au roi cette lettre empreinte de la prudence d'un vieux routier du Secret : « Sire, j'ai l'honneur de mettre aux pieds de Votre Majesté la feuille qui doit m'autoriser à fournir un million de livres pour le service des colonies anglaises, si elle daigne la revêtir de son *approuvé*. Je joins pareillement le projet de la réponse que je propose de faire au sieur de Beaumarchais. Si Votre Majesté l'approuve, je la supplie de vouloir bien me la renvoyer de suite. Elle ne partira pas écrite de ma main ou même de celle d'aucun de mes commis ou secrétaires. J'y emploierai celle de mon fils, qui ne peut être connue, et quoiqu'il ne soit que dans sa quinzième année, je puis répondre affirmativement de sa discrétion.

« Comme il importe que cette opération ne puisse être pénétrée, ou, du moins, imputée au gouvernement, je compte, si Votre Majesté le permet, mander ici le sieur Montaudoin. Le prétexte apparent sera de lui demander compte de ses correspondances avec les Américains, et le motif réel, de le charger de leur faire passer les fonds que Votre Majesté veut bien accorder, en les chargeant [les Montaudoin] de toutes les précautions à prendre comme s'ils en faisaient l'avance pour leur propre compte. C'est sur quoi je prends encore la liberté de demander très humblement les ordres de Votre Majesté. Cela fait, j'écrirai à M. de Grimaldi : je l'informerai avec détail de notre opération et je lui proposerai de la doubler. »

Les frères Montaudoin appartiennent à une vieille dynastie d'armateurs nantais. Ils trafiquent avec les Américains depuis deux ans. Un membre de la famille est correspondant de l'Académie des sciences, ce qui l'a mis en rapport avec Benjamin Franklin. Le docteur Barbeu-Dubourg, qui achète en France les fournitures expédiées aux Insurgents, est un autre ami de Franklin; il lui voue une admiration si fanatique qu'il a fait fixer des paratonnerres sur ses parapluies. Les armateurs viennent d'essuyer un coup dur : le capitaine d'un vaisseau américain, le *Dickinson*, loyal à l'Angleterre, a mis le cap sur Bristol au lieu de Nantes; l'examen des papiers démontre que la cargaison devait être livrée à la maison Montaudoin en échange de munitions de guerre. Incident diplomatique. Beaumarchais s'était démené pour l'apaiser, sur le thème : la France n'étant en guerre ni avec les Américains ni avec les Anglais, pourquoi devrait-elle interdire à ses négociants de commercer avec les uns ou les autres ? Raisonnement un peu spécieux si l'on se rappelle que Louis XVI avait interdit officiellement la fourniture d'armes et de munitions aux Insurgents... Quant à Vergennes, obligé de demander des éclaircissements pour se justifier devant Stormont, il avait écrit aux armateurs une lettre dont les termes dictaient la réponse — « Je vous connais trop pour croire, etc. » Et les Montaudoin, entendant parfaitement la leçon, avaient fourni une justification hilarante d'obséquieuse mauvaise foi : « Nous ne nous permettrons jamais aucune opération qui pût n'être pas analogue aux vues bienfaisantes du gouvernement pastoral et paternel sous lequel nous avons le bonheur de vivre et, dans les cas qui pourraient être susceptibles de différentes interprétations, nous ne manquerions pas pour les résoudre de nous adresser aux sages dépositaires de l'autorité de notre divin monarque... »

Le 3 mai, Vergennes écrit au marquis de Grimaldi, Premier ministre d'Espagne, pour lui expliquer l'opération et le secret dont elle s'enveloppera afin de préserver vis-à-vis de l'Angleterre « la paix et l'espèce d'intelligence qu'il est possible de conserver avec une nation pour qui rien n'est sacré que son intérêt momentané ». Plutôt que de fournir directement des armes aux Insurgents, ce qui compromettrait l'État, on va donc leur fournir les moyens financiers d'en acheter à des personnes privées : « Le gouvernement n'y paraîtra en rien : tout se fera sous le nom d'une société de commerce dirigée par un négociant d'une de nos villes maritimes... Nous espérons, Monsieur, que ce secours imprévu, arrivant dans un moment où, peut-être, les plus intrépides seront ébranlés par l'arrivée des forces énormes que l'Angleterre envoie contre eux, pourra les raffermir et les rendre plus tenaces dans la résolution qu'ils semblent avoir formée de ne pas subir le joug. Ces gens-là sont assez pénétrants pour sentir qu'un secours de cette espèce ne peut pas partir d'une main ordinaire... » Vergennes suggère que Sa Majesté Catholique veuille bien apporter sa propre contribution et se propose pour la transmettre aux Américains.

On l'a dit : l'Espagne n'éprouve aucune sympathie pour les Insurgents. Elle redoute la contagion de l'esprit de révolte. Cette même année 1776, les Indiens de l'Orénoque égorgent les garnisons espagnoles. Mais qu'est-ce qu'un million de livres ? Le pacte de famille vaut bien une obole. Le 27 juin, Grimaldi écrit au comte d'Aranda, son ambassadeur à Versailles : « Le sage ministre [Vergennes] atteint par là au but politique de contribuer à affaiblir réciproquement les Anglais pour les détruire, et les colonies pour les mettre à la raison dès le principe de leur indépendance. » En somme, on soutient les Insurgents comme la corde le pendu... L'Espagne verse un million de livres. Le ministre espagnol des Finances ne saura rien de sa destination « et j'écris cette dépêche tout entière de ma main pour que ce secret ne soit communiqué à personne ».

Deux millions de livres. Beaumarchais a gagné. Mais ce sont les Montaudoin qui disposeront des fonds, avec, à Paris, le docteur Barbeu-Dubourg pour procéder à l'achat des armes.

Le 6 juin, Silas Deane débarque à Bordeaux.

*
* *

Le voyage de l'émissaire secret du Congrès avait été bien préparé et l'on avait apporté un soin particulier à l'étanchéité de sa couverture. Après un détour par les Bermudes et l'Espagne, il arrivait en France avec la qualité d'un négociant bermudien venu acheter des marchandises pour les Indes. Originaire du Connecticut, Deane pouvait tenir le rôle sans difficulté : il avait amassé une considérable fortune dans le négoce du bois, du plomb et du cuivre avec l'Angleterre. Benjamin Franklin l'avait muni de lettres de recommandation pour ses amis Barbeu-Dubourg et Le Ray de Chaumont : « Discuter avec eux vous don-

nera l occasion de vous faire au français de Paris[1] et vous trouverez en M. Dubourg un homme prudent, loyal, discret, versé dans
les affaires, et capable de vous donner de très sages conseils.»
Par Dubourg, Silas Deane devait tenter d'obtenir une audience de
Vergennes. Il révélerait alors au ministre sa qualité de représentant du Congrès, montrerait sa lettre de créance, exprimerait le
souhait américain d'établir avec la France des relations amicales,
et demanderait armes et équipements pour vingt-cinq mille
hommes, avec des munitions en quantité adéquate, et une cen-
taine de canons.

Bordeaux est une première déception. Deane devait y trouver
des vaisseaux américains dont les cargaisons lesteraient sa
demande de fournitures. Aucun vaisseau dans le port. Il prend la
route de Paris, et, tel un négociant soucieux de s'informer,
s'astreint à des étapes fréquentes pour consolider sa couverture.
De ce point de vue, la visite des forges de Ruelle, près
d'Angoulême, pouvait éveiller les soupçons : elles produisaient
la quasi-totalité des pièces d'artillerie françaises[2]. Deane arrive
dans la capitale le 5 juillet et rencontre le docteur Dubourg qui
l'installe aussitôt près de chez lui, à l'hôtel du Grand-Villars.
Dubourg comprend un peu l'anglais, au grand soulagement de
Deane qui ne parle pas un mot de français. (Beaumarchais ignorait l'espagnol, l'anglais et l'allemand, mais conversait dans les
salons de Madrid, Londres ou Vienne dans la langue alors universelle, au moins pour les élites, de même que Broglie naguère
à Varsovie ou d'Éon à Saint-Pétersbourg. C'est une date à marquer d'une pierre noire que l'arrivée en France d'une sorte
d'ambassadeur réduit à l'usage de son dialecte vernaculaire...)

Le 17 juillet, Dubourg conduit Deane chez Vergennes. Le premier commis Gérard sert d'interprète. La conversation dure deux
heures. Conformément au génie de sa nation naissante, Deane
insiste sur les grands avantages commerciaux que la France
pourrait tirer d'une alliance avec l'Amérique. Vergennes
acquiesce. Au vrai, il n'y croit guère, à juste titre, et ce n'est pas
son problème, qui tient tout entier dans la revanche sur
l'Angleterre ; il gémira souvent sur cette « terrible manie du com-

---

1. En anglais : *Acquiring parisian french.*
2. On fabrique aujourd'hui des missiles. Le lecteur se rappelle peut-être que
Charles de Broglie, dans son Ruffec tout proche, avait vainement tenté de
concurrencer Ruelle en se lançant dans la production de canons.

merce ». Mais — c'est plus fort qu'eux — les émissaires américains, à l'exception du très fin Franklin, assommeront jusqu'à la fin la jeune noblesse française emballée par l'aventure insurgente de plaidoyers nourris de chiffres, écoutés avec une stupeur un peu dégoûtée, sur les perspectives commerciales exaltantes ouvertes par l'amitié entre les deux pays.

Vergennes s'informe. Le blocus maritime anglais ne risque-t-il pas d'asphyxier les colonies ? Celles-ci sauront-elles rester unies ? Deane donne tous apaisements, et reçoit à son tour des assurances. Le ministre lui a dit, rapportera-t-il au Congrès, « qu'étant donné les bons rapports qui existaient entre les cours de Versailles et de Londres, le gouvernement ne pouvait pas *ouvertement* encourager l'embarquement de munitions de guerre, mais qu'aucune entrave d'aucune sorte n'était à redouter. S'il se présentait des difficultés, les douanes n'étant pas dans le secret, elles seraient levées immédiatement. Que je devais me considérer comme absolument libre de faire n'importe quelle espèce de commerce, aussi libre que qui que ce soit au monde, le Roi ayant décidé que les ports resteraient ouverts aux deux partis. Que lui, Vergennes, me prenait sous sa protection directe, et que si je me heurtais à quelque difficulté, soit de la part de la police française, dont je pouvais ne pas connaître très bien les règlements, soit de tout autre côté, je n'avais qu'à m'adresser à lui : tout serait immédiatement aplani. » On ne pouvait montrer plus de complaisance.

À sa grande déception, Deane découvre cependant que Vergennes était déjà informé de son arrivée. Pis encore : les Anglais la connaissent aussi. Le terrible lord Stormont va débarquer de Londres pour protester avec véhémence contre la présence en France d'un représentant des rebelles. La couverture de Deane n'a pas résisté aux services britanniques, qui connaissaient parfaitement son itinéraire, avec ses tours et ses détours. Vergennes lui recommande de se « méfier des Anglais, d'en voir le moins possible, car il ne doutait pas que je fusse entouré d'espions ».

Deane est un brave homme, franc comme l'or, qui entretient une vision optimiste de la nature humaine. Ces manigances l'épouvantent. Il succombe à une crise d'espionnite aiguë. « S'il était possible, écrira-t-il au Congrès dans un mois, je tenterais de vous décrire l'effroyable inquiétude où je me suis trouvé plongé par manque total d'informations. Mon arrivée ici, mon nom, mon adresse et bien d'autres détails étaient connus de l'administration anglaise, qui a donné à son ambassadeur l'ordre de protester vigoureusement, et, à l'appui de ces protestations, a envoyé ici Wedderburn de Londres et lord Rochford de Hollande, qui jouissent tous deux d'une grande influence. Ils sont arrivés depuis quelque temps. Du reste, la ville grouille d'Anglais, et comme l'argent achète toute chose en ce pays, j'ai eu et continue d'avoir le plus grand mal à échapper à leurs intrigues. » Comme il confie à ses amis qu'il « n'ouvrait pas la bouche devant les gens parlant anglais » et qu'il ignore toujours le français, on a tôt fait de l'appeler l'homme le plus silencieux de France, caractéristique gênante pour un ambassadeur, fût-il officieux.

Quelques jours après la première audience, Deane est de nouveau reçu par Vergennes. À toutes ses questions, le ministre répond : Voyez Beaumarchais.

*
* *

Beaumarchais était rentré de Londres dans la nuit du 24 mai. À trois heures du matin, il écrit à Vergennes : « Monsieur le comte, j'arrive, bien las, bien harassé... Mon nègre sera à Versailles à votre lever. Il sera de retour pour le mien ; et j'espère qu'il m'apportera la nouvelle que j'attends avec le plus d'impatience : c'est la permission de vous aller assurer du très respectueux attachement avec lequel je suis, etc. » Il a toujours été homme à battre le fer tant qu'il est chaud, et le signe de connivence de Vergennes lui a mis la puce à l'oreille : « *Monsieur le comte, vous étiez certainement près de moi*, comme vous le dites, *quand je vous croyais bien loin*, et vous avez mis ma sagacité fort à l'aise, par le ton dont vous m'avez donné à deviner ce que vous me disiez fort clairement. » Il voit le ministre, apprend de lui qu'on s'est enfin décidé à aider les Insurgents, et emporte le morceau haut la main. Le 10 juin, il rédige et signe ce billet : « J'ai reçu de M. Duvergier, conformément aux ordres de M. le comte de Vergennes, en date du 5 courant, que je lui ai remis, la somme d'un million dont je rendrai compte à mon dit sieur comte de Vergennes. Caron de Beaumarchais. Bon pour un million de livres tournois. » Le million espagnol, lui, arrivera dans deux mois.

Le 12 juin, il écrit à Mary Johnston, alias Arthur Lee, qu'il a décidé de « former une compagnie qui fera passer au plus tôt les secours de munitions et de poudre à votre ami, moyennant des retours en tabac ». Toujours acariâtre, Lee répond par lettre également chiffrée : « Ce n'est pas une affaire de commerce que nous agissons [*sic*], mais de la politique la plus étendue. » Il n'a rien compris. On se passera de lui. Beaumarchais donne à sa société le nom de Roderigue, Hortalez et Cie. L'Espagne, omniprésente dans son œuvre théâtrale, ne sera pas absente de ses affaires. Il s'était rendu à Madrid, douze ans plus tôt, pour le compte de Pâris-Duverney, son bienfaiteur, ami, initiateur — « Je lui dois le peu que je vaux » ; nul doute qu'il pense à lui en cet instant où sa carrière chaotique prend un nouveau tournant : comme Pâris l'a fait sa vie durant, il va donner à une armée les moyens de se battre.

Le 16 juin, flanqué du fidèle Gudin, il part pour Bordeaux acheter cinq cents quintaux de poudre. Il y est en quatre jours. L'arsenal de Château-Trompette refuse de livrer. Dix allers-retours entre son hôtel et l'arsenal, lettres fulminantes, visites courroucées aux responsables. Il obtient ses cinq cents quintaux. L'affaire réglée, il s'offre une soirée au théâtre de Bordeaux. À son entrée, la salle se lève et entonne d'une seule voix : « Toujours, toujours, il est toujours le même ! » Le lendemain matin, départ pour Paris, qu'il gagne en soixante heures, malgré un accident de voiture : une missive lui a appris le rejet de sa requête en réhabilitation. Or, toujours sous le coup de l'arrêt du Parlement Maupeou, privé de ses droits civiques, on pourrait lui contester la capacité juridique de fonder une compagnie de commerce. Il fait irruption chez Maurepas, qui s'excuse — « C'est une sottise de Miromesnil » — et l'assure qu'il va régler l'affaire. Elle le sera le 6 septembre par un arrêt du Parlement le rétablissant dans ses droits.

Il est partout à la fois, cherchant des fusils, des canons, des équipements. À Vergennes, des lettres vives et nerveuses ; ainsi : « Comme je suis un marchand de temps, j'en perds le moins que je puis. Et comme votre médiation m'est toujours infiniment chère, la première chose qui me tombe à l'esprit est de vous prier d'accélérer, en remettant ce mémoire à M. de M[aurepas], l'inestimable effet de ses bontés et des vôtres.

« M. de Saint-Germain à voir.

« L'artillerie à décider.

« L'ambassadeur d'Espagne à soutirer [le deuxième million].
« Et votre serviteur à constamment protéger. »
Quand Silas Deane, cornaqué par Barbeu-Dubourg, rencontre
Vergennes, Beaumarchais tient déjà tous les leviers de l'assis-
tance aux Insurgents.

*
* *

Le docteur Dubourg tombe des nues. La sympathie pour la
cause américaine n'excluait pas, chez cet aimable botaniste, un
sens aigu des affaires. Il y a de l'argent à gagner dans l'aide aux
Insurgents. Dubourg avait constitué ce que nous appellerions
aujourd'hui un syndicat de banquiers et de grands négociants. On
y trouvait l'ami Le Ray de Chaumont, gros importateur de sucre,
le financier suisse Panchaud, dont les opérations s'étendaient sur le
monde entier, le multimillionnaire marchand d'armes Saint-James,
célèbre pour ses somptueuses « folies », Grandclos-Mélé, qui a fait
fortune dans la traite des nègres, et une poignée de riches armateurs. Autant dire que Dubourg avait avec lui ce qui se faisait de
mieux sur la place de Paris pour la puissance financière, le sérieux
et l'entregent. Et l'on préférerait à ces hommes de poids un aventurier sur lequel courent les pires rumeurs, le drôle dont l'équipée
viennoise n'a pas fini de faire rire, un saltimbanque aussi léger
qu'une bulle de savon ? Le bon docteur lance la foudre sur
Vergennes : « Monseigneur, j'ai vu ce matin M. de Beaumarchais,
et j'ai volontiers conféré avec lui sans réserve. Tout le monde
connaît son esprit, et personne ne rend plus justice que moi à son
honnêteté, sa discrétion, son zèle pour tout ce qui est grand et bon.
Je le crois un des hommes du monde les plus propres aux négociations politiques, mais peut-être en même temps un des moins
propres au négoce mercantile. Il aime le faste, on assure qu'il
entretient des demoiselles ; il passe enfin pour un bourreau
d'argent, et il n'y a en France *ni marchand ni fabricant qui n'en
ait cette idée et qui n'hésitât beaucoup à faire la moindre affaire
de commerce avec lui.* Aussi m'étonna-t-il bien lorsqu'il m'apprit
que vous l'aviez chargé, non seulement de nous aider de ses
lumières, mais de concentrer en lui seul *l'ensemble et les détails de
toutes les opérations de commerce, tant en envois qu'en retours,*

soit des munitions de guerre, soit des marchandises ordinaires de la France aux colonies unies et des colonies en France, la direction de toutes les affaires, le règlement des prix, la conclusion des marchés, les engagements à prendre, les recouvrements à faire, etc. » Dubourg comprend parfaitement que la clandestinité des opérations impose leur concentration dans une seule main, mais « peut-être est-il cent, peut-être mille personnes en France, qui, avec des talents fort inférieurs à ceux de M. de Beaumarchais, pourraient mieux remplir vos vues, en inspirant plus de confiance à tous ceux avec lesquels elles auraient à traiter. »

Vergennes transmet la diatribe à Beaumarchais : c'est lui marquer sa propre confiance. Le vainqueur du Parlement Maupeou n'est pas homme à s'en laisser conter par un botaniste, fût-il épaulé par les plus puissants financiers de France. Et, de même qu'il avait mobilisé son honorable père contre Goëzman, de même il fait monter sa nichée de sœurs au créneau contre celui qui l'accuse d'entretenir des demoiselles : « Eh ! que fait à nos affaires que je sois un homme répandu, fastueux, et qui entretient des filles ? écrit-il à Dubourg. Les filles que j'entretiens depuis vingt ans, Monsieur, sont bien vos très humbles servantes. Elles étaient cinq, dont quatre sœurs et une nièce. Depuis trois mois, deux de ces filles entretenues sont mortes à mon grand regret. Je n'en entretiens plus que trois, deux sœurs et ma nièce, ce qui ne laisse pas d'être encore assez fastueux pour un particulier comme moi. Mais qu'auriez-vous donc pensé, si, me connaissant mieux, vous aviez su que je poussais le scandale jusqu'à entretenir aussi des hommes, deux neveux fort jeunes, assez jolis, et même le trop malheureux père qui a mis au monde un aussi scandaleux entreteneur ? Pour mon faste, c'est encore bien pis. Depuis trois ans, trouvant les dentelles et les habits brodés trop mesquins pour ma vanité, n'ai-je pas affecté l'orgueil d'avoir toujours mes poignets garnis de la plus belle mousseline unie ? Le plus superbe drap noir n'est pas trop beau pour moi, quelquefois même on m'a vu pousser la faquinerie jusqu'à la soie, quand il fait très chaud ; mais je vous supplie, Monsieur, de ne pas écrire ces choses à M. le comte de Vergennes : vous finiriez par me perdre entièrement dans son esprit. »

Elle est donc morte, la chère Lisette pour laquelle il avait rompu des lances à Madrid contre l'infâme Clavijo [1], et aussi

1. Cf. *Le Secret du Roi*, tome 2, p. 302.

Marie-Josephe, qui laissait trois enfants à sa charge. Quant au vieux père Caron, dont Beaumarchais affirme à Dubourg qu'il l'entretien aussi, il est décédé depuis un an, mais le botaniste n'a pas à le savoir. À soixante-seize ans, Caron avait convolé, en cachette de son fils, avec une gourgandine à peine moins âgée que lui et à laquelle il avait eu l'imprudence de léguer des châteaux en Espagne, alors qu'il ne vivait que d'une modeste rente viagère et de la grosse pension que lui versait son fils ; de là nouveaux tracas face à la cohorte d'avocats levée par la veuve pour obtenir ce qu'elle croyait être son dû. Le défunt lui devait bien un coup de main contre Dubourg !

L'offensive du botaniste laisse donc Vergennes de marbre, à la totale incompréhension de son syndicat d'hommes d'affaires : comment un ministre si grave, à propos d'une affaire si sérieuse, peut-il leur préférer un loustic si léger ? C'est tout simplement qu'il applique la technique que la future CIA théorisera sous l'appellation de « principe du démenti plausible ». Une opération clandestine qui tourne mal doit toujours pouvoir faire l'objet d'un démenti plausible, sinon parfaitement crédible, de la part de son mandant. Les qualités de sérieux revendiquées à bon droit par Dubourg et ses amis pour obtenir le monopole de l'aide aux Insurgents sont justement la cause de leur disqualification aux yeux de Vergennes : comment pourrait-il désavouer des personnages dont les affaires sont trop entremêlées avec celles de l'État pour qu'ils se risquent à traverser sans caution la politique officielle de la France ? Beaumarchais a mauvaise réputation ? Tant mieux ! Au début de cette année 1776, et alors que le flot des pamphlets taxant Marie-Antoinette de lesbianisme et de nymphomanie ne cesse d'enfler, Mercy-Argenteau est allé voir Malesherbes en lui demandant s'il n'y avait pas du Beaumarchais là-dessous ? C'est parfait : comment un misérable soupçonné de salir la reine pourrait-il jouir de la protection des ministres du roi ? Il montre si peu de discrétion que toute la France chante dans son sillage qu'il est « toujours, toujours le même » ? À la bonne heure : l'étranger pensera que le secrétaire d'État des Affaires étrangères eût choisi un agent moins voyant. L'étranger ? Stormont excepté, bien entendu. Milord Tout-œil et Tout-ouïe dispose de trop d'informateurs à Versailles pour ignorer que Beaumarchais est sans cesse fourré dans le cabinet de Vergennes, et même dans celui de Maurepas. Mais le démenti, peu crédible pour l'adversaire principal, restera au moins plausible pour les autres.

Beaumarchais rencontre Silas Deane le 19 juillet. Ils conversent par le truchement d'un interprète sûr que le premier a fait venir d'Angleterre. Une sympathie réciproque naît aussitôt, qui survivra aux crises. Ce n'est pourtant pas qu'ils se ressemblent : l'un vif-argent ; l'autre, d'une lourdeur de plomb ; et chez Beaumarchais une inaltérable confiance en soi quand l'autre tremble dans sa culotte ; mais ils ont en commun un curieux mélange d'idéalisme et de sens pratique. Beaumarchais à Deane, le 22 juillet : « Comme je crois avoir affaire à un peuple vertueux, il me suffira de tenir par-devers moi un compte exact de toutes mes avances. Le Congrès sera le maître ou de payer les marchandises sur leur valeur usuelle au temps de leur arrivée au continent, ou de les recevoir suivant les prix d'achat, les retards et les assurances, avec une commission proportionnée aux peines et soins qu'il est impossible de fixer aujourd'hui. J'entends servir votre pays comme s'il était le mien propre, et j'espère trouver dans l'amitié d'un peuple généreux la véritable récompense de mes travaux que je lui consacre avec plaisir. » Le surlendemain, Deane répond : « La généreuse confiance que vous placez dans la vertu et la justice de mes constituants m'inspire la plus grande joie, me donne les espérances les plus flatteuses pour le succès de l'entreprise à leur satisfaction aussi bien qu'à la vôtre. » Mais il constate que ses seules commandes d'équipements divers (tentes, couvertures, etc.) montent déjà à « deux ou trois millions » de livres, à quoi s'ajoutera le coût des canons, des fusils et des munitions. Les cargaisons américaines suffiront-elles à rembourser de pareilles avances dans le délai d'un an ? Il ne saurait l'assurer, mais « je compte qu'on vous allouera pour la balance un intérêt satisfaisant ».

Les comptes sont simples. Avec le million espagnol, qu'il recevra dans un mois, Beaumarchais aura deux millions en poche. Les équipements fournis, il lui faudra encore trouver de quoi payer les armes. Le blocus anglais rend très aléatoire l'arrivée de vaisseaux américains dans les ports français. L'intérêt à percevoir pour les retards de remboursement repose sur la seule parole de Deane. Il faut vraiment travailler en confiance. Mais comment hésiter quand on a la chance de traiter avec un peuple vertueux ?

Quant à l'excellent Deane, il a décidément bien du mal à se faire au double jeu entre politique officielle et action clandestine : « Je vois ici que l'exportation des canons, armes et autres munitions de guerre est prohibée, et que par conséquent ces objets ne pourront être exportés qu'en secret. Cette circonstance me donne beaucoup d'inquiétudes, car si je ne puis les embarquer publiquement, je ne puis aussi me les procurer ouvertement sans éveiller des alarmes qui seront peut-être fatales à nos opérations. Vous savez que l'ambassadeur d'Angleterre est attentif à tout ce que je fais, que ses espions surveillent tous mes mouvements [de fait, il est désormais filé nuit et jour] et surveilleront probablement de même tous les mouvements de ceux avec lesquels je serai en relation. Dans une telle situation, connaissant très peu votre langue, je prévois bien des difficultés auxquelles je ne sais comment faire face, et qui vous embarrasseront peut-être beaucoup vous-même, malgré votre intelligence supérieure et votre habileté. »

Un réconfort dans ces angoisses : la présence du docteur Bancroft, un homme devant lequel Deane n'a pas à craindre d'ouvrir la bouche. Admirateur et ami de Franklin, Edward Bancroft a publié dans la presse anglaise de courageux articles en faveur des Américains. Le Comité de correspondance secrète du Congrès avait donné à Deane instruction de prendre contact avec lui : « Vous vous efforcerez d'obtenir une rencontre avec M. Bancroft, en lui écrivant une lettre adressée à M. Griffith, à Turnham Green, près de Londres, dans laquelle vous lui direz votre désir en tant que vieille connaissance, qu'il vienne vous voir en France ou en Hollande. » Inutile de lui écrire : Bancroft arrive à Paris le même jour que Deane.

Avec cet ami sûr à ses côtés, l'émissaire américain s'éprouve plus fort pour se dépêtrer du réseau tissé autour de lui par lord Stormont.

*
* *

Le 4 juillet 1776, le Congrès américain franchit le Rubicon en adoptant la Déclaration d'indépendance. Ses rédacteurs s'appellent Jefferson, Adams, Sherman, Livingstone et Franklin, mais George III pourrait légitimement en réclamer la paternité : sans lui, sans sa folie aveugle, les colonies ne se seraient pas résignées à couper les amarres. Il les y a contraintes à coups de canon. Les loyalistes s'en sont trouvés débordés par la masse grandissante de ceux qu'exaspérait tant de fureur imbécile. Encore le Congrès tiendra-t-il à marquer dans la Déclaration que la volonté de rupture n'était pas de son côté : « À chaque époque d'oppression, nous avons demandé justice... Nos frères les Anglais, nous les avons avertis des tentatives que faisait leur Législature pour étendre sur nous une juridiction que rien ne pouvait justifier... Nous en avons appelé à leur justice et à leur grandeur d'âme naturelles, et nous les avons conjurés, par les liens du sang qui nous unissaient, de désavouer ces usurpations qui rompraient nos liens et notre commerce mutuel. Eux aussi ont été sourds à la voix de la justice et de la parenté. Nous devons donc céder et consentir à la nécessité qui ordonne notre séparation... »

Comme souvent, un livre avait fait office de détonateur. *Le Sens commun*, publié au début de l'année, connaît aussitôt un succès foudroyant : cent cinquante mille exemplaires en quelques semaines ; le tirage atteindra le million. Son auteur, Thomas Paine, est un quaker anglais de trente-neuf ans venu s'établir en Amérique sur la recommandation de Benjamin Franklin, alors installé à Londres. Un mariage défait, des métiers exercés sans joie, de corsetier à douanier en passant par l'épicerie : un raté. Christophe Colomb de la politique, il invente l'Amérique et devient son prophète. « La liberté a été pourchassée tout autour du globe. Ô Américains ! recevez la fugitive, et préparez un refuge pour l'humanité... Un seul honnête homme est plus précieux à la société que tous les coquins couronnés de la terre... Dans les pays libres, la loi doit être le roi, et il n'en faut pas d'autre. » Et cette phrase sublime : « La première, la grande question, celle qui conditionne toutes les autres, et dont toutes les autres découlent, c'est le Bonheur. » Dans quelques années, notre Saint-Just s'en fera l'écho : « Le bonheur est une idée neuve en Europe. »

Un agent anglais rend compte à Londres dès juillet : « Son pamphlet a travaillé l'esprit du peuple et l'a monté au degré de chaleur qu'il lui fallait pour la Déclaration. » En Angleterre, les gentlemen « font clouter leurs semelles d'un **T** et d'un **P**, afin de pouvoir fouler aux pieds les initiales du traître ».

Ses collègues du Comité des cinq ont confié à Thomas Jefferson la rédaction de la Déclaration. Choix tactique. Les colonies du Sud, jusqu'ici préservées des combats, ne marchent pas du même pas que celles du Nord, ravagées par la guerre, et les grands propriétaires esclavagistes redoutent les « principes niveleurs » des gens de Boston. Le Virginien Jefferson devrait rassurer les hésitants. Il est pourtant imprégné de Paine et dénonce comme lui l'esclavage. Son premier jet est revu par ses quatre collègues, puis soumis au Congrès qui en biffe un bon quart, dont le paragraphe condamnant l'esclavage. La version finale ne s'en inscrit pas moins parmi les grands textes de l'humanité. Sans structure étatique digne de ce nom, sans Constitution, sans frontières assurées, sans capitale et presque sans armée les États-Unis ont déjà une voix. Elle roule encore à travers le monde.

« Nous tenons pour évidentes par elles-mêmes ces vérités :
« Que tous les hommes naissent égaux ;
« Que leur Créateur leur a donné des droits inaliénables ;
« Que, parmi ces droits, on doit placer au premier rang la vie, la liberté et la recherche du bonheur ;
« Que, pour s'assurer la jouissance de ces droits, les hommes ont établi parmi eux des gouvernements dont la juste autorité émane du consentement des gouvernés ;
« Que, toutes les fois qu'une forme de gouvernement quelconque devient destructrice de ces fins pour lesquelles elle a été fondée, le peuple a le droit de la changer ou de l'abolir... »

Les Lumières, traversant l'Océan, ont élu domicile à Philadelphie, la plus belle des cités d'Amérique, la plus peuplée aussi avec ses trente mille habitants. Il fallait bien cette espèce de Pentecôte laïque pour rassembler sur un texte d'une violente nouveauté des colonies à ce point disparates. « Les treize horloges ont sonné à l'unisson », s'étonne John Adams. Mais l'unité est-elle bien affermie ? Au Congrès, on continue de voter par État, une voix pour chacun, de sorte que les quinze mille Géorgiens comptent autant que les deux cent quatre-vingt mille habitants du Massachusetts. Après avoir signé la Déclaration, John Hancock, président du Congrès, aurait déclaré : « Nous devons être unanimes ; nous devons tous tirer à la même corde, et non chacun de son côté », et Benjamin Franklin d'y aller de ce commentaire : « Certes, nous devons tous tirer à la même corde, sinon nous y serons pendus. »

Il reste, en effet, à gagner la guerre.

Elle allait cahin-caha. L'année précédente, en 1775, grande déconvenue avec le Canada. Les Insurgents tenaient pour naturel qu'il devînt le quatorzième État de l'Union. John Jay rédigea la lettre d'invitation : « Le Congrès a déjà compris que la destinée des colonies protestantes et catholiques est d'être unies fortement ensemble et, par suite, vous invite à vous joindre à nous dans la résolution d'être libres et dans le rejet, avec dédain, de chaînes qui sont des chaînes d'esclavage, quoique polies avec art. » Mauvais choix que celui de Jay pour en appeler à la fraternité américaine : il avait auparavant rédigé une adresse « au peuple de Grande-Bretagne » où la religion catholique était qualifiée de « culte sanguinaire et impie ». Les Canadiens n'ignoraient pas qu'après le loyalisme à la couronne d'Angleterre, démantelé par les soins de celle-ci, l'antipapisme restait le plus solide ciment entre les treize colonies. Et George III, si maladroit avec ses sujets protestants d'Amérique, avait su se concilier avec habileté les Canadiens catholiques en leur accordant, par le *Quebec Act*, une entière liberté religieuse et civile. Les Insurgents s'obstinèrent et envahirent le Canada. Ils emportèrent Saint-John, mirent Montréal en péril, mais, quand ils arrivèrent sous les murs de Québec, l'évêque Briand appela à la résistance et l'on vit — spectacle inouï — les paroisses marcher derrière leurs prêtres aux côtés des dos-de-homards qui les avaient subjugués quinze ans plus tôt. Vergennes avait raison de ne pas inscrire la récupération du Canada parmi les buts de guerre de la France.

L'évacuation de Boston par les Anglais, le 15 mars 1776, après neuf mois de siège, avait réchauffé les cœurs. L'un de ces succès propres à enflammer Beaumarchais : « Je dis donc que le temps approche où les Américains seront maîtres chez eux » — avec l'habituelle et discutable déduction : « Comme ils auront vaincu sans nous, ils feront une bonne paix, mais contre nous. » On n'en est pas là. Le général Howe a préféré se retirer du piège de Boston pour réunir ses troupes aux renforts que lui amène son frère, l'amiral Howe. Nouvelle manifestation de l'incohérence du cabinet anglais : pour réduire la rébellion à coups de fusil, il choisit deux frères en sympathie avec la cause américaine et qui préféreraient de beaucoup apporter le rameau d'olivier.

Mais on peut compter sur les six mille mercenaires hessois entassés dans les cales de l'amiral Howe pour n'éprouver aucun état d'âme. Quatre cents bâtiments de transport escortés par trente vaisseaux de combat ; au total, Hessois compris, trente-deux mille soldats, dix mille marins, douze cents canons : ce sont bien là les « forces énormes » évoquées par Vergennes dans sa lettre au Premier ministre d'Espagne. Le plan prévoit de s'emparer de New York, puis de remonter l'Hudson à la rencontre de l'armée anglaise descendue du Canada. Les colonies du Nord ainsi prises en tenaille et matées, ce ne serait ensuite que jeu d'enfant de réduire celles du Centre et du Sud.

Le premier choc aura lieu à Manhattan où George Washington, placé à la tête des forces américaines, s'est retranché avec quinze mille miliciers.

*
* *

À la fin des fins, il ne resta plus au prince de Conti qu'à être contre Dieu. Il l'avait toujours traité comme le Parlement Maupeou. Trente ans plus tôt, l'abbé Prévost, auteur célèbre de *Manon Lescaut*, qui passait sa vie à se défroquer, puis à se refroquer, lui avait proposé de devenir son aumônier. « Mon aumônier, te moques-tu ? Je n'entends jamais la messe. — Précisément, Monseigneur, moi je ne la dis jamais. — En ce cas, tu es justement le chapelain qu'il me faut. » Et Conti avait accordé à Prévost une pension de douze cents livres. Athée militant, il était davantage que tout autre exposé aux pressions que subissent les incroyants diminués par l'agonie pour accepter au moins de se prêter aux momeries susceptibles de sauver les apparences : on n'avait encore jamais vu un prince du sang mourir dans son lit sans avoir reçu les derniers sacrements.

Beaumarchais, qu'il avait soutenu avec constance lors de l'affaire Goëzman, lui avait rendu visite à quelque temps de sa mort. Le prince se croyait perdu : « Je ne puis plus m'en tirer, aurait-il dit, ma personne est épuisée par les fatigues de la guerre, du vin et de la jouissance. — À l'égard de la guerre, répondit Beaumarchais, le prince Eugène a fait vingt et une campagnes et il est mort à soixante-dix-huit ans [Conti n'en avait que cinquante-neuf]. À l'égard du vin, le marquis de Brancas buvait par jour six bouteilles de champagne, il est mort à quatre-vingt-un ans. — Oui, mais le cul. — Mais votre mère... », objecta hardiment Beaumarchais. Rude luronne, la princesse avait vécu soixante-dix-neuf ans. « Tu as raison, admit Conti. Il n'est pas impossible que je m'en tire. »

La mort approchant, et Louis XVI s'inquiétant du scandale d'un Bourbon, son cousin, partant drapé dans son impiété,

Vergennes mobilisa Beaumarchais pour une ultime tentative. Il arriva quand tout était fini : « Je m'acquitte une heure trop tard de la triste commission que vous m'avez donnée. Mais M. le prince de Conti était mort depuis une heure quand je suis arrivé chez lui… Jugez de ma douleur, elle est excessive. » Conti avait conservé jusqu'au bout son exceptionnelle opiniâtreté. Comme le prieur-curé du Temple s'agitait autour de son lit, il avait ordonné dans un souffle : « Congédiez-moi ce grand homme noir qui m'ennuie. » Ne craignant point de descendre à la farce pour sauver la face, les prêtres portant les derniers sacrements étaient entrés dans la chambre du moribond par une porte et avaient filé au trot par une autre.

Il avait été pour le Secret un chef difficile, faisant passer ses ambitions particulières avant l'intérêt général, à l'indignation de Charles de Broglie, et sa démission brutale avait failli naufrager le service, sauvé *in extremis* par Jean-Pierre Tercier. Pour le reste, peut-être possédait-il, avec ses indéniables talents, les qualités d'un homme d'État, mais la haine de la Pompadour en avait empêché la révélation. Rejeté dans une opposition stérile et sans cesse plus systématique, le prince de Conti terminait, le 2 août 1776, une vie placée sous le signe de la négation.

*
* *

Lorsqu'il reçut la nouvelle de la Déclaration d'indépendance, Charles de Vergennes entendit sonner l'heure de la revanche. L'affaire d'Amérique lui semblait trop dommageable aux deux parties pour qu'il ne redoutât pas un retour à la raison, et Beaumarchais savait toucher un point sensible quand il évoquait sans se lasser la possibilité d'une réconciliation. C'était le cauchemar du ministre. Même si un retour des colonies dans le giron britannique n'eût pas forcément signifié la perte de nos îles à sucre, il aurait refermé la plaie ouverte et restitué à l'Angleterre son invulnérable suprématie. L'acte historique du 4 juillet coupait les ponts.

Vergennes demanda au roi de consacrer un Conseil à l'examen des nouvelles perspectives ouvertes par la Déclaration, puis rédigea de sa propre main un long mémoire intitulé *Considérations sur le parti qu'il convient à la France de prendre vis-à-vis de l'Angleterre dans la circonstance actuelle.* Après avoir rappelé l'hostilité fondamentale opposant les deux nations, il concluait à une déclaration de guerre immédiate. Sa prudence ne trouvait plus le moindre inconvénient à quitter le rôle de spectateur pour celui d'acteur. C'était le moment ou jamais de régler le compte ouvert en 1763. Il lut son mémoire devant un Conseil réuni le 31 août 1776 et composé de Maurepas, Sartine, Saint-Germain et Clugny. S'il avait été encore en place, Turgot se fût à coup sûr opposé à la proposition de Vergennes ; Clugny, son successeur, ne risquait pas de prendre parti dans une affaire pour lui peu intéressante, puisqu'elle ne concernait que les finances du pays. Le Conseil entérina le mémoire que Vergennes transmit le jour même au comte d'Aranda, car il n'était pas question de marcher sans l'Espagne. D'Aranda, acquis à la guerre, expédia le 7 septembre, par courrier spécial, une copie officielle du mémoire à Madrid. On l'y reçut avec étonnement. Depuis plus d'un an, Vergennes s'ingéniait à calmer les velléités belliqueuses du gouvernement espagnol, et voici qu'il prenait le mors aux dents en proposant une entrée en guerre immédiate. Le marquis de Grimaldi, peut-être vexé par ce qui ressemblait fort à de la désinvolture, prit le temps de réfléchir. Sa réponse, datée du 8 octobre, posait en préalable le problème à ses yeux capital : l'entrée en guerre de l'Espagne signifierait pour elle la licence d'envahir le Portugal, « pour la satisfaction de la nation » et parce que, « en réalité, ce pays appartenait à l'Espagne par droit d'héritage ». Cela posé, Grimaldi acceptait volontiers d'ouvrir les hostilités contre l'Angleterre. Une guerre avec elle lui paraissant inévitable, autant la commencer dans un moment où l'affaire d'Amérique l'affaiblissait. Le Premier ministre suggérait même de l'embarrasser encore davantage en suscitant en Irlande une révolte qu'il se proposait de seconder de son mieux.

Tout était donc en place lorsque Vergennes reçut la nouvelle de la désastreuse défaite encaissée par les Américains à Long Island.

La défaite était indéniable, mais l'Angleterre, d'où Versailles recevait l'essentiel de ses informations, lui prêta les dimensions d'un désastre sans recours. George III lui-même croyait en avoir fini avec les Insurgents. En réalité, Washington, submergé le 27 août par le nombre et la puissance de feu, avait réussi, les deux jours suivants, une habile retraite qui sauvait ses troupes de l'encerclement, prélude à la reddition ou à l'anéantissement.

Mais il perdait New York, dont la population l'avait vainement supplié de ne pas l'abandonner, et plus rien ne s'opposait à la jonction mortelle des forces du général Howe avec l'armée anglaise descendue du Canada.

« Les colonies ont actuellement sur pied cinquante mille hommes de troupes régulières, bien vêtus, bien armés, bien disciplinés, bien commandés. Elles ont presque autant de volontaires qui ne reçoivent pas de solde et qui ne demandent qu'à combattre » : c'est ce qu'écrivait l'année précédente, dans ses *Réflexions*, un Vergennes bluffé par Beaumarchais, lui-même intoxiqué par Arthur Lee. Bonvouloir avait fourni les mêmes chiffres. Il y a loin de ce beau conte à la réalité. Washington dispose, selon les saisons, de trois à quinze mille hommes dépenaillés, armés à la va-comme-je-te pousse, encadrés par des officiers souvent frais émoulus de leur plantation ou de leur boutique. Les milices forment le gros de ses troupes, mais leurs hommes refusent de servir hors de leur colonie d'origine. Quant à l'armée dite continentale, créée pour pallier cet inconvénient, on s'y engage pour un an avec l'appât d'une prime, puis, leur temps accompli, les volontaires retournent planter leurs choux. Aucune formation militaire. Habiles tirailleurs, les Américains répugnent au corps à corps, privilège des troupes professionnelles rompues par la routine des exercices à aller donner et recevoir la mort baïonnette au bout du fusil. Une artillerie hétéroclite, trop peu nombreuse, mal servie. Point d'arsenaux pour fabriquer des fusils et fondre des canons. L'enthousiasme révolutionnaire qui supplée à tout, censé emporter dans son élan la jeune nation américaine ? Ce serait trop beau. Environ un tiers de la population demeure ancré dans le loyalisme à l'Angleterre : autant d'agents de renseignement potentiels, voire de partisans prêts à frapper Washington dans le dos. Aussi la guerre nationale contre les troupes réglées de Howe se double-t-elle d'une guerre civile plus impitoyable encore. « La fureur des partis, constatera La Fayette, divisait les provinces, les villes, les familles ; on a vu des frères, officiers dans les deux armées, se rencontrant dans la maison paternelle, sauter sur leurs armes pour se combattre. » Les déchirements intimes produisent aussi des retournements spectaculaires : au fil des campagnes, des officiers supérieurs américains passeront avec armes et bagages dans le camp adverse. Un tel contexte rend permanente la hantise de la trahison, et il n'existe pas d'acide plus dissolvant pour le moral d'une armée.

L'espace joue pour les Américains : un océan devant eux, ils s'adossent à un continent. Mais la marine de guerre anglaise sillonne à sa guise l'Atlantique et peut investir à sa convenance n'importe quel port américain ; quant à un repli dans les profondeurs inviolées du continent, à quoi bon, si l'Amérique *utile* est aux mains des frères Howe ?

Douché par l'annonce de la défaite de Washington, Vergennes rentre dans sa coquille et adresse à Louis XVI une note indiquant que la déclaration de guerre « est bien moins instante qu'elle ne pouvait le paraître il y a deux mois, et tout ce que la circonstance semble exiger de la prévoyance de Votre Majesté et de celle du Roi Catholique est de pourvoir à ce que les Américains ne succombent pas faute de moyens de résister ». Le plus difficile sera de faire avaler à l'Espagne cette nouvelle volte-face...

Quant à lord Stormont, qui fait parade dans les salons de Versailles du triomphe anglais, Vergennes lui adresse une lettre atteignant assurément au sommet de l'hypocrisie diplomatique [1] : « Je suis bien touché de l'attention de Votre Excellence, qui a bien voulu m'admettre à partager la joie que lui causent les nouvelles satisfaisantes des succès des armes britanniques dans le Connecticut et dans la Nouvelle-York. Je prie Votre Excellence d'agréer tous mes remerciements du témoignage de son amitié et mes félicitations sur un événement si propre à contribuer au rétablissement de la tranquillité dans cette partie du globe. Je ferai part au Roi de la communication que Votre Excellence a bien voulu me faire, et je puis prendre sur moi de l'assurer que Sa Majesté recevra toujours avec plaisir l'avis de tout ce qui peut contribuer à la satisfaction et à la gloire du Roi votre maître. »

La guerre reportée à une date ultérieure et imprévisible, la survie des Insurgents reposait désormais sur Beaumarchais.

*
* *

---

1. Sommet égalé, en 1940, par Molotov, ministre des Affaires étrangères de l'Union soviétique, lorsqu'il félicita chaleureusement Ribbentrop de la mémorable défaite infligée par la Wehrmacht à l'armée française.

Le 9 octobre, il prend en location le superbe hôtel des Ambassadeurs de Hollande, sis 47, rue Vieille-du-Temple, au cœur du Marais, pour y installer les bureaux de Roderigue, Hortalez et Cie, ainsi que son propre domicile, abandonnant à ses sœurs, neveux et nièces l'hôtel de la rue de Condé, acquis grâce à la générosité de Pâris-Duverney et sur lequel régnera avec son autorité habituelle Julie, qui, depuis la diatribe du docteur Dubourg, n'appelle plus son frère que « Monsieur l'entreteneur »[1].

Entouré de haines vigilantes, courant depuis son âge d'homme d'une catastrophe sociale à l'autre, Beaumarchais a toujours préservé son équilibre émotionnel grâce à d'inexpugnables refuges affectifs. Sa famille ne lui a jamais manqué, fût-ce aux pires moments. Ses amis lui vouent une fidélité inconditionnelle. Il sélectionne son équipe de la rue Vieille-du-Temple à partir des mêmes critères d'attachement. Au premier rang, la charmante Marie-Thérèse Willermawlaz, cette Suissesse de vingt-trois ans qui, au plus fort de l'affaire Goëzman, conquise comme tant d'autres par les étincelants mémoires de Beaumarchais, était venue s'offrir avec ingénuité, rue de Condé, sous le prétexte d'emprunter une harpe[2]. Rebaptisée par son amant « Marie-Thérèse de Villers », qui sonne à la fois plus simple et plus chic, enceinte de quatre mois, elle sera sa « ménagère », mais gardera aussi sur les affaires un œil helvétique. Pour bras droit, un choix *a priori* hasardeux : le jeune Théveneau de Francy, frère de Théveneau de Morande. La recrue, qui a déjà servi d'interprète avec Deane, manifestera les plus précieuses qualités d'intelligence et de loyauté, courra inlassablement d'un port à l'autre, et jusqu'en Amérique, au point que Beaumarchais en viendra à traiter Francy comme son fils : « Vous et moi, c'est la même chose. » (Beaumarchais utilise le frère aîné avec moins d'effusions et dans un domaine plus conforme à ses dons, puisqu'il fait entrer Morande au *Courrier de l'Europe*, feuille influente imprimée en Angleterre, mais dont le propriétaire, Swinton, proche de d'Éon, présenté à Vergennes par Beaumarchais, a accepté d'en

_____

s Ambassadeurs de Hollande existe toujours. Le promeneur peut
nd portail d'époque en chêne massif, orné de bas-reliefs représen-
t Remus, la tête cernée de serpents, la bouche ouverte sur un cri
tiges de cadrans solaires. Le gardien ne sait rien des lieux, sinon
riété privée. Aucune plaque n'indique que par ce portail est pas-
ge mesure, la liberté de l'Amérique.
u Roi, tome 2, p. 483.

faire un organe officieux de la propagande française, moyennant un agréable subside et la libre circulation de son journal en France.) Autre choix dicté par le sentiment et confirmé par l'expérience : Gudin de La Ferlière, frère du petit Gudin, qui deviendra caissier de la société — poste exposant son titulaire à des fins de mois frénétiques. Puis quelques commis choisis pour leur capacité à résister aux tentations de l'or anglais.

Rien dans les bureaux qui rappelle le luxe des armateurs du temps, avec leurs murs ornés de marines commandées aux meilleurs peintres et leur précieux mobilier. Les pièces restent vides, hormis les tables, chaises et classeurs où s'entassent les dossiers. Épinglés au mur, des cartes de l'Atlantique et des éphémérides. Mais, dans ce décor sans âme, un incessant tourbillon humain — ou faut-il dire un maelström ? Tout au long de ces folles années, l'emploi du temps de Beaumarchais défie l'imagination. Une page ne suffirait pas à épuiser la liste de ses activités. L'Amérique, bien sûr, mais aussi son procès contre La Blache, renvoyé devant le parlement d'Aix ; la création de la Société des auteurs dramatiques, pour en finir avec les voleries éhontées des acteurs, et rien de plus épineux que de rassembler sous sa houlette un troupeau individualiste par nature et dévoré par la jalousie ; sans parler des affaires proposées chaque jour par des inventeurs, entrepreneurs, financiers plus ou moins véreux, qu'il faut bien examiner tant la caisse gérée par le jeune Gudin crie famine... Où puisait-il la force de travailler de l'aube jusqu'au cœur de la nuit, semaine après semaine, mois après mois, jusqu'à s'évanouir de surmenage ? Les contemporains n'en revenaient pas. « Il se délassait d'un travail par un autre, explique le petit Gudin. Ce qui le caractérisait parfaitement, c'était la faculté de changer d'occupation inopinément et de porter une attention aussi forte, aussi entière sur le nouvel objet qui survenait que celle qu'il avait eue pour l'objet qu'il quittait ; il ne lui restait ni fatigue ni préoccupation propre à le distraire. Il appelait cela : fermer le tiroir d'une affaire. »

Et l'insatiable Godeville qui l'accable de lettres exigeant sa visite... Il avait rencontré à Londres cette Marie-Madeleine Godeville que la gazette la plus lue de Paris disait « perdue d'honneur et de débauche », prête à tout pour faire de l'argent, grande fabricante de libelles licencieux et mêlée aux opérations les plus louches ; ainsi avait-elle servi, en 1773, de poisson pilote au commando qui avait vainement tenté de kidnapper Théveneau de Morande à Londres[1]. Ses qualités érotiques avaient captivé Beaumarchais, mais l'Amérique l'oblige à la vertu. Il lui répond par de courts billets écrits à la diable : « Je m'en vais à Versailles ; j'ai quinze personnes autour de moi… », et, faute de trouver le temps d'honorer la belle, l'assure de sa chaste fidélité : « Hélas, ma chère, comme il est vrai que ton c… est pucelle depuis le jour qu'il fut si mutin, je te donne ma parole sacrée que mon v… est vierge de ce moment-là. » Il voudrait qu'elle renonçât à sa litanie de reproches pour lui écrire ces lettres « spermatiques » qu'elle compose si bien et qu'il apprécie tant : « Bande en écrivant et ta lettre me brûlera les doigts. » Elle bande admirablement, mais, lassé par ses récriminations, il finira par s'en débarrasser en la refilant au petit Gudin, ravi de l'aubaine.

La nécessité du secret rend d'une complication presque inextricable les opérations de Roderigue, Hortalez et Cie. Le ministère de la Guerre, soucieux de ne pas se faire pincer dans un scandale diplomatique, préférait céder armes et munitions à la Marine, comme si elles étaient destinées aux îles françaises ; les pièces comptables n'en finissent pas de circuler d'un bureau à l'autre. Pis encore : un règlement prévoit que certaines poudres ne peuvent être fournies que moyennant restitution d'une quantité équivalente dans un délai de trois mois après examen minutieux de la qualité… Le moindre détail oublié peut tout compromettre ; ainsi Beaumarchais pensera-t-il lui-même à faire limer les armoiries royales sur le fût des canons. Puis il faut organiser le transport du matériel des arsenaux jusqu'aux ports d'embarquement, régler sur place d'innombrables formalités, tourner les douanes, etc.

Par bonheur, l'armement français vient d'être renouvelé. Un nouveau fusil entre en service, un peu lourd avec ses neuf livres huit onces, un peu long, puisqu'il dépasse, équipé de sa baïonnette, la hauteur du soldat, mais qui porte à trois cent cinquante pas et tire surtout à la vitesse stupéfiante de quatre coups à la minute. Les arsenaux regorgent donc de fusils modèle 1763 : ils feront merveille en Amérique, où les miliciens ne disposent le plus souvent que de carabines. Même chose pour l'artillerie ; les innovations apportées par Gribeauval en cette année 1776 réforment des pièces nullement inférieures à celles qu'utilise Howe contre les Insurgents.

_____

1. Cf. *Le Secret du Roi*, tome 2, p. 455.

En revanche, le transport par mer pose un problème aussi inattendu qu'aigu. Selon Silas Deane, des vaisseaux américains devraient venir prendre livraison des fournitures dans les ports français. Nulle voile à l'horizon. À Beaumarchais d'inventer une flotte. Or, douze ans après le traité de Paris, la marine de commerce française ne s'est pas encore remise des pertes énormes essuyées pendant la guerre. Aucun armateur ne songerait à vendre l'une de ses précieuses unités. Mais on peut, à prix d'or, affréter des vaisseaux, c'est-à-dire les louer. Beaumarchais, piloté dans ce milieu nouveau pour lui par un armateur nantais, Montieu, parvient, au cours de l'automne 1776, à affréter dix vaisseaux. Cela coûte cher. L'*Aimable-Eugénie*, jaugeant six cents tonneaux, revient à trois cent mille livres. Faut-il rappeler que les deux millions débloqués par la France et l'Espagne sont déjà dépensés ? Pour faire ses fonds, Beaumarchais doit impérativement s'associer des porteurs de capitaux. Il les trouve parmi les armateurs et les négociants, avec le renfort de quelques nobles, tels les marquis de Saint-Aignan et de L'Aubépine. Mais la plupart investissent pour une durée déterminée au terme de laquelle le remboursement leur sera dû, que les opérations aient été bénéficiaires ou non. Le caissier Gudin de La Ferlière n'a pas fini de passer des nuits blanches.

Les difficultés pourraient diminuer l'enthousiasme de Beaumarchais, sinon le décourager : elles l'exaltent. Si fort est son appétit de vivre qu'il accueille avec plaisir des problèmes dont la solution l'oblige à faire irruption sur des territoires nouveaux où son énergie créatrice trouvera à s'épanouir. « Tant de choses qui doivent marcher ensemble, écrit-il à Vergennes, sans compter les manufactures de draps et de toiles, me forcent à prendre de nouveaux travailleurs. Cette affaire politico-commerçante va devenir immense... » Il devance les souhaits américains en annonçant au Congrès : « Un officier du plus grand mérite pour l'artillerie et le génie, accompagné de lieutenants, officiers, artilleurs, canonniers, etc., partira pour Philadelphie avant même que vous ayez reçu mes premiers convois. » Trois mois après la fondation de Roderigue, Hortalez et Cie, Silas Deane peut écrire à ses mandants : « Je n'aurais jamais accompli ce que j'ai fait sans les efforts infatigables, ardents et généreux de M. Beaumarchais, à qui les États-Unis sont à tous égards redevables plus qu'à quiconque de ce côté-ci de l'Atlantique. Il est très avancé pour ce qui est de l'armement, de l'habillement et autres. »

À la mi-décembre 1776, les premiers vaisseaux, amarrés aux quais du Havre, sont prêts à mettre à la voile pour l'Amérique. Dans leurs cales, des dizaines de canons, des boulets, de la poudre, des dizaines de milliers de fusils. Une soixantaine d'officiers français, dont plus de la moitié appartiennent au génie et à l'artillerie, monteront à bord pour aller se battre sous les drapeaux américains.

Parmi eux, le baron de Kalb.

XIII

Johann Kalb appartient à la petite cohorte d'officiers et
d'agents liés à Charles de Broglie par une fidélité inconditionnelle. L'ambition pouvait les y pousser au temps où le comte
paraissait promis aux plus hautes destinées ; leur constance à travers disgrâces, exils et jusque dans ce moment où il semble définitivement écarté des affaires ne peut s'expliquer que par un
attachement personnel profond. Mais est-il besoin de redire la
séduction exercée par Charles sur ceux qu'il emploie, tant à
l'armée que dans le Secret ? Nous avons vu Louis-François de La
Rozière combattre sous ses ordres, puis reconnaître pour lui les
côtes d'Angleterre. Johann Kalb présente la même double qualité
de militaire et d'agent, toujours au plus près de Broglie, et
davantage encore que les autres, puisque l'âge les rapproche : il a
seulement deux ans de moins que lui.

L'homme qui se fait appeler le baron de Kalb est né à
Hüttendorf, le 29 juin 1721, dans une famille de paysans bavarois protestants. Il apprend à lire et à écrire, trouve une place de
serveur dans une auberge, puis la quitte et disparaît pendant plusieurs années. On le retrouve, à vingt ans, soldat dans le fameux
corps de chasseurs de Fischer au cours de la guerre de
Succession d'Autriche. Partisan génial, Fischer avait mis au service de la France une unité excellant dans la recherche du renseignement et les raids de commando derrière les lignes
ennemies. Victor-François et Charles de Broglie servent eux
aussi en Allemagne sous les ordres de leur père. Est-ce l'occasion de la première rencontre entre Kalb et son futur patron ?
Aucune preuve ne permet de l'affirmer. En 1743, Kalb passe

dans le régiment de Lowendal, essentiellement composé d'Allemands, avec le grade de lieutenant. Il participe en 1745 à la bataille de Fontenoy où son régiment contribue bellement à la victoire, puis à la prise de Gand, Audenarde, Ostende et Nieuport. En 1747, il est de la célèbre et périlleuse opération sur Berg-op-Zoom, qui vaut à Lowendal son bâton de maréchal de France. Kalb est nommé capitaine aide-major.

La paix en fait un étudiant studieux. Il perfectionne son français, apprend l'anglais, s'initie aux mathématiques. Il se consacre surtout à l'étude de son métier et approfondit ses connaissances militaires. En 1754, alors que les conflits entre colons français et anglais se multiplient en Amérique, laissant prévoir une guerre prochaine, il soumet à Machault, alors ministre de la Marine, un projet étonnant de modernité, né sans doute de son expérience avec Fischer, et qui ne pourra qu'enchanter Charles de Broglie : la création d'un régiment étranger d'infanterie de marine spécialisé dans la recherche du renseignement, les interventions lointaines, les raids dévastateurs et les opérations de débarquement, notamment en Angleterre [1]. Quoique approuvé par Machault, le projet se perd dans le dédale des bureaux. Des amis expliquent à son auteur qu'il lui faut se gagner la Pompadour. Ce n'est pas son genre. Il préfère renoncer.

Kalb commence la guerre de Sept Ans dans les rangs du régiment de Lowendal, puis, après la dissolution de celui-ci en 1760, Victor-François de Broglie l'appelle à son état-major où il sert en qualité d'aide-maréchal des logis, ce qui le place directement sous les ordres de Charles. En 1761, il est lieutenant-colonel ; l'année suivante, après la bataille de Wilhelmstahl où il se comporte vaillamment, il reçoit la croix du Mérite militaire, décoration créée pour les protestants étrangers qui ne pouvaient évidemment pas arborer la croix de Saint-Louis.

La guerre terminée, refusant de se morfondre dans un poste subalterne, il prit un congé et épousa en 1764 Anne Van Robais, de la riche famille des filateurs d'Abbeville. Elle lui apportait une sécurité matérielle qui n'apaisa pas sa permanente inquiétude de manquer, stigmate banal d'une jeunesse fort démunie. Quant à sa carrière, elle semblait devoir se fixer au grade de lieutenant-colonel. Or il désirait furieusement finir général. Charles de

---

1. C'est en somme notre actuel 11ᵉ Choc.

Broglie se met en quatre, comme toujours, mais les coupes claires opérées dans l'armée, avec le placement imposé de centaines d'officiers valeureux, tel Dumouriez, dans le cadre de réserve, étaient rien moins que propices à l'avancement d'un militaire d'origine étrangère. En 1765, le comte s'employa à le faire passer au service du Portugal, avec le grade de brigadier, ce qui permettrait au maréchal son frère de lui obtenir le même rang en France dès qu'une guerre éclaterait ; l'affaire ne se fit pas. En désespoir de cause, Broglie imagina de tourner l'obstacle en employant son protégé comme agent secret, métier pour lequel il montrait des dispositions : discret, habile à s'introduire dans tous les milieux, Kalb possédait parfaitement le français et l'anglais, et se débrouillait en italien et en espagnol. Les services rendus dans ce domaine pourraient favoriser la promotion tant désirée.

Charles le proposa à Choiseul, alors Premier ministre de fait, pour une mission en Amérique. Le duc de Choiseul avait l'esprit trop vif pour ne pas subodorer que de grands événements se préparaient outre-Atlantique. Dès 1764, il y avait expédié un certain M. de Pontleroy qui, sous le nom de Beaulieu, s'était engagé comme matelot sur un caboteur, ce qui lui avait permis d'opérer un relèvement sommaire des côtes. En 1766, Pontleroy avait accompli un second voyage au cours duquel il avait glané des informations économiques et militaires. Mais enfin, le fait demeure que la mission de Kalb, inscrite par les historiens au crédit de Choiseul, avait bel et bien pour promoteur le comte de Broglie.

Johann Kalb part en 1767, chargé « de savoir les dispositions des habitants des colonies de l'Amérique septentrionale à l'égard de la Grande-Bretagne et, dans le cas que ces provinces en vinssent à une rupture ouverte avec leur métropole, quels seraient leurs moyens de faire la guerre ou de défendre leur liberté ». Il s'agit donc d'une mission politico-militaire.

Pour brouiller les pistes, l'agent passe en Hollande, y séjourne quelque temps, puis se rend en Angleterre et s'embarque sur l'*Hercule* à destination de Philadelphie.

*
* *

Les éléments sont contraires : l'*Hercule* essuie tempête sur tempête et met trois mois à traverser l'Atlantique. Ce n'est que le 16 janvier 1768 que Kalb débarque à Philadelphie. Onze jours plus tard, la grande barque sur laquelle il a pris place fait naufrage près de Staten Island. Avec huit autres rescapés, il parvient à gagner un îlot désert. C'est l'hiver. Il fait un froid mortel. Les malheureux tentent de résister au fatal engourdissement en marchant en rond, leurs vêtements trempés devenus « comme des planches de glace ». Kalb, sous les yeux ahuris de ses compagnons, se frictionne avec de la neige. Un jeune marin meurt de froid, puis, au cœur de la nuit, l'un des passagers qui n'avait pourtant cessé d'exhorter les autres à tenir bon. Les secours mettent onze heures à arriver. On transporte les survivants dans une maison. Kalb réclame un baquet rempli d'eau froide et s'y plonge *pendant une heure*, puis il se met au lit et s'endort. Le médecin appelé d'urgence néglige de s'occuper de lui, considérant que le traitement aberrant qu'il s'est infligé l'a condamné à mort, et s'intéresse aux malheureux serrés autour de la cheminée, le visage bleu, l'œil hagard, figés dans une semi-inconscience. Victimes de la gangrène, ils subiront maintes amputations. Kalb s'en tire avec des engelures au gros orteil et à la la main droite.

Une force de la nature que cet homme-là ! Il mange très peu, ne boit que de l'eau, couche à la dure, la tête sur son sac, enveloppé dans son manteau, se lève à cinq heures et abat sans problème ses quarante kilomètres à pied par jour. À cinquante ans, il garde « la peau rose et fraîche d'un jeune homme ». Avec cela, au témoignage de ses futurs compagnons d'armes, agréable, convivial, aussi à l'aise au cabaret que dans un salon. Sa simplicité, qui contraste avec la morgue naturelle à beaucoup de ses homologues français, lui vaudra une estime et une sympathie unanimes.

Il visite l'ensemble des colonies, du nord au sud, sous l'identité d'un Allemand voyageant pour son plaisir. Sa couverture flanchera en fin de parcours : suspecté, il sera arrêté et emprisonné, mais les interrogatoires échoueront à lui arracher un aveu et l'on ne trouvera pas sur lui la moindre note trahissant une mission de renseignement ; sa mémoire exceptionnelle lui permet de s'en passer. Il sera donc remis en liberté.

Pour nous qui savons la suite de l'histoire, son premier rapport, adressé à Choiseul le 6 août 1768, démontre à la fois sa lucidité et une incapacité compréhensible à deviner jusqu'où ira la folie anglaise. Après avoir décrit les troubles suscités par les mesures fiscales décrétées à Londres, il conclut : « Il n'y a pas de doute que ce pays ne se rende indépendant par la suite, lorsque le nombre de ses habitants excédera celui de la Grande-Bretagne, et il y marche à grands pas par la population prodigieuse jointe aux nouveaux colons qui ne discontinuent pas d'y arriver de tous les pays de l'Europe. Cet événement peut n'être pas éloigné. Le gouvernement même le précipitera s'il continue, etc. » Mais le sentiment d'appartenance à une même communauté l'impressionne : il y a, de part et d'autre de l'Atlantique, deux branches de la nation britannique. Ailleurs, il dira que, dans tout son voyage, il n'a pas rencontré une seule personne qui ne pensât que « la vieille Angleterre fût le *nec plus ultra* et la perfection de toute puissance humaine ». Cette évidence le conduit à moduler son pronostic : « Je ne saurais donc me persuader que le gouvernement anglais entende assez peu ses véritables intérêts pour en venir jamais à des extrémités avec ces colonies. Je crois au contraire que toutes les discussions se termineront à l'entière satisfaction de ces dernières. » Les Américains utilisent l'arme du boycott ; ils n'en prendront pas d'autres, « à moins qu'on ne les force à se défendre ». Pourront-ils alors le faire avec quelque chance de succès ? La plupart de leurs forts menacent ruine. Aucune marine de guerre, mais des chantiers navals capables d'y pourvoir. Point d'arsenaux, mais le fer et le salpêtre en abondance, et une main-d'œuvre qualifiée. Par ailleurs, « les habitants sont abondamment pourvus d'armes ». Dans le cadre d'un conflit long, les colonies devraient donc pouvoir se doter des moyens nécessaires à la guerre. Pour résister au premier choc, accepteraient-elles une aide étrangère ? Non, et surtout pas de la part de la France. Elles « se soumettraient plutôt au Parlement d'Angleterre pour un temps ».

Kalb ne tarira pas sur l'« antipathie instinctive » nourrie à l'égard de la France. À la vérité, l'histoire, plus que l'instinct, expliquait cette répulsion. La guerre de Sept Ans, en Amérique, c'était « la guerre française et indienne ». Trop peu nombreux pour léser les tribus en accaparant leurs territoires, couchant très volontiers avec les Indiennes et fondant même avec elles des familles, ce que les Américains jugeaient déplorable du point de vue racial et moralement dégoûtant, les Français avaient lancé contre les milices des colonies leurs alliés peaux-rouges, dont la fâcheuse coutume de scalper inspirait une compréhensible horreur. En 1768, ces mauvais souvenirs n'étaient pas effacés.

Dans un second rapport envoyé à Choiseul le 16 septembre 1768, Kalb constate que les rapports avec la métropole continuent de se détériorer, mais se refuse toujours à envisager une rupture. Il répète son avertissement : surtout, ne pas s'en mêler ! Il est urgent d'attendre. Selon lui, un certain nombre de préalables conditionnent une éventuelle intervention française : actes d'hostilité entre Grande-Bretagne et colonies ; confédération de ces dernières ; proclamation de l'indépendance ; ouverture des ports américains à l'ensemble des nations. « Ce n'est qu'alors qu'on pourrait faire la guerre à l'Angleterre avec apparence de succès... La déclarer plus tôt serait donner lieu à une prompte réconciliation et à s'attirer toutes les forces de l'Angleterre et celles de leurs [*sic*] colonies sur les bras. »

En 1776, le processus décrit par Kalb aura atteint son terme et les malheurs militaires de Washington effaceront les souvenirs de la *French and Indian war*. Au moment où les débardeurs du Havre s'activent jour et nuit à charger les cales de la flotte de Beaumarchais, le Congrès décide d'envoyer en France Benjamin Franklin, le vieux sage de l'Amérique, et ordonne à Arthur Lee de quitter Londres pour Paris. Silas Deane n'a certes pas démérité, mais la situation critique des États-Unis impose un effort conjugué pour décrocher l'alliance de la France, ultime planche de salut.

Choiseul n'est pas Broglie. Il lit les rapports de Kalb, mais ne le reçoit même pas à son retour de mission. Quant à la promotion au grade de brigadier, que le duc avait laissé envisager, il n'en est plus question. Charles songe alors à envoyer son agent en Pologne pour conseiller la guérilla menée contre les Russes par Casimir Pulawski et ses amis de la confédération de Bar. Choiseul préfère Dumouriez à Kalb. La modestie du second, excellent militaire au demeurant, eût sans doute mieux réussi que la mégalomanie du premier, dont on a dit à quel point elle avait exaspéré la fierté polonaise.

Le comte de Saint-Germain n'est pas nommé à la Guerre depuis quinze jours que Broglie lui recommande son protégé. Peu satisfait d'une réponse évasive, il revient à la charge : « Il sera digne d'un ministre comme vous de mettre ses talents en usage. Il en a de différents genres. Il parle bien plusieurs langues et peut être employé à tout ce que vous jugerez à propos. Je serai volontiers garant de sa capacité et de son zèle et je suis sûr que vous aurez lieu d'être satisfait si vous daignez le mettre en activité. » Peut-on être plus clair ? Un polyglotte pourvu de talents variés et disposé à accepter toutes les missions… Mais Saint-Germain, qui considère que le roi n'a plus d'armée, est occupé à de plus vastes projets. Kalb reste donc sur le sable avec ses ambitions déçues.

En 1776, il effectue à Metz, sous les ordres de Charles, la période de quatre mois imposée par le nouveau règlement du comte du Muy aux officiers d'état-major non employés.

Étrange, malgré tout, cette rage de devenir général de l'armée française. Johann Kalb a maintenant cinquante-cinq ans, et derrière lui deux guerres européennes au cours desquelles il a rudement payé de sa personne. Anne Van Robais lui assure une large aisance matérielle et lui a donné trois enfants. Il l'aime tendrement. Parvenu au versant sombre de la vie, il pourrait couler des jours paisibles, en famille, dans la belle propriété qu'il vient d'acquérir à Milon-la-Chapelle, près de Versailles [1]. Mais non. Brigadier des armées du roi de France… Un rêve d'enfance, peut-être, né au temps où il portait l'uniforme du simple soldat. Au mitan de la cinquantaine, il ressemble davantage à un riche négociant qu'à un guerrier : large visage, grand nez, grande bouche, avec beaucoup de placidité dans l'expression. On ne l'imagine guère, tout nu sur un rivage glacé, se frictionnant avec de la neige. Mais qui croirait qu'à quarante-huit ans la demoiselle d'Éon reste l'une des plus fines lames d'Europe ?

*
* *

Ah ! comme il doit piaffer, notre Charles de Broglie… Il connaît assez Vergennes pour n'entretenir aucun doute sur sa volonté de revanche, mais les prudences du ministre doivent l'exaspérer. S'il lui écrivait, ses lettres auraient assurément le ton de celles de Beaumarchais : qu'attend-on pour y aller ? Point de lettres. À cet égard, le Secret est un boulet. Une correspondance avec le secrétaire d'État des Affaires étrangères, tôt découverte par le Cabinet noir, entraînerait fatalement le soupçon d'une ten-

---

1. La maison, d'une noble simplicité, existe toujours.

tative de reconstitution du service. C'est pour le coup que
Broglie passerait pour un « plat intrigant ». Et il entraînerait
Vergennes dans sa chute. Des visites, sans doute, des entretiens,
mais la trace n'en est pas restée. En revanche, il jouit d'une
liberté d'action qu'il n'a jamais connue au temps du feu roi, à qui
il rendait compte de toutes ses démarches et dont il devait solici-
ter l'*approuvé* pour la moindre initiative. Lui qui a conduit tant
d'actions clandestines, le voici à son tour clandestin, opérant à la
marge, et, faute de pouvoir lire sa pensée dans des lettres, c'est
en relevant ses faits et gestes que nous devons déchiffrer sa
démarche.

Le 11 juin 1776, La Fayette se fait réformer. Il entre ainsi dans
une sorte de réserve spéciale d'où il pourra sortir à son gré pour
reprendre du service avec son grade. Un officier réformé ne
risque pas d'encourir une accusation de désertion. Nous compre-
nons que Charles de Broglie a surmonté les cruels souvenirs de
la mort de l'oncle et du père du jeune homme. Le même été
1776, il présente La Fayette à Johann Kalb, venu accomplir sa
période à Metz.

Le 4 novembre, le comte de Saint-Germain écrit à Kalb : « Le
Roi trouve bon, Monsieur, que vous vous absentiez du Royaume
pendant deux ans pour aller vaquer à vos affaires. »

Le 5 novembre, Charles de Broglie présente Kalb à Silas
Deane. Enchanté, Deane écrit aussitôt au Congrès : « Le comte
de Broglie [Count Broglio dans le texte...], commandant en chef
de l'armée française lors de la dernière guerre [Allons bon !
Victor-François va gronder son frère], m'a fait l'honneur de passer chez moi deux fois hier, avec un officier qui a servi comme
aide-maréchal des logis sous ses ordres, et qui maintenant commande un régiment [tant qu'on y est, pourquoi pas ?]. Il est allemand, mais, comme il a voyagé en Amérique il y a quelques
années, il désire prendre du service aux États-Unis. Je ne saurais
laisser échapper l'occasion d'engager un homme qui a tant
d'expérience et qui m'est recommandé comme l'un des officiers
les plus braves et les plus habiles du royaume... Cette personne a
de la fortune et un certain avenir ici ; mais c'est un ardent partisan de la liberté civile et religieuse, et les mobiles qui le poussent
à offrir ses services aux États-Unis sont les plus généreux et les
plus désintéressés. »

Le lendemain, 6 novembre, Sartine, ministre de la Marine,
envoie à Kalb un brevet de « brigadier pour les îles ». Un premier

pas vers la promotion tant attendue. L'habitude s'était prise d'accorder un grade supérieur aux officiers acceptant de servir au loin. À leur retour, ils recouvraient en principe leur statut antérieur, mais la promotion se trouvait la plupart du temps confirmée. En l'occurrence, le brevet constitue une couverture pour la prochaine mission du nouveau brigadier.

Le même 6 novembre, à l'instigation de Kalb, Deane rencontre Gilbert de La Fayette, Louis-Philippe de Ségur et Louis-Marie de Noailles. Pour des raisons de sécurité, le rendez-vous n'a pas lieu à l'hôtel de Hambourg, rue de l'Université, où loge l'Américain et que surveillent nuit et jour les agents de Stormont. Les trois jeunes gens posent leur candidature à un enrôlement sous les drapeaux américains.

Deane croule sous les demandes. Le 28 novembre, il écrira au Congrès : « Je suis totalement harassé par les sollicitations d'officiers désireux de partir pour l'Amérique. » Tout ce que la France, et même l'Europe, compte de soldats de fortune et d'aventuriers veut s'engager. Nous ne sommes pas étonnés de retrouver parmi les candidats notre vieille connaissance le chevalier de Valcroissant, rescapé naguère des geôles de Saint-Pétersbourg, que Choiseul avait utilisé en Corse avant de l'envoyer se faire assassiner en Turquie, ce à quoi il n'avait échappé que d'extrême justesse [1]. Enragé d'avoir manqué l'affaire de Pologne, où il voulait mener une légion auxiliaire se battre contre les Russes, Valcroissant n'entendait pas rater l'occasion américaine. Il harcèle Beaumarchais et Deane, mais sa lourde réputation les incite à la prudence. Quant à Saint-Germain, à qui Valcroissant envoie sa démission accompagnée de sa croix de Saint-Louis, il oppose un veto absolu.

Les trois jeunes gens présentés par Kalb, c'est évidemment autre chose. « Le bruit des armes, écrira Ségur, excitait encore davantage l'ardeur d'une jeunesse belliqueuse ; la lente circonspection de nos ministres nous irritait ; nous étions fatigués de la longueur d'une paix qui durait depuis plus de dix ans, et chacun brûlait du désir de réparer les affronts de la dernière guerre, de combattre les Anglais et de voler au secours des Américains. » Tout se conjugue, en effet, pour une ardente mobilisation. La Fayette n'est pas le seul à vouloir se croiser pour la liberté :

---

1. Cf. *Le Secret du Roi*, tome 2, p. 224, 268, 350.

« Le courage de ces nouveaux républicains, poursuit Ségur, leur attirait partout en Europe l'estime, les vœux des amis de la justice et de l'humanité. La jeunesse surtout, par un singulier contraste, élevée au sein des monarchies, dans l'admiration des grands écrivains comme des héros de la Grèce et de Rome, portait jusqu'à l'enthousiasme l'intérêt que lui inspirait l'insurrection américaine. » Puis la volonté de laver la France de ses humiliations : « On concevrait difficilement aujourd'hui, écrira La Fayette dans ses Mémoires rédigés longtemps après, le peu de considération politique et militaire à laquelle ce pays et ce gouvernement avaient été réduits par la guerre de Sept Ans et surtout depuis le partage de la Pologne. » Et il se dira bientôt « persuadé bonnement que nuire à l'Angleterre, c'est servir (oserai-je dire c'est venger ?) ma patrie ». Le goût de l'action, enfin, et le plaisir de laisser les camarades se disputer les faveurs des demoiselles de Metz et autres garnisons assommantes, pour s'en aller par-delà l'océan conquérir la gloire à la pointe de l'épée. Sans parler du bonheur de partir ensemble : trois amis que tout unit, et jusqu'aux liens de famille, puisque La Fayette et Noailles ont épousé les deux filles du duc d'Ayen, et que Ségur s'apprête à convoler avec une jeune demi-sœur de la duchesse d'Ayen, ce qui fera de lui l'oncle de ses deux camarades…

« En présentant à M. Deane ma figure à peine âgée de dix-neuf ans, écrira La Fayette, je parlai plus de mon zèle que de mon expérience ; mais je lui fis valoir le petit éclat de mon départ. » La phrase est joliment tournée, encore qu'elle eût mérité le pluriel, mais le mémorialiste avait de longue date démontré son goût pour la première personne du singulier. Deane ne s'y trompe pas : ces trois candidats constituent un formidable atout, non pas tant pour ce qu'ils sont que pour ce qu'ils représentent : la fine fleur de la noblesse française. Leurs familles et leurs alliances les placent à une distance incommensurable d'un Kalb, même si celui-ci, vétéran de deux guerres, officier d'état-major, comptera sur le terrain davantage que les trois novices réunis. Avec eux, c'est le clan Noailles qui choisit l'Amérique. Il faudrait un long paragraphe pour recenser les charges et dignités accumulées par la famille, la dernière, mais non pas la moins savoureuse en l'occurrence, étant cette ambassade de France à Londres échue depuis peu au marquis de Noailles. Nous dirions aujourd'hui que l'enrôlement des trois amis sous la bannière américaine représentait un coup médiatique de nature à étonner l'Europe.

Le 1ᵉʳ décembre, Deane signe le contrat de Johann Kalb. Il aura dans l'armée américaine le grade de major-général (enfin !) et recevra la solde correspondante à compter du jour de la signature. Avec lui sont engagés quinze officiers dont il se porte garant. C'est donc entouré d'un véritable état-major que l'homme de confiance de Charles de Broglie va débarquer aux États-Unis, et d'un état-major composé d'officiers acquis au comte. Dans cette équipe de fidèles, le vicomte de Mauroy, lieutenant-colonel, que Charles avait vainement proposé à Louis XV, en 1765, pour commander à l'île de France [1], avec affiliation au Secret ; et le baron von Holtzendorff, officier allemand au service de la France, qui vient de dédier à Broglie un ouvrage technique, *Éléments de tactique démontrés géométriquement.*

Dans la semaine qui suit la signature des enrôlements, lord Stormont est en mesure de rendre compte à Londres « que Kalb a été mandé à Fontainebleau et y est resté plusieurs jours, qu'on lui offrait de le nommer brigadier s'il voulait aller à Saint-Domingue, de là en Amérique du Nord, qu'il recevrait neuf à dix mille livres pour la durée de son service et qu'après quelques hésitations il accepta ces offres ». Les agents du milord travaillent bien.

Le 10 décembre, Johann Kalb gagne Le Havre avec son état-major. Il descend à l'hôtel de l'Aigle d'or et écrit aussitôt à sa femme : « Je me porte bien, j'espère que tu te portes bien aussi, ma chère Maman. Je n'ai qu'un instant aujourd'hui ; demain et les jours suivants je t'écrirai plus au long, car il me paraît que nous ne partirons pas cette semaine-ci. » Ses officiers et lui doivent s'embarquer sur un navire de la flotte de Beaumarchais, la *Seine,* dont on achève le chargement en tentes, armes et munitions. Les papiers de bord donneront pour destination officielle l'île de Saint-Domingue où le brigadier Kalb est censé aller prendre son nouveau commandement.

Très sagement, Charles de Broglie est parti pour Ruffec sitôt après avoir donné à l'entreprise son impulsion initiale : la suite, c'est-à-dire l'appareillage, repose sur Beaumarchais. À quoi bon s'agiter entre Paris et Versailles sous l'œil des agents anglais ? Au Havre, il sait pouvoir compter sur Kalb. Il laisse à Paris Guy Dubois-Martin, son secrétaire depuis onze ans, recruté au plus

---

1. Aujourd'hui île Maurice.

fort de la tourmente déclenchée par d'Éon et dont la loyauté ne s'est jamais démentie aux pires moments de l'affaire de la Bastille. Dubois-Martin est épaulé par deux autres fidèles : La Rozière, commandant en second à Saint-Malo, mais monté à Paris pour la circonstance, et ce marquis de Lambert à qui le chevalier de Bonvouloir devait presque certainement sa désignation pour une mission auprès des Insurgents.

Les dés roulent.

*
* *

La Fayette, Ségur et Noailles ne seront pas du voyage.

Le premier, orphelin, ne pouvait disposer de son capital, la majorité civile étant alors fixée à vingt-cinq ans, mais il jouissait au moins de ses confortables revenus. Les deux autres n'avaient que des dettes, une maigre solde d'officier et la pension versée par leur famille. Leurs bavardages, avoués par Ségur, auraient suffi à alerter leurs familles, mais le jeune Noailles fit encore mieux en s'ouvrant carrément du problème financier à son beau-père, le duc d'Ayen, qui était aussi son cousin. Le duc prit feu et flamme. La jeune Adrienne de La Fayette : « Mon père, et toute ma famille, fut violemment courroucé en entendant parler de la chose. » Il ferait beau voir qu'un Noailles s'en fût se battre sans autorisation du roi pour des rebelles dont les gazettes annonçaient l'écrasement imminent ! Quant à sa réaction vis-à-vis de La Fayette, son second gendre, elle fut aussi ferme sur le fond et se teinta de mépris dans la forme. Selon Théodore de Lameth, que la petite vérole empêchait, à sa grande déception, de se joindre au trio, Gilbert s'entendit déclarer par le duc : « C'est bon pour le comte de Noailles qui est robuste, ardent, qui peut tout entreprendre avec sa décision. Mais vous, qu'irez-vous faire là-bas ? » Toujours selon Lameth, La Fayette confia son humiliation à Charles de Broglie, qui lui rétorqua gaiement : « Eh bien, vengez-vous ! Soyez le premier qui ira en Amérique ; j'arrangerai cela. »

Pour se couvrir, lui et son clan, le duc d'Ayen fait prendre l'avis de Maurepas. La réponse va de soi. Au même moment, Vergennes écrit à tous les officiers qui ont la candeur de s'adresser à lui pour passer en Amérique que « ceux qui nourrissent de pareils projets sont gens de peu, affligés de n'être rien, tout occupés d'eux-mêmes au lieu de l'être du bien public », et que la qualité de ses correspondants les met très au-dessus de tels personnages. Le 8 décembre, alors que Kalb roule vers Le Havre, Dubois-Martin lui rend compte du résultat de la démarche : « La réponse de ce ministre [Maurepas] a été qu'il n'avait aucune connaissance qu'il passât aucun officier français au service des colonies anglaises, que ce serait une espèce d'hostilité que Sa Majesté est bien éloignée de permettre, que le Roi serait au surplus fort aise de cette marque du zèle de M. le vicomte de Noailles, mais qu'il ne fallait pas absolument penser à aller en Amérique. » Dubois-Martin a dîné avec La Rozière et Lambert, et, aux yeux de ces trois vieux routiers du service, l'interdiction peut se révéler utile à Kalb : « D'après cette lettre ministérielle qui est parfaitement telle qu'elle devait être dès qu'on a traité par écrit une affaire qui ne devait l'être que de bouche, M. le vicomte de Noailles renonce entièrement à son projet. La réponse de M. le comte de Maurepas deviendra sûrement publique et parviendra sans doute à milord Stormont, au moyen de quoi, si cet ambassadeur et sa cour la prennent pour bonne (je vous laisse à juger), on vous laissera arriver tranquillement à Saint-Domingue, *etc.* »

Noailles et Ségur déclarent forfait. La Fayette ? « Notre jeune marquis n'est point abattu par cette réponse, annonce Dubois-Martin à Kalb. Il a toujours le plus grand désir d'arriver et il va écrire à Ruffec pour avoir un dernier avis, mais seulement par la poste, ce qui lui donnera le temps d'une mûre réflexion, ainsi qu'à M. le comte sur les conseils à lui donner. Je ne sais trop par où il finira. M. de Noailles, renonçant à son projet, le détournera vraisemblablement, ainsi que sa famille. » Un embarquement sur la *Seine* est en tout cas exclu.

Abandonné par ses amis, quoi qu'ils en eussent, soumis lui aussi à une intense pression familiale, assuré désormais de l'opposition du pouvoir à un départ trop spectaculaire pour ne pas déchaîner les foudres de l'Angleterre, Gilbert de La Fayette s'obstine : « J'osai prendre pour devise à mes armes ces mots : *Cur non* [1] ? afin qu'ils me servissent quelquefois d'encouragement et de réponse. »

_____

1. « Pourquoi pas ? »

*
* *

Le 12 décembre, accompagné de son Gudin et de son nègre, Beaumarchais part pour Le Havre où Kalb arrive le même jour. Il voyage sous le pseudonyme de Durand. Quand les deux bassins du Havre-de-Grâce s'offrent à ses yeux, ah! c'est l'une de ces minutes qui justifient une vie : sa flotte est là, amarrée aux quais, les cales pleines ou en voie de l'être. L'*Amphitrite*, le *Romain*, l'*Andromède*, l'*Anonime* (*sic*), la *Seine* et plusieurs autres unités de moindre tonnage. Deux ans qu'il se bat pour en arriver là... Deux années à courir entre Versailles et Londres, rédiger des mémoires, harceler le roi, Vergennes, Maurepas, traiter avec Deane, trouver des millions, affréter des navires, recruter des officiers, acquérir canons, boulets, poudre, fusils, équipements... Pâris-Duverney ne serait-il pas fier de son fils spirituel ?

Qu'attend donc Nicolas Fautrel, capitaine de l'*Amphitrite*, pour mettre à la voile ? Il emporte une cargaison de 21 pièces d'artillerie de 4, 31 pièces à la suédoise, 20 160 boulets du calibre 4 en fer, 9 000 grenades non chargées, 24 milliers pesant de balles de plomb (environ 10 tonnes), 6 132 fusils. Mais les passagers sont encore plus importants que le fret : c'est à bord de l'*Amphitrite* qu'embarquent les officiers et sous-officiers recrutés par Deane et Beaumarchais, dont douze ingénieurs — ces officiers du génie dont l'absence a empêché Washington de fortifier efficacement New York. À leur tête, le colonel-brigadier Tronson du Coudray, frère du fameux avocat, dont le talent d'artilleur n'a d'égal qu'un caractère de chien célèbre dans toute l'armée. On l'a nommé commandant en chef de l'artillerie des îles françaises, puisque sa destination officielle est Saint-Domingue, mais il est convaincu de devenir le César de l'armée insurgente dès qu'il aura mis le pied sur le sol américain. Le capitaine Fautrel a reçu l'ordre de le traiter avec beaucoup de ménagements : « Nous lui recommandons particulièrement cet officier pour lequel nous le prions d'avoir tous les égards possibles. » Tronson du Coudray retarde le départ sous prétexte de lettres à écrire. Parmi elles, une missive à Sartine qui ne laisse aucun doute sur la complicité du pouvoir : « Agréez, Monseigneur, les remerciements particuliers que je vous dois pour toutes les bontés dont vous m'avez honoré personnellement et pour les facilités que vous m'avez accordées dans tous les genres relativement aux choses et aux personnes dont je suis accompagné. » Un mot cordial à Kalb, qu'il tient sans doute pour quantité négligeable : « Adieu, mon cher baron, à vous revoir, vous trouverez des voies préparées, si j'arrive avant vous. Si vous arrivez le premier, je compte de même sur vous. » L'équipe Broglie considère avec circonspection le tonitruant personnage.

Parmi les officiers en partance avec lui, un certain M. des Épiniers, major d'artillerie. C'est le fils de Fanchon Caron, épouse Lépine, et le neveu de Beaumarchais.

L'*Amphitrite* se déhale enfin du quai et mouille en rade pour recevoir son chargement de poudre, opération que les règlements interdisent de pratiquer au port afin d'éviter des explosions en chaîne en cas d'accident. Le commissaire général Mistral écrit sans tarder à Sartine : « Au Havre, le 14 décembre 1776, à 2 heures de l'après-midi, Monseigneur, *pour vous seul*, le navire l'*Amphitrite*, capitaine Nicolas Fautrel, vient de partir de ce port pour se rendre à sa destination et est actuellement en rade pour embarquer ses poudres. Après quoi il continuera sa route par un vent de E.S.E. petit, frais et favorable à la route qu'il a à tenir. Sur ce navire se sont embarqués 49 passagers. Par le courrier de demain, j'aurai l'honneur, Monseigneur, de vous rendre compte plus en détail de l'expédition de ce bâtiment. » Pour camoufler ladite expédition, Mistral a employé toute son ingéniosité à tourner les règlements qu'il est chargé de faire appliquer ; ainsi les passagers sont-ils censés être montés à bord en pleine rade, ce qui évite de les inscrire sur le rôle d'équipage et de les enregistrer à l'amirauté. Il a naturellement eu des problèmes avec Tronson du Coudray dont la boursouflure s'offusquait de ces façons furtives. Mistral joint à sa lettre les instructions écrites données au capitaine Fautrel — destination : Saint-Domingue — par ses « armateurs apparents », les sieurs Eyriès et Lecouvreur, ajoutant avec un humour pince-sans-rire : « J'ignore on ne peut plus parfaitement celles, soit par écrit ou verbalement, qu'ont pu donner à ce capitaine MM. de Beaumarchais et Montieu. »

Lorsque son regard embué aura vu disparaître dans le couchant précoce de décembre les voiles de l'*Amphitrite*, gonflées par ce vent petit, frais et favorable, M. Durand va-t-il conférer avec Mistral sur la suite des opérations, souper avec ses capitaines, se mettre au lit avec une servante ou avec la dernière lettre de la

Godeville, monter dans une voiture pour Paris ? Non, au théâtre !
On y joue *Le Barbier de Séville*, et on le joue bien mal au jugement de M. Durand. Répétitions improvisées, critique des comé-
diens, indication de jeux de scène. Et tout Le Havre de chanter :
« Toujours, toujours, il est toujours le même. »

Consternation de l'équipe Broglie, qui attend à l'hôtel son
embarquement sur la *Seine* : où est-on allé pêcher pareil extravagant ? Averti, Dubois-Martin ne décolérera pas. Versailles même
se scandalisera. « Il devait le faire avec le plus grand secret, écrira
l'abbé de Véri. Point du tout ! Le résultat de ce choix a été la
publicité la plus ridicule… Le fait est que les ministres, et surtout
M. de Maurepas, se défendent d'avoir appelé Beaumarchais. »

L'imprudence est certaine, mais Stormont n'avait nul besoin
de l'histrion pour découvrir le pot aux roses. Le 10 décembre,
Vergennes écrivait à Lenoir qui, après le renvoi de Turgot, avait
recouvré la place de lieutenant général de police dont le contrôleur général l'avait chassé pour manque de fermeté lors de
l'émeute parisienne de la guerre des Farines : « Il revient de
toutes parts, Monsieur, que plusieurs particuliers se disant officiers répandent dans les cafés, aux spectacles et autres lieux
publics qu'ils sont envoyés par le gouvernement aux Insurgents,
et qu'ils reçoivent des encouragements à cet effet. Ces propos
méritant une attention principale, il serait intéressant, Monsieur,
que vous voulussiez bien recommander aux officiers de police
d'y donner une attention particulière, et [au cas] où ils rencontre-
raient des gens qui se diraient destinés pour passer en Amérique,
de les arrêter. Vous voudrez bien m'en informer, ainsi que le
ministre du département de qui ils dépendraient immédiatement.
Il serait très convenable que les recherches se fissent avec assez
de publicité pour désabuser le public que le gouvernement aurait
aucune part à des manœuvres dont le bruit est souverainement
désagréable. » Les hommes de Tronson du Coudray, en partance
pour Le Havre, ont donc fait retentir Paris de leurs futurs
exploits. Si Vergennes recommande un maximum de publicité,
c'est évidemment dans le but de pouvoir contrer les accusations
de l'inévitable lord Stormont — et Lenoir, point dupe, de
répondre qu'il donne à l'affaire tout le bruit souhaitable.

Au Havre même, comme dans tous les autres ports de France,
le service anglais disposait de plus d'informateurs bénévoles
qu'il n'était nécessaire pour connaître la nature des cargaisons et
la véritable destination des vaisseaux. La dernière guerre avait

représenté sept années de vaches maigres pour les négociants maritimes confrontés au rigoureux blocus de la Royal Navy. Certaines maisons s'en étaient trouvées réduites à la banqueroute. L'aide aux Insurgents n'allait-elle pas nous mettre un nouveau conflit sur les bras ? Plutôt écraser l'opération dans l'œuf, en renseignant l'Anglais, que de courir un tel risque. Mistral expliquera tristement à Sartine cette morale du tiroir-caisse : « Le commerce ne cesse de faire des vœux pour la tranquillité des mers, dont il tire toute sa prospérité. Il craignait que l'expédition ne donnât lieu aux Anglais de se porter à des extrémités qui eussent été nuisibles, sans peser ni connaître si les Anglais étaient en état de s'y déterminer, tant il est vrai que notre intérêt presque toujours nous aveugle. »

Beaumarchais était enfin repéré de longue date par Stormont, et son départ pour Le Havre ne pouvait passer inaperçu. Le 12 décembre, jour où il quitte Paris, Lenoir rend compte à Vergennes : « L'arrivée du docteur Franklin à Nantes fait beaucoup de sensation, et le départ de M. de Beaumarchais, que l'on dit partout s'être rendu au Havre, n'en fait pas moins. »

*
* *

À soixante-dix ans, malgré une santé précaire et des crises de goutte invalidantes, Benjamin Franklin s'est résigné à traverser l'Atlantique après une entrevue négative avec le général Howe. John Adams et Edward Ruthledge, désignés eux aussi par le Congrès, l'avaient accompagné jusqu'à Staten Island où le général victorieux les avait fait passer entre une double rangée de mercenaires hessois avant de les accueillir dans sa maison. Howe et Franklin étaient amis et avaient disputé à Londres maintes parties d'échecs. Cette fois, aucun gambit ne pouvait débloquer la partie. Les Américains demandaient la reconnaissance de leur indépendance ; l'Anglais promettait une amnistie pour les rebelles rentrant dans l'obéissance. « Des troupes ont été envoyées, constata Franklin, et des villes ont été brûlées. Nous ne pouvons maintenant attendre le bonheur sous la domination de la Grande-Bretagne. Tous les attachements passés sont oubliés… Je crois que la Grande-Bretagne entend s'en remettre à la force. » On se sépara courtoisement sur cette évidence. Il ne restait plus qu'à se battre. La situation désespérée de Washington permettait à Howe d'envisager l'avenir avec sérénité.

Franklin s'embarqua le 27 octobre à bord du *Reprisal*, un sloop armé de seize canons. Le capitaine, Lambert Wickes, avait reçu du Congrès l'ordre d'éviter toute rencontre, fût-ce avec un vaisseau anglais désarmé. En cas de capture, Franklin, déclaré traître au roi d'Angleterre, n'aurait que la corde comme perspective. De grandes précautions avaient été prises pour que l'embarquement restât secret, mais, renseigné par les loyalistes de Philadelphie, le service britannique sut qui était à bord avant même que le *Reprisal* eût appareillé.

Franklin avait pour la première fois franchi l'Atlantique cinquante-deux ans plus tôt, jeune imprimeur costaud aux cheveux châtain foncé, aux yeux noisette, qui allait se découvrir à Londres une vocation de journaliste tout en donnant des leçons de natation pour survivre. Il l'avait, depuis lors, traversé huit fois, et chaque passage avait été l'occasion de travaux et de recherches pour cet homme à la curiosité encyclopédique. Ainsi, devenu vieux et chauve, il reprendrait sur le *Reprisal* les sondages destinés à étudier le Gulf Stream. En 1757, il avait rédigé pendant la traversée la *Voie de l'Opulence*, recueil de maximes et de conseils pour parvenir à la prospérité, dont la carrière peut faire rêver n'importe quel écrivain : soixante-dix éditions en anglais, cinquante-six en français, onze en allemand, neuf en espagnol, et des traductions en hollandais, danois, suédois, polonais, gallois, russe, catalan, grec et chinois...

Est-il dans toute l'histoire un seul ambassadeur plus qualifié pour sa mission que ce descendant d'émigrant des Midlands[1] ? Il

---

1. Les aïeux de Franklin avaient subi, sous le règne de la reine Marie la Catholique, dite Bloody Mary (1516-1558), la persécution commune à tous les protestants. Dans son autobiographie, Franklin écrira de ses ancêtres : « Ils avaient une bible en anglais, et pour la cacher et la mettre en sûreté, on l'attachait ouverte avec des rubans entre les pieds d'un tabouret. Quand mon arrière-arrière-grand-père voulait en faire lecture à sa famille, il renversait le tabouret sur ses genoux, puis il tournait les pages sous les rubans. L'un des enfants se tenait à la porte pour signaler l'éventuelle venue de l'appariteur, qui était un officier du tribunal ecclésiastique. En cas d'alerte, on replaçait le tabouret sur ses pieds, et la bible restait cachée dessous comme avant. »
Nous connaissons un militant engagé dans la lutte armée qui, pendant les années soixante et soixante-dix, garda un Colt 45 scotché sous le siège sur

a tout pour séduire la France de ce temps-là. Sa vie est la première *success story* à nous venir d'une Amérique qui s'en fera l'inlassable pourvoyeuse. La pauvreté au berceau, fortune faite à quarante-deux ans, et il vend alors ses nombreuses imprimeries et papeteries à l'un de ses ouvriers pour se consacrer à la recherche scientifique et à la politique. Une union harmonieuse avec sa chère Deborah, « bonne et fidèle compagne », mais point trop contraignante quand même, car, sur les dix-huit dernières années de leur existence commune, il en passe seize séparé d'elle par un océan. Une touche de pittoresque en même temps que d'émouvante continuité familiale, puisqu'il a un bâtard, qui aura lui-même un bâtard, lequel engendrera à son tour un bâtard, et, du haut en bas de cette échelle de bâtards, une affection réciproque invulnérable aux déchirements politiques (tandis que Franklin vogue sur le *Reprisal* avec son petit-fils William Temple, le père naturel de celui-ci, William, bâtard de Benjamin, vit en résidence surveillée sous bonne garde des Insurgents : il reste loyal au roi d'Angleterre). Un savant, surtout, qui incarne à la perfection l'esprit du siècle, son optimisme, sa certitude que la science va faire le bonheur de l'humanité. Franklin, c'est l'*Encyclopédie* faite homme. Il a fondé la Société philosophique américaine en lui donnant vocation d'explorer toutes les branches du savoir. Car sa philosophie est rien moins qu'abstraite. Il crée des écoles, des bibliothèques, et même une compagnie de pompiers. Il invente le « poêle de Franklin », dont les tuyauteries répandent l'air chaud dans les pièces. Quatre lignes enfin qui l'inscrivent dans l'histoire : « Le fluide électrique est attiré par les pointes. Nous ne savons pas si la foudre a cette propriété. Mais, puisqu'elles ont en commun toutes les propriétés qu'on a pu leur attribuer, la foudre et l'électricité ont vraisemblablement aussi cette propriété-là en commun. Que l'expérience

---

lequel il avait, chez lui, l'habitude de s'asseoir Cette proximité lui aurait permis d'utiliser rapidement son arme en cas d'irruption belliqueuse, ce qui n'eut pas lieu, et la cachette échappa à plusieurs perquisitions policières très minutieuses. Une expérience pluriséculaire semble donc démontrer que la police ne songe pas à examiner le dessous d'un siège, surtout si elle trouve le suspect assis dessus. Persuadé qu'un livre peut, le cas échéant, tendre à l'utilité, nous croyons devoir communiquer cette information au lecteur militant, avec la conviction de rester ainsi fidèle à l'esprit de philanthropie pratique qui anima Benjamin Franklin jusqu'à son dernier souffle.

soit faite. » Ses travaux sur l'électricité l'avaient fait admettre à la Société royale de Londres et à l'Académie des sciences de Paris ; l'invention du paratonnerre lui vaut une célébrité universelle. Son compatriote John Adams expliquera ainsi son succès en France : « Il n'y avait presque aucun paysan ou citadin, valet de chambre, cocher ou laquais, femme de chambre ou souillon dans les cuisines à qui son nom ne fût familier et qui ne le considérât comme un ami du genre humain. » Même s'il y a là quelque exagération, le fait demeure que le héraut de la liberté américaine sera reçu par la France en bienfaiteur de l'humanité : son paratonnerre vaut toutes les lettres de créance.

Un roublard. Il joue à merveille son personnage du « bonhomme Franklin », savant génial sorti d'un continent qu'on croit peuplé de sauvages et qui ne se départit jamais d'une simplicité rustique. À Philadelphie déjà, il soignait son image quand ses imprimeries commençaient d'en faire l'un des richards de la ville : « Pour montrer que je n'étais pas fier, il m'arrivait de traverser les rues avec une brouette pour rapporter chez moi le papier que j'achetais dans les magasins. » Il saura pousser sa brouette dans les allées de Versailles.

Une tempête d'ouest gonfle si bien les voiles du *Reprisal* que la traversée s'effectue en moins d'un mois. Franklin ne sort guère de sa cabine. Un jour qu'il se décide à monter sur le pont, la bourrasque lui arrache sa perruque et la flanque à la mer. Il coiffe son grand crâne ovoïde d'une toque de trappeur. L'exotique bonnet de fourrure fera fureur à Paris. Franklin n'achètera plus de perruque. En termes d'image, tout compte.

Le 27 novembre, à l'approche de la côte de France, la tempête cesse d'un coup. Le capitaine Wickes capture dans la journée un brick et une brigantine britanniques. On lui interdira de faire entrer ses prises dans un port français, pour ne pas fâcher l'Angleterre, et il devra les ramener à travers l'Atlantique. Le *Reprisal*, englué dans la bonace, tire des bords pour gagner Nantes. Le 4 décembre, Wickes jette l'ancre dans la baie de Quiberon et, toujours privé de vent, finit par débarquer ses passagers près de Saint-Pierre-de-Quiberon. Les paysans bretons ne parlant ni le français ni l'anglais, on s'explique en latin avec un prêtre. Une charrette jusqu'à Auray, puis trois jours dans une « voiture misérable » pour gagner Nantes, où les amis de la liberté américaine organisent un banquet en l'honneur du prestigieux voyageur.

*
* *

Franklin à Nantes et Beaumarchais au Havre, c'est trop pour lord Stormont.

Ses compatriotes, aveuglés par la certitude d'un proche et définitif triomphe, n'avaient pris aucune mesure pour intercepter le *Reprisal*. Beaucoup pensaient que Franklin, assommé par la révélation de la puissance anglaise lors de son entrevue avec Howe, venait se réfugier en France pour échapper à la potence. Stormont était plus lucide. Dès le 11 décembre, il écrivait à Londres : « J'ai appris hier soir que le fameux docteur Franklin est arrivé à Nantes... Pour certains, c'est par mécontentement personnel ou crainte d'un échec qu'il est venu dans ce pays. En ce qui me concerne, je ne puis m'empêcher de croire qu'il est chargé d'une mission secrète de la part du Congrès, et comme il a l'esprit retors, artificieux et profondément faux, il ne manquera pas d'abuser de l'ignorance générale des Français pour peindre la situation des rebelles sous le jour le plus faux, et de leurrer les ministres pour les amener à prendre ouvertement parti pour cette cause. Il a l'avantage d'avoir ici plusieurs amis intimes, et l'opinion publique le tient en haute estime. En un mot, Monseigneur, je le considère comme un dangereux agent, et je regrette fort qu'une frégate anglaise n'ait pas croisé sa route... »

Ultimatum à Vergennes : si Franklin s'installe à Paris, lui, Stormont, regagnera Londres. Ce serait la crise diplomatique, avec des conséquences imprévisibles. Vergennes, toujours admirable d'hypocrisie, affirme à l'ambassadeur qu'il a déjà expédié un messager à Nantes pour interdire la capitale à Franklin ; cela dit, comme on ignore la route que prendra l'Américain, il est fort possible que l'émissaire le manque... S'il arrivait à Paris, le ministre n'aurait d'autre désir que de le faire expulser, mais ne serait-ce pas déconsidérer à la face du monde une France qui ne respecterait « ni les lois des nations ni celles de l'hospitalité » ?

Pour Le Havre, inutile de tourner autour du pot : les dossiers de milord Tout-œil et Tout-ouïe sont trop précis. Sans doute Vergennes pense-t-il que les secours risquent de toute façon d'arriver trop tard. Les nouvelles reçues d'Amérique annoncent la déconfiture des Insurgents. Washington, traqué par Howe, se faufile comme il peut à travers les mailles du filet. Ses troupes se trouvent réduites par la désertion à moins de quatre mille hommes.

Le 16 décembre à dix heures du soir, un courrier ministériel délivre au commissaire général Mistral l'ordre d'empêcher tout appareillage des vaisseaux de Beaumarchais, de les visiter et de décharger les cargaisons suspectes. L'*Amphitrite* a déjà filé. Le *Romain* s'apprête à mettre à la voile. Il est stoppé et déchargé. Les autres, dont la *Seine*, resteront à quai.

Le 17, Beaumarchais écrit à Silas Deane : « Me voici de retour du Havre, Monsieur, où j'ai bu jusqu'à la lie le calice de ma mission. » Il lui annonce l'embargo ministériel. Mais son irréductible optimisme n'en est pas abattu : « Je vous dirai cependant que l'affectation de rigueur et de publicité qu'on met à ces désarmements me laisse un peu d'espoir de pouvoir recharger et partir quand les cris seront apaisés par notre proscription publique. Je vais commencer par faire changer les noms des vaisseaux. Le reste se fera de nuit et à petit bruit. Mais que de pertes, que d'argent jeté dans l'eau ! Chaque sottise, chaque obstacle se lève à grands coups de louis d'or : j'en serais bien honteux, si je ne savais que tout cela est indispensable. »

Une inquiétude le taraude : « Vous m'avez appris une nouvelle qui m'intéresse infiniment, et l'arrivée de M. Franklin, qui est très estimé dans ce pays, ne peut que faire grand bien aux affaires de l'Amérique. Je vous prie de me dire franchement si la réunion de plusieurs agents change le pouvoir du premier, et si je devrai recommencer avec les nouveaux commissaires ce que j'ai arrêté avec vous. » Autrement dit, les accords passés avec Deane tiennent-ils toujours, ou bien faut-il les faire entériner par l'estimé Benjamin Franklin et par Lee qui, « teint jaune, œil vert, dents jaunes, cheveux en désordre », selon Beaumarchais, est arrivé à Paris un jour après l'inventeur du paratonnerre ?

Bloqué dans sa chambre de L'Aigle d'or, Johann Kalb se pose la même question. Il avait réglé avec Deane la grande affaire dont l'avait chargé le comte de Broglie. Seul Guy Dubois-Martin en partageait le secret avec lui. L'arrivée de Franklin change tout. Son âge et sa célébrité vont évidemment lui donner la prépondérance sur ses deux collègues. Désormais, c'est lui qu'il faut convaincre. Le secrétaire du comte de Broglie partage ce senti-

ment. Dès le 14 décembre, il demande à Kalb de faire un saut à
Paris pour s'entretenir avec Franklin. Mais comment quitter Le
Havre sans risquer de manquer le départ de la *Seine*? Le 17,
Dubois-Martin revient à la charge : « Je serais enchanté si vous
pouviez revenir encore une fois à Paris pour voir M. Franklin.
Cette entrevue serait très utile pour la négociation dont vous êtes
chargé, car il est possible que d'autres personnes, avec les
mêmes intentions que nous, essaient de s'approcher de ce
membre du Congrès. Je désire tout au moins, si vous ne pouvez
venir, que vous écriviez à M. Deane, pour lui demander si l'arrivée de M. Franklin ne change rien à la teneur et à l'esprit des
dépêches, ainsi qu'aux plans que vous lui avez soumis pour le
choix d'un commandant supérieur militaire. En tout cas, vous
pouvez le prévenir contre le danger et les propositions que, sans
aucun doute, lui soumettront des personnes peu aptes à entreprendre une pareille mission, car je suis certain d'être d'accord
avec vous en assurant que dans toute l'Europe il n'y a pas un
seul homme qui soit, à tous les points de vue, aussi apte à une
pareille position que le nôtre. Je suis sous ce rapport sans aucune
prévention. Je vous serais infiniment obligé de me communiquer
vos vues et vos plans. »

L'équipe Broglie tourne rond. Elle fonctionne en si parfaite
communion d'esprit que Kalb, le jour même où Dubois-Martin
rédigeait cette lettre, a pris la plume pour écrire à Deane. Entre la
confirmation de l'embargo ministériel et l'annonce de la capture
d'un vaisseau américain, il glisse la phrase essentielle : « Je vous
serais très obligé de présenter mes respects au docteur Franklin.
Je soumets à ses lumières et aux vôtres le mémoire ci-joint,
contenant mon opinion sur ce que je vous ai insinué un jour à
Paris. »

Le mémoire est rédigé en anglais, langue que Kalb possède
parfaitement.

(car personne dans le Royaume ne connaît mieux les militaires que lui, je veux dire ce général en chef). Il serait capable, je le dis, de procurer les meilleurs officiers et de placer chaque individu à la place qui lui serait propre, pour sa gloire qui se trouverait si intimement unie aux succès des Provinces [Colonies] Unies : il demanderait seul au ministre leur approbation et toutes les choses nécessaires à l'entreprise. Personne autre que lui ne serait dans le secret, et je suis sûr qu'il est si généralement respecté par sa qualité, son intégrité et sa capacité comme général, que, sans savoir où l'on irait ni comment, chacun le suivrait et le laisserait maître des conditions. Beaucoup de jeunes gentilshommes le suivraient comme volontaires, pour servir et se distinguer sous ses yeux. Cette noblesse, par son intérêt à la cour, par son propre crédit ou le manège de ses amis et de ses relations, pourrait déterminer le Roi à une guerre avec l'Angleterre. Le général serait en état d'obtenir au commencement, pour de l'argent ou des billets, et peut-être même comme un secours fourni par un allié à ses alliés, tout ce dont les États-Unis auraient besoin. Il y réussirait mieux qu'aucun autre ministre, toute la nation française serait intéressée dans la querelle et on pourrait persuader le Roi de se déclarer ouvertement. Il en résulterait un traité d'alliance, de commerce et de navigation à la fin ou avant la fin de la guerre.

Il se verrait obligé par là à pousser la guerre avec bonheur pour lui-même, pour son pays, et conséquemment à l'avantage des États, parce qu'il doit regarder la perte de sa réputation comme la plus grande de toutes les pertes, et l'honneur d'être le principal instrument de la défense et du rétablissement de la liberté d'une république comme le plus flatteur de tous les honneurs.

Un pareil homme, avec les coopérateurs qu'il aurait choisis, vaudrait à lui seul vingt mille hommes et doublerait la valeur des troupes américaines.

Un pareil changement dans l'armée encouragerait sans doute les amis et produirait un effet contraire sur les ennemis.

Toutes les dépenses militaires seraient administrées par son intelligence et son intégrité au plus grand avantage des États : il n'y aurait sous son administration ni friponneries ni faux emplois d'argent, et lui-même en rendrait compte à la première sommation à la législation suprême des États.

On peut trouver cet homme, et je crois que je l'ai trouvé et je suis sûr que quand une fois il sera connu, il réunira les suffrages du public de tous les gens sensés, de tous les militaires, et j'ose dire de toute l'Europe. La question est de le déterminer, ce qui ne peut se faire, à ce que je pense, qu'en accumulant sur lui assez d'honneurs pour satisfaire son ambition, comme de le nommer feld-maréchal généralissime et en lui donnant une somme considérable d'argent comptant pour ses nombreux enfants dont il devrait abandonner le soin pour quelque temps pendant son séjour au-delà des mers, pour leur être un équivalent en cas de perte de leur père, et en lui donnant tous les pouvoirs nécessaires au bien du service.

Je vais répondre d'avance aux objections qu'on pourrait faire contre mon projet, parce qu'elles se présenteraient naturellement à l'esprit d'un peuple libre : savoir qu'un pareil homme, revêtu d'un pouvoir aussi étendu dans l'armée, ayant à sa dévotion les principaux officiers, pourrait non seulement empiéter sur les libertés du pays qu'il serait chargé de défendre, mais même s'en rendre le maître et le tyran.

Primo. Je répondrai que son pouvoir, quelque étendu qu'il fût, serait toujours subordonné aux États ; qu'aucun chef, officier ou soldat ne lui serait soumis que pour les manœuvres militaires et le service réel du pays ; que, d'ailleurs, il n'est pas probable qu'aucun sujet américain se prêtât à une entreprise aussi illégale.

Secondo. Je suis sûr et j'engagerais ma tête qu'une pareille pensée n'entrera jamais dans son cœur noble et généreux.

3° Il a du bien au soleil dans sa patrie, des honneurs et une famille si respectée, à laquelle il est si tendrement attaché, que pour toutes les souverainetés du monde il ne voudrait point s'en séparer, surtout étant sur le point d être fait maréchal de France.

4° Pour assurer son retour et sa résidence en Europe d'une manière plus précise, les États pourraient faire un des points capitaux de leurs traités ou transactions avec la cour de Versailles de l'élévation de leur généralissime à la dignité de duc et pair de France.

Ces idées me sont suggérées par le zèle pour la cause que j'ai embrassée. Je remets à messieurs Franklin et Deane de les étendre, de les changer ou de les proposer. La seule chose que je leur demande est de ne faire mention de ma proposition à âme qui vive, à cause du secret qui est absolument nécessaire, soit que le projet soit accepté, soit qu'il soit rejeté. Je le répète encore une fois, le choix de la personne quand je la nommerai, sera agréable et généralement applaudi.

*
* *

Fichtre ! Il n'a pas fini de nous étonner, ce Charles toujours rebondissant...

Une observation préalable : le mémoire de Kalb reflète fidèlement sa pensée. Rien ne démontre mieux son exceptionnelle aptitude au *leadership*, comme diraient les Américains, que les initiatives toujours adéquates prises par ses gens et leur parfaite identité d'esprit. En ce crucial mois de décembre 1776, pas la moindre fausse note. Kalb a déjà rédigé son mémoire pour Deane et Franklin lorsqu'il reçoit la lettre de Dubois-Martin lui suggérant de leur écrire. Et le mémoire est déjà posté quand parvient à Kalb la longue lettre, datée du 11 décembre, dans laquelle Broglie, toujours à Ruffec, met noir sur blanc le projet dont Dubois-Martin a verbalement entretenu Kalb à Paris. Elle paraphrase si exactement le mémoire qu'il serait redondant de la reproduire. Simplement, là où Kalb écrit que son homme et son état-major vaudraient à eux seuls vingt mille hommes, Broglie, plus modeste, évalue l'avantage à « dix mille hommes, et peut-être vingt mille ». De même s'abstient-il de s'arroger le commandement en chef exercé pendant la dernière guerre par son frère, tout comme d'évoquer le bâton de maréchal dont l'attribution serait imminente, ou l'espérance d'un duché-pairie. Kalb agitait ces dignités pour en imposer au brave Deane, à qui ses compatriotes reprochaient une sensibilité excessive au moindre titre de noblesse. Quoi qu'il en soit, c'est son mémoire, et non pas la lettre du comte, que liront les Américains.

Sur la nécessité d'encadrer par des professionnels la jeune armée américaine, aucun expert qui ne partage alors le sentiment de Broglie. Tous balancent entre l'optimisme pour le long terme et un pessimisme lucide sur le proche avenir. L'immensité du continent donne le vertige. Elle paraît garantir les Insurgents contre un anéantissement total. Dès 1768, Kalb estimait que la plus forte armée anglaise pourrait désoler quelques ports, voire quelques provinces, sans obtenir pour autant une soumission générale. À court terme, les succès de Howe laissent néanmoins entrevoir le pire. Le constat s'impose : on n'a jamais vu une armée improvisée gagner contre des troupes réglées. Le Grand Frédéric, qui domine de la tête et des épaules tous les capitaines de son temps, ricane de l'aveuglement politique anglais, mais n'accorde pas une chance aux Insurgents : « Ni troupes ni généraux. » La Pologne vient encore d'offrir le spectacle de l'écrasement d'une insurrection par des forces régulières. Là où le courage d'une nation guerrière a échoué, quel espoir peuvent nourrir des cultivateurs encadrés par des commerçants ?

Si l'on veut trouver un exemple de soulèvement national victorieux, il faut remonter à deux siècles, quand les Hollandais arrachèrent de vive force leur indépendance. Charles de Broglie n'est pas le seul à s'y référer. Quelques bons esprits, voyant clairement que les Américains ne pouvaient s'assimiler aux indigènes des colonies classiques, refusaient, contre le plus grand nombre, de considérer leur lutte comme une banale révolte coloniale et établissaient plutôt un parallèle avec la création des Pays-Bas. Plusieurs mémoires adressés à Vergennes expriment leur pensée ; ainsi : « L'énorme puissance de Philippe Second échoua contre l'union d'un peuple courageux qui défendait les droits de sa Constitution opprimée ; toutes les forces de l'Angleterre ne suffiront peut-être pas pour remettre les Colonies dans un joug que son imprudence avait tenté d'appesantir. » Mais la comparaison trouve une limite évidente : en Hollande, la foi protestante cimentait le peuple contre l'armée espagnole du Roi Catholique (de même que la religion catholique unissait les insurgés polonais contre la Russie orthodoxe) en Amérique, des protestants luttent contre des protestants. À cette différence près, qui n'est pas mince, le recours à l'exemple hollandais ne manque pas de justification historique ; il est aussi le plus roboratif.

Déduction logique de Charles de Broglie : les États-Unis doivent adopter « la même conduite qui fut si avantageuse à l'établissement républicain des Pays-Bas ».

Quelle fut donc la conduite de l'oligarchie commerçante hollandaise lorsqu'elle décida, en 1579, d'en finir avec la domination espagnole et l'hégémonie de la religion catholique ? Ses états généraux confièrent l'administration à un responsable désigné par le titre de grand pensionnaire, tandis qu'un capitaine-amiral général, le stathouder, était chargé de faire la guerre. Broglie propose de devenir le stathouder des États-Unis. Pour les colons d'origine hollandaise, nombreux en Amérique, notamment à New York, fondée par eux, comme pour ceux qui, tel

Franklin, connaissaient l'histoire, la proposition évoquait forcément les prestigieuses figures de la famille d'Orange, dans laquelle s'était fixé le stathoudérat. Guillaume, dit le Taciturne, avait été le héros et l'artisan de l'indépendance. Un siècle plus tard, alors que Louis XIV envahissait le pays à la tête de cent vingt mille hommes — c'était la première fois dans les Temps modernes qu'une armée aussi nombreuse était rassemblée —, Guillaume III, tel Josué, avait arrêté la course du Roi-Soleil. Il le fit grâce à des prodiges de valeur et au prix d'immenses souffrances, car la soldatesque française témoigna d'une cruauté rarement égalée dans le cours des guerres. Appliquant sans états d'âme la politique de la terre noyée, Guillaume, vingt-trois ans, avait su galvaniser la résistance nationale. Si Charles de Broglie marchait sur les traces de ces gaillards, le général Howe ne tarderait pas à retourner pousser l'ivoire sur son échiquier londonien.

En même temps, l'évocation du stathoudérat pouvait inquiéter des cœurs républicains. Faits pour la guerre, les stathouders l'aimaient trop. En 1768, Guillaume III attaqua le maréchal duc de Luxembourg, en train d'assiéger Mons. Luxembourg, qui prendra tant de drapeaux à l'ennemi qu'on le surnommera « le tapissier de Notre-Dame », savait que la paix venait d'être signée. Guillaume ne pouvait l'ignorer. Mais pourquoi se priver du plaisir d'une bataille ? Elle fut sanglante et indécise. Après quoi les deux chefs se rencontrèrent et gémirent « sur l'inutilité dont chacun allait être durant la paix et sur la nécessité de s'adonner à la chasse pour s'occuper ». Luxembourg disait, approuvé par Guillaume : « Durant la paix, on méprise bien les gens de guerre. » L'histoire intérieure des Pays-Bas pendant deux siècles pourrait se résumer, sans trop courir le risque de la caricature, à un antagonisme chronique entre les tendances fédéralistes du grand pensionnaire, soucieux de préserver les libertés provinciales et municipales, et la volonté centralisatrice du stathouder, entre républicains et orangistes, entre ceux qui ne voulaient pas d'un roi et une famille d'Orange tentée par la couronne. De là les grandes précautions prises par Kalb pour apaiser d'éventuelles inquiétudes : son homme a le cœur noble et généreux, du bien au soleil, une famille tendrement chérie, et un duché-pairie en France le tentera davantage que le titre de roi d'Amérique. Dans sa lettre à Kalb, Charles rappelle que son engagement serait limité à trois ans : « C'est un point sur lequel il faut insister par la raison que cette assurance que l'homme veut revenir en France au plus tard au bout de trois ans ôtera toute inquiétude sur l'autorité qu'il voudrait avoir et l'ambition qu'il aurait d'être le souverain de la nouvelle république. »

*
* *

Qu'un grand seigneur français entretînt l'ambition de devenir roi des États-Unis, l'idée n'en viendrait ni à Franklin, ni à Deane, ni aux miliciens fidèles qui continuent de guerroyer sous la bannière tôt défraîchie de Washington. A-t-elle effleuré le comte? Lui seul le sait. « Souverain de la nouvelle république » : la phrase peut paraître contradictoire dans les termes ; à ceci près que Charles de Broglie s'est beaucoup occupé d'une république — la Pologne — qui avait à sa tête un roi. L'une de ces pensées folles, peut-être, qui viennent aux imaginatifs, mais qu'on écarte avant même de les avoir formulées. S'il y songeait vraiment, il se garderait bien de s'en ouvrir devant autrui. En vérité, il se trouve contraint de le faire par la référence qu'il s'est choisie : impossible d'invoquer les avantages du stathoudérat sans donner des garanties contre ses inconvénients.

Démarche courageuse, raisonnable et folle.

La vaillance ne lui a jamais manqué. Il en faut pour poser sa candidature au commandement de l'armée insurgente dans le moment même où son sort paraît scellé.

Le bon sens est de son côté. Washington n'a pas encore pris sa dimension historique. Certes, il a servi avec distinction au cours de la *French and Indian war*, mais contre un adversaire sans commune mesure avec l'armée anglaise, et tout ce qu'on peut dire jusqu'ici de son empoignade avec Howe, c'est qu'il a su se dérober avec habileté à l'encerclement. Les cénacles militaires européens opineraient sans aucun doute que l'arrivée d'un général expérimenté représente la condition nécessaire, sinon suffisante, à un sursaut américain. Arthur Lee lui-même, quoique pétri de chauvinisme, suggère au Congrès le recrutement en France d'un chef militaire « de toutes premières capacité et expérience ». Charles de Broglie réunit les qualités souhaitables. L'homme qui a sauvé Prague face au Grand Frédéric ne peut être mauvais stratège. Sa défense de Kassel assiégée par le prince de

Brunswick prouve qu'il sait commander au feu. Humainement, il a démontré son aptitude à s'imposer dans les environnements les plus exotiques. Souvenons-nous du jeune ambassadeur de France qui, débarquant tout à trac dans les tumultueuses diètes polonaises, avait su tenir la bouteille, enjôler, cajoler, s'attirer assez de dévouements pour obtenir les succès les plus inattendus. Nul doute que sa force de séduction et son entrain feraient merveille dans les camps de toile des miliciens américains. Il a également raison d'avancer que sa nomination faciliterait l'alliance entre la France et les États-Unis : c'est dans ce but qu'il a recruté, avec de vieux soldats tels que Kalb, les puceaux de la guerre que sont La Fayette, Noailles et Ségur. « Cette noblesse, écrit Kalb, par son intérêt à la cour, par son propre crédit ou le manège de ses amis et relations, pourrait déterminer le Roi à une guerre contre l'Angleterre. »

En revanche, et sans même présumer de la réaction du Congrès à la proposition de placer à la tête de son armée un étranger de foi catholique, l'image que Charles de Broglie se forme de la situation des États-Unis ne correspond guère à la réalité. Sa lettre à Kalb précise qu'il faudra demander pour lui « de grands avantages pécuniaires », ce que le mémoire avait déjà fait en évoquant « une somme considérable d'argent comptant ». Au même moment, Washington, grâce à des renforts arrivés en hâte, dispose de six mille hommes. Mais les trois quarts d'entre eux vont quitter l'armée au 31 décembre, terme de leur engagement. Raclant ses fonds de tiroirs, le général aux abois réunit de quoi offrir dix dollars à chaque soldat pour une prolongation de six semaines. Il met à profit ce délai de grâce chèrement acquis pour lancer quelques contre-attaques qui desserrent l'étau et stabiliseront le front jusqu'au printemps suivant. On n'en était pas à s'offrir le luxe d'un généralissime exigeant un pont d'or pour franchir l'Atlantique...

Démarche folle ! Initiative inouïe ! Si Gilbert de La Fayette faisait valoir à juste titre le « petit éclat » de son départ, celui d'un Broglie retentirait comme un coup de tonnerre, et le « docteur » Franklin lui-même serait bien impuissant à conjurer la foudre stormontienne. Ni le mémoire de Kalb ni la lettre du comte n'explicitent la marche à suivre pour réaliser le projet. S'agit-il d'obtenir du Congrès qu'il demande officiellement son stathouder à Versailles ? Mais comment concevoir que le gouvernement, après avoir bloqué trois gamins qui n'ont de pondéreux que le boulet doré de leur nom, laisse partir un ancien ambassadeur, chef du Secret du feu roi, frère d'un maréchal de France ? Autant déclarer tout de suite la guerre à l'Angleterre ! Aucun document, aucune note n'indique la moindre complicité avec Vergennes, fût-ce par assentiment tacite. À moins d'un changement radical de la politique française, il faudra filer en douce. Mais alors, quel quitte ou double ! Rien à voir avec un Saint-Germain qui loue son épée à des princes possédant pignon sur rue, puis les quitte avec un certificat de bons et loyaux services. L'Amérique, c'est l'aventure, la rupture absolue. S'il en revient battu, comme tout le laisse prévoir, il n'a plus d'avenir en France. Ruffec jusqu'à la mort. Le raté de la famille...

Estime-t-il avoir encore un avenir ? Le roi ne l'aime pas, la reine le déteste, Maurepas l'abomine par solidarité avec son neveu d'Aiguillon. Son destin semble fixé : commandant en second des Trois-Évêchés jusqu'à la retraite. Il n'est pas impossible qu'un peu de désespoir entre dans son pari. Mais si peu ! Sa lettre à Kalb rutile d'enthousiasme. Elle est écrite de la même plume allègre que ses lettres de Pologne, quand il y croyait encore, ou que celles développant pour Louis XV le grand projet de descente en Angleterre. Tout va, puisque la vie va. Le voici revenu à son occupation favorite : inventer l'avenir. Non, cet homme des recommencements n'est pas le joueur désespéré jetant sa bague sur le tapis après avoir épuisé sa bourse. Au reste, s'il a souvent misé, c'est toujours en s'investissant au service d'une grande cause : la Pologne, longtemps, et avec quelle ardeur ; depuis plus de dix ans, la revanche sur l'Angleterre : personne en France n'y a consacré autant d'énergie et de soins. Mais Versailles garde ses plans sous le coude. Plutôt que de continuer à passer en revue les petits soldats de Metz, mieux vaut enjamber l'océan pour aller croiser le fer avec le général Howe.

Deux siècles plus tôt, son ancêtre François-Marie changeait le destin de la famille en venant mettre son épée au service du roi de France.

Ai-je dit que la devise des Broglie est « Pour l'avenir » ?

XV

Eh bien non ! l'*Amphitrite* n'est pas tirée d'affaire…
L'incroyable Tronson du Coudray a ordonné au capitaine Fautrel
de gagner Lorient au lieu de cingler droit sur l'Amérique. Son
homme lige, Nicolas Roger, affirmera à Deane que la responsabilité en incombe « *au grand homme B.* » B pour Beaumarchais.
L'exaspération contre lui est si forte et si unanime qu'il fait un
bouc émissaire idéal. Selon Roger, le vaisseau aurait appareillé
du Havre avec des vivres pour dix passagers, alors qu'ils étaient
près de cinquante. L'explication ne tient pas. Fautrel était un
capitaine trop expérimenté pour se lancer dans une traversée de
l'Atlantique avec une cambuse mal garnie. Du Coudray écrit de
son côté à Beaumarchais que l'escale s'imposait « pour prendre
des comestibles vivants, la grosse mer ayant noyé tous les
leurs ». Il faudrait savoir… La probable vérité, Roger l'avoue au
détour d'une phrase : du Coudray « a été fort incommodé de la
mer ». Il exigeait un vaisseau plus confortable. Sans doute voulait-il aussi rencontrer Franklin pour recommencer avec lui ses
manigances : Broglie n'est pas le seul à rêver d'un grand rôle en
Amérique. Bien entendu, lord Stormont ne laisse pas passer
l'aubaine. L'*Amphitrite*, qui avait échappé de justesse à
l'embargo ministériel, reçoit l'ordre de rester à Lorient.

Fureur de Beaumarchais. Pourquoi Fautrel a-t-il déféré à
l'ordre de son passager ? Un capitaine n'est-il pas seul maître à
bord ? Il expédie Théveneau de Francy à Lorient avec une lettre
comminatoire pour du Coudray : ou bien il accepte l'autorité sans
partage de Fautrel, ou bien il débarque et va chercher fortune
ailleurs. « Vous avez assez de sagacité pour être persuadé que je

n'ai pas pris un parti aussi tranchant sans en avoir conféré avec
des amis puissants et sages. » Lesdits amis, excédés par le
contretemps, envoient à l'artilleur l'instruction de rejoindre son
corps à Metz. Comme il regimbe, un courrier spécial part pour
Lorient « avec ordre de l'arrêter, de le casser et de l'enfermer
pour le reste de ses jours au château de Nantes, rigueur à laquelle
il n'échappa qu'en se sauvant seul et presque nu, sans reparaître
au vaisseau ». Invraisemblable aventure... Plongeant dans la
clandestinité, du Coudray gagne Paris, rencontre Franklin, débla-
tère contre Beaumarchais, insupporte jusqu'à Silas Deane,
l'homme le plus doux du monde, qui le juge à la fin « fou, traître
et méchant », file à Nantes où il trouve à s'embarquer sur un
vaisseau américain. Beaumarchais n'en revient pas : « Où
sommes-nous donc ? Grand Dieu ! » Comment la police de son
ami Lenoir a-t-elle pu laisser filer le fugitif ? Parvenu aux États-
Unis, du Coudray excédera le Congrès par son arrogance et ses
insatiables prétentions, amènera trois généraux américains à donner leur démission, puis, au soulagement général, se noiera, le
15 septembre 1777, en tentant de traverser la rivière Schuylkill, à
deux kilomètres de Philadelphie. Il était, selon La Fayette, « vain
jusqu'à la folie ».

Les mois suivants, le duel — ou la partie de cache-cache —
entre Beaumarchais et celui qu'il appelle « le fatal ambassadeur »
ne connaît pas de répit. Stormont, exactement renseigné, bondit
dans le bureau de Vergennes pour exiger et obtenir l'interdiction
des appareillages suspects. Beaumarchais oppose cent ruses à
« l'inquisition *stormonienne* ». Il change le nom de ses vaisseaux. Ayant compris que le rassemblement du Havre était une
erreur, il les disperse de Dunkerque à Marseille. Les charge-
ments s'opèrent de nuit. Il ordonne à ses capitaines de mentir
sans vergogne. Ainsi Fautrel recevra-t-il permission d'appareiller
après avoir pris par écrit l'engagement de ne relâcher qu'à Saint-
Domingue. Il ira naturellement jusqu'aux États-Unis, mais
Stormont en aura la preuve et le malheureux capitaine, à son
retour en France, gémira trois mois sur la paille humide des
cachots, ce qui obligera Beaumarchais à lui verser un dédommagement de deux mille écus. Mais l'astuce est ce qui manque le
moins au père de Figaro ; ainsi, le 11 janvier 1777, écrit-il à
Hugues Eyriès, son agent au Havre d'où un vaisseau rebaptisé
Amélie doit partir avec un chargement de canons et, à son bord,
un certain Degoy destiné aux États-Unis : « Si dans sa route

M. Degoy rencontrait un bon corsaire américain et qu'il fît la bonne capucinerie de se laisser prendre par lui et conduire comme une prise par cet honnête pirate en un port du continent, vous savez bien que nous n'en aurions pas moins bonne idée de la bravoure du capitaine et de M. Degoy. Cette idée est de moi. Voyez. » Pour Eyriès, c'est tout vu : « L'apostille à votre lettre au sujet de la rencontre d'un corsaire est parfaite, et on aura soin de profiter de cet avis. J'ai fait une note en conséquence. » Si le milord ne tolère pas que de paisibles vaisseaux de commerce français soient pris par des corsaires américains, il n'a qu'à monter à leur bord pour les défendre... À Dunkerque, la *Marie-Catherine* appareille avec une cargaison de pièces d'artillerie *assurée à Londres* au terme d'un extraordinaire imbroglio machiné pour tromper à la fois le fatal ambassadeur et les bureaux de Versailles. Mais les coups durs ne manquent pas. À cause d'une imprudence de son capitaine, la *Seine*, sur laquelle devait s'embarquer l'équipe Broglie, est capturée en vue de la Martinique par une frégate anglaise, puis conduite à la Dominique, possession britannique, « où, sans autre forme de procès, le pavillon anglais y fut arboré sur-le-champ et le nôtre jeté dans la mer avec de grands cris d'*hurrah*, et les plus tristes feux de joie ».

Les trois premiers vaisseaux de Beaumarchais parvenus au port américain de Portsmouth sont accueillis par une population en délire. Deux autres suivent. Au printemps 1777, le « grand homme B. » aura livré aux Insurgents 164 canons, 37 000 fusils, 41 000 boulets, 373 000 pierres à fusil, 514 000 balles de fusil, 161 000 livres de poudre, 11 000 grenades, 20 000 livres de plomb, 4 000 tentes, 3 600 couvertures, 8 750 paires de chaussures, 4 000 douzaines de paires de bas.

Toujours handicapée par ses effectifs trop faibles, l'armée insurgente disposera au moins du matériel nécessaire pour sa campagne de 1777.

*
* *

Charles de Broglie ne se laisse pas abattre par l'accident havrais. Conseil de guerre à Ruffec avec Guy Dubois-Martin,

Johann Kalb et Gilbert de La Fayette. Pendant deux jours, peut-être trois, on fait le tour de la situation sans jamais évoquer le stathoudérat : destiné à orner de son nom et de ses grandes alliances l'état-major que Charles veut envoyer en détachement précurseur, La Fayette n'est pas dans le secret. Il n'y sera jamais admis. C'est le manipuler ? Si l'on veut. Mais il avait tellement envie de partir pour l'Amérique !

L'envie demeure intacte. Sans mettre en cause la pureté de l'engagement du marquis au service de la liberté, il est permis de penser que des réactions personnelles jouent leur rôle dans l'occasion. L'algarade de son beau-père lui reste sur le cœur. Il en a plus qu'assez d'être tenu pour le crevard de la famille. Noailles et Ségur ont dû renoncer pour des raisons de haute politique ; c'est embêtant mais, d'une certaine façon, gratifiant : on existe. Lui ? Trop malingre et évanescent. Mis au coin comme un écolier qui aurait voulu aller jouer dans la cour des grands. Mais le collégien La Fayette, quand sa classe avait reçu pour sujet de dissertation la description du cheval parfait, avait choisi le cheval rebelle qui, « en apercevant la verge, renversait son cavalier ».

Unanimité pour le départ. Mais comment ? Beaumarchais inspire désormais les plus sérieuses réserves. Aucun autre armateur ne se risquera à embarquer des officiers pour l'Amérique. Qui a l'idée géniale ? On parierait que c'est Charles, avec son air désarmant de trouver simples les choses les plus difficiles. Il suffit d'acheter un vaisseau. L'homme idoine se trouve justement à portée de main : François-Augustin Dubois-Martin, frère cadet de Guy. Le comte l'appelle « le petit Dubois » pour le distinguer de son aîné, et nous allons faire comme lui.

Il sert au régiment de Port-au-Prince, à Saint-Domingue, avec le grade de sous-lieutenant. À trente-quatre ans, c'est mince. Mais le petit Dubois, associé à son frère Jean-Baptiste, capitaine au même régiment, gère adroitement une agréable fortune et investit dans des plantations. Un an plus tôt, le 23 décembre 1775, il a débarqué à Bordeaux, chargé par son colonel de « faire des emplettes » pour le régiment — chemises, bas, souliers, etc. Il dispose alors d'un congé de six mois. Bien entendu, Charles de Broglie se met en quatre pour le frère de son secrétaire. Le 3 mars 1776, lettre à Sartine, dont dépendent les colonies françaises : « M. Dubois-Martin, qui a l'honneur de vous remettre cette lettre, est un officier que j'ai placé au régiment du Port-au-Prince. Il vient en France chargé des affaires de ce corps. Cette marque de confiance de la part de ses chefs est une preuve de son intelligence et de sa bonne conduite, et me fait espérer que vous voudrez bien lui faire un accueil favorable. » Le 26 mars, nouvelle lettre du comte à Sartine pour obtenir un poste d'aide-major à son protégé. Le 20 septembre, démarche pour le grade de capitaine. Le 29, Sartine élude. Le 8 octobre, il reçoit du maréchal de Beauvau, intime des Broglie, une recommandation chaleureuse pour le petit Dubois. Le 5 novembre, Charles écrit au colonel du régiment de Port-au-Prince que son sous-lieutenant, dont le congé de six mois est expiré depuis longtemps, ne rejoindra pas le corps, car, à son instigation, le ministre de la Marine devrait l'envoyer servir en Amérique. Le même jour, François-Augustin reçoit le grade de lieutenant et Sartine écrit au gouverneur de Saint-Domingue que le « sous-lieutenant » Dubois-Martin ne regagnera l'île que dans deux ans, devant « voyager utilement ». Sous-lieutenant ou lieutenant ? Les fils s'embrouillent... Toujours est-il que le petit Dubois est enrôlé avec le grade de major dans le détachement précurseur de Kalb qui doit passer en Amérique sur la *Seine*. Mais Broglie l'a chargé d'une mission particulière : « Si, là-bas, les choses tournent du bon côté, avait-il écrit à Kalb, il y aurait lieu que vous engagiez le Congrès à envoyer immédiatement le petit Dubois-Martin avec des ordres et des pouvoirs à M. Deane. » L'homme aux trois grades aura le plaisir, si tout va bien, de rapporter à son diligent protecteur l'accord américain pour le stathoudérat.

Encore faut-il franchir l'Atlantique. Le petit Dubois possède les qualifications nécessaires à l'achat d'un bon vaisseau : il a servi dix ans dans la marine avant de mettre sac à terre, en 1770, à Saint-Domingue. Sa famille, originaire de Barbezieux, très lancée dans les affaires, est en relation avec les armateurs bordelais. Dès la fin du conseil de guerre de Ruffec, Charles l'expédie à Bordeaux acheter un vaisseau pour le compte de La Fayette.

Lui-même remonte à Paris avec le marquis, Kalb et Guy Dubois-Martin. Franklin a élu domicile à Passy, petit village proche de la capitale où réside la meilleure société. Son ami Le Ray de Chaumont, riche entrepreneur, fournisseur des armées royales, a mis à sa disposition l'un des pavillons de sa splendide propriété. C'était, au dire du duc de Croÿ, « un petit réduit très modeste, mais commode, jouissant du superbe jardin et à proximité du bois de Boulogne ». Les trois commissaires américains y installent leurs bureaux, et les agents de Stormont de commencer aussitôt à faire la planque pour identifier les visiteurs. La Fayette, alerté, s'abstient d'aller à Passy. Il communique le plus souvent avec les commissaires par l'intermédiaire de leur secrétaire, William Carmichael. Fort honnêtement — et le marquis leur en gardera toujours de l'estime —, les Américains lui déconseillent de persévérer. Ils ignorent encore le rétablissement opéré *in extremis* par Washington, notamment en remportant un succès signalé à Trenton. Les dernières nouvelles le disent traqué par Howe, avec des forces réduites à trois mille hommes. La Fayette rencontre Deane et lui déclare : « Jusqu'ici, monsieur, vous n'avez vu que mon zèle. Il va peut-être devenir utile ; j'achète un bâtiment qui portera vos officiers. Il faut montrer de la confiance, et c'est dans le danger que j'aime à partager votre fortune. » Les Américains, eux aussi, garderont mémoire de cette fidélité dans le malheur. Charles de Broglie, dédaigneux de l'espionnage stormontien, se rend à Passy, accompagné de son frère le maréchal ; sans doute trouve-t-il judicieux de se montrer en compagnie du plus prestigieux des généraux français : au contraire de Deane, qui prend Kalb pour un vrai baron et gobe sans discernement les vanteries les plus éhontées, Benjamin Franklin est trop introduit dans la société parisienne pour confondre Victor-François avec Charles. Quant à Kalb, à sa manière discrète et besogneuse, il répare la toile déchirée par l'accident havrais. Certains officiers, dégoûtés par la mésaventure, intimidés par le raidissement gouvernemental, découragés peut-être par les nouvelles reçues d'Amérique, préfèrent déclarer forfait. Il faut en recruter d'autres et conclure de nouveaux contrats d'engagement. Cette fois, ils seront onze à accompagner La Fayette et Kalb. Parmi eux, le colonel de Valfort, soldat austère, très respecté, futur directeur de l'École militaire où il formera le jeune Bonaparte, et un certain Capitaine... qui a naturellement le grade de capitaine.

Rédigés en février, les contrats, dont celui de La Fayette, seront antidatés au 7 décembre. Pourquoi ? L'explication la plus évidente est que Silas Deane a signé seul, avant l'arrivée de Franklin et de Lee à Paris, la première série d'engagements des officiers destinés à l'embarquement sur la *Seine* ; plusieurs d'entre eux se retrouvant sur la seconde liste, l'Américain juge probablement expédient de procéder comme si cette liste se substituait à la première, ce qui n'implique aucune dissimulation vis-à-vis de Franklin, informé par son collègue. On peut aussi compter sur Kalb, très près de ses sous, pour refuser de perdre plusieurs semaines de solde à cause d'un départ manqué dans lequel il n'a aucune responsabilité. Son nouveau contrat lui conserve son grade de major-général. La Fayette, dix-neuf ans, capitaine dans l'armée du roi de France, se trouve propulsé au même grade de major-général dans l'armée américaine... La promotion est si vertigineuse que Deane croit devoir la justifier : « Le désir que manifeste le marquis de La Fayette de prendre du service dans l'armée des États-Unis de l'Amérique du Nord et l'intérêt qu'il prend à la justice de leur cause le portent à souhaiter de se distinguer dans cette guerre et de s'y rendre aussi utile que possible ; mais, ne pensant pas pouvoir obtenir de sa famille la permission d'aller servir au-delà des mers, dans un pays étranger, à moins que ce ne soit comme officier général, j'ai cru ne pas mieux agir pour mon pays et pour ceux de qui je tiens mon mandat qu'en lui garantissant, au nom du très honorable Congrès, le grade de major-général. Je prie les États de le lui confirmer, de dresser et lui délivrer la commission nécessaire pour porter ce titre et prendre rang à compter de ce jour avec les officiers généraux du même ordre. Sa naissance élevée, ses alliances, les grandes dignités dont est revêtue sa famille à cette cour-ci, sa fortune considérable, sa valeur personnelle, sa réputation, sa nature généreuse et surtout l'attachement qu'il porte à la liberté de nos provinces justifieraient à eux seuls l'assurance que je lui donne, au nom des États-Unis, du grade de major-général. »

La Fayette ajoute quelques lignes à la fois généreuses et prudentes : « Aux conditions ci-dessus, je m'offre et promets de partir quand et comme M. Deane le jugera à propos pour servir les États-Unis avec tout le zèle possible, sans aucune pension ni traitement particulier, me réservant seulement la liberté de revenir en Europe lorsque ma famille ou mon Roi me rappelleront. »

Puis il file à Londres.

*
* *

Cette visite à son oncle, le marquis de Noailles, ambassadeur de France, était prévue depuis longtemps. « Je ne pouvais décliner l'invitation sans compromettre mon secret, écrira-t-il, et, en l'acceptant, je couvrais mes préparatifs. » Franklin et Deane applaudissent : quelle meilleure couverture à son projet qu'une excursion chez l'ennemi ? Il part avec le prince de Poix, son cousin par alliance, neveu de l'ambassadeur. L'une de ses premières visites à Londres est pour le docteur Edward Bancroft, l'ami de Franklin, le confident dont la sollicitude a calmé les angoisses du pauvre Deane après son arrivée à Paris. Américain, Bancroft circule librement entre Paris et Londres, puisque la logique de la guerre civile oblige le gouvernement britannique à entretenir la fiction que les Insurgents ne constituent qu'une minorité parmi la population américaine restée dans son ensemble fidèle à la Couronne. (De même l'état de paix entre l'Angleterre et la France permet-il aux agents de Stormont de s'implanter à leur aise dans les ports français.) La Fayette découvre une classe politique britannique profondément divisée et s'affrontant avec une violence rare. « En taisant mes intentions, j'affichai mes sentiments ; souvent je défendis les Américains, je me réjouis de leur succès à Trenton, et mon esprit d'opposition me valut un déjeuner chez lord Shelburne. » Les disputes intestines françaises avaient, dans une large mesure, engendré les désastres de la guerre de Sept Ans. Cette fois, la discorde se trouve chez l'adversaire. On assiste à des scènes ahurissantes. Les chefs du parti whig appellent l'armée insurgente « notre armée ». Le député Fox se rend à la Chambre des communes revêtu de l'uniforme des officiers d'état-major de Washington. À une revue navale passée par le roi d'Angleterre, le duc de Richmond coupe la file sur son yacht arborant les couleurs des Insurgents. Prometteuses dissensions...

« Je rejetai l'offre de voir les ports de mer, les embarquements contre les *rebelles*, et tout ce qui me parut un abus de confiance. » La Fayette rédigera cette phrase dans son âge mûr, en un temps où les chroniqueurs anglais qualifiaient de fourberie son voyage à Londres. Le 7 mars 1776, il annonce pourtant à sa chère femme, de nouveau enceinte : « Demain ou après-demain, nous allons à Portsmouth, munis des plus amples recommandations, pour tout voir. » Au vrai, il découvre les charmes du double jeu et savoure l'équivoque de sa situation : « À dix-neuf ans, on aime peut-être trop à persifler le Roi qu'on va combattre, à danser chez lord Germain, ministre pour les colonies américaines, avec lord Rowdon qui arrivait de New York, et à rencontrer à l'Opéra ce [général] Clinton que je devais retrouver à Monmouth. » Le mar-

quis de Noailles le présente à George III. Avec une science précoce du traitement de l'opinion publique, La Fayette fait tout
pour rendre assourdissant le « petit éclat » de son départ. Pendant
trois semaines, en compagnie du « petit Poix », ce ne sont que
fêtes et réceptions : « Nous venons de dîner chez notre ambassadeur et nous partons pour l'Opéra, écrit-il à Adrienne ; ensuite,
nous sommes priés à souper, au bal ; nous verrons cette nuit
toutes ces dames. Je trouve encore que Paris vaut bien mieux que
Londres, quoique nous y soyons reçus fort agréablement. J'ai
une grande impatience de voir toutes ces jeunes femmes. » Un
peu goujat, le garçon ? Ses lettres, fréquentes, témoignent des
meilleurs sentiments : « Adieu, cher cœur, dans quelque pays que
j'aille, je vous aimerai toujours bien tendrement. » Mais la
méfiance le retient d'avouer à quel pays il songe.

Quand Johann Kalb lui envoie le signal convenu, il est censé
devoir suivre avec son oncle un déplacement de la cour
d'Angleterre. « Je lui confiai la fantaisie d'une course à Paris. Il
imagina de me dire malade jusqu'à mon retour. Je n'aurais pas
proposé ce stratagème, mais je ne m'y opposai pas. » Noailles
doit croire à une escapade amoureuse.

Épouvantable mal de mer dans le pas de Calais. Cela promet
pour l'Atlantique. Il se rend à Chaillot, où Kalb possède un pied-
à-terre, et s'y cache pendant trois jours. Franklin, Deane et Lee
lui rendent visite. Il s'en échappe pour sacrifier la prudence à
l'amitié : « Un matin, à sept heures, raconte Ségur, il entre brusquement dans ma chambre, en ferme hermétiquement la porte, et,
s'asseyant près de mon lit, me dit : "Je pars pour l'Amérique ;
tout le monde l'ignore ; mais je t'aime trop pour avoir voulu partir sans te confier mon secret." » Le vicomte de Noailles reçoit la
même visite.

Le 16 mars, il part avec Kalb et trois domestiques pour
Bordeaux, sans avoir revu Adrienne, afin, explique-t-il à Kalb,
« d'éviter une scène d'attendrissement ». Il a tort de se méfier
d'elle, la croyant inféodée à son clan Noailles. Elle l'aime assez
pour accepter son départ, et beaucoup trop pour le trahir. Plus
tard, elle se bornera à constater : « M. de La Fayette exécuta le
projet qu'il avait médité depuis six mois d'aller servir la cause de
l'indépendance de l'Amérique. J'étais grosse et je l'aimais tendrement. »

*Très fidèle – le suivra qd emprisonné
à Olmsedt et libéré par Bonaparte*

*
* *

À Bordeaux, le petit Dubois a bien travaillé. Les armateurs Reculès, Delas, Basmarcin et Cie. avec lesquels il avait été en rapport pour les affaires de son régiment, lui ont trouvé un beau vaisseau de 268 tonneaux, la *Clary*. que La Fayette rebaptisera la *Victoire*, appartenant au négociant Lanoise Le vaisseau, sorti des chantiers l'année précédente, n'a effectué qu'un seul voyage aux îles françaises. On s'accorde sur un prix de cent douze mille livres, dont vingt-neuf mille comptant et le solde sur quinze mois. Le petit Dubois engage du même coup le capitaine Le Boursier, qui commandait la *Clary*. Le Boursier croit partir pour Saint-Domingue, La Fayette et Kalb lui feront en pleine mer la surprise américaine. On s'occupe à présent de la cargaison. Point de canons ni d'armes qui attireraient l'attention, mais des vêtements dont les Américains manquent cruellement depuis que les importations d'Angleterre sont interrompues. La demande est telle qu'on peut aisément quadrupler sa mise.

L'investissement global est lourd : le vaisseau, la cargaison — quatre-vingt-trois mille livres —, mais aussi l'assurance — quarante mille livres —, l'avance sur salaire au capitaine et à l'équipage, et encore celle qu'il faut consentir aux officiers sur leur solde, car les trois commissaires américains n'ont pas un sou en poche. La Fayette lui-même doit emprunter treize mille cinq cents livres à Kalb.

Charles de Broglie cotise. Note du secrétariat d'État des Affaires étrangères en date du 24 mars : « Il sera employé, Monsieur, dans la distribution que M. le comte de Vergennes arrêtera incessamment du fonds de la dépense secrète, un article de dix mille livres pour le semestre échéant le 30 de ce mois du traitement annuel de vingt mille livres dont M. le comte de Broglie jouit sur ce fonds. M. le comte de Vergennes me charge de vous mander, Monsieur, que M. d'Harvelaz [trésorier] peut acquitter cet article lorsque M. le comte de Broglie le demandera » ; à quoi s'ajoute une avance de dix mille livres sur le prochain terme à échoir, soit un total de vingt mille livres. Charles a-t-il contribué à un niveau plus élevé ? C'est probable, mais il a trop bien brouillé ses traces pour que nous en retrouvions la preuve. Les Dubois-Martin avancèrent sans aucun doute l'essentiel du financement, en association avec leur beau-frère Pierre de Larquier, avocat au Parlement[1]. La minorité de La Fayette rendait ces avances nécessaires, puisqu'il ne pouvait disposer de son capital, mais il les rembourserait sur son revenu par versements échelonnés. La vente de la cargaison devait, on l'a dit, l'y aider puissamment. Quant aux officiers engagés, ils rembourseraient leur avance après avoir touché leur arriéré de solde en Amérique.

*
* *

Arrivés à Bordeaux le 19 mars, La Fayette et Kalb descendent à l'auberge du Chapeau rouge. C'est à cette table renommée que le garçon de dix-neuf ans se confesse au dur-à-cuire presque sexagénaire qui a roulé sa bosse à travers deux guerres et deux continents. Il lui a menti. Sa famille n'est pas dans le secret. Kalb tombe des nues. « S'il ne s'était pas toujours flatté de l'approbation de M. le duc d'Ayen, écrira-t-il, je lui aurais constamment dit de ne point aller aussi loin qu'il l'a été. Il m'a fortement assuré que sa famille le trouverait bon, d'après que M. le duc d'Ayen voulait s'employer lui-même pendant un temps à le faire aller en Amérique avec son autre gendre, le vicomte de Noailles, et qu'après tout Mme de La Fayette serait prévenue par ses père et mère, et préparée à le trouver bon. Car j'ai fortement trouvé à redire, en tous temps, qu'il en ait fait un mystère à sa femme, jusqu'après son départ, et s'il m'avait dit à Paris tout ce qu'il m'a dit sur cela depuis, je lui eusse fait les représentations les plus fortes contre son entreprise. »

---

1. La nécessité du secret impliquait des manœuvres complexes, avec utilisation de prête-noms et d'hommes de paille. Bernard de Larquier, descendant de Pierre de Larquier, a débrouillé, autant qu'il pouvait l'être, l'aspect financier de l'expédition dans son livre *La Fayette, usurpateur du vaisseau la* Victoire (chez l'auteur, 1987), ainsi que dans son ouvrage encore inédit, *La Couronne américaine*, dont nous le remercions bien vivement d'avoir eu la complaisance de nous communiquer le manuscrit.

Les Noailles contre le départ au lieu d'être pour, cela change tout. Il faudrait décamper sans tarder, mais le chargement de la *Victoire* n'est pas terminé. Kalb s'agace de voir le marquis tenir table ouverte au Chapeau rouge pour les officiers déjà arrivés ou qui rejoignent. Le 20 mars, il écrit à sa femme : « Je vois tant de choses encore à régler ici que le ministre sera sûrement instruit du départ du marquis, et des ordres pourraient bien avoir le temps d'arriver avant que notre vaisseau soit sous voile. Ainsi il n'y a rien de moins certain que ce voyage, malgré la chaleur qu'on y met. L'on envoie un courrier en ce moment pour savoir l'effet de la nouvelle et pour empêcher qu'on n'envoie un ordre pour ne pas s'embarquer. » Un courrier ? Mais que veulent-ils au juste ? Que les ministres au grand complet viennent agiter leur mouchoir sur le quai de Bordeaux ? À quoi bon le départ de Londres en catimini, la planque à Chaillot, le voyage éclair jusqu'à Bordeaux, s'il leur faut à présent l'onction ministérielle ? La Fayette flanche, c'est sûr. Ne voilà-t-il pas qu'il rend visite à son parent par alliance le duc de Mouchy, gouverneur de Guyenne et Gascogne, père de ses amis le vicomte de Noailles et le « petit Poix » (sa femme est cette Noailles que Marie-Antoinette avait aigrement surnommée « Madame l'Étiquette »)… Démarche aberrante de la part d'un garçon jusqu'ici si avisé. Il cèle le motif de son voyage, mais la tribu Noailles, son beau-père le duc d'Ayen en tête, va savoir sa présence à Bordeaux. Ah, si seulement Charles de Broglie était sur place…

Le 21 mars au matin, un premier groupe de cinq officiers se présente à l'amirauté pour l'enregistrement réglementaire. Kalb se rajeunit de six ans, le petit Dubois de trois ; les militaires ont souvent de ces coquetteries. Bedaulx ne triche pas sur son âge, mais se déclare de religion catholique, apostolique et romaine, alors qu'il est protestant comme Kalb. La Colombe et Candon donnent des renseignements exacts. Le scribe de l'amirauté note leur signalement sur le registre. L'après-midi, deux nouvelles inscriptions. Le 22 au matin, quatre autres. La Fayette se présente ensuite, accompagné de ses domestiques. Il a la prudence d'indiquer son nom patronymique, suivi d'un titre de chevalier inconnu hors des frontières de l'Auvergne, ce qui donne sous la plume d'un commis peu soucieux d'orthographe et de ponctuation : « Jattes [J'atteste] que Sr Gilbert du Mottie chevalier de Chavaillac age de 20 ans taille haute cheveux blonds, Jean Simon Camu de la Villedieu en Franche Conté a la suite de Mr le chevalier age de 32 ans taille moyenne cheveux blonds, etc., sont anciens catholiques lesquels desirent s'embarquer sur la Victoire cap^e Lebourcier, pour aller au Cap [Saint-Domingue] ou ils vont pour affaires. » Mais à quoi bon les précautions de La Fayette quand Kalb s'est tout bonnement déclaré « baron de Kalb, officier au service du Roi de France » ? À quoi rime ce chevalier de Chavaillac si le marquis de La Fayette fait chaque soir l'ornement des salons du principal personnage de Bordeaux ? Et pourquoi courir le risque d'un enregistrement à l'amirauté ?

Ce même mois de mars, Sartine ordonne au commissaire du port de Bordeaux de faire visiter tout navire suspect pour interdire, le cas échéant, son appareillage, et le commissaire de répondre que « ces visites n'apporteront aucun remède au mal qui peut exister : s'il est des sujets du Roi qui veuillent émigrer par cette voie, ils ne s'embarquent point dans le port de Bordeaux. Du port à la sortie de la rivière, il y a vingt lieues ; dans cette étendue, il y a plusieurs mouillages ; c'est à ceux de Pauillac ou du Verdon que les émigrants vont joindre les navires. Ils suivent impunément, de là, leur destination sans l'inquiétude d'être arrêtés ». La simplicité même. Il eût fallu mettre dans le coup le capitaine Le Boursier, mais pourquoi aurait-il davantage bronché que les autres commandants ? On trouvait à peu près autant d'anglophiles que de mahométans dans la marine française de l'époque, qu'elle fût de commerce ou de combat.

Toujours le 22 mars, on apprend à Bordeaux les beaux succès remportés par Washington. Versatilité de l'opinion : les Insurgents, déjà presque enterrés, se retrouvent au pinacle. Kalb écrit à sa femme : « Tout cela fera que la guerre sera bientôt terminée et que je n'aurai pas longtemps à y rester. Supposons toutefois qu'il n'y ait point d'empêchement à notre départ, ce qui peut très bien arriver par la longueur du retard, le vaisseau ne pourra descendre que demain, et Dieu sait quand le vent contraire changera. Enfin, il en sera ce qui plaira à la Providence Divine, mais, quelque chose qui arrive, j'ai les plus grandes et les plus flatteuses espérances de revoir bientôt ma bonne amie, ma chère femme, que j'aime de toute mon âme. Tu recevras, Maman, encore de mes nouvelles. Embrasse ma fille, et n'oublie pas l'arrangement de ses dents. »

Le lendemain, 23 mars : « Nous ne savons toujours pas si l'on s'opposera à notre départ. Notre vaisseau ne pourra prendre la mer que demain. »

Le même jour, La Fayette écrit à Charles de Broglie : « J'ai l'honneur de vous prévenir, monsieur le comte, que je pars pour le pays que vous savez et pour cette aventure que vous ne me conseillez pas de risquer. Vous serez étonné de ma démarche, mais il m'était impossible de faire autrement, et la preuve de cette vérité est que je ne me suis pas rendu à vos avis. Je n'ai pas même voulu vous en redemander parce que, avec la meilleure volonté du monde, le destin m'aurait empêché malgré moi de les suivre. Vous auriez combattu mes désirs ; j'avais assez d'obstacles à lever. À présent, il y a d'autant moins de danger à vous faire ma confidence que ma lettre partira pour Paris dans le moment que je partirai pour Philadelphie, et alors il serait inutile de me faire sentir les inconvénients d'une démarche déjà faite ; pour parler le langage commun : d'une folie déjà consommée. J'espère même que vous voudrez bien m'aider et encourager une entreprise que vous ne pouvez plus empêcher. Moi, de mon côté, je tâcherai de justifier cette légèreté, *j'admets le terme*, et d'acquérir des connaissances et des moyens de me distinguer. »

Lettre convenue d'avance, bien entendu, et destinée à mettre Charles à couvert vis-à-vis des ministres et des Noailles : il aura tout fait, mais en vain, pour raisonner le jeune écervelé. Plus tard, dans ses trop brefs Mémoires écrits au temps de la célébrité, La Fayette reconnaîtra sa dette : « Je dois beaucoup à M. du Boismartin[1], secrétaire du comte de Broglie, et au comte de Broglie lui-même dont le cœur, après de vains efforts pour m'arrêter, me suivit avec une tendresse paternelle. »

Le 24 mars, La Fayette signe cinq lettres de change à l'ordre du petit Dubois pour un total de vingt-six mille livres, soit, à trois mille livres près, le montant de l'acompte versé sur le prix du vaisseau.

Le 25 mars, La Fayette et Kalb montent dans une chaloupe amarrée au quai Saint-Michel ; elle va leur faire descendre la Garonne jusqu'à Pauillac — ce mouillage élu par les voyageurs clandestins pour partir sans tambour ni trompette. La *Victoire* les y attend avec, à son bord, les officiers recrutés par Broglie. Il fait « le plus beau temps du monde », présage d'une heureuse traver-

---

1. Comme nous l'avons indiqué au tome précédent, on écrivait indifféremment Dubois-Martin ou du Boismartin. À l'amirauté, le petit Dubois a signé Duboismartin.

sée. Mais, coup de théâtre, voici qu'un courrier déboule au grand galop sur le quai, porteur d'une lettre pour La Fayette adressée à l'hôtel du duc de Mouchy. C'est la réponse du vicomte de Coigny à qui le marquis chancelant avait demandé de s'enquérir si le « petit éclat » de son départ ne faisait point trop de bruit. Tintamarre ! annonce Coigny. Le duc d'Ayen remue ciel et terre. Une lettre de cachet est en route. La Fayette s'effondre. « Si, à la réception, nous n'eussions pas été dans la chaloupe pour descendre la rivière et aller à bord, écrira Kalb à sa femme, je crois qu'il aurait pris le parti de s'en retourner tout de suite. » À quoi tient un destin ! À quelques minutes près, le nom de La Fayette restait aussi obscur que celui de Chavaillac et il manquait un paragraphe à l'histoire de France, une page à celle des États-Unis...

*
* *

Un faux pas avait provoqué la tempête.

Le jour du départ de Paris, Gilbert de La Fayette avait écrit à son Adrienne : « Je suis trop coupable pour me justifier, je suis trop cruellement puni pour ne pas mériter mon pardon. Si j'avais cru sentir mes sacrifices d'une manière aussi affreuse, je ne serais pas à présent le plus malheureux des hommes. Mais ma parole est donnée, et je mourrais plutôt que d'y manquer. M. le duc d'Ayen vous expliquera mes folies. Ne m'en sachez pas mauvais gré. Croyez que je suis cruellement déchiré. Je n'avais jamais compris combien je vous aimais, mais je reviendrai bientôt, dès que mes engagements seront acquittés. Adieu, adieu, écrivez-moi souvent, tous les jours... »

À son beau-père, une lettre rédigée à Londres, mais qu'il gardait en poche. L'affectation de soumission respectueuse ne parvient pas à étouffer la joie du pied de nez. Finalement, c'est le pâlichon de la famille qui part pour l'Amérique : « Vous allez être étonné, mon cher Papa, de ce que je vais vous mander. Il m'en a plus coûté que je ne puis vous exprimer pour ne pas vous consulter. Mon respect, ma tendresse, ma confiance en vous doivent vous en assurer ; mais ma parole y était engagée, et vous ne m'auriez pas estimé si j'y avais manqué ; au lieu que la démarche que je fais vous donnera, j'espère, bonne opinion au moins de ma bonne volonté. J'ai trouvé une occasion unique de me distinguer et d'apprendre mon métier : je suis officier général dans l'armée des États-Unis d'Amérique. Mon zèle pour leur cause et ma franchise ont gagné leur confiance. De mon côté, j'ai fait tout ce que j'ai pu pour eux, et leurs intérêts me seront toujours plus chers que les miens... Mes compagnons de voyage sont : M. le baron de Kalb, officier de la plus grande distinction, brigadier des armées du Roi et major-général au service des États-Unis, ainsi que moi, et quelques officiers excellents qui veulent bien partager mes aventures. Je suis au comble de ma joie d'avoir trouvé une si belle occasion de faire quelque chose et de m'instruire... Adieu, mon cher Papa, j'espère vous revoir bientôt. Conservez-moi votre tendresse, j'ai bien envie de la mériter et je la mérite déjà, par celle que je me sens pour vous et le regret que conservera toute sa vie votre tendre fils. »

Il fallait poster ces lettres une heure avant de monter dans la chaloupe de Pauillac. Trompé sans doute par les retards successifs apportés à l'appareillage, voulant peut-être tenter de se concilier les Noailles dans un moment où il éprouvait une compréhensible hésitation (dix-neuf ans...) à franchir le Rubicon, La Fayette les a expédiées trop tôt. Le duc d'Ayen prend derechef feu et flamme, qualifie le projet de son gendre de « pure folie, pour ne pas dire plus », et fait irruption chez Vergennes « dans un état de violente surexcitation ». Comment ne penserait-il pas à son parent le marquis de Noailles, ambassadeur à Londres, que le départ du jeune crétin placerait dans une situation pour le moins embarrassante, et à son autre parent, le duc de Mouchy, qui va se trouver lui aussi compromis, puisque l'équipée se prépare à Bordeaux ? Il faut arrêter cela à tout prix.

Tandis que la chaloupe descend la Garonne, Johann Kalb, qui en a vu d'autres, exhorte au sang-froid. D'abord, se donner le temps de la réflexion. Et mettre le vaisseau à l'abri d'une mesure d'autorité. Il faut donc embarquer sur la *Victoire*, envoyer de Pauillac un courrier à Paris pour obtenir des éclaircissements supplémentaires, et mettre à la voile en direction d'un port espagnol tout proche pour y attendre la réponse.

Le 26 mars à midi, le capitaine Le Boursier barre vers le large par un temps toujours superbe, ce qui n'empêche pas le mal de mer de courber sur le bastingage l'état-major du comte de Broglie au grand complet.

XVI

En trois mois, Benjamin Franklin avait fait la conquête de Paris.

Celle de Versailles était moins aisée. L'éminent Américain ne manqua pas de pousser les feux. Le lendemain même de son arrivée dans la capitale du royaume, il envoyait son petit-fils porter à Vergennes une lettre cosignée par Deane et Lee : « Nous demandons la permission d'informer Votre Excellence que, munis de pleins pouvoirs par le Congrès des États-Unis d'Amérique, nous sommes chargés de proposer et de négocier un traité d'amitié et de commerce entre la France et les États-Unis. La façon si juste, si généreuse dont on a traité nos vaisseaux de commerce dans les ports de ce royaume, et d'autres considérations encore, ont déterminé le Congrès à faire cette offre à la France d'abord. Nous sollicitons de Votre Excellence une audience afin de lui présenter nos lettres de créance, et nous nous flattons que les propositions que nous sommes autorisés à faire sont telles qu'elles ne pourront être jugées inacceptables. »

Recevoir les commissaires à Versailles ? Autant demander à milord Tout-œil et Tout-ouïe d'assister à l'entretien... Le 28 décembre, Charles de Vergennes rencontre secrètement les trois Américains à Paris. Leur rapport au Congrès indiquera que le ministère français persiste dans sa politique : « Cette cour, tout en nous traitant en privé avec toute la civilité voulue, tenait à ne pas porter ombrage à l'Angleterre, et souhaitait ainsi éviter de nous recevoir et de nous reconnaître ouvertement, ou d'engager des négociations officielles avec nous en tant que ministres du Congrès. » Pour le reste, continuation des facilités offertes dans les ports français. Les fournitures d'armes ? « Bien qu'à l'époque ce ne fût un secret pour personne que deux cents pièces d'artillerie, trente mille fusils et autres munitions de guerre en grande abondance étaient sortis des magasins du roi afin d'être envoyés en Amérique, le ministre affecta devant nous de ne rien savoir de cette opération, et n'en réclama nul mérite pour sa cour. »

Le *lobbying* pratiqué pendant des années à Londres en faveur des intérêts américains a appris à Franklin qu'il faut parfois savoir aller trop loin. La situation alors désespérée de Washington exige une pression maximale sur le seul allié potentiel des États-Unis. Le 5 janvier 1777 à six heures de l'après-midi, le patriarche, flanqué de ses deux acolytes, se présente à Versailles et fait remettre à Vergennes une courte note : « Le docteur Franklin, M. Deane et M. Lee présentent leurs hommages les plus respectueux au comte de Vergennes et demandent à être reçus par Son Excellence demain matin à l'heure qu'elle voudra bien leur assigner. » C'est énormément culotté. On a beau porter un bonnet de trappeur au lieu d'une perruque, ce n'est pas une raison pour traiter avec pareille désinvolture un ministre du roi de France. Vergennes fait répondre qu'il n'est pas libre, mais que son premier commis, Gérard, rencontrera les commissaires à Paris le surlendemain. Franklin laisse à Versailles un mémoire proposant d'acheter huit vaisseaux de ligne en état de combattre. Puisque des Hessois luttent contre Washington, pourquoi la France ne l'aiderait-elle pas ? À cela s'ajoutent des demandes d'armes et de munitions, et l'offre d'un traité d'amitié et d'union. Si l'Angleterre prétendait hausser le ton, le mémoire faisait observer que les forces combinées de la France, de l'Espagne et des États-Unis auraient tôt fait de lui rabattre le caquet.

Gérard apporte une réponse officielle, car le Conseil a délibéré sur la question. Impossible de fournir des vaisseaux : ce serait la guerre avec l'Angleterre. Mais l'identité d'intérêts entre la France et les États-Unis aura un jour sa conséquence logique. Dans un style typiquement vergennien : « Ce qui paraît éloigné peut se rapprocher. » Et une bonne nouvelle : le roi accorde un secours de deux millions de livres aux commissaires pour leurs achats en France, dont il ne souhaite pas connaître le détail. Difficile de montrer meilleure grâce. Franklin avait fait excellente impression sur Vergennes. Le 0 janvier, après leur entrevue secrète, le ministre écrivait au marquis de Noailles, à Londres : « Sa conversation est aimable et honnête ; il paraît être un homme de grand talent. Lord Stormont affirme qu'il nous trompera comme il a trompé trois ministres anglais. J'ignore si c'est son intention, mais il n'a encore rien fait dans ce sens... »

Eût-elle connu ces tractations secrètes, l'opinion publique aurait exigé bien davantage. Elle soutenait la cause américaine. Grâce à Franklin, la sympathie tourne à la passion. Popularité immédiate, inouïe ! Il étonne et séduit. Le jeune Ségur, qui ne se console pas de rester en rade : « Rien n'était plus surprenant que le contraste du luxe de notre capitale, de l'élégance de nos modes, de la magnificence de Versailles, de toutes ces traces vivantes de la fierté monarchique de Louis XIV, de la hauteur polie mais superbe de nos grands, avec l'habillement presque rustique, le maintien simple mais fier, le langage libre et sans détours, la chevelure sans apprêts et sans poudre, enfin avec cet air antique qui semblait transporter tout à coup dans nos murs, au milieu de la civilisation amollie et servile du XVIIIe siècle, quelques sages contemporains de Platon, ou des républicains du temps de Caton et de Fabius. Ce spectacle inattendu nous ravissait d'autant plus qu'il était nouveau et qu'il arrivait justement à l'époque où la littérature et la philosophie répandaient universellement parmi nous le désir des réformes, le penchant aux innovations, et les germes d'un vif amour pour la liberté. »

Les multiples facettes de Franklin lui permettent d'occuper la totalité du champ social. Les philosophes accueillent en lui le héraut de la liberté. Les savants admirent le pionnier de l'électricité et, à la première réunion de l'Académie des sciences à laquelle il assiste, s'étonnent avec indulgence de le voir battre frénétiquement des mains à son propre éloge (c'est que, comprenant encore mal le français, il a choisi d'applaudir quand ses amis le faisaient). Les francs-maçons de la loge des Neuf-Sœurs le reçoivent dans leur sein et l'éliront bientôt Grand Maître. Parmi eux, La Rochefoucauld, Condorcet et l'abbé Sieyès. La jeunesse l'identifie à l'avenir. Les femmes l'adorent. Soixante et onze ans depuis le 6 janvier, des crises de goutte, la vue basse, un gros ventre, quelques dizaines de cheveux : elles sont folles de lui. Il les aime pareillement, surtout les jeunes, et même les maris : « C'est un peuple tout à fait délicieux. » Madré, il soigne son personnage. La toque de trappeur ne le quitte plus. (Sous la coiffure, un fâcheux eczéma du crâne.) Ses lunettes font sensation : il vient d'inventer les verres à double foyer. Tant de peintres, sculpteurs ou graveurs le prennent pour modèle qu'il doit à la fin refuser les demandes, tétanisé par les torticolis attrapés à force de tenir la pose. Son effigie est reproduite sur les bagues, bracelets, tabatières, vêtements : « Aujourd'hui, la mode veut que tout le monde ait sur sa chemise une gravure de M. Franklin. » Les premiers T-shirts, en somme... On copie sa canne. Les femmes se coiffent « à la Franklin », dans le style trappeur. Il se retrouve en médaillon « sur toutes les cheminées, ni plus ni moins révéré qu'un dieu pénate ». Point dupe, il laisse faire — c'est pour la bonne cause ! — et écrit à sa fille, à Philadelphie, que cette mode l'oblige à rester honnête, car son visage est si connu qu'il ne pourrait songer à prendre la fuite.

Là-dessus, l'équipée de La Fayette...

Pardonnez l'anachronisme, mais rarement l'histoire anecdotique aura été aussi bonne scénariste, ni n'aura distribué les rôles avec autant de talent, jusque dans le contre-emploi. Les États-Unis nouveau-nés, vagissant encore dans un berceau entouré de sorcières à dos de homards, représentés à Paris par un patriarche sorti tout droit du monde antique et la vieille Europe incarnée par un long jeune homme à la frimousse de gamin ; d'un côté, la sagesse, l'expérience ; de l'autre, l'ultime rejeton d'une famille où l'on a pris l'habitude de se faire tuer sur le champ de bataille avant trente ans ; un vieux savant rustique, et la fleur de la noblesse française. Comment ne pas s'enflammer pour une cause représentée par des personnages aussi symboliques, émouvants jusque dans leur contraste, et si l'on adore Benjamin Franklin, comment ne pas aimer le chevaleresque Gilbert de La Fayette qui veut voler à son secours ?

Grand tracas pour le ministère.

*
* *

La *Victoire* avait jeté l'ancre, le 28 mars, à Los Pasajes, que les marins français appelaient le Passage, un petit port du Guipuzcoa proche de Saint-Sébastien. On y était à l'abri d'une tempête, mais la marée allait et venait dans le havre avec une vigueur funeste aux passagers enclins au mal de mer.

Le 1er avril, Johann Kalb annonce à sa femme qu'ils n'auront pas à attendre le retour du courrier expédié de Pauillac à Paris :

« On vient de nous en envoyer un de Bordeaux, arrivé hier au soir ici, où nous sommes à l'ancre depuis vendredi 28, avec ordre de la cour pour M. le marquis de se rendre à Marseille pour y attendre M. le duc d'Ayen et Mme la comtesse de Tessé, sœur du duc, pour voyager avec eux en Italie. Ainsi le voilà revenu de son voyage, et de la guerre d'Amérique. Il part en ce moment pour Bordeaux et, de là, il se propose d'aller, s'il y a moyen, le voyage d'Italie n'étant pas de son goût, à Paris. Tu le verras sûrement. » La Fayette lui a fait promettre de ne pas appareiller avant d'avoir reçu de ses nouvelles, mais Kalb ne se fait aucune illusion : il ne le reverra pas. Toujours pratique, il estime que le marquis devrait se dégager de ses engagements financiers envers les armateurs moyennant un sacrifice de vingt à vingt-cinq mille livres. Et il entre avec sa femme dans les comptes d'apothicaire qui font son occupation favorite. Le voyage de Paris à Bordeaux a coûté sept cent cinquante livres quinze sols (« 77 postes, 7 chevaux à 25 sols, font 635 livres 5 sols, plus, pour les guides de deux postillons, 115 livres 10 sols »). Or La Fayette avait deux domestiques et lui un seul. Il ne devrait donc régler que les deux cinquièmes de la note, soit 300 livres 6 sols. Il a payé 604 livres, dont il possède la facture. La Fayette lui doit par conséquent 303 livres 14 sols. Mais peut-être le marquis fera-t-il le geste d'assumer la totalité des frais. C'est à voir. Il faut aussi songer au remboursement du prêt de 13 500 livres. Certes, le billet n'est pas échu, mais si La Fayette arrive à Paris après avoir récupéré des fonds auprès des armateurs, Anne de Kalb pourrait lui en toucher un mot : « Il te paierait peut-être tout de suite. » On a compris que le baron de Kalb ne se situe pas à hauteur d'épopée. Au vrai, il est amer. Que de temps perdu à cause de ce gamin qui ne sait pas ce qu'il veut… Dans une lettre ultérieure : « Son équipée lui coûtera toujours trop cher. Je dis équipée, du moment qu'il n'a pas osé braver les menaces et continuer son projet, après tout ce qu'il avait fait jusque-là. » Mais la réelle affection qu'il porte au marquis le ramène à l'équité : « Si l'on dit qu'il a fait une folie, on peut ajouter qu'elle était fondée sur un motif honorable et qu'elle n'empêche pas de marcher tête levée vis-à-vis de tous les gens qui pensent bien. » Le plus enrageant, c'est que « la guerre sera bientôt terminée ». Mais bon, il aura au moins le bonheur de retrouver rapidement sa famille : « J'ai toujours idée, Maman, que je te reverrai bientôt et que mon absence ne sera pas, à beaucoup près, aussi longue qu'on pourrait bien l'imaginer. » Le pauvre diable…

Accompagné du petit Dubois La Fayette trotte donc vers Bordeaux, le cœur en berne. Le courrier arrivé à Los Pasajes lui a délivré une flopée de missives plus comminatoires les unes que les autres : « Les lettres de ma famille furent terribles, et la lettre de cachet péremptoire : défense d'aller au continent américain sous peine de désobéissance ; injonction d'aller à Marseille attendre de nouveaux ordres. Les conséquences de l'anathème, les lois de l'État, la puissance et la colère du gouvernement ne manquaient pas de commentaires mais la douleur et la grossesse d'une femme chérie, l'idée de ses parents et de ses amis, avaient plus de pouvoir sur M. de La Fayette [1]. » Qu'Adrienne fût enceinte de six mois, il le savait quand même avant Los Pasajes. Quant à la lettre de cachet, si elle a existé, on devrait en repérer la trace dans les archives : elle ne se trouve nulle part. Point de lettre de cachet en forme, mais à coup sûr, une interdiction rigoureuse de partir dont le duc d'Ayen se fait le truchement.

L'humiliation s'ajoute à la douleur du rêve brisé. Ils savent s'y prendre pour le mortifier : au lieu de la gloire américaine, un voyage en Italie entre beau-papa et la tante Tessé. Ils le traitent comme une demoiselle à qui l'on veut faire oublier un galant.

*
* *

Silas Deane flanche à son tour L'ire ministérielle l'impressionne tant qu'il s'emploie à dégager sa responsabilité. Le 2 avril, au premier commis Gérard : « Vous avez ci-incluses deux lettres du baron de Kalb que je vous prie de présenter à Son Excellence le comte de Vergennes. Je m'en remets à la rectitude de ma conduite pour justifier ce que j'ai eu l'honneur de vous rapporter ce soir. Quant aux faits, M. le comte de Broglie a reçu ce soir une lettre de M. le marquis de La Fayette qu'il communiquera. Je m'en rapporte à ce gentilhomme e veux avoir confiance dans la relation qu'il fera de cette affaire pour me justifier et, bien plus, me faire approuver, puisque décider un très galant et aimable

---

1. Inexplicablement, les *Mémoires de ma main* du marquis passent, au milieu d'une phrase, de la première personne du singulier à la troisième, et se poursuivent ainsi.

jeune gentilhomme à embrasser notre cause et à donner au monde l'exemple de sa bravoure native et héréditaire ne peut certainement pas m'être imputé à crime. Je n'ai rien à ajouter à ce que j'ai eu l'honneur de vous rapporter à ce sujet, si ce n'est que je me repose sur le comte de Broglie pour éclaircir soit les détails, soit l'ensemble de ma conduite dans cette affaire ; que mes collègues n'en ont eu nullement connaissance, préparée qu'elle a été en novembre dernier, longtemps avant leur arrivée, et que je ferai tout ce qui sera en mon pouvoir pour démontrer à qui que ce soit que ma conduite a été en cela absolument honorable. »

Autrement dit : sur le fond de l'affaire comme sur ses détails, voyez Broglie. L'Américain se défausse. Il faut dire qu'il fréquente Charles de Broglie depuis assez longtemps pour connaître l'amitié qui le lie à Vergennes : le comte peut servir de paratonnerre sans inconvénient sérieux pour lui-même. Accessoirement, nous vérifions l'évidence qu'au plus fort de la crise, Charles est en contact avec le ministre. C'est sans nul doute à l'initiative de Franklin, inquiet de voir enfler l'orage, que Deane rappelle que l'enrôlement de La Fayette a été réglé par lui seul, avant l'arrivée des deux autres commissaires : si la crise se développe au point d'exiger une victime expiatoire, la délégation américaine ne sera pas tout entière frappée.

Le 22 avril, Sartine reçoit de son collègue de la Guerre l'expédition d'un ordre du roi interdisant aux officiers français de prendre du service dans les colonies anglaises. Il répond : « Vous ne m'avez remis, Monsieur, qu'une seule expédition pour chacune des trois îles [françaises] de l'Amérique, de l'ordre du Roi qui enjoint à tous les officiers de ses troupes de terre qui pourraient arriver dans ces colonies [ces îles], et notamment à M. le marquis de La Fayette, d'en repartir sur-le-champ pour revenir en France, à moins qu'ils n'aient une permission expresse de sa part de passer à l'Amérique septentrionale. Comme on ne peut répondre des événements de la mer et que, d'ailleurs, un bâtiment emploie quelquefois beaucoup moins de temps qu'un autre, il conviendrait que vous voulussiez bien m'adresser un duplicata et un triplicata de ces ordres, que je ferai porter par trois bâtiments différents pour assurer la prompte arrivée d'une de ces trois expéditions dans les colonies. »

On n'a pas été lieutenant général de police pendant quinze ans sans avoir apprécié les grandes ressources offertes par la bureaucratie. Sartine pourrait parfaitement faire rédiger par ses commis les copies nécessaires. Mais le va-et-vient routinier entre les bureaux de la Marine et ceux de la Guerre, c'est autant de jours de gagnés.

Gilbert de La Fayette arrive à Bordeaux le 3 avril et se présente à M. de Fumel, commandant militaire de la place. Fumel lui interdit de continuer vers Paris, mais le laisse libre de ses mouvements dans Bordeaux. Le marquis annonce à Kalb qu'il « croit être obligé d'aller à Toulon ». Le cauchemar du voyage en Italie ! Lettres tous azimuts pour tenter d'obtenir la levée de l'interdiction. Une missive désolée à William Carmichael : « Je suis retenu par ordre du Roi, mon cher ami, j'envoie un courrier pour en obtenir la révocation. En attendant, j'ai mis le vaisseau et les autres officiers hors de danger. Je suis bien malheureux que ma bonne volonté pour vous ait un si mauvais succès. Je suis si pressé que je n'ai pas le temps de vous en dire davantage. Faites part de mes regrets à M. Deane. Adieu, la force pourra m'empêcher de vous rendre les services que je voudrais, mais comme elle n'agit pas sur les cœurs, on ne m'empêchera pas d'être toute ma vie votre frère et votre ami. »

À Los Pasajes, l'état-major Broglie occupe son temps à faire du tourisme. Johann Kalb, bon marcheur, escalade les montagnes environnantes, « d'où l'on découvre une immensité de mer et de pays ». Les autres poussent à cheval jusqu'à Bayonne. Ils en rapportent de fâcheuses nouvelles : « Le départ de notre vaisseau de Bordeaux fait grand bruit. » À bord, vie quiète et confortable. Un cuisinier hors de pair. Au menu, huîtres, barbarins, rougets, sardines, lubines, grondins, congres et oiseaux aquatiques. On trompe l'ennui en jouant au trictrac. On déguste le délicieux chocolat de Los Pasajes, dont c'est la spécialité. On raconte ses campagnes. Kalb essaie « un habit d'été en forme et d'uniforme bleu et ventre-de-biche, par un tailleur de Saint-Sébastien. L'habit complet revient, tout fait, avec les boutons jaunes, à 3 louis » ; une affaire. Entre deux rappels de billets à encaisser ou de débiteurs à relancer, il demande à sa femme d'insister auprès du comte de Broglie pour qu'il lui obtienne le grand cordon de l'ordre du Mérite. Pour le reste, noir pessimisme : « Il est absolument certain que ni M. de Maurepas ni le duc d'Ayen ne lui permettront de venir nous rejoindre. »

Charles de Broglie quitte Paris pour Ruffec.

Le 8 avril, le marquis de Noailles, aux cent coups, écrit à Maurepas une lettre privée. La nouvelle du départ de son neveu vient d'atteindre Londres. C'est la tuile. « Ma surprise a été extrême, monsieur le comte, en apprenant hier par des lettres de Paris que M. de La Fayette était parti pour l'Amérique. Son âge heureusement peut excuser de grandes légèretés. C'est une consolation qui me reste dans le chagrin que me cause une démarche aussi inconsidérée. » Et l'ambassadeur d'ouvrir le parapluie : il n'était au courant de rien ; si l'écervelé s'était ouvert de son projet, il l'aurait ramené à la raison. « J'avoue que s'il eût bien voulu ne pas venir à Londres prolonger son carnaval, j'aurais aujourd'hui un désagrément de moins. Je ne serais pas dans le cas de penser que j'ai eu l'honneur de le présenter au roi d'Angleterre un instant avant qu'il se portât à une démarche aussi étrange et aussi bizarre. » Voilà bien le problème : Sa Majesté britannique ne risque-t-elle pas de penser qu'on s'est payé son auguste tête ? L'ambassadeur retrouve un peu de sérénité quand il reçoit une dépêche ministérielle du 5 avril. Au bas, Vergennes a ajouté de sa main : « C'est à regret, monsieur le marquis, que je vous nomme [mentionne] M. le marquis de La Fayette. Son âge peut justifier son équipée ; j'en suis réellement fâché par l'intérêt que vous partagez avec M. le duc d'Ayen et aussi parce que j'appréhende qu'étant arrêté par quelque bâtiment anglais il ne soit confondu avec la foule d'aventuriers qui peuvent tomber entre leurs mains et traité avec la dureté qui n'est pas inconnue à cette nation. » Laconisme rassurant. Vergennes ne fait pas de l'équipée une affaire d'État. Il s'inquiète surtout du sort que pourrait réserver au jeune fou la dureté ordinaire aux Anglais. Puis, le 11 avril, Noailles est en mesure d'annoncer à Versailles la nouvelle la plus inattendue et la plus réconfortante : un officier supérieur français, M. de Bankley, maréchal de camp, s'est pointé à Londres, vêtu de lin blanc et de probité candide, en demandant à servir dans l'armée anglaise d'Amérique. « On serait malvenu à nous reprocher la partialité, écrit l'ambassadeur avec un enthousiasme ingénu, lorsque nous avons à citer l'exemple d'un officier général qui se dévoue à toutes sortes de sacrifices pour épouser les intérêts de l'Angleterre dans une des querelles les plus sérieuses qui aient jamais existé pour elle. » Ah, le brave homme que ce M. de Bankley ! Comme il tombe à souhait ! Un spécimen rare, et même unique : le seul cas enregistré de Français voulant se faire dos-de-homard sous la bannière du général Howe, alors qu'ils sont légion à souhaiter s'engager sous celle du général Washington. Il sera éconduit, non sans de

vifs remerciements du roi d'Angleterre, et le milord Stormont
pensera de lui ce qu'il voudra !

Gilbert de La Fayette et le petit Dubois s'esquivent de
Bordeaux en voiture pour rejoindre le comte de Broglie à Ruffec.

*
* *

Est-ce le 13 ou le 14 avril qu'ils arrivent à l'étrange château
phallique ? On l'ignore. De même le petit Dubois atteste-t-il le
voyage sans rendre compte de l'entretien ultérieur : nous n'en
saurons que la conséquence. Mais le lecteur connaît assez
Charles de Broglie pour imaginer le discours tenu à Gilbert par
cet homme dont le marquis d'Argens disait que « ses yeux étincelants le faisaient ressembler, quand il s'animait, à un volcan en
feu ». Ah, pour le coup, éruption ! Torrent de lave incandescente !
« Filez, grand Dieu, mais filez donc ! Qu'attendez-vous ?
Qu'espérez-vous ? Le duc d'Ayen est seul responsable de ce
tapage. S'il n'avait pas remué les ministres, aucun d'eux ne bou-
geait. Une lettre de cachet ? Où la voyez-vous ? Le Roi n'a pas
l'habitude de signer des lettres de cachet pour obliger un sujet à
voyager en Italie entre son beau-père et sa tante. S'il y avait une
lettre de cachet, ne croyez-vous pas que M. de Fumel vous l'eût
signifiée ? Remarquez bien que M. de Sartine m'a confié qu'il
allait expédier aux îles des ordres pour vous obliger à retourner
en France : aux îles, entendez-vous, alors qu'on vous sait à
Bordeaux. Mais à Bordeaux, rien ! M. de Fumel ne vous met
même pas aux arrêts. Est-ce assez clair ? Vous avez écrit voilà
dix jours à M. de Maurepas. Rien de plus simple pour lui que de
vous dépêcher un courrier porteur de l'ordre formel d'aller goûter aux charmes de l'Italie. Avez-vous une réponse ? Mon cher
marquis, je fais depuis plus de vingt ans un métier difficile où
l'on apprend assez vite à s'entendre sur des arrière-pensées. Les
ministres vous crient de partir, mais ils le crient à bouche muette.
Pour nous autres, pas d'éloquence plus convaincante. Vous voici
au point critique de votre existence. D'un côté, ce ridicule
voyage en Italie au retour duquel vous n'oserez plus vous montrer à vos camarades. De l'autre, une promesse de gloire. Je ne
voulais pas pour vous de cette aventure. Je songeais à ceux des

vôtres que j'ai vu mourir au champ d'honneur. Aujourd'hui, c'est moi qui vous demande de penser à eux. Sera-t-il dit qu'un La Fayette a choisi de déserter la gloire pour rester un obéissant petit gendre ? »

Cela, ou à peu près…

Le marquis et le petit Dubois reprennent la route du Sud. À six lieues de Bordeaux, ils retrouvent le vicomte de Mauroy, un fidèle de Broglie. Toujours en retard, ce Mauroy. Il l'était pour l'embarquement sur la *Seine* ; il arrive à la dernière minute pour monter sur la *Victoire*. Pourquoi traînait-il à Paris ? On ne sait. Peut-être Charles l'employait-il à travailler la cour et le ministère, à l'instar de tout le clan Broglie. Mauroy est fort bien introduit. Officier distingué, chevalier de Saint-Louis, il a été gouverneur de Joseph de Saxe, fils de ce prince Xavier que le Secret avait tenté, un moment, de hisser sur le trône de Pologne. La rencontre à proximité de Bordeaux ne relève pas du hasard. Dans un mémoire ultérieur, le vicomte indiquera qu'il a « joint » La Fayette. Broglie, assuré d'emporter le morceau, aura organisé le rendez-vous.

Sur la suite, les récits divergent. À Jared Sparks, biographe américain, La Fayette racontera que, rentré à Bordeaux avec le petit Dubois et Mauroy, il a affirmé à Fumel vouloir prendre sagement la direction de Marseille, mais qu'une fois sur la route de Toulouse, ils avaient bifurqué pour rejoindre celle d'Espagne. C'est en 1828, cinquante et un ans plus tard, que le marquis rencontre Sparks. Les souvenirs de Charles-Louis de Mauroy sont plus frais lorsqu'il évoque le voyage. Selon lui, ils avaient évité Bordeaux en prenant des chemins détournés. Toujours est-il que le trio se retrouve sur la route d'Espagne, le petit Dubois et Mauroy dans la voiture, La Fayette, le plus repérable, à cheval et déguisé en postillon. Une émotion à l'auberge de Saint-Jean-de-Luz où une servante sursaute en retrouvant sous le costume de postillon le gentilhomme qu'elle a vu passer quinze jours plus tôt. Un geste de La Fayette la retient de crier sa surprise.

Le 17 avril, les trois voyageurs sont à Los Pasajes.

Le matin du 20, la *Victoire* met à la voile par un temps superbe.

*
* *

Le ministère était aussi serein que le temps. Maurepas écrivit avec bonhomie au marquis de Noailles : « Vous aurez appris, monsieur le marquis, l'inutile de nos précautions pour M. le marquis de La Fayette. M. le maréchal [de Noailles], que j'eus l'honneur de voir hier, m'a paru tout aussi affligé que vous le serez sûrement. D'ailleurs, toute votre maison n'a rien à se reprocher et le Roi ne peut vous savoir mauvais gré des démarches d'un jeune homme à qui on a fait tourner la tête. » Une pierre dans le jardin du comte de Broglie. Et Charles de Vergennes au même marquis de Noailles : « Nous sommes dans de nouvelles inquiétudes par rapport à M. de La Fayette et il y a de fortes apparences qu'après s'être soumis aux ordres du Roi, son effervescence l'a rappelé à ses premières idées. J'en suis véritablement affligé pour vous et pour vos proches. Ses conseils sont bien coupables [ses conseils : ceux qui l'ont conseillé — autre pierre dans le jardin Broglie]. Je ne puis vous dire si le Roi est informé de cette seconde équipée. Je me garderai bien de lui en parler. Le lord Stormont en paraît de très mauvaise humeur. Il a le talent de donner beaucoup de valeur à de très petites choses. » La dernière phrase, s'il pouvait la lire, ne manquerait pas de chagriner le marquis qui, la veille de l'appareillage, écrivait à William Carmichael : « On m'a dit que mylord S. [Stormont] avait pris un peu d'humeur de mon départ. En tout, *cette affaire a produit tout l'éclat que je désirais*, et à présent que tout le monde a les yeux sur nous, je tâcherai de justifier cette célébrité. »

Le capitaine Le Boursier se souciait peu de célébrité. Lorsque le marquis lui annonça, en pleine mer, qu'il devait oublier Saint-Domingue et cingler droit sur l'Amérique, il refusa tout net. Ses documents valaient pour les îles ; s'écarter de sa route, c'était risquer la capture par un vaisseau anglais. Il ne se résigna que sous la menace d'être remplacé par son second. La présence à bord de quinze officiers réduisait à peu de chose l'autorité du « seul maître après Dieu ». Étonné cependant d'une réaction si bizarre de la part d'un capitaine français dont tous les pairs ne rêvaient que de jouer de mauvais tours aux Anglais, La Fayette le questionna plus avant et découvrit que Le Boursier avait fait embarquer pour son compte personnel des marchandises dont il espérait tirer bon profit : c'était surtout de cette petite cargaison de contrebande qu'il redoutait la saisie. Grand seigneur, le marquis lui promit de l'indemniser en cas de capture. On imagine aisément la tête de Kalb. On imagine de même celle du capitaine si La Fayette lui avait confié son projet en cas de mauvaise rencontre : comme la *Victoire*, avec « deux mauvais canons et quelques fusils », ne pouvait opposer une résistance sérieuse, il avait pris le parti de faire sauter le vaisseau plutôt que d'amener le pavillon, et avait chargé le capitaine de Bedaulx de préparer les poudres. Ce Bedaulx, officier aux gardes suisses, avait eu avec les Anglais des démêlés dont nous ignorons la nature, mais qui devaient être sérieux puisque La Fayette précise qu'une capture eût signifié pour lui la potence.

« Homme libre, toujours tu chériras la mer » : notre marquis, homme libre partant se battre pour la liberté, eût fait la grimace en lisant la phrase. « Triste plaine », écrit-il platement. « Le plus ennuyeux des pays. » « La mer est si triste et nous nous attristons, je crois, mutuellement, elle et moi. » Le mal de mer, toujours. Ses compagnons de voyage sont des « ressasseurs de campagnes » et il n'a point encore de faits d'armes à raconter. Il trompe son ennui en noircissant pour son « cher cœur » des pages débordantes de tendresse et plaisamment rassurantes : « N'allez pas croire que je cours des dangers réels dans les occupations que je vais avoir. Le poste d'officier général a toujours été regardé comme un brevet d'immortalité. »

Le 7 juin, cette profession de foi en vérité admirable sous la plume d'un garçon de dix-neuf ans qui n'était décidément pas fait pour le voyage en Italie : « Défenseur de cette liberté que j'idolâtre, libre de moi-même plus que personne, en venant comme ami offrir mes services à cette république si intéressante, je n'y porte que ma franchise et ma volonté, nulle ambition, nul intérêt particulier ; en travaillant pour ma gloire, je travaille pour leur bonheur. J'espère qu'en ma faveur vous deviendrez bonne Américaine, c'est un sentiment fait pour les cœurs vertueux. Le bonheur de l'Amérique est intimement lié au bonheur de toute l'humanité ; elle va devenir le respectable et sûr asile de la vertu, de l'honnêteté, de la tolérance, de l'égalité, et d'une tranquille liberté. »

*
* *

Il devrait recevoir aux États-Unis un accueil à la mesure de son geste. Craignant sans doute que leurs compatriotes n'aient point conscience exacte, par ignorance du contexte, de la valeur d'un tel engagement, Benjamin Franklin et Silas Deane ont adressé au Congrès, le 25 mai, une lettre d'introduction des plus chaleureuses : « Le marquis de La Fayette, jeune gentilhomme de grands entourages de famille ici, et de grande fortune, est parti pour l'Amérique sur un vaisseau à lui, accompagné par quelques officiers de distinction, afin de servir dans nos armées. Il est extrèmement aimé et les vœux de tout le monde l'accompagnent ; nous ne pouvons qu'espérer qu'il trouvera une réception qui lui rende le pays et son entreprise agréables. Ceux qui la censurent comme une légèreté de sa part applaudissent néanmoins à l'esprit qui l'anime, et nous serions heureux que les prévenances et les respects qui lui seront témoignés soient utiles à nos affaires ici, en faisant plaisir non seulement à ses puissantes relations et à la cour, mais à toute la nation française. Il a laissé une jolie jeune femme et, pour l'amour d'elle particulièrement, nous espérons que sa bravoure et son ardent désir de se distinguer seront un peu retenus par la sagesse du général [Washington], de manière à ne pas permettre qu'il se hasarde trop, à moins que l'occasion ne l'exige. »

Charles de Broglie a assigné à Kalb et au petit Dubois un premier champ de bataille où l'on ne risque pas d'écoper d'une balle perdue : le Congrès des États-Unis d'Amérique.

XVII

Deux jours avant que la *Victoire* ne mît à la voile, l'arrivée à Paris du comte de Falkenstein avait relégué au second plan l'escapade du marquis de La Fayette.

L'empereur Joseph II, alias Falkenstein, voyage incognito pour s'épargner l'ennui d'une réception protocolaire. D'autres têtes couronnées l'ont déjà fait. Le lecteur se souvient peut-être de la visite incognito à Strasbourg de Frédéric de Prusse, à l'occasion de laquelle le père de nos Broglie avait montré beaucoup de mal-adresse [1]. Joseph pousse l'affectation de simplicité jusqu'à l'ostentation. « J'espère, avait écrit sa mère à Mercy-Argenteau, qu'il ne demandera pas le dîner dans un hôtel garni, et qu'il logera à Trianon et non en ville quand il sera à Versailles. » Espoir déçu : le voyageur a prévenu Mercy qu'il voulait être logé « au cabaret » et « pour son argent ». À Stuttgart, étape sur la route de Paris, le duc de Wurtemberg l'avait joliment attrapé. Son invitation refusée, il ordonna à toutes les hôtelleries de la ville d'ôter leur enseigne, en fit placer une sur la façade de son palais avec, en lettres énormes, « Hôtel de l'Empereur », et reçut le comte de Falkenstein déguisé en hôtelier, les dignitaires de sa cour tenant le rôle du personnel, duchesses et comtesses revêtues du bavolet et du tablier des servantes. L'empereur avait bien voulu prendre la farce avec humour. Il n'en avait pas toujours à sa disposition. Professant une philosophique indifférence pour la naissance et les titres, il avait dit à Casanova, qui se faisait appeler le chevalier de Seingalt, son mépris pour ceux qui achetaient

---

1. Cf. *Le Secret du Roi*, tome 1, p. 96 *sq.*

la noblesse. « C'est avec raison, rétorqua l'autre, mais que penser de ceux qui la vendent ? » L'empereur lui avait tourné le dos et ne lui avait plus adressé la parole.

À Paris, il descend à l'hôtel de Tréville, rue de Tournon, en face du Luxembourg. Il a trente-six ans, quatorze de plus que sa sœur Marie-Antoinette. Un personnage insaisissable. Deux veuvages à la suite ; il ne se remariera plus et restera sans postérité. Un caractère dur, sec, avec pourtant des accès de sensiblerie. Le goût du paradoxe. Sa mère lui reproche de « coqueter avec son esprit ». Une détestation invincible pour le faste et les fêtes. Nous l'avons vu admirateur passionné du Grand Frédéric : il le demeure et voudrait réaliser dans ses États ce que son héros a accompli en Prusse. Intelligent, cultivé, obligé de ronger son frein aussi longtemps que règne sa mère, il roule dans sa tête de vastes réformes, mais hérissées de contradictions et périlleuses par la touche de bizarrerie qu'il apporte à toute chose. Ainsi, pétri de la philosophie du siècle, il promulguera, après la mort de sa mère, un édit de tolérance plaçant l'Autriche en tête de l'Europe éclairée, fermera les couvents et mettra le pape à sa botte ; mais, sous prétexte que « tous les hommes sont égaux devant la mort », il prescrira que les défunts soient placés tout nus dans un sac et ensevelis dans de la chaux, heurtant par là des traditions et des rites auxquels on ne touche pas impunément.

Le goût pour les voyages ne motive pas seul sa venue en France. Un objectif politique : resserrer l'alliance entre l'Autriche et la France. Vienne éprouve que Vergennes n'est pas Choiseul, et encore moins d'Aiguillon qui l'a laissé avaler avec tant de bonne grâce son morceau de Pologne. Or la guerre risque de se rallumer entre Russes et Ottomans. Surtout, la succession de Bavière va s'ouvrir incessamment. L'Électeur Maximilien-Joseph n'a point d'héritier direct. Son successeur devrait être l'Électeur du Palatinat, Charles-Théodore. L'Autriche a sur la Bavière des prétentions remontant au XVe siècle, mais leur solidité ne vaut pas leur ancienneté. Des négociations sont déjà engagées avec l'Électeur palatin pour obtenir la cession de plusieurs districts en échange d'une jouissance paisible du reliquat. Elles devraient aboutir. Joseph II en espère « un arrondissement pour la monarchie d'un prix inappréciable ». Encore faut-il que la France entérine pour que la Prusse ne bronche pas.

Le deuxième objectif du voyage est d'ordre privé, quoique gros de conséquences politiques : le lit du roi de France. Marie-

Antoinette, emportée par son tourbillon de fêtes, le fréquente de moins en moins. À quoi bon ? Elle n'y croit plus. Aux sermons de sa mère, elle se borne à répondre : « La nonchalance n'est sûrement pas de mon côté. » Le vieux et roué duc de Richelieu, qui n'a jamais eu à affronter ce type de problème (« J'ai longtemps cru que c'était un os »), pense bien faire en présentant à Louis XVI la Contat, jolie et fameuse comédienne ; « tous les hommes en étaient fous », nous dit la baronne d'Oberkirch. Peine perdue : Louis ne s'intéresse qu'à une femme — la sienne. Marie-Antoinette ne verrait pourtant aucun inconvénient à ce que la Contat ou une autre se faufilât dans le lit conjugal. Mercy écrira bientôt à l'impératrice-reine : « Il lui est arrivé de dire à quelques gens de ses entours qu'elle ne serait ni en peine ni bien fâchée que le Roi prît une inclination momentanée et passagère, attendu qu'il pourrait acquérir par là plus de ressort et d'énergie. » S'il faut une experte Contat pour le déniaiser, pourquoi pas ? En attendant, c'est la comtesse d'Artois qui est grosse pour la seconde fois. Joseph II réussira-t-il à convaincre sa sœur de faire passer le grand ouvrage avant les plaisirs ? Scepticisme de la mère : « Au reste, je ne compte guère sur le bon effet de ce voyage. Si je ne me trompe pas, il en suivra de ces deux choses : ou ma fille gagnera par ses complaisances et agréments l'Empereur, ou il l'importunera en la voulant trop endoctriner. »

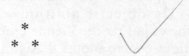

*
* *

Le 19 avril, lendemain de son arrivée à Paris, Joseph est à Versailles. Incognito oblige, on l'introduit par un escalier dérobé dans les appartements de Marie-Antoinette. Elle l'attend avec les sentiments mélangés que Mercy avait bien prévus : « Je vois plus clairement que jamais qu'à travers une vraie joie de revoir son auguste frère, la Reine sent un très grand embarras de sa prochaine arrivée et de ce qu'il pourra penser en jetant un coup d'œil attentif sur l'ensemble de cette cour, et particulièrement sur le système de vie que la Reine y a adopté. » La dissipation, les achats de bijoux ruineux, les pertes énormes au pharaon... Mais les retrouvailles, après sept années de séparation, sont toute d'attendrissement réciproque. Pour Marie-Antoinette, c'est son

enfance heureuse qui resurgit avec ce grand frère à la fois aimé et
redouté. Elle le conduit ensuite chez son mari, où se trouve rassemblée la famille. L'esprit acéré et caustique de l'empereur a tôt
fait d'épingler son monde. « Monsieur [Provence] est un être
indéfinissable, confiera-t-il à son frère Léopold ; mieux que le
Roi. Il est d'un froid mortel, et son gros ventre lui gâte la
démarche. Madame, laide et grossière, n'est pas piémontaise
pour rien ; elle est toute remplie d'intrigues. Le comte d'Artois
est un petit-maître dans toutes les formes. Sa femme, qui seule
fait des enfants, est imbécile absolument. »

Sur son beau-frère, opinion mitigée : « Cet homme est un peu
faible, mais point imbécile. Il a des notions, du jugement, mais
c'est une apathie de corps comme d'esprit. Il fait des conversations raisonnables, il n'a aucun goût de s'instruire ni curiosité ;
enfin le *fiat lux* n'est pas venu : la matière est encore en globe. »
Si seulement le *fiat lux* commençait par opérer au lit... Mais
comment aborder un sujet aussi délicat avec le mari ? Marie-
Antoinette n'attendra que trois jours pour dévoiler à son frère
les secrets de son intimité conjugale. Sans doute veut-elle se justifier. Il a froncé le sourcil en visitant Trianon, où l'on remue
des tonnes de terre pour réaliser le jardin anglais dont elle rêve.
Deux cent mille livres. Quand elle l'a conduit à une table de
pharaon : « Non, je ne suis pas assez riche pour ces messieurs. »
Il lui trouve « un penchant à l'impatience et à la tristesse » ? Il
s'agace de la voir « sujette à ces affectations nerveuses que l'on
nomme vapeurs », avec parfois « une abondance de larmes qui
étaient un pur effet physique » ? Qu'il connaisse donc sa croix !
Le 22 avril, elle se confie sans réticence. Joseph s'empresse
d'informer leur frère Léopold dans un style dénué d'affèterie :
« Voici le secret : dans son lit conjugal, il [Louis XVI] a des
érections fort bien conditionnées ; il introduit le membre, reste là
sans se remuer deux minutes peut-être, se retire sans jamais
décharger, toujours bandant, et souhaite le bonsoir. Cela ne se
comprend pas, car avec cela il a parfois des pollutions noc-
turnes, mais en place ni en faisant l'œuvre jamais, et il est
content, disant tout bonnement qu'il ne faisait cela que par
devoir et qu'il n'y avait aucun goût. Ah ! si j'aurais pu [*sic*] être
présent une fois, je l'aurais bien arrangé ; il faudrait le fouetter
pour le faire décharger le foutre comme les ânes. Ma sœur, avec
cela, a peu de tempérament, et ils sont deux francs maladroits
ensemble. »

S'il ne s'agit vraiment que de maladresse, quelques judicieux conseils peuvent arranger les choses.

L'affaire de Bavière exige des démarches d'une nature différente. Louis XVI a présenté ses ministres à son beau-frère. Celui-ci juge le gouvernement peu homogène, affaibli par les rivalités intestines, hanté par la précarité de son existence : « Chaque ministre dans son département est maître absolu, mais avec la crainte continuelle d'être, non dirigé par le souverain, mais déplacé. Par là, chacun ne tend qu'à se conserver et aucun lien ne se fait s'il n'est analogue à cette vue. Le Roi n'est absolu que pour passer d'un esclavage à un autre. » En vérité, en Autriche comme en France, hier comme aujourd'hui, on ne trouve guère de ministres qui ne tremblent d'être empêchés de persévérer dans leur être. Et si l'empereur déduit de cette situation une facilité plus grande à empocher la Bavière, il sous-estime grandement M. de Vergennes.

*
* *

Vergennes traverse une passe difficile. Depuis la Déclaration d'indépendance, qui datera bientôt d'un an, le parti Choiseul est à l'offensive. On conspue l'inertie du ministre. Qu'attend-on pour déclarer la guerre à l'Angleterre ? Toujours cette conviction qu'un conflit ramènera au pouvoir le seul homme capable de tenir la barre dans la tempête. La popularité des Insurgents, portée à son zénith par l'arrivée de Franklin et le départ de La Fayette, donne aux attaques une formidable caisse de résonance. Plus tard, en 1782, Vergennes évoquera pour le roi ces critiques sur « la mollesse et l'incurie » du ministère, les « clameurs indécentes qui m'attaquaient plus directement que tout autre », jusqu'à mettre en doute son intégrité.

Qu'il insupporte le clan Choiseul, rien que de très compréhensible ; plus dangereuse, la déception qu'il suscite dans le premier cercle du pouvoir. Au Conseil, ses lectures de mémoires interminables et pâteux endorment tout le monde, le roi le premier, dont les ronflements sonores couvriraient presque l'organe du ministre. C'est précisément pendant la visite de Joseph II que Maurepas confie à l'abbé de Véri son jugement sur son collègue des Affaires étrangères : « C'est un honnête homme qui a de bonnes vues et qui entend bien le travail de sa machine. Mais ce n'est pas un homme qui ait de grandes lumières. » En somme, un excellent premier commis. Honnête homme ? Véri fait la grimace : « Il a eu quelques petites avidités d'argent qu'on pardonnerait à un subalterne et qui sont au-dessous de sa place. Ses confrères en ont rougi pour lui. Le Roi les a observées... L'homme se ressent toujours de ses premiers temps... Sa femme prise dans un bas étage doit avoir l'habitude de compter pour beaucoup les petits profits... » Du haut de son tas d'or, l'abbé millionnaire juge avec sévérité ces appétits de bourgeois. Il condamne aussi le népotisme d'un ministre acharné à pousser parents et amis. Critique ô combien fondée ! Jusqu'à la fin, pas un petit-cousin éloigné qui ne soit assuré d'obtenir une place. Son frère aîné, un imbécile, ambassadeur en Suisse, puis à Venise ; son beau-frère, ministre à Hambourg ; le mari de sa nièce, ministre à Cologne, puis à Munich ; à son neveu, l'intendance d'Auch ; un cousin, maître des requêtes ; et ses garçons, un feu roulant de sollicitations et d'interventions pour les faire grimper plus vite... « Toute la famille se place, s'arrondit, écrira d'Ormesson. Rien n'est plus simple, mais il faut seulement parler un peu moins du désintéressement avec lequel on sert le Roi. » Quant au marquis de Bombelles : « Les avantages que retire la France du ministère de M. le comte de Vergennes sont un peu diminués par la légion de parents ou d'amis obscurs qu'il introduit dans la politique. » Mais quelle famille procédait autrement ? Qu'est-ce que la parentèle Vergennes nichée dans des emplois secondaires, auprès de la tribu Noailles repue de places de première grandeur et de grasses prébendes ? La première exaspère par un jeune appétit qui sent son bourgeois, tandis que personne ne songerait à s'étonner des lourdes digestions d'une famille de vieille race.

Plus grave, sur le plan politique, cette observation de Véri, qui rejoint ici Joseph II : « Il craint au fond de perdre sa place, et cette crainte ôte tout essor noble et courageux. »

Vergennes creuse son sillon. Il n'a pas changé d'idée et n'en changera pas : la revanche sur l'Angleterre. Le reste n'est que moyens à renforcer ou obstacles à lever pour parvenir à cette fin. L'Amérique ? L'enthousiasme de l'opinion française le laisse froid. Les Insurgents seraient-ils écrasés qu'il ne considérerait pas leur défaite « comme un mal réel pour la France », car l'Angleterre devrait maintenir des troupes nombreuses sur le continent pour empêcher la rébellion de renaître de ses cendres. Sa seule crainte, son obsession, c'est une réconciliation entre les frères ennemis, qui rétablirait l'adversaire dans son hégémonie. Il épie avec la plus extrême attention la moindre apparence de négociation. De ce point de vue, il juge positive la présence à Paris de Franklin, l'homme essentiel de la diplomatie américaine, autour duquel s'organiseraient sans doute des pourparlers secrets. Il a introduit dans l'entourage de l'Américain une taupe qui le renseigne. Il fait filer Carmichael, secrétaire des commissaires. À la moindre velléité d'entente, il est décidé à sortir de sa prudente expectative et à déclarer la guerre pour étouffer dans l'œuf tout compromis.

Joseph II ? Il le tient pour ce qu'il est : un esprit brouillon, un futur perturbateur de l'Europe. Longue vie à l'impératrice-reine ! Dans un mémoire adressé à Louis XVI le 11 avril, une semaine avant l'arrivée du voyageur à Paris, il met le roi en garde contre toute complaisance envers les ambitions autrichiennes. Il faut conserver à l'alliance avec Vienne le caractère strictement défensif qu'elle n'aurait jamais dû quitter. Ce fut toujours la doctrine de Charles de Broglie et du Secret. Autrement dit, point question de s'engager pour la Bavière : soutenir les prétentions de Vienne conduirait à reproduire l'erreur de la dernière guerre en engluant la France dans un conflit continental, alors que c'est sur mer qu'elle doit affronter son seul adversaire véritable. Vergennes prévoit avec justesse que le comte de Falkenstein tentera d'obtenir l'appui de son beau-frère en agitant l'offre des Pays-Bas autrichiens, vieil appeau qui a déjà beaucoup servi. « Votre Majesté ne pourrait posséder les Pays-Bas sans réveiller la jalousie des Provinces-Unies. » Depuis les guerres cruelles menées contre elle par Louis XIV, la Hollande fonde sa politique étrangère sur ce dogme : « *Gallus amicus, non vicinus* » — « La France amie, mais non voisine ». S'installer à Bruxelles, ce serait la « mettre entièrement dans les brassières de l'Angleterre ». Frédéric de Prusse lui-même, qui possède le tout proche duché de Clèves, ne verrait pas d'un bon œil une telle acquisition. Il convient d'éviter toute complication européenne qui détournerait la France de son objectif, non pas même capital, mais unique : l'abaissement de l'Angleterre.

Le roi acquiesce. La reine ne peut approuver, et Vergennes a eu loisir de mesurer sa capacité de nuisance. Il sait bien que Joseph entretiendra sa sœur de la Bavière et réclamera son concours. Une lourde machinerie familiale se met en branle.

Dans trois mois, le 15 juillet 1777, Mercy-Argenteau écrira à Marie-Thérèse : « Dans les conjonctures présentes et qui peuvent devenir bien critiques, il dépendrait de la Reine de se mettre en mesure de rendre de grands services à son auguste maison, en coopérant au bien réel de la France. »

Pour le reste, Charles de Vergennes, qui se soucie peu de jouer les aigles à l'« essor noble et courageux », continuera d'endormir le Conseil avec sa prose soporifique, de caser enfants et petits-cousins, et d'opposer aux attaques une sérénité granitique. « Il disait plaisamment, rapporte un contemporain, qu'il avait appris dans le sérail à braver les intrigues de cour. »

*
*   *

Le temps des grandes espérances était révolu : après le renvoi de Turgot et la démission de Malesherbes, le comte de Saint-Germain, troisième ministre réformateur du gouvernement, se trouvait à son tour sur le point de partir.

Il avait accompli de belles choses et commis beaucoup d'erreurs. En ce qui concerne la technique militaire proprement dite, une décision fondamentale : l'articulation de l'armée en divisions, avec coopération des trois armes — infanterie, cavalerie, artillerie — au sein de chacune. Il officialisait ainsi une formule que son vieil ennemi, le maréchal de Broglie, avait, le premier, expérimentée et rodée sur le terrain. Pour les effectifs, le ministre afficha une ambition qui pouvait paraître démesurée : doubler l'armée sans dépenses supplémentaires. Il y parvint, même si le pari financier ne fut pas totalement tenu, démontrant ainsi la justesse de ce qu'il proclamait depuis des années : la France dépensait plus que ses voisins pour des effectifs moindres. Les économies furent trouvées dans la décimation de la maison militaire du roi, dont l'entretien coûtait quatre à cinq fois plus cher que les troupes ordinaires. Petit noble sans le sou, Saint-Germain exécrait la noblesse de cour qui peuplait ces unités d'élite. Militaire, il doutait de leur utilité. On surnommait la maison du roi « la porcelaine de Chine », parce qu'elle était richement décorée et allait rarement au feu. Au cours de la guerre de Sept Ans, sa conduite n'avait pas toujours été à la hauteur de sa réputation. Au moins était-elle dévouée au trône : on l'avait encore vérifié à l'occasion de la guerre des Farines où, à Paris, le guet fraternisant plus ou moins avec l'émeute, les mousquetaires avaient rétabli l'ordre. Les aristocrates rescapés de la grande tourmente à venir et les historiens monarchistes reprocheront amèrement à Saint-Germain d'avoir privé le régime de ses plus solides soutiens. Cela se discute. À quoi bon des troupes si manque la volonté de s'en servir ? Pour son honneur et pour son malheur, faiblesse personnelle et répugnance à faire verser le sang français mêlées, Louis XVI se refusera jusqu'au bout à engager l'épreuve de force... La volonté du ministre se heurte d'ailleurs à des résistances telles qu'il doit limiter quelque peu l'ampleur de sa réforme. Mousquetaires et grenadiers à cheval disparaissent, Suisses et gardes du corps perdent le quart de leurs effectifs, mais le maréchal de Soubise sauve cinquante de ses gendarmes, avec l'espoir que ce reliquat devienne embryon, et Maurepas obtient que son neveu d'Aiguillon conserve, lui aussi, cinquante de ses chevau-légers. Est-il besoin de dire qu'avec de telles coupes claires dans des corps peuplés de privilégiés le ministre de la Guerre s'attirait la vindicte de Versailles ? On eut tôt fait de l'appeler « le Maupeou du militaire ».

Il n'améliora pas sa popularité à la cour en prétendant morali-ser la profession. Il voulait d'abord qu'elle devînt un métier. Les officiers généraux apprirent avec consternation qu'ils devraient passer au moins six mois par an dans leur garnison. Quatorze ans de service, dont six en qualité de colonel en second — fonction nouvelle — avant d'être nommé colonel. Suppression progres-sive de la vénalité des emplois. Cette dernière mesure déchaîna contre le ministre la colère de la bourgeoisie, qui ne pouvait s'immiscer dans le militaire que grâce à son argent. Mais, en réformant l'armée, Saint-Germain ne songeait nullement à la démocratiser. Pour lui, l'officier idéal est à son image : un noble plus riche d'honneur que d'argent et révulsé à l'idée de côtoyer des collègues « sortis de la lie du peuple », fussent-ils million-naires. Dans le même esprit, il supprima l'École militaire, grande pensée de Pâris-Duverney dont la réalisation devait beaucoup à Beaumarchais, qui l'avait sauvée d'un naufrage prématuré en la faisant visiter par les filles de Louis XV[1]. À la place de l'École,

---

1. Cf. *Le Secret du Roi*, tome 1, p. 518.

qui n'accueillait que des jeunes gens de haute noblesse et des reje-
tons de riche bourgeoisie auxquels était dispensé un enseignement
péchant, au gré du ministre, par un niveau intellectuel excessif,
douze collèges en province pour six cents jeunes nobles démunis
qui apprendraient surtout à obéir et entreraient directement au régiment en qualité de cadets, tandis que les meilleurs iraient à Paris
suivre les cours d'une école supérieure de guerre, gardant le nom
d'École militaire (ce sera le cursus du jeune Bonaparte, de
Brienne à Paris). Cet éclatement coûtant cher, Saint-Germain
voulut développer la loterie créée par Pâris-Duverney pour soutenir son œuvre et à laquelle il avait associé Casanova. Il se heurta
au refus du roi, révulsé par les jeux de hasard.

Mêlées à ces réformes judicieuses, des étrangetés peu défendables. Le ministre se formait du métier militaire une conception
monacale. Il tenait que la religion et la morale étaient « le thermomètre assuré qui marque l'éclat des nations ». Aussi confia-t-il
à des religieux, bénédictins et minimes, l'éducation des jeunes
officiers. Peu conforme à l'esprit du siècle, cette décision fit sourire. On rit jaune quand on sut que les gradés devraient désormais
conduire leurs soldats aux offices religieux.

Même mélange de bonnes décisions et d'extravagances cho-
quantes pour ce qui concerne la troupe. Saint-Germain la mépri-
sait : « Des chiens enchaînés qu'on dresse pour le combat. »
Encore convenait-il de soigner l'outil. On réprima les abus des
sergents recruteurs, peu regardants sur les promesses mirifiques
dispensées aux naïfs. La hiérarchie fut incitée à traiter les recrues
« avec respect ». L'ordinaire fut amélioré. L'abolition de la peine
de mort pour désertion en temps de paix valut au ministre une
grande popularité dans la troupe. Il la perdit, fou qu'il était de
discipline prussienne, en introduisant la punition corporelle à
coups de plat de sabre. Cette nouveauté produisit un effet calami-
teux. On passait parfois par les verges ou par les baguettes des
soldats maraudeurs ou tricheurs au jeu, mais utiliser le sabre,
c'était transformer « l'instrument de la gloire en celui du supplice ». Les officiers s'indignèrent ; il paraît qu'un sergent se sui-
cida. On se répétait comme digne de l'antique le mot d'un soldat
condamné à la nouvelle punition : « Frappez de la pointe, cela
fait moins mal. » La gravité de l'affaire se mesure par un chiffre :
vingt mille désertions en un an. Et, même si ce chiffre peut
paraître exagéré, l'important est que les contemporains ne le mettaient pas en doute. Saint-Germain scandalisa enfin l'opinion en

vidant l'hôtel des Invalides de ses pensionnaires abusifs. Là encore, la décision était justifiée : les grandes familles avaient pris l'habitude de caser aux Invalides, réservées par définition aux vétérans de la guerre, leurs laquais, cochers ou palefreniers parvenus à l'âge de la retraite. Brutale, l'exécution gâcha tout. On entassa sur des chariots plus de mille pauvres diables, dont beaucoup d'authentiques vétérans. Les Parisiens s'émurent de leurs larmes et maudirent le ministre sans cœur. Ces erreurs donnaient de puissants arguments à ses adversaires.

Il en·fut de Saint-Germain comme de Turgot : impressionné par les criailleries des privilégiés, le roi le lâcha, et Maurepas fut tel qu'en lui-même et tel que Besenval le définit parfaitement : « M. de Maurepas qui, selon sa coutume ordinaire, approuvant tout système de réforme, était le premier à en empêcher l'exécution. » Il eût fallu, pour survivre, l'adresse d'un Vergennes et son aptitude à conserver un profil bas. Saint-Germain se perdit comme ministre de même façon qu'il s'était perdu comme général : par un caractère insupportable, sa manie de la persécution, une perpétuelle irascibilité. Il avait su très bien s'entourer avec Viomesnil, Jaucourt, Sénac de Meilhan, Gribeauval qui achevait de faire de l'artillerie française la meilleure du monde, mais il sortait chaque soir de son cabinet en pestant contre ses chefs de service, traités d'incapables, et, dans son humeur changeante, prêtait l'oreille à une foule de conseilleurs et d'hommes à système dont les projets déraisonnables dérangeaient le travail des bureaux.

En janvier 1776, atteint d'une fluxion de poitrine, il avait commis l'imprudence de demander à Maurepas de lui trouver un adjoint capable d'alléger sa tâche. Mme de Maurepas désigna le prince de Montbarey, qu'il nous faut bien présenter puisqu'il va tenir un rôle dans cette histoire.

*
* *

Mais pourquoi présenter Alexandre de Montbarey quand il le fait si bien lui-même ? Ses Mémoires, écrits dans l'exil où le jeta la Révolution, portent ce sous-titre superbe : « Compte que je me rends à moi-même ». Pour l'autosatisfaction, la vanité, l'infatua-

tion, quel autre mémorialiste pourrait prétendre égaler le prince ?
Le cardinal de Bernis ? Il ne manque pas de titres pour concourir,
mais présente le handicap de rester toujours intelligent, tandis
que la sottise de Montbarey procure à sa fatuité un insurpassable
éclat. Il rend grâce à « la nature » de l'avoir « très bien traité dans
la distribution des dons ». Sa « mémoire prodigieuse ». Son
« tempérament de feu », qui fait le bonheur des dames. Et des
vertus qui ne doivent rien à la nature : honnêteté, loyauté,
civisme, désintéressement... Il est pour lui-même un constant
sujet d'émerveillement.

Colonel du régiment de la Couronne, il avait fait une belle
guerre et s'était distingué à cette bataille de Warburg où le comte
du Muy, protégé du maréchal de Broglie, avait sottement perdu
six mille hommes. Il s'employa ensuite à se forger une généalogie, car sa naissance était médiocre, et à décrocher les titres les
plus enviés. Grâce à Choiseul, il obtint le diplôme de prince du
Saint-Empire, qui n'était pas rien, et la grandesse d'Espagne de
première classe, qui était beaucoup puisqu'elle conférait les
mêmes privilèges que le duché-pairie, hormis le droit de siéger
au Parlement. Il remercia son bienfaiteur en lui soufflant la
grande préfecture d'Haguenau, « l un des bienfaits les plus considérables qu'un sujet pût recevoir du Roi », dont le frère de
Choiseul, Stainville, avait la survivance.

Montbarey avait épousé une Mailly, cousine de ces quatre
sœurs que Louis XV avait reçues successivement ou simultané-
ment dans son lit. Mme de Maurepas appartenait elle aussi aux
Mailly et en tirait une vive fierté. Grâce à ce lien de parenté, le
prince avait toujours son couvert mis dans le petit appartement
du Mentor, et Mme de Maurepas le regardait « comme son fils et
son ouvrage ». Il y retrouvait souvent sa femme, qui vivait de son
côté avec le marquis de Pezay. Ce Pezay s'appelait en vérité
Masson et s'était fait marquis sans demander l'avis de personne.
D'origine genevoise, il avait servi pendant la guerre de Sept Ans,
puis s'était établi poète à Paris. Il nourrissait un rêve : entrer en
correspondance avec des têtes couronnées ; mais il n'avait obtenu
que des rebuffades, notamment de la part du Grand Frédéric à
qui suffisait sa correspondance avec le poète de Ferney. Lorsque
Louis XV mourut, Pezay tenta un coup d'esbroufe absolument
extraordinaire : il écrivit au jeune Louis XVI qu'il était depuis
longtemps en correspondance avec feu son aïeul et qu'il croyait
devoir continuer de l'informer sur les affaires utiles au bien de

son service. La première lettre resta sans réponse; la deuxième aussi; la troisième lui fut retournée avec la mention *J'ai lu*, tracée de l'auguste main. « Il est vrai, explique Besenval, qu'il prit le Roi par son endroit sensible : il commença à lui dire du mal de plusieurs personnes. » Une correspondance s'était ensuivie, et Pezay avait pris sur Louis XVI une réelle influence, au désespoir de l'honnête Turgot et des autres ministres. Chez les Maurepas, son pouvoir contrebalançait celui de Véri. Un jour que le Mentor recevait à souper, un convive lui demanda qui était le quidam assis au bout de la table. « C'est le roi de France », répondit Maurepas. Et d'expliquer : « M. de Pezay gouverne Mme de Montbarey qui gouverne Mme de Maurepas; Mme de Maurepas me gouverne et je gouverne le Roi : vous voyez bien que c'est M. de Pezay qui gouverne la France. »

Grâce à l'affection de sa femme, de l'amant de celle-ci et de Mme de Maurepas, le prince de Montbarey fut nommé directeur de la Guerre. L'équité oblige à indiquer que même ses pires ennemis reconnaissent qu'il s'acquittait à la perfection de sa charge d'inspecteur général de l'infanterie. Il venait de la même province que Saint-Germain et son père avait servi avec lui. Le duc de Choiseul aurait eu des renseignements édifiants à transmettre au ministre sur la vipère qu'il accueillait dans son sein.

Le triomphe public n'empêche pas l'infortune privée. Malgré son « tempérament de feu », le prince perd une maîtresse avec laquelle il entretenait une ancienne et heureuse liaison : elle épouse un homme « fait comme un Hercule », le peintre Casanova, frère de l'aventurier. Montbarey se livre alors à une démarche curieuse de la part d'un soi-disant séducteur patenté : il demande au lieutenant général de police Lenoir de lui fournir, moyennant une mensualité convenable, une fille capable de satisfaire un sous-ministre sans lui créer de tracas. Le choix de Lenoir se porta sur une demoiselle Renard, actrice. Nous verrons qu'il ne fut pas heureux.

Au fait, et notre Casanova? Il a réintégré sa Venise natale, dont il s'était évadé si glorieusement vingt et un ans plus tôt, et s'est mis au service des Inquisiteurs qui l'avaient fait enfermer sous les Plombs. Ah! tristesse de l'aventurier devenu vieux! Casanova est indicateur. Il écrit : « Dans l'obligation où je suis de dénoncer à Vos Excellences où se trouvent les livres licencieux, etc. » Il écrit : « Un certain abbé Venier est un solliciteur déterminé des annulations de mariage. Il a été l'artisan de la destruction de beaucoup de foyers sans être jamais puni, etc. » Il écrit : « Je n'ai pas vu de licences excessives dans les théâtres ni de scandales méritant d'être rapportés à Vos Excellences ; j'excepte cependant le théâtre de S. Cassano, etc. » Cinq années de ces besognes, entrecoupées de publications diverses et variées, puis le sursaut, la fuite encore, quelques voyages décevants, et enfin, grâce au comte de Waldstein, neveu du prince de Ligne, le havre de la bibliothèque du château de Dux, en Bohême, où le vieil homme échappe au désespoir en revivant sa vie par la plume, et, croyant aller vers la mort, s'avance page après page vers l'immortalité.

*
* *

Joseph II note : « La haine qu'on porte à M. de Saint-Germain est à son comble, et tout le monde se réunit à lui attribuer le mécontentement général des officiers et des soldats. » Rien de plus vrai. Saint-Germain achève de se déconsidérer en multipliant platitudes et courtisaneries pour ne pas perdre son ministère. Le roi ne répond plus à ses mémoires. Maurepas le boude. Montbarey sape son autorité. Il s'accroche. « M. de Saint-Germain, constate Véri, arrivé avec l'âme d'un philosophe courageux accoutumé à la solitude et à la médiocrité, éprouve des dégoûts journaliers et des humiliations de la part du Roi et de la part de M. de Maurepas. Mais la crainte de partir les lui fait digérer en patience. » Encore cinq mois, et Saint-Germain commettra l'imprudence fatale d'offrir sa démission. À son vif chagrin, elle sera acceptée ; il se retirera et mourra sans tarder. Le prince de Montbarey sera secrétaire d'État de la Guerre.

Rude coup pour Vergennes. Montbarey ne l'aime pas. Il récuse l'homme et sa politique étrangère. Aider les Insurgents, c'est donner un « exemple dangereux », car la rébellion est contagieuse et « les aventuriers, les jeunes têtes françaises de tous les ordres, les préconiseurs de liberté » deviendront « des sujets très dangereux ». Certes, nous puisons ces citations dans les Mémoires du prince, écrits dans un temps où il était aisé de réaliser le rôle d'entraînement joué par la Révolution américaine, et logique pour un émigré de le regretter, mais Montbarey ne fait qu'expliciter *a posteriori* une opposition manifestée dès son entrée au gouvernement. Il reproche surtout à Vergennes son aide subreptice aux Insurgents, ses hypocrisies, son goût de la demi-mesure : c'est là une manière de faire tout juste digne d'une « puissance d'un ordre inférieur ». Il dénonce « le génie très borné de la petite politique de M. de Vergennes, pour lequel toutes les petites finasseries de la diplomatie étaient les seuls moyens à employer ; et qui, selon moi, très propre au rôle d'un honnête espion ou à celui d'un chargé d'affaires dans une cour subalterne, n'avait aucune des qualités transcendantes qui doivent former le caractère distinctif d'un ministre des Affaires étrangères du Roi de France ». Rien d'étonnant à ce que le prince ait suivi d'un œil dénué d'indulgence les préparatifs de Gilbert de La Fayette : « Toute cette négociation clandestine, non plus que les enrôlements des émissaires américains sur le pavé de Paris, n'échappèrent à la police, mais elle eut ordre de fermer les yeux. La maison de Noailles, plus par politique que par intérêt pour son gendre et pour sa jeune femme, qui se voyait abandonnée par un époux qui allait jouer en partie le rôle de don Quichotte, aux dépens de sa fortune, crut nécessaire d'informer le comte de Maurepas des projets de M. de La Fayette. C'était pendant le ministère de M. de Saint-Germain. Je fus chargé de voir M. de La Fayette et de lui parler ; je le fis. Il me donna toutes les paroles possibles de renoncer à ses projets. J'en rendis compte aux deux ministres en leur assurant très fort que, malgré sa parole, je le croyais parti. Il l'était en effet, et, lorsque l'ordre d'arrêter et de désarmer son navire arriva dans le port, il était déjà en pleine mer avec ses autres chercheurs d'aventure... »

Vergennes perd donc au change avec le nouveau secrétaire d'État de la Guerre. Pour ce qui est du Contrôle général des Finances, en revanche, un Necker promet d'être moins gênant que ne l'eût été Turgot.

« M. Necker, écrit Montbarey avec sa bénignité coutumière, né à Genève, dans ce réceptacle de la crasse de toutes les nations où tous les vices sont naturalisés, etc. » — ce qui n'était guère sympathique pour l'amant de sa femme, lui aussi d'origine genevoise. On ose à peine le dire, mais le fait est que l'élévation de Necker, appelé à tenir une certaine place dans l'histoire de France, dut beaucoup à cet escroc de Pezay, qui mena campagne pour lui auprès du roi et de Maurepas.

Fils d'un professeur de droit public germanique sans fortune, Necker était entré à quinze ans, en qualité de simple commis, dans la banque d'Isaac Vernet, d'abord à Genève, puis au siège principal parisien. Son talent lui valut une rapide participation aux bénéfices et, en 1762, lorsque Vernet se retira, son neveu Thélusson s'associa avec Necker. L'année suivante, ils réalisèrent un bénéfice de près de deux millions de livres : Necker, grâce à un commis des Affaires étrangères par lui corrompu, avait su à l'avance la signature du désastreux traité de Paris, et spéculé habilement sur les valeurs anglaises. Ils gagnèrent encore sur les créances canadiennes dans des conditions bien douteuses, puis Necker, chargé de sauver la Compagnie des Indes françaises, échoua dans cette tâche en trouvant le moyen de s'y enrichir. En 1772, âgé de quarante ans et pourvu d'un capital de sept millions et demi de livres, il se retirait des affaires pour entamer une carrière de publiciste. Son *Éloge de Colbert* fut couronné par l'Académie ; l'*Essai sur la législation et le commerce des blés*, publié au moment précis où Turgot lançait sa réforme, fit sensation : il y prenait le contre-pied des théories du contrôleur général. Son indéniable talent consistait à traiter de sujets austères en y mettant du sentiment, et le public s'ébaudissait de découvrir cet oiseau rare : un banquier philanthrope. Sa femme, fille d'un pasteur du pays de Vaud, jouait un rôle important dans sa stratégie de carrière. Belle, cultivée, un peu gâchée par l'empois helvétique, elle tenait salon chaque vendredi dans son château de Saint-Ouen, construit naguère pour la marquise de Pompadour. La fleur de la société parisienne s'y réunissait — Diderot, d'Alembert, Marmontel, lord Stormont, etc. Lourd, solennel, Necker impressionnait d'autant plus qu'il parlait peu.

Pourquoi pas un banquier pour succéder à Turgot et au nullissime Clugny ? En 1772, Necker avait prêté quatre millions de livres à l'abbé Terray. Un tel homme pourrait remédier à la crise chronique des finances publiques. Malgré ses réticences à appeler un protestant, le roi se laissa convaincre par Maurepas et Pezay. La fonction de contrôleur général des finances échut pour la forme à un certain Taboureau, ancien intendant et bon catholique, et Necker eut la réalité du pouvoir avec le titre de directeur du Trésor.

Il était trop intelligent pour ignorer la nécessité de profondes réformes ; trop averti aussi pour ne point tirer la leçon des expériences Turgot et Saint-Germain. Par ses mémoires comme dans le salon de sa femme, il peaufinait depuis des années son image de réformateur conscient de la résistance des hommes et des choses au changement brutal. Il réformerait, mais en douceur, sans cette « rage du bien public » qui avait perdu Turgot. Aussi sa nomination fut-elle accueillie comme celle d'un nouveau Sully. Mme du Deffand exprima le sentiment général par cette jolie formule : « L'abbé Terray avait bien fait le mal ; Turgot avait mal fait le bien ; Necker fera bien le bien. » Il acheva de conquérir l'opinion en refusant les appointements attachés à sa charge. Les immenses profits réalisés sur les malheurs de la France facilitaient ce désintéressement.

Necker savait la raison de son élévation : « Je ne dus le choix de Sa Majesté qu'à l'état d'abattement absolu dans lequel se trouvait le crédit public. » On lui demande de trouver de l'argent, mais un accroissement de la charge fiscale sur les contribuables ne serait pas plus accepté que l'indispensable et équitable élargissement de l'assiette de l'impôt aux privilégiés. Qu'importe, puisque son métier de banquier lui a appris que, si l'État est pauvre, la France est riche ! Il fera tourner la machine à coups d'emprunts. Le premier, un impôt-loterie, lancé en janvier 1777, fut couvert en quelques jours ; il rapportait vingt-quatre millions de livres, mais à un taux d'intérêt de sept et demi pour cent. Un second suivit en décembre : vingt-cinq millions ; mais le Trésor devrait payer sur sept ans trente et un millions et demi. Et ainsi de suite. On fera les comptes en 1787.

Un grand argentier de cette façon compensait pour Vergennes la déplaisante surprise d'un ministre de la Guerre opposé à la guerre. Et si Necker, comme il était probable, finissait, comme tous ses prédécesseurs, par s'élever contre le gouffre des dépenses militaires, sa capacité d'intervention resterait limitée : pour cause de calvinisme, le responsable des finances de la France ne siégeait pas au Conseil.

*
* *

À Paris, on ne voit plus que le comte de Falkenstein. Ses journées ont beau se conformer, avec quelques nouveautés en plus, au programme mis au point pour la visite de Pierre le Grand en 1717, et resservi à chaque venue d'une tête couronnée, il y apporte une curiosité allègre et insatiable qui enchante les Parisiens. Quelle différence avec le roi de France ! Les gazettes reproduisent le dialogue entre les deux hommes après que Falkenstein est rentré émerveillé par le dôme des Invalides : « Vous possédez le plus bel édifice d'Europe. — Lequel donc ? — Les Invalides. — On le dit. — Comment ! Est-ce que vous n'avez pas encore examiné cet édifice ? — Ma foi, non ! » En quelques jours, l'empereur en fait plus pour connaître Paris que le roi dans toute sa vie : les Gobelins, la Salpêtrière, le Jardin du Roi, qu'on commence d'appeler Jardin des Plantes, l'Opéra, l'Académie française, l'École vétérinaire, près d'Alfort, l'Imprimerie royale, l'Institution des sourds et muets de l'abbé de l'Épée, l'Académie des sciences… Il pose des questions, écoute les réponses, s'intéresse à tout. Une curiosité encyclopédique. La monarchie française en prend un coup de vieux. Mais l'empereur, pour être ouvert aux innovations, n'en reste pas moins ferme sur les principes. Tout Paris se répète sa réponse à la princesse de Guémenée qui lui demandait sa position sur l'affaire d'Amérique : « Madame, mon métier à moi est d'être royaliste. »

Ses attentions jettent de l'éclat sur un autre homme à principes : Victor-François de Broglie. Le 6 mai, à la revue militaire passée dans la plaine des Sablons, le duc de Croÿ note que l'empereur « ne cessa un moment d'être à côté du maréchal de Broglie et de parler et de rire avec lui… Il ne parla guère qu'à lui. » Et Croÿ de constater que ce fut pour Broglie « un jour bien glorieux ». Hasard ? Intérêt fugace ? Point du tout : le 10 mai, Croÿ, convié avec sa famille à la visite du dépôt des gardes-françaises, a la surprise d'y retrouver Broglie avec la sienne ; il sont les seuls à accompagner l'empereur. Et le 16 mai, lors de l'exercice des mêmes gardes-françaises au Champ-de-Mars, « il ne parla, à l'ordinaire, qu'au maréchal de Broglie, et un peu au maréchal de Biron ». Mais le prince de Ligne notera de son côté que le maréchal avait, à la joie maligne de l'empereur, gâché une soirée où chacun se réjouissait d'écouter le visiteur, en racontant une fois de plus « sa petite victoire de Bergen ». Il faut avouer que des cœurs pourtant bien français en venaient à regretter que Bergen n'eût pas été une défaite pour s'épargner le récit que le maréchal déroulait depuis quinze ans avec une implacable régularité…

Trois jours plus tôt, le 13 mai, Trianon a été le théâtre d'une scène inattendue : Louis XVI s'est ouvert à Joseph de ses problèmes intimes. Pour se confier à cet homme dont il a pu apprécier la verve caustique, faut-il qu'il souffre des railleries de ses courtisans et de ce flot de pamphlets et de chansons qu'on met avec malignité sous ses yeux (« Chacun se demande tout bas : le

Roi peut-il, ne peut-il pas ? — La triste Reine s'en désespère, lère la. — L'un dit : il ne peut l'ériger ; un autre : il ne peut s'y nicher, etc.). Les mots les plus innocents tournent à l'équivoque et au double sens. Un soir, alors que Marie-Antoinette s'amuse à lancer sur son mari des boulettes de mie de pain, le roi demande à Saint-Germain ce qu'il ferait si, sur le champ de bataille, il était bombardé de la sorte, et le vieux soldat de répondre tout de go : « Sire, j'enclouerais le canon. » Un ange passe, asexué... Joseph II se montre carrément sarcastique. Le marquis de Valfons, qui offusqua naguère, à Strasbourg, le jeune Victor-François de Broglie en contant fleurette à sa première femme [1], raconte dans ses *Souvenirs* qu'un autre soir Marie-Antoinette plaisante Élisabeth, jeune sœur de Louis XVI, sur ce qu'« elle vient d'être grande fille » ; l'empereur glisse à la reine qu'il vaudrait bien mieux que son mari fût « grand garçon ». Sourires gênés. Et pourtant : « Le Roi, rapporte Mercy-Argenteau à Marie-Thérèse, malgré sa taciturnité naturelle et son caractère timide, a eu vis-à-vis de son auguste beau-frère plus d'épanchement que l'on n'aurait pu en présumer... Il entra dans les détails les plus circonstanciés sur son état physique, et il demanda des conseils à l'Empereur. » Celui-ci les lui fournit volontiers.

Le lendemain, visite de la grande et de la petite Écurie, puis de la célèbre machine de Marly qui alimente les fontaines du parc de Versailles. Une pointe jusqu'au château de Louveciennes, délicieux bijou construit par Ledoux pour la du Barry. Les domestiques attendent le comte de Falkenstein à la grille et lui font visiter les lieux. À la sortie, rencontre au détour d'une allée avec une belle promeneuse, la comtesse du Barry. Il a fallu trois ans pour que s'apaise la rancune de Marie-Antoinette et que la favorite retrouve son Louveciennes. Elle a trente-six ans. Après d'Aiguillon, elle donne du bonheur au prince de Ligne et au duc de Brissac. Mais, s'il fallait faire le compte des hommes qu'elle a réjouis... Joseph lui offre le bras pour continuer sa promenade, et, comme elle feint de décliner cet honneur : « Ne faites point de difficulté, Madame. La beauté est toujours reine. »

Le 30 mai, le comte de Falkenstein quitte Versailles, où il avait résidé selon sa volonté dans un hôtel garni, pour s'en aller visiter la France.

---

1. Cf. *Le Secret du Roi*, tome 1, p. 95 *sq*.

XVIII

Depuis quelques jours, des ciseaux virevoltaient dans la voilure. Le 13 juin au matin, la vigie de la *Victoire* crie : « Terre ! »

La traversée avait duré cinquante-quatre jours. Deux chaudes alertes : un vaisseau qu'on craignait anglais, mais qui s'était révélé être américain ; le capitaine Le Boursier avait tenté de prendre son sillage pour naviguer de conserve, mais l'autre, plus rapide, les avait semés ; puis deux frégates, celles-là bien anglaises, qu'un providentiel coup de vent du nord avait empêchées d'arraisonner la *Victoire*. Pour le reste, l'ennui, les parties de cartes, les souvenirs de campagne inlassablement ressassés et les inévitables chamailleries nées de la promiscuité. Mauroy et Kalb ne se supportent plus. Le premier s'exaspère de « l'enthousiasme risible » de ses compagnons de voyage pour l'Amérique : que s'attendent-ils donc à trouver là-bas ? Des héros et des saints ? Foutaises ! Des gens comme nous, et qui ne doivent pas porter les Français dans leur cœur. Kalb déteste ce cynisme qui imprégnera plus tard le compte rendu de Mauroy, et s'étonne que Broglie se soit entiché d'un tel personnage. « Il fronde tout, se plaint de tout le monde, et surtout de ceux auxquels il a les plus grandes obligations. M. le comte de Broglie le croit un homme rond et uni, sans prétentions, et je trouve qu'il en a plus que personne et à tous égards. » Mauroy, arrivé le dernier sur le vaisseau, accuse les autres d'avoir vidé la cambuse à force de ripailler pendant la longue attente à Los Pasajes. De fait, on doit sur la fin se serrer la ceinture. Kalb s'en soucie peu : malade comme un chien d'un bout à l'autre, il se nourrit de riz et de légumes secs cuits à l'eau. La Fayette, d'abord très éprouvé, s'est finalement amariné et arrive ragaillardi.

Une côte plate, monotone. Les cartes de Le Boursier renseignent peu. Ce qui est sûr, c'est qu'on a raté Charlestown[1]. Il faut pourtant trouver sans tarder un abri, sinon, gare aux croisières anglaises ! Les dernières nuits, La Fayette a donné l'ordre de naviguer tous feux éteints pour éviter de se faire repérer. Vers midi, Le Boursier découvre une petite baie creusée par l'embouchure d'une rivière ; une langue de terre mettra le vaisseau à couvert des regards indiscrets. La Fayette, Kalb et Price prennent place dans une chaloupe armée par un lieutenant de la *Victoire* et sept matelots. On fait force de rames pour atteindre l'embouchure et remonter la rivière. Sur les rives, quelques Noirs occupés à pêcher des huîtres. À dix heures du soir, la marée descendante annule l'effort des rameurs. La Fayette décide d'accoster. Quatre Noirs se tiennent à distance. On réussit à engager la palabre. Les Anglais rôderaient dans les parages et auraient, la semaine précédente, enlevé plusieurs pêcheurs. Les Noirs travaillent pour un major de la milice locale dont la résidence d'été est proche. La Fayette, Kalb et Price montent dans la pirogue des pêcheurs. À minuit, ils débarquent sur une plage sablonneuse. Une lumière dans les ténèbres : la maison du major. Aboiements furieux. Un volet s'entrouvre sur un fusil. On leur demande qui ils sont, ce qu'ils veulent. Kalb, dans son anglais parfait, crie qu'ils sont des officiers français venus se mettre au service des États-Unis. On les accueille à bras ouverts.

*
* *

Au réveil, coup de foudre du marquis. Il portait à l'Amérique une passion abstraite, idéale ; voici qu'il se prend à l'aimer pour sa splendeur sauvage et sa douceur de vivre. « Le lendemain, la matinée était belle. La nouveauté de toute chose autour de lui, la chambre, le lit entouré de moustiquaires, les domestiques noirs qui venaient lui demander ses ordres, la beauté et l'aspect étrange de la campagne qu'il voyait de ses fenêtres et que couvrait une riche végétation, tout conspirait pour produire sur M. de

---

1. Qui s'écrit aujourd'hui Charleston.

La Fayette un effet magique et pour exciter en lui des sensations inexprimables. »

Le major Benjamin Huger, « citoyen très respecté de la Caroline du Nord », chaleureux, expansif, achève la conquête du jeune homme. Ensemble ils font le point. La *Victoire* a atterri à South Inlet, petit port situé à quinze milles de Georgetown. Son tirant d'eau interdit au vaisseau l'accès des deux ports : il lui faut gagner Charlestown. C'est risqué. La Royal Navy croise le long de la côte et débarque souvent des commandos. La nuit précédente, Huger et ses gens ont cru à une attaque de ce genre et s'apprêtaient à défendre chèrement leur peau. Un quiproquo déplorable a été évité de justesse. La Fayette doit en trembler rétrospectivement : mourir d'une balle américaine après tant de tracas, le jour même de l'arrivée, quel épilogue grotesque à l'aventure et, sous l'affliction ostensible, que de sarcasmes à Versailles !...

Le Boursier lève l'ancre pour Charlestown avec à son bord Mauroy et six officiers. Les autres, accompagnés de deux domestiques, préfèrent s'y rendre par la route avec La Fayette et Kalb. La petite troupe se met en marche sous la conduite de Huger. Lui-même à cheval, le major n'a pu trouver que deux montures pour La Fayette et Kalb ; les autres suivent à pied. Très peu de bagages, mais des armes : des Nègres marrons, c'est-à-dire en rupture d'esclavage, rôdent dans la campagne. Entre les commandos anglais, les loyalistes, dits tories, et les Nègres marrons, l'Amérique se révèle plus complexe que vue de Paris. Quant à la nature, enchanteresse à contempler d'une fenêtre, elle le devient beaucoup moins quand il s'agit de l'arpenter sous un soleil de plomb. Les piétons souffrent beaucoup. L'armée française préservait ses officiers des rigueurs de la marche à pied. Le chevalier Charles-François du Buysson, vingt-cinq ans, sous-lieutenant à Noailles-Dragons, engagé par Deane avec le grade de capitaine, consigne les péripéties du voyage dans un compte rendu destiné au comte de Broglie : « Quelques-uns de nous étaient en bottes, mais, ne pouvant marcher ainsi, ils furent obligés de les jeter et d'achever la route nu-pieds, manière de voyager peu commode sur un sable brûlant et dans les bois... J'en ai eu pendant quinze jours les jambes aussi grosses que les cuisses. » Les chemins sont affreux. Chemises et culottes se déchirent aux épineux, et rien pour se changer. Vingt-cinq lieues [1]

---

1. Environ cent kilomètres.

par une chaleur écrasante et sous l'aiguillon de myriades de moustiques. « Aussi arrivâmes-nous après trois jours de marche à Charlestown faits comme des gueux et des brigands, poursuit du Buysson. Nous fûmes reçus en conséquence et montrés au doigt par la populace du pays, lorsque nous nous dîmes des officiers français, uniquement conduits par le désir de la gloire et de défendre leur liberté, et traités d'aventuriers... » Plaisante réception ! Autre surprise : les Français pullulent à Charlestown, et ceci explique sans doute cela : « La plupart de ces Français sont des officiers perdus de dettes, plusieurs chassés de leur camp. Les colonies françaises en fournissent beaucoup. Les gouverneurs les purgent le plus qu'ils peuvent de tous les mauvais sujets qui arrivent de France, en leur donnant des lettres de recommandation pour les généraux anglo-américains [*sic*]. Les premiers ont été fort bien reçus, mais leur conduite ayant fait connaître ce qu'ils étaient, on n'a plus de foi aujourd'hui aux lettres de recommandation, et l'on fait en Amérique fort peu de cas des gens qui les apportent. » Autrement dit, les îles françaises, dépotoir de tous les mauvais sujets du royaume, s'en débarrassent en les refilant aux Américains. Ces misérables au verbe arrogant ne risquaient pas de guérir la population de son hostilité pour tout ce qui était français.

Fort heureusement, le major Huger met les choses au point en présentant La Fayette aux autorités de la ville ; surtout, le lendemain, l'arrivée de la *Victoire* fait « une véritable révolution dans les esprits » : des aventuriers n'arriveraient pas en tel équipage. Le Boursier touche trois fois le fond, mais parvient enfin à franchir la barre qui rend l'entrée dans le port périlleuse aux vaisseaux d'un certain tonnage. Il a échappé de justesse à deux frégates anglaises croisant au large. La Fayette l'accueille avec d'autant plus de plaisir qu'il compte sur la vente de la cargaison pour s'équiper, lui et sa troupe, en vue du long voyage jusqu'à Philadelphie. Nouveau coup du sort : le capitaine, contraint l'épée dans les reins de mettre le cap sur l'Amérique, et ravi de rendre au marquis la monnaie de sa pièce, exhibe un document que le jeune homme a signé à Bordeaux sans même prendre la peine de le lire. Il prévoit que la cargaison ne sera livrée que moyennant un versement de quarante mille livres, à quoi s'ajoutent des frais d'assurance et de commission. Faute d'être payé, le capitaine ira vendre le tout à Saint-Domingue, comme il se le proposait depuis le début. La Fayette tombe des nues. Non seulement il n'a pas le premier sou de la somme à verser, mais ses espérances d'équipement s'évanouissent. Le Boursier, triomphant, remonte à bord et fait mettre à la voile. Mais la chance se détourne, qui l'accompagnait tant qu'il naviguait sous les auspices du marquis : la *Victoire* touche sur la barre et se démantibule, noyant, avec la cargaison officielle, celle que le capitaine avait fait embarquer en contrebande pour son compte personnel.

Les fêtes organisées par la bonne société en l'honneur des Français leur mettent du baume sur le cœur. Le gouverneur Rutledge donne une soirée de gala dans un fort situé à proximité de la ville. Les réceptions se succèdent. « On y rendait au marquis, selon du Buysson, les honneurs que l'on aurait pu rendre à un maréchal de France ou au protecteur de la Liberté. » La Fayette, qui témoigne envers l'argent d'un aristocratique détachement, en oublie vite sa mésaventure. Tout l'enchante. Il continue de voir le pays avec des lunettes roses. « La simplicité des manières, le désir d'obliger, l'amour de la patrie et de la liberté, une douce égalité règnent ici parmi tout le monde, écrit-il à sa femme le 9 juin. L'homme le plus riche et le plus pauvre sont de niveau, et, quoiqu'il y ait des fortunes immenses dans ce pays, je défie de trouver la moindre différence entre leurs manières respectives les uns pour les autres. » Il commence à « barbouiller de l'anglais » grâce à l'étude qu'il en a faite pendant la traversée. La chaleur de la réception le comble : « Il suffit d'être venu avec moi pour être accueilli de la manière la plus satisfaisante. »

Ses officiers ne partagent pas tous son euphorie. Le chevalier de Fayolle juge la ville « assez jolie ; les rues y sont larges et alignées, les maisons de même, quelques-unes bâties en brique, les autres en bois, toutes couvertes de cette dernière espèce ». Douze mille Blancs, vingt mille Noirs. Le blocus anglais asphyxie le port dont les entrepôts débordent de poix et de goudron. Mais du Buysson s'afflige de vérifier que « la populace de Charlestown, ainsi que celle de toute cette partie du continent, déteste les Français et les accable d'invectives ». Quant à Kalb, le coût de la vie l'épouvante : « Il a fallu à un domestique du marquis une chemise en arrivant ; elle a coûté cinquante livres ; à Paris elle vaudrait quatre livres dix sols au plus. Tout le reste à proportion, les vivres, les logements, les chevaux, tout est hors de prix. On a un cheval assez médiocre pour cent louis, et il m'en faudra plusieurs. Pour en acheter, j'attendrai mon arrivée à Philadelphie pour savoir ce que le Congrès arrangera. Si je n'ai pas lieu d'être content, je pourrais bien m'en retourner dans peu. » Se battre pour la liberté, parfait, mais sur un cheval à cent louis, cela mérite réflexion. Encore faut-il gagner Philadelphie. Le petit Dubois décide de s'y rendre par mer, malgré le risque d'une mauvaise rencontre : il doit rapatrier ceux des marins de la *Victoire* qui désirent rentrer au pays. La plupart n'ont ni l'habitude des randonnées terrestres, ni les moyens de s'acheter un cheval ou de se cotiser pour une voiture. La Colombe et Bedaulx se joignent au groupe. Le petit Dubois dégotte une embarcation qu'on camoufle en barque de pêche. Advienne que pourra !

Grâce à son nom et surtout à celui des Noailles, La Fayette peut emprunter trente-cinq mille livres au taux usuraire de vingt pour cent. Les Américains ont le cœur chaud et l'esprit froid. Chacun retournant ses poches pour payer son écot, la petite troupe achète chevaux, voitures et chariots. On se divise en deux groupes : le premier, commandé par La Fayette, se compose de six officiers, dont Kalb, Mauroy et du Buysson, et de quatre domestiques. Il prend la route de Philadelphie le 26 juin. Les six autres, accompagnés d'un domestique et de trois marins qui en ont soupé de la mer, partent le lendemain.

Pittoresque caravane que celle de La Fayette où une affectation de cérémonial s'efforce de compenser la rusticité des équipages… « La marche était ouverte par un des gens du marquis vêtu en hussard, relate du Buysson. La voiture du marquis était une espèce de sopha découvert, porté par quatre ressorts avec un avant-train. À côté de sa voiture il avait un domestique à cheval faisant les fonctions d'écuyer. Le baron de Kalb était dans la même voiture. Les deux colonels conseillers de La Fayette [Mauroy et Lessert] suivaient dans une seconde voiture à deux roues. La troisième était celle des aides de camp. » Les chariots cahotent derrière et « la marche était fermée par un nègre à cheval ».

Il fait une chaleur caniculaire. Philadelphie est à trois cents lieues[1].

*   *
  *

1. À peu près douze cents kilomètres.

De l'autre côté de l'Océan, Joseph II, vorace avaleur de lieues, voyage dans des conditions plus confortables. Il s'est arrêté à Broglie, reçu avec la pompe guindée dont le maréchal ne se départissait pas quand il traitait chez lui un visiteur distingué. Le comte de Falkenstein a-t-il au moins admiré, comme le fera plus tard l'Anglais Arthur Young, autre grand voyageur, la bonne tenue d'un paysage réglé par Victor-François avec une rigueur militaire ? Le château « est entouré par une telle multiplicité de haies tondues, doubles, triples et quadruples, que cette tonte doit contribuer pour moitié à la subsistance des pauvres de cette petite ville ». Nul doute que le visiteur aura reçu des éclaircissements supplémentaires sur la victoire de Bergen...

Puis une grande virée dans l'Ouest maritime : Brest, Lorient, Nantes. La marine française ne lui fait pas grande impression. Il juge les vaisseaux « mal armés » et s'étonne de trouver les entrepôts militaires brestois dégarnis. La berline remonte ensuite la Loire jusqu'à Tours. Une étape encore, et ce serait Amboise. Visitera-t-il Chanteloup ? Le clan Choiseul y compte bien. Ce serait témoigner avec éclat la reconnaissance de l'Autriche envers l'homme de l'alliance, et le remettre en selle pour le ministère. La duchesse de Gramont, sœur très intime de Choiseul, avait jeté l'amorce à Versailles ; comme l'empereur lui demandait quelle était à son avis la province la plus fertile de France : « C'est la Touraine, Sire. Mon frère y possède une chaumière. Il serait le plus heureux des hommes s'il pouvait vous y recevoir. » La « chaumière » et ses quatre cent soixante domestiques sont sur le pied de guerre. On met la dernière main aux fêtes somptueuses organisées par le maître de maison. Un orchestre répète. Les invités, fleur de la noblesse, sont sur leur trente et un. Las ! à Tours, la voiture de l'empereur prend la route de Poitiers... « Il est toujours le même », avait écrit Marie-Antoinette à sa sœur Marie-Christine, reprenant sans doute inconsciemment la scie de Beaumarchais. Joseph II adore distribuer les pieds de nez.

La Rochelle, Rochefort, Bordeaux dont l'activité impressionne, les Landes désertiques et une pointe jusqu'à Saint-Sébastien en passant, coïncidence, par Los Pasajes. Montpellier, Nîmes, Aix, Marseille et Toulon : « Le plus beau port que j'aie vu... Malgré cela, je ne sais ce que c'est, mais la marine française ne m'inspire aucune confiance. Ses équipages sont mauvais et mal exercés. J'en ai jugé par les manœuvres que j'ai vues et par les avaries continuelles qui arrivent à leurs vaisseaux. »

Le voyageur remonte ensuite la vallée du Rhône. Il doit passer par Genève. Visitera-t-il le roi de Ferney ? Le Grand Frédéric en est convaincu et coquète avec son vieil ami comme ils le font depuis trente-sept ans : « Ce soi-disant comte retournera chez lui par la route de Lyon et de la Suisse, écrit-il à Voltaire le 17 juin. Je m'attends qu'il passera par Ferney et qu'il voudra voir et entendre "l'honneur du siècle", le Virgile et le Cicéron de nos jours. Si cette visite a lieu, je me flatte que les nouvelles connaissances ne vous feront pas oublier les anciennes et que vous vous souviendrez que parmi la foule de vos admirateurs, il existe un solitaire à Sans-Souci qu'il faut séparer de la multitude. » D'Alembert partageait sa conviction et s'en réjouissait pour « le Patriarche de Ferney à qui cette visite impériale donnerait plusieurs années de vie ». Mais Voltaire, toujours mourant et toujours renaissant, affectait de croire qu'il n'ajouterait pas ce nouveau trophée à une collection bien fournie : « Que viendrait faire le fils des Césars dans une petite église, lui qui devrait avoir Saint-Pierre de Rome pour paroisse ? » La chapelle construite à l'entrée de son domaine scandalisait maint ecclésiastique par l'insolite insolence des trois mots gravés sur son fronton : *Deo Erexit Voltaire* — Dédiée à Dieu par Voltaire —, car les églises catholiques étaient de toute tradition vouées au Christ ou aux saints, et jamais à Dieu ; mais une traduction théologiquement moins contestable courait les salons : Voltaire bande grâce à Dieu.

Point d'illuminations ni d'orchestre, au contraire de Chanteloup, mais des paysans qui ont pris l'initiative d'ôter les pierres du chemin et qui, endimanchés et chapeau bas, attendent sagement, rangés sur les bas-côtés, l'illustre personnage en visite chez leur bienfaiteur.

Le cocher s'apprête à engager la berline sur le chemin de Ferney. Joseph se penche à la portière : « Où donc me conduis-tu ? — Chez monsieur de Voltaire, Sire... — Mais non, continue tout droit. » Un pied de nez au roi de l'Europe. Il faut dire qu'un peu plus tôt, sur la route, un admirateur exalté avait infligé au voyageur une harangue lui intimant l'ordre de faire le pèlerinage de Ferney ; et Frédéric écrira que Marie-Thérèse avait interdit à son fils de rencontrer le philosophe scandaleux. Joseph II aura la malignité de saluer à Berne le poète et savant Haller, irréductible ennemi de Voltaire, excellent chrétien, à qui la visite ne portera pas chance puisqu'il mourra quinze jours plus tard.

Égal à lui-même, Voltaire fait rire son monde avec cette pirouette : « C'est par modestie que l'Empereur ne m'a pas rendu visite. Il craignait que je ne le reçoive pas. »

*
* *

Bilan mitigé pour un voyage spectaculaire.

Le comte de Falkenstein a éveillé autant de curiosité qu'il en témoignait lui-même, mais il n'a pas séduit. Se voulant populaire, il s'impatientait dès que le peuple le pressait d'un peu trop près. Son affectation de simplicité a insupporté la cour. La baronne d'Oberkirch, qui voue d'habitude une dévotion fanatique aux têtes couronnées : « En tout il me semble que le monarque posait toujours, comme s'il eût eu derrière lui un moraliste occupé à peindre le portrait de ses vertus. » C'est le sentiment à peu près unanime : un poseur. Marie-Antoinette, accablée de remontrances, l'a vu partir avec chagrin et soulagement. Il lui laisse un « règlement » profus, rédigé d'une plume de cuistre, sur ses devoirs d'épouse et de reine. À propos de la Bavière, il n'a pas avancé ses affaires. Mais il a beaucoup vu et beaucoup entendu — plus qu'il n'aurait dû : « J'ai trouvé, écrit-il à son frère, une bonne volonté de me parler des choses les plus secrètes qui m'a servi et étonné, mais dont je me garderai bien de découvrir les auteurs. »

Voyage historique, puisqu'il dénoue l'aiguillette royale.

Dès le 16 juin, Marie-Antoinette écrit à sa mère : « On croit la comtesse d'Artois encore grosse. C'est un coup d'œil assez désagréable pour moi, après plus de sept ans de mariage. Il y aurait pourtant de l'injustice à en montrer de l'humeur. Je ne suis pas sans espérance, mon frère pourra dire à ma chère maman ce qui en est. Le Roi a causé avec lui sur ce chapitre avec sincérité et confiance. » Le 15 juillet, Mercy constate des progrès : « Sa Majesté voit le Roi plus souvent, et, presque tous les jours après-midi, ils passent une heure ou deux ensemble et seuls dans l'intérieur de leurs appartements. » Le 29, lettre exultante de Marie-Antoinette : « Je suis dans le bonheur le plus essentiel pour toute ma vie. Il y a déjà plus de huit jours que mon mariage est parfaitement consommé ; l'épreuve a été réitérée, et encore hier, plus complètement que la première fois... Je ne crois pas être grosse encore, mais au moins j'ai l'espérance de pouvoir l'être d'un moment à l'autre. »

Louis s'est-il prêté à la fameuse opération du phimosis évoquée depuis son adolescence, mais jugée superflue par l'ensemble des médecins ? C'est invraisemblable. Son journal indique qu'il n'a pas cessé de chasser de tout l'été ; or l'intervention implique une cicatrisation d'une dizaine de jours, incompatible avec la pratique de l'équitation. Quelques médecins férus d'histoire se demandent aujourd'hui si le coup de bistouri ne fut pas porté sur l'hymen trop résistant de la reine. Mais pourquoi ne pas attribuer le succès aux bons conseils dispensés par Joseph, et surtout à celui de s'entretenir affectueusement durant l'après-midi ? La corvée du soir leur était devenue insupportable. Éreinté par la chasse, alourdi par son trop riche souper, le roi tombait de sommeil ; la reine endêvait de devoir sacrifier ses amis et ses plaisirs à la couche conjugale. Louis, en tout cas, savait bien à qui il devait son honneur retrouvé de mari quand il écrivit à son beau-frère : « Je suis sûr d'avoir fait ce qu'il faut et j'espère que l'année prochaine ne se passera pas sans vous avoir donné un neveu ou une nièce. C'est à vous que nous devons ce bonheur, car depuis votre voyage, cela a été de mieux en mieux, jusqu'à parfaite conclusion. Je compte assez sur votre amitié pour en oser vous faire ces détails. » Et l'empereur de conclure avec satisfaction : « Le Roi de France a enfin réussi à la grande œuvre, et la Reine peut devenir grosse ; ils me l'ont écrit tous deux, et me font des remerciements, l'attribuant à mes conseils. Il est vrai que j'ai traité cette matière à fond dans mes conversations avec lui et que j'ai parfaitement reconnu que paresse, maladresse et apathie étaient les seuls empêchements qui s'y opposaient. »

Allons, il n'est pas venu pour rien !

*
* *

Mars et Vénus marchent du même pas : le 23 juillet, dans la semaine où s'exécute l'épreuve, comme dit Marie-Antoinette,

Vergennes signe un mémoire concluant à la guerre. Il l'adresse à Madrid, dont la participation lui paraît toujours indispensable. « Le moment est venu où il est de toute nécessité de prendre une résolution ; il faut ou abandonner l'Amérique à elle-même, ou la secourir courageusement et efficacement. Les termes moyens ne peuvent plus que compromettre et affaiblir la considération en affichant la faiblesse… Du secret et de la vigueur, les deux couronnes se remettent à leur place et feront rentrer l'Angleterre dans celle d'où elle n'aurait jamais dû sortir si on avait toujours agi d'après les principes vrais et immuables. »

Sachant les réticences espagnoles à soutenir des rebelles et à établir des États-Unis dont Madrid, avec une remarquable prescience, craint qu'ils ne deviennent redoutables à ses propres colonies, Vergennes dresse la hiérarchie des périls. La pire hypothèse est la réunion des Américains et des Anglais, soit de vive force, soit par un compromis : la maison de Bourbon en ferait obligatoirement les frais. Les États-Unis, puissance d'avenir ? Peut-être, mais à très longue échéance. Chaque État s'occupera d'abord de ses intérêts particuliers, et ils sont trop divergents pour fonder une politique commune : « Le Sud et le Nord diffèrent essentiellement. » D'autre part, l'avenir immédiat des Américains est sur le continent : « Il se passera encore bien des années avant que les nouveaux Angleterriens [*sic*] aient mis en valeur tous les terrains qui leur restent à défricher, et par conséquent qu'ils aient une population surabondante dont ils devraient se décharger. » Faut-il raisonner en fonction de perspectives si lointaines ? « La politique doit s'arrêter où l'horizon la borne ; elle s'égare lorsqu'elle va au-delà. . »

À Madrid, le comte de Floridablanca avait succédé au marquis de Grimaldi, contraint de donner sa démission. La politique sinueuse de la France en était responsable. Longtemps Vergennes avait freiné le bellicisme espagnol, ardent à en découdre avec le Portugal ; puis il avait amené son réticent partenaire à accepter la guerre contre l'Angleterre ; mais, après que le roi d'Espagne eut donné son accord, Vergennes, douché par la défaite américaine de Staten Island, avait conclu que rien ne pressait… Il n'en fallait pas tant pour échauffer la fierté castillane. Levée de boucliers contre l'Italien Grimaldi, déjà fragilisé par l'échec d'une expédition contre Alger et accusé à présent d'avoir compromis l'honneur du pays en se laissant mener par le bout du nez par un allié traitant l'Espagne comme une vassale.

Avec Floridablanca, tout risque de ce genre était écarté. « L'un des plus terribles ministres des Affaires étrangères qui aient existé. » Opiniâtre, ombrageux. Ses négociations avec Clément XIV l'avaient rendu célèbre par le ton ahurissant de hauteur dont il avait usé envers le pape. Devenu Premier ministre, il fit à Vergennes la réponse du berger à la bergère en contestant son mémoire avec les arguments mêmes que l'autre avait si longtemps servis à l'Espagne : pourquoi recourir à la guerre alors qu'il suffisait, pour embarrasser l'Angleterre, de continuer à fournir une aide discrète aux Insurgents ? Et cette phrase alambiquée, tout en balancements, qu'on dirait sortie de la plume de Vergennes : « Nous ne craignons pas la guerre si nous devons la croire inévitable : pour nous y préparer, nous avons sacrifié une grande partie de nos intérêts avec le Portugal en nous prêtant peut-être à une réconciliation prématurée. Mais, comme c'est un axiome qu'il vaut mieux prévenir la guerre que de la recevoir, c'en est un aussi qu'on ne doit pas l'entreprendre aussi longtemps qu'on peut l'éviter, sans avoir pris toutes les mesures pour son principe, son progrès et sa fin, en sorte qu'on ait une sûreté morale de réussir. »

Faudra-t-il marcher contre l'Angleterre sans l'Espagne ? Vergennes ne parvient pas à s'y résoudre.

*
* *

Les coups du sort s'abattent en rafale sur la caravane de La Fayette. Charles-François du Buysson, arrivé avec des rêves de gloire plein la tête, n'en finit pas de déchanter : « Dès le quatrième jour, une partie de nos voitures était en poussière. Plusieurs de nos chevaux, qui étaient presque tous vieux et poussifs, étaient crevés ou estropiés. Nous avons été obligés d'en acheter d'autres en route. Ces dépenses ont consommé tous nos fonds. Nous avons été obligés de laisser en route partie de nos équipages, et partie nous a été volée. Nous avons fait une grande partie du chemin à pied, couchant souvent dans les bois, mourant de faim, harassés de chaud, plusieurs de nous avec la fièvre et la dysenterie... Je crois pouvoir dire qu'il n'y a pas de campagne en Europe plus dure que ce voyage. Les peines n'y sont jamais continuelles. Elles sont même compensées par bien des plaisirs... » Ah oui, vive la guerre européenne, fraîche et joyeuse : on tue ou on est tué, mais le cul dans la selle, par des températures civilisées, avec pour les survivants la ripaille vespérale et la douceur d'un bon lit...

Parti avec le second groupe, le chevalier de Fayolle, trente et un ans, n'est pas moins lugubre : « Le chariot dans lequel j'étais a perdu, le troisième ou quatrième jour, un cheval de limon ; il est mort dans une heure de tranchés [coliques] sur la route. Nous avons été obligés d'en racheter un autre qui nous a coûté fort cher, mais qui s'est trouvé bon. Nous avons éprouvé des chaleurs abominables dans la Caroline du Sud, et, pour nous refaire, à la fin de nos journées, des logements affreux et de l'eau exécrable. Aussi un des nôtres est-il tombé malade à Charlotte, seconde petite ville que nous avons rencontrée. C'est un des plus mauvais endroits qu'on puisse imaginer. » On confie le capitaine Capitaine à un médecin local ; il rejoindra quand il sera guéri. Jean de Gimat, malade à son tour, s'alitera à Pittsburgh. Du Buysson, brûlant de fièvre, devra garder la chambre plusieurs jours à Annapolis. Charles de Mauroy se blesse au pied à Desby.

Infernale Amérique... Les officiers ayant quelque lecture voudraient pouvoir étrangler les littérateurs français qui, sans avoir jamais foulé le sol du continent, l'ont décrit en d'aimables bergeries comme un jardin d'Éden. Les habitants valent-ils mieux que le pays ? C'est selon. « Tous les hommes bien bâtis et alertes, juge Fayolle, mais les femmes bien maussades. » Et Mauroy n'avait pas tort de ricaner sur l'illusion lyrique d'une nation américaine faite de héros purs et durs : « Je ne sais si l'avenir sera plus agréable, continue Fayolle, mais il n'est rien de ce que l'on nous a dit en France. Ils sont désunis pour la cause commune et je ne crois pas qu'ils fassent rien de merveilleux. La vanité les poignarde ; ils veulent tous être officiers et non soldats, et ne valent pas mieux dans l'un que dans l'autre. Il faut voir jusqu'au bout pour être sûr de son jugement »

La Fayette ? Imperturbable. Aussi à l'aise sur son sopha à roulettes que dans un carrosse armorié. Le sopha ne tarde d'ailleurs pas à défaillir sous lui ; il continue à cheval. La chaleur, l'eau fétide, les « essaims persécuteurs des taons, des mosquites et des gnats » qui martyrisent ses compagnons ? Il trouve à la randonnée le charme d'un dépaysement exotique : « En étudiant la langue et les habitants, il voyait aussi des productions et des cultures

envenimer les relations avec l'Angleterre. Tant d'enthousiasme à se mettre au service de la cause américaine pour se voir traiter comme des domestiques venus quémander une place ! Et Johann Kalb ajouterait : tant d'argent dépensé en pure perte, avec l'achat du vaisseau et les frais du voyage depuis South Inlet jusqu'à Philadelphie...

La Fayette fut magnifique. Oublions le personnage qu'il jouera plus tard sur la scène française, ses vanités, sa gloriole, ce rôle de marionnette politique qu'on sort des coulisses pendant la parade pour attirer le chaland, et qu'on y refourre dès que commencent les choses sérieuses. Il n'a toujours pas vingt ans. Sa caste l'a dressé à juger insupportable le plus minime manquement aux égards dus à la naissance. Un affront venu d'un pair se lave dans le sang. On ne se bat pas avec un Lovell, probable épicier, mais on peut l'écraser de son mépris et briser là. Au reste, l'injustice de l'accueil, l'énormité de l'outrage feraient sortir de ses gonds le plus obscur des croquants auvergnats. Un Charles de Broglie, pourtant peu enclin à faire sonner sa noblesse, entrerait en éruption. Que Gilbert s'abandonne à une colère très justifiée, et La Fayette n'aura pas lieu.

Le plus jeune de tous, il conseille à la troupe de réfléchir et de s'informer. Il se souvient de Charlestown et des épaves françaises venues chercher fortune en Amérique en se parant de titres et d'états de service imaginaires. Les camarades ont tôt fait d'apprendre que Philadelphie a subi des rodomonts de plus haut parage, mais d'une outrecuidance encore moins supportable. Au premier rang, Tronson du Coudray, que six semaines séparent encore de sa bienheureuse baignade dans la rivière Schuylkill. Du Buysson : « Ce qui, je crois, nous a fait le plus de tort, ayant révolté tout le Congrès, c'est M. du Coudray. Il est arrivé ici avec un ton de seigneur, se donnant pour en être un, et pour brigadier en France, se disant conseiller des ministres en France et ami de tous les princes et ducs, dont il montre des lettres. Il a présenté au Congrès une capitulation signée de M. Deane, par laquelle il doit avoir le grade de général-major, et être commandant en chef de l'artillerie et du génie et de tous les forts faits et à faire, avec pouvoir de nommer, faire défendre, pourvoir aux emplois, etc., sans être tenu de rendre de comptes qu'au général [Washington] et au Congrès, avec les appointements de trente-six mille livres et une promesse de trois cent mille livres après la guerre finie. Il a poussé l'impudence jusqu'à dire et écrire au

Congrès que c'est à ses sollicitations vives et pressantes qu'ils devaient les secours envoyés par la France. » S'il remporte haut la main la palme de la prétention. Tronson du Coudray n'est pas le seul officier à avoir irrité les dirigeants américains. Le rapport d'un agent français à Versailles dresse un bilan sinistre : « Pour quelques bons officiers, ils en ont eu par centaines qui ont été fomenter l'indiscipline, montrer la dépravation de nos cœurs, escroquer les Américains auxquels ils étaient recommandés, et déshonorer la nation dans le nouveau monde. » Les plus modestes débarquent avec la conviction raisonnable que l'expérience acquise sur les champs de bataille d'Allemagne les désignent pour le rôle de professeurs de guerre. Ils croient naïvement être accueillis comme des sauveurs par les amateurs insurgents. Or les miliciens se battent depuis tantôt deux ans et apprennent le métier sur le terrain d'autant plus rapidement que la tactique pratiquée n'a rien de commun avec la grande stratégie européenne. Au début de cette année 1777, le 20 février, cinq mois avant l'arrivée de La Fayette, le général Washington écrivait au Congrès : « Je vous ai souvent parlé de l'embarras que me causent les demandes des officiers français qui désirent servir dans notre armée. Cet embarras, si je puis l'appeler ainsi, augmente chaque jour, et il augmentera encore s'il est vrai qu'ils arrivent en foule de France et des îles. Il faudra donc ou les pourvoir ou les éconduire. La première chose est difficile ; la seconde, désagréable et peut-être impolitique, si ce sont des gens de valeur ; et comment distinguer ceux-ci des vulgaires aventuriers qui sont, j'en suis convaincu, fort nombreux ? » La plupart des candidats ne parlent pas anglais, ce qui complique les rapports, et ils arrivent évidemment sans soldats, au contraire de beaucoup d'officiers américains fortunés qui rejoignent l'armée continentale avec une troupe levée et soldée par leurs soins. Comment, sans injustice, placer des autochtones qui ont au moins prouvé leur dévouement sous le commandement d'étrangers à la compétence incertaine ?

Le 29 juillet, surlendemain de l'affront infligé par Lovell, La Fayette rédige une adresse au Congrès. Il y explique les raisons de sa venue, rappelle les engagements pris par Silas Deane, et termine par cette phrase éclatante de fière modestie : « Après mes sacrifices, j'ai le droit d'exiger deux grâces : l'une est de servir à mes dépens ; l'autre est de commencer à servir comme volontaire. »

L'Amérique n'avait encore jamais vu un officier français qui proposât de combattre sans solde et sans grade.

Est-ce le ton insolite de la missive ou une réflexion plus approfondie sur le cas d'un candidat que ses alliances familiales mettent hors du commun ? A-t-on relu la lettre de recommandation expédiée par Franklin, lequel pèse d'un autre poids que Deane ? Toujours est-il que James Lovell rend visite à La Fayette, « accompagné d'un autre membre plus poli et plus adroit ». Ils font au marquis « des espèces d'excuses » et s'emploient à le sonder. Les deux négociateurs réussissent à lui faire accepter le grade de major-général, « mais seulement de ce jour, sans égard à la capitulation et sans aucun appointement ni commandement, et en lui faisant promettre qu'il n'aurait jamais aucune prétention à commander une division ».

Deux heures plus tard, le Congrès adopte cette résolution : « Étant donné que le marquis de La Fayette, poussé par son zèle ardent pour la cause de la liberté pour laquelle combattent les États-Unis, étant donné qu'il a quitté sa famille et son pays et, à ses frais, est venu offrir ses services aux États-Unis, qu'il ne demande ni solde, ni pension d'aucune sorte et est simplement désireux de risquer sa vie pour notre cause, le Congrès a décidé que ses services seraient acceptés et qu'en considération de son zèle, de son rang illustre, de ses alliances, il aurait le grade et les fonctions de major-général dans l'armée des États-Unis. »

Un enfant dirait : un grade pour de rire.

*
* *

La caravane ? Renvoyée dans ses foyers… Il fallait une alliance avec les Noailles pour être admis par le Congrès à l'honneur de se faire gratuitement trouer la peau. À deux ou trois exceptions près, La Fayette avait fait la connaissance de ses compagnons d'aventure sur la *Victoire* : c'était Charles de Broglie qui avait sélectionné le détachement précurseur. Mais le long voyage, maritime et terrestre, avait soudé l'équipe. Le marquis déploya beaucoup d'efforts pour caser son monde, et tous lui en rendent hommage. Il sauva Jean de Gimat et Louis de La Colombe en les prenant pour aides de camp. Charles de

Bedaulx fut enrôlé avec le grade de capitaine. Tous trois parlaient anglais.

Kalb ne décolérait pas. Il s'était blessé au genou et une mauvaise fièvre l'obligeait à garder la chambre. Même son corps le trahissait... Quant au moral, c'était bien pis. Une fois de plus, le grade de général tant convoité lui filait sous le nez. Avec son expérience, ses campagnes, il possédait pourtant plus de titres à y prétendre que le novice La Fayette, et l'on ne pouvait même pas lui reprocher d'ignorer l'anglais. Il écrivit au président du Congrès une lettre fulminante où il rappelait avec amertume les engagements pris par Deane et les immenses dépenses qu'il avait dû consentir depuis son arrivée. « Je ne crois pas, poursuivait-il, que ni mon nom, ni mes services, ni ma personne soient choses que l'on puisse traiter légèrement ou dont on doive rire. Je ne puis vous dire, Monsieur, combien je ressens profondément l'injure qui m'est faite, et combien il me semble ridicule d'avoir arraché des gens à leurs foyers, à leurs familles, à leurs affaires, pour traverser les mers au prix de mille dangers et être reçus avec mépris par ceux dont nous ne devions attendre que de la reconnaissance. » Et cette menace bien dans sa manière : « Je serais désolé d'être forcé de poursuivre M. Deane ou ses successeurs en dommages et intérêts, ce qui certainement porterait atteinte à son crédit et rendrait difficiles ses négociations et celles du Congrès. »

Voilà qui méritait réflexion. Après tout, Silas Deane portait à Paris le titre de député des États d'Amérique, et s'était engagé en leur nom. Nul doute que la justice française exigerait de ses mandants le respect de sa signature. Un procès spectaculaire et perdu d'avance compromettrait la popularité de la cause américaine en France. Aussi le Congrès vota-t-il, le 8 septembre, une nouvelle résolution. Elle constatait que « M. Deane n'avait nulle autorité pour contracter de pareils engagements », que le Congrès n'était donc pas tenu de les respecter, et que l'incorporation désirée était impossible dans l'armée américaine « telle qu'elle est organisée à l'heure actuelle ». Cependant, eu égard au zèle de « ces messieurs » et aux dépenses qu'ils avaient faites, le Congrès leur votait des remerciements et décidait que leurs frais de voyage aller et retour leur seraient payés.

Kalb, qui se méfiait des dollars en papier circulant dans le pays, demanda et obtint que la plus grande partie de la somme fût versée en pièces d'or ou d'argent et en lettres de change sur la

France. Il répartit le viatique entre ses camarades avec une exactitude scrupuleuse. Ces formalités occupèrent plusieurs semaines. Mais on avait bien le temps de prendre le chemin d'un retour peu glorieux. La majorité des officiers avait choisi de gagner la Nouvelle-Angleterre pour s'embarquer à Boston ou à Portsmouth ; avec du Buysson, Valfors et Lessert, Kalb préférait redescendre vers le Sud : leurs équipages étant restés en rade, ils entendaient bien les récupérer et les vendre aux meilleures conditions possibles.

*
* *

Le stathoudérat ? Ni Kalb ni le petit Dubois n'en soufflèrent mot au Congrès. Ils avaient été trop abreuvés de mépris pour s'exposer à pareil ridicule. Le projet, raisonnable à Paris, devenait franchement grotesque à Philadelphie. Il péchait par européocentrisme, comme nous dirions aujourd'hui. Autant demander aux Américains de reconnaître Louis XVI pour leur monarque. Kalb écrivit à Ruffec, le 24 septembre, qu'il n'y fallait plus songer : « La proposition n'est pas faisable ; on la regarderait comme une injustice criante contre Washington et un attentat contre le pays. » Son grand mémoire rédigé au Havre et envoyé à Deane et à Franklin, les deux Américains n'avaient même pas jugé utile de le transmettre au Congrès.

De tous les grands projets conçus dans la passion par Charles de Broglie, et dont la plupart n'avaient pas eu, pour des raisons diverses, la chance de prospérer, aucun n'avait reçu un démenti aussi sec et définitif.

XIX

Le 17 août 1777, l'arrivée du chevalier d'Éon à Versailles fit davantage de bruit que, trois semaines plus tôt, celle de La Fayette à Philadelphie.

Nostalgiques retrouvailles... En 1763, il avait quitté la cour exalté par le succès et riche de grandes espérances : titulaire de la croix de Saint-Louis, agent du Secret chargé d'une mission voulue et suivie par Louis XV, choyé par de puissants personnages, bientôt ministre plénipotentiaire — jusqu'où ne monterait-il pas ? Il y revenait, quatorze ans plus tard, quinquagénaire haï par ses anciens protecteurs, nimbé d'une célébrité équivoque et dépourvu d'avenir.

Sa première visite fut pour Vergennes. La sollicitude du ministre pour les anciens du service s'étendait jusqu'à son mouton noir. Il lui avait écrit au début de l'année : « Soyez sans inquiétude : une fois en France, vous pourrez vous adresser directement à moi, sans le secours d'aucun intermédiaire. » Gageons que Vergennes fronça le sourcil en voyant entrer dans son bureau un d'Éon en grande tenue de capitaine de dragons. Et la convention signée avec Beaumarchais ? Parions que l'autre fit la grimace. C'était une plaisanterie. On n'allait quand même pas l'obliger à enfiler une jupe ! Dix jours plus tard : « De par le Roi, il est ordonné à Charles-Geneviève-Louise-Auguste-Timothée d'Éon de Beaumont de quitter l'habit uniforme de dragon qu'elle a coutume de porter, et de reprendre les habits de son sexe, avec défense de paraître dans le Royaume sous d'autres habillements que ceux convenables aux femmes. » C'était signé Louis et contresigné Gravier de Vergennes. Fini de rire.

Le ministre avait prié l'un de ses premiers commis, Genet, fort honnête homme et père d'Henriette Campan, première femme de chambre de la reine, d'héberger le revenant « pour diriger et contenir, s'il était possible, sa tête ardente ». À peine d'Éon avait-il défait son bagage qu'un valet de pied venait le demander de la part de Marie-Antoinette. Genet, prudent, préféra avertir Vergennes, qui fila aussitôt chez la reine. « Le ministre eut une audience de quelques minutes, raconte Mme Campan. Sa Majesté sortit de son cabinet avec lui, et trouvant mon père dans la pièce qui le précédait, voulut bien lui exprimer le regret de l'avoir déplacé inutilement ; elle ajouta en souriant que quelques mots que M. le comte de Vergennes venait de lui dire l'avaient guérie pour toujours de la curiosité qu'elle avait eue. » Elle en savait désormais autant que les Bourguignons... Bonne fille, elle fit cadeau à d'Éon d'un éventail en chargeant le commissionnaire de ce message : « Dites-lui que, pour remplacer son épée, je l'arme d'un éventail et la fais chevalière. » Vingt-quatre mille livres accompagnaient le présent. Quant à la garde-robe de la nouvelle chevalière, elle sortirait de l'atelier de Rose Bertin, reine de la mode parisienne dont Marie-Antoinette avait fait sa couturière attitrée et avec laquelle des pamphlets graveleux l'accusaient naturellement de coucher. Le 29 août, deux jours après avoir reçu l'ordre royal, d'Éon fit sa soumission à Vergennes, non sans laisser échapper une plainte : « Le rôle de lion me serait plus facile à jouer que celui de brebis ; et celui de capitaine de volontaires de l'armée que celui de fille douce et obéissante... Après le Ciel, le Roi et ses ministres, Mlle Bertin aura le plus de mérite à ma conversion miraculeuse. »

Tandis que les petites mains s'affairaient à couper ses jupes, il obtint permission d'aller embrasser sa mère et sa sœur à Tonnerre. Les pauvres femmes versèrent des torrents de larmes, sans qu'on sût trop bien si c'était d'émotion de retrouver après si longtemps le fils et le frère prodigues ou de se voir gratifier d'une fille et d'une sœur imprévues. La vieille nourrice du chevalier était aux cent coups. On noya vite les larmes dans le bourgogne. Les Tonnerrois étaient sortis en foule pour accueillir le plus célèbre enfant du pays. Insoucieux de ses vignes à l'abandon et de sa maison démeublée par les créanciers, le chevalier, avec ce sens de la fête qui ne l'avait jamais abandonné dans les pires traverses, organisa une folle bamboche de trois jours et trois nuits, avec banquets à répétition pour les notables et deux feuillettes de vin percées chaque soir à l'intention du populaire pour faire passer les victuailles distribuées en abondance. C'était enterrer dignement sa vie de garçon.

Le retour à Versailles fut triste. Dorant l'amère pilule par les douceurs du blasphème, d'Éon choisit pour sa « prise d'habit » le jour de la fête de Sainte-Ursule, « patronne des onze mille vierges et martyres en Angleterre », et communia successivement dans plusieurs églises. Puis, retiré dans son appartement, il s'entraîna à jouer son nouveau rôle. Difficile apprentissage... En réalité, il ne s'était travesti à Londres que de manière très occasionnelle, pour échapper aux sbires de lord Mansfield acharnés à lui signifier son assignation devant le banc du roi[1]. Au lieu de plonger dans la révérence naturelle à son nouveau sexe, il ôtait sa perruque, croyant tirer son chapeau, et les chaussures à hauts talons lui posèrent tant de problèmes qu'il résolut de s'en tenir aux souliers plats. Quant à l'admirable garde-robe fournie par Rose Bertin, elle ne réussissait guère à le féminiser. À cinquante ans tout ronds, l'équitation et la pratique assidue de l'escrime conservaient au chevalier une forme physique exceptionnelle ; aussi s'étonnait-on de voir des avant-bras musculeux émerger des flots de gracieuses dentelles, de même que le spectacle médusait d'une dame troussant à deux mains ses jupons pour grimper les escaliers quatre à quatre. Les coiffures à la mode juraient avec ses sourcils touffus et son teint rouge brique, et la croix de Saint-Louis épinglée sur une poitrine rembourrée achevait de porter la perplexité à son comble.

Il devint du jour au lendemain le roi — ou la reine — de Paris, une bête curieuse qu'on s'arrachait pour donner du sel à une soirée. Les plus grands seigneurs lui envoyaient leur carrosse. Face à cette créature, même le bonnet de trappeur et le costume de quaker de Franklin devenaient banals. L'effet produit laissait cependant à désirer. Grimm s'effarait : « Quelque simple, quelque prude que soit sa grande coiffe noire, il est difficile d'imaginer quelque chose de plus extraordinaire et, s'il faut le dire, de plus indécent que Mlle d'Éon en jupes. » Le sinistre abbé Georgel, âme damnée du cardinal de Rohan, jugeait que le ramage rattrapait le plumage : « Les vêtements auxquels elle ne peut s'habituer lui donnent un air si gauche et si gêné qu'elle ne fait oublier ce désa-

---

1. Cf. *Le Secret du Roi*, tome 2, p. 107.

grément que par les saillies de son esprit et le récit trop piquant de ses aventures. » Mais le verbe dru du chevalier en effarouchait plus d'une, parmi lesquelles Henriette Campan : « La longue queue de sa robe, ses manchettes à triple étage contrastaient si malheureusement avec ses attitudes et ses propos de grenadier, qu'il avait ainsi le ton de la plus mauvaise compagnie. » Voltaire en perdait son latin. On lui avait annoncé la visite de d'Éon, mais la chose ne s'était pas faite et il en restait marri : « J'ai été privé de cette amphibie. » Les lettres de ses correspondants parisiens le laissaient ahuri : « Je ne puis croire que ce ou cette d'Éon, ayant le menton garni d'une barbe noire très épaisse et très piquante, soit une femme. Je suis tenté de croire qu'il a voulu pousser la singularité de ses aventures jusqu'à prétendre changer de sexe pour se dérober à la vengeance de la maison de Guerchy, comme Pourceaugnac s'habillait en femme pour se dérober à la justice et aux apothicaires. Toute cette aventure me confond. Je ne puis concevoir ni d'Éon ni les ministres de son temps, ni les démarches de Louis XV, ni celles qu'on fait aujourd'hui. Je ne connais rien à ce monde. » Il fallait au moins un d'Éon pour qu'un Voltaire s'avouât dépassé par les événements.

Quelques lances épistolaires rompues contre Beaumarchais. Ils se ressemblent trop pour ne point se haïr. Comme le chevalier l'accusait d'avoir détourné des sommes censées lui revenir, Beaumarchais obtint de Vergennes une justification écrite qu'il s'empressa de faire circuler. D'Éon imputa la diffamation à ses imitatrices, car les salons étaient peuplés de fausses demoiselles d'Éon désireuses de s'amuser ou d'exploiter le bon filon ; il contre-attaqua en lançant un « Appel à mes contemporaines » destiné à mobiliser les femmes contre « le plébéien qui faisait carillonner des pendules quand l'Europe retentissait de mes exploits guerriers et politiques », et moqua cruellement le baron de Ronac qui, « attaqué par deux brigands, en tua trois ». Le duel eût été beau entre deux adversaires de cette force, mais, avec l'Amérique sur les bras, Beaumarchais avait autre chose à faire.

Ultime représentation avant le baisser définitif du rideau. D'Éon est trop intelligent pour ne pas s'en douter. Après tant de luttes, d'esquives, de coups de bluff réussis, ils ont fini par l'avoir.

*
* *

Il y a coup de foudre entre La Fayette et Washington.

Ce n'était pas évident. La France ne connaissait guère que deux Américains : Benjamin Franklin et George Washington ; mais si le premier jouissait, avant même son arrivée, d'une immense popularité, le second concentrait l'exécration sur son nom. Des poèmes vengeurs avaient été écrits sur l'assassinat du capitaine de Jumonville, abattu traîtreusement par les hommes de Washington, alors âgé de vingt-deux ans, quelque part dans les fourches de l'Ohio, alors qu'il venait en parlementaire [1]. Les Virginiens répliquaient que Jumonville et sa petite troupe n'étaient que des « espions armés ». On voit rarement un espion s'avancer en brandissant la lettre qui l'accrédite pour négocier. Toujours est-il que le coup de feu du 28 mai 1754 avait donné le départ de la guerre de Sept Ans.

Ils se ressemblent trop pour ne point s'aimer. Washington a maintenant quarante-cinq ans et en paraît dix de plus. Un homme de fer et de glace. Son beau visage lisse n'exprime aucune émotion. Une cicatrice, souvenir de la *French and Indian war*, est là comme une incongruité bavarde. Un gentilhomme du Sud qui, entre deux combats, a fait une jolie fortune dans l'exercice du métier d'arpenteur, essentiel à une époque où les colons ne cessaient de se tailler vers l'Ouest de nouveaux domaines. Il possède cent trente-cinq esclaves dans sa propriété de Mount Vernon. La guerre est sa passion. « J'ai entendu siffler les balles, et crois-moi, il y a du charme dans leur chanson. » Inflexible envers la troupe, dur pour lui-même, il n'est pas de ces chefs qui entraînent par des harangues ou des gestes spectaculaires, mais de ceux autour desquels on se serre quand tout va mal parce qu'on les sait imperméables au découragement. Un grand taiseux, froid, compassé, imposant. La dignité faite homme. Versailles le trouverait plat et ennuyeux. Mais Versailles riait de Gilbert de La Fayette, si terne auprès de ses brillants camarades. Les défauts du jeune homme, qui lui valaient les risées de la cour, vont devenir qualités au quartier général de Washington. Il en remettra même dans sa volonté de mimétisme : « Son costume, sa table, ses mœurs, tout était américain, écrit-il, usant tou-

---

1. Cf. *Le Secret du Roi*, tome 1, p. 284.

jours de la troisième personne. Il voulut être plus simple, plus frugal, plus austère qu'aucun autre. » Washington devient son modèle, un père aussi, à la place de celui dont l'a privé le boulet anglais de Minden, un frère enfin, puisqu'ils sont tous deux francs-maçons et que cette affiliation commune ne contribua pas peu à les rapprocher.

Ils se rencontrent le 1ᵉʳ août 1777, lors d'un banquet offert à George Washington par les autorités de Pennsylvanie. La Fayette y est convié. Il va droit au général : « Quoiqu'il fût entouré d'officiers et de citoyens, la majesté de sa figure et de sa taille ne permettaient pas de le méconnaître. Un accueil affable et noble ne le distinguaient pas moins. » Une lourde angoisse pèse sur la tablée. Quittant New York, le général Howe a embarqué son armée sur la flotte de son frère l'amiral, et piqué au sud. Les trois cents vaisseaux ont été repérés la veille au large des caps de la Delaware. On se battra donc pour Philadelphie.

C'est à n'y rien comprendre. Pourquoi Howe abandonne-t-il le plan initial consistant à remonter l'Hudson pour aller tendre la main à l'armée du général Burgoyne partie du Canada ? La Nouvelle-Angleterre s'en serait trouvée isolée et le rouleau compresseur britannique pouvait écraser à loisir les États du Centre. Stratégie évidente, imparable. Deux siècles après, les historiens militaires s'avouent impuissants à expliquer la démarche de Howe, qui n'a laissé aucun texte de nature à l'éclairer. On dirait qu'il n'a pas envie de gagner cette guerre. Combien d'occasions manquées ? New York en sa possession, il pouvait aisément en finir avec Washington et les restes de son armée ; au lieu de quoi il s'arrête, aménage luxueusement son quartier général et fait présider par sa maîtresse les fêtes qu'il y donne. Le général Cornwallis, son adjoint, reçoit permission d'aller passer l'hiver en Angleterre. Howe fait la guerre à l'européenne et attend raisonnablement le printemps pour reprendre les hostilités. Sera-ce même nécessaire ? La promesse d'amnistie multiplie les désertions chez l'adversaire ; les civils, lassés par les pénuries, impressionnés par la puissance britannique, rallient toujours plus nombreux le parti loyaliste.

Washington, lui, mène une guerre révolutionnaire. Dans la nuit de Noël (a-t-on idée de se battre le jour de Christmas ?), il rassemble ses hommes déguenillés, beaucoup pieds nus, couchant à la belle étoile (les tentes de Beaumarchais ne sont pas encore arrivées), fait franchir à cette pauvre troupe la Delaware qui charrie des glaces et, par une effroyable tempête de neige, attaque Trenton, capture un millier de Hessois, douze cents fusils et six canons. Puis, le 3 janvier, acculé par Cornwallis, dont le congé est remis à plus tard et qui a réuni contre lui des forces numériques écrasantes, il le tourne et s'empare de Princeton. Ni Trenton ni Princeton ne modifient en profondeur le rapport de forces, mais ces victoires arrachées par la volonté et le courage empêchent le moral américain de sombrer. Johann Kalb usait d'un euphémisme en écrivant à Charles de Broglie qu'après cet hiver mémorable qui avait fondé à jamais la gloire de Washington, proposer qu'on lui donnât un général français pour supérieur serait ressenti comme un acte de criante injustice : c'était tout bonnement inconcevable.

À la fin du banquet, le général prend La Fayette à part : « Il lui témoigna beaucoup de bienveillance, le complimenta sur son zèle et sur ses sacrifices, et l'invita à regarder le quartier général comme sa maison, ajoutant en souriant qu'il ne lui promettait pas le luxe d'une cour, mais que, devenu soldat américain, il se soumettrait sans nul doute de bonne grâce aux mœurs et aux privations de l'armée d'une république » Et il lui propose de venir le lendemain visiter avec lui les forts protégeant la Delaware. Premier examen de passage réussi.

*
* *

Il reste au major-général *pro forma* à s'équiper, et il n'a plus le sou. Par chance, il rencontre à Philadelphie Théveneau de Francy, le bras droit de Beaumarchais, qui l'a envoyé en Amérique pour représenter ses intérêts et obtenir à la fin des fins les cargaisons de tabac indispensables aux finances de Roderigue, Hortalez et Cie. Francy dépanne le marquis. Grâce à lui, La Fayette et ses aides de camp peuvent acheter uniformes, chevaux et équipages.

Autre rencontre mémorable, qui nous émeut autant qu'elle impressionne La Fayette : celle de Casimir Pulawski, venu lui aussi servir la cause américaine. Pulawski ! Jeune héros de la lutte menée par les patriotes polonais contre l'occupant russe, génie de la guérilla, l'homme que l'imbécile Dumouriez avait voulu faire passer en conseil de guerre[1]... Après l'écrasement de l'insurrection, Pulawski était passé en France et végétait à Marseille, réduit à la guérilla contre ses créanciers. Où qu'il se déroulât, un combat pour la liberté ne pouvait laisser indifférent un cœur polonais. Franklin, qui avait ordonné à Deane de ranger sa plume trop encline à signer des engagements, avait montré beaucoup de réticence à faire une exception pour Pulawski. Une intervention personnelle de Vergennes avait enlevé la décision. Qui avait réussi à déterminer le ministre à une démarche si contraire à sa politique constante ? On peut aisément l'imaginer quand on sait que la cheville ouvrière de l'opération fut le marquis de Chastellux, grand ami de Charles de Broglie, qui avait vainement tenté d'obtenir de Louis XV son recrutement par le Secret. Pour Broglie, Pulawski incarnait le rêve polonais brisé et l'espoir de la revanche américaine.

Les choses traînèrent encore, car il fallait désintéresser la meute des créanciers. La générosité de quelques Français y pourvut, et le Polonais put enfin s'embarquer pour mettre son épée au service de l'Amérique. À propos d'épée... Mauroy, en instance de départ, écrit d'une plume indignée : « Ce fameux comte [Pulawski] est un charlatan encore, qui avait trouvé le moyen de changer un sabre de fer, à peu près de la valeur de trente-cinq livres, pour celui de La Fayette, qui est d'or et très bien travaillé. Il a fallu des procédés assez vifs pour l'engager à le rendre, et maintenant le marquis est détrompé sur le compte du fameux chef des Confédérés... » C'est Mauroy qui se trompe : La Fayette ne tint pas rigueur de l'affaire à Pulawski, jugeant sans doute qu'un sabre valait moins que les lettres du cher cœur apportées de France par le Polonais. Dans ses Mémoires, il en dresse ce portrait succinct mais chaleureux : « Intrépide et vertueux chevalier, dévot et libertin, meilleur capitaine que général, il voulait être Polonais partout, et M. de La Fayette, après avoir contribué à sa réception, travaillait souvent à ses raccommodements... »

Le 20 août, le marquis rejoint avec Gimat et La Colombe l'armée américaine campée près de la crique de Neshaminy. Quelle affectation lui réserve-t-on ? Il l'ignore, mais sait parfaitement celle qu'il veut obtenir : le commandement d'une division, bien qu'il se soit engagé par écrit à ne pas le réclamer. Sa lettre

---

1. Cf. *Le Secret du Roi*, tome 2, p. 236 *sq.*

de remerciement aux dirigeants américains manifestait deux volontés ; la première : « rappeler tous les jours au Congrès les officiers qui sont venus avec moi dont les intérêts me sont aussi précieux que les miens propres, et la considération que leur méritent leurs talents, leurs grades, leur situation et réputation en France » ; la seconde : « servir auprès de la personne du général de Washington [*sic*] jusqu'au jour où il jugera bon de me confier une division de l'armée ». S'il avait échoué dans la première entreprise, il entendait bien réussir dans la seconde.

Washington, à qui il avait écrit plusieurs fois de Philadelphie, voyait avec inquiétude grossir le malentendu. La Fayette lui était sympathique, mais il n'envisageait nullement de lui confier un commandement. La veille de l'arrivée du marquis au camp, le général s'ouvrit du problème à un membre du Congrès : « Si j'ai bien compris ce que vous et quelques autres membres du Congrès m'avez dit relativement à la nomination du marquis de La Fayette, c'est lui qui s'est mépris. Je ne crois pas, en tout cas, que le Congrès se soit rendu compte de ce que rêvait son ambition ; ce qui est certain, c'est qu'il ne regarde pas sa commission comme purement honorifique et qu'il compte sur le commandement d'une division de l'armée... » Et le général de reprocher amèrement à ces messieurs de Philadelphie de l'avoir, par pusillanimité, placé dans une situation impossible.

L'intelligence de La Fayette fit une fois de plus merveille. Comme Washington l'accueillait au camp en lui disant avec une modestie vraie ou fausse : « Nous sommes embarrassés de nous montrer à un officier qui quitte les troupes françaises », il répondit : « C'est pour apprendre et non pour enseigner que je suis ici. » Un oiseau rare, décidément, dans la troupe de paons prétentieux qui traversaient l'océan pour faire la leçon au vainqueur de Trenton et de Princeton.

Le marquis découvrait l'armée américaine. Elle lui inspira des réflexions dénuées d'enthousiasme : « Onze mille hommes environ, médiocrement armés, plus mal vêtus encore, offraient un spectacle singulier ; et, dans cet état de bigarrure et souvent de nudité, les meilleurs vêtements étaient des chemises de chasse, larges vestes de toile grise usitées en Caroline. Quant à la tactique, il suffit de dire que, pour qu'un régiment en bataille, de pied ferme, gagnât du terrain sur la droite de son alignement, au lieu de rompre simplement à droite, la gauche commençait une éternelle contremarche. Toujours sur deux rangs, les petits hommes au premier ; à cela près, on n'observait pas les rangs de taille. » On manœuvre mieux à Metz sous l'œil implacable du maréchal de Broglie, qui ne plaisante pas avec les rangs de taille. Mais, comme toujours, le positif l'emporte : « Malgré ces désavantages, on voyait de beaux soldats, conduits par des officiers zélés. La vertu tenait lieu de science, et chaque jour ajoutait à l'expérience et à la discipline. »

Le 22 août, on signale deux cents voiles anglaises dans la baie de la Chesapeake. C'est donc là que Howe a décidé de débarquer avec pour objectif Philadelphie, la ville symbole où fut proclamée l'indépendance. Pour se porter à sa rencontre, Washington décide de faire défiler son armée à travers la ville. Il s'agit de réconforter une population civile qui sait l'ennemi à ses portes. C'est aussi une démonstration de force à l'intention des tories, ces loyalistes que réjouit l'arrivée de Howe. Leur nombre a étonné tous les Français, La Fayette le premier. Ils s'attendaient à trouver une guerre nationale, Américains contre Anglais, et non pas une guerre civile où les allégeances vacillent au gré du sort des armes et qui cause tant de souffrances que beaucoup aspirent au retour de la paix, fût-ce sous le sceptre du roi George. Washington règle le défilé avec son habituel sérieux morose : « Les tambours et les fifres occuperont le centre de chaque brigade ; ils joueront le pas accéléré, mais avec modération, afin que les hommes puissent suivre aisément sans être obligés de danser ou de ne faire aucune attention à la musique, comme c'est, hélas, trop souvent le cas. » Il n'aura jamais le style Bonaparte. Au vrai, il n'augure rien de bon du choc frontal auquel l'oblige la défense de Philadelphie, lui qui a réussi jusqu'ici à échapper à l'écrasement par la mobilité et le refus systématique de l'affrontement décisif. Peu auparavant, il a écrit à son frère : « Soit dit entre nous, je crains que la partie ne soit bientôt perdue... Nous nous retirerons, si nécessaire, au-delà des monts Alleghanys. » L'évanouissement dans les profondeurs du continent. Mais pour en ressortir quand et comment ? Sans compter que la configuration du terrain offre à Howe des possibilités tactiques prometteuses. S'il accule l'armée américaine sur la Delaware, elle n'aura le choix qu'entre la reddition et l'anéantissement.

La Fayette rayonne de bonheur. Il traverse Philadelphie, à cheval, au côté de Washington. Il trouve au général un air superbe. Les soldats marchent en respectant le tempo des musiques, et les feuillages dont ils se sont ceint la tête font oublier la misère de leur vêture.

La bataille sera livrée sur la rivière Brandywine. Howe a sous ses ordres dix-huit mille hommes de troupes réglées. Avec les derniers renforts reçus, Washington dispose de onze mille à douze mille combattants.

*
* *

Le 11 septembre, Howe attaque. Washington a massé ses forces devant le gué de la Brandywine. Il fait très chaud. La Fayette, toujours dépourvu de commandement, joue les aides de camp, galope porter des ordres, rapporte des informations. En face, le général Knyphausen avec cinq mille Hessois. Il n'est guère pressant. Vers midi, une estafette annonce à Washington qu'on a repéré au moins cinq mi le Anglais faisant mouvement vers le nord. C'est Cornwallis qui, masqué par Knyphausen, amorce la manœuvre d'encerclement. Washington donne l'ordre d'attaquer, puis le reprend aussitôt : une autre estafette, dépêchée par le général Sullivan, assure que le mouvement n'est qu'une feinte et que les éclaireurs n'ont rien trouvé. Un peu plus tard, un gros propriétaire du voisinage arrive à bride abattue, parvient à grand-peine jusqu'à Washington et l'assure qu'il est en train de se faire encercler. Il n'est pas cru. « Vous vous trompez, général, sur ma tête, vous vous trompez ! Arrêtez-moi, gardez-moi jusqu'à ce que vous soyez convaincu que je dis vrai ! » Une troisième estafette confirme le renseignement.

Le temps perdu ne se rattrapera pas. Pour Washington, il n'est plus question de gagner, mais d'échapper, si possible, à l'encerclement. Tout va donc se jouer entre Sullivan et Cornwallis. La Fayette supplie Washington de le laisser rejoindre le corps de Sullivan. Permission accordée. Le marquis a vingt ans depuis cinq jours.

Face aux huit mille hommes de Cornwallis, dont plusieurs bataillons d'élite, Sullivan aligne moins de cinq mille miliciens.

L'arrivée de La Fayette, encadré par Gimat et La Colombe, fait plaisir aux miliciens. La troupe aime les chefs qui marchent au canon.

Les dos-de-homards s'approchent à portée de fusil. Ouverture du feu par salves régulières. Une mécanique bien réglée. Au commandement _ready_, le fusil à hauteur de visage pour armer le chien ; _present_ : on met en joue ; _fire_ : la salve. Puis on recharge en douze temps. Les Américains tirent à volonté et font souvent mouche : ils excellent au combat de tirailleurs.

Les bataillons anglais s'ébranlent. L'instant où les cœurs se bronzent ou se brisent. Une forêt de baïonnettes progressant inexorablement, une machine à tuer que rien ne semble pouvoir arrêter.

La ligne américaine plie ; seuls la brigade Conway et les Virginiens tiennent bon. La Fayette rejoint Conway, officier irlandais passé au service de la France, puis à celui des États-Unis ; il a sous ses ordres un certain nombre de Français venus avec lui en Amérique.

Les Anglais sont à vingt pas. Les Français entourant La Fayette mettent la baïonnette au bout du fusil. Le moment du corps à corps est arrivé. Un seul moyen de bloquer la progression de la muraille humaine : lui opposer une autre muraille, acier contre acier, poitrine contre poitrine. L'entraînement infini des troupes réglées européennes n'a finalement point d'autre but que celui de transformer l'individu en rouage et de maintenir la cohésion de la troupe jusqu'à l'étripage final. Les Américains répugnent à l'exercice. Ce n'est point affaire de courage, mais de dressage. Chaque milicien se veut entité distincte et refuse de devenir l'une des pierres anonymes d'un mur de chair. Ils pratiquent le _hit and run_ — frapper et courir, tirer et fuir —, immémorial principe de la guérilla. La Fayette saute de cheval, tape dans le dos des hommes pour les exhorter à la charge. Il ne semble pas entendre les balles qui sifflent à ses oreilles. Rien à faire, la ligne se brise. On se reforme tant bien que mal autour de la Birmingham Meeting House. La Fayette est toujours au premier rang, donnant de la voix et du geste. Il étonne Sullivan par « un courage au-dessus de tout éloge ». Puis il s'écroule, atteint à la jambe par une balle. Jean de Gimat le hisse sur son cheval. Autour de lui, la panique et la fuite à travers bois. Quand même, on a tenu le temps suffisant pour permettre au gros de l'armée de se replier par la seule route restée ouverte, celle de Chester.

La Fayette perdant son sang, pansé sommairement par Gimat, est roulé par le flot de fuyards jusqu'au pont de pierre qui enjambe la rivière juste avant Chester. Il se laisse glisser à terre, aposte des sentinelles et s'efforce d'ordonner le chaos. Foutu baptême du feu ! Les capitaines blanchis sous le harnois redoutent par-dessus tout la vague de panique déclenchée par une défaite. La Fayette regroupe les isolés, leur assigne des points de rassemblement. Il fait nuit noire. Washington surgit des ténèbres. Ses hommes ont reculé pied à pied devant les Hessois, avant de se débander. On a vu l'implacable général menacer les fuyards de son épée et décharger sur eux ses pistolets. Il découvre le gamin ensanglanté en train de rallier son monde et l'envoie se faire soigner à Chester.

Il aura sa division.

*
* *

Lord Stormont s'intéresse de près à l'*Hippopotame*. Le vaisseau de ligne, naguère armé de cinquante canons, a été réformé et vendu en avril 1777 par la marine royale. Le vieux trois-ponts terminait sa carrière guerrière amarré à un quai de Rochefort. Son acquéreur l'a fait radouber et poursuit activement des travaux d'aménagement. Curieux travaux : cinquante canons de bronze dernier cri garnissent les sabords. On charge dans l'énorme cale — le vaisseau porte mille tonnes — une cargaison d'une valeur d'un million de livres. Les documents officiels indiquent qu'elle consiste en « vin, eau-de-vie, marchandises sèches ». Les agents du milord croient pouvoir affirmer qu'il s'agirait plutôt de « quatorze mille fusils et autres munitions de guerre à l'usage des rebelles ». Et le vaisseau est-il armé en guerre, oui ou non ? Cris d'orfraie de l'ambassadeur à Versailles. Vergennes répercute sur Sartine, qui ordonne une enquête. L'armateur déclaré est un quidam inconnu de la profession. Sartine demande au commandant de la marine à Rochefort de rechercher qui est le véritable propriétaire et quelles sont ses intentions. Sur ces entrefaites, il reçoit une lettre de protestation signée par un autre quidam : « Il n'y a qu'un de ces Anglais rôdeurs et inquiets dont nos ports sont remplis qui ait pu sonner l'alarme si mal à propos sur nous, et fait inspirer à Votre Grandeur, par des voies qui leur sont familières, le dessein de porter une inquisition inconnue jusqu'ici sur le cabinet et les spéculations des négociants français. Monseigneur, le vaisseau du Roi l'*Hippopotame* était à vendre ; apparemment que c'était pour que quelqu'un l'achetât. Nous l'avons bien acheté, bien payé ; nous le faisons radouber à grands frais et nous ne croyons pas qu'il y ait rien là de contraire aux lois du commerce. » Il est un petit peu armé ? Dame ! la mer devient si dangereuse... On risque d'être « harcelé, canonné, visité, fouillé, insulté, dépouillé, peut-être emmené et confisqué, s'il se trouve une aune d'étoffe dans nos cargaisons dont la couleur ou la qualité déplaise au premier malhonnête Anglais qui nous rencontrera. Lorsqu'il nous aura bien outragé et fait perdre le fruit d'un bon voyage, peut-être il en serait quitte pour vous faire répondre par le ministère anglais *que le capitaine était ivre ou que c'est un malentendu.* Mais Votre Grandeur sait bien que si cette excuse banale et triviale suffit pour apaiser la vindicte du gouvernement français, l'utile négociant, etc. »

Stormont, la lettre en main : « Mais c'est du Beaumarchais tout pur ! » Les ministres baissent le nez : rien à dire, c'est du Beaumarchais pur sucre. L'*Hippopotame* restera à quai et son propriétaire doit revendre l'artillerie à perte. Ah, c'est trop bête, se faire choper sur son style... Mais une règle sacrée : n'avouer jamais et toujours rebondir. Lettre à Sartine du 19 septembre, une semaine après la bataille de la Brandywine. Destiné aux Américains, le trois-ponts ? Pas du tout : « Il est plutôt armé contre eux, puisque je le destine à m'aller chercher promptement et d'autorité des retours que l'indolence ou la pénurie de mes débiteurs me retiennent trop longtemps. Voici le fait, Monsieur, et comment j'ai raisonné. » Sa Grandeur aura certainement été convaincue.

Le fait demeure que Roderigue, Hortalez et Cie est au bord de la faillite. Le système ne peut fonctionner que si les Américains jouent le jeu en envoyant ces fameux « retours », c'est-à-dire des cargaisons de leurs produits nationaux — tabac en particulier. Pénurie ou mauvaise volonté, ou les deux, ils ne le font pas. Vergennes a dû renflouer l'affaire en versant un peu plus d'un million de livres entre mai et juillet.

Le 11 octobre, Beaumarchais joue les Joseph II et part avec Gudin pour un tour de France : Orléans, Tours, Poitiers, La Rochelle, Rochefort — ah, ce beau et grand vaisseau qu'il comptait bien rebaptiser *Fier Roderigue* !... —, Bordeaux, Marseille, Aix, Avignon, Lyon. Dans chaque port, il remue ses gens, règle des contentieux, invente des astuces pour tourner l'embargo, empaume les autorités locales et fait chanter en chœur : « Toujours, toujours, il est toujours le même ! »

Une satisfaction mitigée à Marseille : l'*Heureux*, « le plus malheureux des vaisseaux », « équipé, chargé, prêt à partir, puis arrêté à la sollicitation du vicomte [Stormont], enfin déchargé publiquement par ordre du ministre », a appareillé pour l'Amérique le 26 septembre, après avoir été cloué à quai pendant dix mois qui ont coûté les yeux de la tête à son armateur, contraint de payer l'équipage et les frais de port. Il n'emporte qu'une petite cargaison de vivres, mais Beaumarchais a combiné une escale en Espagne, loin des yeux et des oreilles du milord, où l'attend du matériel militaire.

Même si personne ne s'en doute encore, un passager de l'*Heureux* vaut à lui seul davantage qu'une pleine cargaison de canons et de fusils. Friedrich Wilhelm Augustus von Steuben, officier appartenant à l'état-major du Grand Frédéric, a été recruté par Franklin. Comme l'Américain n'a pas le sou, c'est Beaumarchais qui a versé à la recrue son avance sur solde et ses frais de voyage. Steuben fera aux États-Unis une arrivée moins spectaculaire que celle de La Fayette, mais son action en profondeur se révélera d'une portée incomparable. Il va devenir « le premier instructeur de l'armée américaine ». Les officiers de Washington, dans leur majorité plus riches de bonne volonté que de science militaire, se jetaient sur tous les manuels passant à leur portée, qu'ils fussent anglais, français ou espagnols, ce qui entraînait la plus fâcheuse cacophonie. Steuben rédigera un manuel d'instruction valant pour toute l'armée. Surtout, il la disciplinera en lui inculquant le *drill* mis au point par le vieux Dessauer, instructeur de l'infanterie de Frédéric II. Soumis à ce rude dressage, les miliciens auront appris à la fin de l'hiver 1777-1778 que la baïonnette est l'arbitre suprême d'une bataille rangée[1].

Avec quel autre général trouvera-t-il plaisir à s'entretenir en allemand ? Johann Kalb ! Atterré par la défaite de la Brandywine, le Congrès s'est ravisé, jugeant avec bon sens qu'il serait stupide de se priver des services d'un officier de cette expérience. Un courrier a rattrapé Kalb à Bethleem. Il lui apportait l'offre du

---

1. En reconnaissance de ses éminents services, le Congrès fera don à Steuben d'un domaine de sept mille hectares, mais le Prussien ne remboursera jamais à Beaumarchais la somme importante qu'il lui avait empruntée.

grade de major-général. Comme le Congrès craignait de l'avoir vexé en lui préférant La Fayette, on lui proposait même d'antidater sa nomination de manière à ce qu'il eût le pas sur le marquis. Kalb s'y refusa. Il s'en expliqua dans une lettre annonçant son enrôlement à Saint-Paul, premier commis au ministère de la Guerre : « L'amitié dont il m'honore depuis que j'ai fait sa connaissance et celle que je lui ai vouée, fondée sur ses qualités personnelles, m'engagent à cette déférence pour lui. Personne ne mérite mieux que lui la considération dont il jouit ici. C'est un prodige pour son âge, il est plein de valeur, d'esprit, de jugement, de bons procédés, de sentiments de générosité et de zèle pour la cause de la liberté de ce continent. » Échaudé malgré tout, Kalb se réserva dans son contrat la faculté de quitter le service si celui-ci lui déplaisait ou si ses chefs en France le réclamaient. Il choisit pour aide de camp Charles-François du Buysson, et tous deux tournèrent bride pour rejoindre l'armée vaincue de Washington.

*
* *

Que faire ? Ce pourrait être le titre du mémoire rédigé par Beaumarchais au cours de sa grande virée et adressé à Vergennes le 26 octobre 1777 sous l'intitulé *Mémoire particulier pour les ministres du Roi et Manifeste pour l'État*.

« Trois partis sont encore à notre choix : le premier ne vaut rien, le second serait le plus sûr, le troisième est le plus noble. »

« Le premier parti, qui ne vaut rien, absolument rien, est de continuer à faire ce que nous faisons ou plutôt ne faisons pas » : subir l'événement au lieu d'agir sur lui. À force d'inertie, on va se retrouver avec contre nous des Anglais et des Américains réconciliés.

Le deuxième parti consisterait à signer enfin ce traité d'alliance que Franklin propose depuis un an. On s'accorde secrètement pour tomber ensemble sur les îles anglaises, et, la victoire acquise, on trace « impérieusement » un méridien en travers de l'Océan au-delà duquel les vaisseaux anglais seraient déclarés de bonne prise en paix comme en guerre. Rien de moins.

Le plus noble parti « serait qu'on déclarât aux Anglais dans un bon manifeste, qu'on notifierait aussi à tous les potentats de

l'Europe », que le roi de France < tient les Américains pour indé-
pendants et veut désormais les regarder comme tels relativement
au commerce d'eux avec la France et de la France avec eux ».
Mais ce serait irriter à coup sûr les Anglais sans satisfaire pour
autant les Américains. Aussi Beaumarchais suggère-t-il de com-
biner le deuxième et le troisième parti en négociant secrètement
un traité d'alliance avec l'Amérique dans le même temps qu'on
publierait le manifeste. Et comme M. de Maurepas se méfie des
querelles entre Franklin, Deane et Lee, et se pose la question de
leurs pouvoirs réels, il conviendrait d'envoyer aux États-Unis un
« agent fidèle » qui, sous prétexte de régler des questions commerciales, discuterait avec le Congrès.

En tout état de cause, « je commencerais par garnir les côtes de
l'Océan de soixante à quatre-vingt mille hommes, et je ferais
prendre à ma marine l'air et le ton le plus formidable, afin que les
Anglais ne pussent douter que c'est tout de bon que j'ai pris mon
parti... Enfin, si pour conserver l air du respect des traités, je ne
faisais pas rétablir Dunkerque, dont l'état actuel est la honte éternelle de la France, je ferais commencer au moins un port sur
l'Océan, tel et si près des Anglais qu'ils pussent regarder le projet de les contenir comme un dessein irrévocablement arrêté ».

En conclusion : « Craignons de passer à délibérer le seul instant qui reste pour agir, et qu'à force d'user le temps à toujours
dire : *Il est trop tôt*, nous ne soyons obligés de nous écrier bientôt
avec douleur : *Ô Ciel ! Il est trop tard !* »

×
* *

Benjamin Franklin ploie sous le fardeau. Le moindre de ses
tracas n'est pas l'ambiance détestable régnant au sein de la troïka
qu'il forme avec Silas Deane et Arthur Lee. Aucun problème
avec Deane, bon bougre qui n'a eu que le tort de s'emballer sur
les engagements, mais Lee leur mène une vie impossible.
Bilieux, fielleux, soupçonneux, hargneux. Une plaie. On fait
avec, bien obligé, mais les journées sont longues.

Point d'argent. Le subside versé par Louis XVI est épuisé
depuis longtemps. Le Congrès n'envoie rien. Si ! Il signe des
traites tirées sur sa délégation à Paris... Avec quoi les payer ?

Beaumarchais rue dans les brancards : comment ne pas se mettre à sa place ? Et cent affaires rendues inextricables par l'équivoque de la politique française, désireuse de ménager la chèvre anglaise et le chou américain. Versailles autorise les corsaires battant pavillon des États-Unis à relâcher dans les ports français, mais leur interdit d'y vendre leurs prises. Or ils en font beaucoup. Il faut dire que des contrebandiers britanniques, éprouvant tout soudain une passion pour la liberté, arboraient les couleurs américaines et s'en donnaient à cœur joie dans les parages qu'ils connaissaient comme leur poche. On fera le compte en 1778 : cent cinquante-neuf vaisseaux anglais capturés. Le coût des assurances sextuple et les matelots exigent double paie. Réjouissant bilan, mais comment vendre les prises ? Franklin vient d'inventer une solution à la Beaumarchais : « J'imagine qu'on pourrait le faire à l'extérieur du port, dans la rade ou quelque part le long de la côte, à l'abri des regards indiscrets, en sorte que les ministres ne risquent pas d'ennuis de la part de l'ambassadeur d'Angleterre. » Mais certains corsaires se conduisent en pirates et arraisonnent les vaisseaux de toutes nationalités… Et les armateurs anglais, point idiots, placent leurs cargaisons sous pavillon neutre… Démarches assommantes auprès des ministres, des juges maritimes, des ambassadeurs des pays concernés, pour tenter de débrouiller cet écheveau infernal. Et il n'y entend rien : « Dans toutes ces questions commerciales, je suis comme un homme qui marche dans l'obscurité : je trébuche souvent et je me casse fréquemment les tibias. »

En cet automne 1777, le moral de la délégation touche le fond. « Les nouvelles arrivant alors d'Amérique étaient des plus défavorables, écrira Deane, nous étions près de perdre courage. »

Le 4 décembre, Beaumarchais est à Passy pour réclamer ses cargaisons de tabac. Franklin, Deane et Lee ont la tête ailleurs. Sa victoire sur la Brandywine a ouvert à Howe la route de Philadelphie. La ville de l'Indépendance est sans doute déjà tombée. Franklin sait que sa famille a déguerpi, comme le Congrès, pour se mettre à l'abri, mais il a à Philadelphie sa maison, son laboratoire, sa bibliothèque. Et quel avenir pour Washington ? À un admirateur qui lui disait quel spectacle sublime présentait l'Amérique, Franklin avait répondu : « Certes, mais les spectateurs ne paient pas. » C'était injuste pour la France, qui payait beaucoup, mais on ne se soucie pas d'équité quand l'imminence du désastre serre la gorge. Sublime ou non, le spectacle va se terminer.

Une voiture s'arrête devant le pavillon. Franklin reconnaît le visiteur : Jonathan Austin, secrétaire du conseil de guerre du Massachusetts. Plantant là Beaumarchais, il se précipite vers Austin : « Monsieur, Philadelphie est-elle prise ? » L'autre acquiesce. Franklin, tête basse, fait demi-tour. Austin : « Mais, monsieur, j'ai de plus grandes nouvelles que celle-là. Le général Burgoyne et toute son armée ont été faits prisonniers. » Il tend à Franklin abasourdi la dépêche du général Washington : « Monsieur, le brigantin *Perch*, placé aux ordres de John Harris, par lequel vous recevrez cette lettre, a été pris et équipé pour une traversée vers la France dans le seul but de vous apporter la nouvelle authentique du succès des armes américaines dans le secteur nord. »

Ivre de joie, Beaumarchais bondit dans sa propre voiture. Il veut être le premier à annoncer le miracle à Paris. Avec lui, Grand, un banquier impliqué dans le financement des Américains. Le postillon, gagné par la frénésie, n'évite pas un tas de pierre sur lequel passe une roue. Déséquilibrée, la voiture verse. Grand a l'épaule cassée. Le nègre de Beaumarchais est « éreinté ». Lui-même saigne du nez et de la bouche, souffre des vertèbres cervicales et a un morceau de glace planté dans son bras droit. Qu'importe ! À Vergennes : « Les charmantes nouvelles de l'Amérique répandent un baume sur ma blessure, et je ne sais quel Dieu me dit à l'oreille que le Roi ne voudra pas que des événements si propices à l'Amérique soient troublés par une désertion totale des vrais amis que cette cause s'est faits en France. » Et au jeune Théveneau de Francy, là-bas, sur le continent héroïque : « Brave, brave peuple ! dont la conduite militaire justifie mon estime et le bel enthousiasme que l'on a pour lui en France ! » À croire que le brave peuple a vaincu Burgoyne pour se mériter l'estime de Pierre-Augustin Caron de Beaumarchais. Mais il a tant fait qu'on peut le pardonner : après tout, et nul n'en disconvient, ce sont ses fusils qui ont obtenu la victoire de Saratoga.

La nature, aussi. Brandywine avait consacré la supériorité des vieilles troupes réglées sur un adversaire mal formé à la bataille rangée ; Saratoga vérifie l'efficacité de la guérilla contre une armée engluée dans un environnement hostile.

Le général Burgoyne, dit « Gentleman Johnny », présentait la singularité de manier aussi bien la plume que l'épée : ses ouvrages connaissaient dans son pays un réel succès. Il prit avec ses troupes un départ majestueux. Huit mille hommes traversèrent sans encombre le lac Champlain sur des embarcations à rames éclairées par les pirogues des Indiens favorables à la couronne d'Angleterre. Les défenseurs américains du fort de Ticonderoga choisirent de décamper sans opposer la moindre résistance. Burgoyne s'engagea alors dans la forêt, persuadé que Howe remontait l'Hudson pour venir lui donner la main. Il ignorait la décision de son collègue d'aller s'en prendre à Philadelphie.

On a vu les difficultés éprouvées par la caravane de La Fayette : chemins affreux, accidents matériels et physiques, maladies frappant l'un après l'autre les caravaniers, à la seule exception du marquis, auquel ses longues courses d'adolescent dans la montagne auvergnate avaient forgé un corps d'une résistance à toute épreuve. Pour Burgoyne et sa fière armée, cet inconvénient supplémentaire : derrière chaque arbre, un milicien ennemi qui se carapate après avoir tiré sa balle. *Hit and run.* Comment le poursuivre ? Les Hessois ont de lourdes bottes aux pieds et le fourreau de leur sabre pèse à lui seul trois livres. Les grenadiers anglais ruissellent de sueur sous leur bonnet à poils. On ramasse le mort ou le blessé, et la lente pérégrination reprend, jusqu'au prochain coup de feu.

Comme tout général qui se respecte, Burgoyne amène de l'artillerie. On s'épuise à dégager les arbres que les Américains abattent en travers de la piste. Il faut bientôt abandonner les canons. À un tel rythme, les vivres prévus selon les normes européennes ne tardent pas à donner de l'inquiétude. Impossible de se ravitailler dans un pays hostile. Burgoyne réduit les rations de moitié. La faim s'ajoute à la fatigue, mine des organismes déjà affaiblis. Et toujours cet ennemi insaisissable qui frappe où il veut, quand il veut. À bout de ressources, Gentleman Johnny décide de battre en retraite. On marchera de nuit pour empêcher les tirailleurs de faire mouche. L'armée épuisée s'arrête à Saratoga. Elle est réduite de moitié. L'ennemi l'entoure, toujours invisible. Les tentatives faites pour le saisir et livrer enfin une vraie bataille ont échoué l'une après l'autre. Un seul engagement sérieux, le 17 septembre, à Freeman's Farm, et les Américains ont eu le dessus. Après trois conseils de guerre successifs, Burgoyne décide de se rendre avec ses quatre mille rescapés. Le général américain Gates accorde les honneurs de la guerre. Le 17 octobre 1777, au son des tambours, Anglais et Hessois sortent de la ville et rendent leurs armes. Pour la première fois dans l'histoire, une armée coloniale a vaincu une armée européenne.

Le coup de tonnerre de Saratoga roule sur le monde.

XX

La défaite américaine de Staten Island avait chagriné
Vergennes en traversant ses plans ; le triomphe de Saratoga le
satisfait dans la mesure où il annule, et au-delà, la Brandywine,
mais, victoire ou défaite, tout mouvement brutal du balancier ne
pouvait que porter à son comble sa perpétuelle inquiétude.
Quand les Américains se trouvaient dans une situation désespérée, il craignait de les voir entrer dans la voie de l'accommodement. À présent que l'Angleterre essuie un échec sanglant, ne
va-t-elle pas revenir à la raison et offrir aux Insurgents une paix
de compromis ? Dans les deux hypothèses, une réconciliation
condamnait sa politique attentiste et il n'aurait plus qu'à gémir,
comme l'avait annoncé Beaumarchais : *Ô Ciel ! Il est trop tard !*

Or, de Beaumarchais, décidément présent sur tous les fronts,
ce message urgentissime du 15 décembre, onze jours après
l'annonce de Saratoga :

« Monsieur le comte, aujourd'hui ce n'est pas pour moi que je
vous donne la peine de me lire, mais pour vous instruire qu'à
l'instant où un courrier extraordinaire est parti de Saint-James
pour l'Amérique avec ordre de forcer de voiles, il est passé en
France un Anglais qui est arrivé il y a deux jours. À son arrivée
à Paris, il a écrit à M. Deane pour lui demander un rendez-vous
secret, et hier matin, cet Anglais s'est rendu à la maison de
M. Deane à Paris. Celui-ci y est arrivé de Passy. Ils ont conféré
longtemps, dîné secrètement ensemble et, sur les sept heures du
soir, le valet de M. Deane est sorti pour voir si personne
n'observait. Il a vu un fiacre à trente pas de la maison. Il l'a
interrogé. C'était justement la voiture de votre vedette [agent].

Mais le fiacre ayant reçu ordre de dire qu'il attendait deux dames, le valet est rentré. Alors l'Anglais est sorti à pied. Le fiacre l'a suivi. Il est entré dans divers cafés, à rôder comme un homme à qui la ville est familière, a été par la rue de Richelieu jusqu'au boulevard, s'y est promené pour s'assurer qu'il n'était pas suivi, et est enfin revenu à l'hôtel du Bain royal, rue de Richelieu, par une infinité de détours. L'espion, par une autre ruse, s'est assuré que ce mystérieux Anglais y loge. Je pense que c'est M. Smith, secrétaire du lord Germain. Car je sais de bonne part que M. Heison l'attendait hier au soir avec un autre. Mais comme Heison est un bavard, il y a apparence que l'Anglais aura voulu faire son affaire avant de donner avis à Heison de son arrivée.

« Je vous préviens encore que je viens d'écrire un mot à M. Lenoir pour le prier de mettre des gens aux trousses de ce mystérieux Anglais. M. Deane a demandé ce matin à quelqu'un s'il avait entendu dire qu'il fût arrivé quelque Anglais important. On me l'est venu demander. J'ai répondu que je l'ignorais.

« Voilà bien du mystère !... »

Pour Vergennes, ce qui est clair, c'est que Londres a dépêché à Paris un émissaire chargé de prendre langue avec la délégation américaine. Le double jeu de Deane ne fait aucun doute : pourquoi s'enquiert-il de la présence d'un Anglais à Paris après s'être entretenu secrètement avec lui ?

Le surlendemain, 17 décembre, second message de Beaumarchais :

« Monsieur le comte, le mystérieux Anglais s'appelle M. Wintweth. Il est parent du marquis de Rockingham ; ami particulier du lord Suffolk ; employé par tous les ministres dans les choses difficiles ; tenant autant à l'opposition qu'au royalisme : c'est-à-dire prêt à vivre à deux râteliers. Sa commission est de découvrir à quel point la France en est avec l'Amérique et de tâter la députation [la délégation] pour savoir, par leur adhésion ou éloignement, quel est leur espoir ou leur crainte de votre côté. Soit qu'il n'ait pas été assez content de M. Deane, soit qu'il veuille habilement sonder plus d'un terrain, il cherche un logement à l'hôtel de Vauban où demeure le capitaine Nicholson et M. Carmichael.

« Ce M. Wintweth parle le français comme vous et mieux que moi. C'est un des hommes les plus adroits de l'Angleterre. Il fit déjà l'an passé des efforts à Paris pour le même objet.

« Je sais aussi que deux Américains, dont Carmichael est l'un, partent ces jours-ci pour l'Amérique avec des dépêches très importantes. C'est bien là ce qui vous instruirait ! Mais comment les avoir ou seulement les voir ? Le voudriez-vous bien fort ? Jetterait-on quelque argent par la fenêtre pour ce coup important ? Vous voyez, monsieur le comte, que le zèle pour la maison du Seigneur me dévore. Mais ne m'écrivez rien là-dessus. Arrangez seulement avec M. de Sartine une entrevue pour demain ou après-demain au soir, dont vous voudrez bien m'instruire en réponse par votre courrier de demain matin. »

« Monsieur Figaro », comme l'appelle plaisamment Franklin, y compris dans ses dépêches officielles au Congrès, vient de réussir un exploit : l'identification du chef du renseignement britannique en France. Il l'a repéré avec ses propres moyens, même si la « vedette » en fiacre apostée par Vergennes à proximité du domicile de Deane a donné à ses gens un coup de main opportun en filant l'homme après sa sortie de chez l'Américain. Paul Wentworth — et non Wintweth — est lui-même américain. Il a vécu aux Antilles, à Londres et à Paris. C'est grâce au réseau monté par ses soins que lord Stormont connaît au fusil près la consistance des cargaisons de Beaumarchais. Il n'hésite pas à s'aventurer sur le terrain, chose rare chez les patrons du renseignement, et fait preuve d'une belle audace en prenant une chambre à l'hôtel de Vauban où résident William Carmichael, secrétaire de la délégation, et Samuel Nicholson, capitaine d'un corsaire américain en escale à Lorient.

Comme Beaumarchais l'annonce au ministre, Wentworth est à Paris pour savoir où en sont les négociation de la troïka avec Versailles, et s'efforcer de les contrarier. Mais sa mission principale consiste à rencontrer Franklin et à lui proposer une paix qui, excluant l'indépendance, accorderait cependant aux Insurgents des satisfactions substantielles, telle la création d'une fournée de deux cents pairs américains. Franklin préfère garder deux fers au feu. Il bombarde Vergennes de notes soulignant qu'après Saratoga l'attentisme a fait son temps. Et il demande à Deane de recevoir Wentworth, se réservant de le rencontrer lorsqu'il connaîtra la réaction de Versailles

*
* *

[annotations manuscrites : « Translation ? », « l'hésitation », « entourage », « Hilarious ! »]

Si le renseignement pouvait à lui seul gagner une guerre, George III n'aurait aucun souci à se faire.

Non point que le service français fût inopérant, bien au contraire. Les archives de la Guerre, de la Marine et des Affaires étrangères attestent son efficacité. Depuis le début du conflit, nos agents tiennent à jour l'ordre de bataille adverse avec une telle exhaustivité que leurs sources devaient se situer à un très haut niveau. Dès 1775, par exemple, ils donnaient la répartition des vaisseaux de la Royal Navy, à l'unité près, sur toutes les mers du monde, le nombre et la localisation des vaisseaux en réparation et de ceux en cours de construction. Pour les forces terrestres : 33 729 hommes de troupes réglées en Grande-Bretagne, 15 168 en Irlande, 6 313 à Gibraltar et Minorque, 15 840 aux îles et en Amérique. Le tableau est régulièrement actualisé. Dans quelques mois, en 1778, le contre-espionnage britannique mettra fin aux activités d'un agent français exceptionnel grâce auquel les convois pour l'Amérique étaient régulièrement interceptés par les corsaires ; le malheureux Lamothe sera condamné à mort et pendu.

Mais William Eden, chef du renseignement britannique, porta son service à cette excellence qui, à trois ou quatre reprises au cours des siècles, le mit hors de pair avec ses concurrents. Paul Wentworth l'y aida puissamment. Sa pénétration de la délégation américaine à Paris fut un incontestable chef-d'œuvre, même si les conflits intimes et les allégeances vacillantes propres à toute guerre civile facilitèrent l'entreprise[1].

---

1. Markus Wolf, ancien patron du renseignement d'Allemagne de l'Est, restera à coup sûr comme le créateur et le directeur du service le plus brillant depuis le terme de la Deuxième Guerre mondiale jusqu'à la fin de ce siècle. Par sa manière, et quoique communiste, il illustra la vieille maxime prussienne : «Le renseignement est un métier de seigneur.» Son efficacité n'a pas d'équivalent. Sans vouloir diminuer ses mérites, on peut cependant observer que sa tâche fut facilitée dans la mesure où elle s'exerçait principalement en Allemagne de l'Ouest, sur un matériau humain aussi propice aux manipulations que l'étaient les Américains pour le service anglais. La part faite au chantage exercé sur le passé de certains, rares étaient les Allemands de l'Ouest disposés à considérer ceux d'en face comme des adversaires radicalement étrangers, de même qu'une grande majorité d'Américains, et Franklin le premier, avaient trop longtemps considéré l'Angleterre comme leur mère patrie pour trancher d'un seul coup le cordon ombilical.

Sa plus belle recrue ? Edward Bancroft, ce bon docteur Bancroft, admirateur éperdu de Franklin depuis son séjour à Londres, l'ami sûr que le Congrès recommandait à Silas Deane de contacter dès son arrivée à Paris, et dont la sollicitude ne cesse d'entourer la délégation américaine.

Wentworth, arrivé en France sur les talons de Deane, rencontre Bancroft et le retourne prestement. Il sait jouer de la menace avec efficacité. Le docteur apprend que les ministres anglais savent sa présence à Paris et le rôle qu'il y tient. Or des soldats de Sa Majesté britannique meurent en Amérique. Les politiciens peuvent bien louvoyer, flirter avec la cause américaine, explorer les perspectives d'accommodement — c'est leur rôle. Mais la guerre secrète obéit à des critères plus brutaux. Les activités de Bancroft relèvent de la trahison. Il doit choisir son camp. Le docteur part pour Londres.

Il y reçoit ses instructions : fournir la copie « de tous les documents échangés et un compte rendu précis de tous les rapports et de tous les sujets traités entre les cours de Versailles et de Madrid et les délégués du Congrès », ainsi que les doubles de la correspondance entre la délégation et le Congrès. Il doit également informer Stormont du détail des fournitures envoyées de France aux Insurgents. Ses rapports à l'ambassadeur seront écrits à l'encre sympathique et remis à un coupe-circuit sûr. Les lettres destinées à Wentworth lui seront transmises par Stormont, sans avoir été ouvertes et par messager spécial. Bancroft trouvera ses instructions chaque semaine dans une boîte aux lettres morte. Il s'agit d'un arbre présentant un creux à sa base, planté sur la terrasse sud des Tuileries. Chaque mardi soir après neuf heures, un agent du service cachera dans le creux de l'arbre une bouteille contenant les instructions du docteur. « Toutes les lettres seront numérotées à l'encre blanche. La bouteille sera cachetée et attachée par le goulot avec une ficelle ordinaire d'environ un demi-yard de long, dont l'autre extrémité sera fixée à une cheville de bois fendue sur le dessus pour qu'on y puisse placer un petit bout de carton. Cette bouteille sera glissée sous l'arbre, et la cheville fichée dans le sol du côté ouest. » Ainsi Bancroft, protégé par l'obscurité du soir, n'aura-t-il qu'à se baisser et à saisir la cheville pour extraire la bouteille de sa cachette.

Pour parachever la couverture du docteur, on le renvoie en France en répandant le bruit qu'il a participé à l'incendie d'entrepôts navals à Portsmouth : un attentat, c'est encore mieux que des articles publiés en faveur de la cause américaine.

Aux côtés de Bancroft, plusieurs taupes introduites par Wentworth à Passy, au point qu'on peut se demander si les agents anglais n'étaient pas majoritaires dans l'entourage de Franklin. Le révérend John Vardill compte parmi les plus actifs. Il a un contact direct avec le grand patron, William Eden. Carl Smith et George Lupton renseignent en permanence. Des « visiteurs » occasionnels donnent un coup de main.

Le moins qu'on puisse dire est que la sécurité n'était pas la préoccupation principale de la délégation. Sourd à tous les reproches, Franklin laissait traîner ses dossiers les plus confidentiels. À l'instar de Deane et de Lee, il n'entendait rien aux codes et refusa d'utiliser celui que le Congrès lui avait envoyé. Il se bornait à chiffrer certaines phrases, jugeant « fastidieux » de coder une lettre dans son entier. Vergennes l'exhortait sans cesse à se méfier des espions dont il était forcément entouré, mais il réagissait avec une stupidité en vérité banale, même si elle étonne toujours de la part d'un homme intelligent. Il s'était fixé une règle : « Ne me mêler d'aucune affaire que je puisse rougir de rendre publique et ne rien faire qu'un espion ne puisse voir. Quand les actions d'un homme sont justes et honorables, sa réputation a tout à gagner à ce qu'elles soient connues. Ainsi, si j'étais certain que mon valet de place était un espion, comme c'est probablement le cas, je ne le renverrais pas pour cette raison si je l'appréciais par ailleurs. » Il était bien question de réputation ! Que ses actions fussent justes et honorables, accordé ! mais un espion devait-il lire les commandes d'armes et de munitions laissées en vrac sur son bureau ? Le valet de place ne posait aucun problème, puisqu'il travaillait pour Vergennes, mais les autres, tous les autres, et d'abord Bancroft à qui l'on faisait une confiance aveugle, qui participait aux entretiens les plus confidentiels et avait accès aux documents les plus sensibles ? La répétition des fuites aurait pourtant dû mettre la puce à l'oreille. Bancroft et ses complices recopiaient mot à mot les listes de fournitures, avec indication du nom des vaisseaux, des ports d'embarquement, des dates d'appareillage, etc. Un Stormont glacial les jetait sur le bureau de Vergennes, lequel les communiquait incontinent à la délégation. Pas un froncement de sourcils devant une similitude qui apportait pourtant l'évidence de la pénétration. Dans dix ans, en 1787, Silas Deane rendra un vibrant hommage à Bancroft qui avait « très assidûment consacré son temps et son talent à servir son pays, et aidé les délégués en écrivant pour eux, et entretenant une correspondance avec ses amis de Londres, grâce auxquels il obtenait de bons et précieux renseignements »... Il faudra plus d'un siècle pour que la trahison du docteur soit enfin révélée.

Entre 1777 et 1778, cent cinquante-huit vaisseaux français arraisonnés par la Royal Navy pour contrebande d'armes avec l'Amérique. Beaucoup de saisies relevaient sans aucun doute de cet « esprit persécuteur » dénoncé par Beaumarchais (bien mal à propos pour ce qui le concerne), mais combien de cargaisons de matériel militaire capturées grâce aux renseignements fournis par le réseau, et combien d'officiers français détenus sur les pontons britanniques après avoir été interceptés ?

Beaumarchais lui-même, en dépit d'une méfiance de loup, n'échappa pas à la pénétration. Un certain Parker Forth, Irlandais — nationalité rassurante —, débarque à Paris et se lie intimement avec François, son secrétaire. Il travaille pour Wentworth. Curieusement, c'est Silas Deane, par ailleurs si crédule, qui dénonce la taupe à Beaumarchais grâce à l'un de ses informateurs à Londres.

Paul Wentworth, qui circulait en France sous une vingtaine d'identités différentes, ne limitait pas ses objectifs à la délégation de Passy ou aux bureaux de Roderigue, Hortalez et Cie. Il avait à Versailles des agents gardant un œil vigilant sur les personnages d'influence. Chaque port français était sous surveillance. Les opérations de retournement allaient bon train. L'une des plus réussies concerna le capitaine Hynson, beau-frère de ce capitaine Wickes qui avait amené Franklin en France. Paul Wentworth apprit que Franklin destinait Hynson au commandement d'un vaisseau véloce chargé de porter en Amérique les rapports de la troïka. Les ministres anglais furent informés. Un crétin du ministère proposa évidemment que deux frégates fussent placées en embuscade au large de Jersey pour intercepter Hynson. En cas d'arraisonnement, un capitaine porteur de dépêches ne manquait pas de les jeter à la mer. William Eden proposa de s'intéresser plutôt à Hynson. On acheta sa maîtresse, qui le retourna comme une crêpe. La malchance voulut alors qu'un capitaine Folger eût son vaisseau prêt avant celui de Hynson. Mais la chance fit que Franklin confia à Hynson le soin de porter les paquets à Folger, qui appareillait du Havre. L'opération eût été parfaite, du point de vue de Wentworth, si Folger, arraisonné en mer, avait jeté les dépêches à l'eau. Or il arriva à bon port. Le Congrès marqua un étonnement compréhensible en ouvrant des paquets contenant du papier blanc. Passy sut ainsi la trahison de Hynson. Point bégueule, le capitaine annonça à Deane qu'il ne verrait aucun inconvénient à jouer les agents doubles. Au lieu de sauter sur l'occasion de refiler aux Anglais du matériel d'intoxication, l'excellent Deane répondit par une lettre roide d'indignation : « Comme vous avez eu l'audace de m'écrire et de me proposer de trahir vos nouveaux patrons de la même manière que vous avez abominablement mais vainement tenté de trahir les anciens, et avec eux votre pays, je tiens à vous dire qu'aucune de vos lettres ne sera dorénavant reçue par Deane. » Les honnêtes gens sont une plaie de ce métier.

Les agents mythomanes en sont une autre, et Wentworth, comme tous les chefs de réseau, dut subir leurs divagations. Tel rapport rédigé par l'un de ses hommes démontre à quel point le savant qui avait dompté la foudre prenait aux yeux de ses adversaires une dimension fantasmagorique. Selon l'agent, « sur la base du principe d'Archimède et avec le concours d'ingénieurs français, le docteur [Franklin] prépare actuellement un grand nombre de réflecteurs qui renverront une telle quantité de chaleur solaire qu'ils pourront tout détruire par le feu à une distance très importante. Par ce dispositif, qui doit être installé à Calais, sur la côte française, face au rivage anglais, on entend brûler et détruire dans nos ports toute la marine de Grande-Bretagne. Durant l'incendie, le docteur se propose d'installer une chaîne de Calais à Douvres. Et lui, se trouvant à Calais avec une prodigieuse machine électrique de son invention, provoquera un tel choc que toute notre île en sera entièrement dévastée. »

Navrant pour ce qui était de la sécurité, Benjamin Franklin se revanchait largement sur le terrain de la propagande. Stormont faisait imprimer en Hollande force brochures contre les Américains ; répandues par ses soins en France, elles ne laissaient pas de conforter ceux qui s'indignaient de l'aide apportée à des sujets rebelles. Franklin contra avec efficacité cette offensive et innova en inventant ce qu'on appellera deux siècles plus tard la « propagande noire », c'est-à-dire une désinformation censée émaner de l'adversaire lui-même. L'Angleterre achetait sa chair à canon en Allemagne, des mains de petits princes ravis de l'aubaine. Le jeune Mirabeau avait publié en Hollande un pamphlet indigné

contre ce trafic. Plus terre à terre, Frédéric de Prusse se contentait
de percevoir pour chaque mercenaire traversant ses États la
même taxe que pour une tête de bétail. Franklin fit beaucoup
mieux en fabriquant une lettre attribuée au comte de Schaumberg
et adressée au baron de Hohendorff, commandant les troupes
hessoises en Amérique. Petit prince, Schaumberg recevait trente
guinées d'indemnité par soldat tué. Il en avait besoin pour régler
les frais d'un récent voyage en Italie et pourvoir à ceux de sa saison d'Opéra. Franklin lui fit tenir des propos qui indignèrent
l'Europe crédule et enchantèrent les initiés : « Je vais vous
envoyer quelques recrues nouvelles, était censé écrire Schaumberg à Hohendorff. Rappelez-vous que la gloire passe avant tout.
La gloire est la vraie richesse. Rien ne dégrade plus un soldat que
l'amour de l'argent... Une victoire qui ne coûte pas de sang au
vainqueur est un succès sans gloire, tandis que les vaincus se
couvrent de gloire en mourant les armes à la main. Rappelez-
vous que des trois cents Lacédémoniens défenseurs des Thermo-
pyles, pas un ne revint ! Quel bonheur pour moi si je pouvais dire
la même chose de mes braves Hessois ! »

Les événements s'accélèrent, et nous n'aurons plus loisir de
revenir sur Benjamin Franklin. Un dernier regard sur sa vie
amoureuse, qui n'est pas le moins extraordinaire d'une existence
placée sous le signe de l'exception. Nous n'en parlerions sans
doute pas si l'objet de son ultime flamme n'avait été la veuve
d'Helvétius. Ce nom nous évoque Jean-Pierre Tercier, dont la
disparition précoce nous laisse d'autant plus inconsolable que sa
lucidité et ses judicieux conseils auraient été, à brève échéance,
bien utiles à son ami le comte de Broglie. Voisine de Franklin, la
Minette aimée naguère par Turgot, désormais surnommée
« Notre-Dame d'Auteuil », règne sur une ménagerie de dix-huit
chats angoras et de dix chiens, servis dans de la vaisselle plate et
monopolisant, à l'embarras des visiteurs les plus huppés, tous les
sièges du salon. Franklin tombe amoureux de cette femme épargnée par les atteintes de l'âge et, devenu veuf entre-temps, finira
par lui proposer le mariage. Il a alors quatre-vingts ans ; elle,
soixante-cinq. La passion de l'Américain l'émeut. Mais, lorsqu'il
se déclare, elle lui montre un modèle réduit de plâtre qu'elle
avait fait préparer pour le tombeau d'Helvétius ; il représente une
femme pleurant sur un mausolée. « Me voici. Comment pour-
rais-je changer ? » La nuit suivante, Franklin compose un conte
charmant. Descendant aux enfers, il y rencontre un Helvétius

remarié avec... Deborah, sa défunte épouse. Conclusion : « Me voici. Vengeons-nous. » Remuée, sa bien-aimée prend conseil de Turgot, qui bondit : enfantillages ! A leur âge... « Du reste, ma bonne amie, il en sera comme vous voudrez, mais, si vous prenez cette décision, c'est tout votre salon qui s'en va. »

Elle n'épousera pas Benjamin Franklin.

Peut-être se console-t-il en buvant un coup de bourgogne, dont il est amateur. Sa cave est fournie par O'Gorman, beau-frère du chevalier d'Éon.

*
* *

Pour régler son compte à l'Angleterre, Charles de Broglie dispose d'un moyen plus sûr que la « prodigieuse machine électrique » prêtée à Franklin par un agent crédule : le plan de descente qui dort dans ses dossiers.

Le 17 décembre, jour où Beaumarchais révèle à Vergennes l'identité de son mystérieux Anglais, Charles, aiguillonné par Saratoga, décide d'écrire à Louis XVI. C'est sa première lettre depuis la liquidation du Secret, terminée dans une mauvaise humeur réciproque. Le mémoire d'exposition accompagnant sa missive évoque avec une louable concision ses services anciens et rappelle dans quelles circonstances malheureuses est né le plan d'action, précisant que « la révolution qu'éprouve aujourd'hui l'Angleterre par la révolte de ses colonies et la guerre qui doit vraisemblablement s'ensuivre entre la France et elle furent indiquées comme le moment où ce grand projet pourrait s'exécuter ». Mais le feu roi n'a tiré aucun parti de ce « travail immense » : « Il aurait fallu qu'il eût dicté en conséquence à ses ministres les mesures qu'il y avait à prendre, soit en les initiant à son Secret, comme le comte de Broglie a souvent pris la liberté de l'en presser, soit en dirigeant lui-même ces mesures, sans leur en communiquer le but. Mais, d'une part, il voulut leur cacher jusqu'aux traces de ce travail, et, de l'autre, sa sagacité, qui lui faisait en toute occasion apercevoir les meilleurs partis, n'était malheureusement pas, si on ose le dire, accompagnée du caractère qui les exécute. » C'est du passé. Le présent exige une mise à jour des plans établis voilà plus de dix ans. Charles soumet à Louis XVI deux mémoires, l'un politique, l'autre militaire. Il ne souhaite que d'être lu : « Sa Majesté doit voir suffisamment, par la conduite du comte de Broglie depuis son avènement au trône, qu'il ne cherche ni à s'approcher des affaires, ni à solliciter la confiance. Mais il s'agit aujourd'hui d'un intérêt majeur, de celui de l'État et de la gloire du Roi. Dans cette grande crise, le comte de Broglie croirait son silence coupable et il a regardé le travail suivant comme une dette envers sa conscience et envers son maître. »

Le mémoire politique nous restitue le bonheur un peu oublié d'une intelligence lumineuse, et son style fait passer le souffle de l'Histoire. Nous sommes loin de la prose empâtée d'un Vergennes qui ne peut traiter du moindre problème sans remonter à la Genèse et rappeler pompeusement que la vertu est préférable au vice (le Grand Frédéric, abonné à la vivacité voltairienne, appelle les dépêches de Vergennes « le narcotique de Versailles »). Les premières phrases : « Jamais il n'y a eu de plus grand événement, tant pour le fond que pour les suites, que la querelle de l'Angleterre avec ses colonies. En effet, ce n'est point ici une querelle d'intrigue ou d'ambition, une jalousie précaire, une discussion du moment ; c'est une révolution absolue ; c'est un continent qui va se séparer de l'autre, et, au milieu de cette grande secousse, c'est un nouvel ordre d'intérêts et de convenances qui va naître. »

Il a compris la réalité fondamentale sur laquelle s'aveuglent la cour d'Angleterre et les tories : les colonies d'Amérique n'ont rien de commun avec les possessions européennes aux Antilles « où un petit nombre de Blancs amollis et énervés domine sur un grand nombre de Noirs, et a sans cesse besoin de la protection des troupes étrangères ; où le pays, ne produisant que des denrées de luxe, est dans la dépendance absolue de l'Europe pour toutes les nécessités de la vie ». Les colonies américaines, peuplées essentiellement d'hommes libres, disposant de matières premières inépuisables, n'ont nul besoin des manufactures anglaises, et gagneront au contraire un surcroît de prospérité en fabriquant elles-mêmes ce qu'on leur vendait à des prix encore alourdis par les taxes. Aussi Broglie, qui introduit dans le débat une dimension économique rarement prise en compte à l'époque, juge-t-il la séparation inéluctable. Avec une politique intelligente, l'Angleterre pouvait la retarder de quelques années, mais en sachant « qu'il arriverait un moment où aucune combinaison humaine n'y pourrait mettre obstacle ». C'est un point de vue. Benjamin Franklin lui répondrait sans doute que, si Londres avait consenti deux ans plus tôt aux propositions apportées à Paris par Paul Wentworth, la fatale échéance eût été repoussée à une date imprévisible, en tout cas au siècle suivant.

Que va-t-il se passer ? Les Anglais ont commis la folie d'entamer contre les Insurgents une guerre qu'ils ne peuvent pas gagner, « mais le terme de leur aveuglement doit être enfin arrivé ». Et où leurs yeux enfin bien ouverts se porteront-ils ? Évidemment sur les possessions françaises et espagnoles aux Antilles. Elles leur offrent la possibilité de se dédommager aux moindres frais de la perte inévitable de l'Amérique. La supériorité de leur marine permet de les enlever, puis de les conserver, avec un minimum de troupes. La France se trouve donc sous l'épée de Damoclès d'une réédition du coup de 1755. Que Londres décide de lancer sur les Antilles ses forces passées en Amérique, et le roi de France apprendra la perte de ses îles à sucre avant même d'avoir pu s'y opposer. Pourquoi ne l'ont-ils pas déjà fait ? Broglie estime que c'est une manière de miracle dont nous sommes redevables autant à la destinée qu'à leur sottise : « Les généraux des Anglais se sont encore plus mal conduits que leurs ministres, et de tous côtés, le partage de nos rivaux n'a été que fautes et malheurs. » (Avec quelle satisfaction doit-il écrire cela, lui dont l'âme patriote a tant souffert, lors de la dernière guerre, des fautes des ministres de Versailles et des erreurs de généraux français incapables poussés à la tête de l'armée par le caprice d'une favorite...) Sans doute rien n'est-il jamais acquis d'avance. Un tel « esprit d'orgueil et de vertige » habite l'Angleterre qu'elle peut fort bien s'obstiner dans son absurde guerre américaine. Nous serions alors bien sots de ne pas chercher à tendre les ressorts du piège où elle s'engagerait.

Quelle politique pour la France ? « Avoir prouvé que l'Angleterre ne peut se relever qu'en faisant la guerre, c'est avoir presque suffisamment démontré l'intérêt que la France aurait de profiter de la détresse de l'Angleterre pour achever de l'accabler... L'Angleterre a besoin de la guerre avec la France pour réparer ses pertes. La France en a besoin pour prévenir les siennes. Pour l'une, c'est une guerre de dédommagement ; pour l'autre, c'est une guerre de conservation. Indépendamment de ce dernier motif, la France a d'anciennes injures à venger ; elle a sa considération à recouvrer, la gloire de ses armes à relever ; elle a à reprendre sur l'Angleterre la supériorité que la nature lui a si évidemment destinée. »

Mais Charles de Broglie se garde bien de jouer les grandes orgues de la revanche. Tout son texte est écrit en fonction de la psychologie de son royal lecteur. Comme tout le monde, il sait Louis XVI réticent à soutenir des sujets en rébellion contre leur maître ; aussi s'abstient-il, à propos de l'Amérique, de tout développement idéologique, alors que, de la Pologne à la Corse, nous l'avons toujours vu attaché à la liberté des peuples. Il connaît le pacifisme du roi : la France ne mènera qu'une « guerre de conservation », préventive et non point prédatrice. De même Broglie s'attache-t-il à ne point heurter Vergennes, lecteur obligé du mémoire, alors que nous le devinons plus proche de l'impétuosité d'un Beaumarchais que de la procrastination du ministre. Certes, des « spéculateurs » exigent la guerre à cor et à cri, « mais il peut être bien des circonstances et des réflexions qui compliquent la question aux yeux du gouvernement et qui le forcent d'embrasser une autre politique. Les administrateurs ont leurs secrets, et juger leur conduite sur ce qui est apparent est une précipitation souvent indiscrète et injuste. » La marine française, « qui n'existait pas il y a trois ans », avait d'ailleurs besoin de temps pour se reconstituer.

Sur les Insurgents, Broglie passe rapidement. La situation évolue si vite dans le moment où il rédige son mémoire qu'il craint probablement d'être pris à contre-pied. Il observe cependant avec lucidité qu'un traité de commerce n'aurait guère de sens : les Américains n'ont pas secoué le joug commercial britannique pour venir se placer sous celui de la France. Un traité d'alliance présenterait l'intérêt d'empêcher tout raccommodement entre les Insurgents et l'Angleterre. Ce traité est-il déjà négocié ? Il n'en sait rien et se repose sur l'habileté du ministre.

Conclusion : « Dans cette situation, que doivent donc faire la France et l'Espagne ? Attendre sans doute, puisque la passion qui a jusqu'ici aveuglé le ministère anglais peut, en l'acharnant à la guerre d'Amérique, mieux que nous-mêmes combattre pour nous. Mais, en même temps, elles doivent se préparer à la guerre, redoubler d'activité et d'efforts, s'y préparer, non par un plan de défensive étroit et borné, mais par un grand plan offensif qui, à la première hostilité de l'Angleterre puisse l'empêcher d'envahir nos colonies et la faire trembler pour ses foyers. »

Le mémoire militaire reprend, en le mettant à jour, le projet initial. Pour les lieux de débarquement et la stratégie qui doit ouvrir Londres à l'armée française, rien de changé. En revanche, Broglie renonce à diviser l'escadre entre Rochefort et Brest : les vaisseaux de guerre seront concentrés dans le port breton. Les cinquante-neuf mille hommes du corps expéditionnaire formeront quatre divisions qui s'embarqueront, la première à Dunkerque, Calais et Boulogne ; la seconde à Dieppe et au Havre ; la troisième à Honfleur et Cherbourg ; la quatrième à Saint-Malo et Morlaix. Cinq cent quatre-vingt-dix bâtiments de transport emporteront les soldats. Le comte et ses aides, dont La Rozière, ont dressé deux grands tableaux exposant dans le détail la répartition des troupes et des vaisseaux. Un troisième tableau fait l'inventaire des opérations de diversion à mener tant par la France que par l'Espagne sur toutes les mers du monde pour contraindre l'adversaire à disperser ses forces. C'était, dans l'esprit de Broglie, l'une des composantes essentielles du projet, de même qu'il assignait à chacun des deux alliés des objectifs séparés, redoutant les lenteurs et les querelles inhérentes à toute opération combinée. Pour chaque objectif, le mémoire indiquait les forces dont l'Angleterre devait disposer pour se défendre avec quelque chance de succès, et celles qui étaient déjà sur place.

« En France, conclut Charles de Broglie, quand la guerre arrive, elle semble toujours être un événement imprévu. Tous les besoins éclatent à la fois, le temps presse, l'argent manque, on est obligé de se mettre dans les mains des entrepreneurs, et l'on paye ainsi avec usure les négligences de la paix. Il est temps de changer de système et d'adopter à cet égard celui de nos voisins. Ils le tiennent de nous, ils le tiennent de l'exemple de Louis XIV dans ses beaux jours : c'est par la sage prévoyance de M. de Louvois, c'est par cette abondance de moyens et de préparatifs en tout genre et en tout temps que nous prévenions toujours nos ennemis. Les armées françaises en avaient alors cet avantage sur toutes les armées étrangères. Nous l'avons perdu, nos voisins s'en sont emparés, et, en l'adaptant à des constitutions plus militaires que ne l'était la nôtre alors, ils en ont fait un art encore plus parfait et mieux entendu. »

Le stathoudérat ?... Quel stathoudérat ? Qui songe encore à cette vieille histoire ?

*
* ≈

Saratoga exigeait une réaction française. Les pourparlers secrets engagés à Paris par Paul Wentworth achèvent de convaincre Vergennes qu'il faut sortir de l'expectative. Il assure la troïka qu'une décision est imminente. Le 27 décembre, il écrit au comte de Montmorin, qui a succédé à l'ambassade de Madrid au marquis d'Ossun : « Le temps des réflexions est passé… Il en reste à peine pour se résoudre. Le moment est décisif. Nous pouvons encore gagner de vitesse les Anglais. » Ne point agir, ce serait se mériter « le regret inutile d'avoir perdu de gaieté de cœur la plus heureuse circonstance que la Providence ait jamais offerte à la maison de Bourbon ». On ne peut laisser échapper « la seule occasion qui se présentera peut-être dans le cours de bien des siècles de remettre l'Angleterre à sa véritable place ».

Le 30 décembre, Maximilien-Joseph de Wittelsbach, Électeur de Bavière, rend son âme à Dieu.

L'an 1778 ne risque pas d'être ennuyeux.

XXI

Le 10 février 1778, Voltaire est à Paris.

Vingt-huit ans qu'il n'y avait mis les pieds… Il avait déguerpi en 1750, à la satisfaction de Louis XV, irrité par ses familiarités, et au soulagement du parti dévot qui eût toutefois préféré le voir serré à la Bastille. Il y avait de la lettre de cachet dans l'air. Berlin ensuite, où Frédéric l'avait bien mal traité après qu'il se fut lui-même conduit de manière indigne, puis le long ancrage à Ferney, à judicieuse distance des foudres versaillaises.

Il quitte sa douillette gentilhommière, sa bibliothèque aux six mille livres, le lit où il passe le plus clair de son temps, écrivant, dictant, donnant audience aux pèlerins innombrables, avec sous les yeux le portrait d'Émilie du Châtelet, l'infidèle tant aimée et jamais oubliée, et deux images d'Épinal représentant Calas et Sirven ; à quatre-vingt-quatre ans, il abandonne ses paysans qui révèrent en lui leur bienfaiteur, ses jardins, ses vignobles, ses bois, ses fermes, sa fabrique de montres qui tient la dragée haute à la concurrence helvétique, et, au bord de l'agonie comme il l'est depuis vingt ou trente ans — il pourrait dire avant Cocteau : « Ma mauvaise santé de fer » —, se lance en voiture, au cœur de l'hiver, dans un voyage à éreinter un costaud…

Son entourage l'y pousse. C'était le marquis de Villette, fils d'un richissime financier. Il avait en poche la quittance de son marquisat, traînait derrière lui une odeur de débauche crapuleuse et la vilaine histoire d'un duel auquel il s'était présenté avec trois heures d'avance sur l'horaire prévu, ce qui lui avait permis de faire dresser un constat de carence contre son adversaire. Il s'était introduit à Ferney en apportant au patriarche, dont la barbe clairsemée ne justifiait pas le rasoir, des pinces à épiler introuvables à Genève comme à Lyon, s'était incrusté et venait d'épouser deux ans plus tôt Renée de Varicourt, une demoiselle de dix-huit printemps recueillie par Voltaire pour la sauver du couvent et qu'il avait surnommée « Belle et Bonne ». C'était aussi Marie-Louise Denis, la nièce de Voltaire, devenue énorme depuis le temps où il baisait ses « fesses transportantes », et qui tenait son ménage d'une poigne de fer ; dans leurs incessantes et explosives querelles, l'oncle l'appelait « la grosse cochonne ». C'était enfin Wagnières, le secrétaire dont la plume alerte écrivait sous la dictée les milliers de lettres expédiées à travers l'Europe. Tout ce monde s'ennuyait ferme et aspirait au triomphe mondain que ne manquerait pas d'apporter un voyage à Paris. Voltaire lui-même ne se lassait-il pas du rôle qu'il tenait depuis si longtemps sur le petit théâtre de Ferney ? Un autre théâtre l'appelait, la Comédie-Française, où l'on s'apprêtait à jouer *Irène*, sombre tragédie en cinq actes, aussi mauvaise que les précédentes, mais il s'obstinait à voir dans son théâtre son meilleur passeport pour la postérité, tenant pour secondaires les textes qui assureront son immortalité. Que le voyage fût une folie à son âge et avec des problèmes nouveaux de vessie qui l'exposaient à une crise d'urémie, il en avait sans doute conscience, mais peut-être pensa-t-il que le destin lui fixait rendez-vous. Quand Louis XV avait éprouvé à Trianon les premières atteintes de la petite vérole, son médecin lui avait dit : « Sire, c'est à Versailles qu'il faut être malade. » Un Voltaire ne pouvait mourir à Ferney. « Je prépare, disait-il à ses amis, un petit voyage pour Paris et pour l'éternité. »

Sur place, les fidèles avaient tâté le terrain. Une chambre à la Bastille était hors de question, mais une sanglante avanie restait dans l'ordre des choses possibles. Éblouie par la gloire posthume, la postérité oublie ou minimise traverses et humiliations. Dans quatre ans, Diderot, l'immense Diderot, l'hôte de Catherine de Russie, devra s'agenouiller devant le garde des Sceaux et faire amende honorable pour des textes jugés scandaleux... Voltaire a les articulations trop cliquetantes et l'âme trop fière pour se prêter à des génuflexions de cette sorte. Il est resté un quart de siècle à Ferney pour se les épargner et n'en sortirait pas s'il devait en courir le risque. On l'a rassuré. Le roi de France voudra bien fermer les yeux sur la présence à Paris du Français le plus célèbre de son temps.

Joseph II, empereur, avait mis beaucoup d'affectation à être traité en voyageur banal. Voltaire, parce qu'il est Voltaire, se trouve partout reçu en roi. À Nantua, au relais, la foule l'assiège et le maître de poste ordonne au postillon d'atteler ses meilleurs chevaux : « Tu mènes monsieur de Voltaire ! » À Dijon, des jeunes gens soudoient le personnel de l'hôtel de la Croix d'or pour servir à sa place la table du grand homme. À l'octroi de Paris, il répond aux commis qui lui demandent s'il a quelque marchandise à déclarer : « Ma foi, je crois qu'il n'y a ici de contrebande que moi. » Les commis le reconnaissent — « Pardieu ! c'est monsieur de Voltaire ! » — et refusent de fouiller la voiture.

Le 10 février en fin d'après-midi, après six jours de voyage, il arrive exténué à l'hôtel particulier de Villette, au coin de la rue de Beaune et du quai des Théatins[1]. Une mauvaise nouvelle l'attend : Lekain est mort l'avant-veille. Le meilleur des acteurs, et un vieil ami. Voltaire comptait sur lui pour jouer dans *Irène*, bien que l'autre se fît tirer l'oreille : tombé amoureux, il refusait de se lever de son lit pour monter sur les planches. Il avait commencé sa carrière en jouant *Brutus*, de Voltaire, et la terminait avec *Adélaïde Duguesclin* (quel titre !), du même Voltaire. Mais l'auteur fut déçu d'apprendre que Lekain n'avait pas eu l'esprit de mourir sur scène en disant ses vers : il était banalement décédé dans les bras de sa dulcinée, dont la fougue lui avait été fatale.

Voltaire à Paris, Versailles n'est plus qu'une petite ville de province. Une foule stationne en permanence quai des Théatins. Les carrosses bloquent la rue de Beaune. « En un seul jour, on vit entrer dans l'hôtel cent cordons bleus. » Mme Denis et Belle et Bonne filtrent les arrivants. Les candidats agréés sont introduits par Villette et d'Argental, l'ami de toujours, « mon cher ange ». Voltaire reçoit en robe de chambre et bonnet de nuit. La plupart des visiteurs ne l'ont jamais vu. On s'étonne de découvrir, au lieu du cadavérique vieillard attendu, un bonhomme tout feu tout flamme, vif comme un écureuil, dont les yeux étincellent sous le bonnet. Comment tient-il le coup ? Un défilé incessant, des dizaines de visages à se remémorer, des souvenirs à exhumer, et, réputation oblige, le devoir de briller pour que chacun emporte son mot comme un os à ronger. Un fâcheux déclare :

---

1. Aujourd'hui quai Voltaire.

« Aujourd'hui, je ne suis venu voir qu'Homère, je viendrai un autre jour voir Euripide, puis Sophocle, puis Tacite… — Monsieur, je suis bien vieux, soupire Voltaire en l'arrêtant, si vous pouviez faire toutes vos visites en une fois… » Paris retentissait de la querelle entre gluckistes et piccinistes ; Voltaire reconduit Gluck alors qu'on annonce Piccini ; il glisse au musicien : « Piccini après Gluck, c'est dans l'ordre. »

Il reçoit Beaumarchais dont les mémoires contre Goëzman l'avaient tant fait rire. Selon Gudin, « il le félicita sur l'étonnante variété de ses talents, sur la diversité de ses succès au théâtre, au barreau, et même sur l'océan où son énergie le faisait agir en homme libre et braver les flottes anglaises comme il avait bravé dans d'autres temps les rigueurs ministérielles ». Comment ne retrouverait-il pas en lui le reflet de ce qu'il fut naguère ? Même énergie à se tailler une place dans une société où leur naissance les destinait aux emplois médiocres, même infernal culot, même talent protéiforme pour faire de l'argent, écrire des pièces, se lancer dans des croisades, susciter haines et dévouements, remplir enfin le siècle de leur pétaradante existence…

Il voit d'Éon, son « amphibie ». Le chevalier passe en coup de vent, dans un froufrou soyeux, agacé par la curiosité des domestiques de Villette. « Ses jure-dieu, son brûle-gueule et sa perruque » laissent cependant une impression mémorable.

Et d'Alembert, Diderot, Mme du Deffand, Marmontel, La Harpe, Mme Necker, des académiciens par fournées, des fermiers généraux par charretées, du militaire, du comédien, du savant, de l'artiste… La toujours ravissante comtesse du Barry, avec laquelle il avait fleureté par vers interposés au temps du feu roi, sort de Louveciennes pour présenter son hommage. En repartant, elle remarque un jeune homme déconfit : le portier l'a refoulé. C'est Jacques-Pierre Brissot, le futur dirigeant de la Gironde. Il s'apprête à collaborer au *Courrier de l'Europe* de Beaumarchais. Brissot : « À ce moment, une jeune personne éblouissante sort [elle a onze ans de plus que lui], voit ma triste mine, s'émeut, me dit : "Monsieur, que vouliez-vous ? — Voir monsieur de Voltaire. — Eh bien, dit-elle, je remonte, j'obtiendrai qu'on vous fasse entrer." » Plus qu'aucune autre, elle eût mérité d'être appelée Belle et Bonne.

Lord Stormont écouta stoïquement les diatribes du patriarche contre Shakespeare, auquel il vouait une haine frénétique. Un certain Letourneur venait d'en donner une traduction et le pré-

sentait comme le plus génial des dramaturges. Et Voltaire, alors ?
Ou Racine, à la rigueur... « Il n'y a point en France assez de
camouflets, assez de bonnets d'âne, assez de piloris pour un
pareil faquin. Le sang pétille dans mes vieilles veines en parlant
de lui. » Ce jour-là, milord Tout-ouïe aurait à coup sûr préféré
n'avoir que des yeux.

Un autre jour, évidemment, ce fut Benjamin Franklin, accompagné de son second petit-fils, âgé de quinze ans. Ils s'entretien-
nent en anglais. Vingt personnes écoutent religieusement, sans
rien comprendre. Et Franklin de demander à Voltaire de bénir
son petit-fils. Meilleur que Lekain, le vieillard se dresse, pose les
mains sur la tête du garçon agenouillé devant lui, et profère :
« *God and Liberty*. » Cette fois, on a compris. Les larmes ruissellent sur les joues.

Au terme de ces journées trépidantes et surpeuplées, il touche
à la nuit comme à un havre de paix après la tempête. Un bon
sommeil réparateur ? Il s'agit bien de repos ! *Irène* attend, toujours bancale, et la Comédie-Française attend *Irène*. Électrique,
il passe ses nuits à dicter à Wagnières des cataractes de vers.

Le docteur Tronchin fait la tête. Membre de la puissante tribu
des Tronchin de Genève, il s'efforce en vain d'alerter l'entourage.
Villette le fuit — Villette qui jouit sans pudeur de son rôle de
camelot : « Pour voir Voltaire, il faut passer par moi. Vous en voulez, du Voltaire : en voici. Mais faites courbette devant Villette. »
Depuis le 15 février, sa marionnette a les jambes enflées et
souffre de la vessie. Le 20, Tronchin se résigne à publier dans le
Journal de Paris un avis peu banal : « J'aurais désiré de dire de
bouche à M. le marquis de Villette que, depuis que M. de Voltaire est à Paris, il vit sur le capital de ses forces et que tous ses
vrais amis doivent souhaiter qu'il n'y vive que de sa rente. Au
ton dont les choses vont, les forces, dans peu, seront épuisées et
nous serons témoins, si nous ne sommes pas complices, de la
mort de M. de Voltaire. »

Le 25 février, victime d'hémoptysie, le sang « lui jaillit par le
nez, par la bouche, avec la même violence que quand on ouvre le
robinet d'une fontaine dont l'eau est forcée ».

*
* *

Si la cour subissait l'éclipse voltairienne, le Versailles ministériel ne chômait pas. La brutale accélération de la conjoncture contraignait à l'action le temporisateur Vergennes, et à la décision un roi dont l'atonie décourageait Maurepas.

L'affaire de Bavière arrivait comme un cheveu sur la soupe. Le 5 janvier, malgré les réticences de sa mère, Joseph II faisait marcher une armée pour occuper les districts convoités. Il écrivait le même jour à Mercy : « Cela ne plaira pas trop là où vous êtes, mais je ne vois pas ce qu'on pourra y trouver à redire, et les circonstances avec les Anglais y paraissent très favorables. » Autrement dit : avec la guerre d'Amérique sur les bras, la France ne bronchera pas. Celui qui risque de grogner, c'est Frédéric de Prusse, le voleur de la Silésie autrichienne, le croque-mitaine dont l'insolente invulnérabilité obsède Marie-Thérèse depuis trente ans. S'il était tenté de bouger pour priver Vienne de la basse Bavière, la France devrait le tenir en respect. Certes, l'alliance n'est que défensive et ne garantit que les possessions acquises au moment de sa signature, mais l'esprit d'un traité en dépasse la lettre. La reine de France est d'ailleurs là pour servir son « auguste maison ».

Sa première réaction consterne Mercy : apprenant la mort de l'Électeur de Bavière, elle a confié à la Polignac qu'elle craignait que son frère « ne fît des siennes ». Et l'ambassadeur de reprendre son antienne : la reine, qui pourrait tout, n'arrive à rien par légèreté et inconstance. Du coup, le 1er février, Marie-Thérèse se fend d'une lettre criminelle où l'impératrice-reine escamote la mère attentive. « J'ai besoin de tous vos sentiments pour moi, votre maison et patrie… » Si Frédéric, avec ses insinuations perfides, parvenait à enfoncer un coin entre l'Autriche et la France, cela « me donnerait la mort ». Marie-Antoinette aime profondément sa mère. Au témoignage de Mercy, ce passage produit sur elle une « grande et vive émotion » que trahit sa pâleur. Bouleversée, elle monte au créneau. Compte rendu de Mercy : « La Reine ayant parlé à son époux assez vivement sur l'affaire de la Bavière, sur les manœuvres du roi de Prusse et sur les dangers d'un refroidissement de l'alliance, le Roi répondit : "C'est l'ambition de vos parents qui va tout bouleverser. Ils ont commencé par la Pologne, maintenant la Bavière fait le second tome, j'en suis fâché par rapport à vous. — Mais, répartit la Reine, vous ne pouvez pas nier, monsieur, que vous étiez informé et d'accord sur cette affaire de Bavière. — J'étais si peu d'accord, répliqua le Roi, que l'on vient de donner ordre aux ministres français de faire connaître, dans les cours où ils se trouvent, que ce démembrement de la Bavière se fait contre notre gré, et que nous le désapprouvons." » Tel est Louis XVI, cédant sur presque tout, mais inébranlable à l'occasion, et capable alors de sévères rebuffades. Un homme flou avec des angles aigus. Il ne cède pas plus sur le retour de Choiseul ou sur la Bavière que son grand-père, lui aussi ondoyant, n'avait cédé sur l'alliance autrichienne et sur le renvoi des parlements.

Marie-Thérèse s'obstine. Le 19 février, elle évoque les « noires et malicieuses insinuations du roi de Prusse » et espère que Louis XVI « ne se laissera pas entraîner par les méchants, comptant sur sa justice et sa tendresse pour sa chère petite femme ». Si une guerre devait éclater, les trois frères de Marie-Antoinette « y seraient les premiers acteurs : l'idée seule me fait presque succomber ; mais je ne saurais l'empêcher, et si je n'y succombe, mes jours seraient pires que la mort. Je vous embrasse. » En somme, si la reine de France ne fait pas son devoir de bonne Autrichienne, si elle ne permet pas à sa maman d'avaler la basse Bavière après avoir enfourné une grosse portion de Pologne, elle sera responsable d'une hécatombe familiale. Le 6 mars, plaintes sur les déclarations des diplomates français. Le 14 mars, nouvelle épître d'une mère qui n'a *jamais* tant écrit à sa fille : « Dans notre critique situation, je suis fâchée d'alarmer à si juste titre votre tendresse, mais l'occasion est pressante... Jugez de ma situation, y ayant des fils très chers... »

Un officier traitant mènerait son agent avec plus de délicatesse.

Rassuré par une fermeté royale qui, pour l'instant au moins, écarte le spectre d'une guerre continentale où la France engloutirait ses forces, Vergennes doit en revanche bousculer Louis XVI pour le décider à la guerre contre l'Angleterre. On a dit les répugnances royales.   Dans le ministère, Vergennes n'a qu'un allié solide : Sartine. Maurepas, ravagé par une attaque de goutte, recule comme d'habitude au moment de sauter. Ministre de la Guerre, Montbarey se déchaîne contre la guerre, à la fois par principe — on ne soutient pas des rebelles — et pour des raisons pratiques : l'état des finances publiques. Dans une curieuse bataille à front renversé, c'est Necker qui apporte tout apaisement sur le problème financier ; il se fait fort de pourvoir à la guerre sans imposition nouvelle, par le seul recours à l'emprunt, procédé indolore. L'Espagne marchera-t-elle ? Elle n'y est pas prête, loin de là, mais Vergennes qui n'a cessé de remontrer au roi et à ses collègues que son concours était un préalable obligé, se montre maintenant tout disposé à se passer d'elle. Le temps presse, comme il l'a écrit à Montmorin. On n'en est même plus aux conciliabules secrets entre délégués américains et émissaires anglais. Lord North, Premier ministre, présente devant les Communes des *bills* conciliatoires rapportant toutes les mesures qui ont poussé les colonistes à la moins désirée des guerres. Vergennes parvient non sans mal à convaincre Louis XVI que celui qui sera pris de vitesse par l'autre perdra une guerre de toute manière inévitable.

Deux traités, l'un de commerce, l'autre d'alliance, sont préparés en quelques semaines par la troïka américaine et les bureaux des Affaires étrangères. Le roi donne son accord. L'événement ne manquait pas de singularité : la plus puissante des nations catholiques volait au secours d'une chétive communauté protestante dix fois moins nombreuse qu'elle ; un roi de droit divin tendait la main à une république ; un pays où le bon plaisir décidait de l'impôt et où régnait l'iniquité fiscale s'alliait à des Insurgents qui s'étaient soulevés au nom du principe : « Pas d'imposition sans représentation. » Le contenu des traités n'était pas moins inhabituel. L'accord commercial prévoyait des avantages réciproques sans aucune revendication d'exclusivité de la part de la France. Excluant toute idée de conquête, le traité d'alliance se donnait pour but unique une indépendance américaine que les cocontractants poursuivraient sans désemparer en s'interdisant de signer une paix séparée.

Le 6 février, dans un salon de l'hôtel Coislin, place Louis-XV, Franklin Deane et Lee, d'une part, le premier commis des Affaires étrangères Conrad-Alexandre Gérard, d'autre part, apposèrent leur signature au bas des deux documents.

Vergennes, poussant les feux, décide alors de signifier le traité de commerce à l'Angleterre. Il l'envoie à Noailles, accompagné d'un mémoire justificatif rédigé selon toute vraisemblance par Beaumarchais. La France prend acte de la Déclaration d'indépendance du 4 juillet 1776, juge par conséquent légitime de passer des accords avec une entité nationale juridiquement constituée et, avec un humour typiquement figaresque, demande à l'Angleterre de vouloir bien garantir le traité. Il n'empêche qu'à lire sa dépêche à Noailles on devine le ministre dans ses petits souliers : « Nous prévoyons la surprise et l'effervescence qu'elle occasionnera [la démarche] ; mais nous ne nous permettons pas de supposer que l'on osera violer votre caractère et votre sûreté. En tout cas, le Roi s'en rapporte particulièrement à votre prudence sur la conduite qu'il vous conviendra de tenir dans une pareille conjoncture. Vous pouvez être assuré, à tout événement, que le lord Stormont ne recevra de passeport pour quitter la France qu'après que nous serons informés de la conduite qu'on aura tenue à votre égard. » On croirait que Noailles représente la France en Valachie...

Le 13 mars, l'ambassadeur, visage impassible mais cœur caracolant de bonheur, remet les documents à lord Weynmouth, chef de la diplomatie britannique. Le lendemain, on lui notifie le rappel de lord Stormont, ce qui implique son propre départ. La nouvelle du choix opéré par la France a consterné Londres.

Au Conseil du 18 mars, Vergennes double la mise : sous prétexte que le rappel de Stormont constitue une offense insupportable, il fait décider l'expulsion du commissaire anglais de Dunkerque. La disproportion entre les deux gestes est si évidente qu'elle relève pour le coup de l'insulte délibérée. C'est franchir le Rubicon en crachant dans l'eau. Les juristes pouvaient discuter à perte de vue le droit pour la France de négocier avec des sujets rebelles à leur souverain légitime, mais l'expulsion du commissaire était une violation pure et simple du traité de Paris de 1763. Aucune cour d'Europe ne pourrait contester au roi d'Angleterre le droit de la tenir pour un *casus belli*.

Quant à l'élégance apportée à l'exécution, elle ne visait pas à apaiser l'ire britannique, car si le baronnet Frazer fut poussé dans le bateau avec beaucoup de politesse, c'est que le pauvre diable, se sachant l'homme le plus haï de France, exerçait ses fonctions avec une modération exemplaire. Sans doute sut-il gré au gouvernement français de l'avoir renvoyé chez lui avant que le traité ne fût rendu public : « Sans cette précaution, écrit Mme Campan, le peuple se serait porté à des excès pour faire éprouver à l'agent de la puissance anglaise les effets d'un long ressentiment causé par son séjour dans ce port. »

Le 20 mars, les fastes versaillais proclament l'alliance à la face du monde.

*
* *

On a beau avoir domestiqué la foudre, nul ne s'est jamais présenté devant le roi de France sans être frisé ou perruqué. Benjamin Franklin cherche une perruque, n'en trouve pas à sa taille (« Hélas, monsieur, c'est impossible ! Ce n'est pas ma perruque qui est trop petite, mais votre tête qui est trop grande ! »), se décide pour un chapeau gris clair qu'il tiendra sous son bras. Costume de velours brun sombre, souliers à boucle d'argent. Les autres membres de la délégation américaine — Deane, les deux frères Lee, Ralph Izard — ont revêtu l'habit de cérémonie.

Le duc de Croÿ, en bonne place parmi les courtisans les plus distingués, se fait le chroniqueur ému d'une cérémonie qui se déroule dans l'euphorie du renvoi du commissaire — aucune décision ne pouvait être plus populaire — et dans un épanchement d'enthousiasme pour ces Américains qui ont fourni l'occasion de laver l'humiliation. Par une merveilleuse coïncidence, lord Stormont quittait Paris — bon débarras ! — le jour même où Franklin et ses collègues étaient reçus à Versailles.

« Une foule immense était assemblée dans les allées, dans la cour, sur les degrés et jusque dans les antichambres. En voyant Franklin, tous frémirent et se poussèrent, et murmurèrent intimidés et fascinés : "Il est habillé en quaker." Deane, Izard et les deux Lee, en vêtements d'apparat, semblaient des laquais parés suivant un patriarche. Ils montèrent d'abord chez Vergennes ; puis celui-ci, tandis que les tambours battaient aux champs, que le drapeau royal sur le faîte du Palais s'inclinait et que les troupes rangées présentaient les armes, leur fit gravir les grands escaliers. En haut, la porte monumentale des appartements du Roi s'ouvrit à deux battants et le major des Cent-Suisses, s'avançant, prononça : "Les ambassadeurs des Treize Provinces Unies."

« Franklin, défaillant d'émotion, pleurait ; soutenu par Vergennes et Deane, il avançait pourtant ; ils fendaient la masse des évêques, des nobles, des diplomates, des académiciens et des maréchaux ; sur leur passage, les dames se levaient.

« Louis les reçut avec aisance et simplicité ; il prit Franklin par la main et, s'adressant à tous, leur dit : "Messieurs, je souhaite

que vous assuriez le Congrès de mon amitié ; je vous prie aussi
de lui faire savoir que je suis très satisfait de votre conduite
durant votre séjour dans mon royaume." Dominant son émotion,
Franklin remercia au nom de l'Amérique : "Votre Majesté peut
compter sur la reconnaissance du Congrès et sur la fidélité des
engagements qu'il prend." Vergennes ajouta : "Il est certain,
Sire, qu'on ne peut avoir une conduite plus sage, plus réservée
que celle qu'ont tenue ces messieurs ici." »

Après la réception, les délégués rendent visite à la marquise de
La Fayette, sont reçus à dîner par Vergennes, puis retournent
assister au jeu de la reine, qui les y a aimablement conviés. Croÿ,
qui ne passait pas pour le plus bel esprit de la cour, enchanta
avec ce mot à Franklin : « Il n'appartenait qu'à celui qui a trouvé
l'électricité, d'électriser les deux bouts du monde. »

Rentré dans son cabinet après ces transports d'émotion, le
vieux courtisan nota cependant dans son journal des réflexions
plus rassises, que beaucoup partageaient : « On ne peut se dissimuler que cela avait bien son vilain côté : substituer, le jour de
son départ, Franklin le révolté et chef de la révolte à l'ambassadeur du roi d'Angleterre, reconnaître des révoltés qui n'étaient
pas encore tout à fait libres, les reconnaître les premiers, quel
exemple ! Et contre une nation avec qui l'on n'était pas encore en
guerre, et à quoi on n'avait d'autre sujet de la déclarer que parce
qu'elle était dans l'embarras ; de plus, le risque d'établir, les premiers, une puissance qui devait être si formidable, un jour. » Sur
le long terme, ce n'était pas mal vu, s'agissant d'une nation
encore au berceau. À court terme, le duc de Croÿ envisage
l'inévitable : « Une guerre implacable. »

*
* *

De l'autre côté de l'océan, Gilbert de La Fayette vivait des
heures moins brillantes et, s'il l'avait sue dans l'instant, la visite
à son cher cœur de délégués élevés à la dignité d'ambassadeurs
serait venue à propos pour ponctuer d'une touche de bonheur un
paysage lugubre.

La blessure reçue sur la Brandywine était sérieuse, même s'il
avait affecté de la traiter à la légère pour ne pas affoler sa femme :

« MM. les Anglais m'ont gratifié d'un coup de fusil qui m'a un peu blessé à la jambe, mais cela n'est rien, mon cher cœur, la balle n'a touché ni os, ni nerf, et j'en suis quitte pour être couché sur le dos pendant quelque temps, ce qui me met de fort mauvaise humeur. » Il s'inquiétait davantage de la cause américaine que de sa blessure et, avec une sagacité au-dessus de son âge, imaginait à la fois l'impression désastreuse que ferait en France la nouvelle de la défaite et le rôle qu'il pouvait jouer pour relever les esprits : « À présent, comme femme d'un officier général américain, il faut que je vous fasse la leçon. On vous dira : "Ils ont été battus…" Vous répondrez : "C'est vrai… mais de vieux soldats ont toujours l'avantage sur des neufs, etc." Après cela, on ajoutera : "C'est fort bon, mais Philadelphie est prise, la capitale de l'Amérique, le boulevard de la liberté." Vous répartirez poliment : "Vous êtes des imbéciles, Philadelphie est une triste ville, ouverte de tous côtés, dont le port était déjà fermé, que la résidence du Congrès a rendu fameuse, je ne sais pas pourquoi, etc." » Ses lettres, lues à Versailles comme à Paris, entretiendront la ferveur pour les Américains quand les choses iront mal, et contrebalanceront efficacement l'effet déplorable créé par les officiers de sa caravane dédaignés par le Congrès, qui, rentrés en France avec un compréhensible ressentiment, déblatéreront dans salons et cafés contre Washington et sa ridicule armée.

Un mois de convalescence chez les frères moraves, des quakers dont les mœurs l'étonnent. Son désir d'action et, il faut le dire, une imagination peu encline à composer avec les réalités le portent à des projets fous. Il propose à son cousin Bouillé, gouverneur des Antilles françaises, d'attaquer les îles anglaises avec des vaisseaux américains ; Bouillé objecte que la France et l'Angleterre ne sont pas en guerre. Il suggère à Maurepas de lui confier le commandement d'une expédition aux Indes ; Maurepas s'agace de ce gamin qui « déménagerait Versailles » si cela pouvait servir les Insurgents. Il écrit force lettres au comte de Broglie, son mentor à lui, l'homme à qui il doit de vivre l'aventure américaine. Elles sont malheureusement perdues, mais on en trouve la trace dans ses missives à d'autres correspondants. Ainsi cette lettre à Guy Dubois-Martin, secrétaire du comte, à propos de ses grands projets : « Vous y verrez des idées bien extraordinaires, bien folles, bien ridicules peut-être, mais, vivement tourmenté par l'envie de suivre quelque chose pour ma vanité et l'utilité de ma patrie dans ce pays-là, je n'ai pas pu me refuser de soumettre mon plan à votre jugement et à celui de M. le comte de Broglie… Pour M. le comte de Broglie, il jugera s'il est utile qu'il paraisse s'en mêler, ou s'il vaut mieux qu'il ignore aussi. Je compte tant sur ses bontés, ma confiance est si entière, que je n'ose pas douter qu'il ne s'intéresse à moi dans cette affaire comme dans l'autre. » Mais il abandonnerait sans hésiter tous ses projets s'il lui arrivait de France des nouvelles excitantes : « Celle de la guerre me déciderait à partir tout de suite, fût-ce à la nage. Hé là ! Monsieur, si l'on fait une descente en Angleterre, pour Dieu, ne me le laissez pas ignorer ! »

Cependant, Washington s'était fait battre une fois de plus à Germantown, Howe occupait Philadelphie et l'armée américaine prenait de tristes quartiers d'hiver à Valley Forge. Encore pouvait-on s'estimer heureux qu'il restât une armée : au soir de la Brandywine, Howe tenait Washington à sa merci. « Si les ennemis eussent marché sur Derby, écrira plus tard La Fayette (et, avec lui, en substance, tous les historiens militaires), l'armée était coupée et détruite ; ils perdirent un temps précieux, et c'est peut-être la plus grande faute d'une guerre où ils en commirent beaucoup. »

La Fayette remonte à cheval avant même de pouvoir enfiler sa botte et se distingue dans plusieurs engagements. Il obtient le commandement d'une division de Virginiens. Son courage, son caractère facile, une constante bonne humeur lui valent l'amitié de la troupe et l'estime de ses pairs. Washington ? « Je suis établi chez lui, nous vivons comme deux frères bien unis, dans une intimité et une confiance réciproques. » Même les officiers français sont unanimes à lui rendre hommage. Mais ils se chamaillent sans cesse, au désespoir de Kalb : « Ils se haïssent et essaient de se nuire chaque fois que l'occasion s'en présente. » Il faut dire que le sort ne les a pas gâtés : un voyage qui n'en finissait pas, les affronts du Congrès, un baptême du feu qui se termine en déroute. Presque tous rédigent pour Charles de Broglie des rapports qu'ils expédient au hasard des vaisseaux. Kalb, bien sûr, est le plus assidu, mais Charles du Buysson se distingue par une ampleur de vues qui n'exclut pas le sens du détail significatif : ses comptes rendus dressent un tableau passionnant de la vie américaine, des intrigues politiques et des opérations militaires. Espionnage ? Le mot serait bien sot, s'agissant d'hommes venus se faire tuer pour l'Amérique. Mais ils restent français et y forment, de fait, une espèce de réseau de renseignement au service de leur pays. Grâce à Charles de Broglie, qui transmet les rapports à Vergennes, le gouvernement sait à quoi s'en tenir sur les forces et les faiblesses de son nouvel allié.

Valley Forge n'était pas fait pour remonter le moral. L'armée vaincue grelottait, le ventre creux, tandis que Howe et ses soldats jouissaient à Philadelphie des délices d'une nouvelle Capoue. La Fayette, effaré, découvrit que la guerre pouvait manquer de charme : « Les malheureux soldats manquaient de tout ; ils n'avaient ni tuniques, ni chapeaux, ni chemises, ni souliers. Les pieds et les jambes des hommes gelaient au point de devenir noirs et de rendre l'amputation nécessaire. Les troupes passaient souvent des jours entiers sans nourriture et l'endurance patiente des soldats, aussi bien que des officiers, était un miracle renouvelé sans cesse... »

C'est à Valley Forge que George Washington, décidément l'homme des hivers terribles, jamais plus grand que dans la défaite, achève d'acquérir sa stature historique. « Notre général, écrit en décembre La Fayette à son beau-père, est un homme vraiment fait pour cette révolution qui ne pouvait s'accomplir sans lui. » Et Charles du Buysson, à la plume féroce pour les « cabaretiers, cordonniers, tailleurs, marchands qui ont fermé leur boutique pour prendre du régiment », change de style quand il écrit au comte de Broglie : « Je n'ai rien à dire du général Washington. C'est le seul homme fait pour être à la taille de l'Amérique et certainement aucun ne peut le remplacer. » Cet hiver-là, tout se défait. Philadelphie occupée se découvre tory. Ailleurs, la population excédée d'impôts (c'était bien la peine de se révolter contre quelques taxes anglaises !) perd confiance dans le papier-monnaie, astucieusement contrefait par les Anglais. Le blocus se resserre. On n'en peut plus de privations. Les trafics se multiplient, favorisant des fortunes infâmes. Les engagements deviennent rares et les désertions se multiplient.

C'est à Valley Forge que bat le cœur de l'Amérique, chez ces fidèles miliciens privés de tout, sauf d'espérance, et qui gardent confiance dans leur inflexible général.

Le major von Steuben débarque en février, grâce aux bons soins de Beaumarchais, et considère la pauvre cohue d'un œil prussien. La misère le frappe moins que le désordre. Avec ces engagements pour trois, six ou neuf mois, impossible de tenir un état correct des effectifs. Un régiment se trouve parfois plus nombreux qu'une brigade. « J'ai vu un régiment composé de trente hommes, et une compagnie d'un caporal… Quand je demandais à un colonel quel était l'effectif de son régiment, il me répondait le plus habituellement : "Entre deux cents et trois cents hommes." » Le Grand Frédéric serait tombé raide s'il avait entendu un colonel lui tenir ce langage de poète. Mais où sont passées les baïonnettes ? « Le soldat américain, qui ne connaissait pas cette arme, s'en méfiait et ne s'en servait guère que pour faire griller son beefsteak ; le plus souvent, il laissait sa baïonnette à la maison. » Les fusils ? « Un heureux mélange de fusils de chasse, de fusils rayés et de carabines », et un grand nombre ne fonctionnent pas. « En ce qui touche l'habillement des hommes, la description n'en sera pas longue : ils étaient nus, quelques-uns dans le sens littéral du terme. » Pour les autres, nudité signifie absence d'uniforme convenable, ce qui est pire que de mourir de froid. Comble de l'horreur : « J'ai vu des officiers, un jour de grande parade à Valley Forge, monter la garde vêtus d'une sorte de robe de chambre faite dans de vieilles couvertures ou dans des couvre-lits. » La discipline, aussi essentielle que la baïonnette ? « Je puis affirmer sans m'avancer qu'elle n'existait pas. » Ô soldats de l'an II, qui culbuterez si joliment l'armée prussienne, auriez-vous trouvé grâce devant ce regard teuton ?

Assez d'antigermanisme primaire ! Le lecteur a compris que l'auteur appartient à une génération qui, jusqu'à son extinction, éprouvera une vraie difficulté à montrer de la tendresse pour un officier allemand. Mais le fait est que le major von Steuben, promu inspecteur général de l'infanterie, deviendra, après Washington, le grand homme de Valley Forge. Avec une opiniâtreté intelligente, sans heurter ni se donner des airs, il va discipliner la cohue, harmoniser les règlements, uniformiser le bariolage vestimentaire, enseigner que la baïonnette a pour seule vocation la viande humaine, dresser surtout la troupe à se transformer en cette muraille mobile impassible sous le feu ennemi. Les officiers français lui tirent leur chapeau. À chaque génération son ennemi héréditaire… Indiquons à ce propos que nos gens, La Fayette en tête, devront bientôt prêter le serment obligatoire pour tout officier de l'armée américaine — mais, s'agissant d'eux, assez farce — de refuser « allégeance et obéissance à George III, roi d'Angleterre ».

De tristes intrigues assombriront encore l'hiver. Si Washington recueillait l'applaudissement quasi unanime des officiers étrangers, il n'était pas épargné par la jalousie des généraux américains. Une cabale se forme pour le remplacer par Gates, auréolé de sa victoire de Saratoga. Conway, cet Irlandais passé au service de la France, puis des États-Unis, est la cheville ouvrière du complot. Il tente d'y entraîner La Fayette, dont la popularité lui serait précieuse, en l'excitant « par des idées de gloire et de brillants projets, écrit le marquis, et j'avoue à ma honte que c'est un moyen trop assuré de m'éblouir ». Mais il sut rester fidèle à celui qu'il aimait d'une affection filiale. L'expérience le chagrina, car elle ternissait l'image idéale qu'il s'était formée de la nation américaine : « Je commence à craindre qu'elle ne soit perdue par elle-même et par ses propres enfants. » Puis c'est le projet d'une expédition au Canada, voulue par le Congrès, dont on lui confie le commandement, et qui l'enflamme, mais mal conçue, mal préparée, avec des moyens militaires dérisoires, de sorte qu'il faut bien vite renoncer. Et le retour à Valley Forge où le froid et la faim continuent leurs ravages...

L'avenir ? Indéchiffrable. Toujours ce balancement à propos d'Américains dont on se dit qu'ils ne peuvent pas perdre, sans voir pour autant comment ils pourraient gagner.

Ils n'apprendront qu'au mois de mai la signature de l'alliance.

*
* *

Une fois de plus, Voltaire ressuscite.

On l'avait cru pour de bon à l'agonie et la prêtraille, comme il disait, s'était abattue sur son lit tel un vol de corbeaux. Il avait réservé bon accueil à l'abbé Gauthier, ancien jésuite. Voltaire gardait estime et reconnaissance aux pères qui l'avaient naguère enseigné. Sans recourir à de vilains procédés, Gauthier lui fit signer une rétractation de ses erreurs : « Je meurs dans la sainte religion catholique où je suis né, espérant de la miséricorde divine qu'elle daignera pardonner toutes mes fautes ; et que si j'avais jamais scandalisé l'Église, j'en demande pardon à Dieu et à elle » Il se confesse, mais refuse de communier au prétexte qu'il pourrait recracher l'hostie dans un flot de sang. Voltaire a la hantise de la voirie, où l'on jette les cadavres de ceux qui sont morts hors de la religion. Adrienne Lecouvreur, un temps sa maîtresse, jusqu'à la fin une amie précieuse, mais surtout la femme passionnément aimée par le maréchal de Saxe et une comédienne régnant sur les scènes parisiennes, avait été ainsi enfouie parmi les ordures, et Voltaire, bouleversé, avait écrit à ce propos un poème vengeur dont le clergé s'était indigné. On peut donc regarder la mort en face et trembler pour la destination de la gue-nille. Mais le secrétaire Wagnières a rangé dans un tiroir la véri-table profession de foi signée deux jours avant la rétractation obtenue par Gauthier : « Je meurs en adorant Dieu, en aimant mes amis, en ne haïssant pas mes ennemis, et en détestant la superstition. »

Il va mieux. Pas assez — Tronchin veille — pour assister à la première d'*Irène* à la Comédie-Française, quatre jours avant la réception de Franklin à Versailles, mais des messagers qui n'ont que la Seine à traverser lui apportent après chaque acte les réac-tions du public. Accueil délirant aux deux premiers, poliment res-pectueux aux trois derniers. Le spectacle le plus passionnant était dans les loges où étaient assis le comte d'Artois et le duc de Bour-bon, fils du prince de Condé, qui s'étaient battus en duel le matin même : le premier, arrivé au bal de l'Opéra avec un coup dans le nez, avait donné du poing sur celui de la femme du second, qu'il avait eue comme tout le monde, car elle était nymphomane, le duc de Bourbon accordant quant à lui sa préférence aux traite-ments rigoureux dispensés dans certains bordels spécialisés.

Marie-Antoinette assistait à la première, mais non pas Louis XVI, ce dont Voltaire s'affligea. À quoi bon tant de rois, d'empereurs et d'impératrices si le roi de France manquait à sa collection ? Il voulut aller à Versailles. Ses amis l'en dissuadè-rent avec le plus grand mal. Ils avaient raison. On ne l'aurait pas reçu. Son triomphe parisien agaçait. L'abbé de Véri, admirateur inconditionnel mais prudent, confia sa réaction à son seul jour-nal : « J'ai entendu des gens de la cour trouver ridicules les applaudissements en forme de triomphe envers un homme du commun. La politesse ne me permit pas de dire la pensée qui me vint à ce propos : que Voltaire illustrerait plus la nation française à lui seul que ne ferait l'élixir de tout ce qui existe maintenant à Versailles. »

Le 30 mars, il est sacré roi de Paris. Pressé par une foule si compacte que son carrosse peut à peine avancer, il fait visite à l'Académie française qui, hommage sans précédent et jamais renouvelé, sort en délégation pour l'accueillir, puis il se rend à la Comédie-Française pour assister à la représentation d'*Irène*. Les rues sont noires de monde. Les femmes arrachent les poils de sa zibeline. On l'installe dans une loge. La salle scande : « La couronne ! La couronne ! » L'acteur Brizard entre dans la loge et pose sur la vieille perruque à la mode de la Régence une couronne de lauriers. Tonnerre de vivats et de bravos. Il pleure, il rit : « Ah ! mon Dieu, vous voulez donc me faire mourir à force de gloire ! » La représentation commence. Personne ne regarde la pièce. Le public s'entasse au parterre, dans les couloirs, sur la scène même. Puis on installe sur les planches un buste du grand homme, posé sur un socle, on l'entoure de guirlandes, on jette sur lui des pétales de fleurs. Délire dans la salle. Ce n'est plus un roi qu'on sacre, c'est une divinité à laquelle on rend un culte. Dépassé, il s'est réfugié au fond de sa loge. La salle le demande. Il réapparaît, le visage baigné de larmes. La Vestris lit alors ces vers qu'un M. de Saint-Marc vient d'improviser :

Aux yeux de Paris enchanté
Reçois en ce jour un hommage
Que confirmera d'âge en âge
La sévère postérité.
Non, tu n'as pas besoin d'atteindre au noir rivage
Pour jouir de l'honneur de l'Immortalité.
Voltaire, reçois la couronne
Que l'on vient de te présenter.
Il est beau de la mériter
Quand c'est la France qui la donne.

Le soir, rentré à grand-peine rue de Beaune au milieu d'une foule hystérique, il pleura longtemps. Jamais un écrivain français n'avait connu pareille apothéose. Quelques jours plus tard, la cour fit jouer *Irène* à Versailles, sans l'inviter. Paris s'indigna, se jugeant autant offensé que l'auteur, et le roi fut trouvé bien petit.

Une réception à la loge maçonnique des Neuf-Sœurs, où le Vénérable le ceint du tablier du frère Helvétius, transmis à cet effet par sa veuve.

Une séance à l'Académie des sciences, où il retrouve Franklin et l'embrasse comme du bon pain.

Et des visites, à présent qu'il s'éprouve un peu requinqué.

L'une des plus touchantes fut au chevet d'une vieille amie, la marquise de Ségur, qui n'avait plus qu'un mois à vivre. C'est la mère du camarade de La Fayette, Louis-Philippe de Ségur, lequel se consume de regret et d'envie en lisant les lettres enflammées du héros de la Brandywine ; au moins l'alliance avec l'Amérique lui fait-elle espérer de s'embarquer à son tour pour l'aventure. Il a un jeune frère, Joseph-Alexandre, qui est en fait son demi-frère[1]. Car la marquise de Ségur, très belle, intelligente, aussi peu galante que possible, avait eu un coup de cœur pour le beau baron de Besenval, meilleur ami de son mari, au côté duquel il avait si longtemps et si rudement guerroyé qu'un compagnonnage de lit n'avait posé de problème ni à l'un ni à l'autre, de sorte qu'ils vivaient en ménage à trois, formule peu pratiquée à l'époque, dans une harmonie parfaite.

Lecteur assidu de Voltaire, Louis-Philippe de Ségur ne l'avait encore jamais rencontré. Il ne fut pas déçu : « Son œil perçant étincelait de génie et de malice... Son corps mince et voûté n'était plus qu'une enveloppe légère, presque transparente, et au travers de laquelle il semblait qu'on vît apparaître son âme et son génie... J'étais saisi de plaisir et d'admiration, comme quelqu'un à qui il serait permis tout à coup de se transporter dans les temps les plus reculés, et de voir face à face Homère, Platon, Virgile ou Cicéron. » La pauvre femme reçoit couchée sur son lit d'agonie, dans une chambre où s'entassent une soixantaine de personnes qui n'ont pas voulu manquer l'occasion de rencontrer le grand homme. Voltaire a des mots consolants (lui-même a si souvent cru mourir) : « Les médecins font peu de miracles, mais la nature fait des prodiges » ; puis il conseille de se borner à une alimentation qui lui a très bien réussi : des jaunes d'œufs délayés dans de la farine de pomme de terre. À peine a-t-il dit cela que le voisin de Louis-Philippe lui presse vivement le bras en criant : « Quel homme ! quel homme ! pas un mot sans un trait ! » L'adulation parisienne peut être aussi ridicule que le dédain versaillais... Mais voici que la moribonde exhorte son visiteur à plus de modération envers l'Église : « Soyez donc, lui dit-elle, généreux et modéré après la victoire. Que pouvez-vous craindre à présent de tels adversaires ? Les fanatiques sont à terre ; ils ne peuvent plus nuire, leur règne est passé. — Vous êtes dans l'erreur, répondit avec fougue Voltaire ; c'est un feu couvert et non éteint. Ces fanatiques, ces tartufes sont des chiens enragés ; on les a

---

1. Sur ce personnage éminemment représentatif de la société de cette fin de siècle, et qui traversera gaiement les convulsions à venir, dont il réchappera par miracle, Gabriel de Broglie a écrit un livre passionnant : *Ségur sans cérémonie*, Librairie académique Perrin.

muselés, mais ils conservent leurs dents ; ils ne mordent plus, il est vrai, mais, à la première occasion, si on ne leur arrache pas ces dents, vous verrez s'ils sauront mordre. » Et Louis-Philippe de commenter platement : « Le feu de la colère éclatait dans ses yeux, et la passion qui l'animait lui faisait perdre alors cette décence, cette mesure dans les expressions que prescrivent la raison comme le bon goût, et dont il se montrait si habituellement le plus inimitable modèle. » Il n'a rien compris. Voltaire va mourir, qui n'est pas Homère, ni Platon, ni Sophocle ; lui aussi n'a plus que six semaines à vivre. Mais ce Voltaire ne mourra jamais, dont le cri contre l'intolérance résonnera de siècle en siècle et retentira aussi longtemps que séviront les tartufes et les chiens enragés. Les menaces de la hiérarchie catholique et les rigueurs du pouvoir n'avaient pu le lui enfoncer dans la gorge ; l'encens des adulateurs ou le bon goût des salons ne le feront pas taire. Au bord du tombeau, il est toujours le même.

Une visite à la maréchale de Luxembourg. Victor-François de Broglie est présent. L'assemblée évoque la guerre imminente avec l'Angleterre. Mme de Luxembourg plaide pour la paix : à quoi bon se battre pour ces Américains ? Voltaire, frémissant de colère, pointe le doigt sur l'épée de Broglie : « Madame, voilà la plume avec laquelle il faut signer la paix. »

Le 9 mai, on apprend que le roi a désigné le maréchal de Broglie pour commander l'armée qui doit se rassembler en Normandie.

XXII

Charles de Broglie effectue une tournée des ports de l'Ouest. C'est assez loin de Metz où il seconde toujours son frère au commandement des Trois-Évêchés, et personne ne lui a formellement confié une mission d'inspection, mais il a été reçu le 14 mars par Louis XVI et lui a développé son plan de descente. L'accélération des événements depuis le début de l'an 1778 doit lui insuffler cette ardeur fiévreuse que nous lui connaissons dans chaque grande circonstance. Si nous avions de ses lettres écrites dans le moment, nul doute qu'elles vibreraient de la même passion que celles qui exposaient au feu roi son plan d'action contre l'Angleterre. La phase de la réalisation approche. On marche à la guerre. L'heure de la revanche va sonner.

Le 13 avril, le vice-amiral d'Estaing a appareillé de Toulon à la tête de douze vaisseaux et de quatre frégates avec à leur bord un millier de soldats. L'escadre doit prêter main forte aux Américains. Lorsque d'Estaing, parvenu dans l'Atlantique, ouvrira l'enveloppe scellée contenant ses instructions, il trouvera l'ordre d'attaquer en chemin les vaisseaux anglais « si la situation l'exigeait ».

À bord du *Languedoc*, vaisseau amiral, Conrad-Alexandre Gérard, premier ambassadeur de France auprès des États-Unis. Pour lui donner plus de poids, Louis XVI venait de le créer comte de Munster, ce qui ne risquait guère d'impressionner les bourgeois d'un Congrès épris d'égalitarisme. (Qui prendra sa place de premier commis auprès de Vergennes ? Le résident de France à Genève, Pierre-Michel Hennin, ancien du Secret, formé par le comte de Broglie et que nous avons vu, à Varsovie, tenir bon dans le désastre polonais.) L'autre passager civil du *Languedoc* avait, quant à lui, montré beaucoup de déférence pour les titres de noblesse, mais si le malheureux Silas Deane rentrait en Amérique, ce péché mignon n'en était pas la cause : ses mandants exigeaient des comptes sur une gestion violemment soupçonnée de fraude. Arthur Lee, déchaîné contre lui, avait réussi à le faire rappeler grâce à sa forte influence au sein du Congrès. Beaumarchais était au centre de la polémique. Lee affirmait que Roderigue, Hortalez et Cie fonctionnait à partir de subventions dont le roi de France n'entendait pas exiger le remboursement, de sorte que les réclamations de Beaumarchais au Congrès, appuyées par Deane, relevaient de l'escroquerie.

Faut-il répéter que les deux millions de livres versées par Vergennes en 1776, augmentées d'un autre million l'année suivante, ne représentaient qu'une partie des fonds de roulement de Beaumarchais ? Il avait investi dans l'affaire, outre sa fortune personnelle, les participations d'un certain nombre de financiers et d'armateurs qui exigeaient normalement la juste rémunération de leur placement. Cet emmêlement compliquait les bilans. Deane lui-même mélangeait les genres : ambassadeur officieux à Paris, il agissait aussi comme représentant de la maison Willing & Morris qui lui versait une commission de cinq pour cent sur ses achats de fournitures. La chose était banale à une époque où la frontière entre fonction publique et intérêt privé restait encore floue. William Temple, petit-fils aîné et secrétaire de Franklin, n'hésitait pas à accepter des participations juteuses dans les contrats passés avec les États-Unis par Le Ray de Chaumont. Un peu de bonne foi eût aisément débrouillé l'écheveau. Arthur Lee était pétri de haine et de fiel. Ses intrigues rendaient l'atmosphère de Passy irrespirable. Il fallait toute la bonhomie de Franklin pour le supporter. Mais il avait fini par avoir la peau de Deane. Celui-ci écrivit : « C'est une triste vérité que je ne l'ai jamais vu, depuis son arrivée à Paris, satisfait de qui que ce soit avec qui il avait affaire, soit publique, soit privée. » Et Franklin, après s'être séparé à regret de Deane, explique à son persécuteur que seul le souci de la mission commune l'incline à tolérer sa conduite, et aussi « ma pitié pour votre esprit malade, que ne cessent de tourmenter la jalousie, la méfiance et l'idée que les autres vous veulent du mal, vous font du tort ou vous manquent de respect. Si vous ne guérissez pas de cette tendance, elle tournera à la folie, dont elle est le signe avant-coureur symptomatique, comme je l'ai vu dans plusieurs cas. »

Deane éliminé, Lee s'efforcera de détruire Franklin à force de calomnies, échouera et sera à son tour rappelé. Quant à Deane, les boutiquiers du Congrès se scandalisèrent de ses comptes mal tenus, comme si le commerce clandestin des armes pouvait se pratiquer avec quittances en bonne et due forme, et le pauvre homme subira tant d'avanies qu'il finira par renier la cause américaine et terminera ses jours... en Angleterre. C'était bien mal récompenser le dévouement du pionnier de l'alliance. Il faudra un demi-siècle pour que le Congrès réhabilite sa mémoire.

Que Charles de Broglie ne fût pas immunisé contre cette manie de la persécution qui dévore Arthur Lee, nous l'avons constaté en quelques occasions. Il y succombe lorsque les circonstances arrêtent sa course. Pour l'heure, il galope de Rochefort à Brest afin de vérifier que son ami Sartine a mis la marine en état de porter le coup vengeur. Approuve-t-il l'expédition de d'Estaing ? On n'en jurerait pas. Dans son esprit, la flotte de Toulon devait attaquer Minorque. Quant aux diversions lointaines, il les réservait essentiellement aux Espagnols. C'est par là que son plan péchait. Vergennes lui explique sans doute la difficulté qu'il éprouve à atteler l'Espagne. Broglie considérait comme acquise l'unité d'action de la maison de Bourbon. Pour la renforcer, il avait tenté en vain de convaincre Louis XV d'entrer en correspondance secrète avec Charles III[1]. En revanche, il doit fulminer contre cette façon qu'a la France d'entrer dans la guerre à reculons. Ses mémoires au feu roi répétaient jusqu'à l'obsession la nécessité d'une offensive prenant l'ennemi par surprise. Les Anglais nous avaient fait le coup avec la capture sans préavis de trois cents vaisseaux et de six mille officiers et marins ; la marine française ne s'en était pas relevée de toute la guerre. « On peut regarder comme un bonheur inestimable, écrivait-il alors, d'avoir un prétexte si légitime de devenir les agresseurs dès que le despotisme de l'Angleterre rendra une rupture inévitable, puisque c'est du début des opérations militaires que dépend ordinairement tout le succès d'une guerre. » Au lieu d'user de représailles

---

1. Didier Ozanam, spécialiste du Secret et éminent hispaniste, estime qu'une telle correspondance avait peu de chances d'être acceptée par Madrid. Selon lui, le comte de Broglie connaissait parfaitement la Pologne, l'Allemagne et l'Angleterre, grâce, pour cette dernière, à son réseau d'agents, mais ignorait la situation politique espagnole. Cf. «Le Secret du Roi et l'Espagne (1764-1765)» in *Coloquio internacional Carlos III y su siglo*, Actas, tome 1, Madrid, 1990.

aussi légitimes que foudroyantes, on bat le tambour pour annoncer à l'adversaire ses intentions belliqueuses. Le duc de Lauzun
n'est pas le seul à penser que la signification à Londres du traité
de commerce avec les Américains revient à prévenir aimablement l'Angleterre qu'elle doit se préparer à la guerre. Et que fait-
on à Versailles de son plan de descente, pièce maîtresse du
projet ? La France va-t-elle disperser ses forces dans une stratégie
de petits paquets au lieu de frapper le grand coup qui doit anéantir la puissance anglaise ?

Entre Dinan et Pontorson, sa route croise celle celle du duc de
Chartres, fils du duc d'Orléans. Ce grand et beau garçon de trente
et un ans a d'abord fait carrière dans le « libertinage crapuleux »,
selon l'expression des inspecteurs de police. Par sa mère, une
Conti à la cuisse légère, il avait de qui tenir. Malgré une ressem-
blance frappante avec le duc d'Orléans, on jasait beaucoup sur sa
filiation. Sa mère avouait une ignorance distraite : « Quand on
tombe sur un fagot d'épines, sait-on celle qui vous a blessé ? »
Lui-même, devenu Philippe-Égalité, aura la bassesse de déclarer
à la tribune de la Convention qu'il était le fils du cocher Lacroix.
Il est pour l'instant Philippe de Chartres, haut dignitaire de la
franc-maçonnerie, et affiche l'ambition de sortir des rapports de
police tenant la chronique de ses frasques pour écrire à la pointe
de l'épée des pages plus glorieuses. Son beau-père, le duc de
Penthièvre, ultime rejeton des bâtards reconnus par Louis XIV,
tenu unanimement pour le plus honnête homme du royaume,
porte le titre honorifique d'amiral de France. Philippe s'est fait
marin, a appris le métier aux côtés de Bougainville, s'est embarqué à plusieurs reprises. Louis XVI vient de le nommer lieutenant général de la flotte de Brest. Il annonce à Charles la grande
nouvelle : une armée va s'assembler en Normandie, face à
l'Angleterre, et son frère en a reçu le commandement.

Bonheur suffocant.

Charles pique des deux vers le château de Broglie où se trouve
Victor-François. Course allègre, enivrante… Ses vœux sont com-
blés au-delà de toute espérance. Non seulement son plan est
adopté, mais il sera réalisé sous la direction de son frère. À eux
deux, les Broglie, l'un général, l'autre chef d'état-major, comme
en Allemagne, ils vont mettre l'Angleterre à genoux !

À son arrivée au château, Victor-François lui tend un ordre du
roi intitulé « Travail du 16 mai 1778 ». Le document détaille les
forces mises à sa disposition et se termine par cette phrase :

« M. le comte de Broglie commandera dans les Évêchés pendant l'absence de M. le maréchal. »

*
* *

À la stupéfaction de Versailles, Louis XVI s'est décidé tout seul. On lui conseillait de mettre le prince de Condé à la tête de l'armée. « Il est trop à la mode, objecta-t-il ; l'an dernier, je l'eusse pris. » Condé, vieil ennemi des Broglie, payait pour le duel de son fils, le duc de Bourbon, avec le frère du roi. La cour et la ville s'étaient enflammées pour le duc et contre cet Artois qui boxait les dames. Le choix du maréchal de Broglie fait des remous. Louis XVI tranche : « Je veux cela, et qu'on ne m'en parle plus ! »

Maurepas s'en trouve le plus marri. Il ne devrait pas, lui qui ne cesse de gémir sur l'apathie de son Télémaque et les efforts qu'il doit déployer pour lui arracher la moindre décision. Mais, pour une fois que Louis prend de son seul chef un parti, autre chanson : qu'est-ce que c'est que ce jeunot de roi qui se permet de choisir un général sans prendre l'avis de son Mentor ? On va lui faire voir.

Le clan Maurepas-d'Aiguillon voue aux Broglie l'une de ces haines recuites que rien ne peut assoupir. Il suffit, pour s'en convaincre, de lire les lignes étranges écrites quatre ans plus tôt, juste après l'avènement de Louis XVI, par l'abbé de Véri qui, dressant le tableau des forces et des faiblesses du nouveau règne, s'inquiétait du manque de bons généraux : « Le maréchal de Broglie a de la réputation pour le commandement des armées. Mais son patriotisme est équivoque, ainsi que celui de son frère, le comte de Broglie, qui le dirige. On a eu lieu, dans les batailles malheureuses de Minden et de Fillingshausen, de les suspecter violemment. Un pareil soupçon en temps de paix les a fait présumer capables de sacrifier tout à leurs vues personnelles de jalousie et de crédit. » Que les deux frères aient un caractère de cochon, accordé ! mais mettre en doute leur patriotisme, c'est comme de prétendre que l'abbé de Véri croit en Dieu et se dévoue à son Église : une impropriété. Véri, qui ignore tout du militaire, se fait évidemment l'écho de ce qu'il entend dans le salon des Maurepas.

Le Mentor connaît son monde et possède une excellente mémoire. Unis par une profonde affection, les Broglie fonctionnent en duo, surtout à la guerre. Il se souvient de leur réaction passionnelle lorsque le maréchal de Belle-Isle, alors ministre de la Guerre, et la Pompadour, ministre de tout, leur avaient refusé de servir ensemble en 1759 [1]. Véri : « M. de Maurepas espère diminuer l'inconvénient de ce choix en séparant les deux frères. C'est le personnel [caractère] du comte de Broglie qu'on redoute le plus ; et, pour l'éloigner, M. de Maurepas proposa au Roi de le nommer commandant des troupes dans les Trois-Évêchés. "C'est bien pensé, répondit le Roi avec vivacité en le prenant par le bras, il est bon de les séparer. — Mais on aura bien de la peine, reprit le ministre, à ne pas les réunir s'ils se le mettent dans la tête. — Il ne faut pas, il ne faut pas, répondit le Roi. Je vous soutiendrai." »

L'habile Maurepas a allumé la mèche. Il ne lui reste plus qu'à attendre l'explosion.

Combien de fois avons-nous écrit que Victor-François et Charles s'aiment comme ils se ressemblent ? Même âge à dix mois près, même crucifiante courte taille, commune inclination à l'emportement, des tribulations partagées depuis le temps où, encore adolescents, ils servaient sous les ordres de leur père dans la guerre d'Italie. On n'a pas assez dit leurs dissemblances. Charles est un imaginatif ; aussi rebondit-il après chaque coup du sort. L'avenir existe puissamment. La partie n'est pas jouée tant que les dés continuent de rouler. Lorsque la vie se montre chienne à son égard, il lui fait confiance pour rentrer dans le droit chemin. Victor-François n'a pas cette générosité existentielle. On dirait que chaque déception casse en lui un ressort. Au fil des ans, ruminant ses dégoûts, il s'enfonce dans un noir pessimisme, une morosité chronique. Un réactionnaire, au sens premier du terme. Tout se déglingue, tout fout le camp : la cour, les mœurs, les ministres, les autres généraux... Il se tait sur les rois, mais n'en pense sûrement pas moins. Est-ce la conséquence des injustices reçues d'abord avec indignation, puis avec un amer fatalisme ? Avant même d'éprouver les vicissitudes, il témoignait d'une irascibilité étriquée. Souvenons-nous de l'escalade des murailles de Prague en 1741. Au lieu de se réjouir d'avoir participé à un haut fait mémorable, il se déchaîne contre la promotion

---

1. Cf. *Le Secret du Roi*, tome 1, p. 436.

de François Chevert au grade de brigadier sous prétexte que Chevert « a monté neuvième à son échelle » et que lui-même était quatrième sur la sienne. Et de remuer Versailles de ses récriminations. Chevert, vieux soldat sorti du rang, blanchi par les campagnes, et lui, petit colonel de vingt-trois ans[1]...

Nous tremblions quand il accourait à Versailles pour se faire rendre justice (aux yeux de l'Europe attentive, commentait son frère) : cela finissait immanquablement par une catastrophe. Cette fois, il ne se presse pas. À la lettre de Montbarey lui annonçant sa nomination, il répond le lendemain, 10 mai, en des termes qui frappent par leur froideur, et annonce qu'il prendra quelques jours pour régler ses affaires avant de se rendre à Versailles. Puis il reçoit avis que son frère sera séparé de lui. Il ne bouge pas.

Il a tort.

Dès qu'il y a de la nomination en vue, le duc de Croÿ est à Versailles, veillant à ce que nul n'empiète sur ses prérogatives et humant si quelque commandement nouveau ne se trouverait pas à sa portée. Le vieux courtisan a tôt fait de reconnaître l'ambiance des grands jours : « C'était le moment critique, et tout le monde était bien en l'air. » Maurepas lui confie que le roi n'a finalement pas choisi Broglie tout seul : Vergennes l'a influencé. Voilà qui ne nous étonne pas : le ministre paie sa dette aux Broglie. À part lui, de la reine aux Condé, de Maurepas à Montbarey, la nomination suscite une opposition unanime. Véri confirme l'alliance des contraires face à l'adversaire commun : « Le parti Choiseul craint plus les Broglie que le ministère actuel, car un de ce parti (que je devrais plutôt appeler le parti de l'opposition) a fait dire secrètement à M. de Montbarey de tenir ferme contre les Broglie et qu'eux le seconderaient de toute leur force auprès de la Reine. » Mobilisation générale ! Cent mille Anglais débarquant dans le Cotentin susciteraient-ils autant d'émoi chez les courtisans que l'arrivée des deux frères Broglie à Versailles ?

Mais ils n'arrivent toujours pas. Personne n'y comprend rien.

---

1. Cf. *Le Secret du Roi*, tome 1, p. 124 *sq.* Il n'est peut-être pas trop tard pour citer le dialogue, sommet de l'éloquence militaire, entre Chevert et le sergent qui va monter le premier à l'échelle : «Tu vas grimper. — Oui, mon colonel. — La sentinelle tirera sur toi. — Oui, mon colonel. — Elle te manquera. — Oui, mon colonel. — Tu la tueras. — Oui, mon colonel. »

Croÿ, expert averti, mesure l'enjeu de la partie : « Ainsi, cela pouvait mener les Broglie à tout cu leur casser le col, s'ils tracassaient trop le Roi. »

*
* *

C'est pour le coup qu'il fallait se ruer à Versailles, se jeter aux pieds du roi, le remercier de sa confiance et occuper le terrain. Le maréchal ne manquait pas d'atouts. L'armée le voulait pour chef. L'étranger le considérait comme le meilleur des généraux français, et la déférence manifestée par Joseph II lors de sa visite en avait donné une preuve éclatante. Louis XVI gardait souvenir de l'amitié de son père pour les Broglie. Vergennes, dont la fidélité avait joué son rôle dans la nomination, était l'homme fort du ministère : n'avait-il pas balayé l'opposition de Montbarey et les réticences de Maurepas pour imposer la guerre ? Lorsqu'il tançait ses ministres, au Conseil, dans ces éclats de brusquerie qui les laissaient pantois, Louis XVI ajoutait souvent : « Je ne dis pas cela pour vous, M. de Vergennes. » Le maréchal pouvait enfin jouer sur l'obstination dont témoignent timides et indécis quand, pour une fois, ils ont pris de leur propre chef un parti. Le « Je veux cela, et qu'on ne m'en parle plus ! » méritait d'être cultivé. Pour ce faire, il fallait ne pas bouder à Broglie, mais courir à Versailles.

En attendant les deux frères, le duc de Croÿ dresse le bilan provisoire de l'ascension d'un Montbarey, courtisan d'élite, parvenu à force d'intrigues et grâce à sa femme à être prince d'empire, grand d'Espagne, secrétaire d'État de la Guerre. Il vient d'obtenir le cordon bleu du Saint-Esprit. Ce n'est pas fini : « Les Broglie tardant à venir, le fin M. de Maurepas, sentant qu'il lui fallait parer à ce qu'ils s'emparassent de tout », décide le roi à faire entrer Montbarey au Conseil, où il ne siégeait pas encore. Le voilà ministre. « Il faut avouer, conclut Croÿ, qui parle d'expérience, que c'est à la Cour qu'on fait et qu'on perd les plus grandes fortunes. » Les deux frères sont si peu aptes à ce métier que nous tremblons pour eux s'ils sont à la cour (le lecteur se souvient-il des gémissements du vieux abbé ?) et qu'ils traînent les pieds quand ils devraient s'y rendre au galop... Fallait-il donc que leurs autres talents fussent redoutables pour que la menace représentée par les deux maladroits fît sonner tous les tocsins de Versailles !

Le 21 mai, onze jours après avoir reçu l'avis de sa nomination, le maréchal se présente à la cour, qui se tient à Marly. Il y trouve un terrain soigneusement quadrillé, hérissé des retranchements élevés à la faveur du délai généreusement octroyé à ses adversaires pour s'organiser. Lui-même se trouve dans l'état d'esprit où l'avait voulu Maurepas : tel le taureau dans l'arène, enragé devant l'étoffe rouge, blessé déjà par le coup de lance du picador. Le Mentor lui donne audience à huit heures du matin et reçoit son paquet. Rien ne va. Le commandement prévu s'exercera sur la Normandie et sur la Bretagne : le maréchal veut l'étendre à toute la côte, de Dunkerque à Bayonne. Il méprise trop Montbarey pour recevoir de lui des instructions. L'idée de le séparer de son frère est déshonorante : « Cela ferait dire dans le public que lui, maréchal, était un sot que son frère conduisait à l'aveugle et que le comte était un brouillon dont on craignait le caractère. » Victor-François invoque enfin sa mauvaise santé et le désir de rester en paix sur sa terre de Broglie pour refuser sa nomination.

Cette première entrevue, comme la suivante, nous est connue grâce à l'abbé de Véri, confident privilégié de Maurepas et hôte permanent de son appartement. L'abbé ne sait pas tout — il est le premier à le reconnaître — et ses jugements et opinions sont sujets à contestation — il l'admet volontiers —, mais aucun historien, à ce jour, n'a pu le prendre en flagrant délit d'insincérité ou d'inexactitude sur ce qu'il rapporte.

« M. de Maurepas, écrit-il, le laissa parler tant qu'il voulut sans rien répondre que des choses vagues. "Vous allez voir le Roi, dit-il en finissant, c'est avec lui que vous devez vous expliquer." Le maréchal fut admis, en effet, sur les neuf heures à l'audience du Roi. Dès qu'il en fut sorti, le Roi envoya chercher M. de Maurepas. "Seriez-vous venu si je ne vous avais pas envoyé chercher ? — Non, Sire. — Mais vous saviez que je devais voir le maréchal de Broglie, puisqu'il vous a vu ce matin avant de venir chez moi. — Oui, Sire, je le savais. Mais ce n'est pas mon affaire de m'en mêler. Vous l'aviez choisi, mais avec défiance de son caractère. Vous aviez jugé à propos de mettre des restrictions à son commandement. C'est à vous de décider si vous voulez être roi ou si vous voulez que vos sujets le soient.

Cette époque-ci est une de celles qui vont caractériser votre règne aux yeux de la France et de l'étranger. Si vous vous laissez mettre le marché à la main et que vous soyez faible, attendez-vous dans ces occasions-ci à voir les Broglie gouverner à votre place, et, dans mille autres, tout caractère impérieux et hardi vous fera la même loi. Si vous prenez au mot vos sujets lorsqu'ils vous mettront le marché à la main, cela ne leur arrivera dans le cours de votre règne que très rarement et vous serez le maître de votre administration comme vous devez l'être. À mon âge, cela ne me fait rien puisque mon ministère va finir au premier jour. Mais, à vingt-quatre ans que vous avez, c'est votre affaire que vous traitez parce que vous avez encore de longues années à régner. C'est votre intérêt d'avoir une volonté et de faire voir à l'Europe que vous en avez une." »

Ah, le supérieur vieux bonhomme... Quelle maestria ! Comment un Broglie ferait-il le poids auprès d'un tel artiste ? La manœuvre est épatante d'effronterie et d'efficacité. Le coup fatal, pour le maréchal, c'est la séparation d'avec son frère. Les autres griefs n'en sont que la conséquence. Sa hargne envers Montbarey ? Il le croit responsable de l'ostracisme jeté sur Charles. Il le méprise aussi, bien sûr, comme tout le monde, et même un peu plus, car sa rigueur morale ne s'accommode pas de la pourriture. Personne n'ignore que la demoiselle Renard, maîtresse-catin procurée au ministre par les soins éclairés du lieutenant général de police, trône dans les bureaux de la Guerre et fournit aux amateurs, moyennant pots-de-vin, promotions et affectations. Quant à l'étendue géographique du commandement, simple broutille : le maréchal sait bien qu'il n'attaquera pas l'Angleterre à partir de Bayonne. Or, qui a conseillé d'écarter Charles, sinon Maurepas ? Mais, avec un culot signalé, il parle comme si l'idée venait de Louis XVI, qui n'y avait point du tout songé, et ce jeune roi si fiérot d'avoir enfin fait le roi, il le retourne comme un gant en lui démontrant qu'il abdiquerait purement et simplement s'il n'accomplissait les vœux de la cabale. Admirons au passage l'emphase dramatique mise sur une affaire censée « caractériser » le règne « aux yeux de la France et de l'étranger ». Le règne aura des occasions plus mémorables de se caractériser.

Succès complet :

« J'ai été embarrassé, dit le Roi, de savoir quoi répondre à tout ce qu'il m'a dit ; je voulais vous voir auparavant et je lui ai dit que je lui ferais ma réponse dans quelque temps sur ce que je venais d'entendre et sur le papier qu'il m'avait laissé entre les mains. Il m'a dit bien du mal de tout mon ministère. Il ne veut point se concerter avec M. de Montbarey ; il veut avoir son frère avec lui et il veut commander sur toutes les côtes. Je ne veux point céder à ses caprices : c'est un vilain homme, c'est un mauvais citoyen. Il m'a demandé de voir la Reine. Nous nous reverrons ensuite pour prendre notre parti. »

Le maréchal se rend donc dans les appartements de Marie-Antoinette, mais reste parmi les courtisans sans demander à lui parler, ce qui ne peut être reçu que comme une incongruité de la part d'un homme qui devrait rendre grâce pour sa nomination.

Le prince de Montbarey l'avait invité à un dîner donné en son honneur et où il retrouverait les officiers supérieurs désignés pour servir sous ses ordres. Il s'abstient de s'y rendre, sans un mot d'excuse, et repart pour Paris à trois heures de l'après-midi.

Telle fut la journée du 21 mai 1778 du maréchal de Broglie, qui, irritant le roi, vexant la reine et outrageant le ministre de la Guerre, saccagea en sept heures de temps ce que d'autres mettaient dix ans à construire.

Sa conduite étonna Montbarey, qui n'en espérait pas tant. Ami du prince de Condé, le ministre avait vainement poussé la candidature de ce dernier. Il portait certes au maréchal une estime professionnelle, mais préférait son frère : « Dans tous les temps, et surtout à la guerre, j'avais eu à me louer du comte de Broglie, dont l'esprit aimable me convenait beaucoup plus que la sécheresse un peu pédantesque du maréchal, dont je savais d'ailleurs apprécier le mérite en présence de l'ennemi. » Ces bons sentiments ne l'empêchaient pas de marcher au canon pour son patron Maurepas.

L'abbé de Véri marque une égale stupéfaction. Pour ce manœuvrier accompli, la stratégie qu'aurait dû suivre le maréchal paraissait évidente : accepter le commandement tel qu'on le lui proposait, puis, une fois installé à la tête de son armée, et les opérations engagées, présenter ses exigences avec l'assurance d'être satisfait. Il conclut : « Je le croirais bien capable, ainsi que son frère, d'un emportement étourdi. Mais je me n'attendais pas qu'il se pressât si fort de faire une étourderie aussi marquée. »

Un étourdi ? Si l'on veut. Des épithètes plus courtes et plus triviales nous viendraient aisément à l'esprit. D'un autre côté, comment se déprendre d'un sentiment pour le tout petit homme inflexible qui, parmi tant de courtisans toujours à plat ventre, va si droit et si raide qu'il en devient géant ?

*
* *

Marie-Antoinette est enceinte. Louis en éprouve tant de joie qu'il lui pardonne volontiers son harcèlement à propos de l'affaire de Bavière. Chapitrée elle-même par Mercy, qui lui fait apprendre par cœur les arguments à développer, soumise au chantage affectif de sa famille (Joseph II, en avril : « Puisque vous ne voulez pas empêcher la guerre, nous nous battrons en braves gens. Et dans toutes les circonstances, ma chère sœur, vous n'aurez point à rougir d'un frère qui méritera toujours votre estime »), elle tance Vergennes comme un domestique indélicat et obsède son mari de ses récriminations. Louis n'en a cure. Il émerge radieux d'un long calvaire privé. Homme, il échappe aux railleries sur son impuissance ; roi il remplit son premier devoir : assurer la descendance. En snobant la reine, Victor-François de Broglie a offensé un époux plus amoureux que jamais.

Le 22 mai, lendemain de sa brillante prestation à Marly, Louis XVI à Maurepas : « La Reine était aussi indignée que moi contre le maréchal de Broglie. Il n'a pas demandé à lui parler. C'est un mauvais caractère qui s'est conduit très méchamment ici. Il faudra lui faire savoir que je ne veux plus de son service. — C'est un soin, reprit M. de Maurepas, que vous devez prendre vous-même. Je ne pense pas que vous deviez lui manifester votre volonté par une lettre, parce qu'on croira que ce sont vos ministres qui vous l'ont faite. Il faut lui parler pour faire constater au public que vous avez une volonté à vous. Mais vous devez l'avoir sans y mettre de la colère et de l'indignation. Il ne faut point l'exiler, ni lui ni son frère, dans leurs terres : ces sortes de vengeances sont au-dessous de vous. Laissez-les en paix, comme le doit être tout citoyen : ne leur témoignez aucun ressentiment. Acceptez simplement l'excuse de santé qu'il vous donne… » Toujours à son meilleur, le Mentor se donne les gants de la bienveillance, non sans avoir fait en sorte que son Télémaque assume seul la responsabilité du renvoi, dégageant ainsi celle des ministres. Il se trouve forcément dans l'armée des officiers pour penser qu'il serait bien de gagner la guerre à venir et qui comprendront mal qu'on les prive du général le plus apte à les conduire à la victoire. On convient que Louis XVI recevra Broglie le 25 mai.

Véri s'inquiète : « Mais si le Roi faiblit à l'audience de lundi ? — M. de Montbarey donnera sa démission sur-le-champ, et moi, je me retirerai peu de temps après. »

Le roi faiblit sur le commandement, qu'il conserve au maréchal, mais persiste dans sa volonté d'exclure son frère.

Rentré à Paris, Victor-François rédige le soir même une courte lettre à Louis XVI. Il se dit « pénétré de douleur », mais espère que le roi voudra bien refermer la plaie qu'il a ouverte : « Cette espérance me soutient ; elle ne peut être vaine. Votre Majesté est trop sensible à la tendresse fraternelle pour ne pas faire cesser une séparation que tant de motifs rendent aussi cruelle. » Louis XVI répond courrier par courrier. Sa lettre est malheureusement perdue. Le lendemain, 26 mai, le maréchal reprend la plume. Il ne peut se réjouir de sa nomination puisqu'« un choix si flatteur » s'accompagne « de la disgrâce la plus accablante » pour son frère. Et il parle bon sens : « Quels que soient les vues et les projets de Votre Majesté, il me faut bien des connaissances relatives aux pays, aux côtes, aux moyens qui me sont absolument étrangers, tandis qu'un travail fait sous sa direction par ordre du feu Roi, et suivi pendant quinze années, les ont rendus familiers à mon frère. S'il se trouvait actuellement dans les pays les plus éloignés, l'utilité de votre service exigerait que l'on l'en fît promptement revenir, et Votre Majesté le sépare de moi lorsque son secours et son aide me sont absolument indispensables. L'intérêt de la chose demande que nous soyons toujours réunis. Mais, malgré un motif aussi puissant, j'ai bien plus de confiance dans la bonté et la justice de Votre Majesté. Il en coûterait à son cœur d'infliger et de rendre malheureux le dernier de ses sujets. Comment pourrait-elle se résoudre à causer le désespoir de deux frères qui ne peuvent longtemps y résister ? »

Louis XVI, qui ne portait qu'une affection très maîtrisée à ses frères, lesquels ne lui en rendaient pas davantage, dut trouver bien étranges ces Broglie chez qui ni l'âge ni l'ambition personnelle n'avaient réussi à tarir l'épanchement d'une extraordinaire affection fraternelle.

Les brouillons s'accumulent, raturés, surchargés, dont nous ignorons s'ils correspondent tous à des lettres envoyées. Ils sont de l'écriture de Victor-François, mais leur style appartient parfois à Charles. À la cour comme à l'armée, on savait de longue date que le cadet, plus doué, tenait volontiers la plume pour l'aîné. Nous les imaginons, les deux frères, dans l'hôtel de la rue Saint-Dominique, l'un penché sur l'épaule de l'autre, essayant l'un sur l'autre les phrases susceptibles de fléchir la rigueur royale. Ce n'est pas la première fois ; cela risque d'être la dernière.

Pour Charles, le coup le plus rude est-il l'ostracisme dont il se trouve personnellement accablé ou la mise à l'écart de son plan ?

On ne débarquera pas en Angleterre. L'armée rassemblée en Normandie doit, par sa seule présence, obliger l'Angleterre à garder des troupes pour sa défense, ce qui soulagera d'autant l'armée américaine. Vergennes l'a écrit à Montmorin, ambassadeur à Madrid : il s'agit « d'accréditer le dessein d'une expédition », mais en excluant « toute idée de débarquement et d'invasion ». Maurepas confie à Véri que le choix maintenu de Victor-François de Broglie sera sans grande conséquence : « En tout cas, nous le bornerons alors à un commandement insignifiant, puisque nous ne voulons pas faire opérer l'armée. S'il s'agissait de passer le Rhin ou de faire une campagne sérieuse en Flandre, ce serait tout autre chose. Ici, ce n'est qu'une vaine montre que nous voulons faire à l'Angleterre. » Et le maréchal lui-même confirme au roi qu'il « n'est pas chargé de l'exécution du grand projet » de son frère.

On rassemble donc à grands frais plus de soixante mille hommes sur les côtes de France pour une simple démonstration de force. On veut la guerre sans avoir à la faire. On abandonne l'initiative à l'ennemi. Bon militaire, le prince de Croÿ s'en alarme : où est le plan d'ensemble ? Va-t-on se limiter à une politique de « coups détaillés », de « petits paquets » ? Même l'abbé de Véri, qui ne cherche pas à jouer les stratèges en chambre, s'inquiète d'entendre son ami Maurepas « traiter de chimère les projets de descente en Angleterre ». « Ce qui m'afflige le plus pour le sort de la France, écrit-il, c'est que je ne vois pas dans ses Conseils un plan d'opérations arrêté ni projeté d'avance, ni suivi dans les détails d'exécution... On marche, à ce que je crois, au jour le jour. »

Dans ses conférences avec les ministres, le maréchal apprend néanmoins que son armée pourrait passer à l'offensive « si les circonstances devenaient favorables et qu'il y trouvât de la disponibilité ». Une victoire navale française, par exemple, qui ouvrirait la côte anglaise à l'invasion. L'exclusion de son frère relève donc du pur scandale.

Ne parlons pas d'injustice : sous tous les régimes, c'est le pain quotidien du sujet comme du citoyen. Coupons court à la déploration sur le sort d'un homme frustré par une intrigue de cour du fruit de tant de peines et de travaux. Le problème se pose en termes simples : sommes-nous, oui ou non, en état de guerre virtuelle avec l'Angleterre ? Charles de Broglie est-il, oui ou non, l'officier français qui, depuis plus de quinze ans, se consacre à penser cette guerre ? Si l'opportunité se présente d'une descente en Angleterre, sa présence aux côtés du général commandant le corps expéditionnaire n'est-elle pas essentielle ? Si la Royal Navy bat la flotte du roi de France, ouvrant ainsi à l'ennemi la possibilité de débarquer chez nous, comme il l'a fait souvent au cours de la dernière guerre, le comte de Broglie n'est-il pas tout autant nécessaire, lui qui n'a cessé, avec son équipe, de peaufiner les plans de défense des côtes françaises ?

La réponse de la cour tient en quatre lettres : Metz.

Ils nous la baillent belle, ceux qui s'autorisent à douter du patriotisme des Broglie ! Leur bilan provisoire : à la tête de l'armée, un chef profondément meurtri, à couteaux tirés avec son ministre (lequel prend un malin plaisir à lui écrire : « C'est dans le cabinet de Sa Majesté, sur son bureau et sous ses yeux que j'ai l'honneur de vous répondre, etc.) ; et l'homme en toute hypothèse le plus indispensable relégué à cent soixante-quinze lieues du théâtre des opérations.

C'est le patriotisme à la sauce versaillaise.

*   *
*

Voltaire meurt le 30 mai.

Il y avait mis du sien. Son activité frénétique l'épuisait, le café le requinquait : vingt-cinq tasses en un seul jour ! Un tel régime mettait sa vessie à mal. Il souffre aussi des reins. Tronchin, qui avait interdit les « échauffants », l'exhorte en vain à quitter ce Paris qui le tue : « Je donnerais tout à l'heure cent louis pour que vous fussiez à Ferney. Vous avez trop d'esprit pour ne pas sentir qu'on ne transplante point un arbre de quatre-vingt-quatre ans, à moins qu'on ne veuille le faire périr. Partez dans huit jours. » Le malade ne sait pas trop ce qu'il veut. L'entourage le sait trop bien. On écarte Tronchin.

Sans doute inéluctable, la mort fut rendue atroce par la faute du duc de Richelieu. Voltaire et lui se connaissaient depuis le collège Louis-le-Grand et leur amitié avait traversé le siècle. Le duc venait souvent au chevet de son « petit camarade », comme il disait. Fardé à outrance, parfumé comme trente-six belles, Richelieu épousera bientôt, à quatre-vingt-quatre ans, une dame de Rooth, ancienne chanoinesse de Remiremont, pourvue de trente-cinq printemps et de cinq enfants ; ainsi aura-t-il additionné un premier mariage sous Louis XIV, un deuxième sous Louis XV et le troisième sous Louis XVI. Les temps heureux de sa vaillance amoureuse étaient révolus, mais il y suppléait par une absorption régulière de cantharide, un aphrodisiaque aussi efficace que dangereux. Ce n'était pas sa seule drogue. Voyant son petit camarade se tordre de douleur sur son lit, il lui propose : « Voulez-vous essayer de mon remède ? J'en fais usage avec un plein succès dans mes douleurs de goutte. » Un philtre d'opium. L'assistance se récrie : « Ce peut être dangereux ! » Mme Denis et Villette opinent pour le remède. Richelieu est mithridatisé, Voltaire ne l'est pas. Il vide le flacon. Brûlure atroce de la gorge aux entrailles ; quarante-huit heures de délire. Tronchin, rappelé d'urgence, le soigne comme il peut. Mais la drogue paralyse l'estomac, interdisant l'absorption du moindre aliment. Voltaire n'appelle plus Richelieu que « frère Caïn ».

Son dernier bonheur signe le meilleur de sa vie : le 26 mai, il apprend que le combat mené par le fils de Lally-Tollendal pour la réhabilitation de son père, assassiné par les bœufs-tigres, vient d'aboutir à la cassation de l'arrêt. Il s'arrache à l'agonie, dicte trois lignes : « Le mourant ressuscite en apprenant la grande nouvelle ; il embrasse bien tendrement M. de Lally ; il voit que le Roi est le défenseur de la Justice ; il mourra content. » Et il fait épingler au mur, en face de lui, un papier sur lequel est écrit : « Le 26 mai 1778, l'assassinat juridique commis par Pasquier, conseiller du Parlement, en la personne de Lally, a été vengé par le Roi. »

Il va mourir dans la solitude, lui qui fut toujours si entouré. Mme Denis et Villette l'ont fait transporter dans une cabane au fond du jardin. Ils ne se montrent pas. La nièce, légataire universelle, a la hantise qu'il annule son testament. Villette songe qu'il va avoir sur les bras un cadavre bien encombrant. Les prêtres reviennent. Sur l'entrevue, les versions divergent. Selon les uns, ils trouvèrent le moribond en plein délire et se retirèrent. D'après La Harpe et Grimm, le curé de Saint-Sulpice, qui avait jugé insuffisante la rétractation consentie à l'abbé Gauthier, posa la question cruciale : « Reconnaissez-vous la divinité de Jésus-Christ ? » Déiste, Voltaire avait écrit dans le *Dictionnaire philosophique*, brûlé avec le corps du chevalier de La Barre, un article niant la divinité du Christ. La question le fit se redresser et, repoussant le prêtre, il cria d'une voix forte : « Jésus-Christ ? Jésus-Christ ? Laissez-moi mourir en paix ! »

Tronchin, pieux huguenot, le regardait périr d'un œil froid : « Je voudrais que tous ceux qui ont été séduits par ses livres eussent été témoins de cette mort. Il n'est pas possible de tenir contre pareil spectacle. » L'abandon où on le laissait contribuait beaucoup au sordide de la représentation. Il baignait dans ses déjections et les deux femmes de service lui refusaient à boire alors qu'il brûlait et réclamait « un étang de glace » ; aussi porta-t-il la main à son urinoir, pour se rafraîchir, ce qui devait donner naissance à la légende d'un Voltaire « se nourrissant de ses excréments ».

Il expira en poussant un grand cri le 30 mai à onze heures du soir.

Le pouvoir suspendit la représentation de ses pièces et interdit aux journaux d'évoquer son décès. « Malgré sa grande célébrité, note le duc de Croÿ, il n'en fut pas dit un mot, chose remarquable ! Quoique tout le monde le sût, on n'est jamais mort mieux incognito. »

Sachant sa hantise de la voirie, ses deux neveux, l'abbé Mignot et d'Hornoy, avaient multiplié les démarches pour obtenir des funérailles religieuses. Le clergé avait hautement refusé. Louis XVI, approché, s'en était lavé les mains : « Il n'y a qu'à laisser faire les prêtres. » Aussi les neveux escamotèrent-ils le frêle cadavre.

Voltaire fit ce qui devait être, en principe, son dernier voyage, assis et sanglé sur la banquette d'un carrosse tiré par six chevaux. Destination : l'abbaye de Sellières, près de Troyes, dont Mignot était commandataire. Le prieur accepta de procéder à l'inhumation dans l'église, ce qui lui valut sa destitution.

Mais Voltaire mort devait se révéler aussi remuant que vif : la Constituante allait voter la translation de ses cendres au Panthéon. Par une piquante coïncidence, le voyage de Sellières à Paris s'effectua le 11 juillet 1791, de sorte que, à quinze jours près, Voltaire aurait pu rentrer à Paris de concert avec Louis XVI, retour de Varennes. Sous la Restauration, en mai 1814, une bande d'ultras s'introduisit au Panthéon, viola sa sépulture et enfouit ses restes dans un terrain vague de Bercy. Les misérables recouvrirent la tombe de détritus. Ils avaient eu le dernier mot. Voltaire disait vrai : aussi longtemps qu'on n'aura pas arraché leurs dents aux fanatiques, ils continueront de mordre, et même les cadavres.

Un adieu à tous les Voltaire, puisqu'il était « M. le Multiforme » ; mais spécialement à celui que la postérité oubliera : l'agent infiniment doué qui, avant que le Secret n'établît pour la première fois en France un véritable service de renseignement, tira le bouquet final du travail en solo.

XXIII

La mer était au point d'ébullition.

Sous prétexte de contrebande, la Royal Navy continuait d'arraisonner des vaisseaux de commerce français. La marine du roi de France attendait en se consumant d'impatience l'ordre d'intervenir. La volonté de revanche y était plus ardente qu'ailleurs, parce qu'elle avait à venger près d'un siècle de défaites, depuis la glorieuse mais fatale bataille de La Hougue, le 27 mai 1692, et surtout les humiliations de la dernière guerre où elle avait été battue à plate couture tandis que l'armée de terre, si malheureuse qu'elle eût été, pouvait au moins se targuer de quelques beaux succès ponctuels, et Victor-François de Broglie tenait à la disposition des sceptiques le récit détaillé de sa victoire de Bergen...

Faute de pouvoir ouvrir le feu sur l'ennemi, le lieutenant général du Chaffaud, qui commandait une escadre à Brest, canonnait son ministre Sartine. Après qu'un de ses vaisseaux a essuyé une bordée anglaise : « Tant que le Roi ne nous permettra pas de les châtier, ils seront toujours insolents. » Puis : « Il est bien humiliant pour nous d'avoir des vaisseaux en rade et d'être insultés à notre porte... Pour moi, le sang me bout dans les veines. » Et encore : « L'Angleterre prend la politesse pour de la crainte. » Quand va-t-on se décider à y aller ? Du Chaffaud, soixante-neuf ans, a le corps farci d'une mitraille anglaise qu'il compte bien rendre avec usure. Selon l'admirable formule en usage dans la marine du temps, qui partageait au moins avec l'adversaire le sens de l'*understatement*, il était réputé posséder « un caractère peu endurant à l'égard des Anglais ».

Une rencontre avait failli mal tourner entre la frégate française la *Sensible* et le vaisseau *Egmond*, qui avait pour commandant ce John Elphinstone que nous avons vu, passé au service de la Russie, tailler en pièces la flotte ottomane et prendre son thé avec une superbe insolence au milieu des Dardanelles[1].

Le 17 juin, le lieutenant de vaisseau Jean-Isaac Chadeau de La Clochetterie, sorti de Brest sur sa frégate la *Belle-Poule*, accompagnée d'une corvette et d'un lougre, repère des vaisseaux anglais à la hauteur de Roscoff. C'est la flotte de l'amiral Keppel. Elle a d'abord escorté celle du commodore Byron, parti renforcer dans les eaux américaines l'escadre de Howe, menacé par d'Estaing qui taille sa route à travers l'Atlantique, puis s'en est venue croiser devant les côtes françaises. Keppel a vingt et un vaisseaux, dont quatorze de ligne.

La frégate anglaise *Arethusa* et un sloop joignent la *Belle-Poule*. Parvenu à portée de pistolet, le capitaine anglais amène sa grand-voile, imité par la *Belle-Poule*, et ordonne à La Clochetterie de se présenter auprès de son amiral. La Clochetterie répond qu'il ne parle et n'entend que le français. Lui aussi manque d'endurance à l'égard des Anglais. Sa famille présente cent seize ans de services continus, de père en fils, dans la marine royale. Son père commandait en second sur le *Sérieux*, un soixante-quatre canons, quand, le 14 mai 1747, la petite escadre à laquelle il appartenait donne dans une flotte anglaise très supérieure. Un boulet de canon lui déchiquette les jambes. Refusant de se faire soigner, il ordonne qu'on l'installe sur la lisse du fronton du château, et continue d'exhorter ses hommes. Un instant après, selon le rapport du commandant du *Sérieux*, il est « haché en morceaux par une salve de coups de canons chargés à mitraille ». Jean-Isaac avait de qui tenir.

Après son refus de se présenter à l'amiral Keppel, il manœuvre pour se mettre à l'abri de l'*Arethusa* dont l'armement surclasse le sien : 24 pièces de neuf et 4 de six contre 26 pièces de douze et 4 de six à la *Belle-Poule*. L'Anglais lâche une bordée. La Clochetterie réplique à la mode française, visant la mâture et balayant le pont à mitraille. L'empoignade dure cinq heures. La nuit est tombée quand l'*Arethusa* rompt le combat et décampe en essuyant sans riposter encore cinquante coups de canon. Sur un équipage

---

1. Cf. *Le Secret du Roi*, tome 2, p. 297.

de deux cents hommes, la *Belle-Poule* a quarante tués et soixante blessés. La Clochetterie a perdu son second ; lui-même est blessé à la tête et au ventre. Il mouille à l'anse Kervin, près de Plouescat, toujours accompagné de la corvette et du lougre. Au lever du jour, deux vaisseaux de ligne anglais barrent la sortie de l'anse. Avec une audace folle et grâce à son sens de la manœuvre peu commun, La Clochetterie réussit à se faufiler entre les deux forteresses flottantes, puis à rejoindre Brest[1].

Le combat suscite en France un enthousiasme proche du délire. Ce n'était rien qu'un accrochage sanglant entre deux frégates, mais, pour la première fois depuis des lustres, *un vaisseau britannique a pris la fuite devant un vaisseau battant pavillon français*. Convoqué à la cour, La Clochetterie reçoit le commandement d'un soixante-quatorze canons. À Versailles et à Paris, les élégantes se coiffent « à la Belle-Poule », avec une frégate miniature au sommet du crâne. À Brest, où la canonnade lève le rideau comme les trois coups au théâtre, la dérobade de l'*Arethusa* provoque des transports de joie. Le chef d'escadre La Touche Tréville : « Si, le soir que la *Belle-Poule* est rentrée en rade, l'armée[2] avait sorti contre Keppel, la victoire se serait immanquablement décidée pour l'armée française. Jamais il n'y eut plus de volonté et d'envie d'aller à l'ennemi. »

On avait néanmoins pu vérifier depuis le début du siècle que ni l'ardeur ni le courage ne suffisaient à gagner la guerre sur mer.

*
* *

Les dernières années du règne de Louis XV avaient été néfastes à la marine. En 1774, à la mort du roi, on était loin de la situation qui avait tant réjoui le comte de Broglie lorsqu'il avait fait l'inventaire des forces navales de la France deux ans après la fin du désastreux conflit : « Votre Majesté, écrivait-il le 21 février 1765, verra peut-être avec étonnement dans le tableau explicatif

---

1. L'illustration de couverture représente le combat entre la *Belle-Poule* et l'*Arethusa* d'après le tableau de Théodore Gudin.
2. À l'époque, dans le vocabulaire naval, le mot « armée » était plus employé que celui de « flotte ».

de cette reconnaissance que sa marine militaire et marchande n'est pas dans l'anéantissement où ses ennemis la désirent et la croient, et où toute l'Europe et les Français même la supposent. » Mais le ministère de l'inepte Boynes avait annulé l'œuvre de reconstitution entreprise par Choiseul et son cousin Praslin.

En 1774, la France disposait de soixante-neuf vaisseaux de ligne, dont vingt-six « hors d'état à la mer », et de trente-huit frégates, dont quinze « hors d'état ». Le tiers des approvisionnements manquait. Une dette de quatorze millions de livres pesait sur le département, que l'abbé Terray, contrôleur général des finances, refusait obstinément de régler. Turgot, secrétaire d'État de la Marine pendant un mois avant de succéder à Terray, avait sans délai alerté Louis XVI : « Il est absolument nécessaire de pourvoir à l'acquittement de cette masse énorme de dettes, dont une foule de malheureux souffrent, qui excitent de toutes parts les plaintes les plus justes, qui répandent le découragement parmi les fournisseurs, réduisant plusieurs d'entre eux aux dernières extrémités, mettant par là des entraves à la célérité du service et rendant les marchés plus onéreux au Roi. » Quant au personnel, Boynes l'avait complètement démoralisé par des innovations grotesques. Ainsi s'était-il mis en tête de calquer l'organisation de la marine sur celle de l'armée de terre, articulée autour du régiment. Il avait donc divisé la flotte de combat en huit régiments, chacun d'eux recevant le huitième des unités et du personnel, et décidé que chaque officier accomplirait la totalité de sa carrière au sein du même régiment. On conçoit que le jeune roi, passionné par la marine, eût décidé au bout de deux mois de lui demander sa démission : « Les changements qu'il a faits de la Marine, et qui n'ont abouti à rien, et son incapacité pour cette partie m'y obligent. »

On a dit plus haut le scepticisme qui avait accueilli la nomination de Sartine : à un juriste ignorant tout des choses de la mer succédait un autre juriste qui n'en savait pas davantage. Personne ne comprenait qu'on ne lui eût pas donné la Maison du roi, à quoi le prédestinait sa grande réussite comme lieutenant général de police. Son ami Véri estimait que le cadeau était empoisonné : « Sa probité, sa douceur, son exactitude sont connues. Je l'aime personnellement et son avancement me sera agréable, mais je n'ai pu cacher à M. de Maurepas qu'il donne à M. de Sartine un travail au-dessus de ses forces. » Pour la cour, et à l'instar de Vergennes, son défaut de naissance suffisait à le disqualifier. Le baron de Besenval nous

confie qu'il « était considéré comme fort au-dessous de son département, homme d'un esprit médiocre, et capable tout au plus d'une
petite intrigue d'homme de robe, et subalterne ».

En matière d'administration, le nouveau ministre n'avait de
leçons à recevoir de personne. L'état lamentable dans lequel il
trouva la marine le scandalisa. Il en fit part au roi dans un
mémoire rédigé deux mois après sa désignation. Lugubre bilan :
« Un chaos effrayant où l'esprit démêle à grand-peine quelques
restes épars et presque méconnaissables de cette ancienne constitution qui rendit autrefois la Marine de France la plus formidable
de toute l'Europe. La subordination semble pénible à tout le
monde... Une espèce d'anarchie où personne ne commande et
personne n'obéit... Des opérations précipitées, mal conçues, mal
dirigées et vicieuses dans le principe, ont aigri tous les esprits.
On s'est égaré. »

Il commence par annuler les stupides innovations de Boynes et
rétablit pour l'essentiel le système mis en place par Choiseul et
Praslin. Puis, après avoir étudié à fond ses dossiers, il part en
tournée d'inspection. Il a prévenu l'intendant de la marine de
Brest : « Mon objet, en allant à Brest, est uniquement de m'instruire et d'y prendre des connaissances que je ne puis acquérir
loin d'un port. Vous sentez donc, Monsieur, que tout ce qui ten-
drait à m'offrir des objets de distraction contrarierait mon plan.
Je demande en grâce à M. le comte d'Orvilliers [chef de la flotte
de Brest], chez qui je logerai, et je viens vous demander aussi de
vous opposer d'avance à tous les préparatifs de fête, de bals, de
comédies. Je ne veux pas d'autre spectacle que celui de l'arsenal
du Roi et de son port. » Ce refus de tout amusement signifiait
aussi qu'on ne l'amuserait pas.

Trois semaines à Brest. Les vaisseaux sont entassés bord à
bord dans l'étroite embouchure de la Penfeld. L'air circule mal et
les coques pourrissent. On change les vaisseaux de côté tous les
six mois pour égaliser au moins les méfaits de l'humidité du vent
dominant. Sartine s'enquiert de tout, multiplie les visites, reçoit
le soir les représentants des corporations impliquées dans les
fournitures. Une inspection aussi complète n'avait pas de précédent. Quand il repart, la marine sait qu'elle a un ministre.

Cet homme tenu à la cour pour médiocre et subalterne accom-
plit une révolution. La marine de guerre vivait encore sous le
régime des ordonnances prises en 1689 par Seignelay, fils de
Colbert, auxquelles Choiseul n'avait apporté que des modifica-

tions mineures. Par l'une de ces contradictions dont l'Ancien Régime se montrait prodigue, elles donnaient à la plume la prééminence sur l'épée. Les chefs de bureau, premiers commis et commis du secrétariat d'État, dont le petit nombre ne cesse de nous émerveiller (quatre-vingts en 1774, cent six en 1780 alors que fait rage la guerre sur mer), étaient beaucoup mieux payés et jouissaient d'un plus grand pouvoir que les officiers embarqués. Pour ces derniers, et contrairement à l'armée de terre, l'avancement était difficile : en 1775, la moyenne d'âge chez les capitaines de vaisseau dépassait la soixantaine et les chefs d'escadre étaient le plus souvent septuagénaires. Le Grand Corps, selon l'expression consacrée, compensait ces inconvénients de carrière par un orgueil de caste incommensurable.

La plume régentait l'ensemble du système, des arsenaux aux ports, de sorte qu'un commandant recevait son vaisseau clefs en main, comme nous dirions aujourd'hui, sans avoir eu son mot à dire sur sa construction et son armement. Aucun autre pays d'Europe ne procédait ainsi. Sartine change tout : « C'est cette constitution, vicieuse dans son principe, pernicieuse dans ses effets, que les officiers de l'administration de la Marine soutiennent contre l'expérience et l'exemple de toutes les nations ! Si on les croit, la Marine ne peut être florissante, ne peut subsister qu'autant que les officiers de plume ordonneront de tout, dirigeront tout, exécuteront tout ; l'officier militaire ne doit se présenter dans le port que pour y recevoir son vaisseau caréné, gréé, équipé et muni des provisions de guerre et de bouche qui lui sont nécessaires… » Le ministre laisse à l'intendant de marine local la responsabilité de la finance, mais confie aux « officiers militaires » la direction des arsenaux et des ports. On imagine la tempête soulevée par une telle révolution. Il tint bon. Son équipe l'y aida beaucoup, car il avait su remarquablement s'entourer. Son bras droit, Pierre Claret de Fleurieux, qui sera ministre de la Marine en 1790, reçoit des contemporains un éloge unanime. Ses aïeux avaient été marchands espingliers à Lyon, où ils fréquentaient les épiciers Sartine.

Rien n'était possible sans argent. Le ministre bénéficia de trois atouts : l'engouement du roi pour la partie maritime ; l'appui d'un Maurepas qui se souvenait d'avoir entamé à la Marine sa longue carrière ministérielle ; celui de Vergennes, animé comme lui par la volonté de revanche. Les chiffres parlent d'eux-mêmes : de moins de dix-huit millions de livres en 1774, le budget de la marine de guerre passe à plus de vingt millions en 1775, vingt-sept millions en 1776, quarante et un en 1777, soixante-quatorze en 1778, c'est-à-dire qu'il a plus que quadruplé en quatre ans. Les résultats suivent : dix-huit vaisseaux de ligne et trente-trois frégates mis à la mer au cours des trois dernières années. En 1779, la marine de combat sera forte de quatre-vingt-deux vaisseaux et de soixante et onze frégates. Elle n'avait encore jamais atteint cette puissance[1].

Il faudrait tout dire : la standardisation de la production ; le port de Rochefort, dont se souciait tant le comte de Broglie, réaménagé pour désengorger Brest ; la décision de construire un port à Cherbourg pour disposer enfin d'une base d'opération sur la Manche, Le Havre n'étant équipé que pour les vaisseaux de commerce ; le rajeunissement des cadres ; la création des escadres d'évolution, destinées à l'entraînement des équipages qui, jusqu'alors, se rouillaient au port. Il faudrait dire surtout l'enthousiasme qui soulevait des ingénieurs et marins comme réveillés par un coup de baguette magique. « À l'avènement du Roi, constate Vergennes, il y avait tout à faire. Pas un vaisseau en état, pas un magasin garni. Il a fallu pourvoir à tout à la fois. » Et, en écho lointain, cet hommage à Sartine de l'intendant de marine Malouet, pourtant adversaire acharné des réformes donnant la prépondérance à l'épée : « Jamais ministre ne fit autant de vaisseaux et n'approvisionna mieux les ports. »

Le moral comptait autant que les canons. Sartine sut y pourvoir. Sa lettre au lieutenant général d'Orvilliers, commandant la flotte de Brest, à quelques semaines de l'exploit de la *Belle-Poule*, exprime à la fois les frustrations d'une marine française trop accoutumée à la défaite et le défi qu'il lui faut relever. Les officiers généraux et commandants de la flotte, écrit-il, « doivent sentir que toute l'Europe et la Marine de Sa Majesté en particulier ont les yeux ouverts sur la première escadre qui soit sortie de nos ports depuis la guerre dernière, et qu'ils seront responsables au Roi et à la nation de tout ce qu'ils auraient pu faire et de tout ce qu'ils n'auront pas fait. Il s'agit de rendre au pavillon français tout l'éclat dont il brillait ; il s'agit de faire oublier des malheurs et des fautes passés : ce n'est que par les actions les plus signa-

---

1. Nous tirons ces chiffres du remarquable ouvrage de Jacques Michel, historien de la marine, *Du Paris de Louis XV à la marine de Louis XVI, l'œuvre de M. de Sartine*, tome 2, Éditions de l'Érudit, Paris, 1984.

lées que la Marine peut espérer d'y parvenir... Les forces dont vous disposez suffisent pour vous assurer la supériorité ; votre courage et celui des officiers que vous commandez doivent faire le reste. Mais, quelles que soient les circonstances dans lesquelles l'armée navale du Roi puisse se trouver, l'instruction de Sa Majesté, qu'elle me charge expressément de vous faire connaître, ainsi qu'à tous les officiers commandants, est que ses vaisseaux attaquent avec la plus grande vigueur et se défendent, en toute occasion, jusqu'à la dernière extrémité. Les capitaines doivent être certains que, si quelques-uns des vaisseaux du Roi étaient forcés de se rendre à l'ennemi, Sa Majesté n'admettrait pour justification que l'impossibilité physique et prouvée où se serait trouvé le capitaine de prolonger sa défense. »

Le lieutenant de vaisseau de La Clochetterie et son équipage avaient donné le *la* : aux autres de jouer à l'unisson.

Branle-bas guerrier et ardeur à en découdre n'empêchent pas les bonnes manières. À cette époque résidait à Paris l'amiral Rodney, empêché de rentrer à Londres où ses créanciers menaçaient de le faire mettre à la prison pour dette. L'un des meilleurs amiraux anglais, Rodney s'était distingué à nos dépens durant la guerre de Sept Ans. Les journaux anglais ironisaient sur la satisfaction des Français à traiter cet hôte de marque plutôt que de le voir à la tête d'une escadre de la Royal Navy. Rodney lui-même, reçu dans la meilleure société parisienne, ne dissimulait pas son regret de ne pouvoir donner quelques leçons complémentaires à la marine du roi de France. Piqué d'honneur, le maréchal de Biron lui prêta mille louis pour qu'il pût rentrer chez lui. Après nous avoir fait encore bien des misères, Rodney, dans quatre ans, écrasera une escadre française aux Saintes, capturant ou coulant sept vaisseaux de ligne, tuant mille marins et en blessant sept mille. Nous ne changerons jamais.

Une pensée nostalgique, peut-être, pour ces temps où l'on ne se battait pas pour des idées, qui n'accordent point de quartier, mais où d'augustes maisons, préoccupées d'arrondir leur domaine, faisaient s'entre-égorger des militaires professionnels sans songer un seul instant à précipiter le petit personnel dans les affres de la guerre totale. Versailles donne à ses marins l'ordre de laisser les pêcheurs britanniques poursuivre leur pacifique activité ; les voyageurs français continueront de circuler en Angleterre comme les anglais en France ; et tous les commandants de vaisseaux recevront de Louis XVI l'instruction de prêter aide et assistance au capitaine Cook, engagé dans son troisième tour du monde.

*
* *

Normalement, d'Estaing devait croiser le fer le premier.

Sartine lui avait expédié avant son départ de Toulon la même lettre qu'à d'Orvilliers, mais Charles-Henri d'Estaing n'avait pas besoin qu'on lui mît l'épée dans les reins pour courir sus aux Anglais : leur contentieux remontait à loin. Brigadier d'infanterie aux Indes, d'Estaing a été grièvement blessé et capturé à la chute de Madras, en 1759. Libéré sur parole à cause de ses blessures, il rallie l'île de France, se fait confier deux vaisseaux par la Compagnie des Indes, et entame une fructueuse carrière de corsaire. En 1761, les Anglais arraisonnent la flûte sur laquelle il s'est embarqué pour rentrer en France. Il risque la corde pour violation de la parole donnée. Un échange de prisonniers le sauve *in extremis*. Grâce à la protection de Choiseul, il bénéficie alors d'un avancement foudroyant : maréchal de camp, puis lieutenant général. En 1762, à trente-trois ans, il passe de la terre à la mer sans rien perdre de sa vélocité promotionnelle : lieutenant général des armées navales en 1763, inspecteur général et commandant de la marine à Brest en 1772. Par faveur exceptionnelle, Louis XVI vient de créer pour lui un troisième vice-amiralat, celui des mers d'Asie et d'Amérique. À quarante-huit ans, le voici le benjamin des chefs d'escadre, tous largement sexagénaires, et leur jalousie est à la mesure du favoritisme outrancier dont avait bénéficié cet intrus dans le Grand Corps.

Quoi de plus étonnant, pour nous, que cette façon de passer de l'infanterie à la dunette d'un vaisseau ? La marine à voile, engagée dans des combats où un frisson de vent pouvait décider de la victoire, n'exigeait-elle pas un long apprentissage de la mer ? L'étrange mutation était pourtant assez banale. Elle pouvait donner d'heureux résultats ; ainsi Bougainville, passé à la marine à trente-six ans et qui n'a pas laissé une réputation de mauvais marin. D'Estaing, pour la première fois de sa vie, va faire manœuvrer une escadre.

Il appareille donc de Toulon le 13 avril. Le mistral se lève quand il sort du port. En pareil cas, on va s'embosser en rade d'Hyères et on attend que ça passe. Il s'obstine. Le voilà du coup ramené avec des avaries à la hauteur de Gênes. Ce n'est pas la bonne direction pour l'Amérique. Il repart cap à l'ouest. Les vents sont contraires. Tout au long des péripéties de l'affaire Broglie, le duc de Croÿ note dans son journal la véritable agonie vécue par Sartine : où est passé d'Estaing ? Trente-trois jours pour atteindre Gibraltar. Un canot à rames aurait fait mieux. Il ne reste plus que l'Atlantique à traverser. Suffren, le meilleur marin de sa génération, de même que Rodney l'est pour le camp d'en face, et qui souffrira mille morts sous le commandement de d'Estaing, va bientôt écrire à sa maîtresse, dont il compense l'absence par un usage de ses mousses non prévu par le règlement : « Imaginez-vous un général de mer dont le moindre défaut est de n'être point marin... »

D'Estaing a reçu des instructions intelligentes. Bien entendu, il doit attaquer la flotte de Howe, à l'ancre dans la baie de la Delaware et dont dépend le ravitaillement de l'armée anglaise occupant Philadelphie. Mais toute latitude lui est laissée pour l'exécution. Secret et rapidité conditionnaient la réussite. Pour la rapidité, c'est mal parti. Quant au secret, une frégate anglaise embusquée à Gibraltar l'évente et porte la nouvelle à Londres, qui dépêche l'escadre de Byron en renfort à Howe.

*
* *

Le terrible hiver de Valley Forge avait éprouvé l'armée américaine. Peu enclin à l'attendrissement vis-à-vis de la troupe, Washington trouvait des accents épiques pour célébrer ses hommes : « Il n'existe dans l'Histoire aucun exemple d'une armée soumise à des travaux et à des souffrances aussi extraordinaires, et qui les ait supportés avec autant de patience et de courage. » L'alliance avec la France vint à point pour revigorer les cœurs. Son annonce déclencha dans le pays autant de passion que de soulagement. Le 6 mai, Washington fit afficher à Valley Forge un ordre du jour ému : « Le Maître tout-puissant de l'univers a bien voulu prendre pitié des États-Unis d'Amérique : il leur a suscité un ami puissant parmi les princes de la terre, afin de les aider à

établir leur liberté et leur indépendance sur des bases solides. »
Pour célébrer l'événement, il ordonna des prières d'actions de
grâce, ce qui allait de soi, et l'une de ces manœuvres si difficiles
aux Américains avant l'arrivée de Steuben. Elle s'exécuta à merveille. La Fayette commandait l'aile gauche ; Kalb, la seconde
ligne. Le général en chef prodigua à Steuben des compliments
mérités. L'harmonie et l'allégresse sont si vibrantes que Kalb
doit admettre que la « haine instinctive » des Américains pour la
France, qui l'avait tant frappé, appartient désormais au passé :
« Il n'y a pas à douter de la sincérité de leurs sentiments, écrit-il
au comte de Broglie. Leurs tories même ne savent que dire, car
c'est si beau, si sublime, si fort au-dessus de l'espoir qu'ils pouvaient en concevoir que leur joie est inexprimable. Aussi tous les
cœurs paraissent appartenir à Louis XVI. »

Il n'était pas question d'attaquer Philadelphie, trop fortement
tenue, mais des mouvements dans la ville décidèrent Washington
à donner à La Fayette un détachement d'élite pour y aller voir de
plus près. Ses relations avec le marquis étaient au beau fixe. Il ne
lui gardait pas rigueur du léger flottement enregistré à l'occasion
du complot fomenté par Conway. Du Buysson, aide de camp de
Kalb, toujours assidu lui aussi à informer le comte de Broglie,
continue de souligner la confiance accordée par le commandant
en chef à La Fayette, dont il apprécie l'allant et l'habileté à se
tirer de situations difficiles. Son seul reproche anticipe sur celui
de la postérité : « Vos inquiétudes viennent d'une sensibilité peu
commune à tout ce qui touche à votre réputation. »

De son adresse à se sortir d'un pas périlleux, La Fayette n'eut
jamais autant besoin que ce 20 mai où les Anglais manquèrent
d'extrême justesse de le pincer à Barren Hill. Ils avaient décidé
de contrebalancer l'impression créée dans le pays par l'annonce
de l'alliance avec la France en capturant l'impudent gamin qui
symbolisait l'amitié franco-américaine. Le général Clinton était à
Philadelphie, se préparant à prendre la succession du général
Howe dont Londres estimait à juste titre qu'il ne donnait pas
l'impression d'avoir grande envie de gagner la guerre. La Fayette
avait avec lui deux mille hommes. Clinton en prit six mille pour
le coincer. Il était si sûr du succès qu'il partit en envoyant aux
dames de Philadelphie une invitation à rencontrer le lendemain le
marquis de La Fayette. On exhiberait le jeune homme, on le ridi-
culiserait, puis on le renverrait en France comme un « écolier
présomptueux ». Les deux frères Howe, l'amiral et le général, se

promettaient tant de plaisir de la capture qu'ils décidèrent d'accompagner Clinton.

La Fayette était en train de donner ses dernières instructions à une jeune femme, son agent, qui avait accepté d'aller vérifier à Philadelphie si les Anglais ne se préparaient pas à évacuer la ville, lorsque des estafettes lui apprirent le mouvement d'encerclement en cours. En même temps retentissait dans sa troupe le cri fatal, prélude à la panique : « Nous sommes cernés ! » Il réagit avec rapidité et intelligence. Son sens tactique lui permit de déceler la faille provisoire dans le dispositif ennemi. Laissant un rideau de tirailleurs résolus pour masquer sa manœuvre, il fonça sur la seule issue qui lui restait, prit l'ennemi de vitesse, et, sans perdre un seul homme, repassa la Schuylkill au gué de Matson. Clinton n'insista pas. Il avait manqué son coup. Le seul engagement de la journée fut pittoresque : une troupe d'Iroquois marchant avec La Fayette, qui entretenait les meilleures relations avec les Indiens, subit l'attaque d'une compagnie de dragons ; ils poussèrent leur cri de guerre puis décampèrent, épouvantés : c'était la première fois que les pauvres diables voyaient une charge de cavalerie ; de leur côté, les dragons, terrorisés par le cri de guerre, tournèrent bride et prirent la fuite au galop. Les généraux anglais rentrèrent à Philadelphie sous les lazzi, et celui qui avait tardé à boucler l'encerclement échappa de justesse à la cour martiale. Washington, ravi de récupérer un détachement d'élite qu'il avait cru perdu, félicita chaleureusement son chef.

Le 28 juin, onze jours après le combat de la *Belle-Poule*, c'est la confuse et indécise bataille de Monmouth. Clinton avait évacué Philadelphie le 18. La décision avait été prise à Londres dès l'annonce de l'armement à Toulon de l'escadre de d'Estaing. L'armée anglaise, forte de dix-sept mille hommes, remontait vers New York à travers le New Jersey. Devait-on l'attaquer ? Au conseil réuni par Washington, seuls quatre généraux, dont La Fayette, opinèrent pour l'offensive. La majorité, conduite par le général Lee, commandant en second, invoquait la disproportion des forces pour plaider l'abstention. Washington trancha pour l'attaque. La milice du New Jersey reçut l'ordre de détruire les ponts et d'abattre les arbres en travers de la route. On pouvait refaire Saratoga. L'armée américaine s'ébranla. Lee, toujours soutenu par la majorité du conseil, tempêtait contre ce qu'il considérait comme une folie. La Fayette lui répondait en évoquant l'honneur américain. Washington forma une avant-garde de quatre à cinq mille hommes dont il proposa le commandement à Lee ; celui-ci déclina l'offre. L'avant-garde échut au marquis. Il la fit aussitôt marcher sur l'ennemi. Mais Lee se ravisa et réclama le commandement qu'il avait refusé. Avec ce sens de la diplomatie, cette bonne grâce, cette capacité à se sacrifier au service de la cause commune dont il avait déjà donné tant de preuves, La Fayette, au grand soulagement de Washington, s'inclina et se plaça sous les ordres de Lee.

Tout au long de ces journées, la conduite du général Lee est incompréhensible. On dirait qu'il souhaite procurer à Clinton une traversée paisible du New Jersey. Certes, ses arguments ne manquent pas de valeur — toute attaque comporte un risque de défaite —, mais il apporte à les défendre une fougue un peu suspecte. Sa conduite à Monmouth ne laisse guère de doute sur sa félonie. La Fayette en eût été bouleversé si l'image idéale qu'il s'était formée des États-Unis n'avait été déjà écornée. (Même les quakers qui l'avaient si bien soigné après sa blessure de la Brandywine, et qui arguaient de leur foi pour refuser de porter les armes, servaient volontiers de guides aux troupes britanniques.) Par sa naissance, son éducation, sa formation militaire, Lee était tout anglais. Comme Howe en face, il faisait la guerre de mauvais cœur. Pour résumer en une phrase une bataille si confuse que les historiens militaires peinent à en démêler l'embrouillamini, Lee donne l'ordre de la retraite alors que l'affaire est bien engagée pour les Américains. Rien ne justifie une telle décision, qui crée aussitôt une pagaille noire. Seule l'arrivée de Washington et sa conduite comme toujours admirable sauvent l'armée de la déroute. Lee, traduit en cour martiale, sera suspendu de tout commandement pendant un an — sanction bénigne. Clinton et ses dix-sept mille hommes peuvent rentrer dans New York sans être autrement inquiétés. Une belle occasion a été gâchée.

Ainsi chacun des deux adversaires manœuvrait-il sur l'immense échiquier sans parvenir à mettre l'autre échec et mat. Les Américains jouaient de l'espace terrestre ; les Anglais, maîtres de la mer, gardaient la capacité de frapper là où ils le voulaient. D'Estaing pouvait et devait modifier le rapport de forces en ôtant à Clinton son atout maritime.

Il arrive dans la baie de la Delaware le 7 juillet, après quatre-vingt-sept jours de traversée, avec des équipages épuisés. L'amiral Howe a décampé le 28 juin. Les capitaines placés sous les ordres de d'Estaing incriminent avec fureur ses maladresses de novice. L'équité oblige à mentionner que l'escadre avait essuyé tempête sur tempête. Mais c'est ainsi : il manquera toujours au comte d'Estaing, animé par une évidente volonté de vaincre et d'un courage physique hors du commun, cet impondérable sans lequel il n'est pas de chef de guerre heureux : la chance.

*
* *

Le 5 juillet, Frédéric de Prusse est entré en Bohême.

À soixante-six ans, il en portait dix de plus et ajoutait encore à sa décrépitude par des airs de patriarche revenu de tout. Il assurait son entourage qu'il gardait sa place au théâtre, mais avec la volonté de ne plus monter sur la scène. Ses visiteurs l'écoutaient réciter quatre vers de Chaulieu :

> *Ainsi, sans chagrins, sans noirceurs,*
> *De la fin de mes jours poison lent et funeste,*
> *Je sème encore de quelques fleurs*
> *Le peu de chemin qui me reste.*

Si Joseph II conclut du récit des voyageurs que le vieux lion avait les griffes usées et la mâchoire percluse, il se trompa lourdement. L'invasion de la basse Bavière par l'armée autrichienne est, pour Frédéric, fontaine de jouvence. Il ne parle plus que d'en découdre avec « dame Thérèse » et « le César Joseph ». Lui qui fut si longtemps tenu pour le grand prédateur de l'Europe, comment ne savourerait-il pas le nouveau rôle qui lui est obligeamment proposé par Vienne : défenseur des libertés germaniques contre l'ambition perturbatrice de l'empereur ? Il l'isole en Allemagne, acquiert la certitude que la France s'abstiendra de soutenir l'Autriche, annonce à ses généraux que son âge et ses infirmités l'obligeront à accompagner l'armée en chaise de poste, mais qu'il sera à cheval, comme d'ordinaire, le jour de la bataille.

Il entre en Bohême à la tête de quatre-vingt mille hommes ; son frère Henri remonte l'Elbe avec soixante mille autres. C'est l'Europe. Washington écrit l'Histoire avec le dixième de l'armée du Vieux Fritz.

XXIV

Au fil des siècles, le nôtre inclus, c'est une curieuse constante que les Broglie se trouvent mieux appréciés à l'étranger que chez nous. La cour quasi unanime s'était dressée contre le choix de ce Victor-François de Broglie que le roi lui-même en venait à qualifier de « mauvais citoyen ». À l'étonnement général, l'Angleterre réagit d'autre manière : l'annonce de sa nomination y fut reçue avec crainte et tremblement. Vergennes le souligne dans sa correspondance diplomatique. Le duc de Croÿ constate dans son journal que le choix « produisit son effet en plein, car l'Angleterre en prit tant de crainte qu'elle n'osa se dégarnir de rien ». Ainsi le régiment des Montagnards écossais, déjà embarqué pour l'Amérique, est-il expédié précipitamment à Jersey et Guernesey. Le ministère anglais, sommé de s'expliquer aux Communes sur la liberté de manœuvre laissée à d'Estaing, se justifie par la nécessité de pourvoir à la défense de l'île contre un adversaire redoutable. Le temps était révolu où, dans ces mêmes Communes, un député pouvait déclarer aux applaudissements de ses collègues : « Dans aucune partie du monde on ne doit tirer sur mer un coup de canon sans la permission de la Grande-Bretagne. »

La crainte inspirée à l'adversaire par la nomination de Victor-François de Broglie, un homme l'avait prévue quinze ans plus tôt : Durand, alors en poste à Londres. Il écrivait le 28 avril 1763 : « La grande réputation dont jouit M. le maréchal de Broglie en Angleterre le rendrait le sujet le plus propre à mettre à la tête des troupes qui passeraient dans ce royaume. Il inspirerait autant de frayeur à l'ennemi que de confiance à nos troupes. »

Deux camps, l'un à Paramé, en Bretagne, l'autre à Vaussieux, près de Bayeux, sur la côte normande. En attendant l'arrivée des troupes, Broglie se lance dans une inspection des défenses côtières. Il les découvre dans un état de délabrement inquiétant. Une exception à Brest pour les retranchements édifiés par La Rozière, l'ancien agent de son frère en Angleterre, dont il fait l'éloge auprès du ministre. Mais est-il un seul officier pour ne pas saluer les talents de Louis-François de La Rozière ? Dumouriez a été conquis comme tout le monde. On les avait associés pour rechercher le meilleur emplacement d'un port de guerre à créer sur la Manche. Leur choix se porta sur Cherbourg. Dumouriez, qui souffre d'une grande difficulté à se trouver des égaux, écrira, parlant de lui-même à la troisième personne, que La Rozière « était l'officier d'état-major le plus instruit que jamais Dumouriez ait rencontré. Il était alors maréchal des logis de l'armée en Bretagne, et brigadier. Il devait sa fortune à M. de Broglie. »

Le maréchal avait raison d'insister auprès du roi sur la nécessité d'avoir son frère à ses côtés en qualité de général-maréchal des logis, fonction dans laquelle Charles avait démontré ses qualités : « Il y a si longtemps que les troupes n'ont été rassemblées. » Cela faisait exactement quinze ans. La concentration s'effectue dans le désordre. Les gîtes d'étape sont improvisés. En Normandie, les chemins n'ont pas été remis en état. L'intendant de Caen n'est prévenu que quinze jours à l'avance de l'établissement d'un camp à Vaussieux. Les ingénieurs s'y reprennent à trois fois avant de construire des cantonnements convenables.

Le maréchal installe son quartier général à Vaussieux. L'avenir repose désormais sur d'Orvilliers. Si la flotte de Brest n'ouvre pas la route de l'Angleterre en battant celle de Keppel, les soixante mille hommes rassemblés en Normandie et en Bretagne n'auront plus qu'à occuper leur temps à des manœuvres.

Charles de Broglie accueillit-il la nouvelle avanie avec amertume, ou bien son cœur patriote se réjouit-il de voir avancer son projet, fût-ce par le truchement d'un autre ? Le 20 juillet, ce n'est pas lui qui est convoqué par Maurepas pour exposer aux ministres les chances d'une descente en Angleterre, mais La Rozière. Celui-ci conclut naturellement à la possibilité de l'opération, mais, étrangement, suggère un débarquement à Bristol, sur la côte ouest, à quarante lieues de Londres. C'est le contraire de l'offensive foudroyante préconisée par le comte de Broglie à partir des renseignements recueillis par La Rozière lui-même. Pis encore :

les ministres l'entendent suggérer une opération simultanée des Espagnols sur le pays de Galles, de l'autre côté du canal de Bristol. Broglie excluait toute opération combinée, éternelle source de cafouillages. Si un La Rozière flanche, où allons-nous ? Son exposé obtient une approbation unanime, mais aucune décision n'est prise. Dumouriez, lui aussi présent, reçoit le commandement de Cherbourg.

*
* *

Ce même 20 juillet, le procès Beaumarchais-La Blache vient à l'audience du parlement d'Aix-en-Provence devant lequel il avait été renvoyé après cassation. Beaumarchais aurait bien besoin d'un succès. Sur tous les fronts, ce ne sont pour lui que tracas et désillusions. La guerre avec l'Angleterre le délivre de l'inquisition stormontienne et des rigueurs ministérielles, mais il continue de fournir l'Amérique à fonds perdus. Travaillé par Arthur Lee, le Congrès le traite en escroc. Son ami Deane succombe sous des accusations perfides. Le troupeau des auteurs dramatiques renâcle à marcher sous sa houlette. La mort de Voltaire l'a bouleversé et il s'est si fort indigné de l'attitude du clergé qu'il a songé à proposer à Maurepas d'inhumer le grand homme, auteur de *La Henriade*, au pied de la statue d'Henri IV, sur le Pont-Neuf, au cours d'une cérémonie civile dont les prêtres seraient exclus. Belle et folle idée… L'imminence du procès d'Aix l'a sagement conduit à renoncer : ce n'est pas le moment de s'attirer un scandale.

En érigeant un monument éditorial à la gloire de Voltaire, il fera beaucoup mieux que de lui trouver une tombe. Le libraire Panckouke avait décidé d'éditer l'œuvre complet du défunt. Il avait déjà rassemblé beaucoup d'inédits et bénéficiait surtout de l'appui de Catherine de Russie qui mettait à sa disposition subventions généreuses et imprimeries avec d'autant plus d'empressement que le peuple russe, ignorant le français, ne risquait pas d'être troublé par la subversive prose voltairienne. Beaumarchais en appela à Maurepas : « Quelle honte ce serait pour la France de laisser imprimer chez les Russes les ouvrages de l'homme qui a le plus illustré la littérature française ! Ce n'est point chez les

Scythes qu'Athènes faisait transcrire pour sa gloire et pour l'instruction de la postérité les tragédies de Sophocle et les ouvrages d'Aristote. » Le Mentor promit de laisser circuler en France les ouvrages qu'éditerait Beaumarchais. C'était fonder sur la parole d'un vieillard de soixante-dix-huit ans une opération coûteuse et de longue haleine.

Beaumarchais se lança dans l'entreprise avec son dynamisme coutumier : rachat pour cent soixante mille livres des droits détenus par Panckouke ; chasse aux ouvrages publiés sous le manteau et dont la propriété intellectuelle apparaissait d'une complexité quasi inextricable ; envoi aux Pays-Bas d'un technicien chargé de découvrir les secrets du merveilleux papier hollande, et achat de trois papeteries dans les Vosges pour le fabriquer ; acquisition en Angleterre, pour cinquante mille livres, d'un jeu complet de caractères Baskerville, les meilleurs de l'époque ; location du fort de Kehl, possession du margrave de Bade, pour y installer ses presses à l'abri de l'inquisition religieuse, laquelle dénonça naturellement la « forge d'impiété » établie outre-Rhin. Las ! l'affaire connaîtra un échec sanglant. Voltaire entrait dans le triste purgatoire auquel peu d'auteurs échappent au lendemain de leur disparition. Quatre mille souscripteurs au lieu des trente mille attendus. Beaumarchais y perd une fortune. C'est la troisième ou quatrième fois que nous le voyons se ruiner, sans parler de la faillite américaine. Or, curieusement, son train de vie n'en souffre pas le moins du monde. Gudin, l'homme le mieux introduit dans son intérieur, n'évoque nullement la gêne, même provisoire, mais atteste toujours une « large aisance ». Comment cela se peut-il ? L'explication est simple : Beaumarchais s'afflige bruyamment du désastre spectaculaire et passe sous silence les discrets bénéfices annexes. Ainsi l'édition de Voltaire coûtera-t-elle en effet une fortune, mais les presses de Kehl impriment d'autres ouvrages qui se vendent fort bien. De même les caisses de Roderigue, Hortalez et Cie, vidées par le trafic avec les Américains, se remplissent-elles grâce au commerce routinier avec les îles françaises. La devise commerciale de Beaumarchais pourrait être celle de la grande distribution d'aujourd'hui : « Un îlot de pertes dans un océan de profits. »

Avant de se rendre à Aix, il est d'abord passé par Marseille où l'ami Gudin venait d'être reçu à l'Académie provençale. Gudin prononça l'éloge funèbre de Voltaire ; Beaumarchais courut les armateurs, les acteurs et les dames Les nouvelles d'Aix n'étaient pas bonnes. Le maréchal de camp de La Blache campait dans la ville depuis plusieurs semaines, travaillant à la rendre inexpugnable. Toutes les bonnes maisons avaient reçu sa visite ; il laissait en partant ses mémoires à lire. Les colporteurs répandaient une brochure incendiaire écrite sur sa demande et à ses frais par le chevalier d'Éon, trop heureux de trouver une occasion de régler son compte à Beaumarchais. Conformément aux usages du temps, les magistrats ouvraient volontiers leur porte et prêtaient l'oreille au comte de La Blache. Dans sa rage d'écraser celui qu'il déclarait, dans une formule qui donne à penser, haïr comme un amant aime sa maîtresse, La Blache opéra une rafle des avocats d'Aix en les prenant à son service à grand renfort d'honoraires ; deux ou trois résistèrent, qui ne comptaient pas parmi les meilleurs.

Beaumarchais s'enferme dans son hôtel marseillais et rédige un mémoire intitulé *Réponse ingénue à la consultation injurieuse que le comte Alexandre Falcoz de La Blache a répandue dans Aix*. Son texte ne vaut pas les fameux mémoires contre Goëzman : il y manque Gabrielle Goëzman. Imprimé à Marseille, car La Blache tenait en main tous les imprimeurs d'Aix, distribué dans une ville acquise à son adversaire, le mémoire de Beaumarchais retourne néanmoins l'opinion publique en un après-midi. La Blache répond par une giclée de libelles et de pamphlets infamants commis par des plumes à gages. Beaumarchais réplique avec *Le Tartare à la légion* : « Combien êtes-vous, Messieurs, à m'attaquer, à former, à présenter, à signifier des requêtes en lacération et brûlure contre mes défenses légitimes ? Quatre, cinq, six, dix, une légion ! Comptons. Premier corps : le comte de La Blache en chef, six avocats en parlement, un procureur. Second corps en sous-ordre : un solliciteur étranger, Chatillon ; troupe de clercs ; troupe d'huissiers, troupe de recors, etc. » On rit, c'est donc à moitié gagné. On s'apitoie : David contre Goliath, le meilleur rôle de Beaumarchais.

Le 20 juillet, devant le parlement assemblé, il obtient de plaider lui-même sa cause et parle cinq heures un quart. Le lendemain, La Blache répond pendant quatre heures. Le verdict tombe avec la nuit : l'arrêté de comptes avec Pâris-Duverney est reconnu authentique ; La Blache devra payer les énormes dépens d'un procès qui a duré huit ans ; il est en sus condamné à régler à son adversaire douze mille livres de dommages-intérêts en réparation de ses calomnies.

« La nuit venait, écrit Gudin à un ami, enfin les portes du Palais s'ouvrent, ces mots se font entendre : "Beaumarchais a gagné !" Mille voix les répètent, les battements de mains se propagent le long de la promenade, la foule arrive avec des cris et des exclamations chez notre ami. Les hommes, les femmes, les gens qu'il connaît et ceux qu'il ne connaît pas, l'embrassent, le félicitent, le congratulent. Cette joie universelle, ces cris, ces transports le saisissent, les larmes le gagnent, et le voilà qui, comme un grand enfant, se laisse aller dans nos bras et y reste évanoui. »

Un peu plus tard, remis de ces émotions, Beaumarchais et Gudin sortent en ville. Feux de joie aux carrefours, danses au son des tambourins, chants repris en chœur. Étonné qu'un procès particulier engendre une telle liesse populaire, Beaumarchais avoue sa perplexité à ceux qui l'entourent : « Ce parlement, lui dit-on, n'est composé que d'hommes nobles d'origine ; c'est la première fois que, dans une cause importante, un noble a été condamné. Il faut croire que, jusqu'à cette époque, aucun noble n'a eu tort et que le parlement a toujours été juste ; mais le peuple est charmé d'en avoir la preuve. »

Touchante naïveté ! Les bœufs-tigres illuminés par l'équité, tels les apôtres à la Pentecôte ? À Aix comme ailleurs, à Aix plus qu'ailleurs — et cela durera —, les juges ont la rancune de l'âne et la platitude de la limande. Beaumarchais avait été condamné par le Parlement Maupeou. En lui donnant raison, les magistrats aixois réintégrés par Louis XVI infligeaient aux usurpateurs un ultime camouflet. Et puis, comment donner tort à un justiciable désormais familier des ministres ?

De retour à Paris, Beaumarchais reçut une lettre d'une Aixoise de dix-sept ans qui lui narrait sur dix pages un roman pour la portière : séduite et abandonnée à douze ans. Une correspondance s'ensuivit, puis s'assoupit du fait de Beaumarchais, qui classa les lettres dans un dossier sur lequel il écrivit : « Affaire de ma jeune cliente inconnue de moi ». Elle ne lui avait livré que son prénom : Ninon.

Dans quatorze ans, elle lui sauvera la vie

*
* *

D'Orvilliers avait pris la mer le 8 juillet avec trente-deux vaisseaux. À soixante-huit ans, il a passé l'âge des quitte ou double. Comme la plupart de ses pairs, il se soucie d'abord de la préservation de son outil : au contraire d'une bataille terrestre, qui se termine rarement par l'écrasement définitif d'une armée, un engagement naval peut en un clin d'œil — il suffit d'une fausse manœuvre — tourner à la déroute. D'Orvilliers juge au surplus l'outil imparfait, par manque d'entraînement. Il voudrait bien avoir le temps de le peaufiner avant d'en venir aux choses sérieuses. Aussi a-t-il écrit à Sartine : « Dans le cas d'une affaire, que je tâcherai néanmoins d'éluder, je me flatterai, sinon de le battre [Keppel], du moins de lui résister... Au moins gagnerons-nous un exercice bien nécessaire aux équipages et à leurs chefs. » Ses capitaines brûlent de venger des décennies d'humiliation, mais le souvenir de tant de raclées ne laisse pas de les impressionner. On peut de bonne foi claironner au port son envie de faire parler la poudre, et éprouver sur le pont de son vaisseau une compréhensible appréhension à risquer le tout pour le tout contre un adversaire qui a donné tant de preuves d'invincibilité. Le chevalier du Pavillon, major de l'armée navale, rend compte avec tact du poids du passé en écrivant qu'il pousse les officiers « à apercevoir les objets à travers le microscope de la timidité ». Autre raison de se montrer prudent, et qui en dit long sur l'hégémonie anglaise : la Manche, dont nos marins ont été chassés, leur est devenue étrangère. Un lieutenant de vaisseau la décrit ainsi : « Cette mer peu fréquentée et presque point connue des officiers. » D'Orvilliers demandera des pilotes, car « nous naviguons comme au hasard et sans connaissance des dangers et des courants de la côte ». Les atterrages des îles des Antilles sont infiniment plus familiers à nos marins que ceux d'une mer qui borde les côtes françaises. Et, en cas de pépin, aucun port où aller se réfugier. C'est pourquoi les instructions de d'Orvilliers, tout en lui prescrivant de « courre sus » à l'ennemi, lui demandent de ne point entrer dans la Manche.

Du 8 au 23 juillet, manœuvres par temps divers qui confirment l'inexpérience des équipages. Les entraînements organisés par Sartine sont trop récents pour avoir rattrapé des années d'asthénie.

Le 23, les vigies repèrent les trente voiles de Keppel.

Du 23 au 27, au large d'Ouessant, Keppel et d'Orvilliers manœuvrent pour se placer au vent favorable. La stratégie navale repose alors sur la bataille en ligne. Les vaisseaux se suivent, le beaupré de l'un à cinquante mètres de la poupe de l'autre, en veillant à respecter la distance pour éviter toute coupure de la ligne, et les deux flottes défilent en se canonnant. Cette première passe effectuée, on se replace et on recommence. Fausse manœuvre ou vaisseau désemparé par le feu ennemi : le premier à rompre sa ligne a perdu. Ses vaisseaux isolés sont aussitôt enveloppés, coulés ou réduits à la reddition. Plutôt que d'en courir la chance ou la malchance, les chefs d'escadre se complaisent à de savantes évolutions réduisant les risques au minimum mais empêchant du même coup toute décision. Suffren exècre ces ballets nautiques et tonne que, sur mer comme sur terre, la guerre a pour objectif la destruction physique de l'adversaire. Il n'a pas encore reçu un commandement le mettant en posture d'éprouver ses principes.

Le 27 au matin, Keppel attaque. Trente vaisseaux contre trente, car d'Orvilliers est sans nouvelles depuis le 23 du *Duc-de-Bourgogne* et de l'*Alexandre*, perdus dans la nuit. Mais les Anglais ont trois cent cinquante canons de plus que les Français. Keppel, qui file grand largue, va remonter par l'arrière la ligne française, ce qui lui donne l'avantage. D'Orvilliers ordonne une manœuvre hardie : virement vent debout. Elle s'exécute. Chaque vaisseau tourne sur lui-même. Du coup, Philippe, duc de Chartres, qui commandait les onze vaisseaux d'arrière-garde, se retrouve à l'avant-garde. Son *Saint-Esprit* a l'honneur d'ouvrir le feu quand la ligne anglaise arrive à sa hauteur. Les canonniers anglais ont coutume de viser en pleine coque, mais le vent qui incline leurs vaisseaux vers ceux de l'adversaire les y obligerait de toute façon ; les Français, pour la même raison, tirent dans les mâtures. Les fusiliers agenouillés derrière le bastingage ou perchés sur les mâts balaient le pont adverse en visant de préférence tout ce qui porte un uniforme d'officier.

Les deux lignes se reforment. Ici, un incident sur lequel nous nous garderons de prendre parti, car les experts divergent. Selon les uns, Philippe de Chartres, apercevant une brèche dans la ligne anglaise, a très bien fait de manœuvrer pour s'y engouffrer et isoler les cinq vaisseaux ennemis fermant la marche. Pour les autres, son initiative empêche d'Orvilliers de coincer les cinq traînards entre les feux de l'avant-garde française et ceux des trois vaisseaux de réserve restés au vent de l'ennemi. Rappelé à l'ordre, Chartres rentre dans le rang, mais l'occasion est manquée.

Les pertes sont à peu près équivalentes — 163 tués et 517 blessés chez les Français ; 133 tués et 373 blessés du côté anglais [1] —, mais les mâtures de Keppel ont beaucoup souffert, notamment celles de son vaisseau amiral, le *Victory*, durement étrillé par la *Bretagne* de d'Orvilliers ; aussi profite-t-il de la nuit pour s'esquiver et rallier Portsmouth.

Quand le jour se lève, les vaisseaux français, restés sur place tous feux allumés, découvrent une mer vide de voiles anglaises. D'Orvilliers décide de rentrer à Brest et fait au duc de Chartres la bonne manière de le charger d'aller porter à Versailles la nouvelle de ce qui a été, somme toute, un succès.

Ce succès ne méritait pas le triomphe que Paris réserva à Chartres. Foule enthousiaste au Palais-Royal, acclamations montant vers le héros que les gazettes décrivaient tenant tête avec son *Saint-Esprit* à sept trois-ponts ennemis, applaudissements frénétiques pendant vingt minutes à l'Opéra où, lorsque la représentation peut enfin commencer, un acteur lui tend une couronne en chantant ces vers d'*Ernelinde, Prince de Norvège* :

> *Jeune et brave guerrier, c'est à votre valeur*
> *Que nous devons cet avantage ;*
> *Recevez ce laurier, il est votre partage :*
> *Ce fut toujours le prix qu'on accorde au vainqueur.*

Rentrant chez lui pour souper, Chartres est suivi par le chœur de l'Opéra qui entonne :

> *Honorez un héros, digne sang de vos Rois !*
> *Honorez un héros que la gloire couronne, etc.*

Pour finir, un splendide feu d'artifice offert par la comédienne Sophie Arnould est tiré dans les jardins du Palais-Royal.

Versailles s'en agaça. De tradition, la branche régnante gardait la cadette sous l'étouffoir. Pour une fois qu'on laissait un Orléans jouer un rôle, il en profitait pour se faire sacrer roi de Paris. Le rapport de d'Orvilliers, arrivé après lui, contenait cette

---

1. La plupart des historiens français donnent des chiffres supérieurs pour les Anglais, quelques-uns portant même le nombre de leurs morts à plus de quatre cents. Sans prétendre trancher dans cette comptabilité macabre, nous nous référons sur ce point aux sources anglaises.

phrase : « J'ai lieu de croire que, si la tête de l'escadre bleue [celle de Chartres], dans l'ordre renversé où nous avons combattu, avait mieux répondu à mes signaux, la Providence aurait couronné nos travaux d'une journée bien glorieuse. » Le « triomphateur », comme l'appellent les Parisiens, aurait donc empêché le triomphe ? Une querelle commence, d'abord feutrée, puis s'enflant jusqu'à la plus injuste des polémiques, puisque courtisans et gazettes aux ordres accusent le prince d'avoir désobéi aux signaux pour éviter le combat. Un lâche. Or son attitude au feu avait été parfaite, et tous ceux qui étaient à ses côtés sur la dunette du *Saint-Esprit* en témoignaient hautement. Chartres, qui ne méritait ni cet excès d'honneur ni cette indignité, finira, écœuré, par quitter la marine. Louis XVI crée pour lui la charge honorifique de colonel-général des troupes légères (des « têtes légères », traduit aussitôt la cour).

En 1792, quand il vota la mort de son cousin, Philippe pensait-il encore à l'injuste humiliation qui lui avait été infligée ?

Affaires de famille...

Le fait demeure que, si la bataille d'Ouessant ne méritait pas d'être appelée une victoire, elle n'était pas non plus une défaite. Louis XVI écrivit aussitôt sa satisfaction à d'Orvilliers : « J'ai reçu, Monsieur, avec bien du plaisir les nouvelles du combat que vous avez soutenu contre la flotte anglaise. Vous avez bien justifié le choix que j'avais fait de vous par votre bonne conduite et les bonnes manœuvres que vous avez faites ; je suis très content de MM. les officiers de la marine ; je vous charge de le leur témoigner. Je suis bien fâché de la blessure de M. du Chaffaut [il avait emmagasiné un supplément de ferraille anglaise]. J'espère qu'elle ne sera pas fâcheuse et qu'il sera bientôt en état de continuer ses bons services. J'ai ordonné qu'on prît les plus grands soins des blessés : témoignez aux veuves et aux parents des morts combien je suis sensible à la perte qu'ils ont faite. M. de Sartine vous fera passer vos ordres ultérieurs. Je suis assuré du succès de la marine de la manière dont ils sont exécutés. »

Lorsqu'il reçut d'Orvilliers, le roi lui dit pourtant : « Il est fâcheux qu'après le combat d'Ouessant vous n'ayez pas cru pouvoir vous dispenser de rentrer à Brest. » C'était aussi l'opinion de Sartine. Le lieutenant général admit son tort : en restant à la mer, il eût donné encore plus d'éclat à la dérobade adverse. Londres rendit le regret superflu en commettant la balourdise de faire passer Keppel en cour martiale, ce qui revenait à désigner le vaincu. Son acquittement n'effaça pas l'impression créée par son inculpation.

Pour la première fois depuis des décennies, *une flotte anglaise, et non plus une simple frégate, a décampé devant une escadre battant pavillon français.*

Mais pas un seul vaisseau ennemi n'a été coulé ni capturé. La Royal Navy conserve à Portsmouth trente voiles prêtes à reprendre la mer.

Ce n'est pas cette année 1778 que le maréchal de Broglie débarquera en Angleterre.

*
* *

François-Michel Durand mourut le 5 août au Ban-Saint-Martin, près de Metz, à l'âge de soixante-quatre ans.

Il avait été l'un des premiers agents recrutés par le Secret : Jean-Pierre Tercier, qu'il avait accompagné aux conférences d'Aix-la-Chapelle, où devaient se régler les litiges dont était née la guerre de Succession d'Autriche, n'avait pas manqué de noter sur ses tablettes le nom de cet homme intelligent, courageux et discret. Il le proposa en 1754 au prince de Conti. Quand Charles de Broglie prit la barre du service, il eut loisir d'apprécier les qualités de Durand, ministre plénipotentiaire à Varsovie. Après que Tercier eut été emporté par les angoisses de l'affaire d'Éon, Durand devint l'homme de confiance de Charles, l'agent dont les avis comptaient le plus. Sa loyauté résistait à toutes les pressions. Il ne broncha pas quand Praslin, cousin de Choiseul, le remisa à la garde du dépôt des Affaires étrangères. Combien de lettres de Charles à Louis XV pour s'indigner qu'un diplomate de cette valeur fût écarté des affaires ? Il était ressorti de l'ombre pour des missions flatteuses : ministre plénipotentiaire à Londres, puis à Vienne où il avait connu son seul échec en se laissant aveugler par les manigances de Marie-Thérèse et de Kaunitz qui préparaient dans son dos le partage de la Pologne. Le comte de Broglie, toujours indulgent pour ses gens, ne lui en tint pas rigueur. Sa carrière s'était terminée à Saint-Pétersbourg.

Le premier, et alors que l'encre du désastreux traité de Paris n'était pas encore sèche, il avait appelé à la revanche en la déclarant non seulement possible, mais nécessaire. Membre de la délégation conduite par le duc de Nivernais qui était allée négocier la paix à Londres, il avait été frappé par le bellicisme anglais, que ses conquêtes laissaient inassouvi. Pour lui, il ne faisait aucun doute que Londres rouvrirait les hostilités à la première occasion. Son coup de tocsin fit à Charles de Broglie une impression d'autant plus profonde qu'il tenait Durand pour le contraire d'un excité : « Sa lettre, écrivit-il à Tercier, m'a fait singulièrement de peine, parce que je connais son extrême prudence et que je présume que, puisqu'il s'exprime ainsi, il faut qu'il ait été très affecté de tout ce qu'il a vu. » Parallèlement, et d'accord avec Broglie, Durand s'efforçait de décider Choiseul à préparer une attaque directe : « Nos guerres dureraient moins si tant de citoyens de Londres que la guerre enrichit, et qui la désirent, voyaient de près les horreurs qu'elle entraîne après soi. » L'Angleterre n'était à ses yeux qu'un colosse aux pieds d'argile, et il tenait pour assuré qu'une descente produirait en quelques heures une panique financière : « Voilà, Monseigneur, ce qui échappe à des yeux étrangers qui ne voient en Angleterre que des flottes immenses et des magasins prodigieux. Ces dehors en imposent et peu de gens songent qu'un rien, qu'un faux bruit, que l'audace seule de l'ennemi, embarrasseront le crédit, mettront le désordre dans une machine compliquée, et décèleront une faiblesse qui n'est bien connue que des intéressés. »

La marine reconstituée et tenant bon à Ouessant, soixante mille hommes massés sur les côtes de France et prêts à s'embarquer : Durand pouvait mourir en pensant que son cri de 1763 avait été entendu.

À peine s'était-il éteint que, du fond de sa disgrâce, Charles de Broglie, tel qu'en lui-même, écrivait à Vergennes pour lui recommander un neveu de son vieux compagnon. Et le ministre, lui aussi fidèle à la communauté du Secret, de répondre courrier pour courrier : « Je partage bien volontiers les justes regrets dus à la mémoire d'un bon serviteur du Roi que les talents et la probité rendaient recommandable. Par une suite de mon attachement pour lui, je m'emploierai bien volontiers à procurer à son neveu la grâce que vous désirez qui lui soit accordée. »

Un adieu à Durand, avec qui nous avons vécu les affres de la passion polonaise.

*
* *

Pour une visite à Vaussieux, pourquoi ne pas choisir comme
guide ce jeune Suédois dont la cour commence à murmurer qu'il
plaît vraiment beaucoup à Marie-Antoinette? Il a de quoi : les
yeux bleus, un teint de pêche, une bouche à croquer, la taille
élancée, « la jambe longue et faite à passionner », une élégance
naturelle, un délicieux accent scandinave. Sa timidité lui donne
un charme particulier parmi les dégourdis qui composent la coterie de la reine. Auprès de ce prince charmant, le mari faisait
piètre figure ; chacun constate les progrès de son embonpoint :
« Son corps grossit à vue d'œil, notera Véri dans quelques mois,
et il approche de la corpulence de son frère, Monsieur, qui bientôt ne pourra plus bouger. L'abondance de la nourriture et de la
boisson en est probablement la cause dans l'un et dans l'autre. »
Axel de Fersen est le fils du feld-maréchal comte de Fersen,
chef trente années durant du parti des Chapeaux, soutenu par la
France. Le feld-maréchal n'a guère apprécié le coup d'État royal
qui a rendu ses prérogatives à la Couronne et auquel Vergennes,
ambassadeur de France, avait efficacement travaillé. Il boude
dans son palais. Son fils entretient au contraire les meilleures
relations avec Gustave III. Mais il réside si peu en Suède... Le
classique tour d'Europe au sortir de l'adolescence, puis un séjour
en Angleterre, Stockholm quand même, et le revoici en France. Il
a vingt-trois ans et souhaite à présent visiter la guerre. « Je songeais à aller en Normandie voir le camp placé sous les ordres du
maréchal de Broglie. Je proposai à Stedingk [un colonel suédois
de ses amis] d'être du voyage. Il y consentit, et il fut résolu que
nous partirions le 10 [septembre]. Nous fîmes faire nos uniformes d'après le nouveau costume. » Il s'agit du nouvel uniforme français choisi par Saint-Germain. Plus commode mais
aussi plus luxueux que l'ancien modèle, il n'était encore porté
qu'à Paris. La timidité de Fersen s'effarouche à l'avance des
moqueries qui l'attendent en Normandie.
Le 12, ils sont à Vaussieux. « Nous descendîmes chez le maréchal, au quartier général. Il faisait un temps affreux, une pluie
horrible, et un froid très vif. [L'auteur recopie ces lignes à

quelques lieues de Vaussieux par un temps identique.] Nous étions très embarrassés l'un et l'autre de nous présenter ainsi, sans être connus, dans un habillement aussi extraordinaire, et notre embarras augmenta considérablement en voyant la quantité de monde qu'il y avait, et qui allait tous nous examiner. Le premier moment, quand nous entrâmes dans la chambre où étaient tous les aides de camp et les officiers, fut horrible, et j'aurais voulu, pour beaucoup d'argent, ne pas y être ; cependant, il fallait prendre son parti. Nous trouvâmes tout de suite un des aides de camp, M. Bois-Rouvrage, qui nous accosta. Nous lui dîmes que nous étions Suédois et que nous avions des lettres à remettre au maréchal. Un moment après, les portes s'ouvrirent et les officiers entrèrent pour l'ordre. On nous fit entrer aussi, et je trouvai un petit homme fort bien mis, qui avait l'air fort éveillé. Je lui présentai mes lettres. Après les avoir lues, il me fit les plus jolis compliments du monde sur mon père en me disant que mon nom était très connu en France... J'étais fort content de ma réception. » Le bel Axel ne se rangera pas parmi ceux qui tiennent Victor-François de Broglie pour le plus mauvais coucheur du royaume.

Un camp militaro-mondain, à la façon française. Des manœuvres, certes, mais le soir, sous la grande tente réservée aux repas de l'état-major, « je fus fort surpris de trouver le maréchal à table avec les dames. Je crus que nous étions arrivés trop tôt ; mais je fus rassuré en voyant tous les autres se ranger autour de la table, où l'on faisait au maréchal une espèce de cour pendant son souper. Je trouvai cette mode un peu singulière, mais je m'y mis à la fin. Au sortir du souper, quand je crus pouvoir me retirer, on apporta une table d'échecs ; le maréchal se mit à jouer, et nous fîmes la conversation avec les dames. Ces dames étaient la maréchale, femme, à ce que je crois, de beaucoup de mérite : elle parle fort peu, et elle est, dit-on, extrêmement dévote ; Mme de Lameth, veuve depuis longtemps ; elle a quatre fils ; c'est une femme de cinquante-huit à soixante ans, sœur du maréchal, très aimable, fort gaie et pleine d'esprit. Elle se prit de beaucoup d'amitié pour Stedingk et elle me traita avec bonté. La fille du maréchal est une dame de vingt à vingt-trois ans, mariée à un Allemand nommé Helmstadt, un charmant garçon. Elle n'est ni gaie, ni aimable, ni jolie, et je crois qu'elle a beaucoup hérité de la dévotion de sa mère... Quand le maréchal avait fini sa partie, il venait toujours un moment prendre part à la conversation.

C'est un petit homme, rempli d'esprit ; il n'en a cependant pas tant que son frère le comte, qui a la vivacité d'un jeune homme de quinze ans et dont les yeux brillent de feu et d'ardeur. C'est surtout à la tête des troupes que sa vivacité se déploie [il s'agit ici du maréchal] ; il rajeunit et a la vigueur d'un homme de trente ans. Il n'est jamais fatigué ; ses conversations étaient fort instructives et fort amusantes. Il a une excellente mémoire et raconte fort bien. »

Le maréchal n'a pas seulement rassemblé ses dames autour de lui : son fils aîné, le prince Louis-Victor, sert sous ses ordres, ainsi que son neveu Théodore de Lameth, en qualité de maréchal-général des logis surnuméraire. Nous constatons avec plaisir, mais sans surprise, que Charles, invité personnel de son frère, n'est pas le moins du monde abattu par la cabale de la cour et qu'il conserve sa gaieté et le feu d'un garçon de quinze ans. Il a eu la consolation de voir nommer à sa place un proche, ce marquis de Lambert que nous avons vu marcher avec lui pour les affaires américaines. Au reste, point de favoritisme familial de la part du maréchal : les belles visiteuses foisonnent. « Pour rendre la vie moins monotone et faire passer l'après-midi, qui était fort long, les jours qu'il n'y avait pas manœuvre, le maréchal fit danser. Toutes les dames qui avaient leur mari au camp, comme Mmes de La Châtre, de Simiane, de Navarès, la marquise de Coigny, Mme de Villequiers, y venaient des environs. Mme Décajole et ses trois charmantes filles étaient le principal ornement du bal. On finissait toujours de danser à neuf heures du soir, pour laisser le temps à toutes ces dames de retourner chez elles. Les hommes dansaient en bottes, ce qui diminuait beaucoup le plaisir pour les amateurs. »

Il ne pleut pas toujours, et Broglie ne serait plus Broglie s'il perdait son temps et l'argent public à des mondanités. Axel de Fersen trouve le camp « fort beau, propre et bien tenu ». « Le soldat est fort gai, il est assez bien payé. » La discipline règne sans qu'il soit besoin de l'imposer par la rigueur : pas une seule punition en six semaines. « Les manœuvres furent belles, intéressantes et bien exécutées ; les troupes sont excellentes, on en fait ce qu'on veut... » Quarante-huit bataillons d'infanterie, trente escadrons de cavalerie et des artilleurs servant quarante canons participent aux exercices. « On exécutait la nouvelle tactique de M. de Mesnil-Durand », se borne à constater Fersen. Il n'a pas vu le drame broglien qui se jouait entre deux menuets.

Ces fichues manœuvres, c'est le maréchal lui-même qui les a voulues. Comprenant après Ouessant que la descente n'était plus au programme, il a exposé à Versailles, dans un style plus rugueux que celui de son frère, « les raisons qui lui faisaient [estimer] comme nécessaire de former dès ce moment l'infanterie destinée à camper aux manœuvres proposées par M. Mesnil-Durand et dont il a fait faire l'épreuve il y a trois ans à Metz en conséquence des ordres du Roi qui lui avaient été adressés par M. le maréchal du Muy... Rien n'est plus facile que de dresser des troupes à ces manœuvres, il n'y a rien pour cela à changer à la composition des corps, et les officiers et soldats sont assez instruits pour les apprendre promptement, parce qu'elles sont simples et de l'exercice le plus facile ».

Autorisation accordée.

On vide donc, à Vaussieux, la grande querelle entre ordre mince et ordre profond.

*
* *

Il faut être modeste : nous ne sommes pas sûr d'avoir tout compris. Les manuels d'histoire nous font assister aux batailles depuis la butte où se tient le général en chef, lunette collée à l'œil, et les choses semblent, ma foi, assez simples : ma gauche, mon centre, ma droite. La stratégie ? Rien de sorcier. Voyez le Grand Frédéric : « C'est de marcher en avant d'un air assuré qui fait gagner les batailles. » Napoléon lui-même a beaucoup contribué à la sérénité de l'amateur avec sa phrase fameuse : « On s'engage, et puis on voit. » Il suffirait donc d'un peu de génie pour remporter des victoires, et comme personne ne s'en estime dépourvu, rien de plus aisé qu'Austerlitz. De la guerre considérée comme un art. Mais c'est aussi un métier — ce terrible métier qui consiste à faire marcher à la mort des braves gens qui, au fond de leur cœur, n'éprouvent guère l'envie de mourir. Si l'on descend de la butte pour se mêler au troupeau promis à l'abattoir, la perspective change et le désordre devient le premier adversaire à vaincre. Du désordre dans les rangs, et la panique pointe son nez blême. Les leçons de l'instituteur prussien Steuben viennent d'apprendre l'indispensable cohésion à la jeune armée américaine. Encore reste-t-il à trouver la méthode la plus apte à réaliser l'objectif premier d'une bataille : infliger le maximum de pertes à l'ennemi en en subissant le moins possible.

Pendant la première moitié du siècle règne sur la stratégie Jean-Charles de Folard, qui a servi sous le redoutable Charles XII, roi de Suède. Une idée simple et vigoureuse : la bataille, c'est avant tout le choc. Par une heureuse coïncidence, le choc va comme un gant à la race française : « C'est cet abord qui convient le mieux au caractère d'une nation active, violente et fougueuse comme la française, dont tout l'avantage consiste dans sa première ardeur. » Le fusil vaut surtout par la baïonnette : « Il ne s'agit pas de tirailler, mais d'en venir d'abord aux coups d'armes blanches et de joindre l'ennemi ; et alors le feu n'a plus lieu et il n'y en a aucun à essuyer. » Mais le canon, qui fait des progrès rapides et dont l'efficacité devient redoutable ? « Il n'y a qu'à joindre l'ennemi : on évite par ce moyen la perte d'une infinité de braves gens. » Mais si le canon insiste ? « Je laisse le feu et je n'en tiens aucun compte. » Lisant ces phrases martiales d'un œil fantassin, nous éprouvons la tentation de quitter la race française pour une autre. Nous préférons Maurice de Saxe, qui déclarait plus platement : « Je ne suis point pour les batailles, surtout au commencement d'une guerre, et je suis persuadé qu'un habile général peut la faire toute sa vie sans s'y voir obligé. » De la guerre considérée comme une partie d'échecs, avec un adversaire amené, au terme d'adroites manœuvres, à se reconnaître échec et mat. Saxe reprochait à Folard de « supposer toujours tous les hommes braves sans faire attention que la valeur des troupes est journalière ; que rien n'est si variable et que la vraie habileté du général consiste à savoir s'en garantir par les dispositions et par ces traits de lumière qui caractérisent les grands capitaines ». Mais Maurice de Saxe était un immigré mal informé des vertus intrinsèques de la nation qui l'avait accueilli. On sait que l'école Folard perdurera et qu'elle vaudra, en 1914, quelques solides hécatombes aux pioupious français, incapables, selon leurs chefs, de résister à leur passion pour l'offensive à tous crins...

Aux batailles de Parme et de Guastalla, en 1734, où les jeune frères Broglie avaient fait leurs premières armes, le système Folard, strictement appliqué, l'avait emporté au prix d'une sanglante boucherie : à Parme, entre cinq et six cents officiers français tués, le régiment de Bourgogne réduit à trois cents survivants... Et à Fontenoy, en 1745, quoi de plus folardien que la colonne lancée par Cumberland, masse compacte de dix-huit bataillons, soit huit à dix mille hommes, qui avait enfoncé trois lignes successives, écrasant tout sur son passage ? Puis le canon français avait ouvert des brèches dans le formidable vaisseau humain, le feu des tirailleurs l'avait cisaillé, et il s'était à la fin disloqué sous l'impact de charges vigoureuses.

Avec une artillerie toujours plus puissante, précise et véloce, il avait bien fallu renoncer aux colonnes de Folard, moissonnées par les boulets, pour en revenir à l'ordre mince, c'est-à-dire à un étirement des troupes sur un large front offrant moins de prise aux canons. Frédéric de Prusse avait gagné ses batailles avec une variante de l'ordre mince, l'ordre oblique, privilégiant l'enveloppement par les ailes. Certes, l'ordre mince compliquait les manœuvres en éparpillant des hommes que l'encadrement ne tenait plus de si près. Le désordre risquait de se mettre dans la troupe. L'impitoyable discipline prussienne y pourvoyait, ainsi que le *drill* transformant chaque soldat en automate bien réglé.

Le comte de Guibert se fit en France l'apôtre de l'ordre mince.

Nous avons été forcément injuste avec Guibert en portant sur lui un jugement non point partial, mais partiel [1]. « Un grand homme de salon. » L'auteur du *Connétable de Bourbon*, dont il fait si bien la lecture que la placide Mme Necker s'enfièvre à constater que « l'on emporte les femmes mortes ou mourantes au sortir de ce spectacle » ; elle pense que Guibert, « c'est Turenne, Bossuet et Corneille réunis » ; mais la pièce sera sifflée au théâtre et sombrera dans un four mémorable. Le bel esprit reçu à l'Académie française par le marquis de Saint-Lambert, lequel avait chipé Émilie du Châtelet à Voltaire [2]. Le bellâtre qui traîne les cœurs derrière soi. Le piètre personnage de l'affaire de la Bastille, où nous avons vu le lion des salons parisiens devenir mouton bêlant et ne songer qu'à tirer son épingle du jeu en laissant froidement tomber ses petits camarades...

Que reste-t-il du Guibert qui aspirait à devenir le successeur de Corneille et de Racine ?

Il est un autre Guibert, loin des modes et de l'éclat du monde. Sa mémoire se perpétue aujourd'hui encore dans les obscurs et

---

1. Cf. *Le Secret du Roi*, tome 2, p. 411 *sq.*
2. À ne pas confondre avec le marquis de Lambert, ami de Charles de Broglie, qui sert à Vaussieux.

savants ouvrages publiés par des capitaines ou des lieutenants-colonels dont le cuir ne s'est pas tanné au vent des batailles, mais a blanchi sous la lampe studieuse ; historiens de l'art militaire, consciencieux médecins légistes préposés à l'autopsie des batailles, tous placent Guibert parmi les grands théoriciens. Ils nous disent que son *Essai général de tactique*, publié en 1770, devint « le bréviaire de tous les officiers ». Ils nous montrent le jeune Bonaparte faisant de l'ouvrage son livre de chevet — et rêvant sans doute sur cette phrase prophétique : « Alors un homme s'élèvera, peut-être resté jusque-là dans la foule et l'obscurité, un homme qui ne se sera fait un nom ni par ses paroles ni par ses écrits, un homme qui aura médité dans le silence, etc. » C'est avec Guibert dans la tête et dans les jambes que les armées révolutionnaires et impériales rouleront l'Europe devant elles comme un tapis mité.

Rien ne serait plus faux que de peindre le maréchal de Broglie en conservateur borné. Homme d'ordre assurément, politiquement réactionnaire, absolument aveugle aux Lumières, il était, dans son métier, ennemi des routines et ouvert à l'innovation. Les mêmes spécialistes qui portent Guibert aux nues vantent l'audace de Broglie introduisant dans l'armée la notion de division, dont Napoléon fera si bon usage. Mais son caractère ne l'inclinait pas à recevoir la leçon d'un galopin qu'il avait pour ainsi dire élevé. « C'est un jeune homme, écrivait Charles à Louis XV au moment de l'affaire de la Bastille, que nous avons regardé, mon frère et moi, comme notre fils… » Jacques de Guibert, entré dans l'armée à treize ans, considéré chez les Broglie comme l'enfant de la maison, devient le fils dénaturé, si ce n'est même la vipère qu'on a réchauffée dans son sein, et les Broglie suffoquent d'indignation quand il fait le pèlerinage de Sans-Souci et tombe en pâmoison devant leur vieil adversaire, Frédéric de Prusse. « Désertion », tranche le maréchal. Un garçon de trente ans, qui n'a jamais connu que le feu des pétoires corses de Paoli, va-t-il apprendre au vainqueur de Bergen comment on fait la guerre ? Son *Essai de tactique générale* eût moins insupporté le maréchal s'il n'avait été lu que par les militaires. Il devient le livre à la mode. Les dames en raffolent. (L'une d'elles supplie Guibert : « Apportez-moi donc votre *Tic-Tac* ! ») Un jeu de société consiste à se demander quelle est la femme la plus glorieuse : la mère, l'épouse ou la maîtresse de Guibert. Cette effervescence mondaine n'était pas bien le genre du maréchal.

François-Jean de Graindorge d'Orgeville, baron de Mesnil-Durand, releva le défi.

Ce Mesnil-Durand est tout Broglie. Il a servi sous Victor-François pendant la guerre de Sept Ans, et Charles l'a employé à son grand projet. Il faisait partie, avec La Rozière, de l'équipe des quatre officiers chargés des reconnaissances sur les côtes françaises[1]. Répétant Folard tout en le rénovant, il prône l'ordre profond. Faut-il entrer dans les détails ? Est-il indispensable d'expliquer sa division de l'armée en tiroirs, manches, manipules et tranches ? Le lecteur brûle-t-il de savoir ce qu'est la plésion, pièce maîtresse du système de Mesnil-Durand ? Nous le laisserons sur sa faim.

La polémique divise l'armée et embrase les salons. « Tout le monde, même les femmes, écrit la baronne d'Oberkirch, disputait sur l'ordre mince et l'ordre profond lors de ses prises [de Guibert] avec M. de Mesnil-Durand ; on était guibertiste ou mesnil-durandiste, comme auparavant gluckiste ou picciniste. » On peut en rire (le maréchal de Broglie n'en ressent pas l'envie), mais le siècle est ainsi : encyclopédiste, avide de tout connaître, ennemi de la spécialisation réductrice au point que, pour la première et dernière fois en France, l'opinion publique se passionne pour un problème de pure technique militaire.

Broglie entend bien trancher le débat dans la plaine de Vaussieux.

*
* *

Puisqu'il s'agit de manœuvres, on peut se faire plaisir et appliquer chaque système dans sa perfection théorique. À la guerre — la vraie — la sanction des feux impose des compromis. Guibert était d'ailleurs trop intelligent pour s'enfermer dans le fanatisme. Il acceptait l'ordre profond pour la manœuvre d'approche, plus facile à opérer avec des troupes compactes, réservant l'ordre mince au contact avec l'ennemi ; ainsi anticipait-il sur l'ordre mixte adopté par Napoléon — un Napoléon qui dira à Sainte-

---

1. Cf. *Le Secret du Roi*, tome 2, p. 177.

Hélène : « Il n'y a point de règles précises, déterminées ; tout dépend du caractère que la nature a donné au général, de ses qualités, de ses défauts, de la nature des troupes, de la saison et de mille circonstances qui font que les choses ne se ressemblent jamais. » Dumouriez, spectateur attentif des manœuvres de Vaussieux, renverra dos à dos son ami Guibert et Mesnil-Durand, « assez bon tacticien » : « Tous deux avaient tort, parce qu'ils défendaient leur système exclusivement... Ces deux ordres sont bons et ne doivent point s'exclure ; c'est au génie du général à les adopter selon les localités et les occasions. » Mesnil-Durand, aussi roide que son protecteur, était desservi par l'âpreté qu'il apportait au débat et par un style emphatique jusqu'au ridicule, alors que Guibert, piètre dramaturge, écrivait par ailleurs dans une langue vantée au fil du temps par des experts aussi avertis que Voltaire, Roger Caillois et Philippe Sollers...

Jean-Baptiste de Rochambeau, désigné par le maréchal pour commander les troupes appliquant l'ordre mince, s'en trouve déchiré. Longtemps après, il évoquera ce choix « qui fit le plus de peine à mon cœur en me forçant à une opposition formelle aux idées de M. le maréchal de Broglie, que j'avais respecté toute ma vie ». Il avait porté la fidélité jusqu'à rendre visite au maréchal exilé dans son château après Fillingshausen, bravant ainsi le tout-puissant Choiseul. À propos de Fillingshausen, dont le souvenir continuait d'assombrir l'image de Broglie, portant même un Véri à douter de son patriotisme, Rochambeau, qui y était, le soutenait absolument. On se souvient que la cour — mais non pas l'armée — accusait Broglie d'avoir attaqué la veille du jour prévu pour la bataille, avec le mobile secret d'accaparer les lauriers de la victoire. Pour Rochambeau, il n'avait voulu que dégager le terrain devant lui, qui était fort couvert, mais, l'ennemi résistant, puis reculant, il avait très naturellement engagé la totalité de ses forces pour exploiter l'opportunité. Rochambeau ne comprenait pas que Soubise fût resté à peu près inerte, malgré « le feu infernal qui se faisait du côté de l'armée de Broglie ». Une bataille ne se livre pas à horaires fixes et n'est pas réglée comme une horloge. La différence des caractères expliquait à ses yeux le fiasco : « Le maréchal de Broglie, actif, ferme, entreprenant, ayant la confiance des troupes ; le maréchal de Soubise, fort brave, mais indécis, circonspect, et devenu même timide par les malheurs qu'il avait essuyés à la tête des armées, prenait tous ses partis avec beaucoup de lenteur. »

C'est donc d'un fidèle incontestable, mais acquis à l'ordre mince, que Broglie essuie l'ultime avanie.

Car il ne fait aucun doute que Vaussieux tourna à la confusion de l'ordre profond. Rochambeau l'explique tout au long dans ses Mémoires. On peut lui supposer un peu de partialité. Mais, de l'avis général, les troupes qu'il commandait manœuvrèrent mieux que celles du maréchal. Rochambeau, navré, regrettait que l'homme qu'il admirait tant ne se fût pas réservé le rôle de juge au lieu de devenir partie au procès. Après les manœuvres, il le supplia d'accepter de mettre un peu d'eau dans son vin : « Je pris congé de lui à la fin du camp : je lui parlai pathétiquement et les larmes aux yeux ; il parut touché, mais ne voulut pas être convaincu. » Axel de Fersen conclut de son côté que Vaussieux « ne servit à autre chose qu'à faire au maréchal de Broglie beaucoup d'ennemis… » Erreur, cher Axel ! Broglie n'avait pas attendu les fatales manœuvres pour se faire une armée d'ennemis usant contre lui de toutes les ressources des ordres mince, profond et mixte. En revanche, Vaussieux fournit un prétexte à ses adversaires, le ministre Montbarey en tête, pour liquider sans tambour ni trompette un chef dont le seul tort avait été de s'impliquer avec sa passion coutumière dans des manœuvres auxquelles nul officier intelligent n'accordait plus d'importance qu'elles n'en méritaient. Rochambeau, vainqueur désolé, eût continué de servir sans réticence sous le maréchal de Broglie à la guerre, sachant bien que la sanction des feux l'eût amené à choisir le système le mieux adapté à une situation donnée, et Dumouriez, dont l'avenir devait démontrer qu'il n'était pas mauvais général, interrogé par Broglie sur son opinion personnelle, répondait avec placidité : « Je serai toujours de l'avis que vous adopterez, selon les circonstances. » Mais les manœuvres s'étaient déroulées sous les yeux d'une partie de la cour, venue au spectacle, et l'on fit savoir au roi que Vaussieux confirmait le jugement de Versailles : son choix était mauvais.

Quand le camp se termine, au dernier jour de septembre, il est clair pour chacun que Victor-François de Broglie regagne ses pénates l'oreille fendue. Louis XVI ne se souviendra de son existence que dans onze ans, le 26 juin 1789.

Nos pauvres Broglie, depuis le temps que nous les suivons, il faut bien avouer qu'ils sont un peu les frères La Poisse…

XXV

Commencée dans l'enthousiasme de l'alliance avec les États-Unis et avec l'espérance d'une revanche sur l'Angleterre, l'année 1778 finissait en panne, telle une escadre privée de vent.

Sur mer, la canonnade d'Ouessant, qui n'avait rien réglé.

Sur terre, soixante mille soldats rassemblés à grands frais — entre trois et quatre millions de livres — pour défaire un seul homme, le maréchal de Broglie, ce qui était satisfaisant pour la cour, mais insuffisant pour la France.

En Amérique, d'Estaing avait continué d'additionner les malchances. Arrivé dix jours trop tard pour pincer l'escadre de Howe dans la baie de la Delaware, il remonte jusqu'à New York et la trouve ancrée dans la rade de Sandy Hook. Une opération combinée est organisée avec Washington. Mais les pilotes américains assurent que les deux plus gros vaisseaux français, le *Languedoc* et le *Tonnant*, calent trop de tonnage pour franchir les passes. Howe a dix vaisseaux et deux frégates. Même privé de ses deux poids-lourds, d'Estaing dispose de huit vaisseaux et de cinq frégates. Il renonce à tenter le coup. Le microscope de la timidité... Direction Newport, au nord, où sont retranchés les Anglais. Il est convenu que le général américain Sullivan attaquera côté terre, et d'Estaing côté mer. Sullivan a huit mille miliciens, auxquels s'ajoutent deux mille réguliers commandés par La Fayette. Les Anglais sont sept mille. Sullivan tardant à rassembler ses hommes, l'opération est fixée au 10 août. Le 9, après avoir débarqué ses troupes, d'Estaing aperçoit les voiles de l'escadre de Howe. Il rembarque son monde et met le cap sur Howe, qui fuit le combat. Le 11, une effroyable tempête secoue et disperse les deux flottes. Le *Languedoc*, vaisseau amiral, perd ses mâts et a son gouvernail brisé. D'Estaing rallie péniblement ses vaisseaux. Retour à Newport où Sullivan l'attend avec impatience. Mais les équipages français, minés par le scorbut, sont épuisés, les vivres manquent et les vaisseaux mis à mal par la tempête ont besoin de réparations. Le 22 août, l'escadre met à la voile pour Boston, laissant en plan Sullivan et ses miliciens. Les instructions de d'Estaing accordaient toute latitude pour l'exécution, mais lui prescrivaient de ne pas repartir avant d'avoir engagé « une action avantageuse aux Américains, glorieuse pour les armes du Roi, propre à manifester immédiatement la protection que Sa Majesté accorde à ses alliés ». C'est réussi ! Des officiers américains signent une protestation déclarant que la dérobade de d'Estaing est « dérogatoire à l'honneur de la France ». On appellera désormais « un coup à la française » le fait d'abandonner ses partenaires au moment critique. Pour arranger les choses, des rixes éclatent à Boston entre Français et Américains ; on relève des morts. Sans l'intelligence de La Fayette, son sens diplomatique, son adresse à apaiser les susceptibilités ombrageuses, la crise pouvait infliger à l'alliance une blessure irréparable.

Après deux mois passés à se refaire à Boston, pendant lesquels l'escadre de Byron, venue d'Angleterre, renforce celle de Howe, d'Estaing appareille pour les Antilles françaises. Il manque en chemin la capture d'un convoi anglais. À Fort-Royal [1], bisbilles avec le jeune gouverneur de Bouillé, un sale caractère. Les Anglais en profitent pour s'emparer de Sainte-Lucie. D'Estaing tente de la reprendre, laisse trente-sept officiers et six cent neuf hommes sur le carreau (contre deux officiers et cent cinquante soldats tués ou blessés chez les Anglais), et se rembarque dépité. « Le malheur de cet événement, constatera Véri, n'est point dans l'abandon de Sainte-Lucie, qu'on a prise et reprise dans toutes les guerres, ni dans la défaite en soi. Le malheur est dans l'effet que le mot *victoire* fera sur le peuple d'Angleterre et que le mot *battu* fera dans l'esprit des Américains. »

La paralysie cloue jusqu'au capitaine le plus foudroyant du siècle. Entré en Bohême avec le ferme propos de s'ouvrir la route de Vienne en une seule « bonne bataille », Frédéric se retrouve bloqué par les retranchements qu'ont édifiés ses adversaires de la guerre de Sept Ans, Laudon et Lascy, peu doués pour l'offensive,

1. Aujourd'hui Fort-de-France.

mais passés maîtres dans la défensive. Des pluies diluviennes enlisent les deux armées dans une mer de boue. Les chevaux meurent par centaines. La maladie se met dans la troupe. Les désertions se multiplient. Le Grand Frédéric pouvait se demander s'il avait eu raison de remonter sur la scène. Quant au « César Joseph », parti guilleret pour la guerre, il en découvre les longues tristesses. Le typhus ravage son armée. « Il est sûr, écrit-il à sa mère, que la guerre est une horrible chose ; les maux qu'elle occasionne sont affreux. Je peux assurer Votre Majesté que, quelque idée que je m'en faisais, elle est beaucoup au-dessous de ce que je vois. » Ce conflit, Marie-Thérèse le déteste et en redoute le pire. Elle s'épanche auprès de Marie-Antoinette : « Voulant sauver mes États de la plus cruelle dévastation, je dois, coûte qu'il coûte, chercher à me tirer de cette guerre. » En cachette de Joseph, elle envoie le baron Thugut négocier avec Frédéric. Thugut ! notre vieille connaissance de Constantinople, l'internonce impérial que Saint-Priest avait joliment pris sous contrôle en 1769[1]... Il fait son chemin dans la diplomatie autrichienne qu'il finira par diriger — rare exemple d'un agent recruté au rang d'ambassadeur et parvenu au faîte de la hiérarchie —, et continue de renseigner la France, tenu qu'il est par les preuves de sa trahison passée. Joseph étouffe de rage quand il découvre l'initiative de sa mère, « la plus flétrissante qu'on eût pu imaginer ». Elle ne se laisse pas impressionner : « Ayant commencé cette besogne, je l'achèverai selon ma tête, car il s'agit de vous et de la monarchie... Ma vieille tête grise peut supporter tout, on peut la charger de tout le blâme. » Las ! Frédéric repousse les propositions de Thugut, et la guerre continue sans avoir vraiment commencé. Il faudra pourtant bien en sortir, sauf à offrir la palme du vainqueur au général Typhus.

Comme tout le monde, Marie-Antoinette sombre dans la dépression. Elle fait pourtant de son mieux pour qu'on la surnomme « l'Autrichienne ». En juillet, Mercy-Argenteau rapporte dans une dépêche officielle qu'il l'a trouvée sanglotante. Elle sortait d'un entretien avec son mari sur le conflit entre son auguste maison et le roi de Prusse. Louis « était arrivé à elle les yeux mouillés de larmes, lui déclarant qu'il ne pouvait supporter de la voir en si grande inquiétude, qu'il voulait faire tout au monde pour apaiser sa douleur, qu'il y avait toujours incliné, mais que ses ministres l'avaient retenu, le bien de son royaume

---

1. Cf. *Le Secret du Roi*, tome 2, p. 271.

ne lui permettant pas de faire plus qu'il n'avait fait ». La reine ne souffre plus ces ministres qui ne songent qu'à la guerre contre l'Angleterre au lieu d'envoyer une armée au secours de son frère. Le vieux Maurepas, qui s'en tire d'ordinaire par une pirouette, reçoit, éberlué, une volée de bois vert : « La Reine, élevant la voix, lui dit : "Voici, monsieur, la quatrième ou cinquième fois que je vous parle des affaires, vous n'avez jamais su me faire d'autre réponse ; jusqu'à présent, j'ai pris patience, mais les choses deviennent trop sérieuses et je ne veux plus supporter de pareilles défaites." » Il faudra bien qu'elle les supporte, puisque le roi, même avec des « yeux mouillés de larmes », se défausse sur ses ministres, et que ceux-ci, tout en se confondant en protestations de dévouement, se défilent l'un après l'autre.

Attendri par la grossesse de sa femme, Louis multipliait pourtant les attentions. En décembre, comme elle s'affligeait d'être privée de carnaval, il lui fait la surprise d'une soirée masquée. On eût aimé être laquais à Versailles ce soir-là, car le spectacle était piquant : les époux Maurepas déguisés en Cupidon et Vénus, le solennel M. de Vergennes avec un globe terrestre sur la tête, la carte de l'Amérique sur la poitrine et celle de l'Angleterre dans le dos, Sartine naturellement en Neptune, un trident à la main, et l'octogénaire maréchal de Richelieu, non point en frère Caïn, mais en Céphale, et qui danse le menuet avec la septuagénaire maréchale de Mirepoix déguisée en Aurore...

Marie-Antoinette accouche le 20 décembre au milieu de la cohue imposée par le protocole, puisque la reine de France doit être délivrée en public. « Courtisans, laquais, bourgeois, harengères, ramoneurs, tout se précipite. » En fait, les ramoneurs ne sont que deux, juchés sur une table pour mieux voir. La malheureuse suffoque, privée d'air par la foule qui s'entasse dans la chambre. L'enfant est enfin extrait par l'accoucheur. Mais la reine se trouve mal. « De l'air ! » Louis, grâce à sa force herculéenne, parvient à ouvrir les hautes fenêtres qu'on avait calfeutrées avec du papier collé. L'accoucheur saigne la reine et lui retire un demi-litre de sang. Elle reprend ses esprits. Sa mère, qui tient les Français pour des dégénérés et Versailles pour le repaire de Satan, se demandera longtemps si l'accident n'a pas « été produit par un attentat, de la malice la plus noire, à la vérité, mais pas tout à fait impossible dans une nation où il y a nombre de scélérats »...

Une fille. Mais ce n'est pas grave : maintenant qu'on sait s'y prendre, on recommencera.

XXVI

Pour commencer gaiement l'année 1779, embarquons-nous avec le duc de Lauzun à destination du Sénégal.

Il a trente ans et, telle Marie-Antoinette dans sa chambre surpeuplée le jour de l'accouchement, commence d'étouffer dans les alcôves où il pérégrine depuis si longtemps. Vergennes, pénétré de la russophobie propre aux gens du Secret, a mis le holà à son projet charmant mais parfaitement irréaliste de donner le sceptre de l'Europe à deux femmes, Marie-Antoinette et Catherine. Écarté du grand jeu diplomatique, le duc s'est fait agent de renseignement à Londres. Nul besoin de lui fabriquer une couverture : son anglomanie ostentatoire le rendait insoupçonnable. Elle agaçait Louis XVI au point qu'un jour il avait lancé à Lauzun ce mot glacial : « Monsieur, quand on aime autant les Anglais, on doit s'établir chez eux et les servir. » Traité avec amitié par George III, familier des ministres, introduit partout, Lauzun avait transmis au gouvernement de précieuses informations sur les affaires britanniques. En mars 1778, un mémoire exposant les mesures de défense prises en Angleterre et dans les colonies impressionna tant Maurepas qu'il le lut au Conseil et que Louis XVI voulut obtenir des éclaircissements supplémentaires de la part de cet anglomane qui faisait si bon usage de sa manie. Lauzun passa secrètement la Manche, conféra avec le roi et se rabibocha par la même occasion avec Vergennes, toujours friand de renseignements.

Il n'est ni le seul ni le plus important agent français opérant alors en Angleterre. Le grand homme de la guerre secrète, le chef de réseau qui étonne Vergennes et Sartine, fins connaisseurs, par son audace et son habileté, c'est le comte de Paradès. Le frère de Vergennes, ambassadeur en Suisse, l'a déniché dans ce pays où il s'était réfugié à la suite de « deux affaires d'honneur ». Il a vingt-sept ans en 1779. Vergennes l'a orienté sur Sartine. Le ministre de la Marine, rompu au maniement des informateurs, a testé la recrue en lui assignant des missions délicates. Paradès s'en est tiré à merveille. Il dirige à présent un vaste réseau couvrant l'Angleterre. Pas un port britannique qui ne soit sous l'œil d'au moins un agent. Une taupe recrutée à l'Amirauté renseigne sur les mouvements des escadres et des convois. Lui-même circule sans cesse entre la France et l'Angleterre sous prétexte d'affaires personnelles, d'ailleurs très prospères. Son activité ne laisse pas d'entretenir les soupçons du contre-espionnage anglais, mais — vieille histoire — banquiers et hommes de loi se portent garants d'un partenaire si profitable. Le duc de Croÿ, commandant militaire du Boulonnais, voit souvent Paradès quand celui-ci passe par Boulogne. Il est carrément épaté. « C'était un sujet extraordinaire. » Il manipule « une infinité d'espions ». En juin 1778, Paradès lui confie qu'il a fait enclouer par ses agents, à l'insu des Anglais, le tiers des canons en batterie à Portsmouth. Avec un tel homme dans la manche, comment la descente pourrait-elle échouer ?

Parmi l'« infinité d'espions » opérant en Angleterre, ne résistons pas au plaisir de mentionner Louis-Valentin Goëzman, la peu pitoyable victime de Beaumarchais. Chassé de la magistrature, Goëzman s'est recasé en se mettant à l'école de Théveneau de Morande : il fricotait à Londres dans le milieu pourri des libellistes à gages et raflait pour le compte du ministère français pamphlets outrageants et estampes ordurières sur la famille royale. Le renseignement le sort du bourbier. Il travaille sous le pseudonyme de John Williams et se spécialise dans les questions économiques. Vergennes lui verse mille livres par mois, plus les frais de voyage et les gratifications. Ce n'est pas payer trop cher un agent qui se débrouille pour lui envoyer le détail du budget britannique et la situation financière précise de la Compagnie des Indes.

L'affaire de la *Belle-Poule* et le rappel réciproque des ambassadeurs avaient placé le duc de Lauzun dans une position délicate. Versailles l'exhortait à rester à Londres, où le départ de Noailles laissait un vide pour tout ce qui ressortissait au renseignement politique. Maurepas comptait aussi sur lui pour négocier en sous-main avec George III. Mais comment continuer d'abuser de la confiance de ce roi et de celle de ses amis anglais alors qu'on dialoguait sur mer à coups de canon ? « Je ne pouvais plus rester honnêtement en Angleterre. » Il rentre en France, s'efforce de convaincre le maréchal de Broglie qu'on peut s'emparer de Jersey et de Guernesey avec trois mille hommes et du secret, mais l'autre lui rétorque qu'il en faudrait au moins dix mille (Dumouriez, après avoir mentionné le chagrin du maréchal à la suite des manœuvres de Vaussieux, conclut de son côté : « Il eût bien mieux fait de prendre Jersey et Guernesey »), et reçoit de Sartine l'ordre de se préparer à partir pour l'Inde, vers laquelle on organise une expédition.

C'est à Paris, en lisant le *London Magazine*, que l'idée vient à Lauzun de reprendre le Sénégal, enlevé à la France par le traité de 1763. Fort obligeamment, le journal publie une étude sur la situation des colonies anglaises d'Afrique, avec un tableau de l'effectif des garnisons et le plan des principales fortifications. L'électronique exceptée, rien de nouveau dans le métier du renseignement : hier comme aujourd'hui, la presse livre avec une belle ingénuité et à un prix des plus modiques des informations pour lesquelles les services consentiraient à payer des fortunes… Lauzun conclut de sa lecture qu'il serait aisé de s'emparer de Saint-Louis, le comptoir fortifié dont la possession assure la maîtrise du pays. Il propose l'opération à Sartine. Le ministre l'approuve et lui demande de la diriger. « J'y avais de la répugnance, car il ne pouvait me revenir que des dangers, de l'embarras et pas la moindre gloire de cette expédition. » En France, qui se soucie du Sénégal ? Stratégiquement, il ne compte pas. D'un point de vue économique, c'est autre chose, et Lauzun l'a signalé dans son mémoire d'exposition : les cuirs, l'ivoire, le tabac, l'indigo, la poudre d'or, la gomme et surtout le « bois d'ébène » — ces Nègres dont les îles à sucre ont tant besoin. L'expédition aux Indes ne se décidant pas, Lauzun finit par accepter le Sénégal.

Il quitte Versailles le lendemain du bal masqué offert par le roi à Marie-Antoinette. Déguisé en sultan, il y jouait un personnage plus plausible que Maurepas en Cupidon ou l'antique maréchale de Mirepoix en Aurore. Embarquement à Brest sur le *Fendant*, un soixante-quatorze canons qu'accompagnent un autre vaisseau de ligne, deux frégates, trois corvettes et une goélette. L'escadre est placée sous le commandement du marquis de Vaudreuil. Elle escorte une douzaine de chalands de transport sur lesquels a pris place une partie du corps des Volontaires étrangers de la marine.

Il a un an d'existence et c'est une idée de Lauzun, dont l'individualisme s'accommode mieux des petites unités autonomes que d'un régiment fondu dans la masse de l'armée. Le corps des Volontaires étrangers, dont il est colonel-propriétaire et inspecteur, remplace sa Légion royale, dissoute en 1776. Trois cents Polonais, Allemands et Irlandais ont été désignés pour l'expédition. Lauzun les avait rassemblés à Oléron et Quiberon pour tromper les agents anglais, lui-même circulant en Bretagne sous le pseudonyme de Saint-Pierre.

Précautions superflues : le fort de Saint-Louis ouvre le feu sur la corvette *Lively* dès qu'elle s'approche de la barre qui, mieux encore que les canons, défend l'accès de la côte. Les boulets sont d'autant plus surprenants que la *Lively*, comme tous les vaisseaux de l'escadre, bat pavillon britannique. Lauzun, qui jugeait impossible de « rester honnêtement en Angleterre » après que George III lui eut dit que sa qualité le plaçait au-dessus des suspicions, n'a pas hésité à donner l'ordre d'arborer la croix de Saint-Georges. Sans être banal, le subterfuge était assez courant et l'on trouvait peu de marins pour considérer qu'il entachait l'honneur. Déconfit, Lauzun fait descendre son monde dans les chaloupes, réussit à franchir la barre sans dommages, débarque pour recevoir des indigènes une explication réjouissante : les défenseurs anglais ont tiré sur eux parce qu'ils les croyaient anglais ! La garnison, abandonnée par la métropole, privée de vivres, presque exterminée par la peste et les fièvres — cent morts —, s'était révoltée contre son gouverneur, une brute, et l'avait massacré. La vingtaine de mutins survivants croyait que l'escadre venait de Londres pour la châtier. Ravis d'échanger la potence contre le statut de prisonniers de guerre, les pauvres diables se rendent avec allégresse.

Deux mois de négociations avec les chefs indigènes pour aboutir à la signature de nouvelles alliances, de travaux pour remettre les défenses en état, d'expéditions destinées à reprendre en main les autres comptoirs de la côte : Lauzun repart, mission accomplie, et touche Lorient après une traversée de trente-six jours que son vaisseau marchand termine sans eau ni vivres. L'accueil de Versailles est réfrigérant. « L'expédition du Sénégal avait déplu au Roi : on en était fâché ; on me sut presque mauvais gré de l'avoir pris ; à peine le Roi me parla-t-il le premier jour... » La cour l'accable de sarcasmes. Paris renchérit dans la raillerie. Mme du Deffand écrit à son ami Walpole que Sartine

« apprit donc au Roi que la garnison anglaise consistait en quatre hommes, dont il y en avait trois malades ». C'est oublier que Vaudreuil, constatant après l'appareillage de Brest que les services de la marine n'avaient fourni à son escadre ni les vivres ni les munitions dans les quantités prévues, et que les pilotes prétendument spécialistes de la barre n'avaient jamais vu la côte africaine, aurait fait demi-tour sans la détermination de Lauzun ; c'était aussi faire bon marché des dizaines de soldats et de marins tués par les fièvres.

Lauzun ne fut pas trop déçu, qui savait dès le départ que le Sénégal fournissait plus de gomme que de gloire. Connaissant l'Angleterre, il avait écrit de Saint-Louis à Sartine : « C'est en passant par Londres que cette nouvelle acquerra son importance. » Il voyait juste. Lorsque l'amiral anglais Hughes, à la tête d'une puissante escadre, échoua à reprendre la colonie qu'il avait si bien fortifiée, le frivole Versailles cessa de ricaner et fit chanter un *Te Deum*.

*
 * *

Gilbert de La Fayette reçoit meilleur accueil.

Pourquoi rentre-t-il après dix-neuf mois d'Amérique ? Une lassitude certaine, autant physique que morale : la malheureuse campagne de d'Estaing, qu'il avait accueilli à bras ouverts — un Auvergnat comme lui —, l'a profondément déçu. Il s'est épuisé à recoller les morceaux de l'alliance mise à mal. Navettes incessantes entre Sullivan et d'Estaing. De toute une semaine il ne s'est allongé sur un lit. Clinton continue de jouer au chat et à la souris avec Washington. Cette guerre, on n'en voit pas le bout. Ne sera-t-il pas plus utile à Versailles, où il plaidera la cause américaine, qu'à la tête de sa division ? Le mal du pays : il sait que sa petite Henriette est morte et qu'une autre fille lui est née, Anastasie, qu'il aspire à découvrir. Son inextinguible désir de gloire : Vaussieux n'annonce-t-il pas une descente en Angleterre ? Ce serait autre chose que la guérilla américaine. « Si l'on y allait sans moi, je me pendrais. »

Le 13 octobre, il a demandé une permission au Congrès : « À présent que la France est engagée dans une guerre, je suis pressé

par un sentiment de devoir et de patriotisme de me présenter
devant le Roi, et de savoir comment il juge à propos d'employer
mes services... J'ose espérer que je serai regardé [par le Congrès]
comme un soldat en congé qui souhaite ardemment rejoindre ses
drapeaux et ses chers compagnons d'armes. » Il part couvert de
louanges très méritées. L'ambassadeur de France Gérard écrit à
Vergennes : « Je ne puis me dispenser de dire que la conduite également prudente, courageuse et aimable de M. le marquis de La
Fayette l'a rendu l'idole du Congrès, de l'armée et du peuple des
États-Unis. On a une haute opinion de ses talents militaires. Vous
savez combien je suis peu enclin à la flatterie, mais je manquerais
à la justice si je ne vous transmettais ces témoignages qui sont ici
dans la bouche de tout le monde. » Le Congrès lui vote des remerciements et charge Franklin de lui offrir une épée d'honneur. Lau-
rens, son président, écrit à Louis XVI une lettre remplie d'éloges.
Washington mande à Franklin tout le bien qu'il pense de lui en
raison « de son zèle, de son ardeur première et de ses talents qui
l'ont rendu cher à l'Amérique et doivent grandement le recommander à son prince ». La meilleure frégate américaine est mise à
sa disposition pour le voyage de retour ; en son honneur, on l'a
rebaptisée l'*Alliance*.

Il faillit bien ne jamais repartir. L'*Alliance* l'attendait à Boston. C'était, avec Charlestown au sud, le port d'où un vaisseau
américain pouvait appareiller avec le plus de chances d'échapper
aux croisières anglaises. Philadelphie-Boston à cheval, avec un
grand détour pour éviter New York, tenue par Clinton. Une pluie
glacée détrempe les chemins. Il n'en peut plus. Les banquets
organisés à chaque étape pour le fêter n'arrangent rien. À Fishkill, il tombe malade. « Dévoiement d'entrailles. » Ce peut être
aussi bien une dysenterie qu'une gastrite, ou encore une mauvaise grippe intestinale. À l'époque, on en mourait aisément. La
fièvre le fait délirer. Trois semaines de lit entre la vie et la mort.
Washington, qui a établi ses quartiers d'hiver à deux lieues de
Fishkill, vient le réconforter. L'armée est dans la désolation. Elle
l'avait surnommé *the soldier's friend*. Le 10 janvier 1779, enfin
rétabli, il s'embarque sur l'*Alliance*. Une dernière lettre à
Washington : « Adieu, mon cher général. Adieu, mon cher et à
jamais bien-aimé ami, adieu ! J'espère que votre ami français
vous sera toujours cher... »

Il emporte des lettres de Johann Kalb, qui a passé des heures à
son chevet. Kalb continue d'adresser au comte de Broglie un flot

de rapports sur le cours de la guerre. Il les rédige « au moins en triplicata » et en répartit les exemplaires entre différents vaisseaux pour multiplier les chances d'échapper aux interceptions anglaises. Le départ du marquis lui met du vague à l'âme : « J'aurai bien du regret de le voir partir sans moi, mais je résiste à la tentation et je veux, en dépit de mon inclination à retourner en Europe, me conformer à vos conseils et rester encore ici afin que ce voyage me fasse obtenir des grâces et retrouver ce que j'eusse dû avoir de celui de 1767. Vous savez, monsieur le comte, que je vise à devenir maréchal de camp, et que c'est à vos bontés et à vos soins que je dois en être redevable. Je resterai donc au service des États américains jusqu'à la fin de leur guerre s'il le faut (j'excepte cependant celle qu'ils se proposent de faire aux sauvages, cela n'entre pas dans mon marché), à moins que vous ne me fassiez rappeler avant pour servir sous vos ordres, ce qui serait sans comparaison bien plus agréable. Je ne me consolerais pas si vous alliez faire une descente en Angleterre pendant que je suis en Amérique. » Et l'inévitable couplet sur « les sacrifices que mon séjour en Amérique me coûte en argent ».

Kalb condamne la grogne des officiers français qui ne cessent de critiquer et de se plaindre, à de rares exceptions près, dont La Fayette, pour lequel il n'a pas de mots trop élogieux. En même temps, il leur trouve des justifications. Les Américains, malgré « la plus crasse ignorance du métier de la guerre », affichent une prétention exaspérante, et « comme ils sont d'origine anglaise, il sera bien difficile de déraciner cette haine ancienne pour la France. On les voit intérieurement souffrir quand les Français obtiennent quelque avantage sur les armes britanniques, quoique ce soit à leur plus grand avantage, et à moins que pendant la présente guerre la France n'écrase sa rivale pour longtemps, vous verriez dans peu les Américains se réunir avec l'Angleterre contre nous, malgré les obligations infinies qu'ils ont au Roi. »

Le romanesque ne quitte pas La Fayette. La sévère tempête essuyée aux abords de Terre-Neuve n'a certes rien que de très banal, même si sa frégate manque de peu d'être jetée à la côte, mais, à une semaine de la France, une aventure plus singulière. Faute de marins en nombre suffisant, on avait complété l'équipage de l'*Alliance* avec des déserteurs anglais et des prisonniers de même nationalité préférant le service de l'ennemi aux rigueurs de la captivité. Or George III avait annoncé que tout équipage amenant un vaisseau « rebelle » dans un port anglais recevrait en prime l'équivalent de la valeur du bâtiment, « ce qui ne pouvait guère avoir lieu, constate La Fayette, que par le massacre des officiers et des opposants ». Avec ses trente-six canons, la superbe *Alliance* représentait un joli pactole. « Ce fut l'objet du complot que firent entre eux les déserteurs anglais et prisonniers volontaires... On devait crier *Voile !* et, au moment où les passagers et officiers monteraient sur le pont, quatre canons à mitraille préparés par le second maître canonnier les auraient mis en pièces. Un sergent anglais était aussi parvenu à se faire charger des armes. Le moment était fixé à quatre heures du matin ; on le remit à quatre heures du soir. Dans cet intervalle, les conspirateurs, trompés par l'accent d'un Américain qui avait longtemps vécu en Irlande et navigué dans ces parages, s'ouvrirent à lui en lui offrant le commandement de la frégate. Ce bon citoyen fit semblant d'accepter et ne put instruire le capitaine [un Français de Saint-Malo passé au service de l'Amérique] et M. de La Fayette qu'une heure avant l'exécution. Ils montèrent sur le pont, l'épée à la main, avec les autres passagers et officiers, appelèrent à eux les matelots sûrs, firent approcher un à un trente-trois coupables, et les mirent aux fers ; et quoique les dépositions annonçassent un plus grand nombre de coupables, on eut l'air de compter sur tout le reste de l'équipage, en ne se fiant pourtant qu'aux Américains et aux Français. »

Arrivé le 12 février à Versailles, le jeune héros est aussitôt reçu par Maurepas et Vergennes. On lui inflige, pour la forme, huit jours d'arrêts à purger à l'hôtel de Noailles : sanction bénigne de son départ en douce. C'est l'occasion de recevoir les compliments de sa belle-famille, désormais enchantée de posséder un tel gendre, de cajoler sa femme, toujours aussi amoureuse, avant de retrouver sa maîtresse, Aglaé d'Hunolstein, « la plus belle personne de Paris », et, la gloire payant de galants dividendes, de conquérir Diane de Simiane, « la plus jolie femme de la cour ». Les gazettes brodent sur ses exploits américains et le public de la Comédie-Française l'acclame. Même Louis XVI se déride. Marie-Antoinette lui fait donner le régiment des dragons du Roi. Colonel à vingt-deux ans. « J'eus à Versailles l'existence de la faveur comme à Paris celle de la célébrité. » Le duc de Chartres, dont on murmure à présent qu'il se cachait au fond de la cale du *Saint-Esprit* pendant le combat d'Ouessant, en prend une jalousie appelée à durer. Choiseul, drôle et méchant comme à son ordinaire, fait rire un salon qui venait d'écouter bouche bée le récit des exploits de La Fayette, par lui-même, en déclarant sur le ton de l'extase : « Mais c'est Gilles César[1] !... » Simple fausse note dans un concert délicieux.

L'ingratitude ne comptant pas parmi ses défauts, le marquis revit certainement celui à qui il devait sa consécration, l'homme qui avait su faire confiance à un gamin de dix-huit ans, organiser matériellement son départ pour l'Amérique en mettant à son service une équipe débrouillarde et beaucoup d'argent, lui donner enfin l'impulsion décisive lorsque pressions familiales et ministérielles l'amenaient au renoncement et à un piteux retour au bercail. Mais nous ne savons rien de ses retrouvailles avec Charles de Broglie.

*
* *

Il n'oublie pas l'Amérique : « Au milieu des différents tourbillons qui m'entraînaient, je ne perdais pas de vue notre révolution dont le succès était encore bien incertain ; accoutumé aux grands intérêts soutenus avec de petits moyens, je me disais que le prix d'une fête eût remonté l'armée des États-Unis, et pour la vêtir, suivant l'expression de M. de Maurepas, j'eusse bien volontiers démeublé Versailles. »

Il assiège les ministres. Ils lui font bon visage, Necker excepté.

Le contrôleur général de fait s'inquiète des énormes dépenses impliquées par la guerre avant même qu'on ait commencé d'en découdre sérieusement. Il respecte sa promesse de la financer sans accroître la pression fiscale, mais ses emprunts obèrent l'avenir en enrichissant les financiers. Les « demoiselles de Genève » scandalisent les experts. Un mot sur ces pittoresques et ruineuses demoiselles... Pour attirer l'argent, on autorise le souscripteur d'une rente viagère, qui peut être d'un âge avancé, à souscrire sur une « tête » beaucoup plus jeune que lui, de sorte que les héritiers dudit souscripteur percevront la rente aussi long-

---

1. Le mot nous paraît drôle ; il était féroce, car le prénom Gilles servait à l'époque d'injure ; il désignait un niais que tout le monde fait tourner en bourrique. Cette acception s'est heureusement perdue.

temps que vivra la « tête ». On peut même souscrire sur deux « têtes », étant entendu que si l'une décède, l'autre ne touchera qu'au taux de huit et demi pour cent au lieu de dix. Et les banquiers genevois de souscrire avec entrain sur les têtes de demoiselles dont la jeunesse et la santé florissante autorisent à penser qu'elles saigneront le Trésor français pendant des décennies. « Emprunter sans imposer, écrira Mirabeau, c'est livrer une nation aux usuriers, car eux seuls prêtent sans gages ; c'est rejeter sur les générations à venir tout le poids des iniquités d'un ministre qui ne voit que sa gloire personnelle et ses succès présents. »

Necker ne se résume pas à ses six cent millions de dettes, mais l'étude de son ministère n'entre pas dans notre propos. Il fait de son mieux, réforme comme il peut, à petits pas, sans rien brusquer, ne voulant pas connaître le sort de Turgot qui, lui, voulait vraiment changer les choses. Réformettes qui ne conjureront pas la grande tourmente et qu'elle emportera comme fétus de paille.

Vergennes trouvait Necker admirable tant qu'il finançait la guerre sans grogner ; dès l'instant qu'il prêche la paix, le ministre des Affaires étrangères juge de son devoir d'avertir Louis XVI que le funambule mène le royaume à la banqueroute et qu'il convient de le remplacer. Une vilaine campagne est lancée contre lui. On insinue que ses intérêts en Angleterre expliquent sa volonté conciliatrice. Vrai ? Faux ? Lauzun, le premier, avait attaché le grelot. Convaincu, comme Durand, de la fragilité des institutions financières britanniques, il avait proposé de forcer la Banque d'Angleterre à la banqueroute en montant une opération de déstabilisation fondée sur sa faible encaisse. Necker s'y était opposé. Son ancienne banque, où il gardait des intérêts, était étroitement liée à la Banque d'Angleterre. Les archives des Affaires étrangères conservent une curieuse correspondance de Vergennes à propos d'un Flamand nommé Baxon ; celui-ci proposait de fournir des lettres « criminelles » écrites par Necker à lord Stormont ; il affirmait que, si elles venaient à être connues, le Genevois n'en serait pas quitte pour l'exil. Baxon demande trois mille livres sterling avant fourniture, et encore trois mille après, ce qui n'est pas cher pour une tête de ministre. Chez Vergennes, la circonspection le dispute à l'appétit. « Allez prudemment dans cette affaire, mande-t-il à l'intermédiaire, la matière est délicate... » Puis il se décide et écrit de sa blanche main que, si les lettres sont bien rédigées par Necker, adressées à lord Stormont, et de la nature indiquée, « on comptera trois mille livres sterling ». L'affaire ne se fait pas, car Baxon exige d'être payé avant de montrer les pièces, ce qui ne plaide point en faveur de sa bonne foi.

La Fayette témoignera toute sa vie d'une superbe indifférence pour les questions financières, auxquelles il n'entend rien, et il est trop neuf à Versailles pour percevoir les affrontements feutrés qui aboutiront, l'année suivante, à un remaniement ministériel ; mais il sait, comme chacun, que l'année 1778 a été perdue, que la guerre risque de lasser avant même d'avoir débuté, et que seul un grand coup peut à la fois aider ses amis américains et galvaniser l'opinion publique française.

Son imagination crépitante multiplie les projets. Le marin américain John Paul Jones exécute des raids audacieux sur les côtes anglaises : pourquoi ne pas former une petite escadre sur laquelle s'embarquerait un corps de troupe dont lui-même prendrait le commandement et qui irait rançonner des ports tels que Liverpool ? Pourquoi ne pas jouer la carte d'une Irlande toujours disposée à secouer le joug britannique ? « Je vous dirai en confidence, écrira-t-il à Washington, que le projet de mon cœur serait de la rendre libre et indépendante comme l'Amérique ; j'y ai formé quelques relations secrètes. Dieu veuille que nous puissions réussir et que l'ère de la liberté commence enfin pour le bonheur du monde. » Il sait que la vulnérabilité des États-Unis tient à la faiblesse de leur marine et à la pénurie financière qui les empêche de construire ou d'acheter des vaisseaux : pourquoi ne pas demander au roi de Suède de leur prêter pour un an quatre vaisseaux de ligne ? Il commence enfin à songer à un corps expéditionnaire français dont l'intervention ferait pencher la balance du bon côté.

Les ministres l'écoutent, approuvent du bout des lèvres, ne se remuent guère, et rien n'aboutit.

À la fin des fins, qu'est-ce qu'on fait ?

*
* *

Vergennes ne voulait pas marcher sans l'Espagne.

L'Espagne voulait bien marcher, mais pour aller à Londres.

Le terrible Floridablanca — Versailles l'appelait Floride Blanche — avait fort mal pris l'alliance franco-américaine, esti-

mant à bon droit avoir été mis devant le fait accompli, et Montmorin, le jeune ambassadeur de France, de subir, pétrifié, ses
vertes mercuriales : « On avait apparemment regardé le Roi
d'Espagne comme un vice-roi ou un gouverneur de province à
qui l'on demandait son avis et à qui on envoyait ensuite ses
ordres. » Or « le Roi Catholique n'était pas fait pour être traité
ainsi », et « l'Espagne n'était pas une province de la France ». Le
soutien aux Insurgents ? « Donquichottisme. » Le pacte de
famille ? « Lorsqu'on faisait aussi peu de cas des avis d'un prince
qu'on en avait fait en France de ceux du Roi d'Espagne, on dispensait de tenir les engagements qui paraissaient devoir être les
plus solides. » Douché par l'algarade, Montmorin conseilla à
Vergennes de ne rien demander à Madrid, car le refus public
qu'il ne manquerait pas d'essuyer conforterait l'Angleterre.

Vergennes se montrait modeste. Un renfort de douze à quinze
vaisseaux espagnols l'eût comblé. On pouvait, avec cela, désor-
ganiser le commerce britannique. Il presse Montmorin de « tire-
bouchonner M. de Floride Blanche et tirer de lui à quelle époque
à peu près nous pourrions espérer que l'Espagne se montrera ».
Sachant que l'Angleterre commence mal ses guerres mais les
finit bien, il s'afflige du délai : « Si nous lui donnons le temps de
reprendre haleine, elle nous prouvera bientôt qu'elle est encore
capable de grands efforts, et Dieu fasse que ce ne soit pas à nos
dépens. » Connaissant l'inquiétude qu'inspire à Madrid une
jeune puissance américaine qui pourrait menacer ses possessions
sur le continent, il se fait rassurant : de par ses vices internes, une
démocratie ne saurait être dangereuse. Averti de l'irritation suscitée par l'engouement de la France pour la cause insurgente,
conscient de la crainte du gouvernement espagnol d'être laissé en
plan, avec une guerre sur le dos, une fois l'indépendance américaine acquise, il multiplie les protestations de sincérité : comment pourrions-nous méconnaître que l'Angleterre « est l'ennemi
naturel irréconciliable de la France, de l'Espagne et de toute la
Maison de Bourbon ; que la paix avec elle n'est qu'une trêve mal
gardée qui lui sert pour couvrir des entreprises clandestines ?
Nous jugerait-on assez peu instruits pour ignorer que l'Angleterre a toujours été le foyer des grandes ligues et des guerres qui
se sont allumées contre la Maison de Bourbon ? »

Ni l'agression contre la *Belle-Poule* ni la canonnade d'Ouessant ne font bouger Madrid. Le pacte de famille spécifie : « Qui
attaque une Couronne attaque l'autre. » L'alliance devrait jouer

de manière automatique. Mais, tout brûlant qu'il se montre dans ses propos, le comte de Floridablanca est un froid réaliste. Si une France donquichottesque entend se battre pour les seuls beaux yeux de l'Amérique, c'est son affaire ; l'Espagne, quant à elle, veut récupérer Gibraltar et Minorque. Et, tant qu'à faire la guerre, autant qu'elle soit victorieuse. Le Premier ministre a tiré les leçons des désastres du dernier conflit, avec la perte de Cuba et des Philippines enlevées en un tournemain par les Anglais. Son empire colonial assure la richesse de l'Espagne et lui impose un handicap stratégique majeur : comment défendre des possessions essaimées sur toute la surface du globe face à l'hégémonie navale britannique ? Aussi la réflexion de Floridablanca le conduit-elle à la même conclusion que le comte de Broglie.

Il expose son plan au mois d'août 1778 à un Montmorin stupéfait dont la dépêche sera, pour Vergennes, comme un coup de tonnerre. « Si nous faisons la guerre aux Anglais, déclare le Premier ministre, il faut la leur faire comme les Romains aux Carthaginois… Car l'Angleterre, comme Carthage, doit être châtiée dans ses propres foyers. » On forme donc une armada de soixante vaisseaux de ligne espagnols et français, on descend en Angleterre, on signe la paix à Londres. Charles de Broglie tressaillirait de bonheur s'il entendait Floridablanca : c'est exactement son projet, à ceci près qu'il n'assignait aux Espagnols que des opérations de diversion. Mais l'essentiel n'est-il pas dans la volonté affirmée de frapper l'ennemi au cœur ? Le ton de son interlocuteur ne laisse aucun doute à Montmorin : c'est à prendre ou à laisser. Un refus confirmerait Madrid dans le soupçon que la France entend se limiter à une « guerre froide » — expression promise à un avenir insoupçonné de l'ambassadeur. Elle ne recevrait alors, et « de la plus mauvaise grâce », qu'un soutien symbolique destiné à sauver les apparences du pacte de famille.

Vergennes trouve pour le coup que le tire-bouchon libère un alcool trop raide : « L'idée de M. le comte de Floride Blanche de faire la guerre aux Anglais comme les Romains aux Carthaginois fait honneur à l'élévation de son âme, écrit-il à Montmorin en septembre, mais une pareille entreprise demande une immensité de moyens qui ne seront pas aisés à rassembler, et peut-être plus difficiles à faire jouer à l'unisson. » Il place la barre très haut — trop haut pour être tout à fait de bonne foi : un succès exigerait soixante-dix vaisseaux, soixante-dix mille soldats, dont dix mille cavaliers, sans parler de l'artillerie, de l'intendance et des bâti-

ments de transport. « Il y a de quoi s'effrayer. » Et notre ministre
de faire une réponse prudente à Floridablanca, avec cette précaution liminaire : « Si Votre Excellence ne la trouve pas assez nerveuse, qu'elle considère que c'est l'ouvrage d'un homme de
plume qui n'est point du tout familiarisé avec les grands projets
de guerre. » Une habile *faena* pour leurrer le taureau : « Peut-être
une entreprise sur l'Irlande présenterait-elle autant d'avantages et
moins de difficultés. » Autant d'avantages ? Sûrement pas ! Mais
les facilités sont évidentes. L'Irlande gémit sous la domination
britannique Depuis une dizaine d'années, des clandestins, les
White Boys, mènent des opérations de commando contre l'occupant, et la répression la plus cruelle n'aboutit, comme d'habitude,
qu'à augmenter leur nombre. La haine catholique est chose
admise, mais les protestants eux-mêmes, surtout les presbytériens, témoignent d'une vive irritation contre Londres. Or la
perte de l'île serait sensible aux Anglais : elle fournit bien malgré
elle les deux tiers des matelots enrôlés de force dans la Royal
Navy, et la laine de ses moutons fait tourner les filatures britanniques. Si le projet irlandais n'agréait point à Floridablanca, Vergennes proposait en remplacement une opération limitée sur la
côte sud de l'Angleterre.

Va pour l'Irlande ! Floridablanca accepte d'y envoyer un agent
— un prêtre auquel on a promis une mitre d'évêque en cas de
réussite —, tandis que Vergennes dépêche aux presbytériens un
émissaire chargé de prendre langue avec eux.

Mais le Premier ministre d'Espagne n'a consenti que du bout
des lèvres à la diversion irlandaise. Il songe à Gibraltar et à
Minorque. Sauf écrasement de l'adversaire, on signe toujours la
paix en renonçant à des territoires conquis pour garder ou obtenir
ceux qu'on convoite. Impossible de restituer à l'Angleterre une
Irlande qui aurait goûté à l'indépendance. Il revient à son obsession première — le coup décisif — et persécute le malheureux
Montmorin de ses récriminations. Le 28 février 1779, alors que
La Fayette triomphe à Versailles et à Paris, l'ambassadeur rend
compte de la semonce d'un Floridablanca d'une humeur de
chien : « C'est à présent de votre cour que dépend le moment où
nous nous déclarerons. Nous sommes tout prêts. Les vaisseaux
que nous vous offrons sont armés de tout point. Ils n'attendent
que l'ordre de se mettre à la voile : c'est de Versailles qu'il partira. Mais il faut que vous vous décidiez et que vous nous mon-
triez la certitude que vous ne voulez pas nous faire déclarer pour

nous promener dans la Manche et servir d'épouvantail aux Anglais. » Comme toujours en pareil cas, il fait allusion à des « possibilités de paix » grâce à sa médiation, ce qui ne peut que plonger Vergennes dans les transes.

On n'y coupera pas.

Le 8 mars 1779, Vergennes écrit à Montmorin : « Nous ne manquons pas de plans dans le goût de M. de Floride Blanche. »

*
* *

La poussière des archives où ces plans reposent depuis plus de deux siècles n'a pas terni la passion qui inspira leurs auteurs — militaires au poil blanc barbouillant du papier devant la cheminée de leur gentilhommière, stratèges reconnus et tacticiens de café, inventeurs convaincus d'avoir reçu l'illumination, transfuges acharnés à solder de vieux comptes… Leur nombre et leur diversité attestent que le désir de revanche n'habitait pas seulement quelques esprits aigris par la défaite, mais empoignait la nation tout entière. On ne retrouvera pareille mobilisation qu'à propos de l'Alsace-Lorraine, après 1870, mais l'obsession nationale s'ancrera alors dans le souvenir de deux provinces perdues, tandis que la revanche sur l'Angleterre restait pour ainsi dire désincarnée, nul ne se souciant plus des arpents de neige canadiens ni des Indes trop lointaines : il s'agissait, pauvres de nous, de s'étriper pour panser une insupportable blessure d'amour-propre.

Bien entendu, la caste aristocratique et militaire se taille la part du lion. Le marquis de Paulmy, que nous avons vu faire un si piteux ambassadeur de France à Varsovie, le capitaine de vaisseau Boux, le marquis de Jaucourt, grand ami de Vergennes, le brigadier Behague, les comtes de Crillon et de Maillebois, Dumouriez : qui n'a pas son plan de descente en Angleterre ? L'un des plus infatigables fournisseurs de projets est Robert Mitchell Hamilton, un Écossais passé au service de la France après vingt-cinq ans dans la Royal Navy.

Voici Pierre-François de Béville, l'un des quatre officiers chargés par le comte de Broglie, en 1767, de l'inspection des côtes françaises. Contrairement à Charles, il propose de débarquer dans le Dorset, dans le Devon et en Cornouailles, dans l'ouest de l'île, de manière à prendre l'armée anglaise à revers. On partirait donc de Bretagne. Mais un si long trajet n'offrira-t-il pas à la flotte anglaise maintes occasions d'intervenir? Béville résout le problème en supprimant d'autorité la bataille navale : « Passons en Angleterre comme des contrebandiers. » On choisira le moment où des vents impétueux disperseront la flotte ennemie. Ce que ne nous dit pas le fantassin Béville, c'est l'effet qu'auront sur les chalands de transport des vents capables d'éparpiller les trois-ponts anglais...

Un autre Écossais, Grant Blairfindy, raccourcit la traversée en suggérant de partir d'Ambleteuse, dans le Boulonnais. Cela impliquerait l'aménagement du port. incapable d'accueillir de gros vaisseaux. Or La Rozière et Dumouriez établiront que le site d'Ambleteuse ne vaut rien.

Le sieur La Mure pique notre curiosité en nous révélant qu'à la suite d'un incident personnel il a conçu « une haine implacable contre les avirons », et il éveille notre intérêt en proposant un bateau « sans rames, sans voiles, sans cordages et sans feu » qui « ira contre les vents et les courants avec plus de vitesse que la galère la mieux montée ». De quoi s'agit-il? D'un bateau à pédales... L'action sur les pédales fera mouvoir deux roues placées dans deux cylindres fixés de chaque côté de la coque. À défaut d'avoir complètement résolu le problème de la traversée, le sieur La Mure vient d'inventer le pédalo.

À tout seigneur tout honneur : voici Choiseul en personne que quelques historiens désinvoltes, et des plus récents, créditeront du projet de Charles de Broglie. Certes, il est tout autant que lui l'homme de la revanche. Ses diatribes contre l'Angleterre pourraient sortir de la plume de Broglie ou de celle de Vergennes. Mais il n'envisage même pas une descente. Son plan consiste à imposer une guerre si longue que l'Angleterre, ruinée, devra se résoudre à déposer les armes. A-t-on jamais vu, dans l'histoire de l'humanité, une nation capituler faute d'argent? Le détail est confus, emberlificoté. Alors que Broglie veut éparpiller les forces adverses pour frapper ensuite au cœur, Choiseul propose d'attirer l'Angleterre sur le continent — c'est sa diversion — pour mieux s'emparer de ses colonies. On se battra donc en Flandre, en Allemagne ou au Portugal. Le pétulant duc propose même d'attaquer la Hollande, alliée traditionnelle de l'Angleterre, dont la conquête « servirait de nantissement » aux pertes qu'on pourrait éprouver aux Antilles. On avait dit la même chose du Hanovre, possession du roi d'Angleterre, pendant la guerre de Sept Ans, et le résultat n'avait pas répondu à l'espérance. Même s'il prônait une action maritime et coloniale, Choiseul enlisait la France dans la guerre européenne où elle n'avait rien à gagner et beaucoup à perdre.

Le plan sublime, c'est celui du comte de Broglie.

On pourrait remplir tout un chapitre avec les dythirambes qui lui sont décernés par des générations successives d'experts militaires et de spécialistes de la guerre maritime. En 1905, Lacour-Gayet, professeur à l'École supérieure de marine, l'exalte devant ses élèves : « Chef-d'œuvre de conscience et de sagacité. » En 1911, le lieutenant de vaisseau Castex, expert indiscuté, s'élève jusqu'au lyrisme : « Un siècle et demi a passé sur cette géniale conception, sur cette envolée stratégique, et elle demeure toujours jeune, en un monument d'impérissable beauté. Elle laisse derrière elle tout ce qui a été fait dans le genre, même la grandiose machination navale de Napoléon en 1805. » Le colonel Reboul, en 1917 : « Le comte de Broglie avait eu cependant le mérite de tracer un projet d'invasion de l'Angleterre qui répondait à des idées plus modernes et qui, appliqué avec énergie, promettait un grand succès. » En 1939, Paul del Perugia : « Le plan le plus merveilleux, qui eût satisfait d'emblée le Pardo et que les auteurs militaires s'accordent de nos jours à regarder comme un chef-d'œuvre, est le projet du comte de Broglie. » M. de Floridablanca aurait à coup sûr reconnu en Charles un homme selon son cœur s'il avait pu lire ces lignes dont son *Delenda est Carthago*[1] n'était que l'écho fidèle : « Ce sont les longues guerres qui ruinent, et à cet inconvénient elles ajoutent celui de ne rien décider et de laisser toujours dans la paix, ou plutôt dans la trêve qui la terminera, le germe d'une guerre nouvelle. Une nation telle que la France ne devrait jamais perdre de vue l'exemple des Romains : toutes les guerres de leurs beaux jours étaient courtes, vives, et l'on en a vu les résultats. »

Pourquoi Vergennes écarte-t-il le projet de l'homme auquel il doit sa carrière, un plan dont la postérité ne cessera plus de célébrer la conception géniale ?

---

1. « Il faut détruire Carthage » : phrase par laquelle Caton l'Ancien terminait tous ses discours, quel que fût leur sujet.

* \
* *

Il ne veut pas la mort de l'Angleterre.

On l'a dit, il faut le redire : son maître mot est « équilibre ». Le moindre frémissement de la balance l'inquiète : « Son attention était perpétuellement fixée sur le maintien de l'intégrité des propriétés de toutes les puissances dans l'état actuel, nous rapporte Pierre-Michel Hennin, son premier commis. Il ne voyait pas naître une prétention sur le plus petit district, un projet de partage dans la moindre succession, sans mettre au rang de ses premiers devoirs de faire avorter ces projets. » Et quand la griserie de la revanche enfiévrait Versailles, continue Hennin, il disait : « Je pourrais annihiler l'Angleterre que je m'en garderais comme de la plus grande extravagance ; mais il n'y a rien que je ne fisse pour faire changer sa politique jalouse, qui fait notre malheur et le sien. »

Son cercle intime n'est pas le seul à connaître sa pensée : elle s'exprime dans sa correspondance diplomatique. À Montmorin, le 20 juin 1778 : « Comme il ne s'agit pas d'une destruction physique, de faire la conquête matérielle de l'Angleterre et de la réduire à la condition d'une province, n'arrivera-t-on pas au même but si l'on travaille seulement à l'affaiblir dans le plus haut degré où il sera possible d'atteindre ? » Il veut en somme lui délivrer une solide tape sur le museau, mais non point lui enfoncer un poignard dans le cœur.

Ses arguments méritent considération.

Si les chefs de la marine de combat française, pourtant plus ardents que quiconque à vouloir venger une longue série d'humiliations, éprouvent de la timidité à affronter un adversaire réputé invincible, comment ne pas comprendre les réticences d'un « homme de plume » ? Marie-Thérèse confiera à sa fille ses doutes sur la possibilité d'une victoire navale française, « croyant les Anglais si habiles dans ce genre qu'aucune nation ne peut les égaler et se doit bien incommoder pour pouvoir leur tenir tête ». Vergennes lui-même, esprit rassis, évoque le « talisman magique » protégeant l'Angleterre. Les scénarios catastrophiques ne manquent pas. Le pire serait une descente réussie, un corps expéditionnaire marchant au succès, mais une flotte enveloppée et détruite par les vaisseaux que Londres aurait rameutés de toutes les mers du monde : la fleur de l'armée française, coupée du continent, n'aurait d'autre issue que la reddition. Un tel désastre serait sans commune mesure avec les défaites essuyées sous Louis XV. Il serait imputé au ministre des Affaires étrangères, l'homme de la guerre au sein du gouvernement. Sans doute n'est-il pas dans l'histoire une seule victoire qui n'ait été remportée au risque de la défaite, mais Vergennes aspire à une victoire limitée, impliquant une mise réduite, de sorte qu'une défaite éventuelle serait elle aussi limitée.

Il est hanté par les réactions en Europe. Floridablanca peut se permettre de prendre des airs fendants : l'Espagne joue une partition si modeste dans le concert européen qu'elle n'inquiète personne. La France, c'est autre chose. Dès 1777, Vergennes écrivait à Montmorin : « Le ministre d'un royaume aussi exposé que la France par l'étendue de ses frontières aux inquiétudes et à la jalousie des puissances du continent peut-il se dissimuler que l'Angleterre a fait jusqu'ici un poids nécessaire dans la balance de l'Europe, que vouloir l'en séparer, qu'entreprendre de l'écraser, c'est lui susciter des défenseurs et des vengeurs, et allumer le feu d'une guerre générale dans laquelle nous n'aurions peut-être pas moins à craindre nos amis que ceux qui se déclarent nos ennemis ? » Deux ans plus tard, même leitmotiv : « Rappelez-vous, Monsieur, que j'ai toujours établi en principe qu'en nous occupant à humilier l'Angleterre, il fallait bien nous garder de laisser soupçonner le dessein de vouloir l'écraser. Elle est nécessaire dans la balance de l'Europe, elle y tient une place considérable et, de toutes les puissances de l'Europe, celle qui nous verra avec le plus de peine la resserrer sera la Maison d'Autriche, notre alliée de nom et notre rivale de fait. »

Il se veut l'arbitre scrupuleux et équitable de l'Europe. Il y réussit à merveille, restituant à son jeune roi un prestige que la monarchie française avait perdu depuis longtemps. Le 13 mai 1779, après avoir proposé sa médiation à l'Autriche et à la Prusse empêtrées dans leur guerre contre la maladie et la désertion, il fera conclure une paix extirpant le César Joseph de la basse Bavière au prix de quelques satisfactions purement symboliques. (Le traité sera signé à Teschen, qui servit longtemps de base arrière aux confédérés polonais.) Huit jours plus tard, le 21 mai, la médiation française s'imposera aux Russes et aux Ottomans à la conférence d'Aïn-Elli-Quavaq. Comment concilier cette politique d'apaisement avec une exécution capitale de l'Angleterre ? Qui peut espérer que l'Autriche, furieuse d'avoir été frustrée de la basse Bavière, regarderait sans réagir des troupes françaises entrer dans Londres ? Quelle puissance accepterait sans broncher l'hégémonie de Versailles sur l'Europe ?

*
* *

Vergennes se décide donc, à la mi-mars, pour le plan Hamilton — enfin, l'un de ses nombreux plans. Débarquement sur l'île de Wight, au sud de l'Angleterre, en face de Portsmouth. Une fois conquise, l'île servira de plate-forme de départ pour des raids ponctuels sur la côte méridionale anglaise, avec destruction des arsenaux et des chantiers navals. Par une curieuse coïncidence, Dumouriez, commandant de Cherbourg, transmettra le 29 mars à Sartine et à Montbarey un projet rejoignant celui d'Hamilton et conçu à partir des renseignements rapportés par des pêcheurs cherbourgeois familiers des parages de Wight. Dumouriez estime que douze mille hommes embarqués sur quatre ou cinq vaisseaux de ligne et huit à dix frégates suffiraient à se rendre maître de l'île.

L'ouverture de la campagne est fixée au 1er mai.

Mais ce n'est que le 19 mars, au cours d'un comité restreint réuni dans l'appartement de Maurepas, que Sartine et Montbarey reçoivent avis de l'opération qu'ils vont devoir mener à bien. Depuis dix-huit mois, les ministres de la Marine et de la Guerre sont tenus à l'écart des difficiles négociations avec l'Espagne et de la réflexion sur le choix d'un objectif relevant pourtant de leur compétence. On imagine leur stupeur. Floridablanca l'a voulu ainsi. Craignant qu'une fuite ne conduisît la Royal Navy à s'en prendre aux galions espagnols, il a, dès le début de 1778, exigé un secret absolu. Seuls initiés en France : le roi, Maurepas et Vergennes, avec, bien sûr, Montmorin à Madrid ; en Espagne, le roi, son fils (le prince des Asturies) et Floridablanca. Almadovar, ambassadeur d'Espagne à Londres, n'en sait pas plus qu'Aranda, son homologue à Versailles. Ce dernier, qui jouit d'un caractère aussi volcanique que celui de Floridablanca, comprend parfaitement qu'on lui cache quelque chose et s'efforce de découvrir le pot aux roses en entrant en correspondance secrète avec le confesseur et le premier valet de chambre du roi d'Espagne… Vergennes redoute à chaque instant « une vigoureuse explosion de sa part ». Floridablanca ne s'est jamais relâché sur ses exigences tyranniques ; elles ont fait perdre beaucoup de temps. Au secrétariat des Affaires étrangères, on n'a mis dans le secret qu'un seul et unique chiffreur.

Vergennes indique au comité les limites de l'opération : « Il ne peut être question d'envahir la totalité de cette île [l'Angleterre] et de vouloir dicter la paix à Londres. Ce projet demanderait une somme de moyens presque impossible à rassembler, ou du moins qui consumerait tant de temps que la campagne serait vraisemblablement finie avant qu'on fût en état de ne rien exécuter. Mais il est des opérations partielles dont le succès, quoique difficile, ne doit pas être jugé impossible. » Il insiste : c'est seulement un coup de main. Plus tard, on avisera à attaquer, à incendier ou à rançonner Bristol et Liverpool. Modération caractéristique de l'époque : « On ne propose pas de mettre le feu aux mines de charbon, il serait affreux de faire un mal que la paix ne ferait pas cesser. » Vergennes compte que la prise de Wight portera un coup au crédit britannique.

Le premier mérite de la décision est d'apaiser l'irascible Floridablanca. « L'aménité et la confiance n'ont cessé de régner dans nos conversations », mande Montmorin. On respire. Mais la fermeté demeure entière : « Le Roi Catholique est déterminé à sacrifier jusqu'à sa dernière chaloupe » — le genre de phrase dont Vergennes a horreur…

Le second bénéfice est de plus grande portée : l'entrée en guerre de l'Espagne crée à Londres une impression sinistre. Pour la première fois depuis une éternité, l'Angleterre doit affronter deux puissances européennes sans disposer du moindre allié sur le continent, et alors qu'elle se trouve coincée dans le guêpier américain. Le roi George affronte une situation financière difficile et une crise politique sévère. Aux Communes, l'opposition se déchaîne contre le Premier ministre, lord North, au point que celui-ci — spectacle sidérant — éclate en sanglots ; une gazette rapporte : « Ce qu'il y eut pour lui de plus fâcheux dans cette scène fut que ses pleurs n'attendrirent personne. » Quand le roi clôt la session parlementaire, le lendemain de la déclaration de guerre officielle de l'Espagne, Burke se lève et s'écrie : « Ô quelle longue nuit, quelle nuit obscure ! Quelle triste et funeste nuit a été cette session entière, et quel moment choisit-on pour y mettre un terme ? Celui où nous nous trouvons avoir sur les bras la France, l'Espagne et l'Amérique ! » Lord Shelburne n'envisage qu'un beau baroud d'honneur : « Je ne doute pas que nous ne puissions défendre les deux petites îles de la Grande-Bretagne et de l'Irlande d'une manière qui étonnera toute l'Europe. Mais quel sera le fruit de ce dernier effort ? Nous n'en serons pas moins un peuple mort et rayé du nombre des puissances de la Terre. »

Durand avait raison d'écrire, dès 1763, qu'un peu d'audace aurait tôt fait de mettre à nu la faiblesse de l'Angleterre.

L'affaire s'engage bien.

XXVII

Sur le papier, le rapport de forces est satisfaisant. La Royal Navy dispose de trente-cinq vaisseaux dans la Manche. D'Orvilliers en a trente à Brest. Avec un renfort de vingt vaisseaux espagnols, Sartine peut espérer démythifier le « talisman magique ». De son côté, Montbarey se fait fort de conquérir l'île de Wight avec vingt mille fantassins, un train d'artillerie adéquat et quelques unités de dragons.

Mais on ne démarrera pas, comme prévu, le 1er mai. Plusieurs vaisseaux ne sont pas prêts. La *Ville-de-Paris*, orgueil de l'armée navale, doit passer au radoub et l'on aura besoin d'elle contre les trois-ponts anglais. Vergennes enrage. On l'avait assuré que tout serait en état. À Montmorin : « Je ne puis vous dire combien ces lambineries me contrarient et m'affectent. Ce qui me pique, c'est que, me reposant sur la parole d'autrui, j'engage la mienne et je me trouve exposé par là à voir ma franchise suspectée. » Sartine pourrait lui répondre que, lorsqu'on est assez sot pour engager sa parole sur le respect du secret imposé par Floridablanca, on ne doit pas s'étonner des conséquences. Une flotte de combat ne met pas à la voile comme un peloton de hussards part au galop, sur un claquement de doigts. La mer a ses impondérables, dont un mot glissé à d'Orvilliers eût permis de réduire les inconvénients. Furieux d'avoir été bêtement tenu à l'écart, le ministre de la Marine réprouve l'opération combinée. À l'instar du comte de Broglie, il préférerait employer la flotte espagnole à des manœuvres de diversion. Une fois la Manche dégarnie de vaisseaux anglais, d'Orvilliers attaquerait bille en tête. Quelle confiance accorder à nos alliés ? Les renseignements transmis par le comte de Bourgoing, attaché à Montmorin pour les questions militaires, n'incitent guère à l'optimisme. Selon lui, les vaisseaux espagnols sont en bon état, quoique lents, mais le personnel n'échappe pas à la critique : quelques amiraux excellents ; la plupart « d'un niveau voisin de la nullité ». Ce détail presque incroyable : sur certains vaisseaux, pas un officier, capitaine compris, ne sait faire le point. La pénurie de marins touche l'Espagne comme tous les pays d'Europe ; elle y supplée en enrôlant des forçats... Un soulagement, cependant : la fierté castillane condescend à placer l'amiral Luis Cordoba y Cordoba sous les ordres de d'Orvilliers, son cadet. Le jugement de Bourgoing sur Cordoba, soixante-treize ans : « Sa valeur morale se ressent de l'affaiblissement de sa tête et sa fermeté n'est plus que de l'entêtement. »

L'ouverture de la campagne est reportée au 1er juin. Les arsenaux de Brest et de Rochefort reçoivent l'ordre de travailler sept jours sur sept, et même la nuit.

La flotte espagnole va-t-elle rallier Brest, comme la logique le conseillerait ? Point du tout. D'Orvilliers ira la chercher à domicile. On remontera ensuite de conserve jusqu'à l'île de Wight. Même si leur roi se déclare prêt à sacrifier « jusqu'à sa dernière chaloupe », les marins espagnols n'ont d'évidence aucune envie de se frotter seuls aux Anglais. Le rendez-vous est fixé à l'île Sisargas, près de La Corogne.

D'Orvilliers met à la voile le 3 juin. À cause du secret, Vergennes ne l'a informé de l'opération qu'à la fin avril. Il appareille sans s'être concerté avec le futur commandant en chef du corps expéditionnaire. Il lui manque quatre mille marins. Faute de mieux, on a complété les équipages en prélevant sur les régiments stationnés en Bretagne et en Normandie des soldats ignorant tout de la mer. Bien entendu, les colonels ne donnent pas les meilleurs. Beaucoup de malades et de convalescents. Avec les espérances de la nation, d'Orvilliers embarque un passager qui ne restera pas longtemps clandestin : le scorbut.

Sisargas est atteinte le 17 juin. Les huit vaisseaux espagnols du tout proche Ferrol ne rejoignent que le 2 juillet : leur amiral, un peu poltron, prétendait n'avoir point vu les voiles françaises. Il est remplacé. On attend les vingt-huit vaisseaux que le vieux Cordoba doit amener de Cadix. On les attend près d'un mois... Inconcevable lambinerie, comme dirait Vergennes. Mais, après le record de lenteur établi par d'Estaing dans sa traversée de la

Méditerranée, nous aurions mauvaise grâce à rouscailler. Il n'empêche qu'on perd un temps précieux. On ne peut manœuvrer dans la Manche, « mer terrible à la marine à voile », que de mai à septembre.

La jonction s'opère le 23 juillet. Une semaine est encore perdue à des exercices destinés à familiariser les officiers espagnols avec le code français des signaux, qu'ils ont pourtant reçu plusieurs semaines auparavant.

Beaumarchais, qui connaît bien l'Espagne, a écrit à Vergennes le 24 juin : « J'ai toujours un petit glaçon dans le coin de ma cervelle étiqueté *Espagne*. J'ai beau faire, je ne parviens pas à changer cette idée-là. Dieu veuille que je me trompe. » L'expert Lacour-Gayet s'exclamera : « Combien Broglie était dans le vrai, qui déconseillait nettement les opérations combinées entre Français et Espagnols, pour n'admettre que des opérations distinctes ! Qu'elles fussent simultanées, c'était très bien, mais à condition que chaque escadre fît la sienne propre dans son domaine réservé. » Marie-Thérèse, inexperte dans les choses de la mer, mais qui a du bon sens, se confie à Marie-Antoinette dans son français souvent énigmatique : « Je vous avoue que je suis dans les transes pour les flottes, et nonobstant la grande supériorité, je ne suis pas rassurée. Les choses combinées sont bien difficiles pour le moment qu'il faut saisir, et il me paraît déjà qu'il y a quelque chose de perdu et beaucoup de temps qu'on a laissé aux Anglais pour prendre tout ensemble, que cela coûtera à cette heure le double. » Le 21 juillet, alors que la jonction franco-espagnole n'est pas encore faite, Dumouriez écrit au duc d'Harcourt : « Voilà la marée passée, point de nouvelles de M. d'Orvilliers, la lenteur espagnole achèvera de tout perdre. Savoir même s'il entre dans les idées de cette nation de faire la guerre dans la Manche qu'elle ne connaît pas ? Y entrera-t-elle ? Osera-t-on l'y engager dans l'équinoxe ? En viendra-t-on à bout ? Nos officiers de marine eux-mêmes sont-ils bien pressés de s'y engager à l'arrivée de l'arrière-saison ? Vous connaissez sur cela leur profession de foi. Je prévois de ceci des suites funestes. » À Versailles, un Vergennes consterné regarde le vent ployer les arbres du parc et la pluie crépiter sur les fenêtres de son cabinet. Le 23 juillet, il écrit à Montmorin : « Je ne sais comment le temps est à la mer, il est affreux ici. Nous éprouvons coup de vent sur coup de vent. Si le même temps règne à la mer, d'où il paraît venir, nos flottes doivent souffrir prodigieusement. » Elles souffrent, en effet, et prodigieusement… « Il était naturel, poursuit le ministre, de voir en couleur de rose ; nous ne devions pas nous attendre aux contrariétés que nous avons éprouvées, et, si le coup était parti rapidement, il y avait lieu de se flatter qu'il aurait été décisif. Au lieu de cette célérité sur laquelle nous comptions, des vents contraires et obstinés nous ont fait perdre le temps le plus précieux… Tout cela répand un noir sur mon âme qui s'affecte à un point qui prend sur mon physique. » Et encore : « Mon cœur de citoyen souffre de tout ce qui entrave la gloire de sa patrie[1]. Quel beau moment nous avons eu et qui nous échappe, sans qu'il y ait eu la faute de personne ! L'Angleterre, sans mesures intérieures et sans appui au-dehors, se trouvait au moment de recevoir la loi, la carrière du succès semblait nous être ouverte, enfin nous pouvions espérer d'humilier cette orgueilleuse rivale. Les éléments s'arment contre nous, ils arrêtent les coups de notre vengeance, ou plutôt ceux que nous voulions porter pour forcer cette orgueilleuse nation à respecter les droits de l'humanité et ceux de la propriété d'un élément [la mer] qui est l'héritage commun de toutes les nations. »

« Sans qu'il y ait eu la faute de personne » ? C'est vite dit et c'est s'absoudre à bon compte que de se défausser sur la météorologie. Dix-huit mois perdus à chipoter avec un Floridablanca qui défend l'idée, après tout raisonnable, que la guerre ne se fait pas à moitié et qu'elle pèse les nations à une balance brutale. Une conférence diplomatique peut atteindre au radieux équilibre par petites touches placées avec délicatesse, mais, quand on joue l'essentiel de la flotte de son pays au quitte ou double d'une bataille navale, ces minuties d'artiste sont-elles encore de mise ? Broglie ne le pensait pas. Il avait un plan et la volonté de l'exécuter. Vergennes voudrait blesser sans tuer, humilier sans écraser, et sa pusillanimité ne cesse d'osciller entre deux projets. Il reste l'homme qui, à la veille du coup d'État du roi de Suède, mettait son argenterie à l'abri chez son collègue l'ambassadeur d'Espagne.

_____

1. Le lecteur aura noté l'irruption des mots « nation », « citoyen » et « patrie » depuis l'avènement de Louis XVI. On ne les trouvait pratiquement pas dans les deux tomes précédents et ils prennent une signification particulière sous la plume du monarchiste convaincu qu'était Vergennes. La gloire du roi de France, justification de toute entreprise sous les règnes précédents, n'est plus guère invoquée. Une révolution s'annonce toujours par le vocabulaire avant de s'exprimer dans les actes.

Le 30 juillet, d'Orvilliers entame sa remontée vers le nord à la tête d'une formidable armada de soixante-six vaisseaux, douze frégates, cinq corvettes et onze bâtiments divers. L'ensemble est monté par plus de cinquante mille marins. Mais il a enseveli cent quarante morts, laissé six cents malades à La Corogne, et en compte dix-huit cents à bord.

Le 2 août, il navigue au sud-ouest d'Ouessant. Sa dépêche sonne à Versailles un glas funèbre : « Le Seigneur m'a ôté tout ce que j'avais dans ce monde. » Son fils, officier de marine promis au plus bel avenir, vient d'être emporté par le scorbut. Le vieil homme ne sera plus le même.

Un vent du nord oblige à louvoyer pendant huit jours devant la pointe de la Bretagne.

*
* *

Victor-François de Broglie écarté par ses soins diligents, Montbarey avait fait nommer à la tête de l'armée d'invasion l'un de ses amis, le comte de Vaux. Rochambeau, qui savait la volonté du ministre de s'embarquer avec les troupes pour glaner un peu de gloire, écrit qu'« il jugea que ce général serait plus souple à suivre les ordres qu'il donnerait, comme ministre, que le maréchal de Broglie, et qu'il jouerait un plus beau rôle avec le premier ». Mais on peut croire que l'antipathie féroce de Montbarey le détermina davantage qu'un simple choix d'opportunité personnelle. « C'était une grande mortification pour le maréchal de Broglie, estime Dumouriez, c'était même une injustice, puisque, depuis vingt ans, son frère avait arrangé tous les détails de tous les projets possibles de descente en Angleterre. Certainement la réputation méritée de ce général, qui avait contribué à tous les projets de son frère et de La Rozière, son coopérateur, devait lui faire donner la préférence sur M. de Vaux, déjà fort usé et hors d'état de faire la campagne. » En vérité, avec ses soixante-quatorze ans, le lieutenant général de Vaux n'éprouverait pas l'embarras d'un benjamin égaré parmi les vieillards commandant les armées navales, mais ses états de service témoignaient de sa valeur : le siège de Prague, la Flandre sous Maurice de Saxe, et la dernière guerre tout au long de ses sept années. La campagne de Corse, moins mémorable, lui avait valu son premier commandement en chef. Les courtisans le traitaient d'« officier de fortune » parce qu'il sortait d'une petite famille du Velay, mais la troupe appréciait cet homme taciturne, imposant, sévère, se montrant proche d'elle et soucieux de son bien-être.

Montbarey ronronne de plaisir : « Je commençai à éprouver la douceur, dont j'avais été rudement privé l'année précédente, de traiter sans gêne et sans contrainte avec le général de l'armée du Roi. »

Deux camps, l'un au Havre, l'autre à Saint-Malo. La concentration des troupes s'effectue dans l'enthousiasme. Cette fois, c'est pour de bon. Des régiments arrivent épuisés d'avoir brûlé les étapes pour ne pas risquer de manquer l'embarquement. Le vieux duc de Crillon, blanchi sous le harnois, écrit à Vergennes : « Je vois enfin avec un plaisir extrême se préparer un grand projet digne de la nation française, et l'ordre que j'ai reçu de tenir mille hommes de mon régiment prêts à marcher, en me faisant espérer que j'y contribuerai pour ma part, ajoute encore à mon plaisir... Le beau moment, monsieur le comte, que celui où vous nous avez amenés ! » La Fayette, nommé aide-major général des logis, vibre comme jamais : « Mon sang bouillonne dans mes veines... L'idée de voir l'Angleterre humiliée et écrasée me fait tressaillir de joie. » Des officiers « à la suite », c'est-à-dire sans commandement réel, proposent de se rassembler dans un corps de volontaires. La troupe n'est pas en reste. Cinquante-six soldats alités à l'hôpital de Caen écrivent une lettre collective à de Vaux pour le supplier d'attendre leur rétablissement, ou de leur réserver une embarcation pour qu'ils puissent rejoindre ; le général promet d'y pourvoir. Beaucoup d'officiers, dont de Vaux lui-même, ont renoncé à des gratifications ou demandé à ne percevoir que des soldes réduites.

Les routes normandes et bretonnes bientôt défoncées par les charrois, on passe à travers champs, les troupes précédées par des équipes qui abattent les haies et comblent les fossés. Cinq cents chalands de transport amarrés entre Le Havre et Saint-Malo. Les exercices d'embarquement sont continuels.

Le duc d'Harcourt a prévu jusque dans le détail la vie de l'armée d'occupation. Les soldats reçoivent leur pécule en or pour régler leurs dépenses. Ils ne pourront boire que de la *small beer*, la *strong beer* étant jugée trop raide. On obtiendra corvées et fournitures en passant par les maires et les juges de paix, car les Anglais ont l'habitude de leur obéir. Quant à la noblesse locale, « les sauvegardes pour les châteaux et les parcs sont ce qui conciliera le plus les esprits des premiers ordres, à cause de l'extrême passion qu'ils ont pour leur campagne ». Au reste, l'argent servira de sésame : « L'intérêt est tout pour cette nation. »

Paris s'enfièvre d'espérer beaucoup sans rien savoir. « Le public nomme déjà aux places du gouvernement britannique. On fait le comte de Vergennes Vice-Roi de toute l'Angleterre ; M. de Sartine Lord-Maire et Premier Lord de l'Amirauté ; M. Necker Premier Lord de la Trésorerie. On envoie le Roi [George III] et toute la famille royale britannique à Chambord où ils seront traités avec tous les honneurs dus à leur rang... Les royaumes d'Angleterre et d'Écosse, ainsi que l'Irlande, seront remis aux domaines de la Couronne de France. »

Versailles clabaude à son ordinaire. On se répète que Sartine, examinant les cartes lors d'un comité, a confondu Portsmouth avec Gibraltar, et que d'Orvilliers a dû le tirer par la manche pour le corriger discrètement. Maurepas fait rire en décrivant une bataille navale : « On manœuvre, on se rencontre, on se tire des coups de canon, on abat quelques mâts, on déchire quelques voiles, on tue quelques hommes ; on use beaucoup de poudre et de boulets ; puis chacune des deux armées se retire, prétendant être restée maîtresse du champ de bataille ; elles s'attribuent toutes deux la victoire, on chante de part et d'autre le *Te Deum*, et la mer n'en reste pas moins salée. » La descente ? « M. de Maurepas, rapporte Dumouriez, le plus criminel de tous les ministres, et l'un des principaux auteurs de tous les malheurs de la France, disait qu'elle n'existait que *dans la culotte de M. de Vaux*, parce que ce vieillard respectable était affligé de cette infirmité [prostatite] ; persiflage grossier que les courtisans trouvaient charmant. » Mais le changement intervenu chez Louis XVI étonne le vicomte de Martange : « Il a dans le maintien et dans la physionomie l'air d'un héros. »

Celui qui se sait héros et souffre mille morts de ne pouvoir le démontrer, c'est le chevalier d'Éon.

Il ne supporte plus son incarcération dans le costume féminin. L'effet de mode est passé. Les invitations au monastère des Filles de Sainte-Marie ou à la maison des Demoiselles de Saint-Cyr ont cessé de l'amuser. L'équitation et l'escrime lui manquent. Il s'étiole. Et les trompettes guerrières réveillent le capitaine de dragons. Salve de lettres. À Sartine : « Je suis honteuse et malade de chagrin de me trouver en jupes au moment où l'on va entrer en guerre... » À Maurepas : « Je suis forcée de vous présenter très humblement que l'année de mon noviciat femelle étant entièrement révolue, il m'est impossible de passer à la profession... Je vous renouvelle cette année mes instances, Monseigneur, pour que vous me fassiez accorder par le Roi la permission de continuer le service militaire, et comme il n'y a point de guerre sur terre, d'aller comme volontaire servir sur la flotte de M. le comte d'Orvilliers. J'ai bien pu, par obéissance aux ordres du Roi et de ses ministres, rester en jupes en temps de paix, mais, en temps de guerre, cela m'est impossible... Le plus sot des rôles à jouer est celui de pucelle à la cour, tandis que je puis jouer encore celui de lion à l'armée. » D'Orvilliers répond aimablement « qu'il serait enchanté si les circonstances le mettaient à même de combattre à ses côtés » ; les ministres réagissent par un ordre d'exil à Tonnerre. C'est que d'Éon a eu l'impudence d'envoyer aux princes du sang et à « plusieurs grandes dames de la cour » copie de sa lettre à Maurepas. Il brave la décision ministérielle et se montre à Versailles en uniforme de dragon. Un matin, M. de Vierville déboule chez lui à la tête d'une escouade de gardes. D'Éon, quoique saigné la veille aux deux bras, saute sur la carabine qui ne quitte jamais son chevet. On la lui arrache ; il assomme deux gardes, mais finit par succomber sous le nombre. Dix-neuf jours d'enfermement au château de Dijon. Il retourne à Tonnerre après avoir signé l'engagement de ne plus quitter ses habits de fille et de se retirer près de sa mère.

Si l'éviction de Broglie relève de l'injustice la plus signalée, aucun ancien du Secret ne plaindra le chevalier d'être écarté d'une opération qu'il avait, naguère, mise au bord de la catastrophe.

L'été pourri noie l'ardeur des troupes sous ses déluges. Sur les chemins cotentinais, les chevaux s'enfoncent dans la boue jusqu'aux sangles. « Le temps s'écoule, écrit Dumouriez le 27 juillet, la saison s'avance, le dégoût se met dans l'officier, la maladie dans le soldat. » Le jeune Chateaubriand s'enchante cependant d'une visite au camp de Saint-Malo : « Les tentes, les faisceaux d'armes, les chevaux au piquet formaient une belle scène avec la mer, les vaisseaux, les murailles et les clochers lointains de la ville. Je vis passer, en habit de hussard, au grand galop sur un barbe, un de ces hommes en qui finissait un monde, le duc de Lauzun. »

Lauzun s'en tire par l'humour. Pour résister comme lui à la tristesse ambiante, et pour le plaisir de retrouver le style d'un siècle incomparable, voici sa description d'un état-major qui faisait sourire, car, telles les futures armées mexicaines, il se signalait pas une pléthore d'officiers généraux : « M. de Jaucourt, maréchal-général des logis : j'ai ouï dire quelque part qu'il était comme l'abbé Rognonet, qui de sa soutane n'avait su faire un bonnet ; M. de Lambert, son adjoint, s'en apercevait et le disait tout bas à qui voulait l'entendre. M. de Jaucourt s'en vengeait en lui faisant recommencer continuellement l'ingénieux ouvrage de l'embarquement des troupes. M. de Puységur, major-général, faisait parfaitement sa place, se moquait de ses généraux et de ses confrères, et branlait plus de cent fois la tête en parlant d'eux. M. le marquis de Créquy, aide de camp de confiance du général en chef, l'aidait à nous faire une chère empoisonnée, et employait le reste de son temps à faire de petites méchancetés, dont quelques-unes étaient assez plaisantes. M. le comte de Coigny, sous le caractère d'un aide de camp de M. de Jaucourt, comme Minerve près de Télémaque sous celui de Mentor, fumait dans l'antichambre du général pour avoir l'air d'un vieux partisan, et faisait des mémoires sur la guerre quand on entrait dans sa chambre. M. le marquis de Langeron, lieutenant général, bon homme loyalement ennuyeux, grand diseur de quolibets, quand il priait quelqu'un à dîner, lui disait : "Voulez-vous venir manger avec moi un œuf coupé en quatre sur le cul d'une assiette d'étain ? S'il n'y en a pas assez, je me mettrai dans un plat." M. de Rochambeau, maréchal de camp, commandant l'avant-garde, ne parlait que de faits de guerre, manœuvrait et prenait des dispositions militaires dans la plaine, dans la chambre, sur la table, sur votre tabatière si vous la tiriez de votre poche ; exclusivement plein de son métier, il l'entend à merveille. M. le comte de Caraman, tiré à quatre épingles, doucereux, minutieux, arrêtait dans la rue tous les gens dont l'habit était boutonné de travers, et leur donnait avec intérêt de petites instructions militaires ; il se montrait sans cesse un excellent officier, plein de connaissances et d'activité. M. Wall, maréchal de camp, vieux officier irlandais, ressemblant beaucoup, avec de l'esprit, à un arlequin balourd, faisait bonne chère, buvait du punch toute la journée, disait que les autres avaient raison et ne se mêlait de rien. M. de Crussol, maréchal de camp, violemment attaqué par une maladie malhonnête, avait le cou tout de travers et l'esprit pas trop droit. »

On attend.

Au Havre, La Fayette piaffe d'impatience. À Vergennes : « Me voici en face du port, monsieur le comte. Jugez si je suis content et si mon cœur appelle le vent du sud qui nous amènera M. d'Orvilliers. » De Madrid, Montmorin au même Vergennes : « J'attends à tout moment un courrier de vous, et je n'entends pas un cheval galoper sans que le cœur me batte. C'est un état pénible lorsqu'on est aussi loin que je suis. »

On attend.

*
* *

L'armada double Brest le 11 août, décimée par les boulets invisibles de l'amiral Scorbut. Le 3, d'Orvilliers a mandé à Sartine : « Il manque à la seule *Ville-de-Paris* deux cent quatre-vingts hommes, et je lui ferai fournir cent hommes par les frégates de sa division pour le combat. » Chaque vaisseau a son contingent de moribonds ; les matelots encore épargnés traînent la jambe. L'eau est rationnée. Les vivres se raréfient. Un convoi venu de Brest n'a apporté qu'un ravitaillement insuffisant ; un autre, plus important, manque le rendez-vous faute pour d'Orvilliers, qui le reconnaîtra, d'avoir bien précisé sa position. Le chef de l'armée navale a eu le tort de ne pas profiter de sa longue croisière devant Le Ferrol pour compléter ses approvisionnements. Orgueil ou timidité : il tarde à demander assistance aux vaisseaux espagnols qui ont des vivres pour cinq mois, de l'eau en abondance, et que le scorbut épargne.

Sur la dunette de la *Ville-de-Paris*, l'Écossais Hamilton, chargé de superviser l'exécution de son plan et dont la pratique des côtes d'Angleterre peut se révéler précieuse. Sur celle de la *Bretagne*, le comte de Paradès, chef du réseau de renseignement en Angleterre, que Sartine a imposé à l'état-major. Personne ne l'apprécie, et surtout pas d'Orvilliers à qui il reproche vertement les semaines perdues à aller chercher les Espagnols. Il faut dire aussi que Paradès joue depuis quelque temps un personnage exaspérant. Son succès lui monte à la tête. On dit qu'il a soutiré sept cent mille livres à Sartine. On sait qu'il a « captivé l'esprit » du comte d'Aranda au point que celui-ci se démène pour lui obtenir la grandesse d'Espagne. Il vit sur un pied somptueux et négocie l'achat d'une terre d'un million de livres. On l'a nommé mestre de camp. Non content d'être présenté au roi, il a poussé le culot jusqu'à demander à monter dans ses carrosses, privilège réservé aux gentilshommes les mieux en cour. Le 21 juin, venant d'Angleterre pour aller s'embarquer sur la *Bretagne*, il a eu « deux longues conférences », à Boulogne, avec le duc de Croÿ, qui en est resté époustouflé : « J'appris, ce que je savais déjà, que lui seul menait absolument tout, et était le général de l'armée de mer et de terre. MM. d'Orvilliers et de Vaux n'étaient que comme à ses ordres, et, loin de s'en plaindre, en étaient charmés, lui seul sachant la besogne, ayant formé et fait, enfin, agréer le plan à la France et à l'Espagne, et pouvant l'exécuter. » Bon prince, Paradès annonce à Croÿ qu'il va s'employer à le faire nommer à la place de De Vaux. Le vieux duc se prend à espérer, songeant que de Vaux est « infirme » et que, s'il venait « à manquer pour sa santé »... Bref, Paradès fait une crise de paranoïa, maladie professionnelle de sa spécialité. C'est moins grave que le scorbut. C'est même souvent d'un bon rendement. Contrairement à ce qu'un vain peuple pense, le meilleur agent ne marche pas pour l'argent ou le cul d'une fille, mais parce que son officier traitant l'a convaincu qu'il était le pivot de l'univers, l'arbitre du destin. Le seul problème consiste à établir une cloison étanche entre l'inflation de l'ego et les renseignements fournis afin que ceux-ci échappent à la pollution mégalomaniaque. Un agent se juge à la seule qualité de ses informations. Le fait est que Paradès se montre sur ce point irrécusable.

Puisque la lenteur crucifiante de l'armada nous en laisse le temps, racontons la fin de l'histoire du comte de Paradès. Il sera, l'année suivante, fourré à la Bastille. Trahison ? Double jeu ? A-t-il trafiqué ses fournitures ? Vous n'y êtes pas : c'est simplement qu'il n'est pas comte. Le fils d'un pâtissier de Phalsbourg nommé Richard. Il prétendra, pour sa défense, que feu le comte de Paradès, dernier du nom, « avait eu commerce avec sa mère » en passant par Phalsbourg. Peu importe : à la Bastille pour usurpation de noblesse ! Quelle pitié... Le meilleur agent que nous ayons eu depuis longtemps ! Tercier doit s'en retourner dans sa tombe, et Charles de Broglie s'en arracher les cheveux, lui qui mélangeait dans son service sang bleu et sang rouge sans même y songer. Pauvre France qui ne comprendra décidément jamais rien au renseignement... Hier, des gentilshommes en mesure de

et à notre époque !

prouver leurs quartiers de noblesse ; aujourd'hui, de braves officiers à l'œil pervenche et à l'intellect fait au carré comme un lit de caserne... Bien entendu, l'arrestation du faux comte déclenche l'hallali. « Cri général contre lui. » Croÿ, pour qui tout ce qu'il disait était parole d'évangile, se découvre une lucidité rétrospective : « J'avais jugé, dès que je sus qu'il faisait le seigneur et qu'il montait un grand état, qu'il allait se culbuter. » Un fils de pâtissier qui se prétend comte étant capable de tout, on a tôt fait de l'accuser de trahison. Pour le démontrer, « on arrêta bien du monde ». Vergennes doit monter au créneau pour calmer le jeu : oui, le faux Paradès est un impertinent ; non, il n'est ni un espion de l'Angleterre ni un agent double. Les confrontations échouent d'ailleurs à apporter le moindre début de preuve. Après un an de Bastille, il part pour Saint-Domingue où il meurt en 1786. Le lieutenant général de police Lenoir, qui avait eu à traiter son affaire, écrira que « l'homme avait infiniment de courage et d'esprit », qu' « il semblait né pour une autre destinée » et que « les projets et les entreprises du faux comte auraient pu avoir le plus grand succès ».

Pour l'heure, il arpente le pont de la *Bretagne* en pestant contre ces lambins d'officiers de marine.

Mais tout finit par arriver, même une flotte franco-espagnole, et, le 16 août, d'Orvilliers peut annoncer à Versailles qu'il mouille à dix milles de Plymouth. Paradès le supplie d'attaquer sans désemparer. Il affirme que le port est vide de voiles et que les défenses peuvent être enlevées par un corps de troupe dont il propose de prendre le commandement. D'Orvilliers lui rétorque que deux frégates envoyées en reconnaissance ont repéré dix vaisseaux de ligne ; mais les frégates se trompent. On attendra donc le vent favorable pour s'en prendre à l'île de Wight, conformément au plan. Le soir même, une frégate venue de Brest apporte un changement de programme. Versailles a décidé d'abandonner le plan Hamilton et d'appliquer un projet conçu par Aranda : une descente en Cornouailles.

La Cornouailles ! Ce bout du monde ! Des landes rocailleuses dépourvues du moindre intérêt stratégique ou économique. D'Orvilliers doit enlever Falmouth, un très mauvais port, et couvrir l'arrivée du corps expéditionnaire qui s'emparera de cette région désolée et y établira ses quartiers d'hiver. C'est accorder à l'adversaire tout le temps nécessaire pour rameuter ses flottes et organiser la campagne suivante. Et le tintouin imposé aux officiers de l'armée de terre ! Alors que tout était prêt pour l'opération Wight, il leur faut reprendre de zéro toutes leurs combinaisons. Quarante mille hommes à embarquer au lieu de vingt-six mille, huit mille chevaux au lieu de trois cents, les munitions doublées, les chalands de transport eux aussi doublés.

Pourquoi cette ahurissante décision de dernière minute ? Versailles croit que le trop long délai a permis aux Anglais de renforcer leurs défenses sur la côte méridionale. Rien de plus faux ! Londres reconnaîtra après la guerre que ses milices étaient bien incapables de s'opposer à un débarquement. Comme l'avait hurlé en vain Paradès, faux comte mais agent authentique, Plymouth, vide de troupes, se trouvait à la merci d'un régiment.

Au fait, l'île de Wight n'était-elle pas l'objectif principal, et non pas la côte sud de l'Angleterre ? Oui, mais Vergennes estime que sa conquête décevrait : « Ce serait nous borner à un coup de main trop inférieur à ce que l'Europe attend de l'appareil de nos moyens. » On dirait un entrepreneur de spectacles soucieux de ne point décevoir le public. Le 28 août, le duc du Châtelet écrit de Honfleur : « Il y a une chose claire au milieu de cette ambiguïté, c'est que le ministère n'a pas encore de projet déterminé… Nos ministres ont fait comme les gens faibles qui ne savent jamais désirer les choses qu'à demi au moment de l'exécution, et qui sont charmés de ne donner que des ordres conditionnels et embrouillés… Je vous jure qu'ils sont plus empêtrés que nous ne le serons [si la descente a lieu], car ils tiennent la queue de la poêle. Il est vrai qu'ils ne courent pas le risque d'y être frits ! »

Nous n'osons pas imaginer l'état d'esprit de Charles de Broglie.

Détail pittoresque : Aranda, auteur du plan Cornouailles, se trouve dans un tel discrédit auprès de sa cour que, pour faire accepter son projet par Madrid, Montmorin doit en attribuer la conception à des officiers français…

*
* *

L'apparition de la flotte-hôpital devant Plymouth déclenche cependant une réjouissante panique en Angleterre.

La population fuit la côte. Les prisonniers français détenus sur les pontons de Plymouth se mutinent et s'enfuient dans la campagne, ajoutant à l'affolement. George III a fait placer toutes les trois lieues, sur les routes conduisant à Londres, un cheval sellé pour recevoir sans délai la nouvelle du débarquement. La Bourse s'effondre. Beaumarchais, qui garde nombre d'informateurs à Londres, annonce à Vergennes qu'on parle de « faire capot », faute de numéraire ; à la mi-août, on débat dans les cafés londoniens sur le meilleur endroit où chercher refuge, et la lointaine Écosse attire bien du monde.

L'état-major anglais rallie vaille que vaille ses milices dépourvues d'entraînement et mal armées. Les bonnes troupes sont en Amérique.

Pour commander des vaisseaux qui devront se battre à un contre deux, le gouvernement a tiré de l'hôpital de Greenwich, qu'il dirige depuis huit ans, le sexagénaire amiral Hardy. Cela fait une quinzaine d'années qu'il n'a pas navigué lorsqu'il reçoit cet honneur très redoutable dans un pays qui traîne incontinent ses amiraux malheureux devant le conseil de guerre et les fait à l'occasion fusiller, tel Bing en 1757. Le vieil Hardy aura besoin de chance. Il possède en tout cas de l'humour. Lors de sa prise de commandement, il déclare à ses officiers : « Messieurs, il est vrai qu'on m'a tiré des invalides, et que depuis seize ou dix-sept ans que je suis, comme on dit, sous la remise, j'ai eu le temps d'oublier mon métier ; mais j'ai heureusement bonne mémoire et mon ancienne théorie me servira pour bien remplir mes devoirs envers mon Roi et mon pays. Les jours que je n'aurai pas la goutte, je ne doute pas que chacun de vous ne s'évertue à me soutenir, non seulement devant l'ennemi, mais aussi devant un conseil de guerre. »

Celui qui va passer en conseil de guerre, c'est le commandant de l'*Ardent*, un superbe soixante-quatre canons de la Royal Navy. Le brave homme, naviguant paisiblement pour rejoindre le gros de la flotte, et voyant deux frégates s'approcher de lui avec une escadre derrière elles, crut qu'il s'agissait des vaisseaux de Hardy : depuis quand avait-on vu des Français se promener dans la Manche comme si elle leur appartenait ? On l'a cueilli comme une fleur : il n'avait même pas ouvert les sabords protégeant ses canons. À son retour de captivité, ses juges le déclareront « incapable de servir le Roi parce qu'il avait pris une escadre de soixante-cinq vaisseaux pour une de trente-neuf ».

*
* *

Pour arranger le tout, la tempête. D'Orvilliers met à la cape. Poussée par le vent d'est, l'armada dérive jusqu'à l'entrée de la Manche, à soixante milles d'Ouessant. Le gros temps oblige à fermer les sabords des entreponts, avec pour conséquence une recrudescence des fièvres par manque d'aération. Les malades sont si nombreux qu'il devient difficile de manœuvrer. Trois mille matelots moribonds sur leurs grabats. Les morts se comptent par centaines. Le commandant de l'*Actif* annonce qu'il ne pourra plus mouiller sa grosse ancre : il serait incapable de la relever, faute d'hommes valides à mettre au cabestan.

Le 27 août, d'Orvilliers convoque les officiers généraux à bord de la *Bretagne* pour délibérer sur la conduite à tenir. Chacun doit donner son avis par écrit. À l'unanimité, l'état-major rejette la descente en Cornouailles : il est trop tard. En revanche, on pourrait tenter d'accrocher Hardy, signalé dans les parages des îles Sorlingues[1]. En tout état de cause, si le ravitaillement n'arrive pas, il faudra mettre le cap sur Brest le 8 septembre au plus tard.

Le 31 août, la flotte anglaise est en vue. Elle vogue vers l'ouest. Mais, dès qu'il aperçoit les voiles de l'armada, Hardy dégage au nord-est, vers ses bases. D'Orvilliers fait prendre la ligne de bataille et entame la chasse. Il ne gagne guère sur Hardy. Des officiers lui remontrent qu'il vaudrait mieux découpler sa meute : les vaisseaux les plus rapides accrocheraient l'escadre anglaise et la forceraient au combat. D'Orvilliers accepte. Mais la pagaille se met dans sa flotte. Les vaisseaux espagnols, plus lents, sont à la traîne. Il ordonne de reformer la ligne. La manœuvre fait perdre du temps. L'Anglais en profite pour s'esquiver. Il rentre en rade de Portsmouth le 3 septembre.

L'armada rallie Brest entre le 10 et le 14 septembre. Les vaisseaux français avaient quitté le port cent quatre jours plus tôt, leurs voiles gonflées par l'espérance. Sinistre retour... Le chevalier de Mautort en est frappé au cœur : « Nous vîmes rentrer

---

1. Appelées aussi îles Scilly.

valuevalue

l'armée combinée des flottes française et espagnole. Elle était composée de plus de cent vaisseaux de guerre. On ne peut pas se faire l'idée d'un coup d'œil plus majestueux, plus imposant. Mais on était douloureusement affecté en apprenant que notre seule escadre rapportait plus de huit mille malades. Le premier soin fut de les débarquer, et, en peu de temps, il en périt un grand nombre. Je voyais passer continuellement sous mes fenêtres les voitures couvertes qui portaient les morts en terre. »

Dès le départ, la lenteur espagnole avait compromis la campagne. Les timidités de d'Orvilliers et son affaissement moral après la mort de son fils ne pouvaient qu'aggraver les choses. La valse-hésitation de Versailles acheva de tout perdre. Longtemps les historiens incriminèrent Sartine. Leurs collègues spécialistes de la marine ont fait justice de ces accusations. Tous les ordres nécessaires partirent de Versailles ; tous ne furent pas exécutés par les bureaux de Brest. Au reste, la pénurie de vivres, d'ailleurs relative, ne joua qu'un rôle secondaire. D'Orvilliers ne la mentionne même pas parmi les causes de son échec. Quant à la maladie, qui tua plus de monde qu'une bataille navale, elle restait à l'époque difficilement maîtrisable. L'oseille cuite, grand remède contre le scorbut, figurait bien parmi les fournitures apportées par le convoi qui avait réussi à joindre d'Orvilliers. Hardy n'avait pas derrière lui deux mois de navigation et pouvait se ravitailler à sa convenance ; il débarqua pourtant plus de deux mille malades à Portsmouth.

Curieusement, de cet énorme gâchis, l'opinion publique française ne retint que ceci : les Anglais avaient tremblé dans leur culotte et leur flotte s'était piteusement dérobée. L'Angleterre ne pensa pas autrement, dont les marins éprouvaient un accablant sentiment d'humiliation. En voyant monter au mât de Hardy le signal ordonnant la retraite, l'amiral John Rockart Ross avait fait clouer les sabords de son carré : il ne voulait revoir le jour qu'arrivé au port. Un commandant de vaisseau jeta à la mer son livre de bord, car il refusait de « produire une pièce qui constatât un jour la fuite des Anglais devant les Français ».

Et Versailles fit chanter un *Te Deum* puisque d'Estaing avait pris la Grenade.

*
* *

Le comte d'Estaing s'était d'abord fait la main, le 16 juin, sur la petite île de Saint-Vincent, enlevée en une journée par quelques centaines d'hommes appuyés par deux frégates. Pas de quoi apaiser vraiment l'amertume qu'il gardait de sa campagne malheureuse de 1778 où, avait-il écrit à Sartine, il était allé « de chute en chute, et d'un malheur à l'autre ». Il avait passé des mois à ruminer son dépit, à se colleter avec l'insupportable gouverneur Bouillé et à voir grossir dangereusement la flotte adverse que l'amiral Byron portait à vingt-cinq vaisseaux de ligne. Aussi longtemps que le rapport de forces resterait aussi défavorable, il était coincé à Fort-Royal, dont les batteries ne le protégeaient pas des gausseries de ses officiers, Suffren en tête, qui supportaient mal de devoir servir sous un marin d'occasion. Il avait pu tenter le coup de Saint-Vincent parce que Byron avait quitté Sainte-Lucie pour escorter un gros convoi anglais en partance pour l'Angleterre.

Le 25 juin, neuf jours après cette prise de Saint-Vincent, La Motte-Piquet rallie la Martinique avec six vaisseaux de ligne accompagnant une soixantaine de transports. Exultant, d'Estaing écrit à Sartine : « Le convoi est arrivé. Ces quatre mots disent tout… L'armée du Roi rassemblée forme un spectacle nouveau pour l'Amérique. Ce chef-d'œuvre de votre ministère est un des événements qui l'éternisera [*sic*]. Nous sommes égaux aux Anglais. »

Sept des vaisseaux de commerce appartiennent à Beaumarchais. La Motte-Piquet a pris sous son aile la flotte de Roderigue, Hortalez et Cie, et incorporé à l'escadre son vaisseau amiral, le *Fier-Roderigue*, enfin armé en guerre.

Fort désormais de vingt-cinq vaisseaux, d'Estaing attaque la Grenade le 2 juillet. La garnison compte six cents hommes. Il en débarque deux mille et, l'épée à la main, les mène à l'assaut des retranchements anglais. Mauvais marin autant qu'on voudra, il a toujours démontré sur terre une valeur exceptionnelle. Dans sa troupe, Théodore de Lameth et le vicomte de Noailles, ravis d'avoir enfin l'occasion de marcher sur les traces de leur ami La Fayette. Un épisode enrichira les marchands d'estampes parisiens qui le reproduiront en maints exemplaires : d'Estaing et le comte de Vence sautent dans la tranchée anglaise, les canonniers se rendent, mais l'un d'eux braque son pistolet sur Vence quand un soldat nommé Houradour l'assomme d'un coup de mandrin ; d'Estaing serre Houradour dans ses bras : « Tu as sauvé mon ami, je te fais officier ! »

Le 6 juillet, vingt-deux voiles en vue. C'est Byron, revenu dare-dare après avoir appris l'affaire de Saint-Vincent. Le gouverneur de la Grenade lui a fait savoir qu'il était attaqué à son tour, mais qu'il se pensait en mesure de tenir jusqu'à son arrivée. Les vingt-quatre vaisseaux français cafouillent leur appareillage. Byron manœuvre pour les prendre au piège, et, croyant les forts de l'île toujours aux mains des siens, s'approche à portée de canon. La salve qu'il essuie l'oblige à rompre sa ligne. Une mêlée furieuse s'engage. La Motte-Piquet, une cuisse brisée par un boulet, commande le feu couché sur un matelas. Son *Hannibal* a soixante morts et cent blessés. Le *Fantasque* de Suffren tire à lui seul plus de mille cinq cents boulets. Après deux heures de combat, Byron rompt et s'enfuit, laissant à la traîne quatre vaisseaux désemparés. À la rage de ses officiers, d'Estaing refuse de découpler ses frégates, qui pourraient les choper sans difficulté. Quelle occasion manquée ! Suffren éructe : « Si d'Estaing avait été aussi marin que brave, nous n'aurions pas laissé échapper quatre vaisseaux démâtés. » Mais bon, personne ne pourra nier que la marine française a gagné la première vraie bataille navale de la guerre.

Beaumarchais reçut de d'Estaing ce billet qui le mit au comble de la joie : « Je n'ai, Monsieur, que le temps de vous écrire que le *Fier-Roderigue* a bien tenu son poste en ligne et a contribué au succès des armes du Roi. Vous me pardonnerez d'autant plus de l'avoir employé aussi bien que vos intérêts n'en souffriront pas, soyez-en certain. Le brave M. de Montaut [le capitaine] a malheureusement été tué. J'adresserai très incessamment l'état des grâces au ministre et j'espère que vous m'aiderez à solliciter celles que votre Marine a très justement méritées. » D'Estaing s'entend mieux à manier les hommes que les voiles. « Votre Marine... » Beaumarchais écrit à Sartine une lettre exultante, mais bien un peu désinvolte à l'endroit de feu son capitaine : « Le brave Montaut a cru ne pouvoir mieux faire, pour me prouver qu'il n'était pas indigne du poste dont on l'honorait, que de se faire tuer, quoi qu'il puisse en résulter pour mes affaires. Mon pauvre ami Montaut est mort au lit d'honneur et je ressens une joie d'enfant d'être certain que ces Anglais, qui m'ont tant déchiré dans leurs papiers depuis quatre ans, y liront qu'un de mes vaisseaux a contribué à leur enlever la plus fertile de leurs possessions. »

L'année avait bien commencé pour lui avec un message de gratitude du Congrès, enfin éclairé sur les machinations d'Arthur Lee. Son président, John Jay, lui avait écrit : « Le Congrès des États-Unis de l'Amérique, reconnaissant des grands efforts que vous avez faits en leur faveur, vous présente ses remerciements... Les sentiments généreux et les vues étendues qui seuls pouvaient dicter une conduite telle que la vôtre font bien l'éloge de vos actions et l'ornement de votre caractère. Pendant que, par vos rares talents, vous vous rendiez utile à votre Prince, vous avez gagné l'estime de cette république naissante et mérité les applaudissements du Nouveau Monde. » Le Congrès ne se contentait pas de payer les services rendus avec des mots émus : il commençait de rembourser la moitié de sa dette — par lettres de change, il est vrai, et échelonnées sur trois ans... Mais, quand on est Beaumarchais, les applaudissements du Nouveau Monde donnent la patience d'attendre. Et l'on ne serait plus Beaumarchais si une année si glorieuse ne se terminait par un scandale retentissant...

Le cabinet britannique avait inspiré un mémoire imputant la responsabilité de la guerre à la France, accusée d'avoir violé le traité de Paris. Le fait n'était pas niable, mais, comme le mémoire se répandait à travers l'Europe, Vergennes chargea Beaumarchais de le réfuter. Emporté par sa fougue, il plaça dans sa réplique cette phrase : « J'ai vu renaître mon courage quand j'ai pensé que ma patrie serait vengée de l'abaissement auquel on l'avait soumise en fixant par le traité de 1763 le petit nombre de vaisseaux qu'on daignait encore lui souffrir. » Le traité ne spécifiait rien de tel, mais la rumeur en courait dans le public, et Beaumarchais l'avait d'ailleurs déjà reprise dans l'un de ses nombreux mémoires à Louis XVI. Cette fois, la gaffe est publique. Choiseul blêmit sous l'outrage. Comment aurait-il pu consentir à pareille indignité ? N'est-ce pas insulter la mémoire de Louis XV que de donner à croire qu'il se serait abaissé à une telle humiliation ? Louis XVI fait supprimer la brochure de Beaumarchais. Mais le parti choiseuliste dirige son offensive sur Vergennes, accusé d'avoir tenu la main au polémiste. Le tapage est si violent que Beaumarchais envisage la fin de sa « carrière française », voire de sa « carrière humaine ». Quant à Vergennes, fort ébranlé par l'affaire, il adresse à Louis XVI l'une de ces épîtres entortillées dont il a le secret : « Quand l'âme est douloureusement affectée, l'esprit ne peut conserver la liberté et l'activité nécessaires pour suffire à un travail assidu. Mon âme, Sire, est en proie à une profonde tristesse, etc. » Bref, il offre sa démission. Le roi la refuse, mais l'incident crée entre Beaumarchais et Vergennes un froid définitif.

Pour d'Estaing non plus, l'automne 1779 ne tint pas les promesses de l'été. Une expédition afin de dégager Savannah, en Géorgie, occupée par les Anglais qui ont choisi de frapper les États du Sud. Il part avec vingt-deux vaisseaux, neuf frégates, trois mille cinq cents soldats et des troupes de marine. Il s'accorde une semaine pour contraindre à la reddition la petite armée anglaise du général Prevost. Mais une tempête qu'il a voulu étaler au mouillage, contrairement à toutes les règles, endommage son escadre et oblige à de longues réparations. Sur terre, son élément d'élection, il n'est pas plus heureux. La coordination avec les Américains s'opère mal. D'Estaing avait accordé une trêve à Prevost. Celui-ci en profite pour se renforcer de troupes venues de positions que les miliciens auraient dû bloquer. Il dispose désormais de forces équivalant à peu près à celles de son adversaire, avec l'avantage de se battre derrière des retranchements. Après un mois de siège, d'Estaing, toujours intrépide, décide de donner l'assaut. C'est un sanglant échec. Lui-même est sérieusement blessé. Il doit lever le siège et rentrer en France en laissant derrière lui des Américains furieux d'avoir été, une fois de plus, laissés en plan. D'Estaing les avait beaucoup irrités en sommant Prevost de se rendre au nom du roi de France. Paris fit l'impasse sur Savannah et accueillit triomphalement le vainqueur de la Grenade appuyé sur deux béquilles.

Dans cet assaut inutile périt Casimir Pulawski, rescapé de tant de combats contre les troupes russes. Il mourait à des milliers de lieues de son pays, mais il aurait pu dire, comme son compatriote Joseph Sulkowski, qui se battra sous les couleurs françaises tout au long de la Révolution : « La Pologne est partout où l'on défend la liberté[1]. »

---

1. Le pont Pulaski — c'est l'orthographe américaine —, jeté sur Newton Creek, entre Queens et Brooklyn, commémore, entre autres monuments, la mémoire du Polonais. Il est bien connu des coureurs de fond car il marque la mi-parcours du marathon de New York. On le franchit dans l'allégresse d'avoir accompli la

*
* *

C'est fini, elle n'aura jamais lieu, cette descente imaginée par Durand, préparée par La Rozière, planifiée avec tant d'ardeur par le comte de Broglie et son équipe. Les données indiquent que, conduite selon leurs directives, elle avait toutes chances de réussir. Le champion de l'équilibre ne l'a pas voulu.

Les réactions européennes au cours de cet été crucial pouvaient justifier Vergennes. Le 30 juillet, le chevalier de Metternich écrivit de Berlin à un correspondant français : « On ne conçoit pas ici que vous songiez sérieusement à faire une descente en Angleterre, mais, s'il vous en prenait tout de bon l'envie, il n'y a pas lieu de douter que plusieurs puissances, qui ont le plus grand intérêt à s'opposer à votre agrandissement, ne formassent des obstacles à l'exécution d'un pareil projet. Vous seriez trop redoutables si votre monarque devenait par hasard roi de France et de Grande-Bretagne. » Breteuil manda de Vienne le 12 septembre : « Il est du bon ton de s'épancher en témoignages du zèle le plus ardent pour la cause anglaise et en déclamations également exagérées sur tout ce que présente de dangereux pour la Maison d'Autriche la supériorité très prochaine de la Maison de Bourbon. » À Saint-Pétersbourg, notre ambassadeur Corberon intercepta une lettre de son collègue britannique demandant au prince Potemkine l'intervention russe pour prévenir « les maux dont l'Europe est menacée si l'on permet à la Maison de Bourbon de poursuivre une guerre qui, si elle réussit, changera entièrement la face des affaires de cette partie du monde ».

Rien de plus normal. L'Europe ne pouvait que grincer des dents en voyant la France quitter le second rang pour occuper la place prééminente à laquelle elle devait prétendre par sa richesse et sa nombreuse population. Mais quoi ! Catherine est loin, Frédéric est vieux, et aussi longtemps que Marie-Thérèse régnera à

---

moitié de l'épreuve, et avec l'appréhension d'aborder bientôt la fameuse barre des trente kilomètres, à partir de laquelle le corps, jusqu'alors partenaire complice, devient un adversaire sournois méditant de méchants tours. Et l'on ne manque pas d'avoir une pensée pour le valeureux Casimir.

Vienne une rupture de l'alliance franco-autrichienne n'est pas envisageable. La lamentable non-guerre que venaient de se livrer Frédéric et le César Joseph, outre qu'elle ne formait pas un préalable favorable à une union sacrée entre eux, ne laissait pas présager une marche triomphale des aigles prussiennes et autrichiennes sur Paris.

L'Europe rassemblée contre l'hégémonie française ? C'eût été à la rigueur concevable si ce que ressassaient les cafés parisiens, les salons viennois et la caserne berlinoise n'avait pas été purs fantasmes. Mais Charles de Broglie était trop intelligent pour vouloir faire Louis XV ou son successeur « roi de France et de Grande-Bretagne ». Il n'ambitionnait pas pour lui-même ni pour qui que ce fût d'autre le titre de « vice-roi d'Angleterre », et n'envisageait point de propulser son ami Sartine à la tête de l'Amirauté britannique. On ne recommencerait pas Guillaume le Conquérant. Ce que Broglie entendait briser, c'était l'instrument de l'impérialisme britannique : sa marine de combat. Ses flottes vaincues ou dispersées, ses chantiers navals détruits, la Grande-Bretagne se serait vue resserrée dans ses îles et renvoyée au destin modeste que lui méritait une population peu nombreuse.

Cet objectif-là ne pouvait déplaire à personne. La dictature exercée par Londres sur toutes les mers du globe entretenait une indignation unanime. Aucune loi internationale n'arrêtait la morgue de la Royal Navy. En période d'hostilités, la règle permettait de saisir sur les vaisseaux neutres le matériel de guerre à destination de l'ennemi. Les Anglais avaient une définition si extensive de ce matériel qu'ils arraisonnaient les bâtiments chargés de bois au prétexte que celui-ci pouvait servir à façonner des mâts ; d'où un préjudice considérable pour la Russie et les pays scandinaves. En fait, qu'elle fût de nature militaire ou non, ils saisissaient sans autre forme de procès toute marchandise destinée à un port considéré par eux comme hostile. Sachant la colère suscitée par cette tyrannie, et reprenant d'ailleurs une idée lancée par Charles de Broglie quatorze ans plus tôt (face « au despotisme de la marine anglaise ainsi qu'à l'avidité et au brigandage de ses corsaires [...], quoi de plus facile que de rendre odieux un ascendant aussi contraire à l'équilibre que toutes les puissances maritimes doivent désirer de rétablir ? »), Vergennes, très intelligemment, avait proposé dès juillet 1778 un règlement international accordant la franchise aux marchandises chargées sur des vaisseaux neutres. L'initiative aboutira en

1780 à la formation de la Ligue des Neutres, sous l'égide de Catherine de Russie, et ce coup infiniment sensible porté à l'Angleterre se traduira même par l'entrée en guerre contre elle de la Hollande, son alliée traditionnelle.

L'Europe aurait-elle bougé si la France, la descente opérée, avait proclamé son seul et unique but de guerre : la destruction d'un impérialisme maritime odieux à toutes les nations ?

Le 23 juillet 1815, le *Bellerophon*, l'un de ces vaisseaux anglais qui ont fui devant d'Orvilliers, appareille de Rochefort avec Napoléon captif à son bord. Il met le cap sur l'île de Wight, un temps objectif de la descente, où l'attend l'escadre de Keith, avec pour vaisseau amiral cette *Ville-de-Paris* qui avait été l'orgueil de la flotte française.

Folie des sages ! Vergennes professait que « la politique doit s'arrêter où l'horizon la borne ; elle s'égare lorsqu'elle va au-delà ». Son horizon lui collait au nez.

S'il avait été un peu plus fou — un peu plus sage —, Waterloo aurait-il eu lieu ?

XXVIII

Cet été 1779 rempli d'événements vit se consommer le suicide politique du comte de Broglie.

La lamentable affaire avait commencé un an plus tôt, quand Charles vivait la douleur de se voir séparé de son frère. Il savait l'hostilité de Maurepas à son endroit. Il crut que l'abbé Georgel avait attisé ces mauvais sentiments. L'homme lige du cardinal de Rohan, son exécuteur des basses œuvres, s'était incrusté chez le Mentor. Mercy-Argenteau, qui le tenait à l'œil sur ordre de Marie-Thérèse, avertie par une extraordinaire prescience que Rohan pouvait faire le malheur de sa fille, informe l'impératrice-reine, le 17 juillet 1778, que Georgel, « que je crois un des plus dangereux intrigants qui existent [...] s'est interné chez le comte de Maurepas et a de fréquents entretiens avec ce ministre dans son cabinet ». Accusé par Marie-Thérèse de fabriquer de fausses lettres, Georgel ne jouissait pas d'une meilleure réputation auprès de son gendre : « Une particularité bien remarquable, poursuit Mercy, et que la Reine a daigné me confier, c'est que le Roi lui a parlé, il y a peu de jours, de cet abbé Georgel dans les termes de la plus grande indignation, en disant qu'il désirerait bien que cet ecclésiastique fût chassé de la cour. »

Charles de Broglie dépêche auprès du jésuite, en mission de bons offices, trois de ses relations : Dangevillers, notre vieille connaissance Favier et Guibert, qui, bon garçon à son ordinaire, trouvait là une occasion de marquer à ses anciens protecteurs une fidélité compromise par les querelles sur la tactique. Georgel les connaissait tous les trois et entretenait avec eux des relations cordiales. Ils lui remontrèrent l'injustice faite au comte, l'affront infligé au maréchal, la sottise préjudiciable au succès des armes du roi qu'on commettait en séparant un duo qui avait donné maintes preuves de son efficacité en campagne. Georgel répliqua que des lettres écrites par les deux frères à un abbé Jarlat, résidant en Normandie, justifiaient la décision. L'abbé Jarlat était l'ancien précepteur du fils aîné du maréchal. Selon Georgel, Victor-François de Broglie avait confié que, en dépit d'une sympathie très mesurée pour le ministre Montbarey, il était décidé à bien s'entendre avec lui comme avec Maurepas. Charles de Broglie, au contraire, avait écrit avec la fougue qu'on lui connaissait que son frère devait profiter de sa nomination pour prendre la haute main sur l'ensemble des affaires militaires. Une arrogance susceptible de semer la zizanie dans le gouvernement exigeait l'éloignement du perturbateur. Mais le jésuite avait-il lu ces lettres ? Il se borna à répondre aux émissaires avec un sourire finaud : « Tout se sait à la cour. » Il commit cependant une faute en indiquant avoir eu avec Maurepas des conversations sur les frères Broglie avant même que la nomination du maréchal fût officielle. C'était imputer au Mentor la frivolité de confier des affaires d'État à un plat intrigant qui n'avait nullement à en connaître.

Sur la base du rapport de ses trois envoyés, Charles envoya au roi un mémoire s'étonnant qu'un Georgel tînt de Maurepas les raisons qui l'avaient écarté de la place de maréchal-général des logis de l'armée. Louis XVI passa le mémoire à son Mentor, auquel Charles demanda audience. C'était un coup de parti, comme on disait à l'époque. Fâché de s'être mis dans un mauvais cas, le vieux Maurepas pouvait battre en retraite et revenir sur son ostracisme. Mais ce que notre comte ignorait, c'est que le roi lui-même, chauffé à blanc par la faction acharnée à la perte des Broglie, en était à traiter son frère de « mauvais citoyen ». Aussi le ministre resta-t-il impavide. Glacial, il déclara à son visiteur que les raisons évoquées par Georgel ne venaient pas de lui, mais d'un sieur de Limon qui en avait fait la confidence à l'abbé.

Broglie écrivit aussitôt en Normandie, où résidait Limon. Celui-ci répondit qu'il n'avait vu aucune lettre. L'abbé Jarlat l'avait simplement assuré que le maréchal de Broglie témoignerait la plus parfaite déférence au ministre de la Guerre. Il s'était borné à le répéter à l'abbé Georgel.

Fort de ce témoignage, Broglie somma le jésuite de lui révéler ses sources, faute de quoi il le poursuivrait au criminel pour calomnie. Georgel sollicita un rendez-vous. « L'entrevue eut lieu, écrit-il dans ses Mémoires, et fut très vive de la part du comte dont l'agitation était extrême ; ses yeux étincelants de colère ne m'en imposèrent pas ; je fus calme et je parlai avec fermeté. » Tout calme et ferme qu'il fût, le jésuite proposa de signer une déclaration capitularde. Charles la reçut dès le lendemain, 23 juin. Georgel reconnaissait « n'avoir jamais ni vu ni lu ni eu ni communiqué ni porté à quiconque de prétendues lettres ou copies de lettres de M. le maréchal de Broglie à M. Jarlat, ni de prétendues réponses ou copies de réponses de M. le comte de Broglie à M. le maréchal de Broglie sur la manière dont ils devaient se concerter pour tirer des circonstances le plus grand parti possible ». Et il affirmait solennellement : « Jamais je n'ai rien dit ni rien fait qui pût démentir les sentiments de respect et de considération dus à MM. de Broglie. »

C'est ici qu'il fallait mettre le point final à l'affaire. Elle n'avait d'autre justification que la possibilité, un moment entrevue, de contraindre Maurepas à lever son opposition en le compromettant avec un Georgel. La tentative manquée, à quoi bon perdre son temps avec le très misérable personnage du jésuite ?

Charles se trouve dans l'état d'esprit que nous lui avons connu à plusieurs reprises : bafoué, traité de manière inique, et furieux de l'être. En l'occurrence, l'injustice était d'autant plus forte qu'il n'avait rien fait pour se la mériter et qu'une médiocre intrigue de cour aboutissait, au moment où l'on envisageait une descente en Angleterre, à écarter celui qui se consacrait depuis si longtemps à la préparer. Ainsi l'injure personnelle se doublait-elle du sentiment justifié que ses ennemis sacrifiaient à leur vindicte les intérêts les plus essentiels de l'État. Sa vie provisoirement en panne, il est livré au tracassin déraisonnable qui le dévore dans ces moments-là, comme s'il retournait contre lui-même, dans une volte-face autodestructrice, la formidable énergie qui l'habite.

La position de Georgel était fragile. Les propos qu'il avait tenus aux émissaires de Broglie, en particulier à Favier et à Guibert, étaient en contradiction flagrante avec les affirmations de l'abbé Jarlat et de Limon selon lesquelles ni l'un ni l'autre n'avaient eu connaissance de lettres quelconques des frères Broglie.

Charles demande une consultation écrite à trois avocats éminents, dont Target — la « veuve Target », qui a évidemment repris du service depuis le retour du Parlement [1]. Les savants

---

1. Cf. *Le Secret du Roi*, tome 2, p. 461.

juristes opinent que « de tous les délits qui troublent l'harmonie de la société, il n'en est point de plus pernicieux, de plus punissable par conséquent, que la calomnie ». Ils constatent que les Romains ne pensaient pas autrement et citent un arrêt du parlement de Bordeaux, en date du 5 février 1734, condamnant des calomniateurs à faire amende honorable, nu-tête, à genoux et les fers aux pieds (Ah ! tenir le Georgel dans cette posture...), et leur infligeant deux mille livres de dommages et intérêts et vingt livres d'amende. Le délit est-il en l'espèce constitué ? Sans aucun doute. Le calomnié peut donc porter plainte auprès d'un commissaire du Châtelet. Et la consultation de se conclure par cette phrase vigoureuse : « Le comte de Broglie doit trouver des vengeurs partout où il trouvera des juges. »

*
* *

S'il décida de se lancer dans cette piètre aventure, ce ne fut pas faute de judicieux conseils. Son frère le supplia en vain d'oublier le jésuite dont le roi lui-même avait pris la peine de lui confier dans quel mépris il le tenait. Ses amis lui répétèrent qu'il faisait une folie dont il se mordrait les doigts. Dès lors qu'on en connaissait les acteurs, le procès ne relevait-il pas de la farce ? Quand la plainte de Charles affirmait gravement que le maréchal n'avait jamais entretenu que « des sentiments de reconnaissance, de confiance intime, de paix et union avec les ministres », comment ne pas se souvenir du fameux dîner offert par Montbarey et auquel Victor-François s'était abstenu de se présenter avec une désinvolture qui avait scandalisé Versailles ? Il n'était pas besoin d'appartenir au sérail pour deviner quels sentiments devaient nourrir les deux frères à l'égard de ministres tels que Maurepas ou Montbarey, de même que la réputation de Georgel était assez établie pour que chacun sût que ce fidèle serviteur de la maison de Rohan, ennemie de celle de Broglie, avait recouru à ses procédés habituels pour accomplir sa besogne. Target, troublé par le scepticisme de l'entourage de son client, lui conseilla d'arrêter les frais. Élie de Beaumont, autre étoile du barreau, fut du même avis. Charles s'obstina. « Il me faut une victime, répétait-il, et je la trouve. »

Sur plainte du comte de Broglie, Georgel reçut donc du Châtelet un décret d'assignation pour être entendu. Au terme de ses interrogatoires, il risquait un décret d'ajournement personnel, qu'on peut comparer, en plus grave, à notre actuelle mise en examen. Bien conseillé, le jésuite interjeta appel du décret d'assignation devant le Parlement. C'était un quitte ou double. Portée sur la grande scène judiciaire, l'affaire atteignait l'opinion publique, touchait au politique, et le verdict aurait un retentissement incomparable avec celui d'un jugement rendu par les obscurs magistrats du Châtelet. À l'issue du duel, l'un des deux adversaires resterait sur le carreau. Il paraît (mais c'est la version du jésuite) que Charles de Broglie regretta alors d'avoir mis le doigt dans l'engrenage. L'audace de Georgel attestait en tout cas qu'il avait Maurepas derrière lui.

Soucieux de ne point compromettre la carrière de son frère, Charles avait pris une précaution qui affaiblissait beaucoup son dossier : sa plainte précisait que Maurepas n'avait pas fait part au roi des calomnies de Georgel. L'influent ministre restait de la sorte à l'écart de l'affaire. Mais comment éviter alors que se posât cette question : où était le préjudice subi ? Si le plaignant lui-même admettait que le dossier se résumait aux bavardages inconséquents d'un abbé de cour, à quoi bon encombrer le tribunal le plus prestigieux du royaume avec des propos, rumeurs ou insinuations comme il s'en colportait à longueur de temps dans les couloirs de Versailles ? Le métier de courtisan ne consistait-il pas à médire des ministres et à se débiner les uns les autres ? Si Georgel devait être condamné, la cour tout entière méritait de s'asseoir sur la sellette.

On rédigea des mémoires, que le public s'arracha. Georgel choisit d'attaquer Broglie sur le Secret. Il le présenta comme un homme louche occupé toute sa vie à ourdir de sombres machinations. Charles, atteint au plus sensible, se résigna à demander au duc de Guines, son beau-frère, d'intervenir auprès de Marie-Antoinette. Sur les instances de sa femme, dont on se souvient qu'elle détestait Rohan, Louis XVI donna un billet de sa main attestant que « le comte de Broglie, honoré de la confiance du feu Roi, s'était toujours comporté en agent fidèle et non en intrigant ». Guines fit la tournée des juges du Parlement en les assurant que la reine, bien loin d'éprouver pour Broglie l'antipathie que la cour lui prêtait, prenait un intérêt tout particulier à sa cause.

Après une année de procédure, l'affaire vient devant le Parlement en juillet 1779. La presse ne manque pas de s'étonner de sa futilité. Les *Mémoires secrets*, gazette fort lue à Paris, écrivaient : « L'affaire est peu considérable en elle-même ; c'est un vrai commérage, une pure tracasserie : mais l'importance du personnage [Broglie] et sa turbulence l'ont rendu grave, intéressante ou du moins curieuse. » À Londres où il s'est établi après avoir été radié du barreau, le fameux Linguet renchérit : « On plaide avec appareil, avec une gravité renforcée, s'il est permis de le dire, la cause la plus étrange, la plus dénuée de fondement peut-être, qui ait jamais été portée devant des juges. »

Un cas, ce Linguet ! Bourré de talent, mais amer, sarcastique, bilieux, cognant sur tout un chacun avec une verve assassine, de sorte qu'il avait fini par faire l'unanimité contre lui. Coïncidence : les Broglie avaient été l'occasion de sa chute. Il plaidait pour la comtesse de Béthune contre sa sœur, la maréchale de Broglie, à propos de l'héritage paternel. Avec la célèbre douceur broglienne, Victor-François l'avait apostrophé en plein Palais avant l'audience : « Monsieur Linguet, songez à faire parler Mme de Béthune comme elle doit parler et non comme M. Linguet se donne quelquefois les airs de le faire. Autrement, vous aurez affaire à moi. Entendez-vous, monsieur Linguet ? » Est-il besoin de dire que les enceintes de justice retentissent rarement de pareilles intimidations ? Linguet s'était tiré de l'algarade avec élégance : « Monseigneur, le Français a depuis longtemps appris de vous à ne pas craindre son ennemi. » La maréchale avait pour avocat un certain Gerbier. Celui-ci, qu'un contentieux féroce opposait à Linguet, refusa de plaider contre lui et se désista. Étrangement, l'ordre des avocats demanda à Linguet de renoncer de son côté à défendre la comtesse de Béthune. Il persista. Les magistrats, qui le haïssaient, refusèrent d'appeler l'affaire à l'audience — attitude que rien ne pouvait justifier. Exaspéré, Linguet brûla ses vaisseaux et se répandit en invectives propices à sa radiation. Réfugié à Londres, il occupa son temps à rédiger les *Annales politiques*, périodique très répandu en France et qui donnait bien du souci à Vergennes, tête de Turc favorite de l'avocat radié. Tout en jugeant le procès Broglie-Georgel dérisoire, Linguet va lui consacrer vingt-six pages de commentaires, d'ailleurs brillants et pertinents.

C'est que l'affaire passionne Paris. Elle se plaide dans le moment où d'Orvilliers fait voile vers l'île Sisargas, tel un galant s'en allant prier sa cavalière au bal. On ne sait rien du sort de son escadre. On voit le vent ployer les arbres et la pluie noyer le paysage. Un procès futile offre le meilleur dérivatif à la tension nerveuse. Et ce procès risque de dévoiler à la ville les dessous de la cour : les ministres y sont nommés et deux grandes familles s'y affrontent par plaideurs interposés. Le public assiège la salle d'audience où trônent les hôtes de marque : haute noblesse et ambassadeurs ; le cardinal de Rohan assistera, installé au premier rang, à chacune des huit audiences (huit !) consacrées à l'affaire, pour bien marquer la protection qu'il accorde à sa créature.

Target et Élie de Beaumont ayant refusé de l'assister, Charles avait choisi le jeune Tronson du Coudray, élève de Target, frère de l'insupportable officier qui avait causé tant de tracas à Beaumarchais et aux généraux américains avant d'avoir l'esprit de se noyer. Guillaume Tronson du Coudray deviendra le courageux avocat de Marie-Antoinette et des Girondins dans des procès où il n'aura, à la vérité, guère l'occasion de déployer son éloquence, tant le rôle de la défense sera alors réduit à la portion congrue. Il fut ici aussi mauvais qu'un avocat peut l'être quand il ne croit pas à la cause qu'il soutient.

Il commença par une niaiserie en insistant lourdement, malgré les huées du public, sur l'ancienne appartenance de Georgel à la Société de Jésus. C'était confondre les bœufs-tigres avec les hyènes, animaux qui ont du goût pour les cadavres pourrissants. Le Parlement, vainqueur des jésuites au terme d'une lutte longue et implacable, ne pouvait trouver le moindre intérêt à s'acharner sur le rescapé d'une société détruite quinze ans plus tôt. Bonnières, avocat de Georgel, se montra plus habile en campant son client en pauvre roturier persécuté par un puissant seigneur. Confident d'un prélat millionnaire et familier des salons de Versailles, le bougre faisait assurément une pittoresque victime de la grande noblesse ! Jamais sourds aux sirènes de la démagogie, les magistrats ne pouvaient qu'y céder dans la circonstance avec facilité, puisque le puissant seigneur se trouvait, de notoriété publique, dans la plus noire disgrâce, de sorte qu'ils ajoutaient au plaisir de flatter le populaire le soulagement de ne point s'en prendre à un personnage en posture de leur nuire.

Bonnières fut également excellent dans sa démolition des témoins de l'accusation, Favier et Guibert. Tous deux n'avaient rencontré Georgel que dans l'espoir de désarmer son hostilité envers le comte de Broglie, voire de le convaincre de plaider sa cause auprès de Maurepas. Une démarche banale comme il s'en faisait à la cour dix fois par jour. Mais une démarche impossible à expliciter devant les quarante-deux juges du procès (quarante-deux !). Aussi Bonnières eut-il beau jeu de stigmatiser le « rôle infâme » de Favier et de Guibert, venus en espions chez Georgel « pour sonder ses dispositions et en tirer des aveux défavorables à sa cause dans une conversation insidieuse de leur part ». Les malheureux furent si rudement étrillés qu'ils envisagèrent de demander satisfaction à l'avocat.

Tronson du Coudray prononça la première partie de sa plaidoirie le 23 juillet. Elle fut jugée exécrable. « Un détail minutieux de commérage de société », écrivit le chroniqueur judiciaire des *Mémoires secrets*. On bâillait d'ennui. La seconde partie, prononcée le 30, reçut meilleur accueil. Les contradictions entre les déclarations successives de Georgel étaient relevées et soulignées.

À l'audience du 13 août, Bonnières balaya avec talent l'argumentation de son confrère. Jugeant l'exposé de Du Coudray trop confus, il s'offrit le luxe de reprendre la plainte à son compte, exposa les griefs avec clarté, puis les réfuta brillamment l'un après l'autre. Il demanda l'acquittement, annonçant qu'il ne se satisferait pas pour son « client persécuté » d'une simple mise hors de cour.

L'avocat général Séguier prit la parole le lendemain, 14 août. Il fit preuve d'une démagogie somptueuse, étendant la main protectrice de la justice sur la veuve, l'orphelin et le roturier. « Dans les tribunaux, s'exclama-t-il, tous les hommes doivent être égaux et le crédit ni les circonstances ne doivent jamais influer sur la balance de la justice. » Cet impératif moral l'obligeait à voler au secours du malheureux jésuite. Par sa violence, le réquisitoire surprit même un Linguet, pourtant prévenu contre les Broglie. « Il y a quelques principes de toute vérité, comme celui-là, écrivit-il, qu'il ne faudrait pas pourtant développer si haut : le public malin, en les entendant ainsi énoncer, est excusable de se rappeler plutôt la facilité avec laquelle on les viole, que le scrupule avec lequel on devrait les observer. Je félicite M. l'abbé Georgel d'être arrivé dans le moment du scrupule. » Quant à la duchesse de Choiseul, aussi peu suspecte de favoriser un Broglie, elle écrivit à Mme du Deffand : « L'avocat général a rapporté avec une véhémence, une animosité et une partialité scandaleuses : il s'est fait, dit-on, l'avocat particulier de l'abbé Georgel. »

Détail qui serre le cœur : Charles de Broglie assistait à l'audience dans une lanterne, entouré de sa femme et de ses cinq enfants. Fallait-il qu'il fût assuré de son triomphe ! Il y a chez cet homme une candeur qui étonne. Rompu aux affaires, apte aux combinaisons politiques et diplomatiques les plus complexes, vétéran du renseignement, qui n'est pas exactement une école de naïveté, il témoigne, pour tout ce qui le concerne, d'une incorrigible ingénuité : courtisan pitoyable d'inefficacité, scandalisé quand ses ennemis se comportent en ennemis, toujours persuadé que l'équité finira par l'emporter... Lui qui avait été si souvent abandonné par le trône, sans doute se croyait-il invincible grâce au billet du roi et à l'appui proclamé de la reine. Mais, au premier rang du public : Rohan, auquel le Parlement accordera bientôt un acquittement retentissant qui équivaudra pour la reine à la pire des condamnations ; et, derrière Georgel, l'ombre protectrice de Maurepas, l'homme à qui les parlementaires devaient essentiellement leur rappel. Il n'avait aucune chance.

Verdict écrasant, rendu à l'unanimité. Georgel acquitté. Les mémoires du comte de Broglie déclarés calomnieux et supprimés. Condamnation à vingt livres de dommages-intérêts et à tous les dépens. Permission à Georgel de faire imprimer et afficher l'arrêt aux frais de son adversaire. Encore le comte échappait-il de justesse à l'humiliation d'une injonction à se montrer plus circonspect à l'avenir : l'avis, ouvert par le doyen du Parlement, Pasquier, l'assassin de Lally-Tollendal, recueillait déjà les suffrages quand un conseiller, Lefèvre d'Anécourt, fit observer qu'il en résulterait une tache sur le nom de Broglie et que le maréchal n'avait pas mérité cela.

L'arrêt fut applaudi à tout rompre par l'assistance.

S'infligeant à lui-même la mesure d'exil qu'il avait subie deux fois de par la volonté du roi, Charles de Broglie décida de renoncer à la vie publique et de se retirer sur sa terre de Ruffec.

XXIX

En 1780, Sartine part et Montbarey saute.

Un mot sur Sartine, mêlé depuis si longtemps à notre histoire. La campagne de l'été précédent avait affaibli sa position. Les initiés, tel Véri, savaient que la déception ne lui était pas imputable. Vergennes, entêté à se lier avec l'Espagne, avait imposé l'opération combinée, avec les catastrophiques retards qui s'en étaient suivis. Mais la flotte avait été décimée par le scorbut, et même si Sartine pouvait se justifier à son niveau d'une accusation de carence, le fait demeurait que l'intendance n'avait pas suivi : un ministre non obéi est coupable. Ce fut cependant la finance qui entraîna sa chute. La marine était un gouffre. Pressé par l'urgence, coincé par le refus de nouveaux crédits, Sartine tira pour quatorze millions de lettres de change à l'insu de Necker. Le procédé peut paraître raide. Il était en vérité assez classique. Choiseul, en son temps, y avait recouru plus d'une fois. Mais les contrôleurs généraux des finances étaient alors des personnages falots, bien incapables de tenir la dragée haute au ministre prépondérant. D'une tout autre envergure, Necker ne laissa pas passer l'occasion d'étendre son emprise sur le gouvernement en se débarrassant d'un collègue avec lequel il s'entendait mal. Il poussa les hauts cris en découvrant le pot aux roses et offrit sa démission. Louis XVI estimait Sartine. Mais comment se priver de l'homme miracle qui faisait surgir l'argent comme par un coup de baguette magique ? Il écrivit à Maurepas, malade de la goutte : « Renverrons-nous Necker ? Renverrons-nous Sartine ? Je ne suis pas mécontent de celui-ci. Je crois que Necker nous est plus utile. » Sartine apprit son renvoi par une lettre d'une bienveillance rare : « Les circonstances actuelles me forcent, Monsieur, de vous retirer le portefeuille de la Marine, mais non mes bontés sur lesquelles vous pouvez compter, vous et vos enfants, dans toutes les circonstances. » Il reçut deux cent mille livres pour payer ses dettes, car il avait pioché dans la fortune de sa femme pour subvenir aux besoins de son ministère, et une pension de cinquante mille livres excédant largement les vingt mille attribuées d'habitude aux anciens secrétaires d'État. Toutes pensions confondues, il jouirait d'un revenu de quatre-vingt mille livres lui assurant une confortable retraite. Il partit en laissant le souvenir d'un homme intègre qui, mis dans un emploi auquel rien ne le destinait, avait su ressusciter la marine française. On parlera encore de lui pour divers ministères, mais, quoique à peine quinquagénaire, il estimait avoir beaucoup vécu. Il se retira dans son château de Nogent-Villers, près de Creil, s'employa à régler ses dettes — cinq cent mille livres — et jouit sereinement des joies familiales dont il avait été longtemps privé. Il mourra le 7 septembre 1801, exilé en Espagne, après avoir eu la douleur d'apprendre l'exécution de son fils unique sur l'échafaud révolutionnaire où ce garçon charmant, mari très amoureux d'une Amélie un peu légère, n'avait vraiment que faire ; au pied de la guillotine, il chanta en souriant à son Amélie, condamnée avec lui, un refrain d'opéra : « La mort même est une faveur puisque le tombeau nous rassemble… »

Le prince de Montbarey excédait par son incompétence, sa sotte gloriole et son avidité, défauts qui n'ont jamais empêché d'être ministre. Il fut renvoyé à cause de sa maîtresse, la Renard, surnommée « Buisson ardent » parce qu'elle était rousse et pour d'autres raisons. On a dit la place prise par la demoiselle dans les bureaux de la Guerre où elle dispensait contre écus sonnants promotions et mutations avantageuses. Corrompue, elle était aussi malhonnête. Un officier s'indigna hautement de n'avoir point reçu la croix de Saint-Louis pour laquelle il lui avait versé cinquante mille livres. Cela créa un malaise. Puis la Renard fit donner à son propre frère le grade de capitaine et une place que la reine avait promise à l'un de ses protégés. La faute n'était plus pardonnable, et Montbarey remit sa démission. Cet homme indigne quittait le pouvoir couvert de dignités et fortune faite, ce qui offrait bien des consolations. Quant au « Buisson ardent », il continua d'enflammer les galants, dont le fils Sartine avant sa rencontre avec Amélie.

On admettra que nos Broglie avaient quelque excuse de ne point toujours témoigner aux ministres la déférence due à leur fonction.

*
* *

La grande affaire de l'année 1780, c'est l'envoi d'un corps expéditionnaire en Amérique.

Vergennes y songeait depuis des mois. N'était-ce pas la solution idéale pour frapper l'Angleterre sans alarmer l'Europe ? Dès juillet 1779, évoquant pour Montmorin l'échec possible de la tentative de descente, il concluait : « C'est ailleurs que j'estimerais que les grands coups doivent être portés. » Puis, le 21 septembre, devant les réactions européennes : « On nous redoutera moins lorsque nous nous contenterons de couper les bras de notre ennemie que lorsque nous voudrons lui percer le cœur. »

Six mille hommes quittent Brest le 12 mai 1780. Gilbert de La Fayette s'était porté candidat à leur commandement. Il y possédait assurément des titres, mais n'avait que vingt-deux ans. On lui préféra Rochambeau, officier austère et uniquement préoccupé de son métier. Le marquis ne pouvait contester un choix conforme aux critères qu'il avait définis à partir de sa propre expérience : « Il nous faut des officiers qui sachent s'ennuyer, vivre de peu, se refuser tous les airs et particulièrement le ton vif et tranchant, se passer pour un an des plaisirs, des femmes et des lettres de Paris. »

Innombrables sont ceux qui eussent accepté volontiers de se faire quakers pour avoir la chance de courir l'aventure américaine. Lauzun, « l'un de ces hommes en qui finissait un monde », écrit Chateaubriand. C'est qu'il connaît alors le terme de l'histoire, tandis que Lauzun et les autres croyaient vivre un commencement. « Pour nous, jeune noblesse française, se souvient Ségur, sans regret pour le passé, sans inquiétude pour l'avenir, nous marchions gaiement sur un tapis de fleurs qui nous cachait un abîme. » Quoi de plus enthousiasmant que de jouir des douceurs de l'Ancien Régime tout en se battant pour le Nouveau Monde ? Privilégié de ce côté-ci, combattant de la liberté de l'autre. Le privilège justifié par le service d'une noble cause ? Même pas. La générosité emporte tout. On le verra bien le 4 Août. Élan inouï d'une génération vers l'avenir ! Le cœur de vieux bourgeois racorni de Sainte-Beuve en frémira d'émotion rétrospective. La Fayette, Lauzun, les Ségur, les Lameth, les Broglie — les fils —, « ils étaient, écrira-t-il, ce que Fontanes appelait les princes de la jeunesse. C'est toujours une belle chose d'avoir vingt ans ; mais c'est chose doublement belle et heureuse de les avoir eus au matin d'un règne, au commencement d'une époque, de se trouver du même âge que son temps, de grandir avec lui, de sentir harmonie et accord dans ce qui nous entoure. Avoir vingt ans en 1774 ! On avait là devant soi quinze années à courir d'une vive, éblouissante et fabuleuse jeunesse... » L'échafaud au bout de la course ? Eh oui. Mais on aura beau dire, quinze ans de bonheur, c'est toujours bon à prendre.

Rarement une génération aura été à ce point différente de celle qui la précédait, et nulle part le fossé — le ravin ! le précipice ! — n'est plus évident que dans la famille du maréchal de Broglie. Lui, monarchiste jusqu'au bout des ongles, imbu de principes immuables, réfractaire à l'évolution des idées et des mœurs. La maréchale, dévote comme on n'ose plus l'être et fouillant consciencieusement les chambres de ses belles-filles pour vérifier qu'elles ne lisent pas de mauvais livres. Le fils aîné, Louis-Victor, regimbe sous la férule paternelle. Même le physique les sépare : au contraire du père, minuscule, anguleux, le regard toujours un peu furibond, le fils bénéficie d'une taille moyenne et a l'œil tendre, ombragé de longs cils, avec dans la silhouette une nonchalance dandy bien éloignée du maintien pète-sec du maréchal. Un voisin des Broglie écrit précisément en 1780 : « Si ce prince marche jamais à l'aide du bâton de ses pères, j'ai de mauvaises lunettes. » Il vient d'épouser Sophie de Rosen, seize ans, arrière-petite-fille d'un maréchal de France, ravissante et fort bien dotée.

On n'avait jamais vu un Broglie manquer le rendez-vous du champ de bataille. La famille fournit son contingent à cette guerre-ci comme aux précédentes : deux fils du maréchal, Louis-Victor et le prince de Revel, et leurs quatre cousins Lameth, dont trois servent en Amérique. La comtesse de Lameth, leur mère, sœur de Victor-François et de Charles, fit rire la cour en répondant à Marie-Antoinette, qui la félicitait d'avoir trois garçons outre-Atlantique : « Votre Majesté croit-elle donc que mes enfants sont comme le vin de Bordeaux qui a besoin d'être ballotté sur la mer pour devenir meilleur ? » Elle pouvait se permettre ces saillies avec une reine à qui elle avait promis d'indiquer le « moyen infaillible » de fabriquer un garçon.

Aucun enfant de Charles dans la vaillante cohorte, pour cette simple raison que sa femme et lui avaient débuté par trois filles et que leur premier fils, Joseph, était encore dans son adolescence.

Théodore de Lameth avait apporté à Paris la nouvelle de la prise de la Grenade, à laquelle il avait brillamment participé. Louis-Victor s'embarque sur la *Gloire*, une frégate de trente-deux canons, avec son cousin Alexandre de Lameth, le duc de Lauzun, le comte de Ségur et le baron de Vioménil que nous avons vu combattre avec distinction aux côtés des patriotes polonais [1]. À la hauteur des Bermudes, la *Gloire* est attaquée par un vaisseau anglais de soixante-quatorze canons. Elle soutient une lutte inégale jusqu'à l'arrivée d'une autre frégate, l'*Aigle*, qui navigue de conserve. On se battit trois heures durant à portée de pistolet. Le vaisseau anglais prit enfin la fuite avec plus de cent cinquante cadavres à son bord, et si endommagé qu'il coula peu après. Ségur commente : « Le prince de Broglie parut, par son intrépidité, digne de son père. On ne pouvait rien voir de plus remarquable que le sang-froid, la bravoure et la gaieté calme d'Alexandre de Lameth. » Le prince de Revel, deuxième fils du maréchal, participe à la conquête de Minorque et a l'honneur de rapporter à Versailles les drapeaux pris à l'ennemi, ce qui lui vaut la traditionnelle promotion. Tout sec qu'il fût, Victor-François dut avoir un retour ému sur son passé et se revoir galopant à francs étriers à travers l'Italie et la France pour annoncer à Versailles la victoire sanglante mais complète de Guastalla où il avait servi sous les ordres de son propre père [2]. Louis XV l'avait fait colonel à seize ans. Un demi-siècle avait passé depuis Guastalla, mais les fils reprenaient le flambeau.

Notre histoire est celle des pères. Il faut conclure, non sans avoir pris, hélas, quelques congés.

*
* *

---

1. Cf. *Le Secret du Roi*, tome 2, p. 350.
2. Cf. *Le Secret du Roi*, tome 1, p. 60.

Le lecteur ne peut avoir oublié Louis de Plélo, cet ambassadeur de France à Copenhague qui, jeune, brillant, amoureux fou de sa femme, la quitta pour se mettre à la tête de la troupe misérable dépêchée par Versailles pour secourir le roi Stanislas assiégé dans Dantzig, et se fit tuer sur le retranchement russe afin de laver dans son sang l'honneur de la France[1].

Johann Kalb eut une mort à la Plélo.

Depuis trois ans qu'il servait en Amérique, ses lettres à sa femme débordaient autant de tendresses pour elle que de récriminations contre les autres. Il se plaignait de tout et de tous, et même de Charles de Broglie qui ne répondait plus au flot de rapports qu'il continuait fidèlement de lui envoyer. Las d'une guerre dont on ne voyait pas l'issue, il ambitionnait de succéder à Gérard, ministre plénipotentiaire de France auprès du Congrès, dont la mauvaise santé donnait des inquiétudes. « Il y a bien longtemps et bien souvent, écrivait-il à sa femme le 10 juin 1779, que j'en ai parlé dans mes lettres à M. le comte de Broglie... J'ai regretté mille fois de n'avoir pas fait comme M. de Valfort et autres qui s'en sont retournés. Si mon séjour ici ne produisait pas l'effet que j'ai lieu d'en attendre, mes regrets augmenteraient considérablement. Ne penses-tu pas que le retour de M. de Mauroy et autres ait donné du froid à M. le comte de Broglie pour mes intérêts ou que, depuis, il ne les prend pas avec autant de chaleur que j'avais lieu de m'en flatter ? M. Dubois-Martin pourrait te le dire et redresser son esprit sur cela. Je n'ai point eu de leurs nouvelles depuis le 26 avril 1778. Il semble que je suis, sinon entièrement oublié, du moins négligé. » Il ne se trompait pas : Mauroy, furieux de le voir engagé par le Congrès alors que lui-même devait faire son bagage pour la France, avait déblatéré sur son compte auprès de Broglie, le dépeignant comme un arriviste soucieux de ses seuls intérêts, de sorte que Charles avait pu en déduire que Kalb s'était un peu trop aisément résigné à abandonner le grand projet du stathoudérat. Toujours est-il qu'il ne lui écrivait plus. C'est la première fois en plus de trente ans que nous le voyons ne pas se dévouer pour l'un de ses fidèles. Sans doute lui coûtait-il

---

1. Cf. *Le Secret du Roi*, tome 1, p. 63 *sq.*

d'avouer que sa disgrâce personnelle le rendait plus nuisible qu'utile à ses protégés. Kalb voulait être promu maréchal de camp ou recevoir le grand cordon de l'ordre du Mérite : la demoiselle Renard était mieux placée que Broglie pour les obtenir de Montbarey. L'ambition de devenir ministre plénipotentiaire auprès d'un Congrès complexe, déchiré entre factions hostiles, n'était pas raisonnable de la part d'un homme dépourvu de toute expérience diplomatique. Quant aux grâces en argent que Kalb réclamait inlassablement, la situation des finances publiques ne laissait pas le moindre espoir d'y satisfaire. S'il aspirait tant à succéder à Gérard, c'est que le traitement de ministre l'emportait de beaucoup sur une solde de général de l'armée américaine. Le Congrès avait promis de lui donner des terres, mais il restait sceptique : que pourraient bien valoir quelques dizaines de milliers d'arpents en Amérique ?

En 1780, la division qu'il commandait fut envoyée dans le Sud où les Anglais faisaient des ravages. Une marche de deux cents lieues à travers une région infestée d'ennemis et pillée par eux. Comme les chariots manquaient, on portait armes, équipement et approvisionnements à dos d'homme. Faute de chevaux, il fallut abandonner la moitié des canons de la division.

Le Congrès avait nommé Gates commandant de l'armée du Sud. Kalb l'avait rencontré au moment où l'on projetait l'attaque du Canada. Il ne l'aimait pas. Un homme dur, borné, et un mauvais général.

L'armée était épuisée par la dysenterie et les fièvres récoltées au passage des marais.

L'Anglais Cornwallis avait pris Charlestown. Un autre corps de troupes, commandé par lord Rowdon, opérait dans la région. Kalb proposa de recourir à la guérilla où excellait une milice américaine encore peu familiarisée avec la bataille rangée. En dépit de la maladie qui mettait hors de combat la moitié de ses hommes, Gates décida d'attaquer Charlestown.

Le premier contact fut établi avec les troupes de Rowdon. Kalb insista pour un engagement immédiat afin de liquider Rowdon avant sa jonction avec Cornwallis, qui arrivait de Charlestown. Gates hésita, perdit du temps, de sorte que la jonction s'opéra. La veille de la bataille, qui fut donnée à Camden le 15 août 1781, il fit distribuer aux troupes une viande et une mélasse avariées qui causèrent de terribles diarrhées. Rien de plus préjudiciable à la bravoure militaire.

Au premier choc, la milice se débanda, victime de sa fatale répugnance à la baïonnette. Gates s'enfuit à cheval jusqu'à Charlotte, à soixante milles de là. Les brigades du Maryland et du Delaware, qui encadraient la milice, montrèrent un héroïsme rare. Chargeant elles-mêmes baïonnette au bout du fusil, elles firent un instant plier les Anglais. Mais l'infériorité numérique ne laissait aucun espoir de succès.

Kalb avait eu son cheval tué sous lui. Le front ouvert par un coup de sabre, il se fit panser et reprit le combat, refusant de donner l'ordre du repli. Où cette folle vaillance trouvait-elle donc sa source ? Plélo s'était fait tuer pour l'honneur du nom français. Johann Kalb, Allemand passé au service de la France, puis des États-Unis, n'avait, de ce point de vue, rien à prouver, même si ses allégeances diverses le tarabustaient pour la question des grâces : « Si l'on objecte que je suis officier américain, continue à dire que je suis officier français avant tout, sujet du Roi, que mes possessions et ma famille sont en France. Si on remarque que je suis allemand, recommande d'observer que je suis depuis longtemps un vrai Français. » Sous le feu ennemi, il n'était plus question de grades ni de grand cordon, et c'est un homme dépouillé de la part de comédie qui ordonnait sans relâche de repartir à l'assaut. Peut-être voulait-il simplement démontrer, après tant de gâchis et de veulerie, comment meurt un soldat de métier. Comme Plélo, il était en tout cas dans ce moment lumineux où la mort devient l'unique évidence, la seule façon de vivre.

Il finit par tomber, atteint de trois balles, transpercé par sept coups de baïonnette. Charles-François du Buysson, son aide de camp, lui-même les deux bras cassés, se jeta sur son corps pour le protéger. On l'écarta. Les soldats anglais adossaient le blessé à un chariot pour le dépouiller quand survint Cornwallis qui fit appeler un chirurgien.

La prodigieuse résistance physique de Kalb lui infligea une agonie de deux jours. Avant de mourir, il demanda à du Buysson de transmettre ses « félicitations affectueuses » à ses « vaillants soldats ». Cornwallis lui fit rendre les honneurs militaires. Il est inhumé dans le temple protestant de Camden. Sur la place, un obélisque perpétue son souvenir. Le Congrès vota l'érection d'une statue qui se trouve à Annapolis. Neuf villes ou villages des États-Unis portent son nom, ainsi que six comtés de cinq États, une avenue et une station du métro de New York. Cela vaut bien un grand cordon de l'ordre du Mérite.

La Fayette écrivit au comte de Broglie : « Le pauvre baron de Kalb a été glorieusement tué à la défaite du général Gates dans le Sud. Le cher du Buysson s'y est conduit avec une bravoure brillante et en a rapporté trois coups de fusil. »

Un adieu.

XXX

Le comte de Broglie mourut le 16 août 1781 à l'âge de soixante-deux ans.

Il ne finit pas, comme tant d'autres, rongé par l'amertume de la disgrâce, ni cloîtré chez lui pour y ruminer l'affront infligé par le Parlement au terme de son ridicule procès, mais dans l'exaltation d'une nouvelle entreprise, et à cause d'elle. Une fois de plus, l'extraordinaire bonhomme avait rebondi.

Quatorze ans plus tôt, il s'était préoccupé, avec La Rozière, du port de Rochefort, voisin de Ruffec, menacé d'envasement et dépourvu de défenses sérieuses[1]. Les travaux indispensables avaient été accomplis. Mais la région restait affligée d'une épouvantable calamité : les fièvres dispensées par les marécages qui la recouvraient ; aussi comptait-elle parmi les plus désolées du royaume. L'infection se propageait loin et causait tant de morts qu'on s'était résigné, depuis le début de la guerre, à évacuer les garnisons de Rochefort et de La Rochelle pendant l'été, saison la plus dangereuse, pour les installer dans des « camps de salubrité ». Le problème n'était pas nouveau. Des plans d'assainissement avaient été proposés, puis abandonnés. Le fameux Mesmer y était allé de son projet, sans plus de résultat que les autres. La Saintonge continuait de grelotter de fièvre et d'ensevelir ses morts emportés par les miasmes méphitiques.

Charles de Broglie décida d'éradiquer le mal en asséchant les marais. Inentamé par les épreuves, inapte au découragement, il

---

1. Cf. *Le Secret du Roi*, tome 2, p. 175.

apporta à l'opération autant d'enthousiasme et d'énergie qu'à la cause polonaise ou américaine. La province avait pour commandant son vieil ami le marquis de Voyer. Ils firent équipe. Tandis que Voyer mobilisait ses gens, Broglie obtenait l'accord des marquis de Ségur et de Castries, qui avaient succédé à Sartine et à Montbarey. Les deux amis effectuaient aussi des relèvements sur le terrain.

Les *Mémoires secrets* publièrent la lettre d'un correspondant de Saint-Jean-d'Angély : « Après avoir passé un jour à faire manœuvrer les troupes, tous deux se sont embarqués dans un canot pour suivre le cours des rivières de Boutonne et de Charente jusqu'à Rochefort ; ils ont passé onze heures dans cette navigation pendant une chaleur excessive ; ils ont fait les observations les plus importantes : c'est là où M. le comte de Broglie a pris le germe de la mort. Le lendemain de son arrivé à Rochefort, il est tombé malade. On a essayé de lui persuader de partir sans délai, mais, emporté par son ardeur, il a voulu continuer son travail : il est tombé dans l'affaissement, et on l'a conduit trop tard dans notre abbaye où il est mort la nuit du 16 au 17, en présence de M. le comte Joseph, son fils aîné, et de la comtesse de Broglie.

« Le 18, on a fait ses funérailles avec toute la pompe possible. M. le marquis de Voyer avait ordonné le cortège, et M. le comte de La Tour du Pin, maréchal de camp employé, a fait le deuil. »

Le correspondant ne cachait point que le défunt avait été un voisin incommode et procédurier, « mais on estimait ses talents, et comme il périt en quelque sorte victime du bien public, il a été regretté dans la province du grand nombre des habitants, indifférents à ses querelles ».

Le mois suivant, les *Mémoires secrets* publieraient la lettre d'un autre correspondant, cette fois de La Rochelle : « Nous sommes d'autant plus fâchés ici de la mort du comte de Broglie qu'il avait proposé et fait agréer le dessèchement des marais pestiférés de la Boutonne et des environs de Rochefort à MM. les marquis de Ségur et de Castries, et que l'activité, l'opiniâtreté, le crédit de cet officier général nous étaient nécessaires pour la réussite du projet. Il a laissé beaucoup de mémoires et d'observations sur une infinité de matières intéressantes pour l'État et pour le public, car aucune ne lui était étrangère. »

Charles de Broglie fut inhumé entre les deux clochers de l'église alors en construction, et jamais achevée, de l'abbaye de Saint-Jean-d'Angély. Sous la Révolution, sa tombe fut profanée, comme beaucoup d'autres, afin de récupérer le plomb de son cercueil et d'en fondre les balles nécessaires aux armées, de sorte que, *volens nolens*, il fut par-delà la mort encore utile à la patrie.

*
* *

À deux mois près, il aurait appris la décisive victoire de Yorktown, qui eût réjoui son cœur.

On avait enfin réussi la manœuvre stratégique régulièrement manquée les années précédentes : une flotte française — celle de De Grasse — pour bloquer toute échappatoire par la mer, et une concentration terrestre alliée capable de surclasser l'ennemi. Lord Cornwallis, après avoir longtemps cru attraper La Fayette (« *The boy cannot escape me* ») qui se jouait avec habileté de troupes quatre fois plus nombreuses que les siennes, s'était retrouvé avec huit mille soldats bloqué dans Yorktown par les forces réunies de Washington, de Rochambeau et de l'insaisissable *boy*. Le 14 octobre, les redoutes anglaises étaient enlevées à la baïonnette, et Charles de Lameth recevait deux graves blessures en escaladant le premier le rempart. Le 19, Cornwallis faisait sa reddition. « La pièce est jouée, monsieur le comte, écrivit La Fayette à Maurepas, et le cinquième acte vient de finir. » Il avait raison : le ressort britannique brisé, la guerre était terminée et l'avenir s'ouvrait aux États-Unis d'Amérique. Le destin de la nouvelle puissance s'était joué entre quelques milliers d'hommes. Comme le dira La Fayette à Napoléon : « Ce furent les plus grands intérêts de l'univers décidés par des rencontres de patrouilles. »

Mort deux mois avant Yorktown, et en dépit de la déception de la descente manquée, Charles de Broglie avait pourtant dû penser que la revanche était en bonne voie. C'était le sentiment général. Les humiliations de la guerre de Sept Ans restaient si brûlantes que le seul fait que la France tînt tête à l'Angleterre et allât jusqu'à la narguer devant ses côtes remplissait les cœurs patriotes d'une joie étonnée. « Même si les succès de la guerre présente ne sont pas tout ce que nous devrions attendre de nos efforts, notait dans son journal, à la veille de la reddition de Cornwallis, le marquis de Bombelles, ancien du Secret, on ne

voit point notre marine fuir de partout ; partout elle soutient
l'honneur du pavillon ; on ne voit point nos places de commerce
ruinées ; plusieurs sont dans l'état le plus florissant ; on ne voit
point nos colonies envahies ; elles se sont accrues. »

« Les années 1780-1781 sont la gloire de la France, écrira
Michelet. Elle y était la *grande nation*. » Puisse Charles de Broglie l'avoir ressenti !

*
* *

Nous ne dresserons pas ici l'épitaphe d'un homme que nous
accompagnons depuis plus d'un demi-siècle. Nous ne referons
pas le compte de ses grands défauts et de ses immenses qualités.
Nous savons qu'il est passé à côté d'un destin. Il en avait l'étoffe.
Dumouriez, qui ne fut jamais de ses fidèles, reconnut en lui « un
véritable homme d'État » et écrivit que « quatre ou cinq hommes
de la trempe du comte de Broglie auraient sauvé la France ». On
ne lui en donna pas l'occasion. Bombelles, agent mais non intime,
le déplorait au lendemain de sa mort : « Son caractère trop prononcé ne pouvait plaire aux courtisans et à des ministres sans
mérites et sans vues. Ministre lui-même du feu Roi pour une correspondance clandestine, il l'eût rendue bien avantageuse si la faiblesse du souverain lui eût permis de profiter des aperçus et des
plans d'un sujet éclairé et, presque toujours, capable d'exécuter ce
qu'il proposait. Depuis l'avènement de Louis XVI à la couronne,
on a eu soin de tenir le comte de Broglie à l'écart des emplois et
des moyens de faire connaître au Roi sa valeur. »

Son malheur fut d'exister sous des monarques qui n'étaient pas
dignes d'être servis par lui.

Une vie ratée, sans aucun doute. Mais ce qu'on appelle une vie
réussie, c'est souvent tellement niais.

Nous l'aimons pour bien des raisons, et surtout pour celle-ci :
même si la politique d'État, le jeu diplomatique et l'ambition
personnelle entraient naturellement dans ses raisons, son cœur a
toujours battu, de la Pologne à l'Amérique, en faveur de la
liberté des peuples.

Si ce livre a été écrit, c'est aussi pour que nous soyons nombreux à lui dire un adieu.

ÉPILOGUE

Le 27 juin 1789, le maréchal de Broglie reçut ce billet rédigé la veille par Louis XVI : « J'ai besoin auprès de moi, Monsieur le Maréchal, de quelqu'un de la fidélité duquel je sois sûr et qui sache commander mes troupes. Je ne vous dissimulerai pas que la situation est assez critique, mais je compte sur votre zèle et votre attachement pour moi. Je vous prie de venir directement à Versailles le plus tôt que vous pourrez. »

Après bien des tergiversations, le roi venait d'accepter le fait accompli de la constitution des états généraux en Assemblée nationale et avait ordonné à tous les députés de la noblesse et du clergé d'y siéger. Paris bouillonnait. Le régiment des gardes-françaises, pilier du maintien de l'ordre, fraternisait avec la population.

Le maréchal avait soixante-douze ans. La mort de son frère l'avait profondément affecté. Sans bien saisir les événements, il les jugeait choquants. L'appel du roi ne le surprit pas : son fils aîné, Louis-Victor, et deux de ses neveux Lameth, tous trois membres de l'Assemblée nationale, l'avaient averti que le prince de Condé, son rival depuis un quart de siècle, s'employait à le fourrer dans un guêpier. Il leur répondit : « Quand bien même les renseignements que vous me transmettez sur la politique du prince de Condé seraient vrais, je serais obligé d'obéir si c'est la volonté du Roi… Je désirerais vivement ne pas recevoir les ordres que vous m'annoncez, mais l'obéissance au Roi étant une loi que j'ai respectée toute ma vie, s'ils émanent de Sa Majesté, c'est mon devoir d'obéir. » Ainsi le « mauvais citoyen » de 1778 quitta-t-il son château de Broglie pour voler au secours du trône en péril.

Besenval, qui ne l'aimait pas et à qui il prenait son commandement, écrit : « Si le maréchal n'était pas absolument propre à des circonstances délicates, son nom, sa réputation, la confiance que les troupes avaient en lui, la vénération qu'elles avaient pour sa personne, devaient naturellement en imposer, et tenir le militaire dans le devoir. »

À son arrivée à Versailles, il reçut le commandement des vingt-cinq mille hommes rameutés autour de la ville. Le 13 juillet, il était nommé ministre de la Guerre. Tout le monde le trouva inférieur à sa tâche : les uns parce que la moindre démonstration de force leur semblait jeter de l'huile sur le feu ; les autres parce que seule une intervention vigoureuse, voire implacable, leur paraissait en mesure d'éteindre l'incendie. Le roi balançait entre les deux partis et ne décidait rien. Le maréchal lui-même voyait autant d'inconvénients à l'action qu'à l'inaction. C'était, pour le vieux soldat, un cas de figure déroutant que d'avoir à affronter des Français. Il proposa au roi de le conduire à Metz, entouré de troupes sûres, afin d'échapper à la pression de la rue parisienne. Longtemps les fidèles de la monarchie regretteront que Louis XVI n'ait point suivi le conseil. Mais Broglie, plongé dans le chaudron d'une révolution naissante, en avait pris assez de lucidité pour comprendre que Metz ne réglerait pas tout. Le 14 février 1792, après Varennes, Louis XVI confiera à Fersen, qui le notera dans son journal, que l'occasion avait été manquée en juillet 1789 : « Il fallait s'en aller et je le voulais ; mais comment faire quand Monsieur lui-même me priait de ne pas partir, et que le maréchal de Broglie, qui commandait, me répondait : "Oui, nous pouvons aller à Metz, mais que ferons-nous quand nous y serons ?" » À cette question très judicieuse, un avenir proche allait apporter à Broglie quelques éléments de réponse.

Il démissionna le 15 juillet, au lendemain de la prise de la Bastille, et l'on rit à Versailles comme à Paris de celui qui avait été ministre trente-six heures, quarante-cinq minutes et vingt-cinq secondes. Le roi, confus de l'avoir laissé sans directives fermes, lui décerna le brevet de maréchal-général de France, dignité qui n'avait pas été accordée depuis Turenne et Maurice de Saxe. Le maréchal prit la route de Metz. À Verdun, la population assiégea l'évêché, où il était descendu, et menaça d'y mettre le feu. Il se réfugia à la citadelle, sous la protection de hussards et de Suisses, et s'en échappa le lendemain matin par une porte dérobée. À Metz, ce fut bien pis. Avertie de son arrivée, une petite foule se porta à sa rencontre et le menaça d'être pendu haut et court s'il prétendait entrer dans la ville. Quatorze ans plus tôt, lors du rétablissement du parlement, les Messins enthousiastes l'appelaient « Génie tutélaire de la France et Bienfaiteur magnanime de la chère patrie », « Héros chrétien, Héros militaire, Héros citoyen » ; ils le traitaient maintenant de « lâche courtisan, monstre dénaturé, citoyen pernicieux, infâme avorton de l'honneur et de la gloire, pirate abominable nouveau Nabuchodonosor », sous prétexte qu'il aurait caressé le rêve de passer huit cent mille Parisiens au fil de l'épée. On vit alors ce que personne n'avait encore vu : face à la foule hurlant sa haine, le maréchal de Broglie baissa la tête et pleura. Il s'en retourna à Verdun. Dans les premiers jours d'août, il fuyait au Luxembourg et entamait la longue et lugubre carrière de l'émigration.

Sa douleur s'exaspérait du grand rôle que jouaient à la Constituante son fils aîné et ses neveux Lameth. C'était pour lui trahison pure et simple. Louis-Victor, élu président de l'Assemblée, le défendit avec une éloquence généreuse lorsqu'on voulut lui retirer son bâton de maréchal en sanction de sa désertion, puis écrivit à son « très cher père » une lettre qui fut publiée. Après des protestations d'amour filial, il se justifiait : « J'ai cru qu'il fallait une Constitution et, croyez-moi, monsieur le maréchal, la révolution est faite irrévocablement. Si les ennemis triomphent, ils auront à s'entourer de trop de ruines, trop de sang rougirait leurs armes, et les tombes de trop de victimes se refermeraient sur les vainqueurs. Tout annonce que le Roi sanctionnera.

« Ne consumez donc plus, ô mon Père, l'hiver d'une vie glorieuse sur une terre étrangère, revenez dans votre patrie, rendez-moi mon père, ma famille ; je vous rendrai un fils qui ne veut pas se repentir, mais qui veut et doit vous aimer. Vous verrez que la Nation a été calomniée, qu'elle est encore digne de posséder vos vertus et vos talents ; elle oubliera une passagère résistance à sa régénération et vous paiera sans effort le tribut qu'elle doit au long et solide éclat de votre vie. »

À cette touchante supplique, le père répondit :

« J'ai balancé, Monsieur, à vous répondre. Le silence d'un mépris dont j'ai la conscience chargée, et qui ne peut échapper à la vôtre, vous en dit assez ; mais je veux bien vous laisser lire plus franchement dans mon cœur. Votre lettre est ce qu'elle devait être. Je ne reconnais aucun des principes que vous y consacrez. Lorsqu'il est question de vous, j'éloigne le passé de ma mémoire ; vos prédictions ne sont pas pour moi l'avenir, et de quelque voile qu'il soit enveloppé, vous ne serez jamais pour moi le frère de mes enfants, vous ne serez jamais mon fils. Vous voulez me toucher au nom de la gloire ; vous devez en être un mauvais juge, et j'ai besoin d'un peu d'éclat pour me faire pardonner votre existence. »

*
* *

Coblence, cette page sinistre.

Tant de familles de notre histoire qui conservent pieusement dans leurs archives les diplômes de décorations étrangères décernées pour avoir « pris un drapeau français », ou autre fait d'armes du même genre... Auguste de Broglie, petit-fils du maréchal, tué à Austerlitz, mais du mauvais côté et sous la livrée russe. Octave, son frère, blessé grièvement à Friedland, mais du mauvais côté et sous la livrée russe, et qui recevra après Borodino la distinction de l'Épée d'or pour son entrain à tuer des Français. Charles, autre petit-fils, tué à Culm, en Bohême, mais du mauvais côté et sous la livrée russe. Joseph, fils aîné de notre comte de Broglie, fusillé à Auray, le 2 août 1795, à trente ans, après l'équipée de Quiberon ; un garçon frivole, grand duelliste, que le maréchal, son tuteur, avait rudement tancé quand il avait voulu épouser une protestante. Et Ferdinand, son cadet, qui endosse à son tour l'uniforme russe ! Il n'est pas bien de faire parler les morts, mais nous ne pouvons nous empêcher de voir le père se retourner dans sa tombe profanée, lui dont la russophobie militante n'avait cessé qu'avec sa vie...

Le maréchal, nommé d'abord chef militaire des émigrés, puis tenu à l'écart par des princes qu'il n'estimait pas trop, se mura au fil des années dans l'irréductible refus d'une époque qu'il ne comprenait plus. Fut-il remué, à l'instar de toute la France, quand Napoléon eut déclaré, après avoir écrasé l'armée prussienne, « que la bataille d'Iéna a lavé l'affront de Rosbach », et fait abattre le monument érigé par les Prussiens pour commémorer leur victoire sur Soubise ? Rosbach, défaite aujourd'hui oubliée, mais qui avait marqué au fer rouge toute une génération, Rosbach où celui qui n'était pas encore le maréchal de Broglie s'était distingué en préservant la cavalerie française de la déroute… S'il y eut émotion, elle fut brève et ne l'empêcha pas de repousser du pied, au contraire du marquis de Ségur, son vieux compagnon d'armes, l'appel de Napoléon transmis par Lebrun : « Le vainqueur de Bergen ne doit pas hésiter à rentrer dans sa patrie qu'il a si glorieusement servie, sous le gouvernement de l'homme qui a relevé les statues de Turenne et de Condé. »

Années de chagrin, de misère matérielle, d'humiliation aussi : un maréchal de France contraint de se carapater sans cesse devant les foudroyantes campagnes des armées françaises…[1]

Il s'éteignit à Münster, en 1804, âgé de quatre-vingt-six ans.

Louis-Victor, le fils renié, l'avait précédé dans la tombe. Comme La Fayette, ses cousins Lameth et tant d'autres de leurs pareils, il tenait pour une monarchie constitutionnelle. C'était trop pour Marie-Antoinette et les partisans de l'absolutisme, qui leur vouaient la haine réservée aux renégats ; ce n'était pas assez pour les républicains portés par le flux révolutionnaire. Chef d'état-major de l'armée du Rhin, Louis-Victor s'éleva contre la journée du 10 août, fatale à la monarchie, et fut destitué. Plusieurs fois arrêté, puis libéré, il se rendit volontairement à un nouveau décret d'arrestation, gardant pleine confiance dans la justice de son pays. Il monta sur l'échafaud le 9 messidor 1794, un mois avant la chute de Robespierre qui l'eût sans aucun doute sauvé. Ses dernières paroles furent pour exhorter son jeune fils à « rester fidèle à la Révolution française, même ingrate et injuste », et à « ne pas chercher à le venger ».

Le 10 août avait décidé La Fayette et Alexandre de Lameth à déserter. Le premier, qui cumulait sur sa tête l'exécration des émigrés et celle des princes de l'Europe, sera conduit à Olmütz, en Bohême, et tenu trois ans durant dans un cachot fait pour tuer : étroit, humide et sans lumière. Il supportera l'épreuve sans

---

1. Tenace, la malchance s'attacha au maréchal bien par-delà sa mort. En 1976, ses descendants décidèrent de rapatrier ses cendres pour les inhumer dans le cimetière de Broglie, où repose son père. Les autorités civiles et militaires avaient organisé la cérémonie qui s'imposait. Le mauvais sort voulut que le prince Jean de Broglie, son lointain rejeton, fût assassiné à ce moment précis. Des barrages de gendarmes arrêtèrent les invités et la cérémonie n'eut pas lieu. Le cercueil du maréchal fut provisoirement déposé sur des tréteaux dans une salle du château.

broncher ni se renier, assisté par son admirable femme. Alexandre de Lameth, tôt libéré, s'installa à Hambourg et s'efforça d'y subsister.

Charles et Théodore de Lameth coururent des aventures insensées. Son frère Charles arrêté, détenu à Rouen, promis au couperet, Théodore se dépensa au péril de sa propre vie pour le sauver, allant jusqu'à rencontrer clandestinement Danton, et y réussit d'extrême justesse. Ses blessures de Yorktown rouvertes, Charles s'embarqua au Havre avec sa femme et sa fille sur un navire dans la coque duquel une cache avait été aménagée. Théodore retourna à Paris, s'efforça de sauver le roi, chercha vainement à s'embarquer à son tour pour l'Angleterre, vécut trois mois en homme des bois près de Pontoise, réussit enfin à se réfugier en Suisse après des péripéties rocambolesques. Il s'éteignit en 1854, vieux de quatre-vingt-dix-huit années. Ainsi cet homme âgé de dix-huit ans à la mort de Louis XV avait-il vu passer Louis XVI, la Révolution, le Premier Empire, Louis XVIII, Charles X, la Deuxième République, avant de mourir alors que Napoléon III régnait depuis deux ans. Rares sont les êtres à avoir été gratifiés d'un tel morceau d'Histoire, et d'une telle densité.

La Terreur n'avait coûté aux Broglie que la vie de Louis-Victor quand maintes familles, tels les Noailles, en sortaient décimées. Leurs autres morts étaient tombés pour avoir voulu aller au-devant des fusils français. Le nom sera désormais porté par les seuls descendants du maréchal, les deux fils de Charles de Broglie n'ayant pas eu d'enfant mâle.

On a beau manquer de la plus infime considération pour les dynasties, ne pas pouvoir considérer un arbre généalogique sans songer aux accidents conjugaux qui ont eu la fantaisie de l'orner de greffons inattendus, sourire devant les paltoquets qui vont le torse bombé au motif qu'un aïeul présumé a jadis saccagé Jérusalem : comment ne pas s'étonner devant cette famille Broglie qui, unique en France, peut-être dans le monde, se débrouille depuis trois siècles pour produire à chaque génération une personnalité hors du commun ?

Victor de Broglie avait dix ans quand le couperet trancha la tête de son père. Vouée au même sort, sa mère avait pu s'évader de sa prison et passer en Suisse grâce au dévouement d'un vieux serviteur de la famille. L'enfant abandonné fut quasiment réduit à la mendicité. Il retrouva sa mère quand les temps s'apaisèrent, et elle lui donna, en la personne du marquis d'Argenson, qu'elle épousa bientôt et avec qui elle vécut trente-cinq ans heureuse, beaucoup plus qu'un tendre beau-père : un éveilleur de pensée. Singulier personnage que ce d'Argenson ! Petit-fils du secrétaire d'État de la Guerre sous Louis XV, neveu de ce marquis de Paulmy que nous avons vu faire une lamentable ambassade à Varsovie, il avait servi comme aide de camp de La Fayette, mais ne le suivit pas dans la désertion, et fut préfet sous Napoléon. À la Restauration, il s'éleva courageusement contre la Terreur blanche, combattit les Bourbons, puis devint carrément communiste en adhérant aux thèses de Babeuf. « Il croyait, écrit Victor de Broglie, et professait dès qu'il avait la chance d'être compris, que, la répartition des biens de ce monde étant l'œuvre de la violence et de la fraude, il y avait lieu de la régulariser par une transaction équitable. » Il contribua beaucoup au renouveau du babouvisme et recueillit chez lui Buonarotti, infatigable révolutionnaire dont s'inspira Blanqui.

Avec un tel maître à penser — « Je lui dois tout » —, le jeune Victor ne risquait pas de ressembler à son irréductible grand-père. La nature y mit du sien : une forte myopie contraignit l'héritier de trois maréchaux de France successifs à renoncer à la carrière des armes, au grand dam de Napoléon. Il entra au Conseil d'État et servit dans la diplomatie. Un poste à Varsovie lui valut un accueil d'une chaleur exceptionnelle : on s'y souvenait de Charles de Broglie. À la Restauration, il avait oublié qu'il était duc et reçut avec étonnement sa convocation à la Chambre des pairs. Ce fut l'occasion de son premier éclat ; celle aussi de vérifier qu'il possédait ce courage typiquement broglien, et si rare, qui consiste à aller à contre-courant. La Chambre des pairs jugea Ney devant une tourbe d'ambassadeurs et de généraux ennemis conviés par celui qu'on nommait le roi de France au spectacle de l'hallali judiciaire d'un général français qu'ils tenaient enfin à leur main, fait comme un rat — ce « brave des braves » qui ne devait même pas les identifier parmi l'assistance, car ils lui avaient montré, sur le champ de bataille, plus souvent leurs fesses que leur visage. Victor de Broglie venait tout juste d'avoir trente ans, l'âge requis pour opiner. À la question : « Ney est-il coupable de haute trahison ? », le seul des cent soixante et un pairs présents, il se leva et répondit : « Non. » Ce jour-là, Victor de Broglie était la France.

Un mariage heureux avec la fille de Mme de Staël, et puis ministre à plusieurs reprises, ambassadeur, président du Conseil, avec toujours cette volonté de tirer un trait sur le passé aboli et de regarder en avant, conformément à la devise familiale — « Pour l'avenir ». Son fils Albert, lui aussi ambassadeur, ministre, chef de gouvernement, auteur prolifique, fut le premier rédacteur d'une histoire du Secret.

« Dans cette famille, constate Léon Blum, le talent était héréditaire avant que n'y apparût le génie. »

Le génie, c'est Maurice de Broglie, petit-fils d'Albert, découvreur des spectres des rayons X et de l'effet photoélectrique nucléaire, et c'est son frère Louis de Broglie, théoricien de la mécanique ondulatoire, prix Nobel de physique en 1929 pour la « découverte de la nature ondulatoire de l'électron ». Nous recopions ces mots qui sont pour nous de l'hébreu, mais nous aimons la phrase que Louis de Broglie répétait à l'appui de ses hypothèses : « La source désapprouve presque toujours l'itinéraire du fleuve », et, devant les photos des deux frères Broglie discutant le bout de gras avec le petit Juif tireur de langue, l'immense Einstein, nous nous disons que cette singulière famille a plus d'un tour dans son sac[1].

*
* *

Le 20 janvier 1783 avait été le jour de gloire de Charles de Vergennes : les préliminaires de paix étaient signés. L'Angleterre reconnaissait l'indépendance des États-Unis, l'Espagne récupérait Minorque et la totalité de la Floride, la France recouvrait ses comptoirs du Sénégal, échangeait la Dominique contre Tobago,

---

1. Rendant compte d'une cérémonie organisée le 15 juin 1992 par l'Académie française et l'Académie des sciences, dont il était membre, pour le centième anniversaire de la naissance de Louis de Broglie, le journal *Le Monde* écrit : « En 1924, la soutenance d'une thèse intitulée *Recherches sur la théorie des quanta* eut besoin, pour convaincre un jury dérouté par l'audace des idées émises, de la caution d'Einstein. La contribution de Louis de Broglie à la mécanique quantique se heurta souvent au scepticisme des milieux scientifiques français qui ne furent pas peu étonnés de lui voir attribuer le prix Nobel de physique 1929. Comme le souligne M. Louis Michel, son influence fut beaucoup plus importante à l'étranger qu'en France. » Le maréchal et son frère Charles grommellent que, décidément, rien ne change.

mais n'exigeait rien aux Indes où Suffren taillait pourtant des croupières aux Anglais. Marché de dupe ? Le parti choiseuliste le cria sur tous les tons. Mais Vergennes n'avait cessé de répéter que le seul but de guerre de la France était l'indépendance américaine. Et l'article 17 du traité le mettait au comble du bonheur. Il l'appelait son pot-de-vin. Comme toute la nation, le duc de Croÿ en fut bouleversé : « Il me fit lire l'article 17, si court et si superbe pour Dunkerque que je ne voulais pas le croire, et c'est à ce sujet qu'il me dit : "Je me suis réservé cela pour mon pot-de-vin et, dès le début, je n'ai voulu travailler qu'assuré de mon pot-de-vin !" Cela était très adroit et très honorable pour lui, car je connaissais mieux qu'un autre le prix qu'y mettaient les Anglais qui, à traiter en équivalent, ne l'auraient pas cédé pour deux îles. » L'article 17 indiquait : « Suppression totale de tous les articles relatifs à Dunkerque, depuis et y compris le traité d'Utrecht de 1713. » Que gagne la France ? demande Michelet. « Rien. Rien que de n'avoir plus un Anglais à Dunkerque. Rien que d'avoir sauvé, délivré l'Amérique. »

Au terme de cette guerre bizarre où l'on s'était en fin de compte assez peu battu et où le camp allié était allé d'échec en échec jusqu'à la victoire finale, le prestige de la France se trouvait en effet rétabli. Le colonel de Gaulle célébrera l'apothéose dans une page magnifique de *La France et son armée*. Cet éclat fut apprécié même par des acteurs qui, rescapés de la tourmente révolutionnaire, n'avaient guère de raison de se féliciter d'une guerre américaine dont l'influence sur les esprits restait à leurs yeux néfaste. Ainsi Chateaubriand raillait-il les jeunes nobles français rentrés d'une Amérique où « ils avaient barbouillé leurs cordons des couleurs républicaines ». Mais il avait vibré en assistant au retour de la flotte victorieuse : « Ces officiers avaient... je ne sais quoi de gai, de fier, de hardi, comme des hommes qui venaient de rétablir l'honneur du pavillon national. » Et il devait conclure : « La guerre d'Amérique, en 1779, impolitique pour la France toujours dupe de sa générosité, fut utile à l'espèce humaine ; elle rétablit dans le monde entier l'estime de nos armes et l'honneur de notre pavillon. »

Louis XVI offrit à Vergennes le choix entre un brevet de duc et la charge tout honorifique de chef du Conseil royal des finances. Il choisit sans hésiter la charge, qui rapportait soixante mille livres. Maurepas étant trépassé au moment de Yorktown, il devint le ministre prépondérant et mourut avec à propos le

13 février 1787, à la veille d'événements qui l'eussent atterré.
Signe d'un réel chagrin, le roi décommanda sa chasse : « Il n'y
en aura point aujourd'hui. Je perds le seul ami sur lequel je pouvais compter, le seul ministre qui ne me trompa jamais. » Plus
tard, aux temps noirs, il devait pourtant regretter la guerre
d'Amérique et murmurer qu'on avait « abusé de sa jeunesse ».
Quant à Marie-Antoinette, elle renonça à un concert, ce qui
étonna, car elle en était venue à détester le ministre des Affaires
étrangères ; aussi bien certains courtisans, fidèles à la tradition
versaillaise, répandirent-ils la rumeur qu'elle l'avait fait empoi-
sonner. Le défunt léguait à sa famille une fortune supérieure à
deux millions de livres, fruit de patients travaux, mais aussi de
tripatouillages peu honorables.

Certains de ses biographes se scandalisent de ce que la postérité
l'ait éclipsé au profit d'un comparse. Selon eux, ce n'est pas « La
Fayette, nous voici ! » que les Américains auraient dû dire en
1917, mais « Vergennes, nous voici ! » Étonnante erreur
d'optique... Le marquis méritait de devenir un symbole, lui qui
s'était battu pour la liberté américaine, alors que Vergennes la soutenait sans la moindre sympathie et dans le seul but de nuire à
l'Angleterre. Le prestige d'une nation, cela va et vient comme les
commissaires anglais à Dunkerque. Ce qui demeure, ce que retient
la postérité ignorante des frontières, c'est le dévouement à une
grande cause, et il n'en est pas de plus belle que celle de la liberté.

Paradoxal Vergennes... Circonspect autant qu'on peut l'être,
l'œil rivé sur la fameuse balance, sa guerre prudente mais rui-
neuse avait précipité la monarchie dans le gouffre du déficit.
Ainsi ce dévot de l'équilibre aura-t-il poussé la France à la plus
vertigineuse perte d'équilibre de son histoire.

*   *
    *

Comment la Révolution n'aurait-elle pas lieu ? Voyez Beaumarchais. Qu'il prête à contestation, nul ne le niera. Son lessi-
vage à Londres du linge sale royal peut dégoûter ; encore
conviendrait-il mal à ceux qui ont sali les draps de se pincer les
narines. Mais ne vient-il pas de rendre les plus éminents services ? Le roi en personne ne lisait-il pas avec attention ses

mémoires sur l'Amérique ? Ses renseignements et ses raisonne-
ments n'ont-ils pas contribué à définir la politique de la France ?
A-t-il, oui ou non, armé les Insurgents aux heures les plus difficiles de leur lutte, en y apportant une énergie et une opiniâtreté
supérieures à tous les obstacles ? Le traité de Versailles, avec son
glorieux article 17, n'est-il pas un petit peu son ouvrage ?

Or, voici qu'il donne *Le Mariage de Figaro*, pièce meurtrière
pour le préjugé aristocratique. (Danton : « Figaro a tué la
noblesse. ») Six censeurs se sont penchés sur le texte ; un aréo-
page présidé par le baron de Breteuil, devenu ministre de la
Maison du roi. l'examine à son tour ; bref, la sulfureuse pièce est
jouée avec l'autorisation officielle et reçoit l'accueil que l'on
sait. Furieux de ce triomphe, agacé par les rodomontades de
l'auteur, Louis XVI signe au dos d'une carte à jouer — un sept
de pique —, aussi négligemment que s'il congédiait un valet
malhonnête, l'ordre d'incarcérer Beaumarchais à Saint-Lazare.
La Bastille ne déshonorait personne. On enfermait à Saint-Lazare
les putains et les jeunes chenapans pris en flagrant délit de
débauche. La règle voulait que les bons pères de Saint-Vincent,
tenanciers de la maison, fouettassent cul nu chaque arrivant.
Affront indigne ! Ignoble insulte à l'homme auquel le Congrès
des États-Unis d'Amérique avait exprimé sa gratitude ! C'est peu
de dire que le même traitement infligé au plus méprisable des
noblaillons eût mis Versailles en état d'insurrection : la chose
n'était même pas imaginable. Mais qu'est-ce qu'un Beaumarchais, sorti d'un Caron, autant dire de rien ? Et combien sont-ils à
garder le souvenir brûlant d'une blessure de cette sorte, infligée
non par un roi, mais par quelque aristocrate imbu de la conviction que sa naissance le rangeait dans une race à part ? La biogra-
phie de maint révolutionnaire est, de ce point de vue, révélatrice.
Les historiens ne s'y attardent guère. Sans doute est-il plus aisé
de mesurer l'évolution de la rente foncière que de coucher la
nation sur le divan du psychanalyste. Mais comment expliquer la
haine viscérale qui s'exprimera envers la noblesse dès les premiers jours de la Révolution, autrement que par une humiliation
trop longtemps refoulée ? Il fallait que l'orgueil de caste fût brisé.
Il le sera, hélas, sur l'échafaud, et — encore hélas ! — sur les
champs de bataille où les fils de palefreniers et de cabaretiers
démontreront leur capacité à verser leur sang rouge plus généreusement et plus glorieusement que les autres, leur sang bleu. Nous
avions cent pages à écrire là-dessus. Elles n'ont pas trouvé leur

place. On manque toujours son ouvrage.

Prendre Beaumarchais pour exemple relèverait au demeurant du contresens, car il n'est pas homme à penser qu'une humiliation individuelle peut trouver une satisfaction collective. Tel Voltaire, il se sait assez doué pour se tailler dans la société une place qui n'était pas marquée d'avance. Cette société, il ne rêve pas de la subvertir, mais de s'y lover à son aise. Pièce révolutionnaire, *Le Mariage*? Bien malgré lui, qui ne voit pas si loin. Il n'a pas oublié les affronts subis : « C'est de la chaleur de ces haines envenimées que, quinze ans après, j'ai pris la légère vengeance au théâtre de faire dire à Figaro, définissant les courtisans : "Recevoir, prendre et demander, voilà le secret en trois mots." » Mais, puisque ceux qu'il déchiquette l'applaudissent avant d'aller souper avec lui, tout n'est-il pas bien qui finit bien?

Blessé au plus profond de son être, comme Voltaire après la volée de coups de bâton reçue de la valetaille du chevalier de Rohan-Chabot, il se jeta sur son lit de Saint-Lazare et n'en bougea plus, refusant de se laver et de se coiffer, dévoré par l'affront ; puis l'ordre d'élargissement arriva et le mouvement de la vie le reprit.

Le plus extraordinaire, chez cet homme extraordinaire, c'est qu'il ait survécu à la Révolution. Il la traversa en somnambule, sans rien y comprendre. Enfermé à l'Abbaye, il aurait été victime des massacres de septembre 1792 si la belle Ninon, la jeune Aixoise qui lui avait écrit après sa victoire judiciaire sur La Blache, et qui était devenue sa maîtresse, n'avait couché avec Manuel, procureur général de la Commune de Paris, pour obtenir sa libération à quarante-huit heures de la tuerie. Courageux ou inconscient, il multiplie les initiatives périlleuses, se répand en diatribes contre les terroristes, doit fuir à l'étranger, revient pour se justifier, en est réduit à l'état de vagabond sans feu ni lieu, repart pour l'étranger après une partie de cache-cache avec la mort, tandis que sa femme, sa fille et sa sœur Julie sont arrêtées, mais sauvées de l'exécution par la chute de Robespierre. Son vieil ennemi Goëzman n'aura pas cette chance et finira sur l'échafaud.

Il rentra en France quand la crise s'apaisa et, sa famille réunie autour de lui, Pierre-Augustin Caron de Beaumarchais s'éteignit paisiblement dans son sommeil, le 17 mai 1799, au terme de soixante-six années d'une existence frénétique.

*
* *

Financièrement dépanné par Beaumarchais en Amérique, Gilbert de La Fayette lui manifesta sa solidarité à l'occasion de la douloureuse affaire de Saint-Lazare. Les rôles s'étaient inversés, puisqu'il était désormais le créancier. Une lettre de change venant à échéance, il écrivit à son caissier : « À Dieu ne plaise que, dans le moment où il vient d'arriver un aussi grand malheur à M. de Beaumarchais, je demande l'acquit d'une lettre de change ! Il doit avoir besoin de tous ses fonds. »

On ne retracera pas la longue carrière du marquis. Elle fait en général l'objet de jugements péjoratifs d'où la mauvaise foi n'est pas toujours absente. Ainsi de cette vérité de La Palice doublée d'une sottise émise par un homme d'ordinaire sagace, Talleyrand : « Si quelque chose d'extraordinaire ne l'eût pas tiré des rangs, il serait resté terne toute sa vie. » L'extraordinaire, c'est-à-dire l'aventure américaine, ne lui était pas échu comme un don du Ciel ou le fruit du hasard : il l'avait bâti, à peine émergé de l'adolescence, à force de courage, de tact, d'intelligence et de sang-froid. Pour le reste, La Fayette souffre de deux handicaps devant le tribunal de la postérité. Le premier tient à sa prédilection inaltérable pour une monarchie constitutionnelle, système qui ne prit jamais en France, ce qui lui vaut l'hostilité des monarchistes bon teint comme des républicains. Le second réside dans un parfait désintérêt pour l'exercice du pouvoir politique. Qu'un homme soit dénué d'ambition personnelle au point de ne pas se baisser pour se saisir d'un pouvoir plusieurs fois à ramasser, voilà qui étonne et agace toujours. Du coup, ce que l'Américain Gouverneur Morris appelait sa « faim canine de gloire » se dévalue en appétit de vaine gloriole, faute d'être gagée par une motivation plus substantielle.

Sa vanité fut rarement aussi comblée qu'en 1824, lorsqu'il fit, à l'invitation des États-Unis, un triomphal voyage d'un an sur le continent qui avait été le berceau de sa renommée. Ce ne furent que fêtes, arcs de triomphe, célébrations, harangues dithyrambiques. « Jamais, constata Victor de Broglie, aucun homme, dans aucun temps, dans aucun pays, ne reçut de tout un peuple un pareil accueil. » La seule fausse note, que le visiteur garda pour lui, fut sans doute cette lettre inattendue qu'il reçut à New York : « Permettez à un vieillard de quatre-vingt-deux ans, qui eut le bonheur de vous être utile au commencement de 1777, qui forma et exécuta le projet de vous conduire aux États-Unis, ce qui réussit parfaitement, etc. » François-Augustin Dubois-Martin, le petit Dubois ! À cette époque de sa vie, La Fayette avait une tendance très humaine à oublier les bons soins de l'équipe Broglie et répétait volontiers qu'il était parti « contrarié par tous et aidé par aucun ». Le revenant lui rappelait dans le détail les efforts consentis pour lui, l'achat de la *Victoire*, la visite à Ruffec quand, chancelant sous les pressions familiales et ministérielles, le jeune marquis avait été remis dans le chemin de la gloire par le décisif coup de pied au cul délivré par Charles de Broglie. Le petit Dubois terminait sa lettre avec une demande de secours, la modeste manufacture de cigares qu'il possédait à Baltimore ne pourvoyant pas à ses besoins. La Fayette s'abstint de répondre, mais, deux mois plus tard, à Baltimore, le revenant se trouvait au premier rang des personnalités accueillant le héros. On s'embrassa comme du bon pain, on évoqua de chers souvenirs, mais l'entretien privé qui suivit manqua de chaleur : « Nous voilà donc réunis, mon cher Dubois-Martin, après quarante-huit ans de séparation. Que puis-je faire pour vous ? Vous savez que ma fortune est presque réduite à rien ! » La Fayette promit de s'entremettre auprès du Congrès pour tenter d'obtenir une pension. « Je crois que j'ai trop vécu d'un an ! » déplora le vieillard. Et il ajoutait, rancuneux : « L'Être Suprême qui me créa tout juste pour lui servir de marchepied et pour l'élever au-dessus de tous les mortels, tant passés, présents que futurs, ne lui réserverait-il pas quelque dessous de cartes ? Qu'il y prenne garde ! » La Fayette, à qui le Congrès votait au même moment un don de deux cent mille dollars, s'en tira avec une obole assez substantielle dont se satisfit Dubois-Martin, lequel témoignait de son côté d'une belle aptitude à recomposer le passé : « Tout ce qui eut lieu et fut fait en 1777 relativement au passage de M. le marquis de La Fayette aux États-Unis m'est dû. Le projet et l'exécution furent le fruit de mon énergie et de mon imagination, et à trente-cinq ans que j'avais alors, je ne manquais pas de ces deux qualités. » C'était oublier qu'il n'avait jamais été que l'agent d'exécution du comte de Broglie.

Ainsi va la vie. Qui sait aujourd'hui que, sans Broglie, La Fayette n'aurait pas eu lieu ?

*
* *

La rigueur des temps infligea à la plupart des anciens du Secret une fin difficile.

En 1780, d'Éon avait tenté un dernier coup d'éclat. Faute de pouvoir se battre, il imagina de donner son nom à une frégate que construirait à Granville la maison d'armement Le Sesne et Cie. Une souscription fut lancée avec l'appui d'un beau prospectus montrant la *Chevalière d'Éon* enveloppée de vaisseaux anglais et faisant feu de tous ses canons. Las ! si les volontaires se précipitèrent en foule pour composer l'équipage, les souscripteurs furent plus rares, et la frégate ne vit jamais le jour. La paix signée, d'Éon s'en retourna à Londres avec un viatique de six mille livres offert par Vergennes. Il applaudit à la chute de la Bastille, où il avait longtemps risqué de trouver une hospitalité définitive, mais trouva moins de charme à la Révolution lorsqu'elle négligea de payer sa pension. Malgré une souscription organisée par ses amis anglais, il dut vendre aux enchères sa bibliothèque, ses armes, ses bijoux et ses dentelles. En 1792, il demandait encore sa réintégration dans l'armée : « Depuis la Révolution, je sens mon amour pour la Patrie se réveiller et mon humeur guerrière se révolter contre ma cornette et mes jupons. Mon cœur redemande à grands cris mon casque, mon sabre, mon cheval et le rang qui m'est dû pour mes services et mes blessures, pour aller combattre les ennemis de la France. » Sa pétition fut lue à l'Assemblée législative par Carnot, chaleureusement applaudie, mais resta sans suite. Il avait soixante-trois ans. Il subsista grâce à l'escrime, livrant des assauts contre les meilleures lames d'Angleterre et les battant toujours, mais un accident — un fleuret rompu qui s'enfonça dans sa poitrine — interrompit cette nouvelle carrière. Après un séjour en prison pour dettes, le chevalier, toujours vêtu en femme, ne quitta plus le coin de sa cheminée où il occupait ses heures à relire son cher Horace. Il ferma les yeux le 21 mai 1810, âgé de quatre-vingt-deux ans, et entama son interminable voyage dans l'imaginaire des hommes.

Pierre-Michel Hennin connut meilleur sort. Il avait révélé les plus belles qualités à Varsovie sous l'égide de Charles de Broglie.

Le comte rappelé à Versailles et lui-même nommé chargé d'affaires, il avait tenu bon au milieu des pires tribulations. Puis sa carrière s'était enlisée à Genève où il se trouvait, selon ses propres termes, « confiné dans la plus petite des sphères politiques ». Encore cet homme doué pour le bonheur, et ami de son voisin Voltaire, y trouva-t-il beaucoup d'agréments. Vergennes avait relancé sa course. Premier commis des Affaires étrangères, il fut congédié sans pension par Dumouriez, devenu ministre en 1792, mais Bonaparte, premier consul, lui rendit son traitement. Il mourut le 5 juillet 1807 à l'âge de soixante-dix-huit ans.

Louis-François de La Rozière, maréchal de camp, avait émigré en 1791. Il servit dans l'armée des princes, passa en Angleterre en 1794, puis s'établit au Portugal. Il y mourut en 1808, âgé de soixante-quinze ans. L'année précédente, Napoléon avait formé le camp de Boulogne dans le dessein d'envahir l'Angleterre et s'était personnellement enquis du projet du comte de Broglie. On craignait à Paris que La Rozière n'eût livré à l'ennemi le fruit de ses anciens travaux. Il n'en était rien, comme le constate une note jointe à son dossier. La Rozière, de même que d'Éon, est resté jusqu'au bout loyal au Secret.

Le général Monet, successeur de Jean-Pierre Tercier, vécut le plus vieux de tous — quatre-vingt-onze ans —, mais finit dans un dénuement proche de la misère, car la Révolution avait sabré dans ses pensions. Ses innombrables suppliques n'y changèrent rien. Il s'éteignit le 29 janvier 1795. Devenue aveugle, sa femme très aimée lui survécut dix ans. Le lecteur se rappelle peut-être dans quelles circonstances dramatiques ils s'étaient rencontrés à Varsovie, ponctuant l'austère chronique du Secret d'une belle histoire d'amour[1].

La solliciteuse la plus infatigable et la plus coriace, celle qui tient plus de place dans les dossiers du personnel des Affaires étrangères que Charles de Broglie, réduit à onze pièces dénuées d'intérêt, c'est la veuve de Tercier, Marie-Marthe. Cent comme elle en France, et n'importe quel gouvernement serait démissionnaire ! La nomination de Vergennes décuple naturellement la prolixité de sa plume. À peine est-il en place qu'elle réclame une dot pour ses filles : « Si Monseigneur voulait lui faire cette grâce sur les dépenses secrètes, elle en serait pénétrée de recon-

---

1. Cf. *Le Secret du Roi*, tome 2, p. 77.

naissance et en garderait un secret inviolable. » Une lettre au comte de Broglie pour marquer le coup : « Ce n'est point au ministre des Affaires étrangères que je demande une dot pour chacune de mes filles, mais à M. de Vergennes. Je n'oserais pas lui rappeler les services que feu mon mari a été heureux de lui rendre dans plusieurs occasions et dont vous avez été instruit. » Six mille livres à l'aînée, trois mille pour la cadette. Mais la pension du fils ne pourrait-elle pas être augmentée de mille livres ? Et une famille si méritante ne devrait-elle pas être exemptée de l'impôt du dixième ? Répondant toujours de sa blanche main, Vergennes accorde quand il le peut, s'excuse de se trouver dans l'obligation de refuser quand la demande excède ses compétences. Il ne manque jamais de se couvrir auprès de Broglie, qui l'exhorte de son côté à faire l'impossible. Faut-il que le souvenir de Jean-Pierre Tercier demeure vivace et prégnant ! En 1770, Jean-Grégoire, le fils, entre à la Cour des aides et doit prouver sa noblesse. Tercier avait été anobli par Stanislas Leszczynski, et Louis XV avait donné son agrément, mais on a égaré le diplôme et la taxe sur les lettres patentes n'a pas été réglée. Louis XVI, pressé par Vergennes, lui-même fouaillé par l'implacable veuve, confirme la noblesse et exempte de la taxe. Mais Necker se fâche : exemption illégale. Vergennes, aux cent coups, répond en substance : on s'en fout, le Roi fait ce qu'il lui plaît ! Necker s'obstine en invoquant Charles II, Henri III, Henri IV et la suite. Peine perdue, un Necker ne pèse pas lourd face à une veuve Tercier. Autre souci : le marc d'or exigible en matière d'anoblissement... Plutôt que de rallumer une guerre ministérielle, Vergennes se résigne à payer les deux mille huit cents livres sur les fonds de son ministère.

La Révolution elle-même file doux, estimant à juste titre posséder assez d'ennemis intérieurs et extérieurs pour ne pas se mettre à dos la terrible Marie-Marthe. Quand les pensions du temps honni fondent comme neige au soleil, celles de la famille résistent. Mais, en 1793, six mois de retard dans le versement : « La citoyenne Tercier réclame justice du citoyen ministre. » À une époque où le mot de privilège conduit tout droit à la machine du docteur Guillotin, elle n'hésite pas à écrire qu'« elle avait des fonds dans le privilège des voitures de place : la nation s'est emparée de tout ».

Et cela continue jusqu'en 1810...

Soixante-dix-sept ans plus tôt, le 8 septembre 1733, le jeune secrétaire de l'ambassade de France à Varsovie, Jean-Pierre Tercier, ouvrait la porte du fond du jardin de l'ambassade, sise rue Miodowa, à Stanislas Leszczynski et au chevalier d'Andlau, qui venaient de traverser l'Europe sous le déguisement d'un commerçant et d'un commis, et notre histoire commençait.

Adieu à tous.

FIN

Bibliographie

Beaucoup de livres mentionnés dans la bibliographie des deux premiers tomes ont été utilisés pour la rédaction de celui-ci. On a eu recours en sus aux ouvrages suivants :

BACHAUMONT (Louis Petit de), *Mémoires secrets pour servir à l'histoire de la république des lettres depuis 1762*, 36 vol., Londres, 1777-1789.

BARTHÉLEMY, *Mémoires*, Paris, 1914.

BARUCH (Daniel), *Linguet, ou l'irrécupérable*, Paris, 1991.

BOITEUX (L.A.), «À propos d'un bicentenaire, La Fayette et le Secret du comte de Broglie», in *Revue maritime*, Paris, 1957.

BOMBELLES (Marc de), *Journal du marquis de Bombelles*, 2 vol., Genève, 1977 et 1982.

BONSAL (Stephen), *Soldats de la liberté*, Paris, 1952.

BROGLIE (Gabriel de), *Guizot*, Paris, 1991.

—, *Ségur sans cérémonie, ou la gaieté libertine*, Paris, 1977.

CAMPAN (Madame), *Mémoires*, Paris, 1989.

CASTEX, *Les Idées militaires de la marine au XVIII* siècle*, Paris, 1911.

CHIAPPE (Jean-François), *Louis XVI*, 3 vol., Paris, 1992.

CLARK (Ronald W.), *Benjamin Franklin*, Paris, 1986.

CASTRIES (duc de), *Le Testament de la monarchie, l'indépendance américaine*, Paris, 1958.

DEL PERUGIA (Paul), *La Tentative d'invasion de l'Angleterre en 1779*, Paris, 1939.

DONIOL (Henri), *Le Comte de Vergennes et M. Hennin*, Paris, 1898.

—, *La Participation de la France à l'établissement des États-Unis d'Amérique*, 6 vol., Paris, 1886-1889.

DUFORT DE CHEVERNY (Jean-Nicolas), *Mémoires sur les règnes de Louis XV et de Louis XVI et sur la Révolution*, 2 vol., Paris, 1880.

FAURE (Edgar), *La Disgrâce de Turgot*, Paris, 1961.

FAŸ (Bernard), *Benjamin Franklin*, 2 vol., Paris, 1931,

—, *Louis XVI ou la fin d'un monde*, Paris, 1955.

FERSEN (Axel de), *Correspondance et journal intime*, Paris, 1930.

KAPP (Friedrich), *Lebens des Amerikanische General Johann Kalb*, Stuttgart, 1862.

LABOURDETTE (Jean-François), *Vergennes, ministre principal de Louis XVI*, Paris, 1990,

LACOUR-GAYET (Georges), *La Marine militaire française sous le règne de Louis XVI*, Paris, 1905.

LAFON (Roger), *Beaumarchais le brillant armateur*, Paris, 1928.

LAMETH (Théodore de), *Mémoires*, 2 vol., Paris, 1913 et 1914.

LARQUIER (Bernard de), *La Fayette, usurpateur du vaisseau la* Victoire, Surgères, 1987.

LAUZUN (duc de), *Mémoires*, Paris, 1986.

LEMOINE (Yves), *Malesherbes*, Paris, 1994.

LE NABOUR (Éric), *Louis XVI*, Paris, 1988.

LÉONARD, *L'Armée et ses problèmes au XVIIIᵉ siècle*, Paris, 1958.

LERVILLE (Edmond), « Un général français peu connu, le baron de Kalb », *Revue historique des armées*, Paris, 1986.

LEVER (Évelyne), *Louis XVI*, Paris, 1991,

LIGNE (prince de), *Mémoires, lettres et pensées*, Paris, 1989,

LINGUET, *Annales politiques, civiles et littéraires du XVIIIᵉ siècle*, 19 vol., 1777-1792.

MANCERON (Claude), *Les Hommes de la liberté*, tomes I et II, Paris, 1972 et 1974.

MAUROIS (André), *Adrienne, ou la vie de Mme de La Fayette*, Paris, 1960.

MAUTORT (chevalier de), *Mémoires*, Paris, 1895.

MICHEL (Jacques), *Du Paris de Louis XV à la marine de Louis XVI, l'œuvre de M. de Sartine*, 2 vol., Paris, 1984.

MIGNET, *Notice historique sur la vie et les travaux du duc Victor de Broglie*, Paris, 1874.

MONTBAREY (prince de), *Mémoires autographes*, 3 vol., Paris, 1826.

MORTON (Brian) [éd.], Correspondance de Beaumarchais, 2 vol., Paris, 1969.

NACHTMANN, *Un chapitre de la vie de De Kalb*, Paris, 1859.

NOAILLES (vicomte de), *Marins et soldats français en Amérique*, Paris, 1903.

OBERKIRCH (baronne d'), *Mémoires sur la cour de Louis XVI et la société française avant 1789*, Paris, 1989.

RENAUT D'OULTRE-SEILLE, *L'Affaire Montagu Fox*, Paris, 1937,

Revue historique des armées, « Indépendance des États-Unis d'Amérique », Paris, 1976.

ROCHAMBEAU (Jean-Baptiste), *Mémoires*, Paris, 1824.

SAGNAC (Philippe), *La Fin de l'Ancien Régime et la Révolution américaine*, Paris, 1947.

SÉGUR (Louis-Philippe de), *Mémoires, ou souvenirs et anecdotes*, 2 vol., Paris, 1824 et 1826.

SOULAVIE, *Mémoires historiques et politiques du règne de Louis XVI*, 6 vol., Paris, 1801.

SPARKS (Jared) [éd.], *The Diplomatic Correspondance of the Americans*, 12 vol., Boston, 1829-1830.

TOWER (Charlemagne), *Le Marquis de La Fayette et la Révolution d'Amérique*, 2 vol., Paris, 1902 et 1903,

VÉRI (abbé de), *Journal*, 2 vol., Paris, 1928 et 1930.

ZUCKER, *General de Kalb, Lafayette's Mentor*, University of North Carolina, 1966.

Index des noms cités

A

ADAMS (John) : 227, 229, 257, 259.

AIGUILLON (Emmanuel Armand de Vignerod du Plessis de Richelieu, comte d'Agenois, puis duc d') : 16, 18, 20, 27, 29, 30, 31, 32, 37, 38-39, 41, 42, 43, 44, 46, 47, 50, 52, 70, 78, 84, 89, 104, 115, 116, 117, 127, 130, 135, 189, 192, 196, 273, 305, 312, 322, 402.

AIGUILLON (Louise d') : 116.

ALEMBERT (Jean le Rond, dit d') : 91, 193, 319, 332, 381.

ALIGRE (d'), premier président : 202.

ALLONVILLE (comte d') : 96.

ALMADOVAR, ambassadeur d'Espagne à Londres : 475.

AMÉLIE : 511.

AMELOT : 212, 215.

AMERVAL (comte d') : 73.

ANDLAU (chevalier d') : 128.

ANDLAU (Mme d') : 128, 542.

ANÉCOURT (Lefèvre d'), conseiller : 509.

ANGELUCCI (Guillaume) : 56-57, 63, 68, 76-78, 184.

ANTOINE (Michel) : 174 n. 1.

ARANDA (Pedro, comte d'), ambassadeur d'Espagne : 60, 74, 168, 170, 172, 218, 233, 475, 487, 489, 490.

ARCHIMÈDE : 370.

ARGENS (marquis d') : 299.

ARGENSON (marquis d') : 530-531.

ARGENTAL (comte d') : 17, 380.

ARISTOTE : 433.

ARNOULD (Sophie), comédienne : 438.

ARTOIS (Marie-Thérèse de Savoie, comtesse d') : 22, 117 et 117 n. 1, 129, 194, 306, 307, 331.

ASTURIES (prince des) : 475.

ATKINSON (William) : 55, 56, 68, 77, 184.

AUGUSTE III, roi de Pologne : 13.

AUSTIN (Jonathan) : 361.

AYEN (Louis de Noailles, duc d') : 22, 250, 252, 284, 285, 288-289, 294, 295, 297, 298.

AYEN (duchesse d') : 250.

B

BALBI (Mme de) : 117 et 117 n. 1.

BALZAC (Honoré de) : 145.

---

* Index établi par Catherine Joubaud.

H

I

J

M

TABLE

TROISIÈME PARTIE

La revanche américaine

Mise en page
par LAMBDA BARRE
78620 L'ÉTANG-LA-VILLE

Impression réalisée sur CAMERON par
BRODARD ET TAUPIN
La Flèche

pour le compte des Éditions Fayard
en août 1996

Imprimé en France
Dépôt légal : août 1996
N° d'édition : 6545 – N° d'impression : 6152Q-5

35-57-9616-01/0
ISBN : 2-213-59516-6